John M. Oldham / Lois B. Morris
Ihr Persönlichkeits-Portrait

# John M. Oldham
# Lois B. Morris

## Ihr Persönlichkeits-Portrait

Warum Sie genauso denken, lieben und sich verhalten, wie Sie es tun

Verlag Dietmar Klotz

**Impressum:**

Die Deutsche Bibliothek – CIP-Einheitsaufnahme

Titel der Originalausgabe:
**The Personality Self-Portait.** Why You Think, Work, Love and Act the Way You Do
© by Oldham, John M. & Morris, Lois B.

Titel der deutschen Erstausgabe:
**Ihr Persönlichkeits-Portait:** Warum Sie genau so denken, lieben und sich verhalten, wie Sie es tun / John M. Oldham und Lois B. Morris
Piper Verlag GmbH, München 1992

Aus dem Amerikanischen von Rita Höner
© der deutschen Übersetzung: Piper Verlag GmbH, München 1992

6. überarbeitete Auflage
© 2010 Verlag Dietmar Klotz GmbH
in der SichVerlagsgruppe, Wolfgang Sich
Große Diesdorfer Str. 60, 39110 Magdeburg
Telefon: +49-(0)391 - 73 469 27
E-Mail: info@sich-verlag.de
www.sich-verlag.de

**ISBN: 978-3-88074-021-1**

Druck und Bindung: Westarp & Partner Digitaldruck · www.unidruck7-24.de

Das geschützte Werk ist im Rahmen des Urheberrechtsgesetzes geschützt. Jegliche vom Klotz Verlag nicht genehmigte Verwertung ist unzulässig. Dies gilt insbesondere für die Verbreitung durch Film, Funk, Fernsehen und elektronische Medien sowie den auszugsweisen Nachdruck und die Übersetzung.

# Danksagung

Wir danken allen unseren Testpersonen. Indem sie ihre Zeit opferten und uns Einblick in ihre Persönlichkeit nehmen ließen, haben sie uns geholfen, die Persönlichkeits-Portraits zu entwickeln und zu verfeinern.

# Inhalt

| | | |
|---|---|---|
| Einführung | Das neue Persönlichkeitssystem | 9 |
| Kapitel 1 | WER BIN ICH? | |
| | Individuelle Unterschiede verstehen | 15 |
| Kapitel 2 | DAS EINMALIGE MUSTER IHRES LEBENS | |
| | Stile, Störungen und Bereiche | 25 |
| Kapitel 3 | DAS PERSÖNLICHKEITSPORTRAIT | |
| | Den Test machen und interpretieren und das Buch lesen | 42 |
| Kapitel 4 | GEWISSENHAFTER STIL | |
| | *»Das Richtige tun«* | 70 |
| | Zwanghafte Persönlichkeitsstörung | 87 |
| Kapitel 5 | SELBSTBEWUSSTER STIL | |
| | *»Der Star«* | 96 |
| | Narzißtische Persönlichkeitsstörung | 111 |
| Kapitel 6 | ANHÄNGLICHER STIL | |
| | *»Der gute Kumpel«* | 123 |
| | Dependente Persönlichkeitsstörung | 144 |
| Kapitel 7 | DRAMATISCHER STIL | |
| | *»Der sprühende Mittelpunkt der Party«* | 149 |
| | Histrionische Persönlichkeitsstörung | 167 |
| Kapitel 8 | WACHSAMER STIL | |
| | *»Der Überlebensexperte«* | 177 |
| | Paranoide Persönlichkeitsstörung | 195 |
| Kapitel 9 | SENSIBLER STIL | |
| | *»Am liebsten zu Hause«* | 201 |
| | Selbstunsichere Persönlichkeitsstörung | 218 |
| Kapitel 10 | LÄSSIGER STIL | |
| | *»California Dreaming«* | 226 |
| | Passiv-Aggressive Persönlichkeitsstörung | 247 |
| Kapitel 11 | ABENTEUERLICHER STIL | |
| | *»Der Herausforderer«* | 253 |
| | Antisoziale Persönlichkeitsstörung | 273 |
| Kapitel 12 | EXZENTRISCHER STIL | |
| | *»Der andere Schlagzeuger«* | 281 |
| | Schizotypische Persönlichkeitsstörung | 300 |

| | | |
|---|---|---|
| Kapitel 13 | UNGESELLIGER STIL | |
| | »*Der Einzelgänger*« | 306 |
| | Schizoide Persönlichkeitsstörung | 323 |
| Kapitel 14 | SPRUNGHAFTER STIL | |
| | »*Feuer und Eis*« | 327 |
| | Borderline-Persönlichkeitsstörung | 349 |
| Kapitel 15 | AUFOPFERNDER STIL | |
| | »*Der Altruist*« | 357 |
| | Selbstschädigende Persönlichkeitsstörung | 382 |
| Kapitel 16 | AGGRESSIVER STIL | |
| | »*Der Boß*« | 389 |
| | Sadistische Persönlichkeitsstörung | 410 |
| Kapitel 17 | STIL UND SCHICKSAL | |
| | Woher Sie kommen und wohin Sie gehen | 415 |
| Kapitel 18 | STRATEGIEN ZUR VERÄNDERUNG | |
| | Die richtige Hilfe finden | 429 |
| Anhang I | PERSÖNLICHKEITSTYPEN IM LAUF DER GESCHICHTE | 442 |
| Anhang II | ZWEI SELBSTPORTRAITS | |
| | Interpretationen graphischer Darstellungen | 460 |
| Extra-Auswertungsblätter | | 470 |
| Anmerkungen | | 476 |
| Bibliographie | | 480 |
| Register | | 486 |

# Einführung
## Das neue Persönlichkeitssystem

In diesem Buch stellen wir ein System vor, mit dessen Hilfe Sie Ihren Persönlichkeitsstil bestimmen und verstehen können, wie er sechs Schlüsselbereiche Ihres Lebens beeinflußt: Ihre Beziehungen und Ihr Liebesleben; Ihre Arbeit; Ihr Selbstbild; Ihre Gefühle; Ihre Selbstbeherrschung, Ihre Impulse und Ihre Wünsche; und Ihr Gefühl für Realität und Spiritualität.

Die dreizehn hier vorgestellten Persönlichkeitsstile und der Test zur Bestimmung Ihres Persönlichkeitsprofils sind von dem wichtigen – manche sagen revolutionären – Klassifikationssystem für Persönlichkeits*störungen* abgeleitet, das 1987 von der American Psychiatric Association veröffentlicht wurde und so etwas wie die »Bibel« der amerikanischen Psychiatrie darstellt: dem *Diagnostic and Statistical Manual of Mental Disorders (Third Edition – Revised)*, das allgemein als DSM-III-R bekannt ist[1]. Ich hatte das Privileg, an diesem neuen Klassifizierungsmodell mitarbeiten zu dürfen. Obwohl Lois Morris und ich in den folgenden Kapiteln mit einer Stimme sprechen, möchte ich kurz erläutern, was das DSM-III-R ist und wie es entstand, damit Sie die Ursprünge des *Persönlichkeitsportraits* besser verstehen.

## *Diagnostische Sprachen*

Mit dem DSM-III-R und seinem Vorläufer, dem 1980 veröffentlichten DSM-III, schufen viele der führenden klinischen und forschenden Psychiater, Psychologen und Epidemiologen der USA ein systematischeres Verfahren, um die meisten der von Psychiatern und anderen Experten für psychische Gesundheit behandelten Störungen zu diagnostizieren. Es wurden Standardkriterien entwickelt, die die diagnostische Terminologie bei Klinikern und Forschern vereinheitlichen sollten.

Vor 1980 sprachen Kliniker und Forscher viele diagnostische Sprachen. Ein Kliniker etwa bezeichnete einen Patienten als depressiv, aber Forscher stimmten dieser Diagnose nur dann zu, wenn bei dem Patienten alle »forschungsdiagnostischen Kriterien« vorlagen, die sie zur Diagnose einer Depression benutzten. Zwei Forschungsprojekte zum selben Krankheitsbild führten daher oft zu widersprüchlichen oder verwirrenden Ergebnissen, denn jedes Team hatte die Störung anders definiert. Besonders für die starren Persönlichkeitsmuster, die so viele Menschen lebenslang unzufrieden machen, gab es vor dem DSM-III-R weder bei den Klinikern noch bei den Forschern allgemein verbindliche Kriterien. Ein Praktiker konnte zwar vielleicht einem Patienten helfen, seine Information aber nicht effizient anderen Klinikern oder klinischen Forschern mitteilen.

Obwohl Diagnosen zur psychischen Gesundheit auf viel klinischer Weisheit und Erfahrung beruhten, bestand unter den Experten in der Praxis wenig Einklang. Ironischerweise wurde mit jedem Durchbruch in der Gehirnforschung und der Entwicklung psychoaktiver Drogen das Problem komplizierter. Es gab eine Menge verlockender neuer Daten, aber da wir kein einheitliches System zur Definition psychischer Störungen besaßen, war es sehr schwierig, ihre Ursachen zuverlässig zu erforschen, die Zahl der von ihnen Betroffenen zu bestimmen und zu beurteilen, ob eine der existierenden Behandlungsmethoden erfolgreich war.

Niemand konnte leugnen, daß psychische Leiden existierten und einigen Menschen durch die verschiedensten Behandlungsmethoden geholfen werden konnte. In den 70er Jahren jedoch wurden die Psychiatrie und der Bereich der psychischen Gesundheit insgesamt von Wissenschaftlern und Forschern zunehmend gedrängt, eine systematische Methode zur effizienteren und einheitlicheren Identifizierung und Klassifizierung des Leidens der vielen Menschen zu entwickeln, die Hilfe suchten.

## Die neue gemeinsame Sprache

Die Entwicklung des DSM-III und die mit ihr zusammenhängenden Forschungen begannen 1974. Das enorme Projekt wurde von einer speziellen Kommission von Psychiatern und Psychologen geleitet, die Experten für Diagnose und Epidemiologie waren. Der Kommission unterstellt waren vierzehn Beratungsausschüsse, die aus in allen Schlüsselbereichen der Psychiatrie spezialisierten Klinikern und Forschern bestanden. Verbindungsausschüsse zu anderen Berufsverbänden für psychische Gesundheit – etwa der *American Psychological Association* und der *American College Health Association* – arbeiteten mit der Kommission zusammen, um Dinge zu klären, unterschiedliche Standpunkte einer Lösung zuzuführen und hinsichtlich der Arten des psychischen und emotionalen Leids, dem Menschen unterworfen sind, zu einem Konsens zu kommen.

Während und nach der Entwicklungsperiode wurden die neuen Klassifikationen ausgiebig in der Praxis getestet; danach wurden die Kategorien modifiziert und verbessert. Ein wichtiger Aspekt der Untersuchungen betraf die diagnostische Reliabilität. Die Frage war: Kamen verschiedene Kliniker bei Benutzung der neuen Kriterien beim selben Patienten zur selben Diagnose, oder war diese wie vorher uneinheitlich? Die Untersuchungen, bei denen das *National Institute of Mental Health* eine aktive Rolle spielte, zeigten, daß die diagnostischen Kriterien des DSM-III sehr viel zuverlässiger waren als alle bislang benutzten Systeme. Bei Verwendung des neuen Handbuchs konnten Praktiker im Bereich der psychischen Gesundheit unabhängig voneinander einen Patienten einschätzen und sehr viel häufiger zur selben Diagnose kommen – ein Riesenschritt vorwärts.

Das neue System wurde 1979 formell genehmigt und ab 1980 benutzt. Der Erfolg war noch größer als erwartet. Obwohl das DSM-III ursprünglich zur Verwendung in den USA gedacht war, ist es inzwischen in dreizehn Sprachen übersetzt worden und wird weltweit konsultiert. Die die neuen Kriterien verwendende laufende Forschung begann schnell, das Klassifikationssystem zu testen und weiter zu verfeinern. Von Anfang an war klar, daß das neue System unsere Fähigkeit verbesserte, die Ursachen, Prophylaxen und Behandlungen der psychischen Krankheiten zu untersuchen, die so viele Menschen quälen.

## *Die neuen Persönlichkeitsstörungen*

Sobald mit dem neuen System gearbeitet wurde, erhielten wir Rückmeldungen zur klinischen und forschungsbezogenen Nützlichkeit der neuen Kategorien. 1983 wurde ich in den Beratungsausschuß berufen, der die Diagnosen der Persönlichkeitsstörungen für das DSM-III-R überarbeitete. Die Identifizierung der Persönlichkeitsstörungen und die Bestimmung der die Kategorien unterscheidenden symptomatischen Eigenschaften und Verhaltensweisen erwies sich für die Verfasser des Manuals als ein äußerst herausforderndes Unternehmen. Wie Anhang I zeigt, hat die Klassifizierung von – kranken und gesunden – Persönlichkeits»typen« die großen Denker und Heiler beschäftigt, seit die ersten Menschen sich fragten: »Wer bin ich?« Bestimmte psychiatrische Krankheiten (die das DSM-III-R als Achse-I-Störungen bezeichnet), etwa die manische Depression, sind gestörte innere Zustände, die kommen und gehen; mit Hilfe der neuen, ultramodernen Forschungstechnologie beginnen diese Störungen, ihre biologischen Geheimnisse preiszugeben. Persönlichkeitsstörungen jedoch spiegeln eine diffus getrübte Möglichkeit des Daseins in der Welt; für die »harte Wissenschaft« ist es daher schwieriger (aber, wie Sie sehen werden, zunehmend möglich), sie in den Griff zu bekommen. Die Kategorien der Persönlichkeitsstörungen (die sogenannten Achse-II-Störungen) lösten aus diesem Grund bei Klinikern und Forschern ein widersprüchlicheres und insgesamt gemischteres Echo aus als die affektiven (Stimmungs-)Störungen.

In der mit der Revision betrauten Arbeitsgruppe erwogen wir die Vorschläge zur Änderung oder Klärung einiger Kriterien für Persönlichkeitsstörungen, wir reduzierten Überschneidungen und Widersprüche und fügten neue Störungen hinzu, die Kliniker gewöhnlich in der Praxis vorfanden, im Manual aber bislang nicht aufgeführt waren. Das DSM-III-R wurde 1987 veröffentlicht; in bezug auf Achse II änderten sich Gestaltung und Kriterien der elf existierenden Persönlichkeitsstörungen; außerdem wurde die Empfehlung ausgesprochen, die Aufnahme von zwei zusätzlichen Störungen ins DSM-IV zu prüfen.

Der Prozeß des Identifizierens und Verfeinerns der Kategorien psychischen Leids geht weiter. Für die praktisch Arbeitenden von uns ist es eine Erleichterung, über eine systematische, objektivere Methode zur Identifizierung der Störungen zu verfügen, die zudem die theoretischen Vorurteile, die in der Vergangenheit psychische Diagnosesysteme verzerrten, nicht mehr aufweist. Wir hoffen jetzt, die Zahl der an diesen Störungen leidenden Menschen zu erfahren, Aussagen über prädisponierende Faktoren machen zu können, die Ursachen aus allen möglichen theoretischen Perspektiven zu untersuchen, effiziente Behandlungsmethoden zu bestimmen und den enorm anwachsenden Korpus der genetischen und biologischen Daten zu integrieren.

Die Daten für das Mitte der neunziger Jahre erwartete DSM-IV nehmen rapide zu, und die Arbeit an diesem Handbuch, an der ich beteiligt bin, kommt gut voran.

## Tests für Persönlichkeitsstörungen

Das Feedback zu den Persönlichkeitsstörungen und ihren jeweiligen Merkmalen und Verhaltensweisen ergibt sich zum Großteil aus der Anwendung der Tests, die zu ihrer Beurteilung entwickelt wurden. Ich war an der Entwicklung eines dieser Tests beteiligt, dem *Personality Disorder Examination (PDE-Prüfung der Persönlichkeitsstörungen)*[2]. Ähnlich wie Labortests medizinische Diagnosen verifizieren, diagnostiziert der PDE zuverlässig die DSM-III-R-Persönlichkeitsstörungen. Der PDE wird als »strukturiertes Interview« bezeichnet. Er muß von einem erfahrenen Kliniker, der die Antworten aufgrund seines beruflichen Urteils einschätzt, vorgelegt und ausgewertet werden. Der PDE ist der Weltgesundheitsorganisation vorgestellt worden und wird zur Zeit in verschiedenen Sprachen und Ländern getestet.

## Psychische Normalität von psychischen Störungen ableiten

Die dem DSM-III, dem DSM-III-R und dem PDE innewohnenden Prinzipien bilden die Grundlage der in diesem Buch vorgestellten Persönlichkeitsstile und des Tests zu ihrer Bestimmung. Die dreizehn von uns genannten Persönlichkeitsstile sind die normalen, durchaus menschlichen, *nicht*-pathologischen Versionen der im DSM-III-R identifizierten extremen, gestörten Konstellationen (elf Persönlichkeitsstörungen und die zwei zur Aufnahme in die nächste Fassung vorgeschlagenen). Mit anderen Worten: Genauso, wie Bluthochdruck zuviel von etwas Gutem ist, sind Persönlichkeitsstörungen extreme Ausprägungen normaler menschlicher Muster – dem Stoff, aus dem die Persönlichkeiten von uns allen bestehen. Während das DSM-III-R gestörte Kategorien identifiziert, beschreiben wir hier äquivalente Kategorien normalen menschlichen Funktionierens.

Anders als der PDE ist unser Persönlichkeitstest kein Instrument zur Diagnostizierung von Persönlichkeitsstörungen. Wir haben ihn entwickelt, damit Sie die Komponenten Ihres Persönlichkeitsstils erkennen können. Verwenden Sie ihn, um sich und die Gründe für Ihr Verhalten zu verstehen und zu lernen, wie Sie Ihr Muster stärken oder korrigieren können. Vor allem aber sollten Sie ihn benutzen, um die erkennbaren Unterschiede zwischen uns allen zu schätzen und zu akzeptieren.

John M. Oldham, M.D.

KAPITEL 1

# Wer bin ich?

## Individuelle Unterschiede verstehen

Wie können Menschen so ähnlich und doch so verschieden sein?
   Zwei Cousins und zwei Cousinen besuchten die Feier zum fünfundachtzigsten Geburtstag ihres Großvaters in New Mexico. Carolyn, Alexander, Jonathan und Katy waren in derselben Großstadt im Nordosten der USA aufgewachsen und hatten viele Ferien und Sommer gemeinsam im Landhaus der Großeltern an den New Hampshire-Seen verbracht. Zwischen ihren Familien bestand ein herzliches Verhältnis, und ihre Eltern hatten sie dazu erzogen, ehrgeizig, zielstrebig und selbstbewußt zu sein. Jetzt waren sie zwischen Ende Zwanzig und Anfang Vierzig, saßen am selben Tisch im Restaurant und rollten auf, was geschehen war, seit ihre Wege sich vor vielen Jahren getrennt hatten.
   Nach ein bißchen höflichem Geplauder wurden sie offener und vertrauten sich an, was in ihrem Leben wirklich los war. Katy nannte es »Karma«, daß sie nach all diesen Jahren zusammengekommen waren, um sich etwas mitzuteilen, das für jeden von ihnen eine größere Krise war.

### *Carolyns Karriere-Knick*

Carolyn war mit Anfang Vierzig die Älteste der vier. Es war der Traum ihres Lebens gewesen, die mächtigste Frau in einer großen Firma zu werden. Sie hatte an wenig anderes gedacht und zwanzig Jahre damit zugebracht, die Leiter einer großen multinationalen Firma heraufzuklettern und sich gegen Machtbarrieren zu behaupten, die den Aufstieg von Frauen in der Wirtschaft lange behindert hatten. Sie sollte zum Vorstandsmitglied ernannt werden, als die Firma verkauft wurde. Das Management ging in andere Hände über, und Carolyn saß auf der Straße. In den neun Monaten, die seitdem vergangen waren, hatte sie viele Arbeitsangebote erhalten, aber keins bot ihr die Macht und das Prestige, für die sie so hart gearbeitet hatte. Ihr Schwung war weg. Es hatte sie umgehauen, verriet Carolyn wie nebenbei, ohne dabei ein Gefühl zu zeigen.

»Ja, das ist schrecklich«, brach es aus ihrer jüngeren Cousine Katy heraus. »Und außerdem bist du noch nicht einmal verheiratet!«

## *Katys Liebesleben*

Carolyn warf Katy einen eisigen Blick zu. Katy meinte später zu Alexander, als sie zusammen tanzten: »Oh weh, da habe ich wirklich ins Schwarze getroffen. Carolyn dachte immer, ich wäre ein Windkopf, weil ich mich für Jungens interessierte und mich zurechtmachte und ausging, während sie immer versuchte, mir zu sagen, ich solle die Dinge *ernst* nehmen.«

Katy, die Jüngste der vier, war ebenfalls nicht verheiratet, und das war der Grund ihrer gegenwärtigen Nöte. Sie war eine talentierte junge Texterin in einer großen New Yorker Werbeagentur. Anfangs war sie bei ihrer Arbeit ziemlich erfolgreich gewesen, aber dieses Jahr hatte man sie bei der erhofften Gehaltserhöhung übergangen. »Ich glaube, mein Stern ist ein bißchen am Sinken«, gab sie zu, als sie mit Alexander tanzte, mit dem sie sich immer gerne unterhalten hatte. »Carolyn würde wahrscheinlich sagen, daß ich mich nicht *angestrengt* habe.«

Als Katy klein war, hatte ihre Mutter ihr erzählt, wie toll ihre ältere Cousine Carolyn war, wie erfolgreich, und ihr geraten, wie Carolyn zur Wirtschaftsschule zu gehen und sie sich zum Vorbild zu nehmen. Aber mit Geschäften hatte Katy nicht viel im Sinn. »Zu trocken«, sagte sie ihrer Mutter und Carolyn. Katy war lebhaft, extravagant, kreativ und phantasievoll. Die Werbeagentur war genau der richtige Platz für ihre Talente – hauptsächlich aber wartete Katy auf den Tag, an dem sie heiraten würde. Ein reicher, wunderbarer Mann, ein Heim und Kinder waren das, was sie vom Leben wollte. Wenn die Kinder in der Schule wären, phantasierte sie, würde sie es vielleicht mit dem Schreiben versuchen – Liebesromane, Bestseller zweifelsohne.

Katy, die attraktiv und sexy war, hatte es nie an Verabredungen gemangelt. Aber irgendwie ließ sie sich immer mit den falschen Männern ein. Erst vor ein paar Wochen hatte sie erfahren, daß der Mann, in den sie sich Hals über Kopf verliebt hatte, verheiratet war.

»Könnt ihr euch das vorstellen?« klagte Katy später, als sie ihren Tischgenossen ihre Leidensgeschichte erzählte. »Er lebte praktisch mit mir zusammen, aber die paar Nächte in der Woche, an denen ich ihn nicht sah, ging er zu ihr und seinen Kindern zurück. Es war erniedrigend!« Katys Augen füllten sich mit Tränen. »Eine Zeitlang dachte ich, ich könnte das nicht durchstehen. Ich meine«, sagte sie und sah auf das Tischtuch, das sie zwischen den Händen wrang, »ich dachte ernstlich an Selbstmord.«

Alexander, liebenswürdig wie immer, gab ihr sein Taschentuch. Er versicherte ihr, daß sie eine phantastische, wertvolle, schöne und begabte Frau sei. Bald würde sie einen wundervollen Mann kennenlernen, der sie wirklich schätzen und heiraten würde. Sie würden eine glänzende Hochzeit haben, beteuerte Alexander ihr, und bei diesen Worten sah Katy auf und lächelte.

## *Alexanders Midlife-crisis*

Soweit man es von außen sehen konnte, hatte Alexander es geschafft. Er lebte mit der Frau zusammen, die er liebte, und würde wahrscheinlich bald heiraten. Zudem war sein Vater dabei, ihm die Leitung der familieneigenen Wirtschaftsprüfungsfirma zu übertragen. Warum war er nicht glücklich?

Er schob alles auf das Alter. Er würde bald vierzig werden und meinte, das wäre eben die Midlife-crisis. Alles, wofür er in seiner Beziehung und seiner Karriere gearbeitet hatte, trug nun Früchte. Aber er hatte das Gefühl, den Sinn seines Lebens verloren zu haben, vor allem sah er keinen Sinn in seiner Arbeit.

»Sollte man nicht annehmen, daß es einem etwas bedeutet, wenn man nach jahrelangen Mühen etwas erreicht? Sollte man sich nicht erfüllt und glücklich fühlen?« Er sah Carolyn an und sagte: »Wenn du es geschafft hättest, wie geplant ins innerste Heiligtum dieser Firma zu gelangen, wärst du im siebten Himmel. Ich komme ins beste Mannesalter und kann nur denken: Ist das alles?«

Carolyn gab zu, daß sie seine Gefühle nicht verstand. Sie konnte sich nicht vorstellen, daß ihre Tage und ihr Leben keinen Sinn, keinen Zweck, keine Struktur hätten. Sicher, in den ersten Monaten, nachdem sie ihren Job verloren hatte, war es sehr schwierig gewesen. Sie hatte nicht gewußt, was sie mit ihrer Zeit anfangen sollte. Also war sie einem Gesundheitsclub beigetreten und hatte einen täglichen Trainingsplan für sich aufgestellt. Das war genug, um ihr Leben wieder in den Griff zu bekommen, meinte sie.

»Es hängt alles davon ab, sich Ziele zu setzen«, sagte sie bestimmt zu Alexander. »Ich setze mir tägliche Ziele für meine Arbeitssuche und mein Privatleben. Ich habe kurz- und langfristige Ziele. Ich habe jeden Tag einen Plan. Ich trainiere jeden Morgen von sechs bis sieben. Ich dusche, ziehe mich an und beginne, Personalberater anzurufen und wegen Tips für Jobs herumzutelefonieren. Ich bin in Kommissionen und Komitees und nutze diese Kontakte. Nächste Woche spreche ich mit meinem Rechtsanwalt über die Eröffnung einer eigenen Beratungsfirma.

Ich möchte mitten drin in der Business-Welt sein, und vielleicht komme ich wieder dorthin zurück«, sagte Carolyn mit der für sie typischen Entschlossenheit, so, als steckte sie nicht in einer emotionalen Krise. »Vielleicht auch nicht. Es ist mir wichtig, aber am wichtigsten ist mir, daß ich arbeite, etwas tue, Ordnung in meinem Leben halte. *Verantwortung übernehmen,* das bedeutet Leben für mich. Ja, ich wünschte, da wäre ein Mann in meinem Leben«, sagte sie, an Katy gewandt, »aber im Moment ist für mich die Arbeit dran. Es tut mir leid, Alexander, aber ich verstehe deine Erfahrung nicht. Wenn ich du wäre, würde ich sie durchstehen, indem ich meine Ziele verfolge und mich noch ernsthafter in die Arbeit stürze.«

## *Jonathans Freiheitsbedürfnis*

»Arbeit, Arbeit, Arbeit«, kommentierte Cousin Jonathan mürrisch. »Ihr erinnert mich an meine Frau.«

»Oh ha«, sagte Katy, »Zwist im Paradies?« Jonathan ignorierte die Frage. »Wer sagt, daß es so toll ist, zu arbeiten? Ich meine, es ist okay für dich, Carolyn, aber vielleicht hat Alexander die Nase voll. Alex war sein ganzes Leben lang der gute kleine Junge, der Stolz und die Freude seiner Eltern«, sagte er und wandte den Kopf zu dem Tisch, an dem Alexanders Eltern und Großeltern saßen. »Vielleicht will er jetzt nach Tahiti abhauen und nackte Frauen malen.«

»Na ja, ich weiß nicht, ob ich nackte Frauen *malen* würde«, antwortete Alexander lachend. »Weißt du«, fügte er ernst hinzu, »ich bin ein bißchen überrascht, dich hier zu sehen, Jonathan. Den ganzen

Weg hierher zu einer Familienfeier zu kommen ist nicht gerade dein Stil.«

»Stimmt«, räumte Jonathan ein. »Um die Wahrheit zu sagen, ich hatte nicht vor zu kommen. Aber als Mara entschied, daß wir in den Frühjahrsferien das ganze Haus innen anstreichen sollten, hielt ich einen Ausflug nach Santa Fe plötzlich für eine tolle Idee. Morgen werde ich ein bißchen wandern und vielleicht noch ein paar Tage hierbleiben. Bis dann wird sie wahrscheinlich mit dem Anstreichen fertig sein, und alles ist hübsch und sauber.«

Jonathan und seine Frau Mara unterrichten an der High School. Jonathan hatte sich für den Lehrberuf entschieden, weil es ihm gefiel, so viele Ferien zu haben. Er liebte es, im Garten zu arbeiten, zu lesen und zu tun, was ihm gefiel. Mara war, wie Jonathan mit seinem Kommentar gerade angedeutet hatte, mehr Carolyns Typ – ein Arbeiter, ein Macher. »Sie mag das Gefühl der Erschöpfung, das kommt, wenn sie sich antreibt. Sie braucht die Spannung, immer mehr zu machen. Ich«, meinte Jonathan achselzuckend, »fühle mich gerne locker, entspannt, im Frieden. Wenn ich zu Hause sitze und ein Buch lese, sagt sie, daß ich nicht genug tue. Ich sage, sie tut zuviel. Ihr wißt«, fuhr Jonathan fort, »daß ich Mara sehr liebe. Ich glaube, sie erledigt ihren Job als Ehefrau wirklich gut. Sie kümmert sich sehr um das Haus, um mich, um das Kind aus ihrer ersten Ehe. Ich wollte nur, sie würde aufhören, darauf zu bestehen, daß ich so bin wie sie. Ich arbeite, ich tue eine Menge um's Haus herum, ich halte den Garten in Schuß – ich habe einfach nicht dieselben Werte im Leben wie sie. Ich sehe mir Sport im Fernsehen an. Sie nennt mich einen Sofahelden. Ich sage, daß es groß in Mode ist, ein Sofaheld zu sein, und warum sie nicht zu mir kommt? Sie geht einfach raus, knallt die Tür zu und recht im Garten die Blätter zusammen.«

Katy sagte: »Ja, als Kind warst du immer gut darin, dich zu drücken, wenn es etwas zu tun gab. Erinnerst du dich an den Sommer am See, als Großmutter beschloß, daß wir Kinder jeden Abend den Tisch abräumen und das Geschirr spülen sollten? Ich war wirklich klein, aber ich erinnere mich, daß du Großmamas große Servierschüssel fallen ließest und sie in tausend Stücke zersprang, als du das erste Mal den Tisch abgeräumt hast. Am zweiten Abend hast du Kaffee übers ganze Tischtuch geschüttet. Am dritten Abend geschah irgend etwas anderes, bis Großmutter dich von den Abräum- und Spülpflichten befreite. Erinnert ihr euch?« fragte sie die anderen. Alle lachten, während Jonathan protestierte und meinte, das wäre nicht fair, er hätte eine Menge geholfen.

»Ist deine Ehe wirklich in Schwierigkeiten, Jonathan?« fragte Alexander. Jonathan nickte.

»Was willst du tun?«

Jonathan zuckte mit den Achseln. »Ein Mensch muß tun, was er tun muß. Ich werde mich nicht für weitere Jahre verpflichten, wenn ich in meinem eigenen Haus mit meiner eigenen Frau nicht frei sein kann. Ich meine, ich liebe Mara wirklich, aber ich mag mein Leben mit ihr nicht. Es gibt zuviel Streß. Druck ist nichts für mich. Ich bin, wer ich bin. Ich kann nicht so sein, wie sie mich gerne hätte. Die Qualität des Lebens ist für mich zu wichtig. Für euch«, sagte er und wies auf Carolyn und Alexander, »ist vielleicht der Erfolg wichtig. Mich interessiert, mein Leben auf die einzige Art zu genießen, die ich kenne.« Ein Kellner kam mit Champagner vorbei, und Jonathan hob sein Glas, um sich nachschenken zu lassen. Katy sagte: »Es ist erstaunlich, daß du so entspannt bist. Du beobachtest ganz ruhig, wie deine Ehe in die Brüche geht. Wenn ich du wäre und meine Ehe am Zerbrechen wäre, würde ich von Selbstmord reden.«

»Ja, und wenn ich es wäre, würde ich drei Monate im Bett bleiben und mich bedauern«, sagte Alexander. »Und Carolyn würde Haltung bewahren, sich nichts anmerken lassen und in der Morgendämmerung aufstehen, um ihre Lebensziele umzuschreiben.«

## *»Ich bin ein Löwe«*

An dieser Stelle machte Alexander die Bemerkung: »Wie können Menschen, die so ähnlich sind, so verschieden sein? Hier sind wir, vier Erbsen aus derselben Hülse. Wir sind zusammen in derselben großen Familie aufgewachsen. Man hat sich gut um uns gekümmert – kein Hunger, keine größeren Traumata, gute Schulen. Wir versuchen alle, mit etwas Schwierigem in unserem Leben fertig zu werden, und wir gehen alle ganz verschieden damit um. In bezug auf unsere emotionalen Reaktionen, das, was wir lieben und hassen, unsere Vorlieben und Abneigungen, unsere Ambitionen für uns selbst könnten wir nicht unähnlicher sein. Wie erklärt ihr euch das?«

Niemand hatte darauf eine Antwort, außer Katy. »Das ist einfach«, sagte sie, »ich bin ein Löwe.«

## Verwirrende Unterschiede erklären

Die Astrologie ist eine der ältesten Methoden, die Unterschiede in unseren individuellen Persönlichkeitsstilen zu erklären. Die Frage, warum wir verschieden sind und worin das Wesen dieser Unterschiede besteht, hat, zumindest seit es schriftliche Aufzeichnungen gibt, einige der besten Köpfe interessiert. Im 3. Jahrhundert v. Chr. zum Beispiel stellte Theophrast, ein Schüler des Aristoteles, dieselbe Frage wie Alexander auf der Geburtstagsfeier: »Warum sind wir alle hinsichtlich unserer Persönlichkeit verschieden, wo doch ganz Griechenland unter demselben Himmel liegt und alle Griechen gleich erzogen werden?«

Astrologische Zeichen, Körperflüssigkeiten bzw. -säfte, Körpertypen, Streß-Aktionstypen, Philosophie, Psychologie und Medizin wurden herangezogen, um die vorhersehbaren Unterschiede im Verhalten, in den Werten, Motivationen und geistigen Systemen menschlicher Persönlichkeitstypen zu erklären (ein kurzer historischer Abriß findet sich in Anhang I). Die ganze Geschichte hindurch haben Denker und Heiler das Bedürfnis verspürt, zu bestimmen, welche Persönlichkeitstypen »besser« oder »schlechter«, »normal« oder »anomal«, »gesund« oder »fehlangepaßt« sind, welche »stimmen« und welche »Hilfe brauchen«. Dies geht bis heute weiter. Wenn Sie sich um eine Stelle bewerben oder zur Berufsberatung gehen, sehen Sie sich einer Reihe von Tests und Fragebogen gegenüber, die feststellen sollen, ob Sie die »richtige« Persönlichkeit für einen bestimmten Arbeitsplatz haben oder für welche Tätigkeiten Sie geeignet sind.

Sicher scheint zu sein, daß wir uns mit Menschen, die uns ähnlich sind, wohler fühlen als mit solchen, die in puncto Sprache, Nationalität, Hautfarbe, Religion, politische Einstellung etc. anders sind. Gewöhnlich möchten wir wie ein von uns als ideal erkannter Persönlichkeitstyp sein, mit ihm zusammensein oder zusammenarbeiten. Der ideale Persönlichkeitstyp unserer Zeit könnte jemand sein, der emotional offen, verständnisvoll, in jeder Hinsicht maßvoll und an der Verbesserung seiner Person interessiert ist, der viel gibt und hart arbeitet.

Aber egal wie sehr wir uns bemühen, wie andere zu sein und uns ähnliche Menschen zu suchen – wohin wir uns auch wenden, im Bett, am Frühstückstisch, in der Schule, im Sitzungssaal, am Fließband, auf der Autobahn und bei Großpapas Geburtstagsfeier stoßen wir auf die

Unterschiede in anderen. Carolyn, Alexander, Katy und Jonathan gehören derselben Rasse und derselben Generation an, sie haben die gleiche Religion, denselben Geburtsort und sogar dieselbe Augenfarbe. Aber sie unterscheiden sich auffallend und vorhersagbar in bezug auf die Menschen, die sie lieben, die Art und Weise, in der sie sie lieben, ihre Gefühlsskala, die Faktoren, die bei ihnen Streß auslösen, ihre typischen Verhaltensmechanismen, ihre Art und Weise, Konflikte zu lösen, ihre Anfälligkeit für bestimmte Krankheiten, ihre Phantasie, ihre Selbstachtung, ihre Wünsche und Karriereinteressen, ihren Arbeitsstil und ihre Motivationen, um nur einige erkennbare Unterschiede zu nennen.

## *Was ist bei dir nicht in Ordnung?*
## *Was ist bei mir nicht in Ordnung?*

Trotz echt familiärer Zuneigung füreinander mißverstehen und verurteilen diese vier Cousins und Cousinen das, was den jeweils anderen von ihnen unterscheidet. Carolyn denkt tatsächlich, daß Katy ein »Windkopf« ist und zur Ruhe kommen und härter arbeiten sollte, anstatt ständig mit ihren »dummen« romantischen Träumen beschäftigt zu sein. Für Carolyn wäre es die Hölle, die Ewigkeit in der Umgebung eines Menschen verbringen zu müssen, der so wie Katy – oder Jonathan – ans Leben herangeht. Carolyn glaubt, daß ihr Cousin Jonathan faul und egoistisch ist. Wenn sie seine Frau Mara wäre, hätte sie ihn schon lange hinausgeworfen.

Katy meint, daß Carolyn langweilig ist und nur deshalb so hart arbeitet, weil sie keinen Mann findet und wahrscheinlich zu alt ist, um Kinder zu haben. Jonathan denkt, daß Carolyn ihre Arbeit zu einem Popanz macht und Angst hat, aus sich herauszugehen und sich eine schöne Zeit zu machen. Ihre Tendenz, jedem einen Vortrag darüber zu halten, was er tun sollte, macht ihn verrückt. Er meint, Katy wäre ganz okay, wenn sie nicht so emotional wäre. Alexander hält er für ein Muttersöhnchen.

Obwohl Alexander sich in Menschen einfühlen kann und begreift, daß Carolyn verletzlicher ist als es scheint, empfindet er angesichts ihrer Stärke Angst und Neid zugleich. Er hat das Gefühl, nie an ihre Vorstellung von einem »richtigen« Mann heranzureichen. Alexander erkennt, daß sein Persönlichkeitsstil sich von dem der anderen unterscheidet, und benutzt die Unterschiede, um seine Unzulänglichkeit hervorzuheben. Er mißt seine Eigenschaften an einem Ideal und fragt dann sich (oder seinen Therapeuten): »Was ist mit mir nicht in Ordnung?« Alexander hat seinem Therapeuten gesagt, daß er sich für einen »Versager« hält, weil er seine Karriere nicht in die Hand nimmt. Carolyn verrät zwar ihre Gefühle nicht, aber auch sie schämt sich im Innersten, daß sie ihre beruflichen Ziele nicht erreicht hat und meint, wertlos zu sein. Katy glaubt, keine normale Frau zu sein, weil sie keinen Mann gefunden hat. Jonathan macht eine Ausnahme; er glaubt von sich, einfach in Ordnung zu sein, und wünschte, alle anderen würden ihn in Ruhe lassen.

Anders gesagt: Wir akzeptieren zwar unsere Gemeinsamkeiten mit anderen, aber in bezug auf unsere Unterschiede und einen idealen Persönlichkeitstyp nicht immer uns selbst; und oft mißverstehen wir andere oder verurteilen sie völlig.

## *Die Sprache(n) lernen*

In diesem Buch zeigen wir, daß die scheinbar geheimnisvollen Unterschiede zwischen den Menschen relativ leicht zu verstehen und handzuhaben sind – sobald Sie gelernt haben, die Zusammenstellung der Verhaltensweisen und Eigenschaften zu »entschlüsseln«, aus denen jeder der dreizehn Persönlichkeitsstile besteht. Kein Stil ist »gut« oder »schlecht«. Obwohl einige häufiger sind als andere, sind alle normal. Sie alle haben ihre Stärken und ihre potentiellen Schwachstellen. Jeder besitzt seine eigene »Sprache« – und das Erlernen der Grundbegriffe der dreizehn Persönlichkeitsstile macht es wesentlich leichter, mit jedem, dem Sie begegnen, einschließlich sich selbst, zurechtzukommen und Konflikte zu lösen bzw. zu vermeiden.

Cousine Carolyn zum Beispiel ist ein überwiegend Gewissenhafter Typ mit einem Zug Selbstbewußten Stils. Sie spricht die Selbstbewußte Sprache der Stars (»Ich werde die wichtigste Frau in meiner Firma sein«) und die Gewissenhafte Sprache des »Sollens« (»Ich sollte erfolgreich sein«, »Ich sollte die beste Frau in meiner Firma sein«; »Du solltest Ziele haben«). Sie mißt sich an strengen moralischen Prinzipien und hat Schuldgefühle, wenn sie nicht arbeitet, um diese zwingenden äußeren Maßstäbe zu erfüllen. Kein Wunder, daß sie so hart mit sich und anderen ist. Wird Carolyn den Job finden, den sie sich wünscht? Wird sie je einen Mann kennenlernen, der stark genug ist, ihre Erwartungen zu erfüllen? Siehe Kapitel 6.

Jonathan ist vom Lässigen Persönlichkeitsstil geprägt. Seine Frau ist Gewissenhaft, wie Carolyn – keine gute Verbindung, denn Jonathan spricht die Sprache des Sich-wohl-Fühlens, der Entspannung und des Vergnügens, und gegen Ehrgeiz und Schuld ist er völlig immun. Werden er und Mara sich trennen? Siehe Kapitel 10.

Katy spricht die Sprache der Liebe. Sie ist Dramatisch bis ins Extrem. Sie braucht es, daß man sie schätzt, verwöhnt und verehrt. Sie ist taub für die Sprache der Ziele, des Planens, der Details und der Disziplin, aber sie hätte nichts dagegen, wenn jemand (der Märchenprinz zum Beispiel) vorbeikäme, um sich um die notwendigen Details ihres Lebens zu kümmern. Wird Katy ihr Herzeleid überwinden und einen Mann finden, der sie richtig behandelt? Siehe Kapitel 7.

In Alexanders Persönlichkeitsmuster dominiert der Anhängliche Stil. Sein Schlüsselsatz lautet »Was immer dich glücklich macht, will auch ich.« Aber fragen Sie ihn, was ihn selbst glücklich macht, und er wird Ihnen die Antwort schuldig bleiben. Deshalb fällt es ihm auch so schwer, seine Karriere in die Hand zu nehmen. Kapitel 6 zeigt, wie er sein Problem löst.

## *Normal für Sie*

Wenn Sie lernen, die Sprache der dreizehn Persönlichkeitsstile zu sprechen, werden Sie feststellen, daß Sie sich sehr viel leichter über andere klarwerden und vielleicht sogar Mitgefühl für Menschen entwickeln, die Sie nie ertragen zu können glaubten (siehe: »Das Schwiegermutterprojekt« S. 117).

Aber lernen Sie zuerst, *Ihren* Stil zu verstehen. Hören Sie Ihrer Persönlichkeit zu, finden Sie die Schlüsselworte, die Ihre Denk- und Verhaltensmuster aufschließen – lernen Sie, was normal für Sie ist. Wenn Sie den Test gemacht haben, werden Sie feststellen, daß Ihre Persönlichkeit Ihrer Vergangenheit, Ihrer Gegenwart und Ihrer Zukunft, all Ihren Hoffnungen und Träumen, Ihren Gefühlen und dem, was Sie im Leben erreichen, eine ganz bestimmte Ordnung auferlegt.

KAPITEL 2

# Das einmalige Muster Ihres Lebens
## Stile, Störungen und Bereiche

Ihr Persönlichkeitsstil ist das Prinzip, das Sie organisiert. Er treibt Sie auf Ihrem Lebensweg voran. Er repräsentiert das geordnete Arrangement Ihrer Eigenschaften, Gedanken, Gefühle, Einstellungen, Verhaltensweisen und Streßbewältigungsmechanismen. Er ist das charakteristische Muster Ihres psychologischen Funktionierens – die Art und Weise, in der Sie denken, fühlen und handeln –, das Sie *definitiv* zu Ihnen macht.

Es ist Ihr Persönlichkeitsstil, der Ihre ehemaligen Klassengefährten beim 25. Jahrestreffen zum Abitur zu der Bemerkung veranlaßt: »Du hast dich kein bißchen verändert!« – und das, obwohl Sie inzwischen 15 Kilo zugenommen haben, leicht ergraut sind und eine Brille tragen.

Gleich und leicht erkennbar geblieben ist die Art, in der Sie auf andere reagieren, Ihr emotionaler Stil, Ihre Art, zu denken und sich auszudrücken, Ihre Körpersprache – das heißt, kurz gesagt, die äußerlichen Wirkungen der Grundeigenschaften, die Ihren Stil seit Ihrer frühesten Kindheit kennzeichnen.

## IHRE MÖGLICHKEITEN

Die wissenschaftliche Erforschung der menschlichen Persönlichkeit steht in der modernen Psychiatrie ganz vorne. In neuropsychiatrischen Labors beginnen wir zu beweisen, daß die Grundlagen der Persönlichkeit ererbt, das heißt biologisch determiniert sind. Psychiater nennen den angeborenen biologischen, genetischen Aspekt Ihrer Persönlichkeit Ihr Temperament. Ihr Aktivitätsniveau (sind Sie hektisch oder gelassen und langsam?), Ihre charakteristische Stimmungs- (launisch? fröhlich? ausgeglichen?) und Reaktionsskala (wirft eine Veränderung Sie um?) gehören zu den vielen Merkmalen Ihres Temperaments bzw. Ihres biologischen Stils, mit dem Sie gewissermaßen »vorprogrammiert« aus dem Mutterleib herausgekommen sind. Wie wir in Kapitel 17 zeigen werden, beginnt die Forschung sogar, zwischen den jeden Persönlichkeitsstil kennzeichnenden Eigenschaften und Verhaltensweisen und den ihnen zugrundeliegenden biochemischen Kommunikationsmustern im Gehirn Entsprechungen herzustellen.

## *Gene und Erfahrung*

Neben einer Reihe körperlicher Merkmale – etwa der Größe – übertragen die Gene auch diverse Persönlichkeitsprädispositionen. Die Umgebung und die Lebenserfahrung – Eltern, Familie, Lebensereignisse, Kultur, Peer-Group – formen dann aus den Möglichkeiten das endgültige »Ich«. Widrige Erfahrungen können die Möglichkeiten zum Schlechteren verändern. Zum Beispiel hätten Sie größer werden können, wenn Sie in der Kindheit die richtige Ernährung bekommen hätten oder nicht krank gewesen wären. Umgekehrt hätte Ihre starke Aggressivität Sie ins Gefängnis bringen können, anstatt Ihre brillanten legalen Manöver im Gerichtssaal zu speisen, wenn Ihre Eltern Sie mißhandelt hätten, statt Sie zu schätzen und ausreichend auf Ihre Bedürfnisse einzugehen.

## *Ein Kartenspiel*

Die Persönlichkeit ist wie ein Kartenspiel. Bei der Empfängnis erhalten Sie bestimmte genetische Karten, und die Lebenserfahrungen bestimmen, welche aufgedeckt werden und wie infolgedessen Ihre normale Erlebniswelt aussieht. Ihr Blatt – Ihr Persönlichkeitsstil – steht am Ende der Kindheit ziemlich fest, und für den Rest Ihrer Jahre spielen Sie dann das »Spiel des Lebens« in der für Sie charakteristischen Weise.

Obwohl kein Psychiater oder Psychologe eine Kristallkugel hat, die voraussagen kann, welche »Bewegung« Sie oder irgend jemand anders in Reaktion auf irgendeine Situation machen werden, zeigt die Forschung, daß Menschen bis ins hohe Alter das Spiel im großen und ganzen so spielen, wie es ihrer Persönlichkeit entspricht.

## STIL KONTRA STÖRUNG

Natürlich wachsen und verändern Sie sich während Ihres ganzen Lebens, aber in für Sie folgerichtiger, charakteristischer Weise. Ihr Persönlichkeitsstil ist Ihre Art und Weise, zu sein, zu werden und den Herausforderungen des Lebens zu begegnen. Der Stil der meisten Menschen besitzt einen eingebauten Flexibilitätsfaktor, durch den sie mit den Hindernissen, die ihnen in den Weg geworfen werden, fertig werden können. Sie sind in der Lage, sich Veränderungen anzupassen, was eine Vielzahl von Erfahrungen ermöglicht. Andere Menschen jedoch stehen immer wieder vor der gleichen alten Mauer. Sie sind in starren, inflexiblen Persönlichkeitsmustern gefangen – Persönlichkeitsstörungen –, die dafür sorgen, daß sie ihr ganzes Leben lang ständig dieselben schwierigen, ärgerlichen, leeren, einsamen oder zerrüttenden Erfahrungen machen.

### *Der Fall von Gary L.*

Ein Mann geht zum Psychiater, weil seine Frau gedroht hat, ihn zu verlassen: »Wenn du nicht mit dir klarkommst, Gary, nehme ich die Kinder und gehe zu Mutter – ich meine es ernst.«

Gary ist vierundvierzig Jahre alt und hat an seinem Arbeitsplatz gerade eine Bewährungsfrist von drei Monaten bekommen, weil er irrtümlich die Hintergrunddaten für ein Projekt im Computer gelöscht und damit vernichtet hat. Seine Abteilung konnte dadurch einen sehr wichtigen Termin nicht einhalten, und die Firma hätte fast einen großen Auftrag verloren.

Gary ist Wirtschaftsingenieur in einer Firma, die Autoteile herstellt. In den letzten zehn Jahren hat er drei Jobs verloren. Dem Psychiater sagt er, daß mit ihm alles in Ordnung ist. Er hatte eben eine Pechsträhne mit miserablen Chefs. Es ist nicht seine Schuld, wenn die Verlierer befördert werden und dann von ihm verlangen, das Unmögliche möglich zu machen, sagt er. Gary gibt zu, daß all diese »bösen« Chefs ihm vorwarfen, vergeßlich, langsam, stur und unkooperativ zu sein – dieselben Klagen, die seine Frau gegen ihn vorbringt, wie er auf Drängen zugibt. Sie will immer, daß er im Haus hilft, was er verweigert. Sie ärgert ihn auch durch ihre Klagen über seine ständige schlechte Laune und sein Trinken, das Gary absolut unter Kontrolle zu haben glaubt. Er meint, daß seine Frau ihn nicht versteht, und *das* sei sein Problem, sagt er dem Psychiater.

Fast jeder schiebt ab und zu Dinge auf die lange Bank, trödelt herum und leistet Autoritäten passiven Widerstand. Und manche Menschen sind in bezug auf Termine und Anweisungen einfach entspannter und lockerer als andere; sie stellen sie zurück und beschäftigen sich statt dessen mit anderen, interessanteren Dingen, aber schließlich tun sie sie. Solche Menschen haben, wie Vetter Jonathan in Kapitel 1, einen starken Anteil am Lässigen Persönlichkeitsstil. Sie kommen im Leben gut zurecht, solange sie Eilaufträgen und anspruchsvollen Karrieren aus dem Weg gehen und sich nicht mit Perfektionisten zusammentun. Sie belohnen einen mit Liebe und Anerkennung, wenn man sie so akzeptiert, wie sie sind, und sich gut um sie kümmert.

Aber Gary hat mehr als einen gesunden Anteil an dieser Eigenschaft. Der passive Widerstand gegen die Anforderungen von Autoritäten ist für ihn zur einzigen Lebensweise geworden. Zu Hause vermeidet er alles, was seine Frau und seine heranwachsenden Kinder von ihm erwarten. Am Arbeitsplatz sabotiert er ständig seine Bemühungen derart, daß er seinen Lebensunterhalt und das Wohlergehen seiner Familie gefährdet. Er war zumindest seit der Adoleszenz so, als er, obwohl intellektuell begabt, wegen ungenügender Leistungen zwei Colleges verlassen mußte, bevor er schließlich seinen Abschluß machte. Jetzt ist er kurz davor, seine Frau und seinen Job zu verlieren.

Gary versäumt seine zweite Verabredung mit dem Therapeuten – »Ich hab's vergessen«, erklärt er –, aber am Ende des nächsten Besuchs glaubt der Psychiater, genug gehört zu haben, um eine vorläufige Diagnose stellen zu können. Gary hat eine Persönlichkeitsstörung. Sein Persönlichkeitsstil ist starr und unflexibel geworden. Anstatt ihm eine Möglichkeit zur Verfügung zu stellen, sich den Anforderungen des Lebens anzupassen und sie zu bewältigen, hat sein Persönlichkeitsmuster ihn in einen Teufelskreis nach dem anderen geführt. Er erkennt nicht, daß seine sich wiederholenden Verhaltensmuster sein Leben unglücklich gemacht haben. Er kann nur anderen die Schuld geben und nein sagen – und deshalb passiert Gary nichts Gutes mehr. Gary braucht Hilfe.

Genauer gesagt: Gary leidet an der Passiv-aggressiven Persönlichkeitsstörung, wie sie vom DSM-III-R definiert wurde.

## Schwierige Menschen

Das DSM-III-R unterscheidet zwischen Persönlichkeitsstörungen (Achse-II-Störungen) und akuten, quälenden symptomatischen Zuständen, zum Beispiel Depression, Schizophrenie, Eßstörungen, sexuelle Störungen und Angststörungen (sogenannte Achse-I-Störungen). Letztere werden als »klinische Symptom-Syndrome« betrachtet. Ihre auffälligen Symptome neigen dazu, periodisch aufzutreten. Oft besitzen sie eine starke biologische Komponente und können medikamentös behandelt werden.

Persönlichkeitsstörungen dagegen sind langfristige Muster eines unflexiblen und schlecht angepaßten Verhaltens, die sich von der Adoleszenz an zeigen. Ohne Behandlung bleiben sie ein Leben lang, obwohl ihre Intensität in den mittleren Jahren und im Alter nachlassen kann. Dies bedeutet nicht, daß Menschen, deren Probleme in ihrer Persönlichkeit begründet sind, nicht auch depressiv oder drogenabhängig werden, sexuelle Schwierigkeiten bekommen, Angstanfälle haben oder unter großem seelischem Schmerz leiden. Wie Sie in den folgenden Kapiteln sehen werden, erzeugen bestimmte Persönlichkeitsstörungen sehr oft eine Anfälligkeit für spezifische klinische Symptom-Syndrome. Die akuten Zustände brechen bei besonderem Streß aus (etwa dem Ende einer Beziehung).

Den wenigen durchgeführten Untersuchungen zufolge leiden in den USA ungefähr 10% der Gesamtbevölkerung an Persönlichkeitsstörungen; zukünftige, mit einer besseren Methodik durchgeführte Studien werden wahrscheinlich einen wesentlich höheren Prozentsatz zeigen. Das Vorkommen ist in ländlichen Gebieten geringer, höher in städtischen Bereichen und bei sozioökonomisch schwächeren Gruppen. Frauen und Männer sind in relativ gleicher Anzahl betroffen, obwohl einige Störungen eher bei dem einen als bei dem anderen Geschlecht anzutreffen sind. Als das DSM-III vor seiner Veröffentlichung in der Praxis getestet wurde, litten mehr als 50% der psychiatrischen Patienten an voll entwickelten Persönlichkeitsstörungen. Die Schwierigkeiten der meisten Menschen, die einen Experten für psychische Gesundheit aufsuchen, lassen sich zumindest teilweise von Aspekten ihres bleibenden Persönlichkeitsmusters herleiten. Wie in Garys Fall wirkt etwas in ihrer Seins- und Verhaltensweise sich auf ihr Leben nachteilig aus und macht sie und wahrscheinlich auch die Menschen um sie herum unglücklich.

Viele Leute mit gestörten Persönlichkeitsmustern erkennen nicht, daß mit ihnen etwas nicht stimmt. Die anderen jedoch sehen es. Menschen mit Persönlichkeitsstörungen befinden sich oft im Konflikt mit Familienmitgliedern, Arbeitgebern, Kollegen und Untergebenen. Diese Probleme sind ziemlich schwer zu lösen, weil den Betreffenden im allgemeinen nicht klar ist, wie sehr ihre eigenen sich wiederholenden Verhaltensmuster zu ihren Schwierigkeiten beitragen.

Bei der Lektüre der dreizehn Persönlichkeitsstörungen werden Sie möglicherweise die Menschen in Ihrem Leben wiedererkennen, mit denen der Umgang am frustrierendsten ist. Für Garys Frau war dieser Mensch ihr Mann. Er war kein schlechter Mensch, und sie liebte ihn, aber sie konnte ihm nicht klarmachen, daß sein Verhalten ihre Familie zerstörte. Gary hatte nicht freiwillig Hilfe gesucht – seine Frau mußte ihm drohen. In der Therapie begriff er lange Zeit nicht, daß er irgend etwas Unpassendes tat. Er glaubte, alle anderen wären an seinen Problemen schuld.

## *Zu viel von etwas Gutem*

Das DSM-III-R folgt der medizinischen Tradition, wenn es zwischen normal und anomal unterscheidet und einzelne Kategorien von Störungen bestimmt, die von den Fachleuten für psychische Gesundheit diagnostiziert, untersucht und behandelt werden können. Die dreizehn vom DSM-III-R formulierten Persönlichkeitsstörungen (von denen zwei aus in der Einführung erwähnten und in Kapitel 14 und 15 näher ausgeführten Gründen »inoffiziell« sind), zeigen die aktuelle Kunst des Diagnostizierens von fehlfunktionierenden Persönlichkeiten.

Der Unterschied zwischen einer funktionierenden und einer fehlfunktionierenden Persönlichkeit – zwischen Stil und Störung – ist jedoch nur graduell. »Wir sprechen von *Persönlichkeitsstörungen* nur dann, wenn *Persönlichkeitszüge* [bzw. Stile] unflexibel und wenig angepaßt sind und die Leistungsfähigkeit wesentlich beeinträchtigen oder zu subjektiven Beschwerden führen«, konstatiert das DSM-III-R[1]. Die dreizehn Persönlichkeitsstörungen sind Übertreibungen der dreizehn Persönlichkeitsstile, die in unterschiedlichen Anteilen in jedem Menschen vorhanden sind. Die *Quantität* jeden Persönlichkeitsstils in einem Kontinuum, nicht seine Qualität, schafft Probleme im Leben.

Nehmen Sie Gary. Er ist an der Spitze des Kontinuums Lässig-Passiv-aggressiv einzuordnen. Die Störung beherrscht sein berufliches Leben und seine private Existenz; sie macht ihn starr und unfähig, die Dinge zu bewältigen und sich anzupassen. Wenn irgend jemand irgend etwas von ihm will, schaltet er automatisch auf stur. Jetzt, wo er nahe daran ist, seinen Job und seine Frau zu verlieren, sperrt er sich noch mehr und weigert sich zu erkennen, wie er zu seiner Misere beigetragen hat. Als er endlich beschließt, Hilfe zu suchen – »Weil meine Frau mich nicht versteht« –, »vergißt« er seine Verabredungen. Garys Persönlichkeitsstil ist so übertrieben geworden, daß für ausgleichende Tendenzen kein Platz mehr bleibt.

## *Persönlichkeitsstil: Die gute Sache*

Die Psychiatrie beschäftigt sich mit Störungen. Wir wollen in diesem Buch in erster Linie die normalen, anpassungsfähigen Persönlichkeitsstile beschreiben, deren Extrem die Störungen darstellen (siehe die Stil-Störungs-Übersicht auf S. 32). Auf den Passiv-aggressiven Gary kommen wir in Kapitel 10 zurück. Dort finden wir neben dem Lässigen Cousin Jonathan auch Anton Z., einen Künstler, bei dem der Lässige Stil für ein oft faszinierendes, sehr kreatives Leben sorgt. Er kann stur sein und sich den Anforderungen seiner Frau widersetzen, aber nicht unter allen Umständen. Antons zweite Frau weiß, anders als seine erste, wie sie mit ihm umgehen muß.

*Das Kontinuum vom Persönlichkeitsstil zur Persönlichkeitsstörung*

| Stil | | Störung |
|---|---|---|
| Gewissenhaft | → | Zwanghaft |
| Selbstbewußt | → | Narzißtisch |
| Dramatisch | → | Histrionisch |
| Wachsam | → | Paranoid |
| Sprunghaft | → | Borderline |
| Anhänglich | → | Dependent |
| Ungesellig | → | Schizoid |
| Lässig | → | Passiv-aggressiv |
| Sensibel | → | Selbstunsicher |
| Exzentrisch | → | Schizotypisch |
| Abenteuerlich | → | Antisozial |
| Aufopfernd | → | Selbstschädigend |
| Aggressiv | → | Sadistisch |

## FLEXIBILITÄT, VIELFALT UND ANPASSUNGSFÄHIGKEIT

Obwohl niemand genau sagen kann, wo der Stil endet und die Störung anfängt, haben die Unterschiede zwischen Gary und Anton, der ein produktives, befriedigendes Leben führt, mit Flexibilität, Vielfalt und Anpassungsfähigkeit zu tun. Das Erstellen einer Diagnose gehört in die Verantwortlichkeit eines Experten für psychische Gesundheit, aber Ihr Verhalten, Ihre Lebenserfahrungen und Ihr Frustrationsniveau in bezug auf andere Menschen lassen sich anhand der folgenden Kriterien einschätzen:

*1. Flexibilität und Unflexibilität.* Gary verhält sich in Reaktion auf fordernde Menschen und Situationen in seinem Leben hauptsächlich auf eine Art. Anton hat ein größeres Repertoire von Verhaltensweisen. Zum Beispiel verhandelt er mit seiner Frau, wenn er merkt, daß ihr etwas besonders wichtig ist.
*2. Vielfalt und Wiederholung.* Gary lebt ein Leben der Wiederholungen: er hat immer Schwierigkeiten bei der Arbeit; seine Ehe steckt oft in der Krise. Er hat wenige lohnende Erfahrungen und macht keinen Fortschritt. Sein Leben ist Tag für Tag dieselbe alte Geschichte. Anton ist zwar ebenfalls ein Gewohnheitsgeschöpf, bekommt aber auch spontan Spaß mit seiner Familie; er hat kreative Eingebungen und gewagte neue Wege in der Kunst eingeschlagen.
*3. Anpassungsfähigkeit und die Unfähigkeit, Streß zu bewältigen.* Wie wir sehen werden, hat Anton die Tendenz, sich zurückzuziehen und auf stur zu schalten, wenn er mit den streßauslösenden Anforderungen anderer Menschen oder des Kunstmarkts konfrontiert wird. Aber im allgemeinen fängt er sich wieder und befaßt sich mit ihnen, oft mit tiefgreifenden Ergebnissen. Zum Beispiel blieb er auch während der harten Jahre, in denen seine Arbeit sich nicht verkaufte, bei seinem sehr originellen Malstil, der indes tiefgründiger und reifer wurde. Gary dagegen kommt nicht mit dem geringsten Streß zurecht. Als er unter Termindruck stand, löschte er unabsichtlich Monate sorgfältiger Arbeit im Computer, anstatt die Herausforderung anzunehmen und zu zeigen, was er kann.

»Wenn ein Mensch mit der Umgebung flexibel umgehen kann und seine typischen Wahrnehmungen und Verhaltensweisen... die persönliche Zufriedenheit fördern, kann man sagen, daß dieser Mensch eine normale bzw. gesunde Persönlichkeit besitzt«, schreibt der Psychologe Theodore Millon. »Wenn jedoch auf durchschnittliche oder alltägliche Verantwortlichkeiten unflexibel oder unzulänglich reagiert wird, oder wenn die Wahrnehmungen und Verhaltensweisen des Betreffenden... zu persönlichem Unbehagen führen oder Gelegenheiten zum Lernen und Wachsen einschränken, können wir von einem pathologischen oder fehlangepaßten Muster sprechen.«[2]

## DIE SECHS BEREICHE DES FUNKTIONIERENS

Ob Ihre Persönlichkeit flexibel ist oder nicht – auf jeden Fall drückt sie sechs Schlüsselbereichen des Lebens ihren charakteristischen Stempel auf: Ihrem Selbst; Ihren Beziehungen; Ihrer Arbeit; Ihren Gefühlen; Ihrer Selbstbeherrschung; und Ihren Vorstellungen von der realen Welt. Das moderne psychiatrische Denken hat festgelegt, daß diese sechs Bereiche für die Bewertung Ihres Persönlichkeitsmusters grundlegend sind.

Jeder Persönlichkeitsstil zeigt in diesen sechs Bereichen ein charakteristisches, durchaus normales Muster des Denkens, Fühlens und Verhaltens. Und bei jedem Persönlichkeitsstil beherrschen ein oder zwei (in einem Fall drei) dieser Bereiche den gesamten Stil und bestimmen das Funktionieren in allen Bereichen. Für den Gewissenhaften Stil zum Beispiel ist Arbeit der Schlüssel; sie ist klar der beherrschende Bereich für Cousine Carolyn. Sie regiert sogar ihr Gefühlsleben; Carolyn fühlt sich unglücklich, wenn ihr Leben nicht auf einem soliden Leistungskurs ist. Beim Lässigen Cousin Jonathan dominiert der Bereich des Selbst. Sein Bedürfnis, unabhängig zu sein und im Leben seinen eigenen Zielen nachzugehen, ist für ihn wesentlich – wichtiger jedenfalls als seine Beziehungen, sollte er sich je entscheiden müssen.

### *Selbst*

Dieser Bereich beinhaltet Ihr Selbstgefühl, Ihre Selbstachtung, Ihr Selbstbild – mit anderen Worten: die Art und Weise, in der Sie sich, Ihren Platz in der Welt und im Urteil anderer sehen, was Sie dazu denken und fühlen. Selbstbewußte Typen zum Beispiel meinen, zu allem möglichen berechtigt zu sein und ein besonderes Schicksal zu haben. Für sie ist der Bereich des Selbst der Schlüssel, der ihre Zielsicherheit, ihren Schwung und ihre Fähigkeit erklärt, trotz Hindernissen Erfolg zu haben. Exzentrische Typen werden von der reichen Innenwelt ihres Selbst getragen; sie kümmern sich nicht darum, ob andere sie für erfolgreich halten oder sie in die gesellschaftliche Ordnung passen – sie folgen, egal was andere sagen oder die Konventionen diktieren, ihrem eigenen Rhythmus. Für Menschen, bei denen der Dramatische Stil dominiert (Cousine Katy zum Beispiel), strahlt das

| | Schlüsselbereiche | | | | | |
|---|---|---|---|---|---|---|
| | Arbeit | Selbst | Gefühle | Beziehungen | Selbstbeherrschung | Reale Welt |
| **Stil** | | | | | | |
| Gewissenhaft | ■ | | | | | |
| Selbstbewußt | | ■ | | | | |
| Dramatisch | | | ■ | | | |
| Wachsam | | | | ■ | | |
| Sprunghaft | | | ■ | ■ | ■ | |
| Anhänglich | | | | ■ | | |
| Ungesellig | | ■ | ■ | | | |
| Lässig | | ■ | | | | |
| Sensibel | | | ■ | ■ | | |
| Exzentrisch | | ■ | | | | ■ |
| Abenteuerlich | | ■ | | | ■ | |
| Aufopfernd | | | | ■ | | |
| Aggressiv | ■ | | | ■ | | |

Selbst am hellsten, wenn andere ihre Qualitäten schätzen; sie kommen in Form, wenn alle Augen auf sie gerichtet sind.

Wie Sie im Bereich des Selbst funktionieren, beeinflußt viele wichtige Aspekte Ihres Verhaltens – zum Beispiel, wie Sie bei einem Vorstellungsgespräch abschneiden. Abenteuerliche Typen sind im Bereich des Selbst so stark, daß sie andere davon überzeugen, ihnen einen Job zu geben, für den sie eigentlich gar nicht qualifiziert sind. Aufopfernde Menschen dagegen, die, wie der Name des Stils andeutet, in ihrem Element sind, wenn sie anderen etwas von sich geben, werden im allgemeinen eher tatsächlich vorhandene Fähigkeiten herunterspielen, als zu prahlen.

Was denken Sie von sich? Welches Gefühl haben Sie zu sich? Was denken Sie von Ihrem Körper? Welchen Platz geben Sie sich im Universum und im Urteil anderer? Wer kommt zuerst, Sie oder die anderen? Was erträumen Sie sich? Fragen wie diese zeigen, was für Sie im Bereich des Selbst normal ist.

## *Beziehungen*

Dieser Bereich ist für mehr als der Hälfte aller Persönlichkeitsstile ein dominierender Faktor. Er legt fest, wie wichtig andere Menschen für uns sind und wie wir unser Leben führen. Denn wir sind nicht nur isolierte Einzelwesen, sondern auch Mitglieder von Familien, Paaren, Freundschaften, Schulklassen, Vereinen, beruflichen Organisationen und Massen. Wesen und Stil unserer Reaktionen auf andere und unsere Beziehung zu ihnen zeigen daher sehr viel.

Ungesellige Menschen etwa müssen andere auf Distanz halten; sie können zu anderen in Verbindung treten, solange sie wieder gehen können. Dramatische Männer und Frauen wiederum funktionieren schlecht, wenn sie allein sind; sie brauchen Publikum, Bewunderung und Applaus. Wachsame Typen sind sehr vorsichtig gegenüber anderen. Sie lernen andere erst langsam kennen, bevor sie Nähe zulassen; sie sind in Bestform, wenn sie das Gefühl haben, in ihren Beziehungen die Kontrolle zu haben. Für Anhängliche Typen sind andere Menschen der Grund ihres Daseins; sie fühlen sich unvollständig, solange sie nicht an jemanden gebunden oder sogar mit ihm verschmolzen sind. Sensible Menschen gedeihen in der Gesellschaft einer kleinen Gruppe von Freunden oder in ihren Familien; in großen

Gruppen oder unter Fremden dagegen fühlen sie sich ausgesprochen unwohl und sind gewissermaßen »nicht sie selbst«. Aggressive Typen müssen in all ihren Beziehungen die Führung übernehmen.

## *Arbeit*

Dieser Bereich umfaßt Ihren Stil, etwas zu tun, und da darunter auch Spiel, Schule, Karriere, Hausarbeit, Kinderbetreuung und Hobbys fallen, haben Sie eigentlich Ihr ganzes Leben lang täglich gearbeitet. Ihr Persönlichkeitsstil zeigt sich daran, wie Sie Aufgaben ausführen, Befehle geben oder entgegennehmen, Entscheidungen treffen, planen, mit äußeren oder inneren Anforderungen umgehen, Kritik annehmen oder austeilen, Regeln gehorchen, Verantwortung übernehmen und delegieren und mit anderen Menschen zusammenarbeiten.

Für Gewissenhafte Menschen ist Arbeit der beherrschende Bereich ihres Daseins. Menschen wie Cousine Carolyn sind immer damit beschäftigt, etwas zu tun, sogar in ihrer Freizeit; ihre Arbeit und deren Qualität definieren sie und sorgen dafür, daß sie sich im Leben wohl fühlen. Auch für den Aggressiven Stil ist Arbeit ein Schlüsselbereich; Erfolg bei der Arbeit ist für Menschen mit diesem Stil, die gern die Verantwortung und eine Führungsrolle übernehmen, etwas ganz wesentliches. Während für den Gewissenhaften und den Abenteuerlichen Stil Arbeit und Vergnügen synonym sind, denken Lässige Typen anders: Sie tun, was von ihnen verlangt wird, aber nicht mehr; irgendwelchen Arbeiten versuchen sie möglichst zu entkommen, um zu entspannen und sich eine schöne Zeit zu machen. Abenteuerliche Typen machen sich aus Autoritäten überhaupt nichts, aber sie mögen Herausforderungen, und solange ihre Arbeit (zu der auch Sport und Hobbys zählen) Risiken beinhaltet, bleiben sie bei der Stange.

Was Sie in Ihrem Leben tun, wie Sie sich dafür entscheiden und mit Schwierigkeiten im Bereich der Arbeit (einschließlich Arbeitslosigkeit oder einer Doppelbeschäftigung) umgehen, ist ebenfalls aufschlußreich für Ihren Persönlichkeitsstil. Der Anhängliche Alexander ging in die familieneigene Firma, weil es von ihm erwartet wurde. Es war ihm nie eingefallen, sich zu fragen, was er lieber tun würde; als er sich leer und unzufrieden fühlte, glaubte er aufgrund seines Persönlichkeitsstils, er müßte einfach durchhalten.

## *Gefühle*

Der Bereich der Gefühle und Empfindungen beinhaltet Ihre üblichen Stimmungen und Gefühlszustände, zum Beispiel Glück, Trauer, sexuelle Empfindungen, Wut, Reizbarkeit, Angst, Besorgnis und Empfindlichkeit für Lob oder Kritik. Welche Rolle spielt dieser Bereich in Ihrem Persönlichkeitsmuster? Dramatische Menschen werden von ihren Gefühlen beherrscht; sie beurteilen eine Erfahrung nicht danach, was sie von ihr denken, sondern welches *Gefühl* sie zu ihr haben. Sie sind sinnlich, verführerisch, sexy. Ihr emotionaler Stil kann ihnen im Bereich der Arbeit nutzen, wenn sie Berufe oder Umgebungen wählen, in denen sie ermutigt werden, intuitiv, beeindruckbar und kreativ zu sein. Gewissenhafte Menschen dagegen messen ihren Gefühlen wenig Gewicht bei. Für sie zählt die Logik. Sie haben starke Gefühle, aber sie ziehen es vor, sie hinter einer kühlen, beherrschten Fassade zu verbergen.

Auch die Stärke der Gefühle – von heftig und aufgeregt bis ruhig und unerschütterlich – charakterisiert diesen Bereich. Der Sprunghafte Stil ist leidenschaftlich; die von ihm geprägten Menschen besitzen die größte Spannweite an Stimmungen und Gefühlen und erleben sie, einschließlich der Wut, mit der stärksten Intensität. Ihre ausgeprägten, veränderlichen Stimmungen können kreative Erfahrungen und Leistungen fördern, aber im Sitzungssaal einer Firma sind sie eher fehl am Platz. Ungesellige Typen neigen dazu, leidenschaftslos, ruhig und von der Meinung anderer relativ unberührt zu sein. Sie sind oft begabte rationale Beobachter, aber wenn andere darauf bestehen, daß sie Gefühle erleben und äußern, spüren sie sehr viel Angst.

Sensible Typen haben sehr zarte Gefühle. Sie werden leicht ängstlich und unsicher, weshalb sie ihr privates und berufliches Leben um Menschen und Situationen herum aufbauen, die sie gut kennen. Ihre Beziehungen besitzen daher sehr viel Tiefe, und sie sind sehr sachkundig in dem, was sie tun.

## *Selbstbeherrschung*

Haben Sie einen »Leitenden Direktor« in Ihrem Kopf, der sich jede Versuchung ansieht und entscheidet, ob, in welchem Umfang und wie lange Sie Ihren Wünschen und Leidenschaften nachgeben sollten? Oder steht zwischen Wunsch und Wunscherfüllung nichts? Dieser Bereich – Ihre Beherrschtheit oder Ihre Impulsivität – bestimmt Ihr Spontaneitätsniveau und Ihre Fähigkeit, auf einen Impuls hin zu handeln, Ihre Risikobereitschaft, Ihre Fähigkeit, Belohnungen und Erfüllungen aufzuschieben, Ihre Fähigkeit zu planen, Ihre Selbstdisziplin, Ihre Frustrationstoleranz und Ihre Fähigkeit, innezuhalten und zu denken, bevor Sie handeln.

Die Selbstbeherrschung ist der Schlüssel zum Abenteuerlichen und zum Sprunghaften Stil. Abenteuerliche Menschen handeln gerne aus dem Augenblick heraus – sie könnten nicht anders leben. Sie planen weder für die Zukunft, noch sorgen sie sich lange um die Folgen ihrer Handlungen. Ihre Persönlichkeit gedeiht bei Aufregung, Nervenkitzel, Wagnissen und Risiken. Ihre Spontaneität gibt ihrem Leben einen Sinn und speist ihre verwegenen Taten. Sprunghafte Männer und Frauen sind ähnlich spontan, oft in kreativen Bereichen. Wenn eine Leidenschaft sie packt, geben sie sich ihr völlig hin. Sie reagieren direkt auf Genuß und Gefühle und hungern nach sinnlicher Erfahrung. Sie sind bemerkenswerte Liebhaber.

Am anderen Ende des Impulsivitäts-Selbstbeherrschungs-Kontinuums stehen der Aggressive, der Gewissenhafte, der Wachsame und der Sensible Stil. Auf unterschiedliche Weise und aus unterschiedlichen Gründen betonen diese Persönlichkeitsstile die Kontrolle. Sie planen voraus, gehen zielgerichtet vor und konzentrieren sich auf zukünftige Belohnungen oder gegenwärtige Sicherheit. Der Aggressive und der Selbstbewußte Typ sind Meister des kalkulierten Risikos.

Wie in allen sechs Bereichen gibt es auch hier kein »Richtig« oder »Falsch«, solange man weder sich noch anderen schadet. Im heutigen Zeitalter der Eßstörungen, der sexuell übertragbaren Krankheiten, des Drogen- und Alkoholmißbrauchs, der Gewaltverbrechen und des Selbstmords, der Kontroverse über die Abtreibung, der leichten Bargeldbeschaffung per Kreditkarte und der extrem hohen Gehälter in manchen Berufen ist die Einstellung der Gesellschaft zur Selbstbeherrschung jedoch sehr ambivalent. Die Gesellschaft beeinflußt den Ausdruck von Persönlichkeitsmerkmalen und -stilen, und da das Pendel vom radikal ungezwungenen Stil der 60er Jahre zum konservativen »Nimm-dich-zusammen-Stil« der 80er Jahre umgeschlagen ist, fühlen eher impulsive Menschen sich möglicherweise zunehmend unter dem Druck der Gesellschaft, ihre natürlichen Leidenschaften zu zügeln.

## *Reale Welt*

Leben Sie in einer Welt konkreter Objekte, in der die Dinge sind, was sie scheinen? Oder horchen Sie, wenn Sie durch einen Wald gehen, auf die spirituellen Wesen, die in den Bäumen wohnen? Die Philosophen sind hinsichtlich des Wesens der Realität seit alters her uneins. Den Psychiater interessiert bei der Einschätzung der Persönlichkeit weniger, was »wahr« ist, als das Maß, in dem Ihre Vorstellungen vom herrschenden Standard abweichen, und wie diese Vorstellungen Ihr Verhalten beeinflussen. Was ist Ihre Realität? Ihre Spiritualität? Wenn Sie ein Exzentrischer Typ sind (der einzige Stil, zu dem dieser Bereich den Schlüssel liefert), ist Ihr Verstand wahrscheinlich offen für die Existenz von Geistern, Außerirdischen und reinkarnierten Seelen. Die konventionellen Erklärungen, Religionen, Institutionen und wissenschaftlichen Erkenntnisse haben bei Ihnen kein großes Gewicht. Wenn Sie an die außersinnliche Wahrnehmung glauben, existiert sie; Zweifler bringen Sie nicht ins Wanken. Am anderen Ende des Spektrums befinden sich die Gewissenhaften Typen, die die konventionellen Realitäten im wissenschaftlichen, religiösen, politischen und philosophischen Bereich am ehesten akzeptieren und respektieren.

In den Kapiteln 4 bis 16 erörtern wir, wie jeder Persönlichkeitsstil den Zugang eines Menschen zur Realität auch in mehr übertragenem Sinn formt. Für Sensible Typen zum Beispiel ist die reale Welt voller Gefahren; deshalb schaffen sie einen sicheren Hafen für sich selbst, bleiben in der Nähe der Familie und beschäftigen sich mit dem Bekannten. Wachsame Typen nähern sich der realen Welt, als seien sie die einzig Gesunden in einem Meer von Verrückten. Selbstbewußte Menschen stolzieren über den Planeten Erde, als gehöre er ihnen persönlich, während Anhängliche Typen sich für weniger wichtig halten als andere, bedeutendere Menschen.

## EIN VERÄNDERBARES GESCHICK

Weil Ihr Persönlichkeitsstil Ihre Erfahrungen und Reaktionen in allen Bereichen des Funktionierens systematisch ordnet, lenkt er Ihr Leben und wird zu einer Art Schicksal. Aber es ist ein veränderbares Geschick. Auch für Menschen mit Persönlichkeitsstörungen ist das Potential zur Veränderung immer vorhanden. Intensive Lebenserfahrungen – von den Schrecken eines Krieges über die Geburt eines Kindes zu den Schmerzen einer Psychotherapie – können enorme Kraft auf die Persönlichkeit ausüben. Um sich anzupassen, strukturiert Ihre Persönlichkeit sich um. Sie können auch lernen, bestimmte kleine Veränderungen und Korrekturen vorzunehmen, indem Sie zunächst verstehen, wie Ihre Persönlichkeit aufgebaut ist, und dann das System feinabstimmen.

Die Fähigkeit zur Veränderung ist genauso eine angeborene biologische Realität wie die Grundlagen der Persönlichkeit. Forscher in neuropsychiatrischen Labors spekulieren sogar, daß Lernen und wichtige Erlebnisse ein vorher nicht realisiertes Potential auslösen können, das von Anfang an in unseren Genen kodiert war. Die hervorragende Arbeit des Neuropsychologen Eric Kandel besagt, daß Ihr Schicksal biologisch nie wirklich besiegelt ist, egal wie starr oder begrenzt Ihre Persönlichkeit ist. Durch Erfahrung, Lernen oder Psychotherapie können Sie lange verdeckte Karten aufdecken und Ihr Blatt in jedem Alter erweitern.

In den letzten beiden Kapiteln wird genauer dargestellt, woher Ihr Persönlichkeitsstil kommt, wie er sich entwickelt und wie Sie ihn ändern können. Der größte Teil des Buches jedoch gilt der Entdeckung Ihres »Blatts« – dem Wesen Ihres normalen persönlichen Stils. Wir werden Ihnen zeigen, was Ihr einmaliger Persönlichkeitsstil im umfassenden Kontext Ihres Lebens bedeutet.

KAPITEL 3

# Das Persönlichkeitsportrait
## Den Test machen und interpretieren und das Buch lesen

Ihr Persönlichkeitsstil ist die einmalige, sehr individuelle Mischung von dreizehn verschiedenen, identifizierbaren Stilen. Er läßt sich graphisch darstellen. Füllen Sie den auf S. 48 beginnenden Fragebogen aus, werten Sie ihn aus, übertragen Sie Ihre Punktzahl auf das Diagramm, verbinden Sie die Punkte, und Sie haben den nur Ihnen eigenen Umriß Ihres Persönlichkeitsportraits. Niemand sonst hat dieselbe Zusammenstellung der Stile, aus denen Ihr Persönlichkeitsportrait besteht.

Die folgenden dreizehn Kapitel handeln jeden Persönlichkeitsstil einzeln ab. Sie müssen nicht den Test machen, um die Komponenten Ihres Persönlichkeitsstils in diesen Kapiteln zu entdecken. Wahrscheinlich wird jeder Leser in jedem Kapitel Aspekte von sich und anderen (Eltern, Kindern, Verwandten, Freunden, Lehrern, Partnern, Chefs, Angestellten) finden, egal ob er den Test macht oder nicht. Aber wenn Sie den Test machen, können Sie sich sowohl von der Struktur Ihrer Gesamtpersönlichkeit als auch von den komplexen Beziehungen der Einzelteile ein Bild machen.

Alle dreizehn Stile sind normal und universell. Obwohl jeder seine Stärken und Problembereiche besitzt, sind sie alle in Ordnung, und es ist nichts »Anormales«, wenn ein Stil besonders stark ist und ein anderer ganz fehlt. Die Stile und die endlose Vielfalt der Muster, die das Persönlichkeitsportrait wiedergeben kann, zeigen nichts anderes als die bereichernden, wunderbaren Unterschiede zwischen uns allen.

### *Die dreizehn Stile und die sechs Bereiche*

Jedes Kapitel enthält zunächst eine Übersicht über die Hauptmerkmale jeden Stils. Sodann wird sein charakteristischer Einfluß auf die in Kapitel 2 erörterten sechs Bereiche dargestellt: Beziehungen, Arbeit, Selbst, Gefühle, Selbstbeherrschung und reale Welt.

Sie werden sehen, daß jeder Stil von einem anderen Bereich bzw. einer anderen Kombination von Schlüsselbereichen regiert wird. Außer den vielen von uns abgedeckten Facetten jeden Bereichs (einschließlich der besten und schlechtesten Partner, des Verhaltens als Elternteil, der am besten geeigneten Berufe und des Management-Stils) nennen wir die für jeden Persönlichkeitsstil charakteristischen Streßauslöser und Streßbewältigungsmechanismen. Wir geben eine Reihe von Tips zum Umgang mit Menschen jeden Stils und bieten Übungen an, die Ihnen helfen sollen, das Beste aus Ihrem Stil zu machen.

## *Die dreizehn Störungen*

Am Schluß jeden Kapitels über einen Stil stellen wir die ihm entsprechende Persönlichkeitsstörung vor. Wir beschreiben, wie Menschen mit diesen Störungen sich fühlen und verhalten, wie Psychiater sie diagnostizieren und behandeln, und nennen ein paar Gründe (einschließlich genetischer Prädispositionen und frühkindlicher Lebenserfahrungen), aus denen ein Mensch eine bestimmte Störung entwickelt. Wir möchten noch einmal betonen, daß das *Persönlichkeitsportrait keine Persönlichkeitsstörungen diagnostiziert*. Mit anderen Worten: Wenn Sie beim Wachsamen Persönlichkeitsstil eine hohe Punktzahl erreichen, bedeutet das nur, daß Sie sehr wachsam sind – es bedeutet *nicht*, daß Sie an der Paranoiden Persönlichkeitsstörung leiden. Ein hoher Anteil an irgendeinem der dreizehn Stile hat seine positiven und negativen Seiten, aber er bedeutet nicht, daß Sie »psychisch gestört« sind. Nur ein qualifizierter Psychiater oder ein anderer Experte für psychische Gesundheit kann eine Persönlichkeitsstörung diagnostizieren. Wenn die Beschreibung irgendeiner Störung in diesen Kapiteln Sie zu der Annahme bringt, Sie oder Ihnen nahestehende Menschen könnten an einer Persönlichkeitsstörung leiden, sollten Sie eine professionelle Meinung einholen (mehr darüber im letzten Kapitel).

## Vorschläge zur Benutzung des Buchs

Es gibt verschiedene Möglichkeiten, an die Kapitel über die Persönlichkeitsstile heranzugehen. Sie können sich von der Wichtigkeit der einzelnen Stile in Ihrem Persönlichkeitsportrait leiten lassen oder die Kapitel fortlaufend lesen, vom Gewissenhaften bis zum Aggressiven Stil. Wir empfehlen, auf jeden Fall alle Kapitel – egal in welcher Reihenfolge – zu lesen, und zwar aus zwei Gründen: Zum einen werden Sie auf viele Charaktere stoßen, denen Sie in Ihrem Leben schon begegnet sind, und erfahren, wie Sie mit Ihnen umgehen können – bzw. warum Sie bislang nicht mit ihnen zurechtgekommen sind.

Zweitens können Sie sehr viel über sich und Ihre Beziehungen erfahren, wenn Sie nicht nur die in Ihrem Test herausragenden Stile verstehen, sondern auch die, die weniger auffällig sind oder fehlen. Duncan L. und seine Frau Sharon zum Beispiel haben im Moment eine schwierige Zeit. Sie streiten viel, hauptsächlich um Geld. Sharon schreit: »Du bist dermaßen geizig! Es macht dir einfach keinen Spaß, Geld auszugeben und es dir gutgehen zu lassen. Ich kann es nicht mehr aushalten! Du machst dir ständig Sorgen. Mein Gott, Duncan, sieh die Sache doch ein bißchen lockerer!«

Duncan macht den Test zum Persönlichkeitsportrait und findet nicht nur heraus, daß in seiner Persönlichkeit der Gewissenhafte Stil dominiert, sondern auch, daß der Dramatische Stil relativ unterbelichtet ist. Soviel Gewissenhafter Stil zeigt, daß er ordentlich, sparsam und detailorientiert ist, ein Denker, der gern alles im Griff hat. So wenig Dramatischer Stil bedeutet, daß er die emotionalen und sozialen Dinge, die seiner Frau so überaus wichtig sind, gern unberücksichtigt läßt. Duncan erkennt intellektuell, daß er und Sharon verschiedene Kommunikationstechniken benutzen. Bei ihm spricht der Kopf, bei ihr das Herz. Vielleicht haben ihre Probleme weniger mit dem Geld zu tun als mit der Notwendigkeit, ihre Persönlichkeitsstile in eine beiden verständliche Sprache zu übersetzen.

## Das Persönlichkeitsportrait für Paare

Jeder Selbsttest ist zwangsläufig einseitig. Obwohl Sie am besten zu beurteilen vermögen, wie Sie fühlen und was Sie denken, können die Ihnen am nächsten stehenden Menschen einen zusätzlichen Hinweis auf Ihr Handeln geben. Um zu einer exakten Diagnose zu kommen, holen Psychiater oft Informationen bei Ehepartnern oder Familienmitgliedern des Patienten ein.

Paare möchten vielleicht das Persönlichkeitsportrait des anderen zeichnen, um sich besser zu verstehen. Nehmen Sie dazu den Test und beantworten Sie die Fragen so, wie Ihrer Meinung nach der Partner antworten würde. Vergleichen Sie dann diese Ergebnisse mit denen des Selbsttests. Ihre Version vom Selbstportrait des Partners zeigt nur, welchen Eindruck er bei *Ihnen* erweckt – aber das kann eine nützliche Information sein, wenn Sie sie mit Interesse und Respekt behandeln.

Manchmal deckt diese Übung die eigenen Schwachstellen auf und die haben wir alle. Einige Lässige Menschen zum Beispiel sind so mit ihren persönlichen Angelegenheiten beschäftigt, daß sie gar nicht mitbekommen, daß sie oft unkooperativ erscheinen. Sie haben das Gefühl, daß sie alles tun, um das jemand anders sie bittet. Zeigen Sie dem anderen Ihre Ergebnisse, sagen Sie »So sehe ich dich«, und reden Sie über Ihre abweichenden Wahrnehmungen. Lassen Sie dann Ihren Partner die Fragen für Sie beantworten und konfrontieren Sie ein paar Ihrer eigenen Schwachstellen.

## *Fallgeschichten, Schablonen, wirkliche Menschen und »Typen«*

Zur Illustrierung der Persönlichkeitsstile und ihrer verschiedenen Kombinationen benutzen wir Beispiele, die von mehr als 130 wirklichen Menschen stammen. Für jedes Kapitel haben wir Menschen gewählt, deren Persönlichkeiten den betreffenden Stil (und manchmal die Störung) gut zeigen. So führen wir in Kapitel 5 Sargent ein, einen sehr Selbstbewußten Theaterproduzenten, und zeigen, wie sein Persönlichkeitsstil seine Beziehungen geformt hat – einschließlich zweier Ehen und seiner gegenwärtigen Beziehung zu einer bekannten Tänzerin und Choreographin. Aus Bequemlichkeit und zur Veranschaulichung bezeichnen wir Sargent als Selbstbewußten »Typ« – obwohl es so etwas wie einen reinen Persönlichkeitstyp oder -stil nicht gibt. Niemand hat nur einen Persönlichkeitsstil, wie Sie anhand Ihres eigenen Selbstportraits sehen werden; jeder, auch Sargent, weist mehrere Stile auf, von denen einer oder ein paar das Bild beherrschen. Wenn wir uns auf einen bestimmten Persönlichkeits»typ« beziehen, meinen wir jemanden, bei dem dieser Stil besonders dominiert.

In Ihrem Persönlichkeitsportrait wird vielleicht kein Stil so deutlich hervortreten wie in den Beispielen, die wir in den folgenden Kapiteln benutzen. Gegen Ende dieses Kapitels finden sich einige Anregungen, wie Sie Ihre Ergebnisse interpretieren können. Wenn Sie den Test im Moment überspringen wollen und die folgenden Kapitel lesen, werden Sie sich in unterschiedlichem Ausmaß mit den lebenden Beispielen jeden Stils identifizieren. Der Grad, zu dem Sie sagen »Das bin ich!«, gibt Ihnen einen Hinweis auf die relative Stärke dieses Stils in Ihrem Gesamtmuster.

Wie bei Sargent und den vielen anderen in den folgenden Kapiteln genannten Menschen beruhen alle Fallgeschichten und Initialen auf einer Geschichte aus dem wahren Leben. Um die Privatsphäre dieser Menschen zu schützen und die Vertraulichkeit des ärztlichen Materials zu respektieren, haben wir ihre Namen verändert und uns bemüht, alle Einzelheiten ihrer gegenwärtigen Identität und ihrer sehr persönlichen Geschichte zu »fiktionalisieren«.

## DEN TEST MACHEN

Ziehen Sie sich eine halbe bis eine Stunde zurück, um den Test für Ihr Persönlichkeitsportrait auszufüllen. Bei allem Respekt für Menschen, die schnelle und leichte Persönlichkeitstests entwerfen, ist das Einfangen der vielen Schichten eines Individuums zwangsläufig ein komplexer Prozeß. Wir haben den Test für Sie so einfach wie möglich gemacht (wir haben die Anweisungen sogar mit Kindern getestet). Er ist nicht schwierig, aber etwas zeitaufwendig. Nehmen Sie sich Zeit, über die 104 Fragen nachzudenken und sie so genau und ehrlich wie möglich zu beantworten. Ihr Selbstportrait ist nur so richtig und gültig, wie Ihre Antworten auf die Fragen.

Da die Fragen sehr persönlich sind, sollten Sie den Test allein machen und Ihre Antworten vertraulich behandeln. Besprechen Sie die Fragen und Antworten nicht mit jemandem, während Sie den Test machen (auch wenn Sie es interessant finden, die Fragen später mit vertrauten Menschen zu diskutieren). Um die Diskretion zu fördern, sind die Auswertungsblätter vom Fragebogen selbst getrennt. Anstatt den Test für alle sichtbar im Buch zu markieren, können Sie die

Auswertungsblätter kopieren und Ihre Antworten direkt auf den Kopien eintragen. Am Ende des Buches befindet sich eine weitere Kopie der Auswertungsblätter und des Selbstportrait-Diagramms.

Das fertige Persönlichkeitsportrait können Sie jedoch ohne weiteres anderen zeigen oder die Ergebnisse vergleichen. Während Sie die persönlichen Details des Fragebogens vielleicht nicht mitteilen möchten, ist Ihr Persönlichkeitsportrait etwas, auf das Sie stolz sein können. Es ist einmalig und individuell – es ist Sie.

## *Das Persönlichkeitsportrait interpretieren*

Ihr Persönlichkeitsportrait ist eine Zeichnung der Struktur Ihres Persönlichkeitsmusters. Jeder der dreizehn Stile trägt auf irgendeine Weise zu diesem Muster bei, und sei es durch seine Abwesenheit. Alle Stile wirken zusammen, um das Persönlichkeitsmuster zu bilden, das einzig und allein Sie besitzen. Benutzen Sie die Zeichnung als Schlüssel, um sich in den dreizehn Kapiteln über die Persönlichkeitsstile wiederzufinden.

# Der Fragebogen zum Persönlichkeitsportrait

## Testanweisungen

### I. Beantworten Sie alle 104 Fragen auf dem Fragebogen

Kreisen Sie bei jeder Frage eine Alternative ein:

        J (Ja, ich stimme zu)
        V (vielleicht stimme ich zu)
        N (Nein, ich stimme nicht zu).

Manche Fragen bestehen aus zwei Teilen. Wenn Sie nur mit *einem Teil* einverstanden sind, kreisen Sie V ein; wenn Sie mit *beiden Teilen* einverstanden sind, kreisen Sie J ein. Lassen Sie keine Frage aus; auch wenn Sie meinen, eine Frage träfe auf Sie oder Ihre Lebensumstände nicht zu – antworten Sie so, als würde sie zutreffen.

1. Ich neige dazu, mehr Zeit mit meiner Arbeit zu verbringen als einige meiner Kollegen oder Mitarbeiter, denn ich bin ein Perfektionist und mag es, wenn die Dinge richtig gemacht werden.    J V N
2. Bei mir ist alles durchorganisiert. Ich folge gern einem Plan und mache Listen von den Dingen, die ich zu tun habe. Manchmal habe ich so viele Listen, daß ich nicht mehr weiß, was ich mit ihnen soll!    J V N
3. Ich bin manchmal als »Arbeitssüchtiger« bezeichnet worden. Es ist wahr, daß ich sehr hart arbeite, auch wenn wir genug Geld haben und alle Rechnungen bezahlt sind. Ich glaube, wenn ich wollte, könnte ich aufhören und entspannen, zumindest kurze Zeit.    J V N
4. Ich bin ein schrecklicher Verzögerer. Ich schiebe Dinge immer bis zur letzten Minute auf.    J V N
5. Wenn ich etwas wirklich nicht tun möchte, und auch wenn mein Chef oder meine Familie mich bittet, lasse ich mir Zeit, bis ich es tue, oder ich strenge mich nicht besonders an und mache meine Arbeit schlecht.    J V N
6. Wenn Arbeiten zu erledigen sind und ich meine, daß eine bestimmte Arbeit nicht sinnvoll ist oder nicht in    J V N

meine Verantwortung fällt, verweigere ich die Kooperation.

7. Ich versäume nicht viele Tage bei der Arbeit – nur gelegentlich, wenn ich wirklich krank bin oder ein familiärer Notfall vorliegt oder etwas Ähnliches. Ich kündige oder wechsle einen Arbeitsplatz nie impulsiv oder ohne vorauszuplanen. Wenn ich arbeitslos bin, versuche ich mit aller Kraft, eine andere Stelle zu finden.    J  V  N

8. Wenn ich bei etwas Erfolg habe, kann ich es entweder nicht richtig genießen, oder etwas anderes in meinem Leben läuft schief.    J  V  N

9. Ich habe viele Fähigkeiten, die ich nicht zu nutzen scheine. Wenn ich in etwas gut bin, kann ich anderen Leuten damit helfen, aber ich kann meine Fähigkeit nicht für mich selbst einsetzen.    J  V  N

10. Ich habe ein ziemlich gutes Gefühl für mich selbst. Ich weiß, welche Art Arbeit ich tun möchte, mit welchen Freunden ich zusammensein möchte und was insgesamt für mich wichtig ist.    J  V  N

11. Im allgemeinen fühle ich mich nicht gelangweilt oder innerlich leer.    J  V  N

12. Es bedeutet mir sehr viel, bestätigt oder gelobt zu werden. Ich mag es, wenn man mir Zuneigung immer wieder beteuert.    J  V  N

13. Ich bin gern in meinen Träumereien. Ich stelle mir vor, ich wäre reich oder mächtig oder berühmt – vielleicht sogar der Gewinner eines Nobelpreises.    J  V  N

14. Obwohl ich weiß, daß ich es nicht sein sollte, bin ich von Gewalt, Waffen und Kampfsportarten fasziniert. Ich mag Filme und Fernsehsendungen mit viel Action und Gewalt.    J  V  N

15. Die Leute sagen, daß ich mich sonderbar ausdrücke – daß ich Dinge sage, die zu hoch für sie sind, oder daß ich nicht erkläre, was ich meine.    J  V  N

16. Ich falle gerne auf, und ich habe die Gewohnheit, nach Komplimenten zu fischen, wenn ich ignoriert werde.    J  V  N

17. Mein Äußeres ist mir sehr wichtig. Ich verbringe viel    J  V  N

Zeit damit, sicherzustellen, daß ich attraktiv aussehe.
18. Die Leute denken manchmal, daß ich exzentrisch J V N
bin, weil ich mich auf meine Weise kleide und ihnen
ein bißchen ausgeflippt erscheine. Es stimmt, daß
ich irgendwie in meiner eigenen kleinen Welt lebe.
19. Es ist nicht leicht für mich, mich in jemand anders J V N
hineinzuversetzen. Ich verstehe mich selbst besser,
als ich andere Menschen verstehe.
20. Wenn es darum geht, in der Schlange zu warten oder J V N
in einem überfüllten Restaurant einen Platz zu
bekommen, gehe ich im allgemeinen an den Anfang
der Schlange und möchte gleich bedient werden,
oder zumindest versuche ich es.
21. Ich habe keine Schuldgefühle wegen dem, was ich J V N
getan habe. Das bringt nichts ein. »Schau nicht
zurück« – das ist mein Motto.
22. Ich weiß, daß ich ein ungewöhnlicher und besonde- J V N
rer Mensch bin. Ich muß nicht nach den Maßstäben
der Welt großartig erfolgreich sein, um es zu beweisen.
23. Wenn es »altmodisch« ist, sehr strenge Prinzipien zu J V N
haben und an ein sehr moralisches und ethisches
Verhalten zu glauben, bin ich altmodisch.
24. Ich denke lange nach, bevor ich Entscheidungen J V N
treffe. Während andere sich sehr viel schneller entscheiden, halte ich Vorsicht für wichtig.
25. Ich hole selten den Rat anderer ein, bevor ich Ent- J V N
scheidungen treffe, besonders die alltäglichen.
26. Ich neige dazu, alles aufzubewahren. Meine Schrän- J V N
ke und Schubladen und der Speicher sind voll von
Dingen, die ich einfach nicht wegwerfen kann oder
will.
27. Wenn Leute mir Vorschläge machen, wie ich produk- J V N
tiver sein könnte, ärgert mich das oft, weil sie ihre
Nase in Angelegenheiten stecken, die sie nichts angehen, ohne meine Situation wirklich zu verstehen.
28. Ich ertappe mich manchmal dabei, wie ich über die J V N
Mißgeschicke anderer lache, obwohl ich auf diese
Reaktion nicht besonders stolz bin.

29. Obwohl ich nicht zögere, anderen von meinen Problemen zu erzählen, fühle ich mich sehr unwohl dabei, wenn ich zulasse, daß sie mir dabei helfen. J V N
30. Ich glaube, daß meine Probleme zu kompliziert und einmalig sind, als daß die meisten Menschen sie verstehen könnten. J V N
31. Es fällt mir nicht schwer, es mir gutgehen zu lassen. Wenn sich eine Gelegenheit bietet, mich zu amüsieren, versuche ich im allgemeinen, sie zu nutzen. J V N
32. In bezug auf Beziehungen glaube ich manchmal, daß ich selbst mein ärgster Feind bin. Ich lasse mich immer wieder mit Leuten ein, die mich irgendwann einmal schlecht behandeln oder enttäuschen. Ich kann nicht glauben, daß ich so schlecht darin bin, andere einzuschätzen – ich muß naiv sein. J V N
33. Wenn jemand mich wirklich mag oder mich sehr freundlich oder zärtlich behandelt, bin ich oft nicht interessiert. Irgendwie erscheint es mir einfach langweilig, wenn es in der Beziehung keine wirkliche Herausforderung gibt. J V N
34. Der Umgang mit mir kann schwierig sein, und wenn ich darüber nachdenke, sind meine Erwartungen an andere ziemlich unvernünftig. Aber ich ärgere mich immer noch, wenn sie böse auf mich sind. J V N
35. Ich tue sehr viel für andere, oft unter großen Opfern für mich selbst, und ich warte nicht, bis ich gefragt werde. J V N
36. Die großen Entscheidungen überlasse ich im allgemeinen den wichtigen Menschen in meinem Leben. J V N
37. Ich drücke gern meine Zustimmung mit anderen Menschen aus. Wenn ich anderer Meinung bin, behalte ich es im allgemeinen für mich. J V N
38. Ich bin nicht das, was man einen Initiator nennen könnte. Ich bin als Gefolgsmann sehr viel besser denn als Anführer, aber ich kann ein sehr loyaler Mannschaftsspieler sein. J V N
39. Es macht mir nichts aus, mehr zu arbeiten als die anderen oder Dinge zu tun, die niemand sonst tun will, wenn das bedeutet, daß wir gut miteinander J V N

auskommen. Natürlich möchte ich dafür geschätzt werden.

40. Ich verbringe nicht gern Zeit allein, und ich vermeide es, so sehr ich kann.    J V N
41. Ich bin nicht übermäßig empfindlich für Ablehnung und Verlust. Wenn eine wichtige Beziehung zu Ende geht, komme ich damit ganz gut zurecht – es wirft mich im allgemeinen nicht um.    J V N
42. Ich mache mir sehr viele Sorgen, daß Menschen, an denen mir etwas liegt, mich verlassen, obwohl gewöhnlich kein Grund für diese Angst besteht.    J V N
43. Manchmal ängstige ich mich so, daß Menschen mich verlassen, daß ich irgendwie außer mir bin und sie anrufe, damit sie mich beruhigen, was ziemlich lästig werden muß.    J V N
44. Ich stehe gern im Mittelpunkt der Aufmerksamkeit – es ist belebend. Ich fühle mich im Zentrum des Geschehens sehr viel wohler als am Rand.    J V N
45. Ich bin ein Mensch, der sehr sexy ist. Ich flirte gern und kleide mich gern sexuell attraktiv.    J V N
46. Die Leute beschreiben mich als sehr unterhaltsam. Ich kann Ereignisse sehr unterhaltsam und farbig erzählen, ohne ständig alle Fakten parat haben zu müssen.    J V N
47. Im allgemeinen habe ich sehr intensive Beziehungen, und gewöhnlich schwanken meine Gefühle für diesen Menschen von einem Extrem zum anderen. Manchmal bete ich ihn fast an, und dann wieder kann ich ihn nicht ausstehen.    J V N
48. Ich bin oft neidisch auf andere.    J V N
49. Ich habe nicht besonders viel Vertrauen, obwohl ich es gern hätte. Ich habe einfach Angst, daß Menschen mich ausnutzen könnten, wenn ich nicht vorsichtig bin.    J V N
50. Manchmal denke ich, daß meine Freunde und Kollegen nicht so loyal sind, wie ich es gerne hätte.    J V N
51. Ich habe immer eine Menge enger Freunde außerhalb meiner Familie. Nur ein enger Freund wäre mir wahrscheinlich nicht genug.    J V N

52. Ich werde nicht leicht eifersüchtig. Ich mache mir selten Sorgen, daß meine Partnerin/mein Partner mir sexuell untreu ist. J V N
53. Ich bin ein ziemlich zurückgezogener Mensch und behalte Dinge im allgemeinen für mich, denn man weiß nie, wer persönliche Informationen zu seinem eigenen Nutzen verwendet. J V N
54. Ich neige dazu, ein Einzelgänger zu sein, und für mich ist das in Ordnung. Es macht mir irgendwie keinen Spaß, viel mit anderen Leuten zusammenzusein, auch wenn es meine Familie ist. J V N
55. Wenn ich die Wahl habe, tue ich Dinge lieber allein. J V N
56. Ich habe kein besonders starkes Bedürfnis, mit jemandem Sex zu haben. J V N
57. Ich fühle mich im allgemeinen in der Anwesenheit von Fremden ziemlich wohl, und ich bin gern bei gesellschaftlichen Zusammenkünften, bei denen ich einer Menge neuer Gesichter begegne. J V N
58. Ich bin sehr unsicher. Ich habe oft das Gefühl, daß Menschen mich ansehen und mich taxieren, nicht immer in schmeichelhafter Weise. J V N
59. Im allgemeinen lasse ich mich erst dann mit Menschen ein, wenn ich sicher bin, daß sie mich mögen. J V N
60. Ich mag Menschen, aber ich fühle mich sehr viel wohler, wenn ich sozialen Aktivitäten und beruflichen Situationen aus dem Weg gehe, an denen viele Leute beteiligt sind. J V N
61. In Gesellschaft bin ich selbstbewußt. Ich rede ohne Schwierigkeiten und bin nicht schrecklich unsicher oder ängstlich, daß ich etwas Dummes sage oder uninformiert erscheine. J V N
62. Ich bin nicht gut darin, mich an Verpflichtungen zu erinnern, etwa Danksagungen zu schreiben. Meine Neigung, diese Dinge zu vergessen, kann peinlich sein. J V N
63. Die meisten Menschen wissen es zu schätzen, daß ich immer gute Arbeit leiste. J V N
64. Ich habe den Eindruck, daß viele Menschen in meinem Leben unvernünftige Forderungen an mich J V N

stellen – obwohl ich das umgekehrt nicht tue.
65. Ich kann an meinem Chef oder anderen Autoritätspersonen ziemlich viel auszusetzen haben. Vielleicht kann ich ihre Situation nicht ganz verstehen, aber ich glaube, daß ich oft bessere Arbeit leisten könnte.    J   V   N
66. Wenn jemand mich bittet, etwas zu tun, was ich nicht tun will, kann ich eine richtiges Ekel sein – ich streite oder bin eingeschnappt oder bekomme sehr schlechte Laune.    J   V   N
67. Manche Leute sagen, daß ich zu viel selbst mache, aber ich tue die Arbeit lieber selbst, als daß jemand anders sie falsch oder unvollständig macht. Ich riskiere es, als »stur« oder »herrschsüchtig« bezeichnet zu werden, wenn andere nur die Arbeit so machen, wie ich es für richtig halte.    J   V   N
68. Ich glaube, daß strenge Disziplin extrem wichtig ist. Obwohl ich körperliche Bestrafungen nicht unbedingt für wirksam halte, glaube ich an das Prinzip hinter dem Sprichwort »Wer die Rute spart, verzieht das Kind«.    J   V   N
69. Die Mitglieder meiner Familie beklagen manchmal, daß ich ihnen nicht genug Unabhängigkeit und Freiheit erlaube. Ich glaube, ich führe ein ziemlich strenges Regiment.    J   V   N
70. Leute haben mir gesagt, daß ich sie in Gegenwart anderer demütige. Sie sollten nicht so empfindlich sein – Worte verletzen doch niemanden. Und wenn sie wirklich meinen, ich würde sie zu sehr kritisieren, sollten sie mir Paroli bieten.    J   V   N
71. Ich glaube, ich kann ziemlich einschüchternd sein. Manche Leute haben mir gesagt, daß sie tun, was ich will, weil sie Angst vor mir haben.    J   V   N
72. Ich bin in Partnerschaften nie dominierend. Ich werde selten gemein oder grausam, auch wenn der andere es verdient, und ich werde nie gewalttätig.    J   V   N
73. Ich glaube, daß man in manchen Situationen den Leuten auf die Hühneraugen steigen muß, um zu erreichen, was man will.    J   V   N
74. Ich finde, daß bestimmte Leute kleine Dinge tun, die    J   V   N

mich reizen, ärgern oder beleidigen, nur um mich auf die Palme zu bringen.
75. Wenn jemand mich nicht richtig behandelt, werde ich es wahrscheinlich nicht vergessen.    J V N
76. Ich habe ein starkes Bedürfnis nach neuen sexuellen Erfahrungen und Aufregung, deshalb bleibe ich nicht lange mit einem Menschen zusammen.    J V N
77. Ich mache mir nicht besonders viele Gedanken darüber, wie meine Kinder im Leben durchkommen. Es wird immer jemanden geben, der auf sie aufpaßt.    J V N
78. Manchmal erfinde ich Geschichten oder verzerre die Wahrheit, nur um zu sehen, wie andere reagieren. Aber das ist nur Spaß und also kein Grund für irgend jemanden, sich zu ärgern.    J V N
79. Ich sage nicht unbedingt die Wahrheit.    J V N
80. Die Leute sagen mir manchmal, ich würde handeln, als fühlte ich mich ständig angegriffen. Es stimmt, daß ich mit jedem kämpfe oder streite, der mich an einem schlechten Tag erwischt.    J V N
81. Ich lasse mir Kritik nicht gefallen. Wenn Leute mich oder das, was ich zu sagen habe, kritisieren, gebe ich es ihnen im allgemeinen zurück.    J V N
82. Ich habe ein sehr ausgeglichenes Temperament, und meistens fällt es mir nicht schwer, meine Wut zu beherrschen.    J V N
83. Es fällt mir leicht, meine Gefühle zu zeigen.    J V N
84. Ich kann manchmal ziemlich dumm handeln, was meine Freunde zuweilen stört; sie sagen, daß ich nicht weiß, wie man sich richtig benimmt, aber ich bin nicht ihrer Meinung.    J V N
85. Ich bin sehr empfänglich für Stimmungen. Kleine Dinge können mich aus dem Gleichgewicht bringen. In ein paar Stunden kann ich eine breite Palette von Gefühlen empfinden, Glück, Trauer, Langeweile oder Angst. Aber die schlechten Stimmungen halten nie lange an.    J V N
86. Ich bin ziemlich dickhäutig. Es verletzt meine Gefühle nicht wirklich, wenn andere mich kritisieren oder ablehnen.    J V N

87. Manchmal wünschte ich, meine Gefühle wären für andere nicht so offensichtlich. Jedesmal, wenn ich traurig oder nervös oder verlegen bin, zeigt sich das auf meinem Gesicht, und jeder weiß es.    J V N
88. Es fällt mir schwer, Kritik anzunehmen, auch wenn ich weiß, daß sie konstruktiv ist. Obwohl ich es nicht unbedingt zeige, fühle ich mich innerlich erniedrigt, beschämt oder wütend.    J V N
89. Ich neige dazu, meine Gefühle nicht zu zeigen, obwohl ich sie innerlich erlebe. Meistens erscheine ich ruhig und reserviert.    J V N
90. Ich bleibe lieber bei meiner üblichen täglichen Routine, als mich in unbekannte Umgebungen und Situationen zu wagen.    J V N
91. Emotional bin ich ein sehr ruhiger Mensch. Ich habe selten starke Gefühle gleich welcher Art – weder ärgerliche noch traurige, noch ekstatische.    J V N
92. Man kann mich ein »Pokerface« nennen. Ich bin den Leuten irgendwie ein Geheimnis, weil ich im allgemeinen wenig Gefühl zeige und nicht stark auf sie reagiere.    J V N
93. Ich achte nicht sehr darauf, wie andere auf mich reagieren, sei es nun kritisch oder auch sehr schmeichelhaft.    J V N
94. Ich glaube, ich habe eine andere Wellenlänge als die meisten anderen Menschen. Manchmal kann ich Dinge spüren, die für mich sehr real sind, obwohl ich sie nicht beweisen kann, etwa daß der Geist eines verstorbenen Familienmitglieds im Raum ist, der versucht, mit mir zu kommunizieren.    J V N
95. Ich bin fasziniert von Dingen wie Magie, außersinnlicher Wahrnehmung und dem Übernatürlichen. Ich habe eine Art »sechsten Sinn« und hatte manchmal unheimliche Erlebnisse, bei denen ich wußte, daß etwas geschehen würde, bevor es tatsächlich eintraf.    J V N
96. Ich würde mein Geld eher sparen, als es für Geschenke auszugeben. Ich neige absolut nicht zu Extravaganzen, was eine gute Methode ist, sicherzustellen, daß immer Geld auf dem Konto ist.    J V N

97. Ich kann ungeduldig sein; im allgemeinen will ich das, was ich will, sofort. J V N
98. Ich handle gern spontan, wenn mir danach zumute ist. Zum Beispiel betrinke ich mich oder nehme Drogen, wenn ich in der Stimmung bin, oder ich esse viel, oder ich fahre zu schnell, oder ich genieße einen ausgiebigen Einkaufsbummel. Das macht das Leben sehr viel interessanter, obwohl es natürlich manchmal ins Auge geht. J V N
99. Ich kann sehr dramatisch sein, wenn ich mich ärgere. Ich habe schon gedroht, mich selbst zu verletzen, obwohl ich das natürlich nicht wirklich meine. J V N
100. Ich tue Dinge gern spontan, ohne vorauszuplanen, etwa den Koffer packen und reisen, solange es mir gefällt. Ich weiß, daß die meisten Probleme sich von selbst lösen. J V N
101. Ich habe einfach nicht die Geduld, mir über die Finanzen Gedanken zu machen oder meine Rechnungen zu bezahlen, und deshalb halten Leute mich für verantwortungslos. J V N
102. Ich bin nicht die Art Mensch, die immer den vorsichtigen Weg einschlägt. Ich gehe Risiken ein – etwa schneller fahren als erlaubt oder fahren, wenn ich etwas getrunken habe –, aber ich weiß, was ich tue, und ich komme dahin, wo ich hin will. J V N
103. Mich fasziniert eine Art Untergrundleben, in dem man die Regeln brechen kann und ungestraft davonkommt. J V N
104. Als Heranwachsender war ich ein Teufelskerl und immer in Schwierigkeiten. Einige der folgenden Dinge trafen auf mich zu: Ich habe die Schule geschwänzt; ich bin von zu Hause weggelaufen; ich bin in Schlägereien geraten; ich habe mich sexuell viel herumgetrieben; ich habe gelogen; ich habe gestohlen; ich habe Leute drangsaliert; ich habe das Eigentum anderer zerstört. J V N

## II. Übertragen Sie Ihre Antworten auf die Auswertungsblätter

Die Auswertungsblätter (S. 59–63) sind in dreizehn senkrechte Spalten aufgeteilt, die mit den Buchstaben A bis M bezeichnet sind. Jede Spalte ist wiederum in drei Spalten unterteilt, die mit den Buchstaben a, b und c bezeichnet sind und in die Sie Ihre Antwort eintragen. Kreisen Sie für jede der 104 Fragen die Buchstaben J, V oder N da ein, wo sie in der Reihe erscheinen. Bitte beachten Sie: Für die Fragen 51, 53, 85 und 86 müssen die Antworten in zwei bzw. drei Spalten eingekreist werden, wie das Auswertungsblatt zeigt.

## Auswertungsblatt

| | A | | | B | | | C | | | D | | | E | | | F | | | G | | | H | | | I | | | J | | | K | | | L | | | M | | |
|---|---|---|---|---|---|---|---|---|---|---|---|---|---|---|---|---|---|---|---|---|---|---|---|---|---|---|---|---|---|---|---|---|---|---|---|---|---|---|
| | a | b | c | a | b | c | a | b | c | a | b | c | a | b | c | a | b | c | a | b | c | a | b | c | a | b | c | a | b | c | a | b | c | a | b | c | a | b | c |
| 1 | | | | | | | | | | | | | | | | | | | | | | | | | | | | J | V | N | | | | | | | | | |
| 2 | | | | | | | | | | | | | | | | | | | | | | | | | | | | J | V | N | | | | | | | | | |
| 3 | | | | | | | | | | | | | | | | | | | | | | | | | | | | J | V | N | | | | | | | | | |
| 4 | | | | | | | | | | | | | | | | | | | | | | | | | | | | | | | J | V | N | | | | | | |
| 5 | | | | | | | | | | | | | | | | | | | | | | | | | | | | | | | J | V | N | | | | | | |
| 6 | | | | | | | | | | | | | | | | | | | | | | | | | | | | | | | J | V | N | | | | | | |
| 7 | | | | | | | | | | N | V | J | | | | | | | | | | | | | | | | | | | | | | | | | | | |
| 8 | | | | | | | | | | | | | | | | | | | | | | | | | | | | | | | | | | | | | J | V | N |
| 9 | | | | | | | | | | | | | | | | | | | | | | | | | | | | | | | | | | | | | J | V | N |
| 10 | | | | | | | | | | | | | N | V | J | | | | | | | | | | | | | | | | | | | | | | | | |
| 11 | | | | | | | | | | | | | N | V | J | | | | | | | | | | | | | | | | | | | | | | | | |
| 12 | | | | | | | | | | | | | | | | J | V | N | | | | | | | | | | | | | | | | | | | | | |
| 13 | | | | | | | | | | | | | | | | | | | J | V | N | | | | | | | | | | | | | | | | | | |
| 14 | | | | | | | | | | | | | | | | | | | | | | | | | | | | | | | | | | | | | | | |
| 15 | | | | | | | J | V | N | | | | | | | | | | | | | | | | | | | | | | | | | | | | | | |
| 16 | | | | | | | | | | | | | | | | | | | J | V | N | | | | | | | | | | | | | | | | | | |
| 17 | | | | | | | J | V | N | | | | | | | J | V | N | | | | | | | | | | | | | | | | | | | | | |
| 18 | | | | | | | | | | | | | | | | | | | | | | | | | | | | | | | | | | | | | | | |
| 19 | | | | | | | | | | | | | | | | | | | J | V | N | | | | | | | | | | | | | | | | | | |
| 20 | | | | | | | | | | | | | | | | | | | J | V | N | | | | | | | | | | | | | | | | | | |
| 21 | | | | | | | | | | J | V | N | | | | | | | J | V | N | | | | | | | | | | | | | | | | | | |
| 22 | | | | | | | | | | | | | | | | | | | | | | | | | | | | | | | | | | | | | | | |
| 23 | | | | | | | | | | | | | | | | | | | | | | | | | | | | J | V | N | | | | | | | | | |

Auswertungsblatt

| | A | | | B | | | C | | | D | | | E | | | F | | | G | | | H | | | I | | | J | | | K | | | L | | | M | | |
|---|---|---|---|---|---|---|---|---|---|---|---|---|---|---|---|---|---|---|---|---|---|---|---|---|---|---|---|---|---|---|---|---|---|---|---|---|---|---|---|
| | a | b | c | a | b | c | a | b | c | a | b | c | a | b | c | a | b | c | a | b | c | a | b | c | a | b | c | a | b | c | a | b | c | a | b | c | a | b | c |
| 24 | | | | | | | | | | | | | | | | | | | | | | | | | | | | | | | | | | | | | | | |
| 25 | | | | | | | | | | | | | | | | | | | | | | | | | | | | | | | | | | | | | | | |
| 26 | | | | | | | | | | | | | | | | | | | | | | | | | | | | | | | | | | | | | | | |
| 27 | | | | | | | | | | | | | | | | | | | | | | | | | | | | | | | | | | | | | | | |
| 28 | | | | | | | | | | | | | | | | | | | | | | | | | | | | | | | J | V | N | | | | | | |
| 29 | | | | | | | | | | | | | | | | | | | | | | | | | | | | | | | | | | | | | J | V | N |
| 30 | | | | | | | | | | | | | | | | | | | J | V | N | | | | | | | | | | | | | | | | | | |
| 31 | | | | | | | | | | | | | | | | | | | | | | | | | N | V | J | | | | | | | | | | N | V | J |
| 32 | | | | | | | | | | | | | | | | | | | | | | | | | | | | J | V | N | | | | | | | J | V | N |
| 33 | | | | | | | | | | | | | | | | | | | | | | | | | | | | | | | | | | | | | J | V | N |
| 34 | | | | | | | | | | | | | | | | | | | | | | | | | | | | | | | | | | | | | J | V | N |
| 35 | | | | | | | | | | | | | | | | | | | | | | | | | | | | | | | | | | | | | J | V | N |
| 36 | | | | | | | | | | | | | | | | | | | | | | | | | J | V | N | | | | | | | | | | | | |
| 37 | | | | | | | | | | | | | | | | | | | | | | | | | J | V | N | | | | | | | | | | | | |
| 38 | | | | | | | | | | | | | | | | | | | | | | | | | J | V | N | | | | | | | | | | | | |
| 39 | | | | | | | | | | | | | | | | | | | | | | | | | J | V | N | | | | | | | | | | | | |
| 40 | | | | | | | | | | | | | | | | | | | | | | | | | J | V | N | | | | | | | | | | | | |
| 41 | | | | | | | | | | | | | | | | | | | | | | | | | N | V | J | | | | | | | | | | | | |
| 42 | | | | | | | | | | | | | J | V | N | | | | | | | | | | J | V | N | | | | | | | | | | | | |
| 43 | | | | | | | | | | | | | | | | J | V | N | | | | | | | | | | | | | | | | | | | | | |
| 44 | | | | | | | | | | | | | | | | J | V | N | | | | | | | | | | | | | | | | | | | | | |
| 45 | | | | | | | | | | | | | | | | J | V | N | | | | | | | | | | | | | | | | | | | | | |
| 46 | | | | | | | | | | | | | | | | | | | | | | | | | | | | | | | | | | | | | | | |

Auswertungsblatt

|   | a b c | a b c | a b c | a b c | a b c | a b c | a b c | a b c | a b c | a b c | a b c | a b c | a b c |
|---|---|---|---|---|---|---|---|---|---|---|---|---|---|
|   | A | B | C | D | E | F | G | H | I | J | K | L | M |
| 47 |   |   |   |   |   |   |   |   |   |   |   |   |   |
| 48 |   |   |   |   | J V N |   |   |   |   |   |   |   |   |
| 49 | J V N |   |   |   |   |   | J V N |   |   |   |   |   |   |
| 50 | J V N |   |   |   |   |   |   |   |   |   |   |   |   |
| 51 |   | N V J | N V J |   |   |   |   | N V J |   |   |   |   |   |
| 52 | N V J |   |   |   |   |   |   |   |   |   |   |   |   |
| 53 | J V N |   | J V N |   |   |   |   |   |   |   |   |   |   |
| 54 |   | J V N |   |   |   |   |   |   |   |   |   |   |   |
| 55 |   | J V N |   |   |   |   |   |   |   |   |   |   |   |
| 56 |   | J V N |   |   |   |   |   |   |   |   |   |   |   |
| 57 |   |   | N V J |   |   |   |   |   |   |   |   |   |   |
| 58 |   |   | J V N |   |   |   |   |   |   |   |   |   |   |
| 59 |   |   |   |   |   |   |   | J V N |   |   |   |   |   |
| 60 |   |   |   |   |   |   |   | J V N |   |   |   |   |   |
| 61 |   |   |   |   |   |   |   | N V J |   |   |   |   |   |
| 62 |   |   |   |   |   |   |   |   |   |   | J V N |   |   |
| 63 |   |   |   |   |   |   |   |   |   |   | N V J |   |   |
| 64 |   |   |   |   |   |   |   |   |   |   | J V N |   |   |
| 65 |   |   |   |   |   |   |   |   |   |   | J V N |   |   |
| 66 |   |   |   |   |   |   |   |   |   |   | J V N |   |   |
| 67 |   |   |   |   |   |   |   |   |   | J V N |   |   |   |
| 68 |   |   |   |   |   |   |   |   |   |   |   | J V N |   |
| 69 |   |   |   |   |   |   |   |   |   |   |   | J V N |   |

Auswertungsblatt

| | A | | | B | | | C | | | D | | | E | | | F | | | G | | | H | | | I | | | J | | | K | | | L | | | M | | |
|---|---|---|---|---|---|---|---|---|---|---|---|---|---|---|---|---|---|---|---|---|---|---|---|---|---|---|---|---|---|---|---|---|---|---|---|---|---|---|---|
| | a | b | c | a | b | c | a | b | c | a | b | c | a | b | c | a | b | c | a | b | c | a | b | c | a | b | c | a | b | c | a | b | c | a | b | c | a | b | c |
| 70 | | | | | | | | | | | | | | | | | | | | | | | | | | | | | | | | | | J V N | | | | | |
| 71 | | | | | | | | | | | | | | | | | | | | | | | | | | | | | | | | | | J V N | | | | | |
| 72 | | | | | | | | | | | | | | | | | | | | | | | | | | | | | | | | | | N V J | | | | | |
| 73 | | | | | | | | | | | | | | | | | | | J V N | | | | | | | | | | | | | | | | | | | |
| 74 | J V N | | | | | | | | | | | | | | | | | | | | | | | | | | | | | | | | | | | | | | |
| 75 | J V N | | | | | | | | | | | | | | | | | | | | | | | | | | | | | | | | | | | | | | |
| 76 | | | | | | | | | | J V N | | | | | | | | | | | | | | | | | | | | | | | | | | | | |
| 77 | | | | | | | | | | J V N | | | | | | | | | | | | | | | | | | | | | | | | | | | | |
| 78 | | | | | | | | | | | | | | | | | | | | | | | | | | | | | | | | | J V N | | | | | |
| 79 | | | | | | | | | | J V N | | | | | | | | | | | | | | | | | | | | | | | | | | | | |
| 80 | | | | | | | | | | J V N | | | | | | | | | | | | | | | | | | | | | | | | | | | | |
| 81 | J V N | | | | | | | | | | | | | | | | | | | | | | | | | | | | | | | | | | | | | | |
| 82 | | | | | | | | | | | | | N V J | | | | | | | | | | | | | | | | | | | | | | | | | |
| 83 | | | | | | | | | | | | | | | | J V N | | | | | | | | | | | | | | | | | | | | | | | |
| 84 | | | | | | | J V N | | | | | | | | | | | | | | | | | | | | | | | | | | | | | | | |
| 85 | | | | | | | | | | | | | J V N | | | J V N | | | | | | | | | | | | | | | | | | | | | | |
| 86 | | | | | | | | | | | | | | | | | | | | | | N V J | | | N V J | | | | | | | | | | | | | | |
| 87 | | | | | | | | | | | | | | | | | | | | | | J V N | | | | | | | | | | | | | | | | | |
| 88 | | | | | | | | | | | | | | | | | | | J V N | | | | | | | | | | | | | | | | | | | | |
| 89 | | | | | | | | | | | | | | | | | | | | | | J V N | | | | | | J V N | | | | | | | | | | |
| 90 | | | | | | | | | | | | | | | | | | | | | | | | | | | | | | | | | | | | | | |
| 91 | | | | J V N | | | | | | | | | | | | | | | | | | | | | | | | | | | | | | | | | | |
| 92 | | | | J V N | | | | | | | | | | | | | | | | | | | | | | | | | | | | | | | | | | |

62

## Auswertungsblatt

|  | A | | | B | | | C | | | D | | | E | | | F | | | G | | | H | | | I | | | J | | | K | | | L | | | M | | |
|---|---|---|---|---|---|---|---|---|---|---|---|---|---|---|---|---|---|---|---|---|---|---|---|---|---|---|---|---|---|---|---|---|---|---|---|---|---|
|  | a | b | c | a | b | c | a | b | c | a | b | c | a | b | c | a | b | c | a | b | c | a | b | c | a | b | c | a | b | c | a | b | c | a | b | c | a | b | c |
| 93 | | | | JVN | | | | | | | | | | | | | | | | | | | | | | | | | | | | | | | | | | | |
| 94 | | | | | | | JVN | | | | | | | | | | | | | | | | | | | | | | | | | | | | | | | | |
| 94 | | | | | | | JVN | | | | | | | | | | | | | | | | | | | | | | | | | | | | | | | | |
| 96 | | | | | | | | | | | | | | | | | | | | | | | | | | | | | | | | | | | | | | | |
| 97 | | | | | | | | | | | | | | | | | | | | | | | | | | | | JVN | | | | | | | | | | | |
| 98 | | | | | | | | | | | | | JVN | | | | | | | | | | | | | | | | | | | | | | | | | | |
| 99 | | | | | | | | | | | | | JVN | | | | | | | | | | | | | | | | | | | | | | | | | | |
| 100 | | | | | | | | | | JVN | | | | | | | | | | | | | | | | | | | | | | | | | | | | | |
| 101 | | | | | | | | | | JVN | | | | | | | | | | | | | | | | | | | | | | | | | | | | | |
| 102 | | | | | | | | | | JVN | | | | | | | | | | | | | | | | | | | | | | | | | | | | | |
| 103 | | | | | | | | | | JVN | | | | | | | | | | | | | | | | | | | | | | | | | | | | | |
| 104 | | | | | | | | | | JVN | | | | | | | | | | | | | | | | | | | | | | | | | | | | | |

## Ergebnisübersicht

|  | A | B | C | D | E | F | G | H | I | J | K | L | M |
|---|---|---|---|---|---|---|---|---|---|---|---|---|---|
| Gesamt | x 2 = | x 2 = | x 2 = | x 2 = | x 2 = | x 2 = | x 2 = | x 2 = | x 2 = | x 2 = | x 2 = | x 2 = | x 2 = |
| Spalte a | + | + | + | + | + | + | + | + | + | + | + | + | + |
| Spalte b | = | = | = | = | = | = | = | = | = | = | = | = | = |
| Gesamt | | | | | | | | | | | | | |

**III. Berechnen Sie Ihre Gesamtpunktzahl wie folgt:**

1. Zählen Sie, wie oft Sie in Spalte A die Unterspalte a gewählt haben. Tragen Sie diese Zahl in das dafür vorgesehene Kästchen auf der Ergebnisübersicht ein. Multiplizieren Sie dann, wie dort angegeben, diese Zahl mit 2. Wenn Sie zum Beispiel in Spalte A, Unterspalte a 3 Buchstaben eingekreist haben, ist Ihr Ergebnis 3 x 2 = 6.
2. Zählen Sie, wie oft Sie in Spalte A, Unterspalte b einen Buchstaben markiert haben. Tragen Sie diese Zahl in das dafür vorgesehene Kästchen auf der Ergebnisübersicht ein. Wenn Sie zum Beispiel in Spalte A, Unterspalte b 4 Buchstaben eingekreist haben, müssen Sie dort eine 4 eintragen.
3. Die Gesamtpunktzahl für Spalte A ergibt sich, wenn Sie die mit 2 multiplizierten Ergebnisse von Unterspalte a und das Ergebnis von Unterspalte b addieren. Wenn zum Beispiel das mit 2 multiplizierte Ergebnis von Unterspalte a 6 ist und das Ergebnis von Unterspalte b 4, beläuft Ihre Gesamtpunktzahl für Spalte A sich auf 10.
4. Wiederholen Sie diese Schritte für die Spalten B bis M.

Bitte beachten Sie: Die Unterspalte c wird nicht ausgewertet und erscheint daher auch nicht in der Ergebnisübersicht.

Beispiel (Siehe Seite 63 unten).

Gesamtpunktzahl A
Unterspalte a        3 x 2 =  6
Unterspalte b         + 4 =  4
                      ─────────
gesamt                     = 10

**IV. Zeichnen Sie Ihr Persönlichkeitsportrait in das Diagramm:**

1. Übertragen Sie für jeden der dreizehn Persönlichkeitsstile Ihre Punktzahl von der Ergebnisübersicht in die entsprechende Spalte des Diagramms, indem Sie die jeweilige Zahl einkreisen. Wenn Ihre Gesamtpunktzahl für Spalte A zum Beispiel 7 ist, markieren Sie in Spalte A – Wachsam die 7.
2. Nachdem Sie die Ergebnisse für alle dreizehn Persönlichkeitsstile

in das Diagramm eingetragen haben, ziehen Sie eine Linie, die die eingekreisten Punkte von Spalte zu Spalte verbindet. Das sich ergebende Muster ist Ihr Persönlichkeitsportrait (Beispiele für vervollständigte Diagramme finden sich in Anhang II).

## Selbstportrait-Diagramm

| A | B | C | D | E | F | G | H | I | J | K | L | M |
|---|---|---|---|---|---|---|---|---|---|---|---|---|
| 14 | 14 | 18 | 22 | 16 | 16 | 18 | 14 | 18 | 18 | 18 | 16 | 16 |
| 13 | 13 | 17 | 21 | 15 | 15 | 17 | 13 | 17 | 17 | 17 | 15 | 15 |
| 12 | 12 | 16 | 20 | 14 | 14 | 16 | 12 | 16 | 16 | 16 | 14 | 14 |
| 11 | 11 | 15 | 19 | 13 | 13 | 15 | 11 | 15 | 15 | 15 | 13 | 13 |
| 10 | 10 | 14 | 18 | 12 | 12 | 14 | 10 | 14 | 14 | 14 | 12 | 12 |
| 9 | 9 | 13 | 17 | 11 | 11 | 13 | 9 | 13 | 13 | 13 | 11 | 11 |
| 8 | 8 | 12 | 16 | 10 | 10 | 12 | 8 | 12 | 12 | 12 | 10 | 10 |
| 7 | 7 | 11 | 15 | 9 | 9 | 11 | 7 | 11 | 11 | 11 | 9 | 9 |
| 6 | 6 | 10 | 14 | 8 | 8 | 10 | 6 | 10 | 10 | 10 | 8 | 8 |
| 5 | 5 | 9 | 13 | 7 | 7 | 9 | 5 | 9 | 9 | 9 | 7 | 7 |
| 4 | 4 | 8 | 12 | 6 | 6 | 8 | 4 | 8 | 8 | 8 | 6 | 6 |
| 3 | 3 | 7 | 11 | 5 | 5 | 7 | 3 | 7 | 7 | 7 | 5 | 5 |
| 2 | 2 | 6 | 10 | 4 | 4 | 6 | 2 | 6 | 6 | 6 | 4 | 4 |
| 1 | 1 | 5 | 9 | 3 | 3 | 5 | 1 | 5 | 5 | 5 | 3 | 3 |
| | | 4 | 8 | 2 | 2 | 4 | | 4 | 4 | 4 | 2 | 2 |
| | | 3 | 7 | 1 | 1 | 3 | | 3 | 3 | 3 | 1 | 1 |
| | | 2 | 6 | | | 2 | | 2 | 2 | 2 | | |
| | | 1 | 5 | | | 1 | | 1 | 1 | 1 | | |
| | | | 4 | | | | | | | | | |
| | | | 3 | | | | | | | | | |
| | | | 2 | | | | | | | | | |
| | | | 1 | | | | | | | | | |
| Wachsam | Ungesellig | Exzentrisch | Abenteuerlich | Sprunghaft | Dramatisch | Selbstbewußt | Sensibel | Anhänglich | Gewissenhaft | Lässig | Aggressiv | Aufopfernd |

## *Wonach Sie suchen sollten*

Sie erfahren am meisten über sich selbst, wenn Sie sich zunächst auf die Stile konzentrieren, die in Ihrem Profil am stärksten vertreten sind, und dann auf die relative Bedeutung aller Stile. Manche Menschen haben bei allen Stilen niedrige Punktzahlen, während andere bei vielen Stilen hohe Punktzahlen erreichen – aber jeder hat ein, zwei, drei oder auch mehr Stile, die klar stärker als die anderen sind.

Die höchsten Spitzen in Ihrer Selbstportrait-Zeichnung sind Ihre dominanten, führenden Stile, sie formen den Charakter Ihrer Persönlichkeit am stärksten. Aber wir haben bereits gesagt, daß es keinen »reinen« Stil gibt; alle anderen zu Ihrem Muster beitragenden Stile drücken sich irgendwie in Ihrer Persönlichkeit aus. Menschen zum Beispiel, die vom Dramatischen Stil beherrscht werden, sind sehr emotional, extrovertiert und lieben Spaß. Menschen, die vom Gewissenhaften Stil beherrscht werden, neigen dazu, ihre Gefühle für sich zu behalten, und sind umsichtiger und beherrschter. Aber viele Menschen werden von beiden Stilen stark beeinflußt. Wenn in Ihrem Persönlichkeitsportrait der Gewissenhafte Stil am stärksten ist und der Dramatische kurz darauf folgt, stellen Sie vielleicht fest, daß Sie sehr intensive Gefühle erleben, sie aber selten zeigen. Wenn Sie dagegen vorwiegend Dramatisch sind und der Gewissenhafte Stil an zweiter Stelle steht, neigen Sie dazu, emotional zu sein und Ihren Gefühlen großes Gewicht beizumessen, aber bei Ihrer Arbeit können Sie vielleicht Ihre Gefühle beiseitelassen und sehr bestimmt und zielgerichtet auftreten. Wenn Sie sehen, daß Ihre Persönlichkeit scheinbar gegensätzliche Stile aufweist, gibt Ihnen dies möglicherweise Einsicht in einige Ihrer wiederkehrenden inneren Konflikte. Wenn zum Beispiel zu Ihren dominanten Stilen der Dramatische gehört, sind Sie sehr gesellig und lieben Partys. Aber wenn Sie außerdem sehr sensibel sind, fühlen Sie sich in Gesellschaft vieler Menschen unwohl. Das Vorhandensein dieser beiden konträren Stile könnte Ihre Unsicherheit in Anwesenheit von Fremden oder Ihre Anstrengungen erklären, Hemmungen abzuschütteln und bei einigen sozialen Anlässen Ihr lebendiges Selbst auszuleben.

In Anhang II findet sich die Interpretation von zwei Diagrammen, die illustriert, wie die einzelnen Stile zusammenwirken, um eine ganze Persönlichkeit zu bilden.

## *Hohe und niedrige Punktzahlen*

Die numerische Punktzahl, die Sie bei irgendeinem Stil erreicht haben, ist für sich genommen nicht signifikant. Die Zahlen werden nur benutzt, um das Diagramm anzufertigen. Die Aussage, daß Sie im Gewissenhaften Stil 10 oder im Dramatischen 12 Punkte haben, hat daher keine Bedeutung.

Wenn Sie in einer Spalte fast den oberen Rand erreichen, werden Sie von diesem Stil sehr stark beeinflußt. Manche Leute haben überall hohe Punktzahlen. Diese Menschen haben wahrscheinlich im Vergleich zu jenen, die überall niedrigere Punktzahlen haben, sehr klar umrissene, intensive Persönlichkeiten. Das macht sie weder besser noch schlechter als irgend jemand anders.

Ähnlich zeigt eine niedrige Punktzahl bei irgendeinem Stil keinen Defekt in Ihrer Persönlichkeit an. Wenn Sie zum Beispiel beim Sensiblen Stil nicht viele Punkte gemacht haben, bedeutet das nicht, daß Sie unsensibel sind, und wenn Sie beim Selbstbewußten Stil mit einer niedrigen Punktzahl abschneiden, heißt das nicht, daß es Ihnen an Selbstachtung fehlt. Wahrscheinlich werden die meisten Menschen in einer oder mehreren Spalten niedrige Punktzahlen erreichen.

## *Wachstum und Veränderung verfolgen*

Ihr Persönlichkeitsportrait ist nicht in Stein gemeißelt. Es ist so lebendig wie Sie. Nichts Organisches bleibt sich von Tag zu Tag genau gleich. Obwohl Ihr Gesamtmuster wahrscheinlich zumindest kurzfristig gleich bleiben wird, kann der Anteil jeden Stils innerhalb dieses Musters sich in Abhängigkeit von den Ereignissen in Ihrem Leben leicht verändern. Wenn die große Liebe Ihres Lebens gerade in die Brüche gegangen ist oder Sie frisch verliebt sind, kann Ihre momentane Stimmung die Antworten auf einige Fragen färben und den Anteil eines oder mehrerer Stile modifizieren.

Intensive Lebenserfahrungen können Ihre Persönlichkeit drastischer ändern. Die Geburt eines Kindes zum Beispiel kann den Anhänglichen Stil in den Vordergrund rücken, während sie einen Ungeselligen Einfluß beträchtlich reduziert. Auch eine intensive Psychotherapie kann Ihr Persönlichkeitsmuster umstrukturieren.

Zeichnen Sie Ihr Persönlichkeitsportrait von Zeit zu Zeit neu.

Verfolgen Sie, wie Ihre Persönlichkeit »atmet«, wächst, sich verändert und auf jede Weise mit dem Weg Schritt hält, den Sie im Leben eingeschlagen haben.

KAPITEL 4

# Gewissenhafter Stil

»Das Richtige tun«

Sie sind das Rückgrat der westlichen Industriegesellschaften. Die Männer und Frauen, bei denen der Gewissenhafte Stil dominiert, haben starke moralische Prinzipien und absolute Überzeugungen, und sie finden keine Ruhe, bis die Arbeit getan ist – und zwar richtig. Sie sind ihrer Familie, ihrer Sache und ihren Vorgesetzten gegenüber loyal. Harte Arbeit ist das Merkmal dieses Persönlichkeitsstils; Gewissenhafte Typen *leisten* etwas. Kein Arzt, Rechtsanwalt, Wissenschaftler oder leitender Angestellter könnte es ohne einen beträchtlichen Anteil Gewissenhaften Stils weit bringen. Und auch kein Computerexperte, keine effiziente Hausfrau, kein Buchhalter, kein strebsamer Student, keine gute Sekretärin oder irgend jemand anders, der hart arbeitet, um gute Arbeit zu leisten.

Der Gewissenhafte Persönlichkeitsstil gedeiht in Gesellschaften wie der unseren, in denen das Arbeitsethos floriert. Wir behandeln diesen Stil als ersten, weil er anpassungsfähig und häufig ist und daher wahrscheinlich eine Hauptkomponente in vielen verschiedenen Persönlichkeitsprofilen darstellt. Tatsächlich wird in unserer Gesellschaft eine so breite Palette von Gewissenhaften Verhaltensweisen als normal und sogar bewundernswert betrachtet, daß es oft schwer ist, zwischen dem Gewissenhaften Persönlichkeitsstil und der Zwanghaften Persönlichkeitsstörung, die sein Extrem bezeichnet, zu unterscheiden. Wie sollen wir einen Menschen nennen, der immer einen Aktenkoffer voll Arbeit mit in die Ferien nimmt? Ist er ein Arbeitssüchtiger, der nicht entspannen kann und auf einen frühen Herzinfarkt zusteuert? Oder ist er ein Mensch, der einfach gern arbeitet, bei Herausforderung gedeiht und in seiner Karriere großen Dingen entgegengeht? Es hängt davon ab, ob der Stil die sechs Bereiche seines Lebens bereichert, oder ob er sie beherrscht und verzerrt. Lesen Sie weiter.

## DIE NEUN CHARAKTERISTIKA

Die folgenden neun Charakterzüge und Verhaltensweisen sind Hinweise auf das Vorhandensein des Gewissenhaften Stils. Ein Mensch mit stark Gewissenhafter Tendenz zeigt mehr dieser Verhaltensweisen intensiver als jemand, der weniger von diesem Stil geprägt ist.

1. *Harte Arbeit.* Der Gewissenhafte Mensch arbeitet mit Hingabe, sehr hart und ist einer intensiven, zielstrebigen Anstrengung fähig.
2. *Das Richtige tun.* Gewissenhaft sein bedeutet, ein Gewissen zu haben. Diese Menschen haben starke moralische Prinzipien und Werte. Meinungen und Überzeugungen zu irgendeinem Thema werden selten leicht genommen. Gewissenhafte Menschen möchten das Richtige tun.
3. *Die richtige Methode.* Alles muß »richtig« gemacht werden, und der Gewissenhafte Mensch weiß genau, was dies bedeutet – von der richtigen Weise, die Konten zu begleichen, zur besten Strategie, die Ziele des Chefs zu erreichen oder jeden einzelnen Teller richtig in die Spülmaschine zu stellen.
4. *Perfektionismus.* Gewissenhafte Menschen möchten, daß alle Aufgaben und Projekte bis ins letzte Detail perfekt und ohne den kleinsten Fehler erledigt werden.
5. *Liebe zum Detail.* Gewissenhafte Männer und Frauen nehmen alle Stufen eines Projekts ernst. Kein Detail ist zu klein, als daß es ihrer Aufmerksamkeit entginge.
6. *Ordnung.* Gewissenhafte Menschen lieben den Anschein von Ordnung und Sauberkeit. Sie können gut organisieren, katalogisieren und Listen erstellen, und sie schätzen Pläne und Routine.
7. *Pragmatismus.* Gewissenhafte Typen gehen an die Welt und andere Menschen von einem praktischen, nüchternen Standpunkt heran. Sie krempeln die Ärmel hoch und machen sich ohne großen emotionalen Aufwand an die Arbeit.
8. *Überlegtheit.* Gewissenhafte Menschen, die in allen Bereichen ihres Lebens sparsam, vorsichtig und behutsam sind, geben unbekümmerter Leidenschaft oder wildem Exzeß nicht nach.
9. *Ansammeln.* Gewissenhafte Menschen verwahren und sammeln alles mögliche (und lagern es in ordentlichen Bündeln); sie rangieren nur sehr ungern etwas aus, das für sie Wert hat, hatte oder vielleicht einmal haben könnte.

# DIE SECHS BEREICHE DES GEWISSENHAFTEN FUNKTIONIERENS

## *Arbeit: Der Schlüsselbereich*

Viele der Verhaltensweisen, die den Gewissenhaften Typ charakterisieren, kommen aus dem Bereich der Arbeit. Und bei der Arbeit – sei es Hausarbeit, der Beruf oder Freizeitprojekte – tut der Stil sich am meisten hervor. Arbeit ist für ihn der Schlüsselbereich des Funktionierens, der alle anderen Bereiche beherrscht.

Gewissenhafte Menschen sind kompetent, durchorganisiert, gut im Detail, perfektionistisch, gründlich und loyal – der Angestellte, den jeder Chef zu finden hofft, der Schüler, der das Jahr für den Lehrer lohnend macht, die Hausfrau, die die Familie wie ein Uhrwerk am Funktionieren hält. Sie sind Macher, und das »Machen« erstreckt sich auf alle Stunden des Tages. Sogar in ihrer Freizeit sind Gewissenhafte Menschen mit Projekten und Aktivitäten beschäftigt. Ein Gewissenhafter Mann scheidet mit fünfundsiebzig Jahren schließlich aus dem Arbeitsleben aus und freut sich, den ganzen Tag an seiner Werkbank zu verbringen. Eine Gewissenhafte Angestellte verbringt die Mittagspause im Fitness-Club. Ein Gewissenhafter Mensch fängt mit dem Gärtnern als Hobby an, und obwohl er sich nur abends und am Wochenende damit beschäftigen kann, bringt er es in nur einer Saison fertig, einen prachtvollen Garten mit ein- und mehrjährigen Pflanzen anzulegen, alle gedüngt, gemulcht, abgestützt und unkrautfrei.

Gewissenhafte Menschen mögen intensive, konzentrierte und präzise Aktivitäten. Bei allem, was sie tun, strengen sie sich an – Ellenbogenschmiere ist ihr Arbeitsmaterial –, und sie strengen sich eher an, als es leicht zu haben. Die Anstrengung ist ein Teil dessen, was das Unternehmen lohnend macht.

Trotzdem sollte es Ihnen nicht leid tun, daß Gewissenhafte Menschen so hart arbeiten müssen. Sie brauchen die Herausforderung, auf die Perfektion hinzuarbeiten, und gedeihen beim Anstreben der Vollendung. Zeit spielt dabei keine Rolle. Diana W. bat Ken C., ihren extrem Gewissenhaften Assistenten, ihr höchst wichtiges 175-Seiten-Dokument zu kopieren. Ken blieb länger, um jedes Blatt von Hand einzulegen, zu überprüfen, daß der Druck gleichmäßig dunkel war und jedes Blatt exakt in der Mitte lag, und Seiten auszusortieren, die auch nur leicht inakzeptabel waren. Wenn Diana es selbst hätte machen müssen, hätte sie das Dokument automatisch durchlaufen lassen und dann den Abend im Theater verbracht. Aber das ist eben der Unterschied zwischen Diana und Ken. Sie ist mit »gut genug« zufrieden; für einen Gewissenhaften Menschen wie Ken ist keine Arbeit es wert, getan zu werden, wenn sie nicht richtig getan wird.

### Der Gewissenhafte Manager

Weil vom Gewissenhaften Stil stark geprägte Menschen bereit sind, so viel Zeit und harte Arbeit aufzuwenden, gelangen sie in vielen Berufen an die Spitze. Während Menschen mit dem Selbstbewußten oder Aggressiven Persönlichkeitsstil durch Sinn für die Geschäftspolitik bzw. Manipulation der Macht im Rang aufsteigen, werden Gewissenhafte Menschen durch gute altmodische harte Arbeit erfolgreich. Sie sind loyal, respektieren die Autorität und leisten ihre beste Arbeit oft dann, wenn sie jemandem Rechenschaft ablegen müssen. Aus diesen Gründen ist ein Gewissenhafter Mitarbeiter oft ein ungewöhnlich guter Zweiter Mann – oder eine ungewöhnlich gute Zweite Frau: die graue Eminenz hinter der Bühne, auf die man sich verlassen kann, um seine Politik und seine Projekte zu realisieren.

Top-Manager-Positionen jedoch erfordern Fähigkeiten, die nicht zu den Stärken des Gewissenhaften Stils gehören, etwa schnelle Entscheidungen treffen, Prioritäten setzen und Verantwortlichkeiten delegieren. Gewissenhafte Menschen setzen sich selbst hohe Maßstäbe. Einige müssen so gründlich sein und jede Einzelheit wieder und wieder überprüfen, bevor sie zu irgendeinem Ergebnis kommen, daß sie zum Verzweifeln langsam sein können, bis sie – auch in kleineren Dingen – wissen, was sie wollen (siehe »Immer diese Entscheidungen«, S. 77).

Gewissenhafte Menschen erwarten dieselbe pflichtbewußte Sorgfalt, Hingabe und Leistung von anderen, was nicht immer angemessen ist. Erfolgreiches Management erfordert flexiblere Maßstäbe, die Fähigkeit, Prioritäten zu setzen und andersartige Arbeitsstile zu respektieren – Eigenschaften, die der »unverfälschte« Gewissenhafte Stil oft nicht besitzt (ein Zug Selbstbewußter oder Aggressiver Stil könnte diese Qualitäten beisteuern; siehe Kapitel 5 und 16). Aber auch extrem Gewissenhafte Menschen neigen dazu, es ziemlich weit zu bringen. Wenn Sie für jemanden arbeiten, bei dem dieser Persönlichkeitsstil überstark ausgeprägt ist, sollten Sie die Überlebenstips auf S. 83 lesen.

### Karrieren für den Gewissenhaften Typ

Der Gewissenhafte Persönlichkeitsstil geht mit einem Sinn für Fakten, Kategorien und technische Details einher. Gewissenhafte Menschen sind daher von Wissenschaft, Medizin, Forschung, Mathematik, Wirtschaft, Rechnungswesen, Jura, Technik, Computern, Datenverarbeitung sowie Geschick erfordernden Handwerken angezogen, oder von der technischen, organisierenden Seite jeden Berufs. Der Gewissenhafte Stil hat mehr Sinn für die Einzelheiten als für das große Ganze und kann daher mit ersteren besser umgehen als mit letzterem. Menschen mit diesem Persönlichkeitsstil arbeiten oft gut als rechte Hand von Führungskräften oder sonstigen Aufsichtspersonen, die gute konzeptionelle Fähigkeiten und ausgezeichnete Eingebungen haben, aber jemanden brauchen, der den Hintergrund untersucht und die Details erledigt.

## *Selbst: Das hart arbeitende Gewissen*

Ein Gewissenhafter Mensch fragt schnell: »Was machen Sie?« Die Beschäftigung eines anderen ist für ihn die wichtigste Information, denn er setzt Selbst und Arbeit gleich: »Ich bin Psychiater«, »Ich bin Schriftsteller«. Gewissenhafte Menschen, die keine genügend wichtige Arbeit haben (oder zu haben glauben), durch die sie sich definieren können, werden sich bei der Was-machen-Sie-Frage ziemlich winden – wie einige moderne Hausfrauen und -männer, die zwar in diesem Allround-Job sehr kompetent sind und ständig Überstunden leisten, aber doch glauben, daß sie auch draußen in der Welt arbeiten sollten. Gewissenhafte Männer und Frauen setzen sich in puncto Verantwortung hohe Maßstäbe. Sie meinen, sie müßten ständig auf eine sozial oder kulturell akzeptierte Weise etwas leisten, und zwar so gut sie können. Sie dürfen nie eine schlechte Leistung erbringen, und sie dürfen es nie leicht haben.

## Der Fall des schuldigen Multimillionärs

Mit fünfzig Jahren ist Michael B. mehrfacher Millionär. Er ist Arzt und stand an der Spitze der familieneigenen Arzneimittelfirma, bis die Familie beschloß, zu verkaufen. Jetzt hat Michael zum ersten Mal Zeit, seinen vielen geliebten Aktivitäten nachzugehen – Reisen, Segelregatten, Sporttauchen, Kunstwerke sammeln und Photographie. Aber Michael ist verlegen, wenn irgend jemand sagt: »Nett, Sie zu sehen, Michael, was machen Sie?« Er kann nicht einfach sagen, daß er sich vom Geschäft zurückgezogen hat, und er fühlt sich auch nicht wohl, wenn er sagt, daß er Arzt ist, weil er diese Fähigkeiten nicht nutzt. So erwähnt er statt dessen die Liste seiner Aktivitäten: »Nun, ich segle Regatten, ich sammle post-impressionistische Kunst, ich reise in den Fernen Osten.«

Michael fällt es schwer, seinen Ruhestand zu genießen, denn wie alle Gewissenhaften Typen hat er ein stark entwickeltes Gewissen und sehr viel Verantwortungsgefühl. Er glaubt, er sollte arbeiten, und wenn Sie ihn fragen, was er macht, wird er Ihnen versichern, daß all seine Aktivitäten sehr viel Anstrengung erfordern und er immer beschäftigt ist. Tatsächlich ist Michael, dessen Persönlichkeit auch einen gemäßigten Zug Aufopfernden Stil zeigt, aktiver Philanthrop und verbringt sehr viel Zeit damit, in einem Heim für Kinder auszuhelfen, deren Eltern im Gefängnis sind. Aber, typisch für den Gewissenhaften und den Aufopfernden Stil, hat er ein ähnlich starkes Gefühl für Schicklichkeit und glaubt, es sei nicht richtig, mit seiner Hilfe zu prahlen.

Gewissenhafte Menschen messen sich und ihr Verhalten am strengen Maßstab einer starken, fordernden inneren Autorität. Zählen Sie einmal, wenn Sie ihnen zuhören, wie oft sie »Ich sollte...« oder »Du solltest...« sagen (Gewissenhafte Menschen geben gerne Ratschläge). Aufgrund dieses stark entwickelten Gewissens tragen sie oft viel zu unserer Gesellschaft bei. Ihr eigenes moralisches Verhalten muß vollkommen sein, und das gleiche erwarten sie oft auch von allen anderen. Sie können in populären oder unpopulären Kriegen zu Helden werden, weil sie glauben, ihre Sache bzw. ihr Land unterstützen zu müssen.

Michael glaubt wirklich, daß er seinen Reichtum mit weniger glücklichen Menschen teilen sollte. Aber eben dieses Gefühl des »Ich sollte«, dieser Zwang zur moralischen Vollkommenheit, kann quälend sein. Gewissenhafte Menschen können sich nur schwer selbst akzeptieren. Sie haben oft tiefinnerlich das Gefühl, nicht zu genügen. Michael glaubt, um ein wirklich tüchtiges Mitglied der Gesellschaft und ein achtbarer Mensch zu sein, müßte er seinen Beruf wiederaufnehmen und eine »richtige« Arbeit tun. Er kann es nicht akzeptieren, daß er es gut macht und so, wie er ist, in Ordnung ist.

## *Gefühle, Selbstbeherrschung und reale Welt: Die Stimme der Vernunft*

Die Stimme der inneren oder äußeren Autorität, der der Gewissenhafte Mensch Beachtung schenkt, bildet die Grundlage seiner starken Selbstbeherrschung. Sie ist das *sine qua non* des Erfolgs. Bobby D. erreichte die oberste Baseball-Spielklasse dadurch, daß er sieben Jahre lang ein tägliches Trainingsprogramm in den unteren Spielklassen absolvierte und sich weigerte, die entspannenden und wahrscheinlich leistungssteigernden Drogen zu versuchen, die einige seiner Mannschaftsgefährten benutzten. Gewissenhafte junge Musiker üben auf ihren Instrumenten, während andere Kinder mit ihren Fahrrädern davonfahren. Gewissenhafte Erwachsene verwenden ihre Kreditkarten nur in dem ihnen zugestandenen Rahmen. Wenn sie sich zu einer Abmagerungskur entschließen, befolgen sie die Diät, ohne in die Eisdiele zu stürzen.

Gewissenhafte Menschen werden von ihrem Kopf regiert. Gefühle, Bedürfnisse, Launen oder Begierden kommen bei ihnen nicht oft zum Zug. Die Gewissenhafte Connie wird nicht länger im Bett bleiben, um noch einmal mit Norman zu schlafen, der zum ersten Mal bei ihr übernachtet. Connie hat Spaß an Sex, aber sie wird Ihnen sagen, daß es für alles die richtige Zeit und den richtigen Ort gibt. Connie ist jedoch nicht aus Eisen, und wenn Norman sie mehr bedrängt hätte, hätte sie vielleicht nachgegeben – aber dann hätte sie Schuldgefühle gehabt, weil sie zu spät zur Arbeit gekommen wäre. Je stärker die Gewissenhafte Veranlagung ist, desto schwerer fällt es, sich normale menschliche Fehler zu verzeihen. Wenn das Verhalten den hohen Erwartungen, die man an sich selbst hat – den »Sollten« – nicht entspricht, entstehen Schuldgefühle, die ebenso wie eine innere Unruhe häufig mit dem Gewissenhaften Persönlichkeitsstil einhergehen.

In puncto Emotionen übt der Gewissenhafte Stil im allgemeinen

Zurückhaltung. Wenn dies Ihr dominanter Stil ist, sind Sie nicht sentimental oder schwärmerisch; sie behalten Ihre Gefühle für sich. Sie handeln lieber vernünftig und reagieren sachlich. Gewissenhafte Männer und Frauen sind im Bereich der Gefühle nicht gerade in ihrem Element; sie äußern sie nicht leicht oder schnell. Wenn sie mit Leuten zusammen sind, die sie als untergeordnet betrachten, können sie ihrem Ärger Luft machen, aber bei einem Konflikt mit einer Autoritätsperson stecken sie lieber zurück, um das Wohlwollen des Chefs nicht zu verlieren. Als Carolyn, die leitende Angestellte aus Kapitel 1, zu Beginn ihrer Karriere bei einer Kritik ihres Chefs in Tränen ausbrach, war sie so entsetzt über sich, daß sie sofort einen Termin beim Psychotherapeuten ausmachte (den sie später wieder absagte). Situationen, die starke Gefühle hervorrufen und zu ihrem spontanen Ausdruck führen, gehören für Gewissenhafte Menschen wie Carolyn zu den größten Ursachen für Streß.

Die Konzentration aufs Rationale kann die reale Welt eines Gewissenhaften Menschen in einen Ort ohne Nuancen verwandeln. Die Musik eines Gewissenhaften Klaviervirtuosen mag technisch perfekt sein, aber für Menschen, die ein Ohr dafür haben, mangelt es ihr an Gefühl. Gewissenhafte Menschen, die die feinen, emotionalen Zwischentöne der Welt nicht empfinden, nehmen gern alles als eindeutig schwarz oder weiß wahr. Fanatiker – religiöse und andere – sind oft Gewissenhaft bis zum Extrem. Sie wissen, daß sie und ihre Anhänger recht und alle anderen unrecht haben. Für übermäßig Gewissenhafte und Zwanghafte Menschen besteht die Welt aus zwei Extremen – ohne Fragezeichen dazwischen.

## *Immer diese Entscheidungen*

Menschen, die von der Gewissenhaften rational-intellektuellen Ausrichtung beherrscht werden, können den Unterschied zwischen gut und böse, richtig und falsch leicht erkennen. Schwierig wird es, wenn sie zwischen zwei guten oder richtigen Dingen entscheiden sollen. Martha D. zum Beispiel ist am ausknobeln, was ihre Familie am besten in den Sommerferien machen sollte. Sie hat ihre Gewissenhaften Fähigkeiten eingesetzt, um eine Liste von Möglichkeiten zusammenzustellen, die alle interessant und reizvoll sind:
1. sie könnten einen Monat auf einer Farm leben und ein bißchen mitarbeiten;

2. Martha und ihr Mann könnten in der Stadt bleiben und Zeit für sich haben, während die Kinder in ein Eishockey-Lager fahren;
3. sie könnten alle im Sommer in der Stadt bleiben und für jedes Wochenende einen Ausflug planen;
4. sie könnten ein Haus am Strand mieten.

Jetzt ist es Mitte Mai, und Martha ist mit der Entscheidung nicht weitergekommen. Ihr Mann sagt, ihm sei alles recht, die Kinder ändern ihre Meinung jede Woche – und Martha wacht um 4 Uhr morgens auf und quält sich mit der Frage ab, für welche Aktivität sie sich entscheiden soll.

Aber was will eigentlich Martha? »Ich will das, was am besten für meine Familie ist«, antwortet sie Gewissenhaft. Sie sucht nach der perfekten Aktivität, als ob es so etwas gäbe, und kopfgesteuert wie sie ist, kann sie ihren Gefühlen, die ihr bei der Entscheidung vielleicht helfen könnten, nicht vertrauen. Gewissenhafte Menschen agieren nicht zwanglos auf Ahnungen, Inspirationen oder Gefühle hin. Dies schützt sie davor, unbedacht und impulsiv zu handeln, aber durch das ständige Abwägen aller Seiten eines Problems kommen sie auch zu keiner Entscheidung.

Tief im Innern träumt Martha davon, sich und ihre Familie den Sommer über an den Strand zu verfrachten und sich eine ungezwungene, freie, spontane, gute Zeit zu machen – aber dabei fühlt sie sich schuldig. Sie hat Angst (Gewissenhafte Menschen haben viele Ängste!), daß ihr Wunsch, es sich gut gehen zu lassen, mit ihrer Pflicht kollidiert, ihrer Familie angemessene, konstruktive Lernerfahrungen zu bieten. Zum Teil, weil sie so lange wartete, daß einige Alternativen einfach wegfielen (was eine Möglichkeit ist, Entscheidungen zu treffen), fuhren sie schließlich an den Strand. Martha hätte sich keine Sorgen zu machen brauchen. Ihre Familie wurde im Sand nicht faul, fett oder ineffektiv. Marthas nie versagende Konzentration und Anleitung sorgten dafür, daß sie den ganzen Sommer über mit Projekten und Aktivitäten beschäftigt waren.

## Streß!

Der Gewissenhafte Persönlichkeitsstil geht mit sehr viel Streß einher und ist, wenn er extrem wird, mit einem stark erhöhten Risiko für Herzkrankheiten verbunden. Bei all ihrer beneidenswerten Selbstbeherrschung und Zielgerichtetheit finden Gewissenhafte Menschen es schwer, zu entspannen, den Streß loszulassen, ihre Gedanken und Ängste zu beruhigen und Spaß zu haben.

Für einen Gewissenhaften Menschen kann unverplante Freizeit stressiger sein als eine Aktentasche voll Arbeit. Deshalb nimmt er Arbeit mit nach Hause oder in die Ferien und plant strukturierte Aktivitäten, um die Zeit der Muße zu füllen. Als Carolyn nach der Übernahme der Firma ihren Arbeitsplatz verlor, fiel sie kurz in Panik und Verzweiflung, weil sie Zeit zur Verfügung hatte. Aber sie brauchte nicht lange, bis sie die Krise durch die typischen Gewissenhaften Bewältigungsmechanismen in den Griff bekommen hatte: die Ärmel hochkrempeln und irgend etwas zu arbeiten beginnen. Manchen nicht Gewissenhaften Menschen wird eine Welt, die wie die Carolyns nur aus Arbeit besteht, als endlose Tretmühle erscheinen. Aber Carolyn und ihre vielen Typgenossen laufen lieber im Kreis, als herumzusitzen.

### Kram, Kram und nochmals Kram

Sehen Sie einmal, nur so zum Spaß, in den Keller oder auf den Dachboden eines Gewissenhaften Menschen – Sie werden Stapel von Dingen sehen, die dort gelagert sind und wahrscheinlich nie wieder gebraucht werden – obwohl Sie den Eigentümer davon wahrscheinlich nie überzeugen werden. Gewissenhafte Menschen sind typische Sammler. Sie verwahren und sammeln alles – Kordel, Bücher und Zeitschriften, Werkzeuge, Kosmetika, Schallplatten und Tonbänder, Büromaterial, Antiquitäten – und echten Plunder: alle Briefe, die sie je erhalten haben, alle Photos, die sie je gemacht haben (auch die schlechten), alle Kleider, die sie je getragen haben. Dieses Zeug kann ihren Partnern sehr viel Streß verursachen, aber Gewissenhafte Menschen möchten wissen, daß alles da ist, wo sie es finden können.

Dorie S., eine Gewissenhafte Zeitungsschreiberin, verwahrte Schreibpapier. Dies schien sinnvoll – außer daß Dorie für die weiterhin im Abstellraum des Büros gelagerten Packen vergilbenden Papiers keine Verwendung mehr hatte, seit sie einen Computer benutzte. Als Jack, einer ihrer Kollegen, sie fragte, ob sie das unbenutzte Manuskriptpapier nicht loswerden wollte, sagte Dorie: »Was ist, wenn der Drucker den Geist aufgibt und ich wieder meine Schreibmaschine benutzen muß?«

»Du kannst ja einen Packen Papier aufbewahren. Fünfhundert Blatt werden dir sicher über einen Computer-Ausfall hinweghelfen«, sagte Jack. »Im Abstellraum habe ich 18 Pakete Papier gezählt. Hier«, sagte er und warf einen Packen in den Mülleimer, »ich helfe dir.«

»Nein!« keuchte Dorie. Sie wußte, daß Jack recht hatte – sie würde nie das ganze Papier verbrauchen, das sie seit mindestens fünf Jahren hatte, aber sie konnte sich immer noch nicht entschließen, es wegzuwerfen. An diesem Abend räumte sie alles außer zwei Packen (Dorie bestand darauf, sie für den Fall der Fälle im Büro zu lassen) in ihr Auto und nahm das Papier mit nach Hause. Jetzt, drei Jahre später, lagern 16 Pakete Schreibpapier auf Dories Dachboden, zusammen mit alten Kleidern, Kuriositäten von Flohmärkten, Entwürfen von allem, was sie seit der Uni je geschrieben hat, und einer Unmenge anderem Zeugs, alles sauber, etikettiert und staubfrei gelagert.

## *Beziehungen: Beständigkeit und Distanz*

Gewissenhafte Menschen können großartige Ehemänner und Frauen und gute, dauerhafte Freunde sein. Sie schätzen ihre Beziehungen und ihre Familie und geben sie nicht so schnell auf. Sie sind loyal, zuverlässig, verantwortungsbewußt und sorgen für ihre Partner extrem gut – aber sie sind unemotional und unromantisch. Sie werden von Ihrem Gewissenhaften Ehemann keine Seidendessous und kein Dutzend Rosen zum Geburtstag bekommen, aber Ihr Haus wird den effizientesten neuen Herd des ganzen Viertels haben. Die Rechnungen werden bezahlt, und die Police für die Lebensversicherung enthält alle Vorkehrungen, die Sie je brauchen könnten. Die Gewissenhafte Hausfrau bemüht sich, daß die Mahlzeiten für den Ehemann auf dem Tisch stehen, seine Hemden gebügelt sind und das Haus blitzsauber ist, auch wenn sie außerdem noch berufstätig ist.

Mit der Intimität indes haben Gewissenhafte Menschen es schwer. Sie wissen genau, wer sie sind und was sie tun, aber im emotionalen Bereich des Lebens fühlen sie sich weniger sicher. Sie sind gern mit Menschen zusammen, aber emotional halten sie Distanz. Weil sie aufgabenorientiert sind, fühlen sie sich mit Menschen am wohlsten, wenn sie etwas mit ihnen unternehmen können – Fischen etwa, Tennisspielen oder ein Museum besichtigen. Sie können leidenschaftlich über Computer, Autos, Rezepte, Gartenwerkzeuge oder Fußball-Statistiken diskutieren, und sie können Ihnen sagen, was sie von der Politik und den Ereignissen in der Welt halten – aber bitten Sie sie nicht, ihre Gefühle mitzuteilen. Dies bedeutet nicht, daß Gewissenhafte Menschen keine Gefühle oder emotionalen Bedürfnisse haben. Aber es macht ihnen einfach Angst, wenn sie ihre Gefühle äußern oder auch nur anerkennen sollen. Streß in Liebesbeziehungen entsteht für sie oft dadurch, daß sie nicht »Ich liebe dich« sagen können oder wollen, um dem Partner, an dem sie nichtsdestotrotz sehr hängen, emotionale Sicherheit zu geben.

Andere Schwierigkeiten in Beziehungen entstehen durch den Eigensinn und das Perfektionsbedürfnis Gewissenhafter Partner. Es ist nicht leicht für sie, andere die Dinge auf deren Weise tun zu lassen. Die Problemlösung kann mühsam sein, weil Gewissenhafte Menschen »recht haben« und »gewinnen« müssen. Für stark von diesem Stil geprägte Menschen bedeuten Kompromisse, daß man »aufgibt«.

Gewissenhafte Menschen wirken nach außen zuweilen geizig, übervorsichtig und kleinlich (ein antikes griechisches Vorbild dieses Aspekts der Gewissenhaften Persönlichkeit findet sich in Anhang I: »Der Geizhals«), aber hinter diesen Gewohnheiten verbirgt sich oft ein aufopfernder, emotional beständiger Mensch, auf den man sich verlassen kann, der gut für andere sorgt und für ihm nahestehende Personen immer alles tun wird. In stressigen Zeiten können Gewissenhafte Menschen alle Anflüge von Gefühl begraben und tief in die Arbeit abtauchen, aber wenn Sie sie nicht dazu drängen, werden sie Ihnen nicht weglaufen. Ein gesundes Maß Gewissenhafter Persönlichkeitsstil in einem Partner sorgt für dauerhafte Beziehungen.

### Gewissenhafte Eltern

Gewissenhafte Eltern bringen ihren Kindern strenge moralische Werte bei und impfen ihnen die Wertschätzung für harte Arbeit und Ehrgeiz ein. Die Familie ist für sie sehr wichtig, und sie sorgen gut für sie. Wie von Untergebenen und Mitarbeitern verlangen sie auch von den Mitgliedern ihrer Familie eine gleichbleibend gute Leistung. Sie müssen jedoch aufpassen, ihre Kinder nicht dem Druck auszusetzen, immer Super-Leistungen bringen zu müssen, um den Erwartungen der Eltern zu entsprechen. Kinder von sehr Gewissenhaften Eltern wachsen manchmal mit dem Gefühl auf, daß sie mit bzw. für ihre menschlichen Schwächen nie geschätzt wurden. Sie haben große Angst, Fehler zu machen, und das innere Gefühl, daß sie weder gut genug sind noch je sein werden. Der Gewissenhafte Elternteil kann sehr stolz auf seine Sprößlinge sein, ist aber unfähig, die Zustimmung oder Zuneigung auszudrücken, nach der das Kind sich sehnt. Wenn ein Elternteil nicht Gewissenhaft ist, sollte er genug Gefühl, Sicherheit, Umarmungen und Küsse bieten, um die scheinbare Distanz und Starrheit des anderen Elternteils auszugleichen.

### Gute/schlechte Gespanne

Obwohl Gewissenhafte Menschen ihre Gefühle ungern mitteilen, sind sie nicht gegen Gefühle, und sie haben auch nichts dagegen, daß andere ihre Gefühle ausdrücken, solange keine Gegenseitigkeit verlangt wird. Trotz ihrer emotionalen Zurückhaltung tun sie sich oft mit Partnern zusammen, die stark vom Dramatischen Stil geprägt sind – der zu den emotional überschwenglichsten der dreizehn Persönlichkeitstypen gehört. Der emotional ausdrucksstarke Partner bringt ihnen stellvertretend die emotionale Freiheit, die ihnen fehlt. Und dem Dramatischen Partner bringt die Verbindung die nüchternrationale Kompetenz, die ihn besser im Leben verankert. Die Verbindung funktioniert sehr gut, wenn der Gewissenhafte Partner ein paar »Ich liebe dich« herausbringen kann und der Dramatische ab und zu mit ein bißchen weniger Zurschaustellung von Zuneigung zurechtkommt. In den USA gibt es eine alte, oft wiederholte Fernsehserie, in der ein Gewissenhaft-Dramatisches Duo, Ralph und Alice Cramden, im Mittelpunkt steht. Die gute, gefällige, loyale, aufmerksame, treusorgende, vernünftige, hart arbeitende Alice ist der Gewissenhafte Partner, während der emotionale, nervöse, quirlige, eitle und oft ärgerliche Ralph Dramatisch bis in die Fingerspitzen ist. Sie gehen zusammen durch dick und dünn, Abend für Abend, Wiederholung für Wiederholung.

Gewissenhafte Menschen schätzen oft auch den risikobereiten Abenteuerlichen Typ, solange dieser Stil gemäßigt ist. Auch der maßvoll Lässige oder Sensible Typ kann sie anziehen. Beziehungen zu Anhänglichen und Aufopfernden Menschen sind sehr solide. Die Verbindung von zwei Gewissenhaften Menschen ist recht häufig und von gegenseitigem Respekt gekennzeichnet, aber anfällig für Machtkämpfe.

Stark vom Gewissenhaften Persönlichkeitsstil geprägte Menschen kommen im allgemeinen nicht gut mit vorwiegend Selbstbewußten, Aggressiven oder Wachsamen Menschen aus. Das Bedürfnis dieser drei Persönlichkeitsstile, die Dinge so zu machen, wie sie es für richtig halten, und/oder ihre Unflexibilität kollidiert mit ähnlichen Zügen im Gewissenhaften Partner.

## TIPS ZUM UMGANG MIT DEM GEWISSENHAFTEN MENSCHEN IN IHREM LEBEN

1. Seien Sie humorvoll tolerant. Lassen Sie dem Gewissenhaften Menschen seine Gewohnheiten. Anstatt entsetzt zu rufen: »Um Gottes willen, komm ins Bett! Es ist drei Uhr morgens! Du kannst den Computer morgen früh in Ordnung bringen!«, lächeln Sie und sagen Sie sich: »Das ist mein Ernie. Er kann sich nicht entspannen, bis er es herausgefunden hat.«
2. Bleiben Sie flexibel. Daß Ernie die ganze Nacht aufbleibt und am Computer herumbastelt, bedeutet nicht, daß Sie Schlaf verlieren müssen. Gehen Sie ins Bett. Und verfolgen Sie in all den Stunden, in denen Ihr Gewissenhafter Partner arbeitet, Ihre eigenen Interessen und Aktivitäten.
3. Warten Sie nicht darauf, daß der Gewissenhafte Mensch sich ändert. Bringen Sie Ihre Stärken in die Beziehung ein und nutzen Sie sie. Es kann zum Beispiel sein, daß Ihr Gewissenhafter Partner im sexuellen Bereich nicht gern experimentiert und Ihr Liebesleben zu einer langweiligen Routine wird. Wenn Sie ein bißchen lockerer sind, warum versuchen nicht Sie etwas Neues mit Ihrem Partner?
4. Erwarten Sie keine Komplimente oder die leichte Äußerung von Zuneigung; sie sind kein Barometer für das, was der Gewissenhafte Mensch für Sie empfindet. Ihr Gewissenhafter Ehemann sagt vielleicht kein Wort zu Ihrem Aussehen, nachdem Sie den halben Tag damit verbracht haben, sich für die große Abendgesellschaft anzuziehen. Sie können sicher sein, daß er sieht, wie hübsch Sie aussehen, und innerlich strahlt.
5. Vermeiden Sie um jeden Preis Debatten und Machtkämpfe. Gewissenhafte Menschen müssen gewinnen – es ist ihre Natur. Sie sind ausgefuchste Debattierer und können Erbsen zählen und Haare spalten, bis Sie gehen oder nachgeben. Eine Eskalation der Feindseligkeit läßt sich oft dadurch vermeiden, daß Sie einfach zuhören, was der Betreffende zu sagen hat, egal wie provokativ es ist, und antworten: »Ich verstehe, was du sagst«, oder etwas ähnlich Neutrales.

6. Schätzen und genießen Sie die Sicherheit und Stabilität, die der Gewissenhafte Partner in die Beziehung einbringt. Seien Sie dankbar, daß er sich um die Einzelheiten Ihres Lebens so gut kümmert. Sagen Sie ihm, wie sehr Sie ihn schätzen und auf ihn angewiesen sind.

Gewissenhafte Menschen mögen es, gebraucht zu werden. Und da Sie schon dabei sind, sagen Sie Ihrem Gewissenhaften Menschen (Mann, Frau, Vater oder Mutter), wieviel Ihnen am ihm liegt. Wir alle hören das gern, auch wenn einige von uns es nicht so gut sagen können.

Wenn der Gewissenhafte Mensch in Ihrem Leben Ihr Chef ist, sollten Sie sich die Tips auf S. 90 ansehen.

**Machen Sie das Beste aus Ihrem Gewissenhaften Stil**

Gewissenhafte Menschen, die gern organisieren und Listen machen, können diese Fähigkeiten auch nutzen, um einige Fallstricke ihres Persönlichkeitstyps zu überwinden. Die potentiellen, streßbedingten Gesundheitsrisiken dieses Stils (siehe S. 94) machen es zu einer dringenden Priorität, dem Privatleben mehr Raum zu geben und zu entspannen.

**Übung 1**
Machen Sie eine Liste von zehn entspannenden Aktivitäten, die keine Arbeit sind und den Wert Ihrer Freizeit erhöhen. Denken Sie an Möglichkeiten wie Sportarten, bei denen es nicht ums Gewinnen geht, an Yoga, Meditation, ein Picknick mit der Familie, ins Kino oder ins Konzert gehen, im Park oder am Strand spazierengehen, etc. Bitten Sie Ihre Partnerin oder Ihre Familie um Vorschläge. Wählen Sie dann eine Aktivität aus, um sie am kommenden Wochenende zu machen. Wenn Sie diese Entscheidung nicht treffen können, lesen Sie weiter.

**Übung 2**
Nehmen Sie sich Ihre Liste möglicher Freizeit-Aktivitäten vor. Numerieren Sie sie nach ihrer Priorität von 1 bis 10. Sie müssen alle 10 Zahlen benutzen, und zwei Punkte können nicht dieselbe Zahl erhalten. Planen Sie jetzt *nur* die Aktivität, die die erste Priorität hat, fürs kommende Wochenende. Wenn Sie anfangen, sich Gedanken zu

machen, ob Sie sich richtig entschieden haben, ignorieren Sie Ihre Zweifel. Lächeln Sie einfach und sagen Sie sich: »Da haben wir's wieder – ich mache mir Sorgen und zweifle an meinen Entscheidungen. Ich darf mich nicht ständig so ernst nehmen.« Machen Sie jedesmal, wenn Sie Schwierigkeiten haben, zwischen verschiedenen Alternativen zu wählen, eine Liste und setzen Sie Prioritäten. Tun Sie dies in allen Bereichen Ihres Lebens.

## Übung 3
Wenn es Ihnen schwerfällt, eine Entscheidung zu treffen, können Sie immer daran denken, daß es oft egal ist, welche Entscheidung Sie treffen, solange Sie *etwas* tun. Wenn Sie zwischen zwei scheinbar gleichwertigen Alternativen wählen müssen, werfen Sie einfach eine Münze. Die andere Alternative können Sie später immer noch ausprobieren.

## Übung 4
Ist Ihr Chef oder Ihre Partnerin hinter Ihnen her, weil Sie für Ihre Aufgaben zu viel Zeit brauchen? Um Ihre Zeit effizienter handzuhaben, sollten Sie Ergebnisse anstreben, die *gut genug*, nicht perfekt sind. Wenn Ihr Chef Sie bittet, schnell einen Bericht vorzubereiten, finden Sie heraus, was genau in ihm enthalten sein soll, und decken Sie nur diese Punkte ab. Setzen Sie bei all Ihren Bemühungen fest, was die Arbeit verlangt, und tun Sie *nur* das. Widerstehen Sie Ihrer Neigung, zusätzlichen Stoff aufzunehmen oder Extra-Arbeit zu tun. Achten Sie darauf, wie zufrieden andere mit Ihnen sind, wenn Sie die Arbeit erledigt haben, anstatt sich auf die kleinen Schwächen zu konzentrieren. Sagen Sie sich selbst: »Gut genug ist genau richtig!« Manchmal verlangt »gut genug« natürlich einen hundertprozentigen Einsatz. Wenn Sie diese Übung ständig praktizieren, werden Sie feststellen, daß Sie die notwendige Energie und Begeisterung für sorgfältige und brillante Arbeit aufbringen – und sie rechtzeitig fertig haben.

## Übung 5
Wirbeln in Ihrem Gewissenhaften Kopf soviele Möglichkeiten durcheinander, daß Sie nicht mehr denken und noch weniger zu einer Entscheidung kommen können? Lassen Sie die Zeit aus dem Spiel – schalten Sie Ihr Gehirn ab. Stellen Sie sich vor, Ihr Verstand sei eine ruhige, weiße Filmleinwand. Oder visualisieren Sie eine friedliche,

zutiefst wohltuende Szene, die Meeresküste etwa oder einen schneebedeckten Berggipfel. Halten Sie sanft alle Gedanken und Sorgen davon ab, sich wieder hineinzustehlen. Das Erlernen von Meditationstechniken macht diese Übung relativ leicht. Machen Sie sie jedesmal, wenn Ihr Verstand von Entscheidungen oder Sorgen überlastet ist. Wenn Sie Ihr überbeschäftigtes Gehirn beruhigen, wird es effizienter arbeiten, wenn Sie es wieder einschalten.

**Übung 6**
Beobachten Sie, wie oft Sie einen Satz oder einen Gedanken mit »Ich sollte« beginnen; auf diese Weise erkennen Sie den Druck, den Sie sich selbst machen. Versuchen Sie, jede Aussage statt dessen mit »Ich möchte« oder »Ich möchte nicht« umzuformulieren. Wenn Sie zum Beispiel sagen oder denken »Ich sollte Großtante Lulu besuchen«, sagen Sie statt dessen »Ich möchte Großtante Lulu besuchen. Ich habe sie seit fast zwei Monaten nicht gesehen, was wirklich zu lang ist, deshalb rufe ich sie jetzt gleich an und plane einen Besuch.« Oder: »Eigentlich möchte ich Großtante Lulu nicht besuchen, aber ich habe sie seit zwei Monaten nicht gesehen, und das macht mir Schuldgefühle; vielleicht rufe ich sie an, damit sie weiß, daß ich sie nicht vergessen habe.« Bei dieser Übung geht es darum, sowohl weniger streng zu sich selbst zu sein, als auch angemessen zu handeln. Wenn Sie erkennen, was Sie wirklich fühlen – nicht was Sie Ihrer Meinung nach in irgendeiner Situation tun, fühlen oder glauben *sollten* –, werden Sie feststellen, daß Sie ein paar heikle moralische Dilemmas mit weniger Dauerstreß für Ihr Selbstwertgefühl lösen können.

**Übung 7**
Da die Ihnen nahestehenden Menschen vielleicht nicht wissen, daß Sie sich etwas aus ihnen machen, sollten Sie sich darin üben, ihnen Ihre Gefühle mitzuteilen. Sagen Sie zum Beispiel heute abend Ihrer Partnerin oder Ihrem Kind: »Ich liebe dich«, oder »Diese Farben stehen dir gut«, oder etwas Ähnliches. Wenn Ihnen das lieber ist, können Sie auch eine Liste der Dinge machen, die Sie sagen könnten; denken Sie daran, sie jetzt oder später zu sagen. Und da Sie schon einmal dabei sind: Warum sagen Sie nicht auch Ihren Untergebenen bei der Arbeit, wie sehr Sie ihre Arbeit schätzen? Machen Sie sich keine Gedanken darüber, daß Sie steif oder unnatürlich klingen, wenn Sie Komplimente machen oder Menschen Ihre Gefühle mitteilen. Mit

zunehmender Übung werden Sie besser – und überhaupt werden die anderen so glücklich sein, Ihr Lob zu hören, daß sie sich mit der Verpackung nicht beschäftigen werden.

Auch einige der Übungen für den Aggressiven Stil (Kapitel 16) können Ihre Beziehungen zu anderen Menschen verbessern. Versuchen Sie die Übungen 2 (Geben Sie den anderen die Chance, ihre eigenen Fehler zu machen), 3 (Lernen Sie, Kompromisse zu schließen und nachzugeben) und 4 (Tun Sie Dinge so, wie jemand anders sie macht).

# Zwanghafte Persönlichkeitsstörung

Der Unterschied zwischen dem Gewissenhaften Stil und der Zwanghaften Persönlichkeitsstörung besteht – wie zwischen jedem Stil und der ihm entsprechenden Störung – im Ausmaß und in den Folgen. Menschen, die an der Störung leiden, sind so *übersteigert* Gewissenhaft, daß sie sich den Anforderungen der Realität nicht mehr anpassen und ihre privaten und beruflichen Ziele nicht mehr erreichen können; andere kann der Umgang mit ihnen zur Verzweiflung treiben, wenn er ihnen nicht sogar ganz unmöglich erscheint.

## DIAGNOSTISCHE KRITERIEN

Das DSM-III-R beschreibt die Zwanghafte Persönlichkeitsstörung als[1]: Ein durchgängiges Muster von Perfektionismus und Starrheit. Der Beginn liegt im frühen Erwachsenenalter, und die Störung manifestiert sich in den verschiedensten Lebensbereichen. Mindestens fünf der folgenden Kriterien müssen erfüllt sein:
1. Nicht-Erfüllung von Aufgaben durch Streben nach Perfektion, z.B. können Vorhaben aufgrund der übermäßig strengen eigenen Normen häufig nicht realisiert werden;
2. übermäßige Beschäftigung mit Details, Regeln, Listen, Ordnung, Organisation oder Plänen, so daß der eigentliche Grund für die Aktivität dabei verlorengeht;

3. unmäßiges Beharren darauf, daß die eigenen Arbeits- und Vorgehensweisen übernommen werden, *oder* unvernünftiger Widerwille dagegen, anderen Tätigkeiten zu überlassen, aus Überzeugung, daß diese nicht korrekt ausgeführt werden;
4. Arbeit und Produktivität werden über Vergnügen und zwischenmenschliche Beziehungen gestellt (nicht bei offensichtlicher finanzieller Notwendigkeit);
5. Unentschlossenheit: Entscheidungen werden vermieden oder hinausgezögert, z.B. können Aufträge nicht rechtzeitig erledigt werden, weil der Betroffene sich nicht über die Prioritäten klar wird (nicht zu berücksichtigen ist die Unentschlossenheit, die von einem übermäßigen Bedürfnis nach Ratschlägen oder Bestätigung durch andere herrührt);
6. übermäßige Gewissenhaftigkeit, Besorgtheit und Starrheit gegenüber allem, was Moral, Ethik oder Wertvorstellungen betrifft (nicht zu berücksichtigen sind kulturelle oder religiöse Identifikationen);
7. eingeschränkter Ausdruck von Gefühlen;
8. mangelnde Großzügigkeit hinsichtlich Zeit, Geld oder Geschenken, sofern kein persönlicher Vorteil zu erwarten ist;
9. Unfähigkeit, sich von verschlissenen oder wertlosen Dingen zu trennen, selbst wenn diese keinen Gefühlswert besitzen.

## *Arbeit und Sorgen*

Gewissenhafte Menschen machen Dinge gern richtig. Menschen, die an der Zwanghaften Persönlichkeitsstörung leiden, *müssen* Dinge jedoch *perfekt* tun. Da die Perfektion nie erreicht werden kann, zerstört diese ewig verlorene Schlacht ihre Fähigkeit, frei zu handeln oder Erfüllung zu finden. Die Störung reicht von leicht (wo sie kaum vom Gewissenhaften Stil zu unterscheiden ist) bis zur Behinderung. Obwohl viele Zwanghafte Menschen in der Welt der Arbeit hohe Positionen erreichen, kann die Störung dennoch im Arbeitsbereich besonders destruktiv sein.

Arbeit ist der Schlüsselbereich für den Stil und also auch für die Störung; aber jetzt führt das Bedürfnis nach Perfektion dazu, daß ein Vorhaben nie beendet wird, weil das Endergebnis nie gut genug erscheint. Eine Zwanghafte Schriftstellerin wird jeden Satz immer wieder umschreiben, weil es vielleicht noch eine bessere Formulierung gibt. Ein Zwanghafter Mensch ertrinkt in endlosen Möglichkeiten und Einzelheiten, die nie realisiert, in Zweifeln, die nie beseitigt, und in Entscheidungen, die nie getroffen werden. Vor lauter Bäumen sieht er den Wald nicht. Eine Zwanghafte Hausfrau kann nicht anerkennen, daß die Küche sauber ist, denn sie entdeckt immer wieder kleine Unvollkommenheiten – einen winzigen Fleck an der Decke, eine Staubflocke hinter dem Vorhang. Diese Menschen werden von den kleinsten Einzelheiten so verfolgt, daß sie die wichtigsten Aufgaben oft bis zum Schluß liegen lassen, wenn die Zeit abgelaufen ist. Sie verlieren jedes Gefühl für Prioritäten und verwenden mehr Energie darauf, Listen zu machen, als die so sorgsam aufgeführten Arbeiten oder Schritte zu tun. Hier ein Beispiel aus dem DSM-III-R: »So wird beispielsweise ein Betroffener, der eine Liste von zu erledigenden Dingen verlegt hat, ungewöhnlich lange nach dieser Liste suchen, anstatt sie kurz aus dem Gedächtnis neu zu erstellen, um dann seine Tätigkeit fortzusetzen.«[2]

Die Männer und Frauen, deren Leben von dieser Störung unglücklich gemacht wird, vermeiden Gelegenheiten zur Entspannung. Sie investieren ihre ganze Energie in die Arbeit – aber sie verlieren jede Begeisterung für sie. Anders als Gewissenhafte Menschen, die durch ihre Arbeit gedeihen, sind Zwanghafte Menschen angespannt, verkrampft, ängstlich und von der Menge der zu erledigenden Arbeit überwältigt, sei es nun ihre berufliche Tätigkeit oder ihr Hobby.

Walter P., ein neunundzwanzigjähriger Physiker, der schließlich wegen seiner Schwierigkeiten Hilfe suchte, lebte in einer freudlosen Tretmühle von Arbeit und Sorgen. »Ich arbeite zu hart. Das habe ich immer getan«, sagt er. »Ich weiß nicht, warum ich es tue. Ich habe wirklich das Bedürfnis zu arbeiten, mich um etwas zu bemühen. Wenn ich nicht arbeite, weiß ich nicht, womit ich die Zeit ausfüllen soll. Es war schon im College ein Problem. Ich las alles über alles. Ich konnte nicht unterscheiden. Ich erinnere mich an einen Kommilitonen, den ich beneidete. Ich unterhielt mich mit ihm über seine Studien, und seine Augen leuchteten auf. Er war interessiert an dem, was er tat, es regte ihn an. Dieser Bursche ging in die Bibliothek und sagte: ›Toll, schau dir mal diese ganzen aufregenden Dinge an, die man wissen kann!‹ Ich ging in die Bibliothek und sagte: ›Es macht mich total fertig – das müßte ich alles wissen, aber ich weiß es nicht.‹«

## *Wie man einen Zwanghaften (oder sehr Gewissenhaften) Chef überlebt*

Zwanghafte oder sehr Gewissenhafte Chefs können übermäßig kritisch, anspruchsvoll und sogar tyrannisch sein, wenn Sie auch nur den kleinsten Fehler machen. Sie verlangen mehr Aufmerksamkeit für Ordnung, Details und Perfektion im allgemeinen als Menschen, deren Persönlichkeit von anderen Störungen oder Stilen beherrscht wird. Überstunden setzen sie mit Hingabe an die Arbeit gleich; sie denken oft, daß Sie zu früh nach Hause gehen, wenn Sie rechtzeitig gehen. Lassen Sie diese Art Chef nie wissen, daß für Sie der Arbeitstag gewöhnlich um 5 Uhr nachmittags endet. Arbeiten Sie ab und zu nur ein bißchen länger und sorgen Sie immer dafür, daß der Chef es erfährt. Aber kommen Sie nicht zum Ausgleich am nächsten Tag später, und überziehen Sie auch nicht die Mittagspause; Chefs dieser Art achten auf Regeln und Verordnungen, insbesondere auf solche, die die Pünktlichkeit betreffen.

Wenn es schwierig wird, sollten Sie daran denken, daß Ihr Zwanghafter oder sehr Gewissenhafter Chef seine Position allein durch seine Fähigkeiten erreicht hat. Ihr Chef mag streng sein, und es kann ihm an einigen zwischenmenschlichen Qualitäten mangeln, aber er ist (oder war) extrem kompetent. Unter dem Schutz dieses Menschen können Sie sehr viel lernen. Wenn Sie einen solchen Chef so behandeln, wie er die Autoritätspersonen über sich behandelt – mit Loyalität, Ehrerbietung und Respekt –, wird er Ihnen mit der Zeit vertrauen und mehr wichtige Arbeit an Sie delegieren. Seien Sie jedoch nicht enttäuscht, wenn er kreative oder innovative Arbeitsmethoden nicht ermutigt. Lernen Sie, die Arbeit auf die extrem sorgfältige Weise des Chefs zu tun; so bekommen Sie eine solide Grundlage, von der aus Sie experimentieren können, wenn Sie später weiterkommen.

Sie müssen auch wissen, daß ein Zwanghafter oder sehr Gewissenhafter Chef eine gut getane Arbeit zutiefst schätzt, selbst wenn er es nicht zeigen kann. Sobald Sie sich bewährt haben, wird Ihr Chef auch Ihnen gegenüber loyal sein, was sehr beruhigend sein kann. Er wird sich als zuverlässiger Verbündeter erweisen und sich notfalls für Sie schlagen. Aber wenn Sie nicht gut bei ihm angeschrieben sind, kann dieser Zustand länger andauern, als Sie es verdienen, denn wenn eine Vorstellung sich erst einmal im Kopf dieser Menschen festgesetzt hat, ist es schwer, sie wieder loszuwerden; Zwanghafte und sehr Gewissenhafte Menschen grollen lange.

## *Die Tyrannei des Sollens*

Von der Zwanghaften Persönlichkeitsstörung geprägte Menschen sind eigentlich Gefangene ihres strengen, unerbittlichen Gewissens, was die Psychoanalytikerin Karen Horney »die Tyrannei des Sollens«[3] nannte. Ein solcher Mensch kann weder Entscheidungen treffen noch Aufgaben ausführen, noch sein Verhalten (oder das von jemand anders) realistisch einschätzen, weil er alles am Maßstab der absoluten Perfektion mißt. In geringerem Umfang mag dies auch für den Gewissenhaften Typ gelten, aber er kann seinen Perfektionismus erkennen, wenn man ihn darauf aufmerksam macht. Er kann auch verstehen, daß es eine Sache ist, viel von sich selbst zu verlangen, und eine andere, zu erwarten oder sogar darauf zu bestehen, daß man diese hohen Ziele *immer* erreicht. Ein von dieser Persönlichkeitsstörung gepeinigter Mensch jedoch kann nicht erkennen, daß die unmöglichen Ansprüche an sich selbst von seiner eigenen Psyche abhängen – »das Leben«, so denkt er, erlegt ihm diese strengen Regeln auf.

Der Zwanghafte Arnold meint, daß er kein guter Rechtsanwalt ist, wenn er nicht *alle* Prozesse gewinnt. Er glaubt, er arbeitet, um dem beruflichen Standard gerecht zu werden – nicht, um einer unrealistischen Norm zu entsprechen, die er sich selbst auferlegt hat. Wie die meisten Menschen mit dieser Störung erkennt Arnold nicht, daß niemand diese Anforderungen erfüllen kann.

Es ist sehr schmerzlich, mit diesen »Sollen-Forderungen« zu leben. Die Betroffenen werden von Sorgen und Versagensängsten gequält und können nicht aufhören, über sich nachzugrübeln. Unglücklicherweise erkennen sie im allgemeinen nicht, daß sie eine psychische Störung haben, die ihnen Besorgnis, Spannung und Angst verursacht.

So quälend es sein kann, diese Persönlichkeitsstörung zu haben – es ist genauso unangenehm, mit jemandem zu tun zu haben, der an ihr leidet. Gewissenhafte Menschen können einen zur Verzweiflung bringen, aber Zwanghafte Menschen sind oft unmöglich. Der Gewissenhafte Ernie schleppt seinen Aktenkoffer mit in die Ferien. Wenn seine Frau herausfordernd fragt: »Ernie, bist du mit deiner Arbeit verheiratet oder mit mir?«, sieht er verlegen auf, stellt den Aktenkoffer ab, nimmt seine Frau in die Arme und sagt: »Du hast recht, du hast recht. Ich hänge an diesem Ding wie an einem Rettungsreifen.« Es kann sein, daß er in den Ferien immer noch ein bißchen arbeitet, aber er kann sich bremsen und erkennen, wann sein Verhalten oder seine Reaktionen unangemessen sind. Conrad, der an der Zwanghaften Persönlichkeitsstörung leidet und jetzt geschieden ist, besitzt diese Fähigkeit zur Selbstbeobachtung nicht. Wenn seine Ex-Frau sich ärgerte, weil er jeden Abend sehr lange im Büro blieb, verteidigte und rechtfertigte er sein Verhalten und warf ihr ihre Kritik vor, bis sie aufgab, sich in den Schlaf weinte und sich schließlich von ihm trennte. Menschen mit einer Zwanghaften Persönlichkeitsstörung können und wollen nicht zugeben, daß sie im Unrecht sind.

Da Zwanghafte Menschen davon ausgehen, daß für alle dieselben Regeln gelten, beurteilen sie andere sehr streng. »Für sie kann es beispielsweise«, so das DSM-III-R, »eine ›Sünde‹ sein, wenn ein Nachbar das Fahrrad seines Kindes im Regen stehen läßt«[4]. Auch wenn Sie erklären, daß der Nachbar noch andere Dinge im Kopf hat, wird Ihr Zwanghafter Partner keine mildernden Umstände gelten lassen. Solche Menschen haben weder Gefühl für andere noch Mitleid mit den menschlichen Problemen, die jeden dazu veranlassen können, sich unvollkommen zu verhalten. Die Zwanghafte Abigail brachte keine Sympathie für ihre Cousine Linda auf, deren Hund von einem Auto überfahren wurde, eine gebrochene Wirbelsäule hatte und eingeschläfert werden mußte. Linda war tiefbetrübt, aber Abigail weigerte sich, sie zu trösten. Sie meinte, daß Linda das bekommen hätte, was sie verdiente. »Jeder, der einen Hund frei herumlaufen läßt, verdient es, ihn eines schrecklichen Todes sterben zu sehen«, erklärte ihr Abigail mit typisch Zwanghafter Selbstgerechtigkeit.

## *Der Umgang mit Zwanghaften Menschen*

Für den Umgang mit einem an dieser Persönlichkeitsstörung leidenden Partner, Elternteil oder Freund können einige der Tips für den Umgang mit dem Gewissenhaften Menschen in Ihrem Leben sich als nützlich erweisen, besonders wenn die Störung nicht zu schwer ist. Ermutigen Sie den Betreffenden, Hilfe zu suchen.

## *Hilfe!*

Fachleute für psychische Gesundheit sind mit dieser Persönlichkeitsstörung seit langem vertraut. Freud hat 1908 den »analen Charakter«[5] als einen Menschen beschrieben, der ordentlich, sparsam und eigensinnig ist. Seither haben viele Psychoanalytiker unser Verständnis dieser Persönlichkeitsstörung und ihrer Behandlung vertieft. Menschen mit dieser Störung werden jedoch nicht unbedingt von sich aus Hilfe suchen. Sie müssen glauben, daß sie ihr Leben voll unter Kontrolle haben, und es kann sein, daß sie sich lieber mit Arbeit eindecken und an den Rand des Zusammenbruchs bringen, als sich mit dem zu beschäftigen, was sie als »Schwäche« oder »Versagen« betrachten.

Denen, die Hilfe suchen – vielleicht weil ihre Beziehungen zerbrechen oder sie in ihrem Beruf versagen, oder weil sie erkennen, daß das Leben nicht so gehetzt und unerfüllend sein muß – wird am häufigsten mit psychodynamischen Psychotherapien geholfen. (Eine Beschreibung der Behandlungsmethoden findet sich in Kapitel 18.) Der erfahrene Therapeut wird Machtkämpfe mit Zwanghaften Patienten zu vermeiden wissen und ihnen helfen, lockerer zu werden. Die Patienten werden langsam ihre Starrheit, ihren Perfektionismus, ihre Angst vor Schwäche bei sich und anderen und ihr Bedürfnis nach Kontrolle, vor allem das nach Kontrolle über ihre Gefühle, erkennen können. Sie müssen lernen, eher zu fühlen, als ihre gesamten Probleme zu intellektualisieren.

Menschen, die bestimmte Rituale ausführen müssen – etwa Händewaschen oder immer wieder überprüfen, ob der Herd tatsächlich aus ist, bevor sie das Haus verlassen –, kann mit Verhaltenstechniken geholfen werden, diese sich ständig wiederholenden Gewohnheiten zu überwinden. Manchmal kann auch eine kognitive Therapie Zwanghaften Patienten helfen, ihre fehlangepaßten Denkmuster direkt anzupacken. Einige medikamentöse Behandlungen können für Menschen mit bestimmten psychiatrischen Symptomen, etwa Depression, Angst und Zwangsvorstellungen, ebenfalls hilfreich sein (ein relativ neues Antidepressivum, Clomipramine, zeigt in dieser Kategorie gewisse positive Ansätze).

## Herzkrankheiten und andere Risiken

Die Zwanghafte Persönlichkeitsstörung ist mit großem Streß gleichzusetzen. Der ständige Druck, einem idealen Maßstab zu entsprechen, sowie ein paar andere typisch Zwanghafte Persönlichkeitszüge – einschließlich Überbesorgtheit in bezug auf Zeit und Pünktlichkeit, Ungeduld und Konkurrenzdenken – charakterisieren auch das sogenannte Typus-A-Verhalten, das mit der Anfälligkeit für Herzkrankheiten in Verbindung gebracht wird (siehe Anhang I). Ein weiteres Zwanghaftes Merkmal, die Tendenz, Gefühle zu leugnen oder zu unterdrücken, ist ebenfalls mit dem Risiko kardiovaskulärer Erkrankungen verknüpft worden, vor allem bei Menschen, die aus Familien mit starkem Bluthochdruck stammen[6]. Extrem Zwanghafte Menschen können sich von anderen sehr abgeschnitten fühlen, und zumindest eine Untersuchung hat die Kombination von unterdrückten Gefühlen und Einsamkeit mit der späteren Entwicklung von Krebs in Zusammenhang gebracht (dies wird in Kapitel 13, S. 312–313, eingehender erörtert).

Zwanghafte Menschen sind auch anfällig für Depression, Hypochondrie, Paranoia und Zwanghafte Angststörungen. Letztere sind akute Achse-I-Zustände (siehe Kapitel 2, S. 29), die durch hartnäckige Gedanken, Impulse oder Bilder (wie etwa den unabweislichen Gedanken, ein geliebtes Familienmitglied zu verletzen) und ein unwiderstehliches wiederkehrendes Verhalten (wie das ständige Bedürfnis, sich die Hände zu waschen) gekennzeichnet sind.

## Prädisponierende Faktoren und Häufigkeit

Menschen, die an dieser Persönlichkeitsstörung leiden, können dazu genetisch prädisponiert sein. Untersuchungen legen nahe, daß einige Babys mit einem gegenüber Veränderungen sehr empfindlichen Temperament (siehe Kapitel 17) für die Entwicklung dieser Störung besonders anfällig sind, vor allem, wenn die familiäre Umgebung bestimmte Arten von frühem Entwicklungsstreß auslöst. Menschen, die diese Störung im Erwachsenenalter entwickeln, hatten sehr oft Eltern, die streng, tyrannisch und nörglerisch waren. Diese Eltern drängten die Kinder, sich zu beherrschen und sich wie kleine Erwachsene zu benehmen (oder wie gute kleine Roboter), und nicht als unabhängige, individuelle menschliche Wesen. Um gut zu sein und die Anerkennung der Eltern zu erwerben, kämpften die anfälligen Kinder ständig damit, ihre »schlechten« bzw. »gefährlichen« Impulse, Wünsche und Gefühle unter Kontrolle zu bekommen. Sie entwickelten sich zu Erwachsenen, die innerlich (möglicherweise unbewußt) wütend sind, während sie sich äußerlich sehr bemühen, Respekt und Anerkennung zu bekommen.

In jedem Fall scheint die Störung familiär gehäuft aufzutreten; sie »tritt offensichtlich öfter bei Verwandten ersten Grades [Eltern, Kindern] als in der Allgemeinbevölkerung auf«[7], konstatiert das DSM-III-R. In der Vergangenheit haben Kliniker berichtet, daß die Zwanghafte Persönlichkeitsstörung häufiger bei erstgeborenen Kindern vorkommt, was eine neuere Untersuchung bestätigt. Sie kommt häufig vor und betrifft ungefähr 2% der Bevölkerung. In der Vergangenheit wurde sie öfter bei Männern diagnostiziert. Da die Gesellschaft den Persönlichkeitsstil beeinflußt, werden in Zukunft wahrscheinlich mehr Frauen diese Diagnose erhalten, da die Erwartungen an die Rolle der Frau in der Familie und in der Gesellschaft insgesamt sich im Wandel befinden.

# KAPITEL 5

# Selbstbewußter Stil

## »Der Star«

Selbstbewußte Menschen fallen auf. Sie sind die Führer, die Leitfiguren, der Mittelpunkt ihrer öffentlichen oder privaten Sphäre. Sie besitzen das Bewußtsein der Stars, Selbstachtung und Selbstsicherheit – all jene mit »selbst« gebildeten Worte gelten für sie, die den Glauben an sich selbst und die Verpflichtung gegenüber dem eigenen Ziel bezeugen. Zusammen mit dem Ehrgeiz, der diesen Stil kennzeichnet, kann dieses magische Selbstwertgefühl bloße Träume in vollendete Realitäten verwandeln.

Der Selbstbewußte Persönlichkeitsstil ist einer der beiden am stärksten zielgerichteten Stile der hier beschriebenen dreizehn Persönlichkeitskategorien (der andere ist der Aggressive). Selbstbewußte Männer und Frauen wissen, was sie wollen, und sie bekommen es. Viele von ihnen besitzen das Charisma, andere für ihre Ziele zu begeistern. Sie sind extravertiert und mit taktischem Gespür begabt. Sie wissen, wie man mit der Menge umgeht, wie man sie motiviert und führt. Wenn Sie auf ihren Wagen springen, können Sie sicher sein, daß es sich für Sie lohnt.

Der Selbstbewußte Stil verleiht anderen Persönlichkeitsstilen zupackende Kraft. Er neutralisiert die Tendenz des Gewissenhaften Typs, sich von Details ablenken zu lassen, und speist die wagemutigen Heldentaten des Abenteuerlichen Stils. Er befördert jedes Persönlichkeitsmuster in den Bereich des Erfolgs. Tatsächlich wird er in seiner Veranlagung zum Erfolg nur vom Aggressiven Stil übertroffen.

## DIE NEUN CHARAKTERISTIKA

Die folgenden neun Charakterzüge und Verhaltensweisen sind Hinweise auf das Vorhandensein des Selbstbewußten Stils. Ein Mensch mit stark Selbstbewußter Tendenz zeigt mehr dieser Verhaltensweisen intensiver als jemand, der weniger von diesem Stil geprägt ist.

1. *Selbstwertgefühl.* Selbstbewußte Menschen glauben an sich und ihre Fähigkeiten. Sie zweifeln nicht daran, daß sie einzigartig und besonders sind und ihr Dasein auf diesem Planeten einen Grund hat.
2. *Der rote Teppich.* Sie erwarten, daß andere sie immer gut behandeln.
3. *Förderung der eigenen Person.* Selbstbewußte Menschen verstecken ihre Ambitionen und Leistungen nicht. Sie verkaufen sich, ihre Ziele, Projekte und Ideen energisch und effizient.
4. *Taktik.* Sie können die Stärken und Fähigkeiten anderer nutzen, um die eigenen Ziele zu erreichen, und sind im Umgang mit anderen clever.
5. *Wettbewerb.* Sie sind fähige Konkurrenten, kommen gern ganz nach oben und genießen es, dort zu bleiben.
6. *Träume.* Selbstbewußte Menschen können sich als den Helden, den Star, den besten in ihrer Rolle oder den Perfektesten in ihrem Bereich vorstellen.
7. *Bewußtsein von der eigenen Person.* Sie sind sich ihrer Gedanken und Gefühle und ihres inneren Gesamtzustands genau bewußt.
8. *Haltung.* Selbstbewußte Menschen nehmen Komplimente, Lob und Bewunderung würdevoll und gelassen entgegen.
9. *Empfindlichkeit gegenüber Kritik.* Sie nehmen sich die negativen Gefühle und Bewertungen anderer zu Herzen, auch wenn sie mit dem Charme auf sie reagieren, der diesem Stil eigen ist.

## DIE SECHS BEREICHE DES SELBSTBEWUSSTEN FUNKTIONIERENS

### *Das Selbst: Die Freude, ich zu sein*

Das Selbst ist der beherrschende Bereich des Selbstbewußten Stils. Es verleiht ihm seinen besonderen Charakter und seine Kraft, und alle anderen Bereiche werden von ihm beeinflußt. Es gibt dem Leben des Selbstbewußten Menschen ein Ziel, eine Struktur und einen Sinn, denn für ihn sind *Welt und Selbst identisch.*

Dieser Persönlichkeitsstil läßt sich ohne die Zuhilfenahme von Worten, die auf das Selbst verweisen, unmöglich beschreiben: Ausdrücke wie Eigenleistung, Eigenliebe, Eigeninitiative, Selbstbestimmung, Selbstvertrauen, Selbstverwirklichung, Selbstbehauptung, Selbstwertgefühl etc. charakterisieren ihn. Wenn der Stil extrem wird, kommen zunehmend andere mit *Selbst* zusammengesetzte Worte ins Spiel, etwa Selbstverherrlichung, Selbstbespiegelung, Selbstsucht und auch Selbstzerstörung. Wie bei allen dreizehn Persönlichkeitsstilen können auch hier die Schlüsselbereiche das Leben des Betreffenden zu kontrollieren beginnen. Das *Ausschauhalten nach Nummer eins* kann die reiche Ernte eines Selbstbewußten Lebens spiegeln, Narzißtische Menschen und ihre Umgebung aber auch zerstören, wie wir im weiteren Verlauf dieses Kapitels sehen werden.

**Märchenleben**

Selbstbewußte Menschen glauben an sich selbst. Sie sind bereit, schwer zu arbeiten, zu planen und notfalls Härten zu ertragen, um zu bekommen, was sie zu verdienen glauben. Andere, vielleicht genauso qualifizierte Menschen werden vielleicht von Selbstzweifeln gepackt oder kommen durch Rückschläge von ihrem Weg ab. Ein stark Selbstbewußter Persönlichkeitsstil schützt vor diesen Dämonen. Von dem Augenblick an, in dem der Rockstar J. seine erste elektrische Gitarre bekam, glaubte er daran, daß er einer der Großen im Pantheon des Rock'n'Roll werden würde – ein Traum, den unzählige andere junge Leute ebenfalls hatten.

J. war über dreißig, als er seinen ersten Hit landete. Er hatte eine Band nach der anderen formiert, Vorführbänder zusammengestellt, die Produzenten hofiert, Singles aufgenommen, die keinen Erfolg hatten, in obskuren Clubs gespielt; aber nach zehn Jahren im Geschäft gab er immer noch nicht auf. Er glaubte so an sich selbst, daß schließlich auch die anderen an ihn glaubten. Er fand Helfer und Förderer, die ihre Zeit zur Verfügung stellten. Wenn Sie heute sehen, wie er bei einem Konzert die Mitte der Bühne einnimmt, und die Sicherheit in seiner Stimme hören, wissen Sie, daß er für dieses Leben geschaffen ist. Er ist genau da, wo er hingehört.

Genauso ist es mit Lana. Von Kindheit an sah sie ihre Zukunft als Frau und Mutter mit allem, was zu einem guten Leben gehört. Für sie bedeutete das schöne Häuser, Bedienstete, Autos, Juwelen und berühmte Schulen für ihre Kinder. Es bedeutete auch, daß sie nicht zu arbeiten brauchte, um diese Dinge zu beschaffen. Lana hat wegen ihrer Ambitionen nie Verlegenheit oder Schuld empfunden. »Ich bin eine sehr ehrliche Frau«, sagt sie lächelnd, während sie einen *Zum kaufen geboren*-Aufkleber auf ihren Mercedes pappt.

Lana, deren Persönlichkeit auch einen stark Gewissenhaften Zug aufweist, stammt nicht aus einer begüterten Familie. Sie kämpfte sich durch die Schule und arbeitete dann hart und gut als Sekretärin, um sich und ihre verwitwete Mutter durchzubringen; dabei wartete sie auf das Erscheinen ihres Märchenprinzen. Er kam in Gestalt von Joey, ihrem letzten Chef. Er war der Typ des dynamischen Verkaufsförderers, zeigte viel Ehrgeiz und gute Ansätze. Er gab ihr alles, was sie gewollt hatte: das Haus am Stadtrand, das Haus auf dem Land, die Haushälterin, die Diamanten und die freie Zeit, um einzukaufen und im Club herumzusitzen. Sie ihrerseits sorgte gut für ihn und schließlich ihre beiden Kinder, und sie hielt es mit ihm aus, als viele Leute es nicht mehr konnten. Solange er sie mit Respekt und Ehrerbietung behandelte, machten ihr seine Wutanfälle, sein zuweilen ungehobeltes und schikanöses Verhalten gegenüber Mitarbeitern, Angestellten und Freunden sowie seine geschäftlichen Mogeleien nichts aus.

Lana machte sich keine Illusionen über Joey; sie sagte ihm und anderen oft, daß sie ihn sofort verlassen würde, wenn er sie nur ein Zehntel so schlecht behandeln würde, wie er andere behandelte.

Dann erlitt Joey Rückschläge im Geschäft. Er machte seine Mitarbeiter und Angestellten für die Verluste verantwortlich. Jeden Abend kam er wütend nach Hause und suchte bei Lana Trost für die Mißgeschicke, die ihm seiner Meinung nach durch andere zugefügt wurden. Aber aufgrund der angespannten finanziellen Lage brauste Lana leicht auf und akzeptierte Joey weniger. Sie meinte, sie könne sein ständiges Klagen nicht ertragen. Sie begann, mehr Zeit im Club zu verbringen, und zwar in Gesellschaft eines reichen, pensionierten Witwers, der ihr immer mit sehr viel Respekt begegnet war. Sie schliefen nicht miteinander, aber Joey glaubte das nicht. Er war wütend und eifersüchtig. Bei einer ihrer nun häufigen Streiter eien verlor Joey die Kontrolle und schlug Lana. Noch in derselben Nacht nahm sie die Kinder und zog in ein Hotel. Sie ging nie zu Joey zurück (dem wir später in diesem Kapitel wiederbegegnen werden). In der Scheidungsvereinbarung erhielt sie beide Häuser, den neuen Mercedes und eine beträchtliche Unterstützung für die Kinder. Sie verkaufte das Haus in der Vorstadt, als sie beschloß, ihren verwitweten Freund zu heiraten. Jetzt wohnt Lana mit ihren Kindern an einer der besten Adressen der

Stadt, wo sie das gute Leben lebt, das sie immer zu verdienen glaubte.

## Status, Image und Macht

Selbstbewußte Menschen glauben, daß sie unter einem glücklichen Stern geboren sind, und ihr Leben scheint dies zu bestätigen. Zu ihren Wünschen gehören im allgemeinen Status und Image bzw. Macht. Sie möchten Fachbereichsleiter an den besten Universitäten sein, den besten Clubs angehören, in den vornehmsten Wohnvierteln leben und ihre Kinder zu den berühmtesten Schulen schicken. Wenn sie Hollywood-Typen sind, haben sie einen attraktiven Körper und sagenhafte Kleider. Wenn sie Intellektuelle oder Politiker sind, sitzen sie in den mächtigsten und angesehensten Komitees. Ihr Image ist echt; sie möchten das werden, was sie von vornherein zu sein glauben, und sie werden es: wichtige, verdienstvolle Menschen.

## Schwachstellen

Selbstbewußte Männer und Frauen kennen meist ihre Stärken und fühlen sich mit ihnen wohl. Ihrer Unzulänglichkeiten sind sie sich gewöhnlich nicht so bewußt, und sie können auch nicht gut mit ihnen umgehen. Für stark von diesem Persönlichkeitsstil geprägte Menschen fühlt sich sogar die konstruktivste Kritik verletzend an.

Professor H. kritisierte Tanyas Semesterarbeit in Politologie. Er sagte ihr, ihre Forschungsarbeit sei schwach, und sie hänge zu sehr an ihren interessanten, aber nicht erhärteten Meinungen. Sie war eine gute Studentin, und großzügig erlaubte er ihr, die Arbeit vor der Bewertung umzuschreiben. Tanya hatte Professor H. immer sehr geschätzt. Aber sie betrachtete seine Kritik als beleidigend und hielt sein Seminar jetzt für Zeitverschwendung. Trotzdem blieb sie kooperativ. Sie überarbeitete die Arbeit so, wie der Professor vorgeschlagen hatte – nicht, weil sie seinen Standpunkt verstand, sondern weil sie eine gute Note wollte. Wenn Tanya für die Bemerkungen ihres Lehrers offen gewesen wäre, hätte sie sich in späteren Jahren eine Verlegenheit ersparen können. Zwei Jahre nach dem Hochschulabschluß verlor sie nämlich einen Job als Schreiberin politischer Reden aus genau demselben Grund – sie vertraute zu stark ihrer Meinung, ohne die harten Facts und Hintergrundinformationen zu liefern, die der Kandidat brauchte. Als Tanya ein paar Jahre später selbst in die Politik ging, fand sie zum Glück jemanden, der ihre Reden ausarbeitete. Sie besaß die Selbstbewußte Fähigkeit, wichtige Aufgaben, die sie nicht erledigen wollte, zu delegieren. Heute ist sie eine erfolgreiche Parteivorsitzende in einem Staat der USA.

## *Arbeit: Erfolgspolitik*

Männer und Frauen mit einem sehr Selbstbewußten Persönlichkeitsstil sind extravertierte, energievolle, auf Konkurrenz eingestellte Menschen, zu deren Fähigkeiten es gehört, leicht Daten aufzunehmen, den großen Zusammenhang zu sehen, Entscheidungen zu treffen, zu planen, Prioritäten und Ziele zu setzen und zu delegieren. Einem solchen Menschen möchten Sie als Vorsitzender des Verwaltungsrats Ihre neue Firma andienen. Bei der Arbeit verhalten Selbstbewußte Menschen sich genauso instinktiv politisch wie in allen anderen Bereichen ihres Lebens. Sie sind Naturtalente darin, die Machtstruktur irgendeiner Organisation zu verstehen und effektive politische Bündnisse einzugehen. Oft sind sie neidisch auf die Inhaber der Macht und wie ihre Aggressiven Typgenossen nicht zimperlich bei dem Versuch, sie abzusetzen. Sie manipulieren, um vorwärtszukommen, während die fleißigen Gewissenhaften Typen so hart arbeiten, daß sie die Machtspiele, die sie an die Spitze tragen könnten, gar nicht mitkriegen.

Die extravertierten, taktisch vorgehenden Selbstbewußten Männer und Frauen arbeiten sehr gern und effizient mit anderen zusammen. Für diesen Persönlichkeitsstil sind andere Menschen ein Mittel zum Erfolg. Gegenüber Autoritätspersonen und Menschen, von denen sie sich etwas erhoffen, verhalten sie sich respektvoll und kooperativ. Untergebenen gegenüber sind sie im Ausgleich für deren Loyalität sehr großzügig mit Geld, Gratifikationen und Unterstützung.

### Der Selbstbewußte Manager

Selbstbewußte Menschen sind natürliche und oft begabte Führungspersönlichkeiten. Es macht ihnen Spaß, den Mitgliedern ihrer Belegschaft nicht nur die schmutzige Arbeit, sondern auch verantwortungsvolle Tätigkeiten zu übertragen. Anders als sehr Gewissenhafte Typen gestatten sie ihren Untergebenen oft Selbständigkeit und Spielraum, solange die Arbeit erledigt wird. Sie sind sehr geschickt darin, ein effizientes, hochmotiviertes Team aufzubauen, dessen absoluter Mittelpunkt sie sein müssen. Solange jeder anerkennt, wer der Boß ist, bestehen Selbstbewußte Manager nicht auf der strengen hierarchischen Struktur, die der Aggressive Manager braucht, um gut zu funktionieren. Aber das Team muß arbeiten, um die Ziele seines Selbstbewußten Leiters zu erreichen, nicht die der einzelnen Mitglieder. Wenn Sie beginnen, mit einem Selbstbewußten Chef zu konkurrieren oder seine Ziele zu kritisieren, oder wenn Sie darauf bestehen, Ruhm und Ansehen mit ihm zu teilen, sind Sie schneller aus dem Team draußen oder am Ende der Hackordnung, als sie brauchen, um den Grund für diese Degradierung zu erkennen.

Selbstbewußte Menschen mit ihrem angeborenen Wettbewerbssinn sind wie Rennpferde: sie laufen schneller, wenn jemand mit ihnen auf einer Höhe liegt. Bei Wettbewerb gedeihen sie, und sie sind immer gern einen Schritt voraus. Sie respektieren, wenn andere dasselbe wollen (solange sie mit ihnen nicht direkt konkurrieren), und sind ausgezeichnete Ratgeber und Drahtzieher zu Ihren Gunsten, wenn sie Ihnen wohlgesonnen sind.

**Tips für die Zusammenarbeit mit Selbstbewußten Menschen**

1. Seien Sie absolut loyal. Kritisieren Sie sie nicht, und konkurrieren Sie nicht mit ihnen. Erwarten Sie nicht, das Rampenlicht teilen oder den Ruhm für sich in Anspruch nehmen zu können. Seien Sie damit zufrieden, die zweite Position anzustreben.
2. Gehen Sie nicht davon aus, daß Ihr Selbstbewußter Chef Anleitungen gibt. Er wird wahrscheinlich erwarten, daß Sie wissen, was zu tun ist. Seien Sie sich also über die Ziele im klaren, bevor Sie irgendeine Aufgabe in Angriff nehmen. Zögern Sie nicht, zu fragen.
3. Auch wenn Sie ein wichtiges Mitglied im Team des Chefs sind, sollten Sie nicht erwarten, daß Ihr Selbstbewußter Chef Ihnen als Mensch Aufmerksamkeit schenkt. Nehmen Sie es nicht persönlich.
4. Selbstbewußte Chefs erwarten jedoch, daß Sie sich für sie interessieren. Unter Umständen sind sie empfänglich für Schmeichelei; wenn Sie also auf eine Gehaltserhöhung oder Beförderung hinarbeiten oder versuchen, Ihren Standpunkt zu verkaufen, kann ein bißchen Süßholz nicht schaden.

**Karrieren für den Selbstbewußten Typ**

Wenn dies Ihr dominanter Stil ist, sollten Sie Zielen folgen, die Sie in Führungsrollen und ins Rampenlicht bringen. Bei vielen Leuten, die auf einer Bühne auftreten oder bei Funk und Fernsehen arbeiten, oder bei Politikern dominiert dieser Persönlichkeitsstil. Wählen Sie auf jeden Fall eine Laufbahn, in der Sie mit anderen zusammenarbeiten oder sie beeinflussen können. Selbstbewußte Menschen brauchen andere um sich herum.

## *Beziehungen: Gut darin, geliebt zu werden*

Selbstbewußte Männer und Frauen sind beliebt und attraktiv. Ihr Gefühl für sich selbst und ihre Sicherheit in bezug auf ihre Projekte ziehen andere an. Und sie sind sehr gut darin, geliebt zu werden. Sie sind nicht schüchtern, und die Aufmerksamkeit eines sie liebenden Menschen bringt sie nicht in Verlegenheit.

Sie brauchen es, gebraucht zu werden, und werden sich sehr bemühen, die liebende Bewunderung eines Menschen zu gewinnen und zu behalten. Sie wissen, was sie tun müssen, um Ihre Aufmerksamkeit zu bekommen und Ihr Herz zu erobern.

**Sargent wirbt um Thalia**

Als der Selbstbewußte Sargent, ein zweimal geschiedener, fünfzigjähriger Theaterproduzent, sich Hals über Kopf in Thalia verliebte, wurde sie nur langsam warm. Sie war Primaballerina gewesen und arbeitete jetzt als Choreographin; sie hatte gerade eine schmerzliche Scheidung hinter sich und war nicht darauf aus, eine andere Beziehung zu beginnen. Aber Sargent fing an, sein Netz der Betörung zu weben: er kochte ausgesuchte Essen für die wunderschöne Thalia, er schickte ihr Blumen, er brachte Leckerbissen für ihren Hund, er fand eine neue Haushälterin für sie. Sehr langsam öffnete sich Thalias Herz für diesen wunderbar aufmerksamen Mann. Immer häufiger wurden die beiden zusammen gesehen. Aber die einundvierzigjährige Thalia wollte immer noch ihre Unabhängigkeit behalten. Schließlich, nach fast einem Jahr, war sie damit einverstanden, daß Sargent mit ihr in ihrer Villa lebte. Sargent zog noch am gleichen Tag ein.

Die alten Freunde Sargents, die seine beiden Ehen mitbekommen hatten, fragten sich zynisch, ob jetzt, da er Thalia hatte, wieder alles vorbei sei. Sie kannten Sargent, wenn er verliebt war und eine Frau begehrte. Sie hatten auch erlebt, daß er die Frau fallenließ, die er für sich gewonnen hatte. Würden seine Aufmerksamkeiten für Thalia jetzt aufhören?

Die Antwort war nein – denn Thalia fuhr fort, ihn intellektuell und sexuell zu beeindrucken und herauszufordern. Er hatte enormen Respekt vor dieser vollkommenen Frau, die emotional immer ein ganz klein wenig distanziert blieb. Sargent war sich nie sicher, ihren Körper und ihre Seele zu besitzen. Diese Ungewißheit hielt ihn ständig auf Trab. Und Thalia brauchte von Sargent nicht die Art Liebe, nach der sie sich gesehnt hatte, als sie als junge Ballerina verheiratet gewesen war. Damals hatte ihr Mann, der ebenfalls Tänzer war, Thalia verstanden und sie um ihrer inneren Schönheit willen geschätzt. Jetzt wollte sie Sargents Respekt und Anerkennung, aber sie brauchte keinen Mann mehr, der sie wirklich *kannte.* Dafür hatte sie ihre alten Freunde und Kollegen. Sie hielt Sargent für einen an- und aufregenden Gefährten, und sie genoß die Verbindung ihrer künstlerischen Welten. Sie bewunderte seinen selbstsicheren Stil. Für sie war die Beziehung ein Spiel gleichwertiger Partner. Thalia verstand Sargent; sie verstand besser als er, daß er sie nie tief lieben würde.

Menschen wie Sargent, in deren Persönlichkeitsmuster unverkennbar der Selbstbewußte Stil dominiert, werden so stark vom Bereich des Selbst beherrscht, daß sie nicht genügend Distanz von ihren Gedanken und Gefühlen haben, um uneingeschränkte, selbstlose Liebe zu geben. Oft glauben sie, ihnen nahestehende Menschen würden fühlen, was sie fühlen, oder denken, was sie denken. Obwohl sie in der Liebe anderer gedeihen und schätzen, was andere für sie tun, begreifen sie nur schwer, daß die für sie wichtigen Menschen eigene, individuelle Bedürfnisse haben. Sie sind so von ihren Ambitionen gepackt, daß sie es einfach nicht bemerken. Deshalb schockiert es sie oft, wenn sie bemerken, daß der Partner seit Jahren unglücklich ist. Ein Anhänglicher Typ dagegen, der für die Empfindungen eines geliebten Menschen äußerst sensibel ist, hatte die Zeichen der Unzufriedenheit früher mitbekommen – vielleicht sogar schon, bevor der unglückliche Partner sich seines Kummers bewußt geworden wäre. Ein Selbstbewußter Mensch geht davon aus, daß sein eigenes Glück eine zufriedene Beziehung für beide bedeutet.

## Sargents zwei Exfrauen
## (und wie er den Streß bewältigte, sie zu verlieren)

Für Selbstbewußte Menschen kann es schwierig sein, in ihren Partnerschaften einen Konflikt zu lösen; da es ihnen an Sensibilität für andere mangelt, sehen sie wenig Grund, ihre Position zu ändern oder wichtige Bedürfnisse aufzugeben. Sargents erste Frau war seine College-Flamme gewesen, eine Schönheit aus wohlhabender Familie, hinter der er leidenschaftlich her war. Sie heirateten, sobald er mit dem College fertig war. Ihre Familie unterstützte sie in seiner ersten Zeit am Theater, während seine Frau die Schule abschloß. Dann arbeitete sie für ihren Vater, um das immer noch magere Einkommen ihres Mannes aufzubessern.

Zwei Jahre später wurde Sargents junge Frau schwanger und hörte auf zu arbeiten. In den nächsten zehn Jahren bekamen sie drei Kinder. Sargent produzierte mehrere Stücke, die Aufmerksamkeit erregten, obwohl die Familie gerade genug Geld hatte, daß es bis zum Ende des Monats reichte. Dann sagte seine Frau eines Abends, sie wolle Jura studieren und ihr Vater hätte sich bereit erklärt, das nötige Geld zur Verfügung zu stellen. Von Sargent brauchte sie nur eine stärkere Beteiligung an der Kinderbetreuung. Könnte er zumindest da sein, wenn die Kinder von der Schule nach Hause kamen? Sie glaubte, sein Arbeitsplan würde diese Flexibilität erlauben. Sargent verstand nicht, wie sie so etwas vorschlagen konnte. Wie konnte er seine Arbeitszeit opfern? Waren sie nicht immer davon ausgegangen, daß sein Erfolg das wichtigste Ziel der Familie war? Er warf einen langen, harten Blick auf seine Frau und bemerkte, daß sie nicht mehr so schön war. Er begann zu glauben, daß sie nicht die Art Frau war, die er wollte. Ihre Ehe ging sehr schnell auseinander.

Trotzdem hatte die Scheidung Sargent schwer getroffen. Obwohl er zu ihr beigetragen hatte, fühlte er sich zurückgewiesen – was für Selbstbewußte Menschen ein oft vernichtender Streß ist, noch schlimmer ist der, hart kritisiert zu werden. Sargent bewältigte ihn auf typisch Selbstbewußte Art: Er behielt seinen Kummer für sich, setzte ein lächelndes Gesicht auf und umgab sich mit Bewunderern. Er war bald von einer Schauspielerin hingerissen, die er auf Händen trug und heiratete. Sie waren das glücklichste Paar der Stadt – so dachte er wenigstens, bis er ein paar Jahre später entdeckte, daß sie mit einem ihrer Kollegen am Broadway eine Affäre hatte. Er beantragte und erlangte eine sofortige Scheidung. Was seine Frau nicht wußte und er selbst nicht als relevant betrachtete, war, daß er selbst viele Liebschaften gehabt hatte. Die Ehe war kurz gewesen, aber Sargent brauchte fast acht Jahre, um über das Scheitern seiner beiden Ehen hinwegzukommen und mit Thalia etwas wirklich Ernsthaftes zu beginnen.

### Gute/schlechte Gespanne

Wie Sargent in seiner Beziehung zu Thalïa zeigt, können Selbstbewußte Menschen gute und anhängliche Partner sein. Der Partner braucht jedoch eine starke Selbstachtung und darf weder häufige Liebesbeteuerungen noch Verständnis verlangen.

Gut zum Selbstbewußten Stil passen Persönlichkeitsstile, die ihr Glück darin finden, die Bedürfnisse anderer zu erfüllen, wie der Anhängliche und der Aufopfernde Stil, solange sie nicht zu extrem werden und dem Partner Abgrenzung und Individualität rauben. Sensible Menschen brauchen starke, extravertierte Partner, und Selbstbewußte Menschen brauchen es, gebraucht zu werden, weshalb diese beiden Stile sich oft ergänzen. Der quirlige, anderen zugewandte Dramatische Persönlichkeitsstil sorgt für ein aufregendes, wechselseitig schmeichelhaftes Gespann, wenn der Dramatische Partner nicht viel Anerkennung braucht. Wenn zwei Selbstbewußte Menschen sich anziehen, steuern sie möglicherweise auf einen Machtkampf zu. Bei Sargent und Thalia funktionierte die Kombination jedoch. Ein bißchen Gewissenhafter Stil ist in jeder Verbindung hilfreich, und Thalia hatte eine reife, ausgewogene Mischung des Selbstbewußten, des Gewissenhaften und des Dramatischen Stils.

Zu den Persönlichkeitsstilen, die mit dem Selbstbewußten Stil nicht harmonieren, gehören der Wachsame, der Lässige, der Abenteuerliche und der Aggressive; von ihnen geprägte Menschen können ihre Bedürfnisse denen anderer nicht unterordnen. Sprunghafte Menschen lassen sich zwar in enge Beziehungen ein, stellen aber im allgemeinen emotional zu viele Ansprüche.

### Selbstbewußte Eltern

Selbstbewußte Eltern können auch ihren Kindern das Bewußtsein mitgeben, ein Star zu sein. Sie lehren sie, hohe Ziele anzuvisieren und das Beste für sich zu erwarten. In puncto Selbstwertgefühl, Ehrgeiz,

Schwung, Selbstbeherrschung und gesellschaftlichen Erfolg sind sie Vorbilder. Es kann jedoch sein, daß sehr Selbstbewußte Eltern die individuellen Unterschiede oder Bedürfnisse ihrer Kinder nicht erkennen oder würdigen, weil sie annehmen, daß die Kinder so sind wie sie. Und es kann sein, daß sie nicht lange genug aus dem Rampenlicht heraustreten, um die Kinder erfahren zu lassen, wie es sich anfühlt, selbst das Zentrum des Universums zu sein. Manche Kinder von extrem Selbstbewußten Eltern werden gut darin, Liebe zu geben, fühlen sich aber nicht wert, sie zu erhalten.

Der nicht-Selbstbewußte Elternteil sollte den gemäßigt Selbstbewußten Partner daran erinnern, die Dinge aus der Sicht des Kindes zu betrachten. Und wenn einige der dem anderen zugewandten Stile (der Gewissenhafte, der Anhängliche, der Aufopfernde und der Dramatische) ebenfalls stark im Persönlichkeitsmuster vorhanden sind, schützen sie einen gemäßigt Selbstbewußten Elternteil im allgemeinen vor der Neigung, die emotionalen Bedürfnisse anderer nicht wahrzunehmen.

## *Gefühle, Selbstbeherrschung und reale Welt*

Selbstbewußte Menschen haben Temperament, und wenn sie auf Widerstand stoßen oder beleidigt werden, zeigen sie es. Sie können auch auf andere, die sie für erfolgreicher halten, neidisch sein. Aber ihr starkes Ichgefühl, ihre Erfolgsorientiertheit und ihr taktisches Geschick bewahren sie im allgemeinen davor, ihre weniger »bewundernswerten« Gefühle durchkommen zu lassen, zumindest in der Öffentlichkeit.

Wie wir gesehen haben, haben Menschen mit diesem Persönlichkeitsstil – je nachdem, wie stark sie von ihm beherrscht werden – kleine oder größere Schwierigkeiten, Liebe zu empfinden. Sie empfinden jedoch starke Anziehungen und können emotionale und sexuelle Erfüllung erleben. Ihre Stimmung ist im allgemeinen optimistisch, energiegeladen und zuweilen sogar »hyper«. Wenn der Stil jedoch in die Narzißtische Persönlichkeitsstörung übergeht, wird Depression zu einem großen Risiko.

Selbstbewußte Menschen haben sich im allgemeinen gut unter Kontrolle. Ihre Kraft beim Erreichen ihrer Ziele spiegelt ihre Selbstbeherrschung und ihre Fähigkeit, dem eigentlichen Ziel zuwiderlaufende Impulse in Schach zu halten. Sie stolpern eher über ihre Großartigkeit als über Probleme mit der Impulsivität, denn wenn der Stil sehr stark ist, betrachten sie die Welt ganz unrealistisch als ihre private Bühne. Wie der Präsidentschaftskandidat, der seine Frauenaffären nicht zu verbergen sucht und dessen Karriere zerstört wird, wenn die Wahrheit ans Licht kommt, übersehen einige allzu Selbstbewußte Menschen ihre Fehler, ihre Schwächen und ihren relativen Platz in der Ordnung der Dinge – und stürzen vom Thron. Wir werden dies bei der Narzißtischen Persönlichkeitsstörung eingehender erörtern. (Ein Vergleich mit dem Aggressiven Stil findet sich in Kapitel 16, S. 403.)

## TIPS ZUM UMGANG MIT DEM SELBSTBEWUSSTEN MENSCHEN IN IHREM LEBEN

1. Selbstbewußte Menschen müssen die Nummer eins sein. Die Liebe zu einem solchen Menschen erfordert, daß Sie diesen Aspekt seines Charakters akzeptieren, bewundern und respektieren. Schätzen Sie die beachtlichen Gaben und Stärken, die dieser Mensch in die Beziehung einbringt. Genießen Sie die Früchte des Erfolgs Ihres Partners und das interessante Leben, das er Ihnen bietet.
2. Um die Aufmerksamkeit dieses Menschen zu behalten, müssen Sie ihm gegenüber sehr aufmerksam sein. Ihre Liebe und Loyalität sind für ihn sehr wichtig. Sie bringen die Fähigkeit zu lieben in die Beziehung ein, und Ihr Partner verläßt sich darauf. Akzeptieren Sie, daß Sie zu selbstloser Liebe vielleicht fähiger sind als er. Geben Sie Ihre Liebe, ohne nachzurechnen, wer mehr gibt. Wenn Sie jedoch das Bedürfnis haben, intensiver und auf einer ausgeglicheneren Basis geliebt zu werden, sollten Sie akzeptieren, daß dieser Mensch nicht der/die Richtige für Sie ist.
3. Hüten Sie sich davor, Ihr Selbstwertgefühl mit der Menge an Liebe und Aufmerksamkeit zu verknüpfen, die der Selbstbewußte Mensch in Ihrem Leben Ihnen spontan bezeigt, oder von dem Ausmaß, in dem er Sie wirklich versteht. Lieben Sie sich selbst, egal wie er sich äußert. Diese »Botschaft« ist besonders für Kinder von sehr Selbstbewußten Eltern gedacht.
4. Viele Selbstbewußte Menschen werden abwechselnd emotionale

Nähe suchen und dann scheinbar wieder das Interesse an Ihnen verlieren, vor allem, nachdem eine Beziehung sich gefestigt hat. Seien Sie sich dieses Vor-Zurück-Musters bewußt; versuchen Sie, abzuwarten und das eigene emotionale Gleichgewicht zu wahren, und ziehen Sie *nicht* den voreiligen Schluß, daß Ihre Selbstbewußte Partnerin nichts mehr für Sie empfindet. Wahrscheinlich hat sie sich in andere Dinge vertieft. Erinnern Sie sie daran, daß Sie existieren und sie Ihnen weiterhin etwas bedeutet.

5. Wenn Sie mit Ihrer Selbstbewußten Partnerin ein Problem klären müssen, stellen Sie einfach fest, wie Sie sich fühlen oder was Sie sehen, ohne sie zu beurteilen. Denken Sie daran, daß Selbstbewußte Menschen ungeachtet ihres starken Selbstwertgefühls Schwierigkeiten haben, mit Kritik umzugehen. Vergessen Sie nicht, bei dieser Gelegenheit auch Ihre Bewunderung und Ihr Lob zu äußern. Der Selbstbewußte Partner wird vielleicht nicht zugeben, daß an dem, was Sie sagen, etwas dran ist, sich aber trotzdem damit auseinandersetzen. Selbstbewußte Menschen *können* sich selbst mit Abstand sehen und ihr Verhalten korrigieren, auch wenn sie nicht so gut darin sind, »Du hast recht, ich unrecht« zu sagen.

6. Teilen Sie immer wieder Ihre Gefühle mit, auch zu scheinbar eindeutigen Angelegenheiten; rechnen Sie nicht damit, daß der Selbstbewußte Mensch sie ahnt oder sich an sie erinnert. Wenn Sie Ihren Partner über Ihre Gefühle und Einstellungen informieren, kann er Sie besser verstehen, was einen späteren Konflikt möglicherweise verhindert.

## MACHEN SIE DAS BESTE AUS IHREM SELBSTBEWUSSTEN STIL

Ihre Fähigkeit, Erfolg zu haben und dabei die Nerven zu behalten (manche Leute nennen das Unverfrorenheit), unterscheidet Sie von allen anderen Persönlichkeitsstilen. Sie können diese einmaligen Vorteile mobilisieren, um einige potentielle Problembereiche zu glätten.

Sie kennen wahrscheinlich Ihre Fähigkeiten. Um Ihre Persönlichkeit zu stärken und ihr zu helfen, zu Ihrem Vorteil zu funktionieren, sollten Sie ein realistischeres Gefühl für Ihre Schwächen entwickeln.

**Übung 1**
Schreiben Sie auf, was an Ihnen nicht so toll ist. Ein Punkt könnte sein: »Ich gehe auf andere nicht so ein / bin an ihnen nicht so interessiert, wie sie meinem Empfinden nach an mir interessiert sein sollten.«

**Übung 2**
Versuchen Sie, sich so zu sehen, wie andere Sie sehen. Konzentrieren Sie sich wieder auf Ihre Schwachstellen. Fragen Sie sich: *Was würde ... (meine Mutter, mein Vater, mein/e Partner/in, mein bester Freund, meine Lehrer, meine Kollegen etc.) nicht so toll an mir finden?*

**Übung 3**
Beobachten Sie Ihre Reaktionen auf Kritik. Fühlen Sie sich verletzt, erniedrigt oder angegriffen, wenn andere etwas Negatives über Sie oder Ihre Arbeit sagen? Versuchen Sie, mit diesen Gefühlen zu leben, anstatt es Ihren Kritikern zurückzugeben, sich von ihnen zu distanzieren oder eine Abneigung gegen sie zu entwickeln. Je mehr Sie Ihre Reaktionen beobachten, desto leichter werden sie zu ertragen sein.

**Übung 4**
Diese Übung macht sich Ihre Konzentrationsfähigkeit zunutze, um Ihre Beziehungen zu verbessern. Fragen Sie sich bei jeder Unterhaltung oder Interaktion, besonders mit Menschen, mit denen Sie häufig zu tun haben: »Wer *ist* dieser Mensch?« Sammeln Sie Daten. Konzentrieren Sie sich bei jedem einzelnen auf die Redeweise, den Gesichtsausdruck, die charakteristische Körperhaltung, die Stimme, die Umgangsformen, die Gefühle, den Kleidungsstil, den Schmuck, die Augenfarbe, die Haare, die Zähne etc. Auf diese Weise können Sie ein zunehmend detailliertes, interessantes, treffendes Portrait der Menschen zeichnen, mit denen Sie in Kontakt sind.

**Übung 5**
Stellen Sie einmal täglich jedem Mitglied Ihres Haushalts, Ihrer Partnerin oder Ihrem besten Freund eine Frage, bei der er/sie/es im Mittelpunkt steht, etwa: »Was gefällt dir an diesem Buch?« Fragen, die eine Meinung über Sie eruieren sollen – zum Beispiel »Was hast du von meiner heutigen Rede gehalten?« –, sind nicht erlaubt. Versuchen Sie auch Übung 5 für den Aggressiven Stil: Fragen Sie mindestens einmal wöchentlich die Menschen, die Ihnen in Ihrem Privatleben am nächsten stehen, was Sie für sie tun können (siehe S. 408).

# Narzißtische Persönlichkeitsstörung

In der griechischen Mythologie war Narkissos ein junger Mann, der niemanden liebte. Er wurde dazu verurteilt, sich in sein eigenes Spiegelbild in einem Teich zu verlieben. Er konnte das Spiegelbild im Wasser nicht umarmen und verging vor Gram. Schließlich wurde er in die nach ihm benannte Blume verwandelt. In der amerikanischen Psychiatrie bezeichnet die Narzißtische Persönlichkeitsstörung einen pathologischen Zustand, dessen Charakteristika Ichbezogenheit und Egoismus, Großartigkeit, Mangel an Einfühlungsvermögen und Manipulierbarkeit sind. Obwohl solche Menschen oft hohe Positionen erreichen, ist ihr Leben nicht befriedigend. Wenn sie im öffentlichen Leben stehen, verursachen sie Skandale, die sie demütigen und ruinieren.

In ihren Leistungen oder Beziehungen finden sie weder Glück noch Erfüllung. Und wie alle Menschen, die an irgendeiner Störung leiden, erkennen sie nicht, daß die Art ihres eigenen Denkens, Fühlens und Verhaltens ihr Leben verzerrt.

## DIAGNOSTISCHE KRITERIEN

Das DSM-III-R beschreibt die Narzißtische Persönlichkeitsstörung als[1]:

Ein durchgängiges Muster von Großartigkeit (in Phantasie oder Verhalten), Mangel an Einfühlungsvermögen und Überempfindlichkeit gegenüber der Einschätzung durch andere. Der Beginn liegt im frühen Erwachsenenalter, und die Störung manifestiert sich in den verschiedensten Lebensbereichen. Mindestens fünf der folgenden Kriterien müssen erfüllt sein:

Der Betroffene
1. reagiert auf Kritik mit Wut, Scham oder Demütigung (auch wenn dies nicht gezeigt wird);
2. nützt zwischenmenschliche Beziehungen aus, um mit Hilfe anderer die eigenen Ziele zu erreichen;
3. zeigt ein übertriebenes Selbstwertgefühl, übertreibt z.B. die eigenen Fähigkeiten und Talente und erwartet daher, selbst ohne

besondere Leistung als etwas »Besonderes« Beachtung zu finden;
4. ist häufig der Ansicht, daß seine Probleme einzigartig sind und daß er nur von besonderen Menschen verstanden werden könne;
5. beschäftigt sich ständig mit Phantasien grenzenlosen Erfolges, Macht, Glanz, Schönheit oder idealer Liebe;
6. legt ein Anspruchsdenken an den Tag: stellt beispielsweise Ansprüche und übermäßige Erwartungen an eine bevorzugte Behandlung, meint z.b., daß er sich nicht wie alle anderen auch in der Schlange anstellen muß;
7. verlangt nach ständiger Aufmerksamkeit und Bewunderung, ist z.B. ständig auf Komplimente aus;
8. zeigt einen Mangel an Einfühlungsvermögen: kann z.B. nicht erkennen und nachempfinden, wie andere fühlen, zeigt sich z.B. überrascht, wenn ein ernsthaft kranker Freund ein Treffen absagt;
9. ist innerlich sehr stark mit Neidgefühlen beschäftigt.

## *Das alles verzehrende Selbst*

Narzißmus ist eine Störung des Selbstwertgefühls. Obwohl die an ihr leidenden Männer und Frauen es nicht erkennen, besitzen sie ein so geringes Selbstwertgefül, daß sie ein riesiges Selbst erschaffen, um zu überleben. Viele von ihnen tun (oder stellen sich in ihrer Phantasie vor), als wären sie die wichtigsten Menschen ihrer eigenen oder der großen Welt, und als müßte jeder ihren besonderen Platz anerkennen.

Während Selbstbewußte Menschen ihr Vertrauen in sich selbst benutzen, um hart zu arbeiten und ihr Können zu beweisen, zeigen Narzißtische Menschen außer in der Phantasie kaum wirkliche Fähigkeiten. Die, die von Natur aus das Zeug zum Erfolg hatten, verlieren oft ihre eigentlichen Ziele aus den Augen. Ihr Ziel wird der Erfolg um jeden Preis. Die Narzißtische Neva etwa hatte eine große Karriere als Opernsängerin vor sich, aber sie ließ keine größere Rolle aus, was ihrer Stimme und ihrer Fähigkeit nicht erlaubte, zu wachsen und zu reifen. Ihr Manager warnte sie, sie solle behutsam vorgehen; sie stellte sich gegen ihn, beschuldigte ihn boshaft, zu unbedeutend für eine Künstlerin ihres Formats zu sein, und entließ ihn. Sie fand andere Manager, die beim Absahnen des schnellen Geldes mitmachten, und ruinierte ihre Stimme innerhalb von fünf Jahren nach ihrem beachtlichen Debüt. Sie sang in immer kleineren Opernhäusern und gab sich der Illusion hin, ein verkanntes Genie zu sein.

Menschen mit dieser Störung zerstören sich oft selbst, weil ihre Großartigkeit und ihre Beschäftigung mit sich selbst ihre Urteilskraft und ihren Durchblick vernebeln. So wird ein Staatsmann, der glaubt, so bedeutend zu sein, daß Gesetze oder die öffentliche Moral für ihn nicht gelten, sein eigenes Vergehen auf Band aufnehmen und den Beweis schaffen, der ihn zu Fall bringt.

In manchen Fällen wechselt das übertriebene Selbstwertgefühl mit Empfindungen besonderer Wertlosigkeit. »So bringt beispielsweise ein Student«, erläutert das DSM-III-R, »der eine Eins erwartet und eine Eins-minus erhält, in diesem Moment zum Ausdruck, daß er nun vor allen als Versager dasteht. Erhält er hingegen eine Eins, so mag er sich als Betrüger fühlen und unfähig sein, sich seiner tatsächlichen Leistung zu freuen.«[2]

## *Wichtigtuerei im Bereich der Arbeit und im Kontakt mit anderen*

Mit einer Narzißtischen Persönlichkeitsstörung kann jemand sehr erfolgreich sein, vor allem in der Welt der Macht und der Form, etwa der Politik und der Wirtschaft. Die Betroffenen sind oft gewandt und charmant, sie können sich durchsetzen und andere von ihren besonderen Fähigkeiten überzeugen. Wenn sie beweisen können, daß sie diese Fähigkeiten tatsächlich besitzen, werden sie oft als begabte, aber schwierige Menschen toleriert. Sie nutzen andere aus, um vorwärts zu kommen, und erwarten und verlangen eine besondere Behandlung. Stanley F., ein Jurist, der an einer großen juristischen Fakultät eine Unterabteilung leitete, sabotierte seine eigene Effektivität ständig durch arrogante Scharmützel mit dem Vorsitzenden der Hauptabteilung, in deren Verlauf er bitterböse wurde, wenn seine Methode abgelehnt wurde. Ein Selbstbewußter Mensch würde solche taktischen Fehler kaum begehen. Aber Stanleys Persönlichkeitsstörung verzerrte seine Fähigkeit, eine Situation einzuschätzen und den größeren Zusammenhang zu erkennen. Er glaubte, nur er könne es mit dem Vorsitzenden aufnehmen, weil – wie seiner Meinung nach alle in der Abteilung einsehen mußten – er besser war als alle anderen, einschließlich des Chefs. Zum Glück bewahrte eine Therapie ihn davor, eine vielversprechende Karriere schnell zu zerstören.

Narzißtische Menschen können Kritik nicht ertragen. Einige reagieren so gekränkt und beschämt, daß es zur tatsächlichen Bemerkung in keinem Verhältnis steht. Andere reagieren mit unangemessenem Zorn und Wutausbrüchen und manipulieren auf diese Weise andere, ihre Bedürfnisse zu erfüllen. Zwanghafte Menschen sind völlig niedergeschmettert, wenn sie kritisiert werden, aber sie werden sich sehr bemühen, von dem Kritiker wieder in Gnaden aufgenommen zu werden. Narzißtische Menschen dagegen versuchen, den Angreifer zu zerstören.

Wir haben in diesem Kapitel bereits von der Selbstbewußten Lana gesprochen. Ihr Ex-Ehemann Joey, der an einer gemischten Narzißtischen, Histrionischen und Antisozialen Persönlichkeitsstörung mit Paranoiden Zügen litt, hatte heftige Wutanfälle, wann immer ihm jemand oder etwas ihm in die Quere kam. In seinem Unternehmen beschäftigte er oft freiberufliche Industriedesigner und Künstler, und häufig vergaß er, sie zu bezahlen. Er nahm an, sie würden seine »besonderen« Umstände verstehen (er hatte die Mittel verbraucht, um das Schulgeld für die Kinder, Hypotheken oder die Rechnungen seiner Frau zu bezahlen) und warten, bis der finanzielle Druck nachließ. Diese jungen Leute waren finanziell kaum in der Lage, auf die Bezahlung auch nur eines einzigen Tages zu verzichten, aber wenn sie ihn aufgebracht drängten und vielleicht noch seine Moral kritisierten, begann Joey zu toben; er griff die Qualität ihrer Arbeit an, beleidigte sie und drohte, sie zu ruinieren. Die meisten dieser talentierten Mitarbeiter hätten Joey gerne verlassen, aber sie waren neu im Geschäft, hatten kein Selbstvertrauen und waren von ihm überzeugt worden, daß sie es ohne ihn zu nichts bringen würden. Deshalb arbeiteten sie weiter für Joey, der, wenn die Dinge gut liefen, sehr verführerisch, schmeichelnd und ermutigend sein konnte.

Allen Narzißtischen Menschen ist die Unfähigkeit gemeinsam, sich in andere einzufühlen; sie können nicht erkennen oder nachempfinden, wie andere fühlen. Um noch einmal das DSM-III-R zu zitieren: »So ist es möglich, daß ein Betroffener nicht verstehen kann, warum ein Freund, dessen Vater soeben gestorben ist, nicht zu einer Party kommen möchte.«[3] Menschen mit dieser Störung können sexuell sehr aktiv sein; es sind die Typen, die verführen und verlassen. Sie bilden wenige echte emotionale Bindungen. Unnötig zu sagen, daß Beziehungen mit Menschen, die an dieser Störung leiden, für den Partner sehr schwierig sind, der »oft als ein Objekt benutzt [wird], mit dem das Selbstwertgefühl des Betroffenen gestärkt wird«.[4] Narzißtische Menschen müssen ständig bewundert werden. Sie manipulieren andere in diese Richtung und bemühen sich, bewunderswerte Erfolge zu erzielen; trotzdem werden sie von Neid, Wut und Verachtung für andere verzehrt. Sie werden depressiv und finden weder durch ihre Arbeit noch mit den Menschen in ihrem Leben Befriedigung oder Erfüllung.

## *Hilfe!*

Einige Menschen mit sehr leichten Formen dieser Störung können relativ gut funktionieren, obwohl sie sich leer oder gelangweilt fühlen, von Ehrgeiz getrieben sind, ein überwältigendes Bedürfnis nach Bestätigung haben und oberflächliche, unverbindliche Beziehungen erleben. Schwere Formen der Narzißtischen Persönlichkeitsstörung können eine starke Beeinträchtigung darstellen; die charakteristische Großartigkeit hindert dann die Betroffenen daran, in irgendeinem Bereich ihres Lebens effizient und realistisch zu funktionieren.

An dieser Störung leidende Menschen werden im allgemeinen keine Hilfe suchen, bis ein Teil ihres Lebens (Ehe, Karriere) zusammenzubrechen beginnt. Wenn Narzißtische Menschen das mittlere Alter erreichen, werden sie oft schwer depressiv, weil die Jugend mit ihren Hoffnungen und Träumen vorüber ist. Sie erkennen, daß ihr Leben in einer Sackgasse ist, daß sie einsam sind und schreckliche Angst vor dem Sterben haben. Ihre Bedürftigkeit veranlaßt sie dann dazu, nach außen zu gehen und sich vielleicht einem Psychotherapeuten zu öffnen, der ihnen das Mitgefühl bezeigt, das ihnen selbst fehlt.

Psychoanalyse und eine psychodynamische Psychotherapie sind die am häufigsten verwendeten Behandlungen für Narzißtische Menschen. Sie neigen dazu, den Therapeuten herabzusetzen und ihn dann wieder überzubewerten, ihre »schwächeren« Gefühle zurückzuhalten und andauernd eine besondere Behandlung zu verlangen. Der geübte, erfahrene Therapeut wird in der Lage sein, mit seiner eigenen Frustration fertig zu werden und der Misere des Patienten weiterhin verständnisvoll entgegenzutreten. Bei einer schweren Depression kann auch eine medikamentöse Behandlung nützlich sein.

# Risiken, prädisponierende Faktoren, Vorkommen und die Ich-Generation

An der Narzißtischen Persönlichkeitsstörung leidende Männer und Frauen zeigen oft außerdem Merkmale der Histrionischen, der Borderline- und der Antisozialen Persönlichkeitsstörung. Häufig sind Depression, Hypochondrie und die Beschäftigung mit der Gesundheit.

Die Störung scheint bei Männern und Frauen gleichermaßen vorzukommen. Die familiäre Häufung ist noch nicht bekannt, und Forscher haben keine Informationen über die genetischen und anlagebedingten Faktoren, die einen Menschen für diese Persönlichkeitsstörung anfällig machen. Psychoanalytiker haben beobachtet, daß einige Narzißtische Erwachsene in der Kindheit verwöhnt wurden: sie wurden sehr nachsichtig behandelt, so, als ob sie nichts falsch machen könnten. Andere wurden emotional oder physisch vernachlässigt oder mißhandelt und suchten in einem aufgeblähten Selbstwertgefühl einen psychologischen »Schutz«.

Kliniker berichten, daß die Narzißtische Persönlichkeitsstörung zunimmt, obwohl keine Untersuchungen durchgeführt wurden, die dies erhärten könnten. Der Sozialhistoriker Christopher Lasch sprach in seiner 1978 erschienenen Kulturgeschichte *The culture of Narcissm* die Überzeugung aus, daß die berichtete Zunahme der Narzißtischen Persönlichkeitsstörung mit dem starken Einfluß der Werte der »Ich-Generation« in unserer Gesellschaft zusammenhängt (die wir in diesem Buch mit dem Selbstbewußten Persönlichkeitsstil assoziieren). »Dem Grundsatz zufolge, daß Pathologie eine verstärkte Version der Normalität darstellt«, schreibt Lasch, »könnte der bei dieser Art von Persönlichkeitsstörungen anzutreffende ›pathologische Narzißmus‹, uns etwas über Narzißmus [den Stil] als soziales Phänomen sagen.«[5]

Lasch gab seiner populären Arbeit den Untertitel »Das Leben in Amerika in einem Zeitalter abnehmender Erwartungen.« Er glaubte, daß »der Narzißmus [ich! jetzt!] realistischerweise die beste Möglichkeit darzustellen scheint, die Spannungen und Ängste des modernen Lebens zu bewältigen. Die herrschenden gesellschaftlichen Umstände tendieren daher dazu, die in unterschiedlichem Ausmaß in jedem vorhandenen narzißtischen Züge zum Vorschein zu bringen. Diese

Umstände haben auch die Familie verändert, die wiederum die der Persönlichkeit zugrundeliegende Struktur formt.«[6]

Der bedeutende Psychoanalytiker Dr. Otto Kernberg meint zum Einfluß der Gesellschaft auf Persönlichkeitsstörungen: »Möglicherweise tauchen die schweren Formen der Persönlichkeitsstörungen [einschließlich des Narzißmus] in Zeiten schneller sozialer Veränderungen und des Zusammenbruchs traditioneller sozialer Strukturen auf, weil die kompensierenden Funktionen der gesellschaftlichen Struktur verlorengehen.«[7]

## *Der Umgang mit Narzißtischen Menschen*

Die manipulativen, fordernden und emotional geizigen Narzißten gehören zu den Menschen, mit denen der Umgang am schwierigsten ist. Bei leicht Narzißtischen Typen können einige der Ratschläge für den Umgang mit Selbstbewußten Menschen hilfreich sein. Weitere Anregungen finden sich in der folgenden Fallgeschichte, die zeigt, wie eine Familie mit der Narzißtischen Störung eines ihrer Mitglieder fertig wurde. Achten Sie beim Lesen darauf, daß Streß und Konflikte bei jedem die schlimmsten Verhaltensweisen auslösen, besonders aber bei einem Narzißten, der schon unter einigermaßen idealen Bedingungen Schwierigkeiten hat, mit Menschen zurechtzukommen. Da Sie wahrscheinlich Ihr Verhalten besser unter Kontrolle haben, kann es sein, daß es an *Ihnen* ist, einen Schritt von dem Konflikt mit dem gestörten Menschen zurückzutreten und Ihre Reaktionen zu verändern, um ein besseres Verhalten im anderen zu ermutigen.

**Das Schwiegermutter-Projekt:**
**Der Fall von Maryann, Mabel und Mike**

In jedem Leben gibt es nicht nur Sonnenschein, sondern auch ein wenig Regen, und die stete Wolke über Maryanns Leben war ihre Schwiegermutter. Von der ersten Begegnung an löste jede Interaktion mit Mikes Mutter bei Maryann Frustration und seelischen Schmerz aus. Vor zehn Jahren hatte Mike seine zukünftige Frau nach Atlanta gebracht, um sie seiner verwitweten Mutter Mabel vorzustellen. Mabel gab ihnen in einem Restaurant eine große Verlobungsparty und sagte Maryann, sie solle etwas Einfaches anziehen. Maryann zog ein helles Strandkleid aus dem Koffer. »Das wird nett aussehen, meine Liebe«, sagte Mabel.

Als Mike und Maryann im Restaurant erschienen, trug Mabel ein elegantes schwarzes Abendkleid. Maryann fühlte sich wie ein Bauerntrampel. »Du siehst großartig aus«, versuchte Mike sie zu beruhigen, »meine Mutter zieht eine ihrer üblichen Shows ab. Mach dir nichts draus.«

Auch in den folgenden Jahren, in denen Mabel Maryann demütigte, manipulierte oder sabotierte, resümierte dieser Satz Mikes Einstellung. Er wollte nicht über seine Mutter reden und so wenig wie möglich mit ihr zu tun haben, aber er wollte auch nicht mit ihr brechen, und deshalb fiel es Maryann zu, den Kontakt zu Mabel zu halten. Und egal wie stark Maryann sich auch fühlte, Mabel gelang es immer, sie fertigzumachen.

Maryann und Mike lebten in Memphis. Mabel rief von Atlanta aus mindestens viermal wöchentlich an. Sie sprach stundenlang, egal wie spät es war – um Mitternacht oder früh am Sonntagmorgen –, und war dabei nicht im geringsten verlegen. Wenn Maryann taktvoll andeutete, die Zeit sei unpassend, warf Mabel ihr vor, egoistisch und rücksichtslos zu sein. Sie fragte nie, wie es Maryann ging; sie redete nur von sich, und wie unglücklich sie über dies oder jenes war. Es klang immer, als wären ihre Nöte besonders und einmalig – niemand hatte je so gelitten wie sie.

Trotzdem versuchte Maryann stets zu helfen. »Ich werde den Namen eines guten Gastroenterologen in Atlanta für dich ausfindig machen«, sagte sie zum Beispiel, oder: »Warum versuchst du es nicht mit einer heißen Wärmflasche?« Ihre Angebote wurden verächtlich beiseitegeschoben. Einmal deutete Maryann an, daß Mabel vielleicht zuviel Zeit zur Verfügung hätte und glücklicher wäre, wenn sie ab und zu anderen helfen würde. Mabel wurde furchtbar wütend und schrie ins Telefon: »Wie kann ich erwarten, daß jemand wie du mich versteht? Schau dir an, was du mit meinem Sohn gemacht hast!«

Maryann erzählte dies Mike, der sagte, es sei der typische Unfug. Damit war das Thema für ihn beendet. Maryann dachte, daß er wahrscheinlich recht hätte, aber ein paar Wochen lang machte sie sich Sorgen, daß Mike in der Ehe vielleicht nicht so glücklich war wie es schien. Warum sollte seine Mutter sonst so etwas sagen?

Nachdem die Zwillinge geboren waren, verhielt Mabel sich eine Zeitlang akzeptabel. Sie kam und brachte Geschenke, teure, auffällige

Sachen, zum Beispiel ein fast lebensgroßes ausgestopftes Pony. Sie kam nun öfter zu ihnen, angeblich, um die Jungen zu sehen. Aber nachdem sie die Zwillinge mit ihren Geschenken beglückt hatte, wollte sie nie mit ihnen alleine sein oder sie wirklich kennenlernen. Wenn Mike und Maryann einmal allein abends ausgehen wollten, weigerte Mabel sich, die Verantwortung für die Kinder zu übernehmen. Maryann begann zu glauben, daß Mabel sie und die Zwillinge nicht mochte, und sagte dies Mike.

»Kapierst du es denn nie?« fuhr er seine Frau wütend an. »Es ist nicht, daß sie dich oder die Kinder nicht mag. Sie kann es nicht ertragen, keine Aufmerksamkeit zu bekommen.« Mike wollte nicht weiter darauf eingehen, und Maryann ließ das Thema fallen.

Maryann dankte dem Himmel oft, daß ihre eigene Mutter liebevoll und unkompliziert war; so hatten die Kinder wenigstens eine gesunde Beziehung zu einem Großelternteil. Maryann und ihre Mutter waren sich nähergekommen, nachdem Maryanns Vater vor paar Jahren gestorben war. Sie schätzte die reife Freundschaft und den vernünftigen Rat ihrer Mutter immer mehr.

Maryann war daher am Boden zerstört, als ihre Mutter sie anrief und sagte, sie hätte Lungenkrebs. Als Mabel später am Abend anrief, erzählte Maryann ihr die Neuigkeit und teilte ihre Fassungslosigkeit mit. »Hast du gehört«, unterbrach Mabel ihre Schwiegertochter, »daß Mikes alter Baseball-Trainer sich bei einem Autounfall den Hals gebrochen hat?«

Maryann gab es auf, während Mabel weiterplapperte. Sie hörte nichts. Sie war in einer Art Schock. »Lieber Gott«, betete sie, »verschone meine Mutter. Nimm statt dessen dieses Monster.« Nachher hatte sie wegen dieses Gedankens Schuldgefühle, aber sie begann Ausreden zu finden, nicht mit Mabel zu reden, wenn sie anrief. Mabel reagierte, indem sie vor dem Frühstück anrief, um halb vier, wenn die Zwillinge aus der Schule kamen, oder auch um ein Uhr nachts.

Dies ging mehr als einen Monat so. Maryann hatte das Gefühl, verrückt zu werden. Als sie einmal ihre eigene Mutter im Krankenhaus besuchte, brach es aus ihr heraus: »Wenn diese Frau sich nicht ändert, werde ich verrückt!«.

Ihre Mutter lag still da. Schließlich sagte sie: »Maryann, Schatz, ich glaube, du siehst das falsch. Ich glaube, daß diese Frau dich verrückt macht, wenn *du* dich nicht änderst.«

Ihre Mutter hatte recht. Mabel war der schwierigste, aber sicher nicht der einzige verwirrende Mensch in Maryanns Leben. Maryann mußte Abstand gewinnen und aufhören, ein solches Verhalten ernstzunehmen. Sie mußte lernen, was in diesen Menschen vorgeht, und herausfinden, wie sie dieses Wissen anwenden konnte.

Mabel verlangte, wie Mike betont hatte, ständige Aufmerksamkeit. Jetzt erklärte der Therapeut, den Maryann aufgesucht hatte, daß ihre Schwiegermutter an der Narzißtischen Persönlichkeitsstörung zu leiden schien – und daß Mabel aufgrund dieser Störung unfähig war, irgend jemandem außer sich selbst Aufmerksamkeit zu schenken. Sie setzte ihre gesamte Energie dazu ein, ihr aufgeblähtes Gefühl der eigenen Bedeutsamkeit zu speisen. Sie benutzte dazu auch andere Menschen, insbesondere Maryann.

Dadurch, daß Mabel dafür sorgte, daß Maryann sich für die Verlobungsparty wie ein »Bauerntrampel« anzog, konnte sie selbst sicher sein, der glitzernde Star zu bleiben. Wie ihr Verhalten gegenüber ihrer Schwiegertochter wiederholt bewiesen hatte, mußte Mabel sich einzigartig, beliebt und bewundert fühlen. Wenn sie kritisiert wurde, reagierte sie mit Wut – typisch für Menschen mit dieser Störung.

Mabels Überreaktionen waren der Schlüssel für die Qualität ihres Innenlebens. Kritik verletzte sie so sehr, weil sie sich tief innerlich wertlos, verletzlich und bedroht fühlte und auf andere schrecklich neidisch war. Sie mußte für ständige Aufmerksamkeit sorgen, weil ihr eigenes Selbstwertgefühl zu schwach war, um für sich zu bestehen, erklärte der Therapeut.

Mabels Verhalten hatte einen Grund – es erlaubte ihr, sich wie jemand Wichtiges zu fühlen, obwohl sie innerlich extrem unsicher war. Daß Maryann vom schmerzhaften Verhalten ihrer Schwiegermutter Abstand gewann, half ihr, es nicht mehr so persönlich zu nehmen. Mabel versuchte nicht so sehr, sie zu verletzen, als sich selbst zu schützen.

Das Herstellen einer emotionalen Distanz war Maryanns erster Schritt beim Erlernen eines möglichst schmerzfreien Umgangs mit ihrer Schwiegermutter. Schritt zwei bestand darin, aufzuhören, sie ändern zu wollen. Tatsächlich hatten Maryanns häufige Versuche, Mabel zu »helfen«, ihre schlimmsten Überreaktionen zur Folge gehabt – so, als Maryann unschuldig vorgeschlagen hatte, Mabel solle ihre Zeit und ihre Aufmerksamkeit anderen Menschen zuwenden, das heißt, den Scheinwerfer von sich selbst wegnehmen. Schritt drei war, Mabels Verhalten als vorhersagbar zu akzeptieren. Maryann wurde von ihrer Schwiegermutter immer verletzt, weil Mabels Verhalten durchgängig schlecht war. Warum nicht akzeptieren, daß Mabel unter keinen Umständen auf die Kinder aufpassen würde? Warum jedesmal, wenn sie sich weigerte, schockiert und verärgert sein? Maryann konnte auch entscheiden, ob sie ihre Verletzlichkeit wirklich zeigen wollte, nachdem sie einmal erkannt hatte, daß Mabel ihre Gefühle nie respektierte.

Schritt vier war, Mabel zu geben, was sie brauchte. Mabel brauchte soviel Aufmerksamkeit, weil sie sich innerlich schwach fühlte. Es gab viele Möglichkeiten, sie zufriedenzustellen und einen Kampf zu vermeiden. Maryann fand zum Beispiel heraus, daß sie Mabel am Telefon reden lassen konnte, ohne sich intensiv auf die Unterhaltung einzulassen. Sie konnte mit dem Telefonhörer am Ohr kochen oder häkeln und nur gelegentlich ein Oh! oder Ah! von sich geben, damit Mabel wußte, daß sie noch da war. Sie und Mike konnten Mabel schon bei der Ankunft sagen, wie gut sie aussah, damit sie nicht während des ganzen Aufenthalts auf Komplimente aus war.

Es bedeutete eine enorme Herausforderung für Maryann, nach zehn Jahren der Kränkungen zu lernen, mit Mabel zurechtzukommen. Am schwierigsten für Maryann war, auf Mabels Überreaktionen nicht überzureagieren. Maryann hatte ihren eigenen Persönlichkeitsstil, und aufgrund ihrer Anhänglichen Tendenzen war sie von Kritik und Mißbilligung leicht verletzt. Schritt fünf bestand für Maryann darin, ihr eigenes Persönlichkeitsmuster zu entwirren und zu erkennen, wie ihr Stil zu dem Problem beitrug.

Das Schwiegermutter-Projekt, wie Maryann es schließlich nannte, führte zu erfreulichen Ergebnissen. Maryann gab die Hoffnung auf, daß ihre Schwiegermutter sich ändern würde, und ließ sich von ihr nicht mehr verletzen. Die Spannung, die zwischen ihnen bestanden hatte, begann zurückzugehen. Sehr zu Maryanns und Mikes Erstaunen kam bei Mabel gelegentlich eine bessere Seite zum Vorschein, nachdem sie nicht mehr unter dem Druck stand, sich anständig zu benehmen. Sie schien zuweilen ruhiger, kooperativer, und neigte weniger zu Ausbrüchen und Angriffen. Sie versuchte sogar, uneigennützig zu sein. Ein paarmal erkundigte sie sich nach dem Gesundheitzustand von Maryanns Mutter und unterbrach oder änderte das Thema nicht. Maryann erkannte, wie schwierig es für Mabel war, auf Maryanns Liebe zu ihrer Mutter nicht neidisch zu sein. Sie beschloß, selbst das Thema zu wechseln, bevor Mabels Verhalten umschlug.

Und anstatt zu bedauern, daß sie über ein für sie so wichtiges Thema nicht ausführlicher sprechen konnte, war Maryann zufrieden, daß ihre Schwiegermutter ihr wenigstens kurzzeitig Aufmerksamkeit geschenkt hatte.

Das Projekt hatte noch ein paar andere unerwartete Verbesserungen zur Folge. In dem nun angenehmeren Umfeld ging Mike mehr auf seine Mutter ein – und auf seine Frau. Weil beide Bestätigung brauchten und auf Kritik empfindlich reagierten, war er emotional auf Tauchstation gegangen. Jetzt konnte er sich vorwagen, ohne Angst haben zu müssen, zu vielen Ansprüchen ausgesetzt zu sein.

KAPITEL 6

# Anhänglicher Stil

## »Der gute Kumpel«

Anhängliche Menschen *kümmern sich* um andere, und das macht ihr Leben lebenswert. Niemand wird liebevoller und besorgter um Sie sein, niemand sich mehr um Ihre Bedürfnisse und Gefühle oder die der Gruppe insgesamt kümmern. Im besten Fall sind die von diesem Stil geprägten Menschen loyale, umsichtige, stets hilfsbereite Mannschaftsgefährten – sei es innerhalb der Partnerschaft, der Familie, der Abteilung im Büro, der religiösen oder karitativen Organisation, der Armee oder am Fließband. Sie übernehmen die Bedürfnisse der Gruppe oder ihres Leiters, und die Ausführung der Anweisungen und Ziele anderer macht sie glücklich. Anhängliche Menschen sagen Ihnen »Ich bin glücklich, wenn du glücklich bist«, und sie meinen es so.

Der hilfsbereite, gebende Anhängliche Stil ist in unserer Gesellschaft recht häufig und kommt bei Männern und Frauen vor. Traditionell wurde er vor allem bei Frauen ermutigt und akzeptiert. Die »gute Ehefrau« wird gewöhnlich als zärtliche, Anhängliche Frau gesehen, die durch ihren Mann lebt und sich auf ihn verläßt; er trifft die weltlichen Entscheidungen für sie, während sie ein erfüllendes häusliches Leben für die Familie schafft. Da die Ansichten über die Rolle der Frau in der heutigen Gesellschaft im Wandel begriffen sind, stehen einige von diesem Persönlichkeitsstil geprägte Frauen seiner Manifestation möglicherweise mit gemischten Gefühlen gegenüber.

Aufgrund des heute auf Frauen ausgeübten gesellschaftlichen Drucks, innerhalb und außerhalb des Hauses aus dem Schatten anderer Menschen herauszutreten, glauben sie vielleicht, sie müßten sich für ihren Wunsch schämen, jemand anders glücklich zu machen. Während diese Frauen damit kämpfen, alle Seiten ihrer Persönlichkeit zu akzeptieren, genießen immer mehr Männer die Freiheit, ihre häuslichen, fürsorglichen, Anhänglichen Tendenzen zu leben. Wie wir in diesem Kapitel sehen werden, äußert der Anhängliche Persönlichkeitsstil sich bei Männern und Frauen auf vielerlei Weise, traditionell und anders.

## DIE SIEBEN CHARAKTERISTIKA

Die folgenden sieben Charakterzüge und Verhaltensweisen sind Hinweise auf das Vorhandensein des Anhänglichen Stils. Ein Mensch mit stark Anhänglicher Tendenz zeigt diese Verhaltensweisen intensiver als jemand, der weniger von diesem Stil geprägt ist.

1. *Bindung.* Vom Anhänglichen Persönlichkeitsstil geprägte Menschen haben sich völlig den Beziehungen in ihrem Leben verschrieben. Dauerhafte Beziehungen besitzen bei ihnen den höchsten Wert; sie respektieren die Institution »Ehe« genauso wie inoffizielle Bindungen und bemühen sich sehr, ihre Beziehungen zusammenzuhalten.
2. *Nähe.* Sie ziehen die Gesellschaft eines oder mehrerer Menschen dem Alleinsein vor.
3. *Teamarbeit.* Menschen mit diesem Persönlichkeitsstil möchten eher folgen als führen. Sie sind kooperativ und achten Autoritäten und Institutionen. Es fällt ihnen nicht schwer, sich auf andere zu verlassen und Anweisungen entgegenzunehmen.
4. *Unterwerfung.* Wenn sie Entscheidungen zu treffen haben, sind sie glücklich, die Meinung anderer herauszufinden und ihrem Rat zu folgen.
5. *Harmonie.* Anhängliche Menschen achten darauf, die guten Gefühle zwischen sich und den wichtigen Personen in ihrem Leben zu fördern. Um die Harmonie zu begünstigen, neigen sie dazu, höflich und taktvoll zu sein und nicht zu widersprechen.
6. *Rücksichtnahme.* Sie sind aufmerksam gegenüber anderen und gut darin, ihnen zu gefallen. Sie nehmen persönliche Unannehmlichkeiten auf sich, um den in ihrem Leben wichtigsten Menschen etwas Gutes zu tun.
7. *Besserungswilligkeit.* In Reaktion auf Kritik bemühen sie sich sehr, ihr Verhalten zu ändern.

## *Die sechs Bereiche des Anhänglichen Funktionierens*
## *Beziehungen: Meine Welt bist du*

Bei Anhänglichen Männern und Frauen dominiert der Bereich der Beziehungen. Andere Menschen sind der Sinn ihres Daseins, geben ihrem Leben ein Ziel und erfüllen ihre Träume. Ihre Bindungen verankern sie im Universum und geben ihnen ein Gefühl der Vollständigkeit.

Sie gehen leicht Beziehungen ein und machen es sich zur Aufgabe, den Hauptpersonen in ihrem Leben zu gefallen. Sie denken an Ihren Geburtstag. Sie bringen Ihnen eine warme Mahlzeit, wenn Sie krank sind. Sie denken an Sie, sie hören Ihnen zu; sie wissen, was in Ihrem Leben vorgeht. Sie sind begabte Gastgeber und achten darauf, daß die Gäste gut zusammenpassen, das Essen jedem schmeckt und die Unterhaltung nie erlahmt. Weil sie Ihnen gegenüber so aufmerksam sind, scheinen sie Ihre Bedürfnisse immer vorwegzunehmen. Das Telefon klingelt; es ist Ihre Anhängliche Freundin oder Schwester, die irgendwie weiß, daß Sie jemanden brauchen, mit dem Sie sprechen können. Es fühlt sich gut an, so umsichtige, ungeteilte Aufmerksamkeit zu genießen. Und wenn es Ihnen gut geht, geht es auch dem Anhänglichen Menschen gut. Er wird oft Unannehmlichkeiten oder Härten auf sich nehmen, damit die ihm Nahestehenden sie nicht ertragen müssen. Harriets Mann Sidney kommt spät zur Party, und am Buffet gibt es nichts mehr zu essen. Die Anhängliche Harriet bietet ihm ihren Teller an. Sidney hat Schuldgefühle, wenn er Harriets Essen annimmt – aber Harriet würde sich noch schlechter fühlen, wenn Sidney hungrig bliebe.

### Hüter der Flamme

Menschen, bei denen dieser Stil dominiert, werden einen größeren Anteil an der Arbeit und den Opfern leisten, die nötig sind, um eine Beziehung aufrechtzuerhalten – ohne die Leistungen gegeneinander aufzurechnen oder sich über das scheinbare Ungleichgewicht zu beklagen. Nehmen Sie Maggie. Sie und Lyle sind seit vierzehn Jahren verheiratet. Ihr Talent als Photographin von Stadtlandschaften begann anerkannt zu werden, bevor sie und Lyle sich trafen. Als sie ihn kennenlernte, studierte er Komposition an einem Konservatorium im Mittleren Westen der USA. Sie heirateten, als er sein Studium abschloß. Zu diesem Zeitpunkt war Maggie gerade dabei, sich einen Namen zu machen, während Lyles Kompositionen weder gehört noch anerkannt wurden. Um ein Einkommen zu haben, gab er Klavier- und Geigenunterricht. Aber Lyle war kein geduldiger Musiklehrer. Er sehnte sich danach, frei zu sein, um zu komponieren, weg von der Unruhe der Stadt und ihren Ausgaben und Verpflichtungen. Maggie ermutigte seinen Traum. Bald erfuhr Lyle von einem staatlichen Programm, das ihm bei minimalen Lehraufgaben an einer kleinen Privatschule auf einer Insel vor der Küste von Maine sehr viel Zeit zum Komponieren lassen würde. An dem Tag, an dem der Brief mit der Annahmebestätigung kam, tanzte Lyle mit seiner Maggie durchs Zimmer und weinte vor Freude. Als Maggie einem guten Freund erzählte, wo sie und Lyle hinziehen würden, war der Freund, ein Künstler, entsetzt. Wenn Maggie die Kunstszene jetzt aufgab, würde sie ihre endlich beginnende Anerkennung verlieren, betonte er. Ihr einzigartiger Blick auf die Stadt hatte ihr Aufmerksamkeit eingebracht – sie konnte nicht einfach alles aufgeben, wo die Leute gerade begannen, ihre Sicht zu verstehen.

Maggie widersprach ihrem Freund nicht. Sie wußte, daß das Opfer enorm war, und es hatte sie sehr viel heimlichen Schmerz gekostet (was sie Lyle nicht gesagt hatte). Aber sie würde hingehen, wo immer Lyle hingehen mußte. Er war ihr Mann. »Könnte er es hier nicht wenigstens noch ein paar Jahre aushalten, bis dein Ruf sich gefestigt hat?«, fragte der Freund. Maggie zuckte die Achseln. »Ich weiß es nicht«, sagte sie, »ich habe ihn nie gefragt.«

Das Programm als Schulkomponist endete nach einem Jahr. Weil Lyle auf der Insel so glücklich und produktiv war, beschlossen sie, dort zu bleiben. Er übernahm eine Lehrtätigkeit an der Schule, die ein paar Stunden von seiner Zeit beanspruchte. Die Bezahlung war natürlich gering. Deshalb besorgte Maggie sich einen Job als Reporterin und Photographin für die Wochenzeitung der Stadt. Sie übt diese Tätigkeit jetzt seit fast zehn Jahren aus und hat nur bei der Geburt ihrer beiden Kinder für jeweils drei Monate aufgehört. Deren Versorgung ist hauptsächlich ihre Sache, obwohl Lyle aushilft, wenn sie ihn darum bittet. Zweimal hat Maggie ihre Photos vom Inselleben in der kleinen Kunstgalerie ausgestellt, die im Sommer für die Touristen öffnet. Ihre Arbeit ist gut, aber in der Welt der Kunst ist sie keine ernsthafte Konkurrentin mehr. Es ist schwer zu erfahren, ob sie in ihren geheimsten Augenblicken bedauert, diesen Weg nicht eingeschlagen zu haben. Sie spricht nicht viel über sich selbst. Ihre Briefe an ihre alten Freunde sind voll von »Lyle-dies« und »die-Kinder-das«. Lyle ist fraglos der Mittelpunkt ihres Universums. Er wird vielleicht nie als Komponist Anerkennung finden. Aber Maggie glaubt an ihn. Egal was ihre alten Freunde von seinem Einfluß auf sie halten – sie will nichts anderes, als ihr Eheleben um ihn herum organisieren.

## Das Gleichgewicht der Kräfte

Lyle ist keinesfalls ein Unmensch. Er liebt seine Frau sehr und hat ihr einen Großteil seiner Musik gewidmet. Oft hält er inne und dankt dem Himmel, daß er ihm eine solche Frau geschenkt hat. Er fragt Maggie bei allem um Rat, und wenn sie je sagen würde »Nein, da mache ich nicht mit«, würde er sich sein Vorgehen noch einmal überlegen. Bei Anhänglichen Typen besteht jedoch die Gefahr, daß sie sich mit tyrannischen Partnern zusammentun, die über alles die Kontrolle haben wollen. Denn wie Maggie übernehmen sie in Beziehungen automatisch die weniger dominante, passivere, fürsorglichere Rolle. Die großen Entscheidungen im Leben überlassen sie am liebsten dem Urteil der für sie zentralen Person. Ihre Beziehungen sind daher frei von Machtkämpfen. Vertrauen steht an erster Stelle, wer in der Familie das Sagen hat, ist klar, und so reduziert die Entscheidungsfindung sich oft auf »Was immer du willst, Liebling«. Dies funktioniert, solange der Anhängliche Mensch nicht seine ureigensten Interessen aufgibt und der Partner Verantwortungsbewußtsein zeigt, keine größeren Probleme mit seiner Persönlichkeit hat und den anderen nicht ausnutzt.

## Ein Mann für Carolyn

Frauen in der Rolle des passiveren, weniger mächtigen, Anhänglichen Partners sind uns durchaus vertraut, aber auch Paare, in denen der Anhängliche Partner der Mann ist, können mit diesem unausgewogenen Machtgleichgewicht gut funktionieren. Frauen mit einer sehr starken Persönlichkeit – wie etwa Carolyn, die leitende Angestellte, der wir in Kapitel 1 begegnet sind – können durch die Verbindung mit einem Anhänglichen Mann tatsächlich viel gewinnen.

Ungeachtet mancher Rückschläge hatte Carolyn in der Welt der

Arbeit immer viel Erfolg gehabt. Nicht jedoch in ihrem Privatleben. Dies lag zum Teil daran, daß sie sich aufgrund ihres Gewissenhaften Persönlichkeitsstils hauptsächlich auf die Arbeit konzentrierte; aber auch daran, daß sie sich immer von sehr erfolgreichen, mächtigen Männern angezogen fühlte. Die Beziehung artete dann oft zu einem Konkurrenzkampf nach dem Motto »Wer hat hier das Sagen« aus, in dem es keinen Gewinner gab. In friedlicheren Beziehungen arbeitete Carolyn häufig bis zur Erschöpfung, denn außer ihren geschäftlichen Verantwortlichkeiten übernahm sie die traditionelle Frauenrolle, plante die Mahlzeiten und die sozialen Aktivitäten und hielt das Haus in Schuß. Carolyn brauchte jemanden, dem *ihre* Bedürfnisse wichtig waren. »Herzlich wenig Aussicht«, dachte sie oft.

Seit wir Carolyn auf diesen Seiten das letzte Mal begegnet sind, hat sie bei einer Import-Export-Firma angefangen. Sie hat sich inzwischen zur Chefin hochgearbeitet und, sehr zur Überraschung ihrer Familie und ihrer Freunde, im Alter von vierundvierzig Jahren den Anhänglichen Jerry geheiratet. Jeder wußte, daß sie irgendwann einmal die Vorsitzende von irgend etwas sein würde, aber niemand (und am allerwenigsten Carolyn selbst) hätte je gedacht, daß sie heiraten würde. Sie lernte Jerry in einem Wintersportort kennen. Sie hatten eine Affäre, die eine Woche dauerte. Er erwies sich als sehr aufmerksamer Liebhaber und Begleiter, der alles tat, um sie glücklich zu machen. Jerry, obwohl gutaussehend und sympathisch, war jedoch nicht direkt Carolyns Typ. Er verdiente einen bescheidenen Lebensunterhalt als Computerberater, aber Kochen, Zimmerei und Sport waren ihm wichtiger als Geld zu verdienen und Macht zu gewinnen. Carolyn nahm an, sie würde ihn nie wiedersehen, als ihr kurzer Urlaub zu Ende ging.

Sehr zu ihrem Unbehagen suchte Jerry jedoch weiterhin Anschluß. Sie akzeptierte schließlich eine Verabredung und dachte, sie würde ihn an diesem Abend los. Aber er gab ihr die beste Rückenmassage, die sie je bekommen hatte, und der Sex mit ihm war unglaublich. Sie traf sich weiter mit ihm und gewöhnte sich an seine herzliche, entspannende, aufmerksame, nichts fordernde Gegenwart, aber es war ihr peinlich, ihren Freunden oder ihrer Familie von ihm zu erzählen. Sie hatte Angst, sie würden sagen, sie hatte »die Hosen an«, weil sie in der Beziehung die Führung übernommen hatte, die meisten Entscheidungen traf und für fast alles bezahlte. Jerry kümmerte sich um die Details: er brachte das Auto zur Inspektion, kochte die

Mahlzeiten, stockte das Haus auf und überwachte die Haushaltsführung.

Aber sie war so glücklich, wie sie es noch nie zuvor in einer Beziehung gewesen war. Sie ging zu der Therapeutin zurück, die sie in den vergangenen Jahren von Zeit zu Zeit konsultiert hatte, und hoffte, sie würde sie von diesem »unpassenden« Partner abbringen. Statt dessen half die Therapeutin Carolyn, ihr neuentdecktes, wohlverdientes Glück zu akzeptieren.

Trotzdem kostete es sie viel Unruhe, bevor sie akzeptierte, Jerry zu heiraten. Die Affäre mit einem dynamischen Banker war Carolyns letzter Versuch, Jerry zu entkommen. Sie stritten sich, im Bett war's nicht so toll, und niemand wartete mit dem Abendessen, wenn sie von der Arbeit nach Hause kam. Sie vermißte Jerry – den ihre Untreue völlig aus der Fassung gebracht hatte – und erkannte, daß sie ihn nicht verlieren wollte.

Jerry war unendlich erleichtert. Er ist selig, daß er diese aktive, aufregende, wichtige, mächtige Frau glücklich machen kann. Er weiß, daß er und Carolyn eine gute Ehe führen – eine bessere als viele andere Paare. Er hofft, daß sie es auch so sieht, aber er macht sich auch Sorgen, daß Carolyn früher oder später von irgendeinem »Super-Typen« von ihm weggelockt wird. Er kann sich nicht vorstellen, das Interesse an ihr zu verlieren, obwohl Carolyn elf Jahre älter ist als er.

## Idealisierung

Anhängliche Männer und Frauen werden ihrer Partner selten überdrüssig. Sie idealisieren sie und stellen sie (wie die meisten anderen Menschen in ihrem Leben) auf ein Podest. Und sie sorgen dafür, daß sie dort bleiben. Sie wollen es so; ihr eigener Platz in der Welt wird auf diese Weise sicher und angenehm. Sie beziehen den Partner gern in alle Aspekte ihres Lebens ein, und sie fragen ihn bei allem möglichen um seine Meinung: »Wie gefällt dir dieses Kleid?« – »Meinst du, ich sollte die Aktien abstoßen und Wertpapiere kaufen?« – »Ich muß neue Tapeten für ein Zimmer aussuchen. Kannst du kommen und mir sagen, was du davon hältst?«

Oft ist diese Anhängliche Idealisierung des Partners subtiler, besonders bei Menschen, die gemischtere Persönlichkeitsmuster haben als Jerry oder Maggie. Alan zum Beispiel hat eine kleine Lastwagenfirma. Im Geschäft ist er gewohnt, Entscheidungen zu treffen und Verantwortung für andere zu übernehmen. Aber zu Hause zeigt er mehr seine Anhänglichen Züge. Bei vielen die Familie betreffenden Fragen stimmt er seiner Frau Joan zu, und er geht sogar mit zur Kirche. Er hat keinen besonderen Glauben und würde lieber Golf spielen, aber es käme ihm nicht in den Sinn, Joan bei dieser oder einer anderen für sie wichtigen Angelegenheit zu widersprechen.

**Streß!**

Schwierigkeiten in einer Beziehung erzeugen bei Anhänglichen Menschen enormen Streß; nur ein völliger Bruch ist noch schlimmer. Männer und Frauen mit diesem Persönlichkeitsstil nehmen Kritik sehr ernst und fühlen sich für Dinge, die in der Beziehung schiefgehen, persönlich verantwortlich. Sie verwenden mehr Energie als andere Leute darauf, sich über die kurz- oder langfristige Treue ihrer Partner Sorgen zu machen. Und wenn sie sich welche machen, brauchen sie extrem viel Bestätigung. Sie bewältigen den mit den Sorgen verbundenen Streß, indem sie es auf sich nehmen, die Dinge besser zu machen: sie versuchen, zu gefallen. Unglücklicherweise verschlimmert dies oft ihre Probleme, denn die Partner von allzu Anhänglichen Menschen ärgern sich vielleicht sowieso schon über deren Unterwürfigkeit und Initiativlosigkeit. Sie möchten, daß ihr Anhänglicher Partner Stärke zeigt. Aber wenn Anhängliche Menschen sich bedroht fühlen, werden sie noch extremer. Auf eine Frage wie »Wo möchtest du essen?« kann der gestreßte Anhängliche Partner möglicherweise nur sagen: »Wo du willst, mir ist alles recht.«

Das Ende einer Beziehung durch Zerrüttung oder Tod fühlt sich für den Anhänglichen Menschen wie das Ende der Welt an. Alleine geht es ihnen einfach nicht gut. Wie sehr jemand von diesem Stil geprägt ist, zeigt sich unter Umständen erst dann, wenn ein solch schreckliches Ereignis eintritt. Die Partner von Anhänglichen Menschen sind oft froh, in der Familie die Verantwortung zu haben. Wenn dann der Partner nicht mehr da ist, entdeckt der bislang übermäßig beschützte Anhängliche Mensch vielleicht zum ersten Mal, daß er nicht darauf vorbereitet ist, Entscheidungen zu treffen und die für ein eigenständiges Leben erforderliche Perspektive zu entwickeln.

Anhängliche Männer und Frauen bewältigen Verlust, indem sie die Lücke so bald wie möglich füllen. Einige gehen eher von Beziehung zu Beziehung, als auch nur ein paar Monate lang mit sich selbst allein zu sein. Die Tendenz, sich sofort wieder zu binden, ist ein starker Hinweis auf das Vorhandensein des Anhänglichen Stils. Aber es ist auch anerkennenswert, daß sie in der Lage sind, neue Beziehungen aufzubauen. Wachsame oder Sensible Menschen bewältigen Verlustschmerz, indem sie Gelegenheiten, wieder zu lieben, aus dem Wege gehen.

## Anhängliche Eltern

Es gibt kaum fürsorglichere Eltern, besonders wenn die Kinder sehr klein sind. Anhängliche Menschen sind für die Bedürfnisse und Gefühle ihrer Kinder sehr sensibel, und sie kümmern sich um sie, ohne sich unbehaglich zu fühlen oder zu klagen. Tatsächlich sind sie so gut darin, die Bedürfnisse ihrer Sprößlinge zu verstehen und zu erfüllen, daß sie aufpassen müssen, sie nicht zu sehr zu behüten und die Abhängigkeit aufrechtzuerhalten, wenn die Kinder Schritte in Richtung Selbständigkeit unternehmen. Wichtig ist, daß sie ihren Kindern helfen, die positiven Seiten der Unabhängigkeit zu testen und zu schätzen. Alleinerziehende Anhängliche Mütter oder Väter haben möglicherweise Probleme, wichtige Entscheidungen für sich und die Kinder zu treffen. Im großen und ganzen jedoch sind gemäßigt Anhängliche Eltern glücklich, ihren Kindern etwas geben zu können, und man erinnert sich ihrer mit großer Liebe.

## Gute/schlechte Gespanne

Anhängliche Männer und Frauen sind nicht wählerisch und können an praktisch jedem Persönlichkeitsstil Gefallen finden. Sie verstehen es, die Bedürfnisse anderer zu entdecken und zu erfüllen. Aber nicht alle Ehen werden im Himmel geschlossen. Da Anhängliche Menschen in unterschiedlichem Ausmaß gern gefällig sind und dem anderen die Verantwortung überlassen, sollten sie sich vor Partnern mit einer Sadistischen oder Antisozialen Persönlichkeitsstörung hüten, die sie ausnutzen und verletzen können.

Am besten paßt zu ihnen vielleicht der Gewissenhafte Typ, der gerne die Kontrolle übernimmt und das Richtige tut; diese Verbindung funktionierte bei Carolyn und Jerry sehr gut. Jemand mit einem gemäßigt Wachsamen Stil wird ebenfalls gerne die Herrschaft übernehmen und die Achtung eines Anhänglichen Menschen schätzen;

Wachsame Menschen verlangen als erstes große Loyalitätsbezeigungen, was Anhänglichen Typen keine Probleme bereitet. Aggressiv-Anhängliche Gespanne sind häufig und funktionieren gut, solange kein Stil extrem ist und der Aggressive Partner die Willfährigkeit des Anhänglichen Partners nicht ausnutzt.

Selbstbewußte Typen sind glücklich, die Du-kommst-zuerst-Aufmerksamkeiten eines Anhänglichen Partners entgegenzunehmen. Für sehr Anhängliche Menschen kann die Verbindung jedoch problematisch sein, weil der Selbstbewußte Partner nicht die Bestätigung gibt, die der Anhängliche Partner braucht. Ein Abenteuerlicher Typ kann von einem Anhänglichen Menschen angezogen sein, aber Abenteurer neigen zum Streunen, was für den Anhänglichen Partner zu stressig ist. Lässige Männer und Frauen übernehmen genauso ungern Verantwortung wie Anhängliche, was zu einer instabilen Beziehung führt. Dramatische Menschen brauchen selbst zu viel Bestätigung, um die notwendige emotionale Sicherheit zu geben, die der Anhängliche Stil verlangt; der Sensible Stil ist dem Anhänglichen noch ähnlicher und kann ihm nicht die Stärke bieten, an die er sich gerne anlehnen würde. Sprunghafte Menschen haben zwar viele Bedürfnisse, die der Anhängliche Partner erfüllen könnte, sind aber zu unbeständig.

Da Anhängliche Menschen sich gern auf andere stützen, dürften theoretisch Verbindungen von zwei Anhänglichen Menschen kaum funktionieren; in der Realität sind sie jedoch recht häufig. Wenn kein Partner überwiegend Anhänglich ist, verläßt jeder sich in anderen Bereichen auf das Ehegespons; so kann etwa der eine fürs Zuhause und der andere für die Außenwelt die Verantwortung übernehmen. Oder das Persönlichkeitsprofil des einen Partners ist auch in einem entschlußkräftigen, durchsetzungsfähigen Stil stark.

## *Gefühle, Selbstbeherrschung und reale Welt: Ein treuer Mensch*

Da Anhängliche Menschen Zufriedenheit durch Bindung finden, besitzen sie unter Umständen ein schwaches Selbstwertgefühl. Sie erscheinen nicht unbedingt unsicher oder zerbrechlich; viele Menschen mit gemäßigt Anhänglichen Zügen führen ein aktives, produktives Leben, solange sie sich in einer erfolgreichen, fürsorglichen, von gegenseitigem Respekt gekennzeichneten Beziehung befinden. Ist der

Stil jedoch stark ausgeprägt, haben die Betreffenden oft das Gefühl, den Ansprüchen des idealisierten Partners nicht zu genügen. Sie zögern, ihre Meinung zu äußern, und wenn der Stil extrem wird, verändern sie sie, um anderen zu gefallen, und übernehmen die Ansicht des Partners. Wenn sie keine Beziehung haben, glauben sie, daß mit ihnen etwas nicht stimmt. In ihrer Vorstellung sind sie und der Partner oft eins. Die Anhängliche Frau, die sagt: »Wir glauben nicht, daß wir zur Tagung der Spielwarenhersteller gehen«, meint damit, daß ihr Mann, der immer alleine teilnimmt, dieses Jahr seinen Besuch unterläßt. Die Anhängliche Frau eines Tierarztes, die als seine Telefonistin arbeitet, verwirrte einen Anrufer, der nach ihrem Mann fragte, mit dem Satz: »Wir sind beim Operieren.«

Emotional können Menschen mit diesem Persönlichkeitsstil beständig und offen sein, wenn sie in festen Händen sind. Haben sie keine oder eine schwierige Beziehung, werden sie leicht depressiv; ängstlich und besorgt.

Sie können Liebe äußern und annehmen – das ist ihre Begabung. Aber es fällt ihnen schwer, starke negative Gefühle zu zeigen, wenn sie dadurch mit Menschen, die ihnen wichtig sind, einen Konflikt heraufbeschwören. Wenn sie wütend sind, grübeln sie eher vor sich hin und grollen, als ihre Wut direkt zu äußern.

Selbstbeherrschung ist für sie im allgemeinen kein Problem, zumindest dann nicht, wenn ihre Beziehungen gut laufen. Wenn sie sich um eine Beziehung sorgen, brauchen sie sehr viel emotionale Bestätigung, und nach einem Verlust suchen sie eventuell einen symbolischen Ersatz, etwa Nahrung. Sobald sie eine neue »Nummer eins« finden, kommen sie davon wieder ab.

In der realen Welt Anhänglicher Menschen nehmen andere großen Raum ein. Es ist eine Welt, in der sie sich – ohne es vielleicht selbst ganz zu wissen – wie Kinder ein bißchen klein und bedürftig fühlen können und im Vergleich zu den idealisierten, scheinbar wichtigeren anderen weniger Last zu tragen brauchen.

## *Arbeit: Im Dienst der anderen*

Anhängliche Männer und Frauen arbeiten gut und tüchtig und tun alles, was verlangt wird, um dem Chef zu gefallen. Sie haben keine Probleme damit, Anweisungen entgegenzunehmen, sie sind kooperativ und haben kein großes Bedürfnis, der Arbeit ihren Stempel aufzudrücken oder an Ehre und Ruhm teilzuhaben. Sie brauchen es jedoch, geschätzt zu werden. Sie arbeiten gut mit Gewissenhaften Chefs zusammen, die gern die direkte Kontrolle über die Arbeit ihrer Angestellten haben. Selbstbewußte Chefs schätzen zwar die loyale, nicht konkurrierende Art Anhänglicher Mitarbeiter, erwarten aber, daß ihre Untergebenen mehr Initiative und Unabhängigkeit zeigen, als für diesen Persönlichkeitsstil charakteristisch ist.

Menschen, in deren Persönlichkeitsprofil der Anhängliche Stil dominiert, sind im allgemeinen zufrieden, die »Überholspur« zu vermeiden: sie konkurrieren nicht gerne und sind nicht erpicht darauf, Entscheidungen zu treffen. Aber weil sie oft so kooperativ und kompetent darin sind, das zu tun, was von ihnen verlangt wird, werden sie zuweilen in Positionen befördert, in denen Entscheidungen auf nicht-Anhängliche, kreative Art getroffen werden müssen. Unglücklicherweise sind sie bei diesen Tätigkeiten auf Management-Ebene oft überfordert.

**Management-Stil**

Ein vom Anhänglichen Stil beherrschter Mensch vermeidet es im allgemeinen, in Management-Positionen aufzurücken. Da dieser Stil in gemischten Persönlichkeitsmustern jedoch häufig vorkommt, besitzen viele Männer und Frauen in Führungspositionen Anhängliche Züge. Solche gemäßigt Anhänglichen Manager sind gegenüber der Belegschaft sensibel, freundlich, ermutigend und fürsorglich. Oft nehmen sie Mühen und Unannehmlichkeiten auf sich, um die Arbeitssituation angenehm und lohnend zu machen. Für eine gut getane Arbeit äußern sie bereitwillig ihren Dank. Es kann sein, daß sie sich bei großen Entscheidungen auf die wichtigsten Mitglieder der Belegschaft verlassen. Aber sie machen sich oft zuviele Gedanken darüber, was die Untergebenen von ihnen denken, und können daher bei einem Konflikt ihre Autorität nur schwer behaupten. Hier kann ein Selbstsicherheitstraining nützlich sein.

**Karrieren für den Anhänglichen Typ**

Vom Anhänglichen Persönlichkeitsstil geprägte Männer und Frauen gedeihen in Tätigkeiten oder Karrieren, in denen sie direkte Anweisungen entgegennehmen und/oder die Bedürfnisse anderer erfüllen – von Sekretariatsarbeit über eine sichere Position im Familienunternehmen zu Fließbandarbeit oder dem mittleren Management in der Firma. Karrieren in dienenden Berufen, etwa Krankenpflege, Arbeit mit Kindern oder Sozialarbeit, sind diesem Persönlichkeitsstil natürlich. Ein Zug Anhänglicher Stil in einem ausgewogenen Persönlichkeitsprofil kann für Psychotherapeuten nützlich sein. Im Dienstleistungsbereich, in dem Menschen, die so viel von sich anderen geben können, immer gebraucht werden, sind Anhängliche Mitarbeiter ein Geschenk des Himmels. Wenn dies Ihr dominierender Stil ist, sollten Sie Tätigkeiten meiden, bei denen Sie nicht mit anderen Menschen zu tun haben oder bei denen Sie die meiste Zeit Entscheidungen treffen, durchsetzen oder verantworten müssen.

## TIPS ZUM UMGANG MIT DEM ANHÄNGLICHEN MENSCHEN IN IHREM LEBEN

1. Der Anhängliche Mensch in Ihrem Leben hilft und gefällt gerne. Kämpfen Sie nicht dagegen an, und fühlen Sie sich nicht schuldig, seine Gaben anzunehmen. Genießen Sie es.
2. Halten Sie die Aufmerksamkeiten dieses Menschen nicht für selbstverständlich. Der Anhängliche Mensch in Ihrem Leben kann so gut darin sein, Ihre Wünsche vorwegzunehmen und Sie an die erste Stelle zu setzen, daß Sie vielleicht nicht erkennen, daß er unerfüllte, nicht geäußerte Bedürfnisse und Sehnsüchte hat. Anhängliche Typen scheinen oft selbstbewußter und sicherer, als sie in Wirklichkeit sind. Es kann sein, daß sie nicht fragen, wenn sie etwas von Ihnen wollen; möglicherweise erwarten sie, daß Sie ihre Wünsche so vorwegnehmen wie sie Ihre. Ihr wichtigstes Bedürfnis ist emotionale Sicherheit. Anhängliche Menschen sind extrem sensibel für Ihre Gefühle für sie; zeigen Sie Ihre Liebe und Ihre Wertschätzung oft und ehrlich. Wenn der Anhängliche Mensch in Ihrem Leben Ihr Angestellter ist, äußern Sie Ihre Anerkennung für seine gute Arbeit, halten Sie inne und überlegen Sie, ob Sie diesem Menschen eine Gehaltserhöhung schulden. Anhänglichen Typen widerstrebt es, um eine zu bitten oder Sie daran zu erinnern, daß es an der Zeit wäre. Sie nehmen an, daß Sie sie ihnen geben, wenn sie sie verdient haben.

3. Denken Sie daran, daß Kritik oder ein Wutanfall bei einem Anhänglichen Menschen wahrscheinlich Selbstzweifel und Selbstbeschuldigungen auslöst – keine besonders konstruktiven Reaktionen. Geben Sie ihm soviel emotionale Sicherheit, wie Sie können, wenn Sie mit ihm einen Konflikt lösen oder unangenehme persönliche Dinge bewältigen müssen. Widerstehen Sie der Versuchung, ihm zu erlauben, die Verantwortung für das zu übernehmen, was zwischen ihnen beiden schief läuft, was er wahrscheinlich bereitwillig anbieten wird. Geben Sie ihm aber auch nicht soviel emotionale Sicherheit, daß Sie vergessen, eine Lösung für Ihren Konflikt zu finden.
4. Nehmen Sie das, was dieser Mensch sagt, mit Vorbehalt. Je anhänglicher ein Mensch ist, desto mehr wird er die Ansicht äußern, die Sie seiner Meinung nach hören wollen. Darunter hat er vielleicht ganz andere Vorstellungen. Wenn Sie sagen: »Was hältst du davon, wollen wir zur Abwechslung nicht mal Campingurlaub machen?«, wird Ihre Partnerin, die die Begeisterung in Ihrer Stimme hört, unter Umständen »Ja, gern« sagen. In Wirklichkeit hätte sie vielleicht lieber eine Kreuzfahrt gemacht. Wenn Sie nicht sicher sind, daß die geäußerte Meinung aufrichtig ist, finden Sie sich möglicherweise mit einer eher unlustigen Gefährtin irgendwo in der Wildnis wieder.

## MACHEN SIE DAS BESTE AUS IHREM ANHÄNGLICHEN STIL

Sie wissen, wie man liebt und gibt. Sie kennen die Bedürfnisse und Gefühle anderer genau. Richten Sie jetzt Ihre Aufmerksamkeit auf sich selbst und sehen Sie, was Sie für sich tun können: lassen Sie andere wissen, wer Sie sind und was sie für Sie tun können.

Sie sind diplomatisch und fördern gern die Harmonie. Um dies zu bewerkstelligen, neigen Sie unter Umständen dazu, den für Sie wichtigen Menschen zuzustimmen und Ihre Meinung zu unterdrücken. Dadurch laufen Sie Gefahr, für die Menschen, an deren Meinung Ihnen am meisten liegt, weniger interessant zu werden.

**Übung 1**
Sagen Sie immer, wenn jemand Sie um Ihre Meinung fragt, was Sie wirklich denken. Wenn Ihre Partnerin Sie zum Beispiel fragt, was Sie

heute abend machen möchten, antworten Sie nicht: »Ich weiß nicht. Ich bin einverstanden mit dem, was du willst.« Denken Sie statt dessen über eine Antwort nach. Wenn Sie keine parat haben, sagen Sie: »Ich weiß es noch nicht, aber ich werde darüber nachdenken.«

Aufgrund Ihres Anhänglichen Persönlichkeitsstils fällt es Ihnen möglicherweise schwer, außer Ihrer Meinung auch Ihren Ärger zu äußern, weil sie fürchten, das Beziehungsboot zum Kentern zu bringen. Wenn Sie jedoch versuchen, Ihre Wut zu unterdrücken, kann dies dazu führen, daß Sie sie auf Umwegen äußern, etwa durch Schmollen, indem Sie Kopfschmerzen bekommen oder nicht mehr kooperieren. Auf diese Weise geäußerte Wut neigt dazu, eine Beziehung zu zerstören.

**Übung 2**
Machen Sie Ihrem Ärger Luft. Äußern Sie Ihre Wut direkt. Sagen Sie den anderen, worüber und weshalb Sie wütend sind, anstatt der Wut zu erlauben, Ihr Verhalten zu verzerren. Wenn Sie das nicht schaffen, beginnen Sie damit, eine Liste all der Dinge zu machen, die sie ärgern. Stellen Sie sich vor, der Mensch, auf den Sie wütend sind, wäre mit Ihnen im Zimmer, und Sie würden ihm sagen, was Sie ärgert.

Anhängliche Menschen wie Sie stützen sich gern auf andere und lassen sie die Entscheidungen für sich treffen. Wie bei Alexander A., dessen Geschichte im Anschluß folgt, kann dies jetzt oder später zu Unzufriedenheit mit den Ergebnissen dieser Entscheidungen führen. Das Treffen von Entscheidungen ist eine wichtige Überlebensfähigkeit; sie vermeidet, daß Sie hilflos und abhängig werden, wenn Sie den oder die Menschen verlieren, auf den/die Sie sich am meisten verlassen.

**Übung 3**
Üben Sie, Entscheidungen zu treffen. Halten Sie jedesmal inne, wenn Sie die Meinung oder den Rat von jemand anders herausfinden möchten, um eine Entscheidung zu treffen, und überlegen Sie, ob Sie sich selbst darüber klar werden bzw. die Antwort finden können. Wenn Entscheidungen ein großes Problem für Sie sind, konzentrieren Sie sich zunächst auf kleine Dinge (zum Beispiel was Sie heute anziehen, welchen Film Sie sehen möchten oder in welches Restaurant Sie gehen wollen); wenn Sie darin besser geworden sind, können Sie beginnen, mit den wichtigeren Entscheidungen zu üben (etwa ob Sie sich eine

neue Arbeit suchen sollen oder nicht). Auch Gewissenhafte Menschen haben oft Probleme mit Entscheidungen; die Übungen 2 und 3 in Kapitel 4 (S. 84f.) können daher nicht schaden. Achten Sie auch darauf, wie Alexander A. seine Abneigung gegen Entscheidungen überwand. Und da wir schon dabei sind, Übungen von anderen Persönlichkeitsstilen zu entleihen – versuchen Sie Übung 6 für den Sensiblen Stil: Gewinnen Sie jedesmal, wenn jemand Sie kritisiert, Abstand von sich selbst, und beobachten Sie, wie Sie (über)reagieren (S. 217).

**Übung 4**
Ihre völlige Hingabe an Ihre Familie oder Ihren Partner ist bewundernswert. Achten Sie jedoch darauf, daß Sie nicht all Ihre anderen Interessen aufgeben.

Entwickeln oder reaktivieren Sie Ihre eigenen Aktivitäten. Gehen Sie einmal in der Woche zum Bowling, schließen Sie sich einer Bürgerinitiative oder der örtlichen Feuerwehr an, arbeiten Sie freiwillig in der Altenbetreuung, schreiben Sie sich zu einem Kurs ein – alles, was Sie gern tun möchten. Um ausgeglichen zu bleiben und eine zu starke Abhängigkeit von Ihrem Partner zu vermeiden, brauchen Sie andere Beziehungen zur Welt.

Denken Sie daran, daß die meisten Menschen nicht mehr das Netzwerk der Großfamilie haben, in das sie zurückfallen können, wenn sie alt oder mit Einsamkeit konfrontiert werden. Je besser Sie hier und jetzt – und ganz egal wie alt Sie sind – lernen, für sich selbst zu sorgen, desto mehr unabhängige Würde werden Sie im späteren Leben haben.

**Übung 5**
Entwickeln Sie die Lebensfertigkeiten, die Ihnen fehlen. Lernen Sie zum Beispiel, Bankdinge zu regeln und Rechnungen zu bezahlen, oder Lebensmittel einzukaufen und eine Mahlzeit zuzubereiten; finden Sie heraus, wie man ein Auto kauft, Versicherungsleistungen einfordert, eine Reise bucht oder eine Einladung zum Abendessen plant, falls Ihr Partner/Ihre Partnerin diese Dinge für Sie erledigt. All diese Verantwortlichkeiten können Ihnen früher oder später zufallen, wenn Ihr Partner stirbt oder krank wird. Das Leben wird dann leichter weitergehen, wenn Sie wissen, was zu tun ist.

**Übung 6**
Wenn Sie gewohnt sind, sich blind in eine neue Beziehung zu stürzen,

sobald eine andere zu Ende gegangen ist, versuchen Sie, dem zu widerstehen, egal wie stark Sie von der/dem Betreffenden angezogen sind. Gehen Sie die Sache langsam an. Erleben Sie sich selbst als einen fähigen, unabhängigen Menschen. Versuchen Sie die Übungen 2 bis 9 für den Sensiblen Stil, um Ihre Angst zu überwinden (S. 216–218).

## »Ist das alles?«
### Der Fall von Alexander A.

Alexander A. (dem wir schon in Kapitel 1 begegnet sind) steckt mitten in der Midlife-crisis. Sein Persönlichkeitsportrait zeigt eine Mischung von hauptsächlich Anhänglichen, Gewissenhaften und Lässigen Einflüssen; achten Sie besonders darauf, wie seine Anhänglichen Tendenzen zu seinem gegenwärtigen Dilemma beigetragen haben.

Es begann alles kurz nach seinem neununddreißigsten Geburtstag. Alexander A., Betriebswirt und amtlich zugelassener Wirtschaftsprüfer, wurde wach und fragte sich: »Ist das alles?«

Er lag im Bett, und auf ihm lastete ein undefinierbares Etwas. Er stand auf und betrachtete beim Rasieren prüfend sein Gesicht im Spiegel. Ihm gefiel, was er sah. Es war genau das Gesicht, das er sich für neununddreißig Jahre gewünscht hatte – die starken, markanten Brauen und die tiefen, sensiblen Augen. Sogar der Anflug von Grau an den Schläfen gefiel ihm. Es ließ ihn, zusammen mit dem sorgfältig gestutzten Schnurrbart, weise aussehen.

Er seufzte. Irgendwie erwartete er mehr. Neununddreißig zu sein bedeutete, daß er ins beste Mannesalter kam. Ein Mann in dieser Lebensphase müßte sich, so meinte Alexander, mächtig, erfüllt, zufrieden fühlen. Aber die Tage vergingen, und Alexander fühlte sich mit seinem Leben immer weniger wohl. Er wußte nicht, weshalb.

Nicht, daß er es zu nichts gebracht hätte. Er stand kurz davor, das Ruder eines gedeihenden Familienunternehmens zu übernehmen. Er hatte eine gute Beziehung zu Arlene, die vor sechs Jahren zu ihm gezogen war. Das Zusammenleben war ihre Idee gewesen, aber ihm war es recht so. Neuerdings sagte sie, sie sollten heiraten. Arlene war fünfunddreißig und wollte Kinder. Alexander würde wahrscheinlich einverstanden sein – er hatte nichts gegen die Vorstellung, Kinder zu haben. Wenn seine Firma weiterhin wuchs, würde er gut für seine

Familie sorgen können. Trotzdem dachte er an diese rosige Zukunft mit einem Schauder. »Ist das alles?«

Alexander begann, es seine Midlife-crisis zu nennen. Er sagte Arlene, daß er sich gelangweilt und unzufrieden fühlte, besonders bei der Arbeit. Offen gestanden, vertraute er ihr an, er begann es zu hassen, im Büro zu sein. Sie sprachen darüber und kamen überein, daß Alexander eine »Phase« durchmache, die Menschen eben erleben, wenn sie auf die vierzig zugehen. Wenn man zehn oder fünfzehn Jahre gearbeitet hat, um eine Karriere aufzubauen, kann man einfach nicht mehr dieselbe Begeisterung erwarten. Aber man macht weiter und gewöhnt sich daran, beschlossen sie.

Es gab auch wirklich gute Aspekte seiner Arbeit, erkannte Alexander an, als er versuchte, seine Stimmung aufzuhellen. Er war gern mit Menschen zusammen, besonders mit seinen Kunden. Einige von ihnen waren wie Familienmitglieder. Die Zeit der Steuererklärungen war zwar hektisch und anstrengend, bedeutete aber auch, daß er über Monate hinweg seinen Kunden zuhörte, wie sie ihm die privaten Höhen und Tiefen des vergangenen Jahres erzählten. Sie vertrauten sich Alex gern an. Sie schätzten seinen Rat zu ihren Kindern, ihren Beziehungen und ihrer Arbeit. Sie verließen sich auf ihn. Er war ein guter Zuhörer und nahm sie ernst.

Einer seiner Kunden hatte ihn sogar »mein Wirtschaftsprüfungs-Analytiker« genannt. Leider hatte er es vor Alexanders Vater gesagt, der einen Anfall bekam. Dieser Aspekt von Alexanders Dienst am Kunden hatte seinen Vater immer geärgert; er meinte, Alexander würde den emotionalen Bedürfnissen der Klienten mehr Aufmerksamkeit schenken als ihren Steuerformularen. Alexander bestritt, daß seine Arbeit unter seinem Interesse an den Klienten litt. Er war immer wieder enttäuscht, daß sein Vater ihm den erfüllendsten Aspekt seiner Arbeit nehmen wollte.

Aber kein Leben, keine Karriere ist vollkommen, meinten Alexander und Arlene übereinstimmend. Er hatte seinen Weg im Leben gefunden und würde ihm folgen.

Alexanders Unbehagen wurde nicht besser. Er sah den Rest seines Lebens als eine lange Halle mit einer unerbittlichen Tür am Ende. Er wappnete sich, um den langen Weg mit Würde zu ertragen. Und im Innersten seines Herzens nährte er Phantasien, der tödlichen täglichen Plackerei zu entfliehen. Aber er schämte sich seiner unmännlichen Haltung. Er fühlte sich schrecklich. Er konsultierte einen

Psychiater. Alexander begann die Therapie mit der Annahme, daß mit ihm etwas nicht stimmen müsse – warum sonst wäre er so unglücklich, wo doch die Dinge für ihn so gut liefen? Sein Persönlichkeitstest ergab keine Persönlichkeitsstörung. Aber Alexander besaß ein Persönlichkeitsprofil, das vor Jahren die Voraussetzungen für seine gegenwärtige Lebenskrise geschaffen hatte. Genauer: In seiner Persönlichkeit dominierte der Anhängliche Stil; der Gewissenhafte stand an zweiter Stelle, und kurz nach ihm folgte der Lässige. Der Anhängliche Stil zeigte sich zum Beispiel daran, daß er die wichtigen Lebensentscheidungen seinen Eltern und Arlene überließ; daran, daß er seine Kunden hofierte; an seiner Angst, allein an der Spitze des Familienunternehmens zu stehen; und an vielen anderen Merkmalen und Verhaltensweisen. Typisch für den Gewissenhaften Stil war seine Neigung, sich viele Gedanken über das Gute und Richtige zu machen, und sein Schwarz-Weiß-Denken. Auf den Lässigen Stil wies unter anderem seine Tendenz hin, andere Dinge zu tun, wenn er mit den Steuerformularen seiner Kunden konfrontiert wurde.

So intuitiv Alexander hinsichtlich des Innenlebens seiner Kunden war – das Räderwerk seiner eigenen Persönlichkeit war ihm nicht bewußt. Er wußte, daß seine Probleme sich vor allem im Bereich der Arbeit zeigten. Aber erst nachdem er und der Psychiater wochenlang daran gearbeitet hatten, erkannte er, daß die Laufbahn, die er gewählt hatte, falsch für ihn war. Kein Wunder, daß er sich unerfüllt und enttäuscht fühlte.

Oder besser: Die Laufbahn, die nicht er gewählt hatte, war falsch für ihn. Von Kindheit an hatte Alexander seinen Eltern erlaubt, die wichtigen Entscheidungen für ihn zu treffen. Er war Wirtschaftsprüfer geworden, weil er das für das Richtige hielt. Sein Vater hatte die Firma gegründet. Seit der Zeit, als Alexander ein kleiner Junge war, hatte sein Vater stolz gesagt: »Eines Tages wird sie dir gehören, mein Junge.« Alexander schlug diesen Lebensweg ein, weil die Firma auf ihn wartete und er seinen Eltern gefallen wollte. Nach dem College studierte er Betriebswirtschaft; sein Vater meinte, das sei eine gute Vorbereitung. Obwohl Alexanders Lieblingskurse Management und Psychologie waren, war er in Zahlen und Einzelheiten gut genug, um sich in Wirtschaftsprüfung zu spezialisieren, seinen Abschluß zu machen und schließlich die amtliche Zulassung zu bekommen.

Alexander arbeitete hart und genoß die finanziellen Belohnungen und die allgemeine Anerkennung seiner Eltern und Arlenes. Arlene war die Tochter der besten Freunde seiner Eltern. Sie waren seit der High School befreundet. Als sie kurz nach dem College-Abschluß jemand anders heiratete, war Alexander am Boden zerstört. Er ging sofort eine neue Beziehung mit einer anderen Frau ein, die fast neun Jahre dauerte. Sie wollten endlich heiraten, aber seine Eltern waren absolut dagegen, weil seine Freundin einer anderen Religionsgemeinschaft angehörte. Alexander konnte den Druck nicht mehr aushalten und brach die Beziehung ab, obwohl er sich schrecklich fühlte, so ein Feigling zu sein. Aber nicht lange danach wurde Arlene geschieden, kam in die Stadt zurück und rief ihn an. Er hatte nichts dagegen, die Beziehung zu ihr wiederaufzunehmen.

Beiden Elternpaaren mißfiel, daß Alexander und Arlene einfach so zusammenlebten, anstatt zu heiraten. Alexander wäre eine Ehe lieber gewesen, aber Arlene hatte klipp und klar gesagt, daß sie nicht vorhatte, noch einmal zu heiraten, zumindest für lange Zeit. Jetzt änderte sie ihre Meinung. Außer daß sie ein Kind wollte, hielt sie es für angemessener, jetzt, da Alexanders Vater sich zurückziehen wollte und Alexander ihn als Leiter der Firma ersetzen würde, als Ehepaar aufzutreten. Arlene gefiel die Vorstellung, daß Alexander ein »Oberboß« wurde, wie sie ihn zu nennen begann. »Guten Morgen, Oberboß«, sagte sie etwa, oder: »Was willst du zum Abendessen, Oberboß?« Alexander wollte, ihm würde die Vorstellung ebensogut gefallen. Er hatte nicht nur Angst, beruflich zum ersten Mal im Leben auf eigenen Füßen zu stehen. Alexander hatte in der Therapie rasche Fortschritte gemacht. Er wußte jetzt, daß jemand mit einem so stark Anhänglichen Stil in Panik gerät, wenn er in eine Position kommt, in der niemand ihm sagt, was zu tun ist. Aber das Ganze ging noch tiefer, wie er jetzt sah. Die lebenslange Zustimmung zu den Wünschen anderer bedeutete, daß er jetzt einen Platz hatte, an dem er »alle außer mir glücklich machte. Ich wollte eigentlich nie im Familienunternehmen sein«, gab er wehmütig zu.

Zunächst reagierte Alexander auf die Wahrheit über seine mißliche Lage mit noch größerem Kummer. »Ich hätte Psychiater werden sollen«, klagte er. »Ich war immer gut in den Problemen anderer Leute.« Der Psychotherapeut schlug vor, Alexander solle die Möglichkeit in Erwägung ziehen, Psychotherapeut zu werden. Aber Alexander wußte nicht, wie er das anstellen sollte. Wenn er sich jetzt im Spiegel betrachtete, sah er einen Mann, der von den praktischen Realitäten des Lebens gefangen war. Er war zu alt, alles über Bord zu werfen. Er hatte zuviele Verantwortlichkeiten, um sich von einem guten Lebensunterhalt abzuwenden. Er wollte eine Familie gründen, nicht alles, was er hatte, in einen Traum investieren.

Obwohl er anderen Menschen helfen konnte, ihre Probleme zu lösen, reagierte Alexander auf sein neues Dilemma, indem er die weniger angenehmen Seiten seiner Persönlichkeitsstile intensivierte. Eine Zeitlang suchte er nur Alles-oder-Nichts-, Schwarz-oder-Weiß-Antworten, zum Beispiel seinen Posten zur Verfügung zu stellen und wieder zu studieren oder zu bleiben und unglücklich zu sein (Gewissenhaft). Er begann, die Verabredungen zur Therapie zu vernachlässigen (Lässig). Aber vor allem wollte er, daß jemand anders für ihn die Entscheidungen traf (Anhänglich).

»Was soll ich tun?« fragte Alexander etwa den Psychiater.

Um sich zu ändern, mußte Alexander sich zunächst weniger extreme Alternativen vorstellen. »Was würden Sie jemandem vorschlagen, der mit diesem Problem zu Ihnen käme?« fragte der Psychiater.

Alexanders Gesicht hellte sich auf. »Listen machen!« sagte er.

Gewissenhaft wie er war, erwies Alexander sich als Meister im Listenmachen. Eines Nachmittags setzte er sich hin, um das zu tun, was er eine »geistige Übung« nannte: Er wollte alle Dinge auflisten, die er tun konnte, um seiner Arbeit einen neuen Schwerpunkt zu geben, ohne die Firma zu verlassen. Er wußte, daß er mehr mit Menschen zusammenarbeiten wollte, um ihnen irgendwie zu helfen, aber er hatte keine Ahnung, wie er das anstellen und gleichzeitig weiterarbeiten sollte. Nach mehreren erfolglosen Versuchen fiel ihm schließlich ein, daß er lehren könnte. Er könnte an einer Wirtschaftsschule einen Abendkurs über die Beziehungen zwischen Wirtschaftsprüfern und Kunden geben. Diese Möglichkeit führte zu vielen anderen. Vielleicht könnte er selbst Abendkurse nehmen, um zu sehen, ob er wirklich Psychotherapeut werden wollte. Wenn er halbtags eine Schule besuchte, könnte er in ein paar Jahren einen Abschluß machen. Oder er könnte einfach am Wochenende als Freiwilliger in einem örtlichen Rehabilitationszentrum für gestörte Kinder arbeiten. Alexander war auf einer Spur. Noch nie hatte er so viele Ideen für sich selbst gehabt. Zu den Therapiestunden erschien er aufgeregt und gesprächig. Vor kurzem hatte er eine sehr kreative Idee: Sobald die Firma offiziell ihm gehören würde, könnte er sie umstrukturieren, um sie seinen Bedürfnissen und Fähigkeiten anzupassen. Er konnte jemanden einstellen, dem er die Verantwortlichkeiten übertragen würde, die er abgeben wollte, während er lehrte oder Kurse machte oder sogar außerhalb der Firma neue berufliche Aufgaben übernahm. Alexander war von dieser Vision einer neuen Selbständigkeit begeistert.

Obwohl er noch keine endgültigen Entscheidungen getroffen hat, erscheint er nach nur sechs Monaten verändert. Er widersteht dem Drang, andere über seine Zukunft bestimmen zu lassen. Einen Rückschlag erlitt er, als er seinem Vater von seinen Plänen erzählte. »Vater regte sich so auf, daß ich dachte, er würde einen Schlaganfall bekommen – ich dachte wirklich, ich würde ihn töten«, berichtete Alexander. Er war von dieser Reaktion seines Vaters so erschüttert, daß er ein paar Wochen lang mit seinem Vater der Meinung war, er habe sich wie ein »undankbares Kind« verhalten. Durch die Arbeit an seinem Persönlichkeitsstil konnte er jedoch diese Anhängliche Überreaktion auf Kritik erkennen und beenden, und bald hatte er sich wieder gefangen. Er war bereit, ein neues Projekt zu beginnen. Er wollte herausfinden, wie er die Firma umstrukturieren konnte. Weil er im allgemeinen nur mit Angst an dieses Thema denken konnte, ging er diesmal mit einer neuen Taktik daran. Er stellte sich vor, sein Vater hätte ihn gebeten, diese Pläne zu erarbeiten, und schon begannen die Ideen zu fließen.

Das Leben wird aufregender für Alexander A., nicht nur im Bereich der Arbeit. Auch im Beziehungsbereich werden die Dinge sehr viel interessanter. Arlene war unterstützend und ermutigend (nachdem er ihr versichert hat, daß er nicht vorhat, die Firma zu verlassen). Sie mag sein neues Selbstbewußtsein, vor allem im Schlafzimmer. Sie nennt ihn »mein sexy Oberboß«.

»Ist das alles?« neckt sie ihn mit ihrer Kleinmädchenstimme.

»Ich hab noch mehr in petto«, flüstert er ihr ins Ohr. »Wart ab, du wirst sehen.«

## Dependente Persönlichkeitsstörung

Menschen, die an einer Dependenten Persönlichkeitsstörung leiden, dem pathologischen Extrem des Anhänglichen Stils, erleben sich selbst als hilflos, schwach, leer und unterlegen. Die starke Bindung an einen anderen Menschen gibt ihnen die Kraft und das Selbstwertgefühl, das sie zum Überleben brauchen.

## DIAGNOSTISCHE KRITERIEN

Das DSM-III-R beschreibt die Dependente Persönlichkeitsstörung als[1]:
Ein durchgängiges Muster von abhängigem und unterwürfigem Verhalten. Der Beginn liegt im frühen Erwachsenenalter, und die Störung manifestiert sich in den verschiedensten Lebensbereichen. Mindestens fünf der folgenden Kriterien müssen erfüllt sein:
Der Betroffene
1. ist unfähig, alltägliche Entscheidungen zu treffen, ohne ständig den Rat anderer einzuholen oder seine Entscheidungen billigen zu lassen;
2. läßt andere die wichtigsten Entscheidungen für sich treffen, z.B. die Entscheidung über Wohnort und Art der von ihm ausgeübten Tätigkeit;
3. pflichtet anderen stets und auch dann bei, wenn er diese im Unrecht sieht, nur um nicht abgewiesen zu werden;
4. jegliche Eigeninitiative oder Eigenaktivitäten sind erschwert;
5. übernimmt Tätigkeiten, die für ihn unangenehm oder erniedrigend sind, um die Zuneigung anderer zu gewinnen;
6. fühlt sich alleine meist unwohl und hilflos und vermeidet dies nach Möglichkeit;
7. ist am Boden zerstört oder hilflos, wenn enge Beziehungen in die Brüche gehen;
8. hat gewöhnlich Angst davor, verlassen zu werden;
9. ist bei Kritik oder Ablehnung leicht zu verletzen.

## *Das überwältigende Bedürfnis nach dem anderen*

Dependente Menschen – die manchmal auch als »co-abhängig« bezeichnet werden – sind entschlossen, diejenigen, die zum Brennpunkt ihres Lebens werden, nicht zu stören oder zu kränken. Sie legen ihre Individualität und ihre Selbständigkeit an der Haustür ab und werden besänftigend, unterwürfig, anspruchslos und kleinlaut, sie entschuldigen sich ständig und besitzen weder Selbstbewußtsein noch Ehrgeiz. (Beobachten Sie einmal, wie zögernd sie gehen und sprechen.) Sie gehen Bindungen unkritisch ein und laufen Gefahr, von Partnern, die ihre Passivität ausnutzen, schikaniert zu werden. Wenn die Beziehung instabil wird, erscheinen Dependente Menschen hilflos und klammernd. Aber in einer gefestigten Beziehung mit einem Partner, der ihnen in bezug auf emotionale Sicherheit, Kraft und Schutz gibt, was sie brauchen, sind sie zufrieden und fühlen sich wohl. Anderen erscheinen sie freundlich, gütig, großzügig und bescheiden.

Ihre Tendenz, sich vor anderen herabzusetzen – »Du bist so klug, du wirst dieses Buch sehr viel besser verstehen als ich« –, sieht aus wie eine gezierte, zuvorkommende Art, Ihnen wegen Ihrer Intelligenz Komplimente zu machen. Aber das ist es nicht. Trotz aller gegenteiligen Beweise glauben sie aufrichtig an ihre Unzulänglichkeit in allen Bereichen – Aussehen, Fähigkeiten, geistige Kapazitäten. Unter dem lächelnden Gesicht eines Dependenten Menschen lauert jemand, der wenig oder kein Selbstvertrauen besitzt und ungeheuer viel emotionale Sicherheit braucht. Diese Männer oder Frauen gehen auf andere zu, um ihr Selbstwertgefühl aufbauen zu lassen. Wenn Sie sagen: »Unsinn, du bist doch sehr gescheit«, wird Ihre Dependente Freundin dies vielleicht glauben, aber nur einen Augenblick lang. Denn letztendlich bekommen Dependente Menschen das Selbstwertgefühl, das Ihnen fehlt, nur durch die Bindung an andere.

Der Welt zeigen sie gern ein lächelndes Gesicht. Dieser sonnige Ausdruck kann großes inneres Leid kaschieren. Dependente Menschen vertrauen ihre dunkleren Gefühle nur sehr ungern jemandem an, damit diese Wahrheiten andere nicht belasten oder verärgern oder sonstwie ihre Beziehungen unterminieren. Es kann sein, daß sogar ein langjähriger Partner das Innenleben seines Anhänglichen Compagnons nicht kennt. Oft sind Dependente Menschen sich über das Ausmaß ihrer Depression und ihres Bedürfnisses nach Abhängigkeit selbst nicht im klaren. Sie tun lieber so, als sei die Welt ein Märchenort, an dem es immer und überall ein Happy-End gibt. Andere verbergen ihre psychische Hilflosigkeit unter der Vorstellung, körperlich schwach zu sein und deshalb jemanden zu brauchen, der sich um sie kümmert.

## *Hilfe!*

Das Ende einer Beziehung oder eine ständig instabile stört das Gleichgewicht Dependenter Menschen und treibt sie oft in einem depressiven und/oder von großer Angst gekennzeichneten Zustand in die Praxis des Therapeuten. Sehr häufig verurteilen sie – durch ihre exzessive Unterwürfigkeit und ihre ängstliche, klammernde Gefallsucht – ihre Beziehungen unabsichtlich selbst zum Scheitern. Ihre Abneigung, selbständig Entscheidungen zu treffen oder ihre Meinung zu sagen, kann Menschen, die den anderen um seiner interessanten Individualität willen lieben möchten, zur Verzweiflung treiben. Auch die nagende Angst vor dem Verlassenwerden wird leicht zu einer sich selbst erfüllenden Prophezeiung. Der Partner wird es so müde, ständig »Sag mir, daß du mich liebst! Sag mir, daß du mich nie verlassen wirst!« zu hören, daß er es eines Tages nicht mehr aushält und geht.

Diese Abhängigkeit wird auf den Therapeuten übertragen. In psychodynamischen Psychotherapien ist dies sehr konstruktiv, wenn der Therapeut dem Dependenten Menschen helfen kann, seine tiefinneren Bedürfnisse zu erkennen, zu bearbeiten und dadurch selbständig zu werden. (Wenn der Therapeut diese Bedürfnisse jedoch nicht anspricht, kann der Patient endlos in Therapie bleiben.) Einige Psychiater verschreiben Antidepressiva und Beruhigungsmittel, wenn Angst, Phobien, Panik (siehe unten) und Depression akut sind. Verhaltenstherapien können Menschen mit dieser Störung helfen, die Angst zu überwinden, die auftritt, wenn sie ein unabhängigeres Verhalten versuchen.

## *Risiken, Vorkommen und prädisponierende Faktoren*

An einer Dependenten Persönlichkeitsstörung leidende Menschen sind, besonders nach einem Verlust, sehr anfällig für depressive Störungen nach Achse I (siehe Kapitel 2, S. 29) sowie für phobische, Angst- und Panikstörungen.

Die Störung tritt häufig auf und wird öfter bei Frauen diagnostiziert, obwohl ihr tatsächliches Vorkommen nie untersucht wurde (siehe den Abschnitt »Frauenspezifische Persönlichkeitsstörungen« in Kapitel 7, S. 172).

Ein unterwürfiges Verhalten kann ein genetisch determiniertes Merkmal sein, das einige Kinder prädisponiert, diese Persönlichkeitsstörung zu entwickeln, wenn sie bestimmten Arten von Streß ausgesetzt sind. Eltern mit Dependenter Persönlichkeitsstörung neigen dazu, ihre Kinder zu sehr zu behüten, was der Grundstein dafür sein kann, daß die anfällige Nachkommenschaft dieselbe Störung entwickelt. Kliniker haben festgestellt, daß viele Dependente Menschen aus Familien stammen, in denen die Eltern sehr aufdringlich waren und die Versuche des Kindes entmutigten, unabhängig und selbständig zu sein. Chronische Krankheit bei Kindern und Heranwachsenden kann einen Menschen ebenfalls prädisponieren, als Erwachsener diese Störung zu entwickeln. Einige Psychiater glauben, daß Kinder, die an extremer Trennungsangst leiden, später die Dependente Persönlichkeitsstörung bekommen.

## *Der Umgang mit Dependenten Menschen*

Konsultieren Sie den Abschnitt »Tips für den Umgang mit dem Anhänglichen Menschen in Ihrem Leben«, der möglicherweise nützlich ist. Widerstehen Sie dem Drang, das Leben dieses bedürftigen Menschen in die Hand zu nehmen, den sie vielleicht innig lieben. Erinnern Sie sich daran, daß er nicht hilflos ist; er glaubt es nur. Helfen Sie ihm, selbst zu entscheiden, anstatt für ihn zu entscheiden. Entmutigen Sie liebevoll seine Versuche, Mühen und Unannehmlichkeiten auf sich zu nehmen, um Ihnen zu gefallen. Denken Sie daran, daß es schwierig ist, sehr passive Menschen nicht auszunutzen. Ermutigen Sie sie, Hilfe zu suchen. Wenn Ihre Beziehung am wackeln ist, sollten Sie zusammen eine Beratungsstelle aufsuchen.

KAPITEL 7

# Dramatischer Stil

»Der sprühende Mittelpunkt der Party«

Dramatische Menschen sind ganz Herz. Ihnen wurde die Gabe des Fühlens verliehen, und mit ihm färben sie das Leben aller Menschen in ihrer Umgebung. Wenn sie viel Talent besitzen, verwandeln sie die menschlichen Gefühle in höchste Kunst. Aber auch im Alltag können ihr Esprit, ihr Lachen, ihr Schönheitsgefühl, ihre Extravaganz und ihre Sinnlichkeit die Stimmung eines ganzen Raums voller Fremder heben. Menschen mit diesem sehr häufigen Persönlichkeitsstil betrachten die ganze Welt als ihre Bühne. Für sie ist das Leben nie dumpf oder langweilig, und auch nicht für die Menschen, die es mit ihnen teilen. Dramatische Menschen füllen ihre Welt mit Aufregung; in ihrem Leben *passiert* etwas.

## DIE SIEBEN CHARAKTERISTIKA

Die folgenden sieben Charakterzüge und Verhaltensweisen sind Hinweise auf das Vorhandensein des Dramatischen Stils. Ein Mensch mit stark Dramatischer Tendenz zeigt mehr dieser Verhaltensweisen intensiver zeigen als jemand, der weniger von diesem Stil geprägt ist.

1. *Gefühle.* Dramatische Männer und Frauen leben in einer emotionalen Welt. Sie sind empfindungsorientiert, zeigen ihre Gefühle offen und sind auch körperlich herzlich. Sie reagieren auf Ereignisse emotional und wechseln schnell von Stimmung zu Stimmung.
2. *Farbe.* Sie erleben das Leben intensiv und überschwenglich. Sie besitzen eine reiche Phantasie, erzählen unterhaltsame Geschichten und werden von Romantik und Melodramatik angezogen.
3. *Spontaneität.* Dramatische Menschen sind lebhaft und lustig. Ihre Lebensfreude veranlaßt sie dazu, impulsiv zu handeln und den Augenblick zu nutzen.

4. *Aufmerksamkeit.* Dramatische Menschen möchten gesehen und bemerkt werden. Sie sind oft der Mittelpunkt der Aufmerksamkeit und fühlen sich wohl, wenn alle Augen auf ihnen ruhen.
5. *Applaus.* Komplimente und Lob sind für Dramatische Menschen wie Brot und Wasser: sie brauchen sie, um weiterzumachen.
6. *Aussehen.* Sie legen viel Wert auf ein gepflegtes Äußeres und lieben Kleider, Stil und Mode.
7. *Sexuelle Anziehungskraft.* In Aussehen und Verhalten genießen Dramatische Menschen ihre Sexualität. Sie sind verführerische, einnehmende, bezaubernde Verführer und Verführerinnen.

## DIE SECHS BEREICHE DES DRAMATISCHEN FUNKTIONIERENS

Das reiche, komplexe Leben Dramatischer Menschen wird von zwei Schlüsselbereichen beherrscht: Gefühlen und Beziehungen.

## *Gefühle: Das Herz spricht*

Von diesem Persönlichkeitsstil geprägte Männer und Frauen erkennen die Welt durch ihre Gefühle; was für ein Gefühl sie bei jemandem oder etwas haben, gibt ihnen alle Informationen, die sie brauchen. Gewissenhafte Menschen, die die Stimme der Vernunft verkörpern, sehen sich einen Film an und liefern eine durchdachte Kritik der Darsteller, der Regie, der Technik, der Musik, der Kostüme und des Drehbuchs. Dramatische Menschen fassen alles in einem Wort zusammen: »Toll!« Für sie zählt die Intensität des Lebens, und auf sie sind sie aus. Sie leben in einer Welt flammender Farben und extrahieren Leidenschaft aus jeder Erfahrung. In ihrem Leben scheint mehr zu passieren als in dem anderer Leute. Sie sind voll von aufregenden Geschichten und verwandeln die gewöhnlichen Geschehnisse des Lebens in bühnenreifes Theater.

Hören Sie, wie Valerie ihrer Freundin erklärt, warum sie zu einer Mittagessen-Verabredung im Restaurant zu spät erschien. Achten Sie darauf, wie eine der ermüdenden täglichen Frustrationen des Großstadtlebens – die Parkplatzsuche – sich in ein aufregendes mittägliches Abenteuer verwandelt.

»Ich war auf dem halben Weg zur U-Bahn, als mir einfiel, daß ich mein Auto nicht weggefahren hatte. Da, wo es stand, konnte es nur noch eine halbe Stunde bleiben. *Gott!* Ich raste in die Wohnung zurück, um den Schlüssel zu holen – aber der Fahrstuhl war steckengeblieben, also rannte ich die hunderttausend Stufen rauf, fand meinen Schlüssel, flog wieder nach unten, rannte zu meinem Auto. Kannst du dir vorstellen, daß sich vor meinen Augen ein Parkplatz auftat? Die gute Fee beschützte mich heute! Ich will also rückwärts in den Platz reinfahren, und plötzlich höre ich dieses *vroom-vroom* – ein Typ ganz in Leder war mit seinem Motorrad hinter mir in die Lücke gefahren. Ich steige aus, er steigt von seinem Motorrad – und ich sage dir, ich habe noch nie jemanden gesehen, der so groß ist. Er blickt finster auf mich herab, und ich denke, der Typ muß einer von den Hell's Angels sein – wenn ich den Mund aufmache, wird er mich umbringen. Aber diese klitzekleine Stimme kommt aus mir heraus und sagt: ›Entschuldige, großer Ledermann, aber ich war zuerst da.‹ Es gab eine lange Pause, und ich war überzeugt, daß das mein letzter Augenblick auf dieser Erde war, und dann sagt der Lederriese: ›Okay, Lady‹. Er grinst – was für ein Gebiß! Dann schwingt er ein Bein über seine Harley und düst ab. Hättest du das geglaubt? Ich habe einem Hell's Angel beigebracht, ein guter Mensch zu sein!« Valerie verfiel in vergnügtes Gelächter. Ihre Freundin, die fast eine halbe Stunde gewartet hatte, war entzückt von der farbenprächtigen Geschichte und Valeries Talent, eine potentiell unangenehme Erfahrung in eine erfreuliche zu verwandeln, und vergaß ihren Ärger.

**Ausdruck und Eindruck**

Dramatische Männer und Frauen zeigen ihre Gefühle frei und offen. Wenn ihr Persönlichkeitsprofil keine emotional eher zurückhaltenden Stile aufweist (siehe: Dramatisch innen, S. 163), kann jeder ihre Gefühle sehen – Haltung bewahren ist nicht ihre Sache. Sie sind gutmütig, sentimental und überschwenglich, sie lieben Melodramatik, Intrige und Klatsch und sind leicht gerührt. Sie reagieren stark und oft unmittelbar auf Ereignisse.

Weil sie auf alles reagieren, ändern ihre Gefühle sich sehr schnell – ja nachdem, was sie an einem Tag erleben, von Freude über Wut und Jammer zu Verzweiflung. Stark von diesem Stil geprägte Menschen neigen dazu, ihre Stimmungen so leidenschaftlich auszudrücken, wie sie sie fühlen – nehmen Sie sich daher in acht, wenn ein sehr Dramatischer Mensch wütend auf Sie ist! Aber sie grollen nicht still vor sich hin, und dasselbe erwarten sie auch von anderen.

Sie suchen im Leben emotionale Erfahrungen und haben wenig übrig für die trockeneren Seiten des Daseins. Details, Routine, Organisation, Planen und Finanzen machen sie ungeduldig und ängstlich. Sehr Dramatische Menschen gehen oft einer ernsten Unterhaltung aus dem Weg und beschäftigen sich lieber mit Klatsch und Intrigen. Wenn sie die Zeitung lesen, überfliegen sie die Überschriften, überspringen die Politik und den Wirtschaftsteil und konzentrieren sich auf die Mord-, Prominenten und Herz-Schmerz-Geschichten, Unterhaltung und eventuell noch die Sportseite. Ein Gewissenhafter Mensch liest lieber die ganze Zeitung von vorne bis hinten durch, Wort für Wort. Jemand mit einem gemischt Dramatisch-Gewissenhaften Stil (ein sehr häufiges Muster) liest vielleicht zuerst »die guten Sachen«, um dann zum Anfang der Zeitung zurückzukehren und pflichtbewußt das zu lesen, was er lesen »sollte«.

Hören Sie einmal genau zu, wie ein Dramatischer Mensch eine Geschichte erzählt: echte Fakten fehlen meist. Wie impressionistische Maler schaffen sie ein Gemälde, ohne sich auf realistische Einzelheiten zu stützen. »Er war so groß!« sagt Valerie über den Mann auf dem Motorrad. Wie groß? So groß wie der Eindruck eines Mannes auf einem Motorrad, der in der Vorstellung des Zuhörers entsteht. Sie sagt: »Ich bin hunderttausend Stufen raufgerannt«, anstatt die tatsächliche Anzahl zu nennen. Auf diese Weise können Dramatische Menschen den Sachverhalt verzerren, aber sie vermitteln den emotionalen Eindruck ihrer Erfahrungen.

Sie leben ihr Leben intensiv. Um die emotionalen Höhen und Tiefen jeder Erfahrung auszuloten, werden alle Aspekte ihres Lebens – Arbeit, Beziehungen, Phantasien, Freizeit-Aktivitäten – mit stimulierender, extravertierter Energie erfüllt. Dramatische Männer und Frauen, die wenig Toleranz für Langeweile besitzen, warten im allgemeinen nicht darauf, daß das Leben zu ihnen kommt. Sie ziehen sich auffallend an, gehen aus, lachen, bis jeder mit ihn lacht – aktiv provozieren sie Erfahrungen, indem sie die Leidenschaften anderer aufwühlen.

## *Beziehungen: Die Leidenschaften aufwühlen*

Dramatische Männer und Frauen sind sehr gesellig. Wie Fische im Wasser sind sie in ihrem Element, wenn sie von anderen Menschen umgeben sind. Hauptziel ihres Lebens ist, Freunde zu gewinnen und andere zu beeinflussen. Sie bringen sie dazu, aus sich herauszugehen, sie spornen sie an und bezaubern sie, bis sie ihre Zurückhaltung aufgeben und ihr Herz öffnen. Dramatische Menschen sind der sprühende Mittelpunkt der Party und am glücklichsten, wenn die Atmosphäre knistert und alle Augen auf sie gerichtet sind.

Sie mögen andere wirklich und achten sehr auf das, was diesen anderen gefällt und ihnen ein Gefühl des Wohlbehagens vermittelt. Viele nehmen die Gefühle anderer intuitiv wahr und sind sehr geschickt darin, Menschen anhand ihrer Gesten, dem Ton ihrer Stimme oder ihrer Körpersprache einzuschätzen. Diese soziale Begabung garantiert ihnen einen Platz auf jeder Partyliste. Dolly V. lädt immer ihre Freundin Lucie L. zum Abendessen ein, wenn ihr Mann Don einige seiner zugeknöpften Provinz-Kunden mit nach Hause bringt. Lucie sorgt dafür, daß alle reden und entspannt sind, bevor die Suppe aufgetragen ist. Ganz Frau, kleidet sie sich mit ausgesuchter Eleganz, sie riecht betörend, und in ihren Augen steht hingerissenes Interesse, wenn diese Geschäftsmänner und -frauen ihre Fragen beantworten und erzählen, was sie machen und woher sie kommen. Sie holt aus ihnen das heraus, was ihnen das angenehme Gefühl vermittelt, wichtig und am richtigen Platz zu sein. Sie möchte wirklich etwas über sie erfahren und fasziniert jeden am Tisch. »Es ist, als lebte man in einer Art Roman, wenn Lucie da ist«, sagt Dolly. »Da ist Aufregung, das Gefühl, daß alles möglich ist. Alles ist so eindrucksvoll, so interessant, so lebendig. Sie wirft einen Zauber über uns. Dons Kunden – wir alle – verbringen eine wunderbare Zeit.«

### Die Verführung

Dramatische Menschen sind besonders gut in den frühen Phasen einer Beziehung. Sie wissen, wie sie andere anziehen können; sie benutzen die ihnen natürliche Sinnlichkeit und Koketterie, um die Leidenschaften anderer aufzurühren und dem Menschen, auf den sie sich konzentrieren, das Gefühl zu geben, der Mittelpunkt des Universums zu sein. Sie sind großzügig mit Komplimenten, Schmeichelei und Anerkennung. Wie Anhängliche Menschen haben sie ein nachtwandlerisches Gefühl für die Wünsche und Bedürfnisse des anderen. Aufmerksam beobachten sie Sie und hören zu, was Sie mögen, wollen und brauchen, und nach Möglichkeit beschaffen sie es Ihnen.

Wenn der Gegenstand der Aufmerksamkeit mit Bewunderung und Verlangen reagiert, fängt die Beziehung Feuer, und die Leidenschaften lodern auf. Aber ein Dramatischer Mensch braucht starke Reize; wenn die Glut nachläßt, wird es ihm langweilig. Stark von diesem Stil beherrschte Menschen haben daher möglicherweise Schwierigkeiten, Beziehungen über den länger andauernden, öden Alltag hinwegzuretten. Einige, wie die Opernverführerin Carmen, können nach der geglückten Verführung das Interesse verlieren. Andere suchen sich Affären außerhalb ihrer Hauptbeziehung, damit das Leben aufregend bleibt. Wieder andere flirten und sammeln Bewunderer, bleiben aber sexuell ihrem Partner treu.

Die geringe Toleranz für Langeweile in Beziehungen kann einige Dramatische Typen zu einem Erfindungsgeist inspirieren, der jeder Beziehung guttun würde. Anstatt den Sex langweilig werden zu lassen, experimentieren sie lieber und helfen ihren Partnern so, eventuelle Hemmungen zu überwinden. Sie planen Ferien, Partys und andere Vergnügungen, damit das Leben hochgradig energetisch bleibt. Sie schließen auch weiter Bekanntschaften und bevölkern ihr Leben mit anregenden Menschen. Wenn alles gut geht, kann das Leben mit einem Dramatischen Partner leidenschaftlich und interessant sein; ruhig oder langweilig jedenfalls wird es nie.

## Streß!

Das Leben mit Dramatischen Menschen kann auch stürmisch sein, denn ihre Gefühlsreaktionen sind, wie gesagt, stark und unmittelbar. Schwierigkeiten in der Beziehung bedeuten für ihr Selbstbewußtsein einen harten Schlag. Probleme entstehen, wenn der Partner mit den leidenschaftlichen Ausbrüchen oder dem verführerischen Verhalten seines sehr Dramatischen Gegenübers nicht zurechtkommt, wenn dieser nicht genügend Bewunderung, Aufmerksamkeit oder Gefühlsäußerungen bekommt oder das Paar keine Routine herstellen kann, die die Unfähigkeit bzw. den Widerwillen des sehr Dramatischen Partners kompensiert, die weltlichen Aufgaben des Lebens zu regeln – etwa das Konto auszugleichen, sich an den Aufbewahrungsort wichtiger Papiere zu erinnern, Steuerbescheide aufzubewahren oder innerhalb des Kreditlimits zu bleiben.

Dramatische Menschen bewältigen Streß und Angst, indem sie auf die helle Seite schauen. Sie unterdrücken die unangenehme, um eine optimistische Einstellung behalten zu können; sie sagen sich ständig, daß schon alles in Ordnung kommen wird. Reizvolle Abwechslungen helfen ihnen beim Vergessen. Herbert G., Bauingenieur, geriet in Wut, als seine Dramatische Frau Gloria vergaß, einen Scheck über 2000 Dollar einzureichen. »Die Rate für die Hypothek und fürs Auto ist geplatzt! Wie konntest du die Kreditwürdigkeit vermasseln? Ich habe Jahre gebraucht, sie aufzubauen!« schrie er den Tränen nahe. Geld war immer ein großes Problem in ihrer Ehe gewesen. Gloria meinte, daß Herbert ein bißchen zu ängstlich wäre und sich viel zu viele Sorgen machte. »Du kannst das mit ihnen in Ordnung bringen – ich weiß, daß sie dir vertrauen und anerkennen werden, daß es wirklich ein Versehen war«, versuchte Gloria ihren Mann zu beruhigen. »Ich habe eine Idee«, meinte sie dann strahlend. »Wir lassen dieses kleine Mißverständnis beiseite und gehen tanzen!« Bei diesen Worten spie Herb Feuer, zumindest erzählte Gloria später die Szene so ihrer Mutter.

Auch Alleinsein ruft bei Dramatischen Menschen Streß hervor. Ohne einen Partner, in dessen Augen sie glänzen können, fühlen sie sich unglücklich. Dramatische Menschen, die nie für sich selbst sorgen mußten (die meisten Männer kommen nicht umhin, diese Fertigkeiten zu entwickeln), können nach dem Verlust eines langjährigen Partners extreme Angst vor dem Umgang mit Geld und anderen Verantwortlichkeiten haben. Das Single-Dasein dauert unter Umständen jedoch nicht lange. Ein Mensch mit diesem Persönlichkeitsstil wird im allgemeinen so bald wie möglich Partys und andere soziale Zusammenkünfte besuchen, ein glückliches Gesicht aufsetzen und neue Bewunderer in seinen Bann ziehen.

### Dramatische Eltern

Dramatische Männer und Frauen können verständnisvolle, zugängliche Eltern sein, die die Kreativität und das Gefühl für Ästhetik in ihren Kindern ermutigen. Aber es kann sein, daß sie die Übersicht verlieren und wichtige Details vergessen – zum Beispiel Elternversammlungen, die Erlaubnis für die Klassenfahrt oder sogar die Bezahlung des Schulgelds. Dies kann für ein Kind unangenehm und verwirrend sein; es zieht daraus vielleicht den Schluß, daß Vater oder Mutter sich nichts aus ihm machen. Der nicht-Dramatische Elternteil sollte sich der Verantwortlichkeiten bewußt sein, die der Dramatische Elternteil gegenüber dem Kind hat, und dafür sorgen, daß sie erfüllt werden.

Insgesamt sind Dramatische Eltern lustig, aktiv und voller Energie; sie bieten ihren Kindern eine breite Skala von Erfahrungen in der Welt draußen. Sie brauchen aber möglicherweise Hilfe, wenn es darum geht, den Kindern Zurückhaltung und Frustrationstoleranz beizubringen. Wenn der Stil extrem wird, brauchen sie das liebevolle Feedback der Kinder zu sehr und haben es schwer, sie ihren eigenen, unabhängigen Weg gehen zu lassen. Idealerweise wird der nicht-Dramatische Elternteil dem Dramatischen versichern können, daß er auch dann ein guter, liebevoller Elternteil ist, wenn er weiß, wann er sich zurückziehen muß.

### Gute/schlechte Gespanne

Weil die Beziehungen Dramatischer Menschen eher aus Verführung und Leidenschaft denn aus Vernunft entstehen, gibt es viele feurige Anfänge mit Menschen der verschiedensten Persönlichkeitsstile. Von Dauer sind am ehesten Verbindungen mit Menschen, deren Stil den Dramatischen ausgleicht und erdet, wozu insbesondere, wie in Kapitel 4 erwähnt, der Gewissenhafte gehört.
Das Dramatisch/Gewissenhafte Paar kann sehr gut funktionieren, denn beide können durch den anderen das bekommen, was ihnen selbst fehlt. Der Gewissenhafte Partner sorgt für den Dramatischen und gibt ihm Beständigkeit, Sicherheit und Stabilität sowie ein Gefühl für Verantwortung, Zuverlässigkeit und Erfolg. Der Dramatische Partner sorgt für Phantasie, ein spontanes Gefühlsleben und einen lebendigen Zugang zur Geselligkeit. Der Gewissenhafte Partner beherrscht den Umgang mit Geld und den irdischen Entscheidungen, während der Dramatische im sozialen und emotionalen Leben des Paars die Führung übernimmt. Wenn der Gewissenhafte Partner jedoch zu viel kontrolliert, possessiv wird und das Vergnügen des Dramatischen an aufregender Bewunderung durch andere nicht toleriert, fliegen die Fetzen. Auch wenn der Gewissenhafte Partner die Füße zu sehr auf dem Boden hat und der Dramatische zu

hoch in den Wolken schwebt, finden die beiden keine gemeinsame Ebene.

Dramatische und Selbstbewußte Partner ziehen sich an, weil sie so ähnlich sind; beide sind voller Energie, bekommen gerne Aufmerksamkeit und können ein von Bewunderern umgebenes intensives Leben führen. Wahrscheinlich wird der Selbstbewußte Partner die reale, irdische Seite des Lebens für den Dramatischen mitübernehmen. Stolpersteine in diesen Verbindungen sind die relative Unaufmerksamkeit des Selbstbewußten Partners für andere sowie die Tendenz beider Stile, um Aufmerksamkeit zu konkurrieren.

Zwei Dramatische Menschen können sich stark anziehen, aber ihre Ähnlichkeiten führen zu Konfrontationen und Konflikt. Der Dramatische Stil ist ein starker Stil, der am besten mit einem Partner zurechtkommt, der nachgibt und dem anderen die Oberhand läßt. Deshalb ist auch eine Verbindung mit dem – ebenfalls vom Bereich der Gefühle beherrschten – Sprunghaften Stil hochgradig explosiv.

Gemäßigt Anhängliche, Aufopfernde oder Sensible Menschen sind glücklich, wenn der Partner vom Herzen her führt. Und sie geben ihrem Dramatischen Partner die Aufmerksamkeit und Wertschätzung, bei denen er gedeiht. Anhängliche Menschen müssen jedoch mit ihren Ängsten bezüglich der Treue des Dramatischen Partners umgehen können und dagegen ankämpfen, bei Streß in der Beziehung zu unterwürfig zu werden. Dramatische Menschen brauchen emotional stabile Partner, egal was deren Stil ist. Sensible Menschen werden die Fähigkeit des Dramatischen Partners schätzen, leicht auf andere zuzugehen und ihnen die soziale Welt aufzuschließen, aber wenn sie in der Öffentlichkeit sehr ängstlich sind, werden sie von dem überaus geselligen Dramatischen Schmetterling wenig Sympathie einheimsen.

Obwohl die offensichtliche Stärke und die kühle Beherrschtheit Wachsamer Typen Dramatische Menschen oft sehr anzieht, gehen solche Verbindungen harten Zeiten entgegen, wenn der Wachsame Stil nicht gemäßigt bis schwach ist. Wachsame Menschen verlangen die volle Aufmerksamkeit ihrer Partner und können Argwohn und Eifersucht nicht ertragen. Dramatische Menschen finden oft auch das Aggressive Image – den starken, harten Typen – anziehend; aber Aggressive Typen brauchen einen sehr viel passiveren, annehmenderen, anspruchsloseren Partner.

Abenteuerlichen Typen gefällt, daß Dramatische Menschen Aufregung lieben. Auch sie sind spontan, verführerisch, begeisternd und mögen Spaß. Aber sie haben auch sehr viele schlechte Angewohnheiten mit dem Dramatischen Stil gemeinsam, so die Impulsivität und die mangelnde Geduld mit den wichtigen Verantwortlichkeiten des Lebens, weshalb die beiden keinen guten Einfluß aufeinander haben. Zudem neigen Abenteurer dazu, sich nicht zu binden, was für Dramatische Menschen verheerend sein kann. (Obwohl extrem Dramatische Typen selbst nicht zu dauerhaften Bindungen neigen, messen sie mit zweierlei Maß und verlangen vom Partner Loyalität und Treue.)

Die Empfänglichkeit für positive Aufmerksamkeit, die Tendenz zur Idealisierung und die Vorliebe für die heitere Seite kann einige Dramatische Menschen in Schwierigkeiten bringen: sie fallen leicht auf verwegene Gestalten herein, deren Absichten alles andere als redlich sind. Am meisten gefährdet in dieser Hinsicht sind Menschen, die an der Histrionischen Persönlichkeitsstörung, dem Extrem des Dramatischen Persönlichkeitsstils, leiden; Katy T., deren Fall später in diesem Kapitel folgt, wurde immer wieder von Abenteuerlichen und Antisozialen Typen ausgenutzt. Aber auch bei weniger extrem Dramatischen Menschen besteht dieses Risiko.

## *Selbst: Von außen nach innen*

Da Dramatische Menschen nach außen und auf andere hin orientiert sind, definieren sie sich auch von außen. Sie sehen sich selbst so, wie andere sie sehen. Bitten Sie einen sehr Dramatischen Menschen, sich zu beschreiben, und Sie werden hören »Die Leute sagen, ich wäre sehr freundlich«, oder »Meine Familie sagt mir immer, wie lustig ich bin«, oder »Meine Lehrer sagen, ich sei sehr begabt«. (Ein Selbstbewußter Mensch würde sagen: »Ich bin freundlich«, »Ich bin lustig«, »Ich bin begabt«.)

Weil sie sich von außen definieren, ist für sie extrem wichtig, wie sie anderen erscheinen, das heißt, welches Image sie präsentieren. Sie sind, was sie anhaben. Dramatische Menschen kleiden sich oft sehr sorgfältig. Sie haben Talent für Kostümierung und Stil, für die Schaffung eines visuellen Bildes. Da ihre Augen geübt darin sind, die Reaktionen anderer zu erfassen, staffieren sie sich so aus, wie die Mode der gesellschaftlichen Gruppe, mit der sie sich identifizieren, es verlangt. Sie ziehen sich sehr sorgfältig zum Ausgehen an und werfen sich nie einfach irgend etwas Altes um. Sie probieren mit der Kleidung herum, bis sie das Gefühl haben, richtig auszusehen. Von diesem Persönlichkeitsstil sehr stark beherrschte Menschen können die Maxime, daß Schönheit von innen kommt, nur schwer akzeptieren.

Die starke Orientierung auf andere und die emotionale Empfänglichkeit haben zur Folge, daß es Dramatischen Menschen in unterschiedlichem Ausmaß an einem gelassenen, beständigen, zentrierten Selbstgefühl fehlt. Sie brauchen daher Sicherheit und Feedback – oder auch Applaus – von anderen, um ihr Selbstvertrauen zu behalten. Sie müssen hören, daß das Essen, das sie gerade gekocht haben, gut ist, daß sie attraktiv sind, daß ihre künstlerischen Leistungen ergreifend sind, und vor allem, daß sie geliebt werden.

## *Selbstbeherrschung: Dem Drang widerstehen*

Die leidenschaftlichen, Spaß liebenden Dramatischen Menschen besitzen eine niedrige Frustrationstoleranz. Wenn ihr Persönlichkeitsprofil nicht durch einen nachdenklichen, besinnlichen, »kopfigen« Stil ausgeglichen wird, sind sie spontan, impulsiv, ungestüm und ungeduldig – was sie wollen, wollen sie *sofort*. »*Bitte* laß mich mein Geschenk jetzt aufmachen; ich kann es nicht *aushalten*, bis zu meinem Geburtstag zu warten«, klagt ein Dramatischer Mensch. Toby, ein Dramatischer Bühnenautor, konnte seinen vergoldeten Füllfederhalter nicht finden, als er eines Morgens in sein Tagebuch schreiben wollte. Er brauchte den Füller nicht mehr sehr oft, seit er begonnen hatte, seine Drehbücher in den Computer zu tippen. Aber der Füller war für ihn ein wichtiges Symbol, und er suchte ihn überall, allerdings ohne Erfolg. Er konnte noch nicht einmal bis zum nächsten Tag warten, um zu sehen, ob der Füller irgendwo in seiner Wohnung wieder auftauchen würde, obwohl der gesunde Menschenverstand ihm sagte, daß es so sein würde. Noch am selben Nachmittag gab er fast zweihundert Dollar für einen neuen Füller aus, den er sich kaum leisten konnte. Als Toby zehn Tage später seine Wohnung saubermachte, fand er den alten Füller, der hinters Bett gefallen war. Das Kaufhaus nahm den neuen Füller nicht zurück, weil Toby ihn bereits benutzt hatte. Toby sagt, er würde genau dasselbe machen, wenn das Ganze noch einmal passieren würde, anstatt zehn Tage ohne seinen schönen vergoldeten Füller auszukommen.

Die Versuchung, impulsiv zu handeln, wird um so größer, je stärker der Dramatische Stil ist. Selbstbeherrschung – bei allem möglichen, Essen, Geldausgeben, Geheimnisse bewahren oder ein hitziges Temperament zügeln – ist für Dramatische Menschen relativ schwierig; das Leben im tiefempfundenen Augenblick macht es schwer, einer sofortigen Befriedigung zu widerstehen. Außerdem vergessen Dramatische Menschen ihre Sorgen gern so bald wie möglich; ein bißchen Sich-Gehenlassen kann ihre Stimmung enorm heben. Probleme mit der Selbstbeherrschung entstehen auch, weil Dramatische Menschen von Natur aus nicht gut planen können; die Zurückhaltung beim Geldausgeben kommt für viele Menschen daher, daß sie planen und an ein bestimmtes Budget gebunden sind; beim Abnehmen hat man Erfolg, indem man im voraus festlegt, was und wieviel man über einen langen Zeitraum essen will. Die Wut läßt sich beherrschen, wenn man den möglichen Schaden im voraus bedenkt.

## *Reale Welt: Eine Bilderbuchgeschichte*

Für Dramatische Männer und Frauen ist die reale Welt ein Bilderbuchland voller Romantik. Sie haben eine reiche Phantasie. Wie Valerie, die aus einem Mann auf einem Motorrad einen Hell's Angel machte, sehen sie Helden und Schurken, wohin sie auch blicken. Andere Menschen werden in diesem kosmischen Melodram zu überlebensgroßen Figuren. Talentierte, ausgeglichene Dramatische Menschen können ihre Bilderbuchwelt unter Umständen in Kunst und Unterhaltung verwandeln, die die Aufmerksamkeit des Publikums in der realen Welt bekommen und behalten. Einige von ihnen besitzen viel Talent für die Schaffung inspirierender oder romantischer Geschichten mit grob gezeichneten guten und bösen Charakteren, in denen die Bösen bekommen, was sie verdienen, und auf die Guten ein Happy-End wartet.

In der Märchenwelt werden Träume wahr. Dramatische Männer und Frauen haben zwar ihre verzweifelten Stimmungen, wollen aber an einen guten Ausgang glauben. Ihr Optimismus in bezug auf Gegenwart und Zukunft kann inspirierend sein. »Es kommt schon alles in Ordnung«, lautet ihr Motto. In Anbetracht ihrer Neigung, Streß durch das Ignorieren der unangenehmen Realität zu bewältigen, müssen sie jedoch aufpassen, eine unbequeme Wahrheit, mit der sie sich lieber nicht beschäftigen möchten, durch einen Wunsch zu ersetzen.

## *Arbeit: Kreatives Flair*

Dramatische Menschen lieben eine anregende Arbeitssituation, in der sie einen starken Eindruck hinterlassen. Sie sind Ideenmenschen und haben oft brillante Eingebungen. Und sie können andere davon überzeugen, ihre Projekte zu unterstützen. Schwierigkeiten bereitet ihnen allerdings die Durchführung der Details. Aber wenn sie Menschen finden, die dies für sie erledigen, kann aus ihren Träumen Wirklichkeit werden. Vor Jahren präsentierte Max W., ein erfolgreicher Rechtsanwalt mit der Fähigkeit, die Geschworenen von seinen Ausführungen zu überzeugen, eine Idee, deren Zeit gekommen war. Max, der zweimal geschieden war, phantasierte eines Abends darüber, wie er die Frau seiner Träume finden könnte. Wäre es nicht toll, dachte er, wenn man alle verfügbaren Frauen der Welt nacheinander auf einem Bildschirm sehen würde? Man könnte ihnen zusehen, ihnen zuhören, und die heraussuchen, die man wollte.

Obwohl das Konzept einer Partnerschaftsvermittlung per Video inzwischen ein alter Hut ist, war noch niemand auf so etwas gekommen, als Max seine brillante Idee hatte. Er nahm von seiner Kanzlei ein paar Tage Urlaub und reiste in die Großstädte der USA, um Helfer zu finden. Max hatte eine tiefe, sonore Stimme und die Fähigkeit, sich eine bewegende Geschichte auszudenken. Von New York bis Los Angeles interessierte er viele Menschen für sein Projekt, und sie griffen tief in die Taschen, um es zu finanzieren. Innerhalb eines Jahres hatte Max dreißig Partnerschaftsinstitute per Bildschirm eingerichtet. Er setzte Werbung in die Zeitungen und drehte Reklamespots, in denen er selbst die Hauptrolle spielte. Die Menschen antworteten zu Tausenden. Das einzige Problem war, daß Max noch nicht damit begonnen hatte, die Produktionsseite zu organisieren. Er hatte noch nicht einmal die dazu erforderliche Belegschaft eingestellt. Wie es Dramatischen Menschen häufig geschieht, hatte Max eine großartige Idee präsentiert und gefördert, aber er hatte sie nicht durchgeführt.

Er sah seine große Idee bereits in einem Haufen schlimmer Schulden untergehen, als er endlich eine Anzeige in die Zeitung setzte, daß er einen Geschäftsführer suchte. Louise T. war der achte Kandidat, den er interviewte. Er wußte, sobald sie zur Tür hereinkam, daß sie die Richtige für den Posten war. Louise war erstaunt, daß die Stelle ihr nach einem fünfminütigen Gespräch angeboten wurde. Max' Gefühl war richtig gewesen; Louise stellte einen Plan auf und war innerhalb von sechs Wochen an den wichtigsten Orten in die Produktion gegangen. Max hat inzwischen seine Partnerschaftsinstitute mit riesigem Gewinn verkauft, und Louise mit all ihrer Gewissenhaften Kompetenz ist Produktionsleiterin einer Fernsehstation geworden.

Die Tendenz, eher auf Ahnungen und Einsichten hin zu agieren, anstatt Dinge zu durchdenken, erschwert Dramatischen Menschen das Leben, wenn die Institutionen, für die sie arbeiten, auf Entwürfen, Plänen, der Einhaltung des Budgets und einer detaillierten Durchführung bestehen. Im Bereich der Unterhaltung, bei Radio und Fernsehen, in der Werbung und mit diesen zusammenhängenden Sparten sind sie jedoch willkommene kreative Mitarbeiter, die weniger reglementiert werden als andere Angestellte. Im allgemeinen wird das kreative Personal ermuntert, sich nach Belieben zu kleiden, während für die übrige Belegschaft Anzug bzw. Kostüm vorgeschrieben ist. Ein kreatives As in einer New Yorker Werbeagentur bekam ein Klavier ins Büro gestellt – nicht weil er für Musik verantwortlich war, sondern weil das Klavierspielen ihm half, zu entspannen und Ideen zu produzieren. Ein Vorschlag fürs Management: Verwöhnen Sie Ihre Dramatischen Angestellten, sagen Sie ihnen, wie sehr Sie sie schätzen, lassen Sie sie so arbeiten, wie sie wollen, und sie werden Sie mit ausgezeichneter Arbeit belohnen.

Viele erfolgreiche Unternehmer – siehe Max mit seinem Partnerschaftsunternehmen – haben einen stark ausgeprägten Dramatischen Stil. Diese Menschen können bezaubern, verkaufen, die tollsten Geschäfte machen, werben und – wenn sie es schaffen, eine gute Organisation aufzubauen, die ihnen den Rücken deckt und sich um die administrativen Details kümmert – sehr erfolgreiche Unternehmen ins Leben rufen.

**Management-Stil**

Dramatische Männer und Frauen können gute Manager sein; sie haben eine Begabung dafür, ihre Untergebenen zu harter Arbeit zu inspirieren. Sie brauchen allerdings eine fähige, starke Gewissenhafte Sekretärin oder einen ebensolchen Assistenten, die dafür sorgen, daß die Arbeit vorwärtsgeht und die routinemäßigen Verantwortlichkeiten erfüllt werden. Sie schätzen freimütig eine gut getane Arbeit und sind großzügig gegenüber denen, die hart für sie arbeiten. Auch ihren Ärger verstecken sie nicht. Einen Untergebenen, der ihnen mißfällt, können sie abkanzeln, oder sie drohen, den unglücklichen Missetäter zu entlassen. Oft führen sie diese Ankündigungen jedoch nicht aus. Unter Umständen sind sie emotional wechselhaft – schroff und unkommunikativ heute, fröhlich und enthusiastisch morgen. Wenn Sie für einen solchen Menschen arbeiten, sollten Sie die emotionalen Reaktionen Ihres Chefs nicht persönlich nehmen. Vermeiden Sie eine Konfrontation, verhalten Sie sich ruhig, bewahren Sie Ihr emotionales Gleichgewicht und warten Sie auf eine aufgeschlossenere Stimmung Ihres Chefs, bevor Sie um eine Gehaltserhöhung bitten.

### Karrieren für den Dramatischen Typ

Die kreativen oder darstellenden Künste und die kreativen Seiten von Wirtschaft und Industrie sind für talentierte Dramatische Menschen Entscheidungen erster Wahl. Suchen Sie vor allem Berufe, in denen Sie die außerordentliche Fähigkeit Ihres Stils, andere zu beeinflussen, nutzen können: Public Relations, Lehren, Verkaufen, Verkaufsförderung. Die Sensibilität dieses Stils für Gefühle kann auch in den helfenden Berufen von Vorteil sein.

Vermeiden Sie routinemäßige, sich wiederholende und technische Arbeiten jeder Art, und suchen Sie eine nicht reglementierte Arbeitsumgebung. Selbständige Arbeit kann Sie anziehen, aber sie könnte Ihr Untergang sein, wenn Sie nicht einen Agenten haben und/oder jemanden einstellen können, der Ihnen mit dem Papierkram und den Finanzen hilft und Sie anspornt, diszipliniert und produktiv zu sein, wenn Sie sich stark versucht fühlen, herumzutrödeln.

### Dramatisch innen

Unter Umständen bestimmt der Dramatische Stil auch eher das Innenleben als das äußere Verhalten der von ihm geprägten Menschen. Andere im Persönlichkeitsprofil stark vertretene Stile beeinflussen, wie sehr nach außen gekehrt ein Dramatischer Mensch ist. Wenn zum Beispiel der Gewissenhafte Stil sich mit dem Dramatischen die Spitze teilt – was oft der Fall ist –, sorgt er für soziale und emotionale Zurückhaltung und Selbstbeherrschung. Der Sensible und der Ungesellige Stil mäßigen den emotionalen Ausdruck des Dramatischen Menschen und reduzieren sein Bedürfnis, mit anderen zusammenzusein; der Wachsame Stil steuert Unabhängigkeit und

Vorsicht bei, und der Anhängliche bremst den Drang des Betreffenden, nach außen zu gehen und die Welt in Bewegung zu setzen. Aber unabhängig vom äußeren Anschein bleiben die Gefühle und das Verlangen nach Aufmerksamkeit innerlich reich und stark.

## TIPS ZUM UMGANG MIT DEM DRAMATISCHEN MENSCHEN IN IHREM LEBEN

1. Die Spontaneität, die Leidenschaftlichkeit, die Sinnlichkeit und die Fähigkeit des Dramatischen Menschen, es sich gutgehen zu lassen, haben Sie angezogen. Stutzen Sie nun diesem Vogel nicht die Flügel. Lassen Sie zu, daß der Dramatische Mensch in Ihrem Leben Sie herausputzt und Sie zu sozialen Veranstaltungen schleppt. Kämpfen Sie nicht dagegen an, wenn er darauf besteht, einen romantischen Urlaub zu machen, zum Tanzen zu gehen oder Partys zu geben. Gestatten Sie ihm seine emotionale Freiheit, und genießen Sie die vielen Erfahrungen, die sich für Sie daraus ergeben.
2. Schätzen Sie ihn, loben Sie ihn, schmeicheln Sie ihm, und geben Sie Feedback. Der Dramatische Mensch in Ihrem Leben braucht es, daß Sie jederzeit offen und verbal reagieren, insbesondere in bezug auf Ihre positiven Gefühle. Reagieren Sie auf sein Aussehen, seine Kochkünste, seinen geschäftlichen und persönlichen Erfolg, seinen Sex, seine Geschenke, usw. Und, was das Wichtigste ist: Sagen Sie ihm, wie sehr Sie ihn lieben. Halten Sie sich nicht zurück; zuviel des Guten gibt es bei diesem Persönlichkeitsstil nicht. Aber seien Sie sicher, daß Sie aufrichtig sind. Wenn Sie die guten Dinge, die Sie sagen, nicht meinen, wird der intuitive Dramatische Mensch es wissen.
3. Seien Sie romantisch. Bringen Sie Blumen, Süßigkeiten, Geschenke mit, und senden Sie Valentinsgrüße und sentimentale Karten zu jeder Gelegenheit. Auch wenn der Dramatische Mensch in Ihrem Leben ein Freund, ein Verwandter oder ein Elternteil ist, werden diese gefühlvollen Aufmerksamkeiten ihn freuen und entzücken. Wenn Sie diese Äußerungen der Zuneigung vernachlässigen, wird er das Gefühl haben, daß Sie sich nichts aus ihm machen.
4. Seien Sie realistisch hinsichtlich der relativen Unfähigkeit bzw. des Widerwillens dieses Menschen, sich mit gewissen Verantwortlich-

keiten einschließlich Geld zu beschäftigen. Kümmern Sie sich notfalls selbst um die Finanzen oder die Finanzplanung; beaufsichtigen Sie diese Dinge oder überprüfen Sie wichtige Details. Fragen Sie zum Beispiel in regelmäßigen Abständen nach, ob Ihr Dramatischer Partner weiß, wo er die Schecks vom gemeinsamen Konto gelassen hat; Menschen mit diesem Persönlichkeitsstil vergessen es häufig. Ermuntern Sie diesen Menschen, es besser zu machen, aber erwarten Sie nie von ihm, daß er es in diesem Bereich des Lebens so gut macht wie Sie.

Erinnern Sie ihn auch daran, an Verantwortlichkeiten wie Verabredungen oder Telefonanrufe zu denken, insbesondere an solche, die mit Kindern zu tun haben.

5. Grollen Sie nicht vor sich hin. Dramatische Menschen behalten Dinge nicht für sich und können emotional heftig sein. Sie und dieser Mensch haben vielleicht einen lauten Streit, in dessen Verlauf der andere grimmigen Zorn äußert. Ein paar Stunden später hat der Dramatische Mensch alles vergessen. Er wird nicht verstehen, warum Sie immer noch ärgerlich sind. Versuchen Sie, Ihre Wut loszulassen. Nehmen Sie die emotionalen Reaktionen dieses Menschen nicht persönlich, und lassen Sie sich von dem Drama nicht erschrecken.

6. Vermeiden Sie Eifersucht. Dramatische Menschen lieben es, andere zu bezaubern. Wenn Sie ein eifersüchtiger Typ sind, sollten Sie innehalten und überlegen, ob es etwas gibt, auf das Sie eifersüchtig sein könnten. Wenn zwischen ihnen beiden zu Hause alles in Ordnung ist, kann es gut möglich sein, daß Ihr Dramatischer Partner lediglich die Reaktionen anderer genießt und die Dinge nicht weitertreibt. Versuchen Sie, sich durch die herzlichen Aufmerksamkeiten, die andere Ihrem Partner bezeigen, geschmeichelt und angeregt zu fühlen, und amüsieren Sie sich auf der Party.

## MACHEN SIE DAS BESTE AUS IHREM DRAMATISCHEN STIL

Ihr Selbstbewußtsein wird von außen gespeist, weshalb Ihr Innenleben möglicherweise instabil ist. Wenn Sie Ihre eigenen Quellen finden, wird dies die innere Ruhe fördern.

## Übung 1
Überlegen Sie – oder machen Sie eine entsprechende Liste –, was Sie an sich selbst mögen. Achten Sie darauf, daß Sie sich durch Ihre Augen sehen. Sagen Sie nicht: »Ich bin glücklich, daß andere mich mögen.« Versuchen Sie statt dessen, den Satz aus Ihrer Sicht umzuformulieren, etwa: »Ich mag, daß ich freundlich bin.«

## Übung 2
Klopfen Sie sich selbst auf die Schulter. Geben Sie sich jedesmal, wenn Sie feststellen, daß Sie die Reaktion anderer brauchen, selbst Anerkennung. Wenn Sie ein Essen gekocht haben, sagen Sie sich, wie gut es schmeckt. Wenn Sie sich zum Ausgehen anziehen, schauen Sie in den Spiegel und würdigen Sie, wie gut Sie aussehen. Wenn Sie sich Sorgen machen, daß jemand Sie nicht liebt, sagen Sie sich, daß Sie liebenswert sind, egal ob dieser Mensch Sie mag oder nicht.

## Übung 3
Arbeiten Sie an Zurückhaltung und Planung, um Ihre natürliche Spontaneität auszugleichen. Stoppen Sie und zählen Sie bis zehn. Halten Sie das nächste Mal, wenn Sie dabei sind, impulsiv zu reagieren – Geld auszugeben, die Arbeit hinzuwerfen, zu essen, zu trinken und insbesondere Ihren Gefühlen freien Lauf zu lassen –, einen Augenblick inne. Zählen Sie langsam bis zehn. Überlegen Sie, ob Sie mit dem weitermachen wollen, was Sie vorhatten. Wenn Sie es nicht wollen, aber dem Drang nicht widerstehen können, beobachten Sie, wie lange Sie es aushalten. Machen Sie diese Übung bei jeder Gelegenheit. Gewöhnen Sie sich daran, zwischen Bedürfnis und Handlung ein Stop einzulegen.

## Übung 4
Planen Sie. Schreiben Sie jedesmal, wenn Sie zu Hause oder bei der Arbeit eine Aufgabe zu erledigen haben, alle zu ihrer Ausführung notwendigen Schritte auf. Widerstehen Sie dem Drang, den Stift wegzuwerfen, wenn die Liste halb fertig ist.

## Übung 5
Sie sind sehr intuitiv in bezug auf andere Menschen, aber Sie werden von Ihren Gefühlen beherrscht, und wenn Sie von jemandem stark angezogen sind, fliegt Ihre Urteilskraft zum Fenster hinaus. Gewin-

nen Sie daher Abstand von sich selbst und beobachten Sie. Sammeln Sie Einzelheiten und Informationen über diesen Menschen. Lassen Sie Ihre Gefühle beiseite. Was hat dieser Mensch für eine Haar-, für eine Augenfarbe? Wie groß sind seine Füße? Welche Art Schuhe trägt er? Welche Farbe haben seine Kleider? Stellen Sie Fragen. Wo arbeitet er? Ist er verheiratet? Wo lebt er? Machen Sie aus dieser Übung ein Spiel: Je mehr Einzelheiten Sie herausfinden, desto höher ist Ihre Punktzahl.

**Übung 6**
Sehen Sie den Dingen ins Auge. Sie wenden sich von unangenehmen Wahrheiten gern ab. Aber einige Wahrheiten werden noch unangenehmer, wenn man sie ignoriert. Versuchen Sie, sich alle Aspekte des realen Lebens zu vergegenwärtigen, und beobachten Sie, wie sich das anfühlt. Es ist in Ordnung, wenn Sie besorgt sind. Wenn Sie etwas unternehmen, um die Schwierigkeit direkt zu bewältigen, geht die Besorgnis oft weg. Wenn Sie in bezug auf Angst Hilfe brauchen, sind vielleicht die Übungen 2 bis 9 für den Sensiblen Stil in Kapitel 9 hilfreich (S. 216–218).

Versuchen Sie auch die Übungen 5 (Entwickeln Sie die Lebensfertigkeiten, die Ihnen fehlen) und 6 (Widerstehen Sie dem Drang, sich blind in eine neue Beziehung zu werfen), die in Kapitel 6 für den Anhänglichen Persönlichkeitsstil empfohlen werden (S. 138).

# Histrionische Persönlichkeitsstörung

Die an der Histrionischen Persönlichkeitsstörung leidenden Männer und Frauen leben in einer übertrieben emotionalen Welt, in der sie tun, was sie können, um Aufmerksamkeit zu bekommen – denn ohne Aufmerksamkeit, so meinen sie, sind sie nichts.

# DIAGNOSTISCHE KRITERIEN

Das DSM-III-R beschreibt die Histrionische Persönlichkeitsstörung als[1]:
  Ein durchgängiges Muster übermäßiger Emotionalität oder eines übermäßigen Verlangens nach Aufmerksamkeit. Der Beginn liegt im frühen Erwachsenenalter, und die Störung manifestiert sich in den verschiedensten Lebensbereichen. Mindestens vier der folgenden Kriterien müssen erfüllt sein:
  Der Betroffene
1. verlangt ständig von anderen Bestätigung, Anerkennung und Lob;
2. ist übertrieben attraktiv und verführerisch im Äußeren und im Gehabe;
3. ist übertrieben besorgt um sein Äußeres;
4. zeigt übertrieben seine Emotionen, umarmt z.B. flüchtige Bekannte übertrieben bei der Begrüßung, schluchzt unkontrolliert in einer wenig sentimentalen Situation, hat Wutausbrüche;
5. fühlt sich unwohl in Situationen, in denen er nicht im Mittelpunkt steht;
6. zeigt rasch wechselnde und oberflächliche Emotionen;
7. ist stark egozentrisch, das Handeln ist auf unmittelbare Befriedigung ausgerichtet, Frustration durch Belohnungsaufschub wird schwer ertragen;
8. hat einen übertrieben impressionistischen Sprachstil, der keine Details kennt. Bei der Beschreibung der eigenen Mutter heißt es z.B. nur: »Sie war eine wunderbare Frau«.

## *Gefühle außer Kontrolle*

Die an dieser Persönlichkeitsstörung leidenden Männer und Frauen sind oft ahnungslos oder uninformiert in bezug auf die Welt um sie herum, weil sie so mit ihren eigenen emotionalen Dramen beschäftigt sind. Alles ist eine Inszenierung: ein kleiner Rückschlag wird zu einem riesigen Unglück; ein gewöhnliches Vergnügen wird zur größten Freude ihres Lebens.
  Aber trotz all dieses *Sturms und Drangs* scheinen Histrionische Menschen nicht überzeugend. Neil, ein Makler in den mittleren Jahren, wechselte beim Abschluß seiner Geschäfte an einem einzigen Tag

von »dies ist der glücklichste Tag meines Lebens« zu »Ich halte es nicht mehr aus – ich schmeiße diesen Job hin« – je nachdem, wie der Abschluß war. Es war jeden Tag die gleiche Litanei. »Ja, Neil«, antworteten seine Kollegen, die ihn nicht mehr ernst nahmen, teilnahmslos.

Die Gefühle Histrionischer Menschen scheinen oft infantil. Wie Kinder reagieren sie unmittelbar; ihre Gefühle ändern sich häufig, sie können Frustrationen oder Enttäuschungen nicht ertragen und die Erfüllung ihrer Bedürfnisse nicht aufschieben. Sie handeln egozentrisch, und wenn sie nicht bekommen, was sie wollen, werden sie sehr ärgerlich. Wie einige Kinder neigen sie zu Wutanfällen.

Auch die Sexualität mancher Histrionischer Menschen ist kindlich. Männer und Frauen mit dieser Störung ziehen sich oft sehr verführerisch an und handeln auch so. Aber viele wollen nur reizen; wenn man sie beim Wort nimmt, laufen sie davon oder sind beleidigt. Obwohl einige zu Promiskuität neigen, sind viele Menschen mit dieser Störung sexuell naiv und oft gehemmt.

## *Ich verlange deine Liebe und Aufmerksamkeit!*

Ihre ganze emotionale Extravaganz – einschließlich der Wutanfälle und der sexuellen Verlockung – dient dazu, die Aufmerksamkeit anderer zu bekommen. Das Leben Histrionischer Menschen ist auf andere konzentriert, und von ihnen sind sie in bezug auf die Befriedigung ihrer Bedürfnisse völlig abhängig. Sie bekommen ihre Identität von anderen, denn innerlich wissen sie nicht genau, wer sie sind. Wenn nicht alle Augen auf sie gerichtet sind, fühlen sie sich ohnmächtig und wertlos. Daher beschäftigt sie sehr, wie sie in den Augen anderer aussehen; oft erscheinen sie in skandalöser Kleidung, um öffentlich Aufmerksamkeit zu erregen. Sie übernehmen jede Modetorheit und glauben mit Leib und Seele an sie, bis die nächste Welle kommt.

Histrionische Menschen idealisieren die Menschen in ihrem Leben und verwandeln sie in Phantasiefiguren, den Märchenprinzen etwa oder die böse Hexe. Sie können anderen gegenüber sehr vertrauensvoll und übertrieben unterwürfig sein, so daß sie eine leichte Beute für andere Menschen werden (siehe den Fall von Katy T. am Ende dieses Kapitels).

Ihre Beziehungen können ekstatisch beginnen, aber im allgemeinen werden sie stürmisch und unbefriedigend. Trotz all ihrer Versuche, andere anzuziehen, können Histrionische Menschen eine reife emotionale Beziehung nicht auf Dauer durchhalten. Sie haben ein zu großes Bedürfnis nach ständiger Anerkennung und stärken ihr Selbstbewußtsein oft dadurch, daß sie außerhalb der Hauptbeziehung neue »Eroberungen« suchen. Obwohl es ihnen nicht klar ist, haben viele Menschen mit dieser Persönlichkeitsstörung Angst vor Nähe und Bindung; deshalb konzentrieren sie sich auf Menschen, die emotional oder physisch nicht verfügbar für sie sind.

Die Histrionische Emotionalität kann für ihre Beziehungen sehr destruktiv sein; daß sie im allgemeinen ihre Ausbrüche nicht bereuen, macht die Dinge nicht gerade leichter. Im Verlauf ihrer Wutanfälle können sie zu den Menschen, die sie lieben, bösartig und grausam sein, und sie verstehen nicht, warum andere auch nach dem Vorfall noch verletzt und ärgerlich sind.

Wie Joey in Kapitel 5, der an einer gemischten Narzißtischen, Histrionischen und Antisozialen Persönlichkeitsstörung litt, können sie andere ausbeuten und manipulieren, um das Erwünschte zu bekommen. Die Histrionische Carla, Mutter dreier Kinder, hatte große Schwierigkeiten mit der Wut, die ihre heranwachsende älteste Tochter auf sie hatte. Bei den Streitereien kreischte Carla, die dem Verhalten ihrer Tochter Einhalt gebieten wollte: »Dein Benehmen bringt mich ins Grab. Ich schwöre, daß ich mich umbringen werde!« Die beunruhigte Tochter bekam riesige Schuldgefühle. Sie hörte auf, ihre Mutter anzugreifen, verfiel in eine tiefe Depression und unternahm mit achtzehn Jahren selbst einen Suizidversuch.

## *Hilfe!*

Es ist nicht leicht, mit Histrionischen Menschen zusammenzusein, auch wenn sie oft charmant und liebenswürdig sind. Trotz ihres starken Bedürfnisses nach anderen und der Abhängigkeit von ihnen fordert ihr Verhalten die Ablehnung und die Mißbilligung der von ihnen geliebten Menschen geradezu heraus. Menschen mit dieser Störung sind so auf die Gefühle eingestellt, die andere für sie haben, daß sie die Zurückweisung kommen spüren. Sie werden extrem ängstlich und verwirrt, und dann suchen sie vielleicht Hilfe. Möglich ist auch, daß ein Partner oder Familienmitglied sich das Verhalten nicht mehr gefallen läßt und darauf besteht, daß der andere einen Therapeuten aufsucht – sonst geht er!

Histrionische Menschen schauen nicht gern nach innen; wenn sie mit der Therapie anfangen, haben sie nicht darüber nachgedacht, wie sie zu ihren Problemen beitragen oder was sie wirklich von sich meinen. Es kann zum Beispiel eine große Überraschung für sie sein, daß sie sich trotz ihrer vielen verführerischen und sexuellen Eroberungen nicht liebenswert, abhängig und in bezug auf Sex verwirrt fühlen. Sie schützen sich vor der Realität ihrer inneren Konflikte, indem sie unbewußt eine »Was ich nicht weiß, macht mich nicht heiß«-Haltung einnehmen und der Meinung anderer über sie mehr Aufmerksamkeit schenken als dem, was sie selbst über sich denken. Den Therapeuten betrachten sie oft als an eine Art Retter, der das Zauberwort spricht, das ihnen unverzüglich ein erfüllendes Liebesleben verschafft. Viele Histrionische Patienten kommen aus Familien, in denen zwischen den Eltern ein Konflikt bestand, als sie sehr klein waren. Vor allem weibliche Patienten berichten oft, daß sie von frühester Kindheit an keine befriedigende Beziehung zu ihrer Mutter herstellen konnten. Der Vater war dann der Retter, dem sie sich zuwandten.

Wenn diese Patienten zur Zusammenarbeit mit dem Therapeuten bereit sind und entdecken, wie die Wahl ihres Partners bzw. ihre emotionalen Konflikte sie davon abhalten, ein Gefühl der Zufriedenheit zu entwickeln, können sie zum ersten Mal in ihrem Leben reife Partnerschaften eingehen. Psychodynamische Psychotherapien sind bei einer Histrionischen Persönlichkeitsstörung am ehesten angezeigt.

## *Der Umgang mit Histrionischen Menschen*

Ganz wichtig ist, auf ihre Überreaktionen nicht überzureagieren. Dies ist nicht leicht, denn sie sind manipulativ und wissen, welche Knöpfe sie bei Ihnen drücken müssen. Greifen Sie sie nicht an, und schmollen oder grollen Sie nicht. Sagen Sie später, wenn die Dinge sich beruhigt haben, freundlich, aber bestimmt, was Sie von der Beziehung verlangen. Beteuern Sie dem Histrionischen Menschen dabei auch Ihre Liebe – falls Sie solche Gefühle haben; falls nicht, müssen Sie sich fragen, ob Sie die Beziehung beenden wollen. (Siehe auch die Tips zum Umgang mit Dramatischen Menschen, S. 164–165.)

## Risiken, prädisponierende Faktoren und Vorkommen

Menschen mit dieser Störung sind anfällig für Konversion, Somatisierung und dissoziative Störungen nach Achse I (siehe Kapitel 2, S. 29). Die ersten beiden Begriffe beschreiben Störungen, bei denen psychologische Konflikte sich durch körperliche Symptome äußern, die keine physische Ursache haben. Bei dissoziativen Störungen (zu denen die multiple Persönlichkeit und einige Arten von Gedächtnisausfall gehören) zeigen die Konflikte sich an Veränderungen der Identität, des Gedächtnisses oder des Bewußtseins. Unter extremem Streß, etwa dem Auseinanderbrechen einer Liebesbeziehung, erleben einige Histrionische Menschen vorübergehend psychotische Symptome (kurze reaktive Psychose); die Symptome verschwinden nach Stunden oder Wochen völlig.

Histrionische Menschen neigen auch zu depressiven Störungen. Die Psychiater Dr. Michael Liebowitz und Dr. Donald Klein[2] haben einen Untertyp der Depression beschrieben, der hysteroide Dysphorie genannt wird und bei Menschen (insbesondere Frauen) vorkommt, die viele Histrionische Charakteristika aufweisen. Diese Patienten reagieren auf Zurückweisung mit schweren emotionalen Zusammenbrüchen. Wenn sie depressiv sind, schlafen und essen sie zuviel (vor allem Schokolade und andere Süßigkeiten ziehen sie an). MAO-Hemmer, eine Art antidepressiver Drogen, können zusammen mit einer Psychotherapie sehr hilfreich sein, um diese unglücklichen Menschen zu stabilisieren.

Die Histrionische Persönlichkeitsstörung ist weit verbreitet. Dem DSM-III-R zufolge wird sie »sehr viel häufiger bei Frauen als bei Männern«[3] diagnostiziert. Trotzdem war in zumindest einer Studie[4] der Anteil an Männern und Frauen bei dieser Störung im wesentlichen gleich. Sollten epidemiologische Untersuchungen zeigen, daß es sich tatsächlich um eine »frauenspezifische Persönlichkeitsstörung« handelt, wird dies eher gesellschaftliche als biologische Gründe haben. Die Emotionalität Histrionischer Menschen, ihre Abhängigkeit und Unterwürfigkeit sowie ihre Kokettiersucht sind Übertreibungen von Merkmalen, die in unserer Gesellschaft als »weiblich« betrachtet werden. Wir wissen, daß kulturelle Faktoren und gesellschaftlicher Druck die Äußerung von Persönlichkeitszügen stark beeinflussen. Es ist möglich, daß manche Frauen unter dem Einfluß ihrer geschlechtlichen Rolle, der männlichen Dominanz und der Vorstellungen eines für Frauen angemessenen sexuellen Verhaltens ihre inneren Konflikte in ein stereotyp »weibliches« Verhalten kanalisieren. Ähnlich können stereotyp »männliche« kulturelle Erwartungen die Manifestation bestimmter Persönlichkeitsstörungen und -stile bei Männern beeinflussen – zum Beispiel der Antisozialen, der Aggressiven und der Gewissenhaften.

Die Histrionische Persönlichkeitsstörung kommt häufiger bei Verwandten ersten Grades (Eltern, Kindern und Geschwistern) von Menschen mit dieser Störung vor als in der Allgemeinbevölkerung, was möglicherweise eine genetische Prädisposition spiegelt.

## *Sich in die Liebe verlieben: Der Fall der Histrionischen Werbetexterin*

Katy T. (die wir in Kapitel 1 vorgestellt haben) war Texterin in einer großen New Yorker Werbeagentur. Sie saß am Schreibtisch und entwarf eine Anzeige für sich selbst, die unter der Rubrik »Bekanntschaften« in der Zeitschrift *New York* erscheinen sollte. »Das Beste von New York – große, gut gebaute Blondine, romantisch, sexy, großzügig, extravertiert, sportlich, dynamisch, sehr weiblich, 26« kritzelte sie und hielt inne. Sie besaß alle Attribute der heutigen Frau, und doch mußte sie über eine Zeitschrift nach Liebe suchen. Sie stand abrupt auf und stieß ihren Stuhl durch den ganzen Raum. Sie hatte das Gefühl, schreien zu müssen.

Was Katy mehr als alles andere wollte, war ein wundervoller Mann, dem sie sich für den Rest ihres Leben ganz überantworten konnte. Sie wußte, daß sie eine großartige Ehefrau abgeben würde. Aber anscheinend waren alle interessanten Männer entweder schwul, oder sie behandelten sie wie den letzten Dreck. Der Rest war langweilig. Sie meinte, es nicht länger aushalten zu können.

Katy holte sich ihren Stuhl zurück und setzte sich bedrückt. Sie legte ihren Kopf auf den Schreibtisch. Jeder in der Agentur wußte, was sie wegen Keith durchmachte. Er arbeitete als Finanzmanager in derselben Agentur, und sie hatten vor kurzem ihre Beziehung beendet. Sie mußte ihn immer noch täglich sehen, was demütigend war. Im allgemeinen ließ sie sich mit Kollegen nicht ein, aber er war so wunderbar gewesen und so stark aufgetreten, daß sie nachgegeben hatte.

Anfangs war es wie im Himmel. Er schickte ihr jeden Tag Blumen. Aus beruflichen Gründen beschlossen sie, ihre Beziehung geheim zu halten; sie konnte daher ihrer Chefin Alice, die begonnen hatte, von Katys »geheimem Verehrer« zu sprechen, die Identität des Mannes nicht verraten.

Nachdem sie sich gerade zwei Wochen näher kannten, zog Keith praktisch zu ihr; ihr war ganz schwindelig davon, wie schnell es ging. Aber er mußte oft verreisen und hatte viele geschäftliche Essen, bei denen es so spät wurde, daß er zu seiner eigenen Wohnung ging. Außerdem verbrachte er zumindest jedes zweite Wochenende bei seiner Familie auf Cape Cod. Aber wenn Katy und Keith zusammen waren, war es, als würden sie mit einem Kopf denken, mit einem Atem atmen. Der Sex mit ihm war unglaublich.

Der Haken war – er war verheiratet! Alice erzählte es ihr. Alice war einmal spät abends an Katys Haus vorbeigekommen, als Katy und Keith von einem Restaurantbesuch zurückkamen. Eine Woche, nachdem sie sie zufällig getroffen hatte, fragte Alice Katy, ob Keith für die täglichen Blumen verantwortlich war. Katy wurde rot und nickte. Alice sagte: »Katy, weißt du nicht, daß er verheiratet ist?«

Katys Welt brach zusammen. Sie war so aus der Fassung, daß sie eine Woche Urlaub nehmen mußte. Es war nicht nur wegen Keith – jedesmal, wenn sie einem Mann ihr Herz öffnete, nutzte er sie aus. Wie dieser Typ, auf dessen Bekanntschaftsanzeige sie vor ein paar Jahren geantwortet hatte. Er versprach ihr einen Ski-Trip in die Schweiz und erschien dann nicht am Flughafen. Und sie hatte sich schon völlig neu eingekleidet! Damals war Katy so am Boden zerstört gewesen, daß sie sich zwei Wochen krankgemeldet hatte.

Katy packte das Stück Papier mit ihrem Gekritzel, zerknüllte es und warf es in den Papierkorb.

»Alles in Ordnung da drüben?« rief Alice aus ihrem Büro auf der anderen Seite des Flurs.

»Na klar«, antwortete Katy nicht besonders überzeugend.

»Bist du fertig mit der neuen Anzeige, die du mir heute morgen versprochen hast?«

»Nein«, sagte Katy nach einer Pause. Die Tränen rollten ihr über die Wangen.

Katy hatte seit der Sache mit Keith nicht viel Arbeit geschafft. Im allgemeinen konnte sie auf Alices Unterstützung rechnen. Aber als Alice diesmal hereinkam, sie weinend dasitzen sah und die Arbeit nicht erledigt war, meinte sie, wenn Katy es diesmal nicht schaffen würde, würde sie gefeuert. Sie gab ihr den Namen eines Psychiaters.

Bei Katy wurde eine Histrionische Persönlichkeitsstörung diagnostiziert. Sie war mit der verzweifelten Suche nach dem richtigen Mann beschäftigt. Aber sie konnte ihn nicht finden, weil sie nicht wußte, was Liebe ist. Ihre Vorstellung von Liebe entstammte direkt romantischen Bilderbuchgeschichten: für sie war Liebe die totale, magische Verbindung zu einem schönen, mächtigen Mann, der ihr Herz im Sturm erobern würde. Unglücklicherweise sind Männer, die so stark auftreten, oft extreme Abenteurer wie Keith und der Mann von der Schweiz-Reise, die ihre Tendenz ausnutzten, »nichts Böses zu sehen«.

Katy machte es ihnen leicht. Obwohl sie sich für eine emanzipierte Frau hielt, gab sie in der Beziehung zu einem Mann ihre ganze Kraft und einen Großteil ihrer Vernunft auf. Sie hätte schnell herausfinden können, daß Keith verheiratet war, aber sie fragte nie. Sie zog nie all die Abende und Wochenenden in Zweifel, die er ohne sie verbrachte. Sie fand rationale Erklärungen, etwa die, daß Männer anders sind als Frauen und viel Freiraum brauchen, obwohl sie in Wahrheit nur Angst hatte, ihm mit ihren Fragen zu mißfallen. Er rief um 18 oder 19 Uhr an und annullierte ihre Pläne für den Abend, und sie verzieh ihm, solange er ihr sagte, wie sehr er sie liebte und wie fabelhaft sie heute im Büro ausgesehen hatte. Katy lechzte nach Anerkennung, und jedes bißchen Schmeichelei stellte sie zufrieden.

In der Therapie begann sie langsam und unter Schmerzen zu sehen, wie sie sich aufgrund eines tief inneren Gefühls der Minderwertigkeit und Unfähigkeit eine Phantasiewelt geschaffen hatte, in der übertriebene Schmeichelei und schnelle Erklärungen unsterblicher Zuneigung sich als Liebe verkleideten. Und sie begann zu verstehen, daß sie von den »langweiligen« Männern nicht angezogen sein konnte, weil kein normaler Mensch ihre verzerrten Bedürfnisse erfüllen konnte. Trotzdem lockten die »bösen Buben« Katy auch noch nach drei Jahren Psychotherapie, und sie beklagte sich bei ihrem Therapeuten, daß sie daran nichts machen konnte. Sie konnte sich doch nicht zwingen, einen Frosch zu lieben, wenn ihr Herz dem Märchenprinzen gehörte?

»Ich weiß«, sagte der Psychiater.

Dann war Katy eines Abends zum Essen bei ihrer Schwester, als Casey, ein Freund ihrer Schwester, vorbeikam. Casey, der Rechtsanwalt war, war einer der Männer gewesen, die Katy als steif und langweilig aussortiert hatte. Casey war ruhig und freundlich. Als er gegangen war, fragte Katy ihre Schwester: »Casey ist wirklich nett – was ist los mit ihm?«

»Nichts«, sagte die Schwester, »er ist wie immer.«

Als Katy diese Erfahrung mit ihrem Therapeuten besprach, erkannte sie, daß *sie* sich verändert hatte. Ein netter Kerl wie Casey erschien ihr jetzt wirklich attraktiv. »Es gibt immer noch Wunder«, meinte Katy.

Sie brachte es fertig, Casey zu sich einzuladen, und sie verstanden sich gut. Jetzt sind sie sich seit acht Monaten befreundet. Es waren harte Zeiten. Manchmal hatte Casey ihre Theatralik, ihre verrückten Klamotten und ihre Gewohnheit, impulsiv Geld auszugeben, gründlich satt; vor allem stört ihn, wie sie mit anderen Männern flirtet, wenn sie auf einer der Partys sind, zu denen sie ihn immer mitschleppt. Aber Katy lernt, ihn bis zum Ende anzuhören und nicht in Wutausbrüche oder Tränenströme zu verfallen.

In der Therapie arbeitet sie hart daran, ein Selbstwertgefühl zu entwickeln. Es ist nicht leicht für sie – immer noch möchte sie von dem allmächtigen Supermacho ihrer Träume im Sturm erobert werden. Bis vor kurzem brütete sie über Bekanntschaftsanzeigen, die diesen vollkommenen Prinzen anlocken sollten, und beantwortete die Anzeigen von Fremden mit langen, romantischen, parfümierten Briefen ohne Angabe ihres Namens. Aber wenn jetzt im Büro nicht viel los ist, kritzelt Katy manchmal Heiratsanzeigen für sich und Casey. Sie stellt sich eine glänzende Hochzeit vor, Flitterwochen in Südfrankreich, zwei Kinder und märchenhafte Karrieren für sie beide. »Dann«, überlegt Katy, »könnte ich mit den Kindern zu Hause bleiben, während Casey vor dem Obersten Gerichtshof sein Plädoyer hält. Ich sehe ihn genau, wie er um eine Unterbrechung bittet, um zu Hause anzurufen und mir zu sagen, was er mir alles verdankt ...«

Nicht, daß Katy und Casey in ihrer Beziehung schon so weit gekommen wären. »Na hören Sie mal«, meint Katy protestierend zu ihrem Therapeuten, »man muß doch seine Träume haben können.«

»Sicher«, sagt der Therapeut und denkt, daß Katy reifere Hoffnungen und Träume realisieren kann, wenn sie ihre inneren Realitäten so enthusiastisch konfrontiert, wie sie an ihren immer noch kindlichen Phantasien hängt – und auf diesem Weg ist sie.

KAPITEL 8

# Wachsamer Stil

## »Der Überlebensexperte«

Nichts entgeht der Aufmerksamkeit der Männer und Frauen, bei denen der Wachsame Persönlichkeitsstil dominiert. Sie sind sich ihrer Umgebung völlig bewußt. Man kann sie Überlebensexperten nennen. Ihre Sinnesantennen, die Menschen und Situationen in ihrer Umgebung ständig prüfen, benachrichtigen sie sofort, wenn etwas falsch, gestört, dissonant oder gefährlich ist. Wachsame Typen verfügen über eine besondere Art des Hörens. Sie erkennen sofort die gemischten Botschaften, die verborgenen Motive, die Ausflüchte und die subtilsten Verzerrungen der Wahrheit, die von weniger geübten Beobachtern nicht bemerkt werden oder sie täuschen. Aufgrund dieser Ausrichtung der Aufmerksamkeit übernehmen Wachsame Menschen ganz natürlich die Rolle des gesellschaftlichen Kritikers, des Wachhunds, des Schiedsrichters und Kämpfers in ihrer privaten oder öffentlichen Sphäre; sie sind bereit, sich auf die Falschheiten – insbesondere Machtmißbrauch – zu stürzen, die die Angelegenheiten der Menschen vergiften.

## DIE SECHS CHARAKTERISTIKA

Die folgenden sechs Charakterzüge und Verhaltensweisen sind Hinweise auf das Vorhandensein des Wachsamen Stils. Ein Mensch mit stark Wachsamer Tendenz zeigt mehr dieser Verhaltensweisen intensiver als jemand, dessen Persönlichkeitsprofil weniger von diesem Stil geprägt ist.

1. *Autonomie.* Wachsame Menschen besitzen eine unverwüstliche Unabhängigkeit. Sie behalten ihre Ansichten für sich, brauchen weder Anerkennung noch Rat von außen, treffen leicht Entscheidungen und können für sich selbst sorgen.

2. *Vorsicht.* Im Umgang mit anderen sind sie vorsichtig; sie schätzen einen Menschen ein, bevor sie eine Beziehung mit ihm beginnen.
3. *Scharfsicht.* Sie sind gute Zuhörer und haben ein Ohr für Feinheiten, den Ton und die vielen Ebenen der Kommunikation.
4. *Selbstverteidigung.* Wachsame Menschen sind reizbar und zögern nicht, für sich selbst einzustehen, besonders wenn sie angegriffen werden.
5. *Aufmerksamkeit gegenüber Kritik.* Sie nehmen Kritik sehr ernst, ohne sich einschüchtern zu lassen.
6. *Treue.* Treue und Loyalität stehen bei ihnen hoch im Kurs. Sie arbeiten hart, um sie zu verdienen, und halten sie nie für selbstverständlich.

## DIE SECHS BEREICHE DES WACHSAMEN FUNKTIONIERENS

### *Beziehungen: Wer hat hier das Sagen?*

Vom Wachsamen Persönlichkeitsstil geprägte Menschen wissen genau, wie Macht und Autorität in ihren Beziehungen verteilt sind. Sie versuchen, sich in allen Bereichen ihres Lebens ihre Freiheit zu bewahren und die Beherrschung durch andere zu vermeiden. Sie können nicht untergeordnet sein – nach diesem Prinzip funktionieren sie. Der durch beharrliche Autonomie gekennzeichnete Bereich der Beziehungen ist daher für sie der Schlüsselbereich. Wachsame Menschen bleiben immer selbst für ihr Schicksal verantwortlich.

Vorsicht und Zurückhaltung kennzeichnen ihren gesamten Umgang mit Menschen. Aber sie sind nicht zwangsläufig kühl oder unfreundlich, und sie sind auch nicht am liebsten ohne Beziehung. Obwohl sie sich unter Fremden unwohl fühlen und nur langsam warm werden, können sie mit Menschen, die sie kennen, gesellig und entspannt sein. Aber es dauert lange, bis sie sich binden. Anders als Anhängliche Typen, die sich in Abhängigkeit wohl fühlen und mit beiden Füßen in eine Beziehung hineinspringen, lassen Wachsame Menschen sich nur Schritt für Schritt auf eine Verbindung ein. Sogar in bestehenden Beziehungen sind sie zwar loyal, halten aber immer ein Stück von sich selbst zurück.

## Ted und Dorothy

Solange Wachsame Typen sich nicht sicher sind, daß ein Mensch, der Interesse an ihnen zeigt, sie nicht verletzen oder enttäuschen wird, beobachten und taxieren sie ihn. Wachsame Männer und Frauen besitzen sehr viel Talent für die Beobachtung anderer. Die einundfünfzigjährige Dorothy C. ist jetzt seit vier Jahren mit dem fünfundfünfzigjährigen Ted G. befreundet. Ted, in dessen Persönlichkeitsprofil der Wachsame, der Gewissenhafte und der Sensible Stil dominieren, ist beratender Biotechniker; die beiden lernten sich kennen, als er ein Projekt in der Firma durchführte, in der Dorothy damals beschäftigt war. Mehr als drei Monate arbeiteten sie täglich zusammen.

»Ich war vom ersten Tag an von ihm angezogen«, erzählt Dorothy, eine Witwe. »Lange wußte ich nicht viel von ihm, denn er spricht nicht über sich, und ich wollte keine Fragen stellen. Ich wußte nicht, ob er verheiratet oder alleinstehend war, wo er lebte, wie er gern seine Zeit verbrachte. Aber ich hatte sehr viel Respekt für die Art, wie er arbeitete, ich schätzte seinen scharfen Intellekt und seine sagenhafte Konzentrationsfähigkeit, und er war so höflich zu mir und sah so gut aus – mir gefiel seine sexy Clint-Eastwood-Zurückhaltung. Ich begann, mir irgendwelche romantischen Geschichten mit ihm auszumalen.« Dorothy, in deren Persönlichkeitsprofil der Gewissenhafte, der Dramatische und der Anhängliche Stil dominieren, ist nicht schüchtern. Sie zögert nicht, Beziehungen zu Männern in die Wege zu leiten (»In meinem Alter habe ich keine Zeit mehr, herumsitzen und zu warten«, sagt sie). Aber sie hat gelernt, Geschäft und Vergnügen nicht zu vermengen, und deshalb unternahm sie nichts, bis das Projekt zu Ende war. Bis dahin hatte sie von einer Kollegin erfahren, daß Ted nie verheiratet gewesen war, aber über die Jahre hinweg eine Reihe längerer Beziehungen gehabt hatte. Da er Interesse an ihr gezeigt hatte, als er in ihrer Firma arbeitete, entschied sie sich für eine indirekte Annäherung, um das Terrain zu sondieren. Sie rief ihn an und erzählte ihm, sie denke daran, sich als Beraterin selbständig zu machen. Ob er wohl einmal mit ihr zu Mittag essen würde und ihr ein paar Ratschläge geben könnte?

Ted meinte, das würde er sehr gern. »Bei unserem Mittagessen«, sagte Dorothy, »war er freundlich und voller guter Ratschläge, aber er ließ seine professionelle Deckung nicht herunter. Ich begann bereits, die Sache abzuschreiben, als er eine Bemerkung zu meiner Beziehung mit meinem Chef Martin machte. Er sagte, er hätte bemerkt, daß Martin und ich in einem Kampf um die Kontrolle festsaßen. Ich wußte nicht genau, auf was er anspielte, und er erinnerte mich an einen Tag vor zwei Monaten, als ich wegen irgendeiner Kleinigkeit mit Martin eine Auseinandersetzung hatte. Als ich mich nicht auf den Vorfall besinnen konnte, erinnerte Ted mich daran, daß ich an diesem Tag ein rotes Kostüm angehabt hatte und früher weg mußte, um zur Verlobungsparty meines Sohnes zu gehen.

Ich war sprachlos. Ted hatte bemerkt, was ich angehabt hatte, wohin ich gegangen war, was mein Chef und ich zueinander gesagt hatten, und was der unserer Beziehung zugrundeliegende Tenor war. Ted fragte mich, ob ich die Firma verlassen wollte, weil ich das Gefühl hatte, von meinem Chef fertiggemacht zu werden. Genau das war es – ich hatte es selbst gerade erst herausgefunden! Ich hätte dies oder irgend etwas anderes über die Geschäftspolitik sicher nie mit ihm erörtert, als er noch bei uns arbeitete. Ich war total verblüfft, wie scharfsichtig er war, und geschmeichelt, daß er so viel an mir bemerkt hatte. Er wußte so viel über mich und meine Denkweise, daß es fast so war, als hätte er meine Gedanken auf Tonband aufgezeichnet und mich die ganze Zeit, in der er dort arbeitete, angestarrt.«

Obwohl Dorothy und Ted sich noch zu ein paar weiteren Mittagessen trafen, kam er ihr emotional nicht näher. Er stellte ihr eine Reihe Fragen über ihr Leben, ihre beiden erwachsenen Kinder, ihren früheren Ehemann. Sie diskutierten über ihre Arbeit, und er teilte ihr seine Erkenntnisse über sie mit. Er bat sie nie um eine Abendverabredung und war schweigsam in bezug auf sich selbst. Er sprach über seine Arbeit, wenn Dorothy fragte, oder über sein Interesse an Sport, aber er schien sich nie dabei wohl zu fühlen, seine Gefühle mitzuteilen. Dorothy nahm an, daß er an jemand anders gebunden oder einfach nicht an ihr interessiert war. Wenn sie nicht zu einem geschäftlichen Tanzabend eingeladen gewesen wäre, bei dem sie sich verpflichtet fühlte, mit Begleiter zu erscheinen, hätte sie die Sache mit Ted aufgegeben, weil es kein Zeichen gab, daß er an ihr als Frau interessiert war.

Als sie sich das vierte Mal zum Mittagessen trafen, fragte Dorothy Ted, ob er mit ihr zu einem Kostümball gehen würde. »Ich dachte, er würde verlegen sein und nein sagen. Als er dann sagte, daß er gern kommen würde, war ich so überrascht, daß ich rot wie ein Schulmädchen wurde.«

Dies war die erste ihrer privaten Verabredungen, die nun seit vier Jahren andauern. Sie amüsierten sich, entdeckten, daß sie beide gerne tanzten, und gaben sich einen Gutenachtkuß. Aber Ted rief danach nicht an, was Dorothy schrecklich enttäuschte. Nachdem sie ein paar Tage nichts von ihm gehört hatte, rief sie ihn an. Er schien froh, daß sie sich meldete. Sie sagte, sie hätte Eintrittskarten fürs Konzert – wollte er mitkommen? Sicher, sagte er. Sie verabredeten sich weiter, im allgemeinen auf Dorothys Initiative hin.

Wachsame Menschen wie Ted verfolgen eine Beziehung oft nicht aktiv weiter, und da ihre Zurückhaltung auch dann andauert, wenn sie mit jemandem lange Zeit engen Kontakt haben, werden sie oft als unverbindlich mißverstanden. Aber Dorothy war entschlossen und bemühte sich sehr, eine Beziehung zu Ted auf die Beine zu stellen. Sie hatte das Vertrauen, daß er mit der Zeit lockerer würde – obwohl ein paar enge Freunde von ihr meinten, ihn würde nur der Sex interessieren. Er würde sie nie heiraten, denn schließlich hatte er sich noch nie jemandem wirklich verpflichtet, und er war immerhin nicht der Jüngste.

Ted wollte nie über ihre Beziehung sprechen. Er wollte ihr nicht sagen, was er für sie fühlte. Und er bot nie an, Dorothy mit zu seinen Eltern zu nehmen. Als sie das erste Mal vorschlug, ihn Weihnachten nach Nebraska zu begleiten, riß er beunruhigt die Augen auf. Das nächste Mal, zwei Jahre später, sagte er »vielleicht nächstes Jahr«. Das dritte Mal, dieses Jahr, schließt Ted sich Dorothy und ihren Kindern an, anstatt in den Ferien nach Hause zu seinen Leuten zu fahren.

Ted und Dorothy haben sich nicht offiziell aneinander gebunden, aber sie sind praktisch jede Nacht zusammen. Dorothy meint, daß er erst jetzt beginnt, ihr zu vertrauen und emotional ein wenig lockerer zu werden. Sie würde gern heiraten, aber sie kennt ihn gut genug, um das Thema nicht anzusprechen. Und sie ist so klug zu wissen, daß ein Ultimatum – heirate mich, oder ich gehe – bei Ted nie funktionieren würde. Wachsame Typen werden einem Machtspiel nie nachgeben. Dorothy hofft, daß sie beide in die Ehe genauso hineinschlittern, wie sie in alles andere hineingeschlittert sind.

Trotz seiner Zurückhaltung und seiner lebenslangen Fixiertheit auf sein Single-Dasein liegt Ted etwas an Dorothy. Sie gehört irgendwie in sein Leben, und sich selbst gegenüber gibt er zu, daß er eine sehr enge Beziehung zu ihr hat. Er schätzt Loyalität und interessiert sich nicht für andere Frauen. Aber seinem Wachsamen Stil gemäß funktioniert er am besten aus der emotionalen Distanz, wenn er voll im Besitz seiner selbst ist. Trotzdem hat Dorothy in seinem Kopf viele Pluspunkte. Sie läßt ihn sein, wer er ist, während all die anderen Frauen in seinem Leben – und es waren nicht wenige – ihn immer vor die Wahl gestellt hatten, sich anzupassen oder auszusteigen. Und dann stieg er natürlich aus. Die Ehe macht ihn sehr nervös; die Vorstellung, per Vertrag an jemanden gebunden zu sein, gefällt ihm nicht.

### Nach verborgenen Motiven suchen

Wachsame Menschen sind sich der Motive anderer fast immer bewußt. Teds Widerstreben, sich an Dorothy und ihre Vorgängerinnen zu binden, lag zum Großteil an seiner Besorgnis, daß die jeweilige Frau versuchte, ihn in einer Beziehung in die Enge zu treiben. Oder daß sie ihn nur benutzte – in Wirklichkeit hatte sie nicht die Absicht, ihm treu zu bleiben. Wachsame Menschen sind für das, was andere von ihnen wollen, besonders aufmerksam.

Je nachdem, wie stark der Stil ausgeprägt ist, suchen sie in fast jeder Beziehung nach Zeichen der Respektlosigkeit und des Machtmißbrauchs. Weil sie auf der Hut sind, werden sie nicht leicht von anderen hereingelegt. Sie verstehen die vielen – verbalen und non-verbalen – Ebenen der Kommunikation.

Sie hören einen falschen Ton, entdecken eine gespaltene Zunge und spüren Ambivalenz. Diese Fähigkeit ist ihnen beim Umgang mit anderen von großem Nutzen. Als der Chef der Wachsamen Mary ihr überschwenglich dankte, als sie an einem Abend länger blieb, erkannte sie die doppelte Botschaft: »Danke, daß Sie so lange geblieben sind«, plus »Ich bin wütend auf Sie, weil Sie sonst immer um fünf gehen.« Sie begann also, ab und zu etwas länger zu bleiben, um ihre Loyalität zu zeigen; ihre Prämie am Jahresende stieg um 25 Prozent. Wachsame Menschen sind alles andere als naiv, und wenn sie angemessen auf die herausgefundene Information reagieren, können sie es wie Mary zu etwas bringen.

Je stärker der Stil jedoch wird, desto mehr besteht die Gefahr, daß die wahrgenommenen Zeichen falsch gedeutet werden. Nicht jeder verbirgt seine Absichten, und daß eine Frau mehr Zeit mit einem Mann verbringen will, bedeutet nicht unbedingt, daß sie ihn in eine Falle locken möchte, was Ted oft annahm. Und wenn es so wäre? Wachsame Typen statten andere oft mit einer Macht aus, die diese in

Wirklichkeit nicht besitzen. Niemand kann Ted in eine Beziehung zwingen, die er nicht will. Wenn der Wachsame Persönlichkeitsstil extrem wird, quält Argwohn diese Menschen und unterminiert ihre Beziehungen. Sie beginnen, auf die menschlichen Schwächen anderer überzureagieren und anzunehmen, daß andere sie so genau beobachten, wie sie andere, was weit von der Wahrheit entfernt ist.

### Der Altersfaktor

Dorothy versucht nicht, Ted in eine Ehe zu zwingen. Sie weiß, daß sie mit ihm keine Spielchen spielen kann. Sicher, Ted ist sparsam mit den »Ich-liebe-dich«, aber sie weiß, daß er ein guter, ehrlicher Mann ist. Und da Ted beständig danach Ausschau hält, weiß er, daß Dorothy keine weiteren Motive verbirgt. Sie liebt ihn, das ist alles. Ted möchte heiraten, und er ist nicht mehr der Jüngste.

Beide, Ted und Dorothy, haben das Alter auf ihrer Seite. Persönlichkeitsstile und -störungen neigen dazu, mit dem Alter schwächer, gleichsam milder zu werden. In jüngeren Jahren hätte Dorothy unter Umständen eine ihrem Dramatischen Stil entsprechende Manipulation versucht, um Ted zum Altar zu bewegen. Jetzt kann sie sich, Ted und das Leben so akzeptieren, wie sie/er/es ist. Und Ted nähert sich langsam dem Jawort. Vielleicht nächstes Jahr.

### Unveräußerliche Rechte

Die Gesellschaft braucht Menschen, die vor dem Mißbrauch von Autorität und Macht auf der Hut sind und tiefere Beweggründe aufspüren. Obwohl ihre Vorsicht und ihre Empfindlichkeit für Mängel private Beziehungen behindern können, spielen Wachsame Menschen oft eine wichtige Rolle in der Welt. Sie sind Fürsprecher der Unterprivilegierten, Beschützer der Außenseiter, Kämpfer für die Freiheit von Unterdrückung. Viele der Menschen, die für eine gesunde Umwelt und die Rechte der Bürger eintreten, sind vom Wachsamen Stil geprägt. Sie fungieren als Aufpasser der Regierung und decken den Sumpf der Korruption auf. Sie können gut reden, und ihre entschiedenen Meinungen, ihre Sicherheit hinsichtlich der Richtigkeit ihrer Mission und ihre intensive Konzentration auf ihre Ziele machen einige von ihnen zu attraktiven und sogar charismatischen Kämpfern und Führern. Bei einem Angriff werden sie nur um so stärker. Wirkungsvoll verteidigen sie sich und ihre Sache. Ihr Mut inspiriert die, die ihnen folgen. Wachsame Männer und Frauen möchten an eine bessere Welt glauben. Aber wohin sie auch blicken, immer sehen sie sich den menschlichen Schwächen und Fehlern gegenüber. Sie ertragen sie nur schwer. Sie sind Idealisten. Sie erwarten mehr von der Menschheit, als sie geben zu können scheint.

Extreme Wachsamkeit kann manche Angehörige dieses Stils jedoch für eingebildete Ängste und Verdächtigungen in bezug auf andere Menschen, Rassen, Religionen oder politische Organisationen empfänglich machen. Diese extrem Wachsamen Typen können als Demagogen enden, die Haß und Angst aufrühren und für eben die Organisationen und Sachen – etwa den Rassismus – eintreten, die Menschen unterdrücken und ihnen ihr Überlebensrecht absprechen (siehe »Paranoide Persönlichkeitsstörung«, S. 195).

### Der Beschützer der Familie

Als Eltern sind Wachsame Menschen loyal und beschützend – vielleicht zu beschützend, wenn der Stil sehr stark ist. Unter Umständen fördern sie bei ihrer Nachkommenschaft das Mißtrauen gegenüber anderen. Wenn die Kinder zu rebellieren oder ihre Unabhängigkeit zu behaupten beginnen, kann der Wachsame Elternteil sich bedroht fühlen und versuchen, sie zu sehr zu kontrollieren. Obwohl Wachsame Eltern möglicherweise emotional zugeknöpft sind, sind sie unter der Oberfläche sehr fürsorglich und verantwortungsbewußt; sie kümmern sich intensiv um das Wohl ihrer Familie und sind entschlossen, sie vor allem Schaden von außen zu bewahren.

### Streß!

Wachsame Männer und Frauen brauchen das Gefühl, daß sie die Kontrolle haben. Deshalb dauert es so lange, bis sie sich in Beziehungen wohl fühlen und sich vertrauensvoll an einen anderen Menschen binden. Der Verlust dieser Kontrolle erzeugt bei ihnen den größten Streß. Über Enttäuschungen in einer Beziehung kommen sie nur schwer hinweg. Wenn eine Beziehung zu Hause oder bei der Arbeit schief zu laufen beginnt, oder wenn sie das Gefühl haben, die Kontrolle über ihr eigenes Schicksal zu verlieren, empfinden sie den Verlust oder die Veränderung als persönlichen Verrat. Es ist nicht ihre

Art, automatisch zu folgern »Na ja, ein paar Dinge klappen einfach nicht«, oder »Wir waren einfach nicht füreinander geschaffen«, oder »Wir haben getan, was wir konnten – niemand ist schuld.«

Selbstverteidigung ist ihre wichtigste Methode, Streß zu bewältigen. Sie neigen dazu, sich auf die Fehler des anderen zu konzentrieren. Sie wollen nicht hören, was sie falsch gemacht haben, und sind sehr empfindlich gegenüber Kritik. Sie halten sie aus – sie brechen nicht in Tränen aus oder verfallen in Selbstzweifel –, aber sie fühlen sich angegriffen und reagieren, indem sie sich verteidigen. Wachsamen Menschen fällt es von Natur aus nicht leicht, Kompromisse zu schließen.

Obwohl sie auf das Ende einer Beziehung heftig reagieren, leistet ihre unverwüstliche Autonomie ihnen gute Dienste. Sie beweisen, daß am Schluß sie überleben. Sie können für sich selbst sorgen, und sie tun es. Wie Gewissenhafte Menschen stürzen sie sich oft in harte Arbeit. Sie hüten sich vor neuen Beziehungen und gehen so lange keine ein, bis ihre Wunden geheilt sind.

### Gute/schlechte Gespanne

Wachsame Männer und Frauen gedeihen in Beziehungen mit Menschen, die sie nicht bedrohen. Im allgemeinen vermeiden sie Partner, die die Beziehung beherrschen müssen oder um den ersten Platz konkurrieren. Verbindungen mit dem ehrgeizigen Selbstbewußten oder dem machtbesessenen Aggressiven Typ können daher sehr dornenreich sein. Wachsame Menschen brauchen vor allem einen Partner, der kalkulierbar und gleichmäßig ist und auf andere zugeht. Der Anhängliche, der Aufopfernde und der Sensible Stil bringen diese Charakteristika am ehesten in eine Beziehung ein.

Gewissenhafte Menschen können Wachsamen Typen sehr ähnlich sein; wenn es keine Machtprobleme gibt, schätzen sie oft die intellektuellen Fähigkeiten und die Arbeitsfähigkeit des anderen und können mit gegenseitiger Loyalität rechnen. Dorothys Gewissenhaft-Dramatisch-Anhängliche Kombination paßt in der Beziehung zu Ted gut, obwohl ein ungemilderter Dramatischer Stil im allgemeinen der Todeskuß für den Wachsamen Stil bedeutet. Stark Dramatische oder Sprunghafte Menschen sind gewöhnlich emotional zu wenig vorhersagbar und benötigen zuviel wahllose Aufmerksamkeit, um den sicheren Hafen zur Verfügung zu stellen, den die zu Eifersucht neigenden Wachsamen Typen brauchen. Wachsame Männer und

Frauen können Eifersucht nicht ertragen. Andererseits verleiht der Dramatische Stil eine Leichtigkeit im Umgang mit Menschen, die für die gesellschaftlich eher zurückhaltende Wachsame Seele ganz nützlich sein kann.

Und wenn zwei Wachsame Menschen sich zusammentun? Eine solche Verbindung fördert das Festhalten an einer ähnlichen Weltanschauung und kann das Paar zu einem Wir-gegen-sie-Bollwerk zusammenschweißen. Stark vom Abenteuerlichen Stil geprägte Partner sind außerhalb der Diskussion.

## *Arbeit: Wer hat hier das Sagen? Teil II*

Wie im Abschnitt »Karrieren für den Wachsamen Stil« deutlich wird, stehen Wachsamen Menschen viele Arten von Arbeit offen. Sie können gut beobachten, sind vorsichtig und aufgeweckt, haben eine gute Auffassungsgabe, nehmen Feinheiten war, denken und handeln taktisch und lassen sich nicht leicht hereinlegen – Eigenschaften, die ihnen und ihren Arbeitgebern von großem Nutzen sind. Sie neigen dazu, bei der Arbeit so ernst und fleißig zu sein wie in ihrem übrigen Leben (Wachsame Menschen sind *nicht* gelassen und unbeschwert), besonders, wenn auch der Gewissenhafte Stil stark ausgeprägt ist. Sie arbeiten hart, können sehr ehrgeizig sein und haben möglicherweise großen Erfolg – je nachdem, wie gut sie ihre Beziehung zur Autorität am Arbeitsplatz gestalten.

Wachsame Menschen besitzen besondere Antennen für die Machtstruktur jeder Organisation, in der sie arbeiten, und nehmen sich vor ihr in acht. Zusammen mit ihrer Abneigung gegen Abhängigkeit und Unterordnung kann diese Sensibilität für einen instabilen Platz in der Hierarchie sorgen – falls sie nicht auch einen Selbstbewußten Zug haben, der sie ausgleicht; in diesem Fall benutzen sie ihre Antennen, um Informationen zu sammeln, die sie schnell durch das Labyrinth der Organisation durchmanövrieren. Je stärker ausgeprägt der Wachsame Stil ist, desto größer sind im allgemeinen das Mißtrauen gegenüber der Autorität und das Unbehagen innerhalb der Organisation.

Wachsame Menschen neigen zu dem Gefühl, daß Macht immer gegen die benutzt wird, die weniger von ihr haben. Das ist manchmal richtig, aber nicht immer. Ein sehr Wachsamer Mensch wird diesen wesentlichen Unterschied nicht sehen. Da er ständig vor jedem möglichen Machtmißbrauch bei der Arbeit (und in allen anderen Bereichen) auf der Hut ist, fällt es ihm schwer, seine eigene Macht positiv zu nutzen.

## Phil gegen die Firma

Vor ein paar Jahren trat der Wachsam-Gewissenhaft-Dramatische Jurist Phil in die Rechtsabteilung einer großen multinationalen Firma ein. Er hatte seine private Anwaltskanzlei nur ungern verlassen, aber die Leiter der Firma hatten ihn fast zwei Jahre lang umworben. Sie wollten ihn auf ihrer Seite haben, denn Phil war oft ein nur allzu mächtiger Gegner gewesen. Sie erhöhten ihren Einsatz immer mehr und machten ihm schließlich ein Angebot, das er nicht ablehnen konnte. Er akzeptierte es, nachdem er sich versichert hatte, daß er seine Tätigkeit weitgehend unabhängig ausführen könnte.

Obwohl er keinen unmittelbaren Aufseher hatte, war Phil dem Chefsyndikus der Firma und den anderen Vorstandsmitgliedern verantwortlich. Phil kam zu dem Schluß, daß es um so besser wäre, je weniger er mit den »Großkopfeten« zu tun hatte, und ging ihnen aus dem Weg. Er besuchte nur die absolut notwendigen Versammlungen. Er vermied es, mit den »hohen Tieren« gesellschaftlich zu verkehren und lud sie nicht zu der schicken Party ein, die seine persönliche Belegschaft zur Feier eines großen Gerichtssiegs veranstaltete. Obwohl es Phils Stil entsprach, von Autoritäten unabhängig zu bleiben, hätte er firmenpolitisch keine schlechtere Entscheidung treffen können. Der Chefsyndikus, Phils Mentor innerhalb der Firma, war zutiefst beleidigt. Wie für viele Wachsame Menschen charakteristisch, hatte Phil im Bereich der Arbeit wenig politischen Instinkt. Obwohl er sein eigenes Spezialgebiet gegen die größere Macht verteidigen konnte, war er nicht in der Lage, seine Deckung herunterzulassen. Anstatt sich innerhalb der Machtstruktur zu etablieren, behielt er aufgrund seines Unbehagens eine verschlossene, defensive, mißtrauische Position bei. Er machte die Organisation zum Feind und sich zu einem Außenseiter. Als dann ein paar Monate später der Chefsyndikus fragte, wie Phil die Verteidigung in einem größeren Prozeß gegen die Firma organisieren wollte, wurde er defensiv. Anstatt die Ideen dieses erfahrenen Juristen zu schätzen, faßte er seine Frage als Kritik auf. »Sie haben mich eingestellt, um diese verlotterte Abteilung auf Vordermann zu bringen. Wenn Ihnen nicht gefällt, wie ich die Dinge mache, hätten Sie jemand anders einstellen sollen«, sagte Phil herausfordernd – anstatt einfach seine Vorgehensweise zu erklären und den Chefsyndikus von seiner Logik zu überzeugen. Phil konnte über Richter und Geschworene einen Sieg davontragen, aber bei Leuten, die seiner Meinung nach seine Unabhängigkeit störten, verteidigte er eher sich selbst als seine Sache.

Die Vorstandsmitglieder begannen, Phil seiner Arbeit zu überlassen und ihn von der politischen Macht in der Firma auszuschließen. Phil spürte diese Veränderung in ihrer Haltung, was ihm nur seine Meinung über sie bestätigte. Nach zweieinhalb Jahren kündigte er plötzlich und kehrte in seine private Kanzlei zurück, in der er sich frei fühlt. Kürzlich gab seine Ex-Firma ihm den Auftrag, sie in einem Prozeß zu vertreten. Damit haben Phil und sein ehemaliger Arbeitgeber jetzt die beste Beziehung zueinander entdeckt.

### Samthandschuhe

Nicht alle Wachsamen Menschen verhalten sich so widerspenstig. Viele wollen nach außen gefallen, während sie innerlich Angst haben. Andere sind glücklich, sich ihre eigene kleine Nische zu schaffen, in der sie ihre Arbeit tun und der Aufmerksamkeit der Mächtigen entgehen. Sie sind bereit, auf die Vorteile politischer Verbindungen zu verzichten. Es bedarf eines verständigen Managements, um mit Wachsamen Menschen richtig umzugehen. Wie Gewissenhafte Typen leisten sie oft ihre beste Arbeit, wenn sie eine unabhängige Rolle haben und geschickt geführt werden. Wachsame Typen nutzen eine Situation oder Menschen selten aus. Aber sie entdecken schnell Ungerechtigkeiten in der Geschäftspolitik und -praxis und kämpfen dann gegen sie an – sie übernehmen die Aufpasserfunktion, die vielen von ihnen so natürlich ist.

### Wachsame Manager

Als Manager müssen Wachsame Männer und Frauen sich der Loyalität ihrer Untergebenen sicher sein. Um sie zu erhalten, sind sie oft großzügig mit Vergünstigungen, Lob und dem Gehalt. Wenn sie Untreue vermuten, sind sie wütend und unversöhnlich. Ein extrem Wachsamer Manager kann Ehrgeiz mit Untreue verwechseln und es einem Untergebenen schwer machen, in der Firma voranzukommen.

Im allgemeinen jedoch sorgen gemäßigt Wachsame Manager gut für ihre Belegschaft; unter Umständen fördern sie die Ansicht, das übergeordnete Management sei etwas ominös Mächtiges, und treten als Beschützer auf. Wenn ihre Untergebenen mit der Organisation in Konflikt geraten oder die Geschäftspolitik sie ungerecht zu behandeln scheint, wird der Wachsame Manager nicht zögern, für ihre Rechte zu kämpfen.

Da Menschen mit diesem Persönlichkeitsstil die volle Gewalt – oder zumindest das entsprechende Gefühl – haben müssen, delegieren sie wichtige (das heißt firmenpolitisch interessante) Verantwortlichkeiten nur äußerst ungern. Sie machen es sich zur Aufgabe, über die Tätigkeit aller Abteilungen voll informiert zu sein. Wenn Extra-Arbeit ansteht, wenden sie oft mehr Zeit für sie auf, als es ihr Status erfordert – und das nicht nur, um sich die Loyalität der Belegschaft zu erhalten, sondern auch, um ein Auge darauf zu haben, was da vor sich geht. Wie ihre Gewissenhaften Typgenossen wählen viele Wachsame Menschen eine unabhängige Schiene innerhalb einer Organisation, auf der sie ihre Pflichten erfüllen können, ohne andere anleiten zu müssen.

**Karrieren für den Wachsamen Typ**

Wachsame Menschen arbeiten oft am besten in Bereichen, in denen sie außerhalb einer direkten, sie ständig überprüfenden Autorität wirken können. Aufgrund ihres außergewöhnlichen Scharfsinns, ihrer Fähigkeit zur Konzentration und ihrem Talent zum Argumentieren sind sie oft ausgezeichnete Kritiker, Diagnostiker, Akademiker, Juristen, recherchierende Reporter und Forscher. Ihr scharfsichtiger Durchblick und ihre Fähigkeit, die zahlreichen Ebenen der Kommunikation zu verstehen, nutzt ihnen bei Detektivarbeit, im Verkauf, als Interviewer und (solange der Stil gemäßigt ist) als Psychotherapeut. Da viele Wachsame Menschen sich von Natur aus mit Unterprivilegierten oder Unterdrückten identifizieren oder mit ihnen sympathisieren, tragen sie oft zur Effektivität sozialer und politischer Anliegen bei.

Sehr Wachsame Menschen arbeiten unter Umständen lieber mit Maschinen als mit Menschen zusammen. Wie Gewissenhaften Typen liegen ihnen mechanische Dinge, und oft sind sie sehr kompetent in diesem Bereich. Ihre Konzentrationsfähigkeit leistet ihnen dabei gute Dienste.

## *Reale Welt: Groß dastehen inmitten von Gefahren*

Wachsame Männer und Frauen haben ein eindeutiges Gefühl für sich selbst und meist das Empfinden, richtig zu liegen. Sie glauben, daß sie die Normalen in einer verrückten Welt sind. Sie haben überzeugte Meinungen und zweifeln nicht oft an sich selbst; daher haben sie Mühe, ihre Fehler zuzugeben und Kritik zu akzeptieren.

Ihre Antennen sind nach außen gerichtet, weshalb es ihnen leichter fällt, die Fehler anderer aufzuspüren. Die reale Welt ist für sie so etwas wie ein Minenfeld. Sie wird von Menschen bevölkert, die sie ausnutzen können. Diese Wachsamkeit kann in städtischen Umgebungen und gefährdeten Wohnvierteln sehr nützlich sein.

Menschen mit diesem Persönlichkeitsstil mögen keine Überraschungen. Dadurch, daß sie die Gefahr erwarten, sind sie auf jeden Notfall vorbereitet. Sie reagieren schnell – wie Penny K., die sich plötzlich umwandte und einen Schritt von einem Fremden wegtrat, bevor sie ganz realisierte, daß er versuchte, ihre Geldbörse zu stehlen. Oder wie der extrem Wachsame David T., der die Lichthupe in dem Moment betätigt, in dem er ein Auto mit aufgeblendetem Fernlicht auf sich zukommen sieht. David ist nicht klar, daß er schneller reagiert als die meisten Menschen und anderen Fahrern keine Zeit gibt, ihre Scheinwerfer herunterzuschalten. Statt dessen ärgert er sich ständig, daß so viele Leute die Unverschämtheit besitzen, ihn mit ihren Scheinwerfern zu blenden.

Egal welche tatsächlichen oder übertriebenen Gefahren Wachsame Menschen wahrnehmen – sie zeigen der Welt schnell, daß sie für sich eintreten.

## *Gefühle und Selbstbeherrschung*

Emotionale Zurückhaltung ist ein Kennzeichen dieses Stils – es sei denn, Wachsame Menschen fühlen sich bedroht oder herausgefordert. Dann zeigen sie durch Argumente oder einen Wutanfall, daß man sich mit ihnen nicht anlegen sollte. (Wenn der Wachsame Stil sich der Paranoiden Persönlichkeitsstörung nähert, werden die wahrgenommenen Bedrohungen obskurer, und der Wachsame Mensch erkennt weniger, daß seine Reaktionen unvernünftig sind.)

Mit anderen Worten: Wachsame Menschen halten ihre Gefühlsäußerungen zurück und sträuben sich, einem Impuls nachzugeben. Dies ist ein »Kopf«-, kein »Herz«-Stil. Wachsame Menschen gehen keine emotionalen Risiken ein. Wenn sie nicht auch ein bißchen Dramatischen, Sprunghaften oder Anhänglichen Stil in ihrem Persönlichkeitsprofil haben, fällt es ihnen schwer, sich Gefühlen ganz hinzugeben; auch sexuell können sie sich sehr zurückhalten. Zärtlichkeit kann schwierig sein, zumindest solange, bis der Betreffende schließlich vertraut und sich bindet. Wachsame Menschen haben Mühe mit Sätzen wie »Ich liebe dich« und ziehen es vor, daß der Partner sie versteht und keine verbalen Beteuerungen verlangt. Sie sind besitzergreifend und können extrem eifersüchtig sein, obwohl sie wahrscheinlich nicht darüber sprechen werden.

Möglicherweise ist Humor ihr einziges Ventil. Einige Wachsame Männer und Frauen haben aufgrund ihres klaren Bewußtseins für Feinheiten, Zweideutigkeit und Ironie einen gut entwickelten, wenn auch zuweilen beißenden Sinn für Humor.

## TIPS FÜR DEN UMGANG MIT DEM WACHSAMEN MENSCHEN IN IHREM LEBEN

1. Der Wachsame Mensch in Ihrem Leben kann sehr selbstbewußt, unabhängig, hart und durchsetzungsfähig erscheinen. Vielleicht ist Ihnen nicht klar, wie sehr dieser Mensch Ihren Respekt braucht. Äußern, zeigen und beweisen Sie ihn oft.
2. Zögern Sie nicht, hinter einem Wachsamen Menschen her zu sein, wenn er in Ihrem Leben neu ist und Sie ihn besser kennenlernen möchten. Obwohl es schmerzlich lange dauern kann, bis er Ihre Gefühle erwidert und Ihnen zu vertrauen beginnt, zahlt Beharrlichkeit sich im allgemeinen aus. Halten Sie durch. Dieser Rat gilt besonders Frauen, die vielleicht zögern, eine Beziehung zu beginnen und diejenige zu sein, die sie am Leben hält.
3. Mißdeuten Sie die Wachsame Zurückhaltung nicht als Gleichgültigkeit. Wenn der Wachsame Mensch in Ihrem Leben nicht auch Züge eines emotional extravertierteren Stils aufweist, sollten Sie nicht erwarten, daß Sie diese Mauer durchbrechen und ihn zwingen können, Ihnen seine tieferen Gefühle zu zeigen. Versuchen Sie es gar nicht erst. Akzeptieren Sie die emotionale Zurückhaltung und vertrauen Sie – wenn die Beziehung stabil ist – darauf, daß diesem Menschen viel an Ihnen liegt.

4. Vermeiden Sie Wettbewerb und Machtkämpfe. Der Wachsame Mensch braucht das Gefühl, die vollständige Kontrolle über sein Schicksal zu haben. Respektieren Sie es. Sonst wird er sich von Ihnen distanzieren.
5. Stellen Sie sich auf Abwehr ein, wenn Sie diesen Menschen kritisieren oder sich ihm entgegenstellen. Es ist seine natürliche Reaktion, sich gegen Vorwürfe zu wehren. Lassen Sie die Reaktion ablaufen und fangen Sie nicht an, sich zu verteidigen, wenn der Betreffende versucht, Ihnen die Schuld zu geben. Wachsamen Menschen tritt man am besten entgegen, indem man die eigenen Gefühle äußert, ohne zu kritisieren oder zu nörgeln. Versuchen Sie zu sagen, daß die Sache Ihnen wichtig ist, daß Sie nach einer Möglichkeit suchen, die Beziehung zu verbessern, und daß Sie nicht irgend jemandem die Schuld geben wollen. Ein Streit mit einem Wachsamen Menschen gerät leicht zu einem Boxkampf, bei dem Angriff mit Angriff und Argument mit Argument abgegolten wird, bis einer von Ihnen zu Boden geht. Da dies wahrscheinlich nicht Ihr Stil ist, liegt es an Ihnen, Ihre Versuche zur Konfliktlösung auf einen konstruktiveren Abschluß auszurichten.
6. Übernehmen Sie im sozialen Bereich die Führung. Der Wachsame Mensch in Ihrem Leben wird die Mühelosigkeit schätzen, mit der Sie Menschen kennenlernen und mit ihnen Pläne machen.
7. Sticheln Sie nicht. Wachsame Menschen haben oft viel Sinn für Humor, aber nicht, wenn es um sie selbst geht.
8. Seien Sie nicht schnoddrig und tun Sie die Besorgnis des Wachsamen Menschen in Ihrem Leben nicht als albern ab, wenn er grundlos eifersüchtig ist oder wegen Ihrer Loyalität Angst hat. Unterschätzen Sie nicht, welche Bedeutung diese Sorgen für einen Wachsamen Menschen haben. Versichern Sie ihm Ihre Zuneigung.
9. Akzeptieren Sie, daß dieser Mensch lange daran denkt, wenn Sie ihn unabsichtlich oder sonstwie kränken. Wenn er Ihnen nicht verzeiht, sollten wenigstens Sie selbst sich verzeihen.

## MACHEN SIE DAS BESTE AUS IHREM WACHSAMEN STIL

Ihr Verstand und Ihre Sinne sind ständig eingeschaltet und überwachen die Umgebung und andere Menschen. Eine solche konstante

Alarmbereitschaft führt zu starker körperlicher und emotionaler Anspannung. Der erste Tagesordnungspunkt lautet daher:

**Übung 1**
Entspannen Sie sich. Nehmen Sie mehr Aktivitäten in Ihr Leben auf, von denen Sie wissen, daß sie Sie lockerer machen. Konzentrieren Sie sich besonders auf relativ geistlose Unternehmungen, die ihren »Scanner« zeitweise abstellen, zum Beispiel Joggen, Schwimmen, Musikhören (nicht nur als Hintergrunduntermalung), Yoga, Meditation, Übungen zur Entspannung der Muskeln, sich eine Massage geben lassen. Nehmen Sie ein warmes Bad und lassen Sie die Spannung aus Ihrem Körper herausgleiten; halten Sie die Gedanken davon ab, weiter durch Ihren Kopf zu schwirren, indem Sie sich auf die Wärme des Wassers und das einsetzende Wohlbefinden konzentrieren.

**Übung 2**
Überlegen Sie sich jedesmal, wenn Sie feststellen, daß Sie sich nach den tieferen Beweggründen eines Menschen fragen, zwei andere Motive, die sein Handeln erklären könnten. Zum Beispiel haben Sie vor kurzem bei einer Hochzeitsfeier den Neuvermählten ein Geschenk gegeben. Fast zwei Monate sind vergangen, und immer noch keine Danksagung! Sie denken: »Das Geschenk hat ihnen nicht gefallen, und sie sind so entsetzt über meinem schlechten Geschmack, daß sie nicht wissen, was sie mir sagen sollen.« Denken Sie jetzt an zwei andere Erklärungen: 1) die Jungvermählten haben zuviel anderes zu tun; 2) sie neigen zum Verzögern und haben das Schreiben der Danksagungen aufgeschoben.

**Übung 3**
Wenn jemand wirklich seine Motive verbirgt, na und? Nehmen wir an, eine Kollegin im Büro erzählt Ihnen, sie hätte Freikarten fürs Theater, und fragt Sie, ob Sie mitgehen wollen. Sie waren zu ihr nie besonders freundlich, und Sie denken: »Sie fragt mich, weil sie weiß, daß der Chef mich gut leiden kann, und möchte, daß ich ein gutes Wort für sie einlege, wenn es um ihre Beförderung geht.« Na und? Sie kann Sie nicht zu etwas zwingen, das Sie nicht wollen. Gehen Sie mit, Motiv hin oder her. Genießen Sie die Vorstellung.

### Übung 4
Achten Sie das nächste Mal, wenn jemand Sie kritisiert, darauf, wie Sie Ihr Verhalten zu rechtfertigen beginnen. Halten Sie inne und überlegen Sie, ob der Kritiker vielleicht recht hat. Machen Sie sich klar, daß es in Ordnung ist, unrecht zu haben oder einen Fehler zu begehen – das passiert jedem, immer wieder. Wenn Sie sagen »An dem, was Sie sagen, ist schon was dran«, heimsen Sie ein großes Plus ein. Wenn Sie meinen, daß der Kritiker ein Dummkopf ist, heimsen Sie ebenfalls ein großes Plus ein, wenn Sie »Ich werde darüber nachdenken« oder etwas Ähnliches sagen, was kein Eingeständnis der Schuld ist, im allgemeinen aber eine unangenehme Situation beendet.

### Übung 5
Schreiben Sie nach jeder Auseinandersetzung mit Ihrem Partner oder Elternteil für sich auf, wie Sie zu dem Streit beigetragen haben. Klopfen Sie sich selbst auf die Schulter, daß Sie so ehrlich sind. Erinnern Sie sich an die Liste, wenn Sie mit diesem Menschen noch einmal in eine solche Situation geraten.

### Übung 6
Lachen Sie jedesmal über Ihre eigene Wachsamkeit, wenn Sie sich bei dem Gedanken ertappen, daß das, was gerade geschehen ist, die Schuld von jemand anders ist. Zucken Sie die Achseln und sagen Sie: »Einige Dinge laufen einfach schief. Niemand ist schuld.«

Wenn Sie ein Wachsamer Typ sind, bei dem keiner der Stile, die sich mit Geselligkeit oder Gefühlen leicht tun, stark ausgeprägt ist, sollten Sie die nächsten beiden Übungen versuchen.

### Übung 7
Rufen Sie ein- oder zweimal in der Woche einen Freund oder eine Freundin nur an, um zu schwatzen. Wenn Sie sich am Telefon unbehaglich fühlen, denken Sie daran, daß es den meisten Leuten Spaß macht, von Freunden angerufen zu werden, auch wenn sie über nichts Besonderes zu reden haben.

### Übung 8
Wenn Sie als Wachsamer Mensch verheiratet oder sonstwie liiert sind, werden Sie wahrscheinlich Ihre Partnerin alle Dispositionen in puncto Geselligkeit treffen lassen. Planen Sie ab und zu solche Begegnun-

gen selbst. Rufen Sie Ihren Tennis-Partner an und fragen Sie, ob er und seine Frau mit ins Kino gehen wollen. Ihre Partnerin wird überrascht sein!

Um das Beste aus Ihren Beziehungen zu machen, sollten Sie außerdem in Kapitel 4 die Übung 7 für den Gewissenhaften Stil machen: Teilen Sie Ihre Gefühle mit. Es gibt kaum etwas Wichtigeres für Sie.

# Paranoide Persönlichkeitsstörung

Paranoide Menschen erwarten von anderen das Schlechteste. Sie sind ängstlich, argwöhnisch, kompromißlos und streitlustig und absolut überzeugt, daß sie recht haben. Sie sind auf der Hut vor einem feindlichen Universum, in dem ihnen böse Dinge geschehen oder jederzeit geschehen könnten. (Hinweis: Die Paranoide Persönlichkeitsstörung unterscheidet sich von der Paranoiden oder Wahnhaften Störung und Paranoider Schizophrenie; diese werden eingehender in Kapitel 12 erörtert.)

## DIAGNOSTISCHE KRITERIEN

Das DSM-III-R beschreibt die Paranoide Persönlichkeitsstörung als[1]:
A. In den verschiedensten Situationen auftretende, durchgängige und ungerechtfertigte Neigung, die Handlungen anderer Menschen als absichtlich erniedrigend oder bedrohlich zu interpretieren. Der Beginn liegt im frühen Erwachsenenalter. Mindestens vier der folgenden Kriterien müssen erfüllt sein:
Der Betroffene
1. fühlt sich ohne ausreichenden Grund von anderen ausgenutzt oder benachteiligt;
2. stellt die Loyalität oder Glaubwürdigkeit von Freunden oder Mitarbeitern grundlos in Zweifel;
3. mißt harmlosen Bemerkungen oder Vorkommnissen eine versteckte, für ihn abwertende oder bedrohliche Bedeutung zu, glaubt

beispielsweise, daß der Nachbar seinen Müll am frühen Morgen herausstellt, um ihn zu ärgern;
4. hegt lange einen Groll gegen andere oder vergibt Mißachtung, Beleidigungen oder verletzende Äußerungen nicht;
5. vertraut sich nur zögernd anderen Menschen an, aus ungerechtfertigter Angst, die Information könnte gegen ihn verwendet werden;
6. fühlt sich leicht mißachtet und reagiert schnell zornig oder startet einen Gegenangriff;
7. bezweifelt ohne jeden Grund die Treue des Ehe- oder Sexualpartners;
B. Tritt nicht ausschließlich im Verlauf einer Schizophrenie oder einer Wahnhaften Störung auf.

## *Feinde*

Die an dieser Persönlichkeitsstörung leidenden Männer und Frauen werden von Mißtrauen verzehrt. Sie sind sicher, daß andere ihnen schaden wollen oder sie zumindest enttäuschen werden. Sie sind feindselig, stur, unkooperativ, hypersensibel in bezug auf die kleinsten Vorwürfe, auf Abwehr eingestellt, streitlustig, kalt, neidisch, starr und heimlichtuerisch – alles Verhaltensweisen, die sie daran hindern, anderen zu nahe zu kommen. Menschen mit einer Paranoiden Persönlichkeitsstörung dürfen ihre Deckung nicht herunter- und Vertrauen und Intimität nicht zulassen, denn dann, so fürchten sie, wird der andere ihre Schwäche ausnutzen. Ihre beruflichen und privaten Beziehungen sind meist gestört. Obwohl ihre oft überlegene Intelligenz, Aufgewecktheit und Energie sowie ihr starker Ehrgeiz sie im Bereich der Arbeit ziemlich erfolgreich machen können, haben sie Schwierigkeiten mit Chefs und Mitarbeitern. Ihr Neid auf die Inhaber der Macht zeigt sich an ihrer Streitlust und manchmal an ihren Versuchen, sich einzuschmeicheln. In jedem Fall fühlen sie sich mit Personen höheren Rangs unbehaglich. Langfristige Beziehungen sind nur mit Menschen möglich, die als nicht bedrohlich erlebt werden. George C., Assistent eines High School-Direktors, behauptete, sein einzig wahrer Freund sei der Schulhausmeister, bei dem er aus sich herausgehen und sich wohl fühlen konnte. Während Menschen mit einer schweren Persönlichkeitsstörung möglicherweise nie heiraten, leben andere gut mit unterwürfigen und abhängigen Partnern zusammen.

**Es ist deine Schuld**

Menschen mit dieser Störung verraten anderen ihre innersten Gedanken nicht. Und sie achten darauf, wie sie nach außen erscheinen. Es kann daher sein, daß die anderen Menschen in ihrem Leben das Ausmaß ihres Argwohns und ihres Mißtrauens nicht ahnen.

Paranoide Menschen suchen ständig die Umgebung ab, um ihre Zweifel an anderen bestätigt zu finden. Und sie finden immer, was sie suchen – oft, weil sie es selbst provozieren. Wenn ein Paranoider Mensch sicher ist, daß Sie nicht treu bleiben, äußert er soviele Verdächtigungen, daß Sie die Sache aufgeben und sagen »Ich muß mal mit anderen Leuten ausgehen! Ich halte das nicht mehr aus!«

»Siehst du«, ist dann die Reaktion, »ich habe gleich gewußt, daß ich dir nicht vertrauen konnte.«

Ein Paranoider Mensch hat nie unrecht. Es ist immer die Schuld des anderen oder die Schuld des Schicksals. Als Robert W. ein großes Verkaufsgeschäft durch die Lappen ging, kam er nach Hause und machte sein Frau verantwortlich. Wenn sie nicht soviel mit ihm gestritten hätte, wäre er während der Verhandlungen nicht so angespannt gewesen, sagte er. Nachdem sie sich von ihm hatte scheiden lassen, machte er das Schicksal dafür verantwortlich, ihm schlechte Karten zugeteilt zu haben.

Ein Mensch mit dieser Persönlichkeitsstörung kann jede Kränkung aufbauschen – und Sie dann dafür verklagen. Viele Paranoide Menschen drohen mit Gerichtsverfahren und ziehen sie oft tatsächlich durch.

## *Unannehmbares wird projiziert*

Die Tatsache, daß Paranoide Menschen nie unrecht haben – oder schwach sind oder eine böse Absicht verbergen –, verrät die Qualität ihres Innenlebens. Unbewußt (eingestehen können sie sich dies nicht) fühlen sie sich so im Unrecht, so schuldig, hilflos, schwach, schändlich und von unannehmbaren Impulsen und Versuchungen besessen, daß sie ihre ganzen negativen Gefühle zu sich selbst nach außen projizieren müssen, um ihr zerbrechliches Selbstwertgefühl zu schützen. Sie erspähen die kleinste Schwäche in anderen und verachten sie dafür, weil sie sich selbst so schwach fühlen. Obwohl sie anderen die

Schuld dafür geben, daß es unmöglich ist, zu vertrauen und sich näherzukommen, müssen sie jeden abwimmeln – denn innerlich sehnen sie sich nach Abhängigkeit, und das, fürchten sie, wäre ihr Untergang. Sie müssen ihre Unabhängigkeit bewahren, um zu überleben.

Sie wagen es nicht, an sich selbst zu zweifeln. Statt dessen zweifeln sie an anderen, oder sie meinen, andere würden an ihnen zweifeln. Nachdem Robert zum Beispiel sein Verkaufsgeschäft verloren hatte, war er sicher, daß sein Chef das Schlimmste von ihm dachte. »Ich kann es an seinem Gesicht ablesen«, sagte er. In Wirklichkeit hatte sein Chef ihm versichert, ein Verkäufer könne nie alle Geschäfte zum Abschluß bringen. Was Robert im Gesicht seines Chefs sah, war wahrscheinlich eher eine Projektion dessen, was Robert von seinem eigenen Mißerfolg dachte, verbunden mit dem Unbehagen des Chefs, mit einem so schwierigen Menschen wie Robert umzugehen.

Wie Narzißtische Typen können Menschen mit einer Paranoiden Persönlichkeitsstörung extrem egozentrisch sein. Die Selbstgerechtigkeit, die strenge Moral und die Bestrafungstendenzen mancher Paranoider Menschen, ihre Gewißheit, daß Menschen, die ihnen nicht zustimmen, unrecht haben, sowie ihre Zielstrebigkeit ist für einige bedürftige Menschen nur allzu attraktiv. Manche Paranoiden Menschen enden daher als Sektenführer, Aufrührer und Agitatoren; sie projizieren den Haß, den sie auf sich haben, auf andere, und machen sich zur Speerspitze des Angriffs gegen sie.

## *Hilfe!*

An der Paranoiden Persönlichkeitsstörung leidende Menschen sind im allgemeinen überzeugt, daß sie die Welt so sehen, wie sie ist; sie glauben nicht, daß sie an einer Persönlichkeitsstörung leiden. Und wenn sie Schwierigkeiten in der Beziehung haben, halten sie dies nicht für ihre Schuld. Sie werden daher kaum Hilfe bei einem Therapeuten suchen und noch weniger ihm vertrauen. Sie können sich um sich selbst kümmern, und sie tun es, aber oft leben sie ohne wirkliche Intimität.

Möglicherweise suchen sie jedoch Hilfe, wenn sie bei extremem Streß an der vorübergehenden psychotischen Wahnvorstellung zu leiden beginnen, daß andere darauf aus sind, sie fertigzumachen. Wenn sie anfangen, sich seltsam zu benehmen, bestehen unter Umständen auch andere Menschen in ihrem Leben darauf, daß sie Hilfe suchen, oft indem sie ihnen drohen. Manche Menschen, die an einer leichten Paranoiden Persönlichkeitsstörung leiden, beginnen auch an irgendeinem Punkt in ihrem Leben zu vermuten, daß es ihnen besser gehen könnte. Wenn sie sich einsam, anders als alle anderen und unerfüllt fühlen, finden sie möglicherweise den Mut, nach außen zu gehen.

Der Therapeut muß extrem gut geschult und redlich sein und große Reserven an Einfühlungsvermögen und Geduld besitzen. Es ist nicht leicht, zu einem Paranoiden Menschen, der schwer Vertrauen faßt, eine Verbindung aufzubauen. Ein mit psychodynamischen Methoden arbeitender, erfahrener Therapeut wird für die Gefühle des Patienten anderen gegenüber sensibel sein und ihm, wenn die Kooperation enger wird, den tief im Inneren vergessenen realen Schmerz bewußt machen können.

Eine Verhaltenstherapie hilft Menschen mit dieser Persönlichkeitsstörung manchmal, weniger empfindlich auf Kritik zu reagieren und ihre sozialen Fertigkeiten zu verbessern. Auch eine kognitive Therapie, die versucht, Menschen bei der Änderung ihrer Denkmuster zu helfen, mag für einige Paranoide Menschen von Nutzen sein, obwohl sie im Zusammenhang mit dieser Störung noch nicht getestet wurde.

Patienten, die unter extremem Streß stehen und an vorübergehenden psychotischen Symptomen leiden, hilft manchmal auch eine medikamentöse Behandlung.

## *Risiken, prädisponierende Faktoren und Vorkommen*

Obwohl Menschen mit einer Paranoiden Persönlichkeitsstörung an kurzen psychotischen Symptomen leiden können (sie sind zum Beispiel überzeugt, daß andere hinter ihrem Rücken über sie tuscheln), leiden sie nicht an den anhaltenden Wahnphänomenen und Halluzinationen, die die Wahnhafte Störung und die Paranoide Schizophrenie nach Achse I kennzeichnen. Viele Forscher glauben, daß zwischen der Paranoiden Persönlichkeitsstörung und den schweren Krankheitsformen nach Achse I eine bislang nicht bestimmte Beziehung besteht. Einige nehmen an, daß es eine genetische Prädisposition für ein weites Spektrum verwandter Störungen gibt, das von chronischer

Schizophrenie als schwerstem Extrem bis zur Schizotypischen (Kapitel 12) und Paranoiden Persönlichkeitsstörung am gutartigsten Ende reicht.

Dies bedeutet nicht, daß ein Mensch mit diesem Persönlichkeitsstil eine Psychose entwickelt, obwohl dies in einigen Fällen möglich ist. »Bestimmte Hauptmerkmale der Paranoiden Persönlichkeitsstörung wie Mißtrauen oder Überempfindlichkeit können jedoch prädisponierend für die Entwicklung dieser anderen Störung sein«, konstatiert das DSM-III-R[2].

Die Paranoide Persönlichkeitsstörung bzw. paranoide Merkmale können sehr unangenehme Folgen für die Gesundheit haben. Eine in der Zeitschrift *Psychosomatic Medicine* veröffentlichte Untersuchung[3] von 500 älteren Erwachsenen zeigte, daß bei extrem argwöhnischen Menschen das Risiko der Sterblichkeit und einer insgesamt schlechteren Gesundheit größer war als bei Menschen, die nicht so mißtrauisch anderen gegenüber waren.

Einige Untersuchungen lassen darauf schließen, daß die Paranoide Persönlichkeitsstörung familiär gehäuft auftritt. Oft sind die Familien Paranoider Menschen extrem streng, unspontan und unkommunikativ. Das tatsächliche Vorkommen der Störung in der Bevölkerung ist nicht bekannt, aber sie wird häufiger bei Männern diagnostiziert.

## *Der Umgang mit Paranoiden Menschen*

Einen Paranoiden Menschen muß man ganz lieben. Jede Kritik, jede Äußerung des Ärgers verletzt ihn unerträglich und verfrachtet Sie auf die lange Liste der Menschen, die ihm Unrecht getan haben. Um mit einem solchen Menschen klarzukommen, bleibt nur der Rückzug. Versuchen Sie nicht, irgendwelche Verdächtigungen auszudiskutieren, sonst werden Sie bald als Mitverschwörer betrachtet. Vermeiden Sie Konfrontationen und versuchen Sie, Debatten aus dem Weg zu gehen. Wenn dieser Mensch Ihnen wichtig ist, sollten Sie ihn dazu bewegen, Hilfe zu suchen. Überlegen Sie, ob Sie als Paar Hilfe suchen wollen. Eventuell sind auch einige der Tips für den Umgang mit Wachsamen Menschen (S. 191–192) hilfreich.

KAPITEL 9

# Sensibler Stil

## »Am liebsten zu Hause«

Sensible Menschen kommen in den Besitz ihrer Fähigkeiten, wenn die Welt klein ist und sie die Menschen in ihr kennen. Für diesen häufig vorkommenden Persönlichkeitsstil erzeugt Vertrautheit Behaglichkeit, Zufriedenheit und Inspiration. Obwohl diese Männer und Frauen ein weites soziales Netz und Berühmtheit vermeiden, können sie für Ihre Kreativität große Anerkennung bekommen. Mit ein paar lieben Familienmitgliedern oder Freunden in einer emotional sicheren Umgebung eingenistet, kennen ihre Phantasie und ihr Forschungsgeist keine Grenzen. Durch ihren Verstand, ihre Gefühle und ihre Phantasien finden Sensible Menschen Freiheit.

## DIE FÜNF CHARAKTERISTIKA

Die folgenden fünf Charakterzüge und Verhaltensweisen sind Hinweise auf das Vorhandensein des Sensiblen Stils. Ein Mensch mit stark Sensibler Tendenz zeigt mehr dieser Verhaltensweisen intensiver als jemand, der weniger von diesem Stil geprägt ist.

1. *Vertrautheit.* Sensible Menschen ziehen das Bekannte dem Unbekannten vor. Sie fühlen sich mit Gewohnheit, Wiederholung und Routine wohl und lassen sich von ihnen anregen.
2. *Familie.* Sie sind ihrer Familie bzw. ein paar engen Freunden tief verbunden. Sie brauchen kein großes Netz von Freunden und Bekannten und schätzen die Behaglichkeiten des Zuhauses.
3. *Besorgnis.* Sensiblen Menschen liegt sehr daran, was andere von ihnen denken.
4. *Umsicht.* In ihrem Umgang mit anderen verhalten sie sich bewußt taktvoll. Sie treffen keine vorschnellen Entscheidungen und stürzen sich nicht in etwas hinein, bevor sie wissen, was angemessen ist.

5. *Höfliche Zurückhaltung.* Im sozialen Umgang achten sie darauf, liebenswürdig und beherrscht zu bleiben.

## DIE SECHS BEREICHE DES SENSIBLEN FUNKTIONIERENS

Zwei Bereiche – Gefühle und Beziehungen – formen die Erfahrung Sensibler Menschen.

### *Gefühle: Sicherheit zu Hause*

Jeder der dreizehn Persönlichkeitsstile bietet eine Möglichkeit, emotionale Sicherheit zu bekommen. Der Anhängliche Stil findet sie durch die Bindung an einen anderen Menschen, der Wachsame durch Unabhängigkeit und Selbstvertrauen. Sensible Menschen finden ihre emotionale Sicherheit dadurch, daß sie sich eine kleine Welt aufbauen, die sie ihr eigen nennen können. Sie sind familiär und territorial orientiert. Zu ihrer Familie und/oder ein paar engen Freunden haben sie eine tiefe, lebenslange persönliche Beziehung. Ihr Zuhause ist ihre Burg, und sie machen sie behaglich, persönlich und attraktiv. Sie sind immer froh, zu Hause zu sein.

Innerhalb der Grenzen ihres Territoriums lassen sie ihren Gefühlen freien Lauf und sind herzlich, gebend, offen, spontan und kreativ. Aber außerhalb ihrer sicheren Sphäre fühlen sie sich verwundbar wie ein Fisch auf dem Trockenen. In neue Situationen gehen sie mit Unbehagen, sie werden vorsichtig und halten sich emotional zurück. Unter Fremden sind sie selten in ihrem Element. Möglicherweise fühlen sie sich sogar vage bedroht, fehl am Platz, beobachtet, ängstlich und besorgt; aber sie verbergen ihr Unbehagen hinter einer höflichen, um nicht zu sagen kühlen Fassade. Nur wenige der Fremden, denen sie bei einer geselligen Zusammenkunft begegnen, würden erraten, wie unwohl sie sich fühlen.

## Die Sensible »Schneekönigin«

Joel T., Internist und Mitglied der Medizinischen Fakultät, erzählt vom ersten Eindruck, den seine spätere Frau Emily, eine Chirurgin, auf ihn machte.

»Wir lernten uns bei einer Feier im Krankenhaus kennen. Emily war eine neue Assistenzärztin. Mein Chef sprach mit ihr, und als ich vorbeikam, stellte er uns einander vor. Wir gaben uns die Hand, aber nach kurzer Zeit entschuldigte Emily sich höflich und ging weg. Ich sprach weiter mit meinem Chef, aber aus dem Augenwinkel heraus verfolgte ich Emily. Sie ging zur Bar, ließ sich einen Drink geben und stellte sich ein bißchen zur Seite, wobei sie eher kühl und arrogant aussah. Sie wissen, Chirurgen haben den Ruf, heiliger als der Papst zu sein, und ich nahm an, sie wäre auf ihr Podest gestiegen, um uns gewöhnlichem Volk zu entkommen. Mein Chef sah, wie ich Emily beobachtete, und meinte: ›Sie ist ein netter Mensch. Sie sollten sie kennenlernen.‹ Ich sagte: ›Irgendwie ist ‚nett‘ nicht das richtige Wort für sie‹, und mein Chef lachte. Emily begegnete mir im Krankenhaus immer wieder, und stets war sie freundlich, aber distanziert. Aber wirklich attraktiv – ich mag dieses dunkle, tiefgründige, geheimnisvolle Aussehen. Und sie hatte einen sehr guten Ruf als Chirurgin, obwohl niemand sie sehr gut zu kennen schien.

Als Weihnachten kam, besuchte ich meinen ehemaligen Zimmergenossen vom College, Eddie, und seine neue Frau Trish in ihrem Landhaus. Für den Heiligen Abend waren wir ins Wochenendhaus einer mit Trish befreundeten Familie eingeladen. Ich war diesen Leuten noch nie begegnet. Wir kommen an ihrem Haus an, und was glauben Sie, wer da stand? Emily! Es stellte sich heraus, daß es das Landhaus ihrer Familie war, und sie und Trish kannten sich, seit sie Kinder waren. Ich erwartete das übliche kühle Hallo, aber als sie herüberschaute und mich sah, leuchteten ihre Augen auf. Sie kam sofort zu uns und streckte ihre Hände aus. ›Joel, wie schön, Sie hier zu sehen. Sie sind also Eddies alter Kumpel. Die Welt ist klein!‹

Ich konnte es nicht glauben! Die Schneekönigin grüßte mich wie einen lange verlorenen Freund! Wir waren den ganzen Abend zusammen. Ich schwöre, sie war die herzlichste, süßeste und, ja, die netteste Frau, die mir je begegnet war. Wir machten Pläne, uns zu treffen, wenn wir wieder in der Stadt wären. Als ich Trish später von Emilys Verhalten mir gegenüber in den Monaten davor erzählte, meinte sie,

Emily sei tatsächlich ziemlich scheu. Sie sagte, sie wäre ein Stubenhocker, nicht an einem Haufen Leute interessiert, hinge aber sehr an ihrer Familie und ein paar alten Freunden.«

Dadurch, daß Joel Emilys vertraute Welt betrat, bekam er ihre entspannte, unbeschwerte, herzliche Seite zu sehen. Und sobald er zu einem Teil dieser Welt geworden war, konnte Emily aus sich herausgehen und sich in seiner Gegenwart wohl fühlen, egal wo sie waren. Sie begannen, sich in der Stadt zu treffen. Emily lud ihn in ihre Wohnung ein. Joel war beeindruckt, wie behaglich und heimelig sie sie gemacht hatte. Seine Wohnung war nichtssagend – einfach ein Ort, an dem er die Nacht verbrachte. Aber ihre Wohnung war ein Nest, ein Zuhause. Der Mittelpunkt war ein großes Klavier aus Ebenholz, an dem Emily, wie sie ihm erzählte, einige ihrer glücklichsten Stunden verbrachte. Joel fragte, ob sie für ihn spielen würde. Sie sagte nein. Das Klavier sei eine sehr persönliche Erfahrung für sie, sagte sie, und nicht zur Unterhaltung anderer Leute bestimmt. Vielleicht würde sie für ihn spielen, wenn sie sich besser kannten.

Joel war hingerissen – er war bereit, das Spiel zu beenden und sie nach der vierten Verabredung zu heiraten. Emily warf sich ihm nicht gerade an den Hals. Sensible Typen nehmen sich die Zeit, Menschen kennenzulernen, und mehrmals sagte sie ihm, sie wäre noch nicht soweit, die Sache so ernst zu nehmen, wie er wollte. Joel versuchte, sie nicht zu drängen, und langsam wuchs ihre Zuneigung. Sie verbrachten sehr viel Zeit mit Eddie und Trish und Emilys Familie. Es machte ihr nichts mehr aus, in seiner Gegenwart Klavier zu spielen. Mehr als zwei Jahre vergingen, bevor sie einwilligte, seine Frau zu werden. Sie hatten eine kleine Hochzeit, nur die unmittelbare Familie und ein paar enge Freunde. Eddie und Trish waren die Trauzeugen.

Joel und Emily führen ein ruhiges Leben und bleiben meist für sich. Aufgrund ihres Berufs ist Emily außer Haus sehr beschäftigt, aber sie kommt immer gern und offensichtlich erleichtert zurück. Sie versucht, den gesellschaftlichen Verkehr mit den Kollegen zu vermeiden, aber sie geht hin, wenn Joel sie begleitet. Sie nimmt auch nicht gern an Joels obligatorischen Feiern teil, aber sie tut es, wenn es ihm wichtig ist. Joel reist gerne, und Emily macht wegen des Mitkommens immer irgendwelche Umstände; sie behauptet, im Krankenhaus zuviel zu tun zu haben, oder den Garten auf dem Land bestellen zu müssen, oder eine ähnliche Entschuldigung. Aber wenn sie ihre Abneigung erst einmal überwunden hat, behagt es ihr. Sie war noch nie in Europa, und vor ein paar Jahren gelang es Joel schließlich, sie zu einer Paris-Reise zu überreden. Es gefiel ihr dort, obwohl sie nicht gern allein zu den Sehenswürdigkeiten oder zum Einkaufen ging. In diesem Jahr sind sie wieder nach Paris gefahren, wo Joel eine Konferenz hatte. Nachdem sie schon einmal da war, war Emily eindeutig entspannter und bereit, alleine loszugehen. Joel hatte vorgeschlagen, im nächsten Jahr nach Italien zu fahren, aber Emily sagte, sie würde lieber ein drittes Mal nach Paris fahren, um die Stadt wirklich kennenzulernen.

### Der Sensible Forschungsreisende

Emily ist kein passiver Mensch. In der Chirurgie führt sie ganz selbstbewußt ihr Skalpell. Der menschliche Körper ist innen wie außen vertrautes Territorium für sie, und wie andere Sensible Menschen auch möchte sie über alles in ihrer Umgebung jedes Detail kennen. Sensible Typen sind keine Dilettanten. Je mehr sie über etwas wissen, desto mehr möchten sie erfahren. Emily studiert, experimentiert und lernt bei ihrer Arbeit, ihrer Musik, ihrer Gartenarbeit und ihrem Kochen.

Sensible Menschen erforschen lieber das Bekannte als das Unbekannte. Deshalb wäre Emily froh, ein drittes Mal nach Paris zu fahren. Einige Sensible Menschen reisen ohne Unbehagen innerhalb ihres Gebiets oder ihres Landes, aber nur ungern ins Ausland. Viele gemäßigt Sensible Menschen reisen gerne, solange sie mit jemandem unterwegs sind, den sie gut kennen. Andere reisen überallhin, solange sie jemanden kennen, der dort wohnt.

Mit anderen Worten: Für den Sensiblen Stil ist es normal, mit dem Bekannten zufrieden zu sein oder im Nicht-Vertrauten nach dem Vertrauten zu suchen, um sich weiter hinaus in die Welt zu bewegen. Aber eine Minderheit Sensibler Menschen zeigt die entgegengesetzte Tendenz: Trotz oder eher wegen ihrer inneren Angst springen sie geradewegs ins Unbekannte hinein. Sie handeln *kontraphobisch*, das heißt sie gehen ihre Angst an. Mack zum Beispiel, ein Sensibler Reisephotograph, ist nie gern von sich aus an fremde Orte gereist. Er geriet an seine Arbeit, als ein befreundeter Herausgeber, der dachte, er würde ihm einen Gefallen tun, ihm anbot, eine Safari in Afrika zu dokumentieren. Nur Macks Psychiater kannte die Angst, die das Angebot ihm machte. Aber Mack wollte es nicht ablehnen. Er sagte, er wäre schrecklich enttäuscht von sich, wenn er zuließe, daß seine Ängste sein Leben bestimmten. Mehrmals vor der Abreise war er versucht, die ganze Sache rückgängig zu machen, aber er brachte es fertig, zu der Safari zu fahren und seine Arbeit zu tun. Sie war so gut, daß Mack weitere Aufträge erhielt; Sensible Menschen bemühen sich, das Fremde, Nicht-Vertraute seines Geheimnisses zu entkleiden, und bekommen so ein deutliches Bewußtsein ihrer Umgebung.

Mack reist jetzt seit Jahren in der Welt umher, und es macht ihn nicht mehr so nervös wie früher. Aber er ist immer noch besorgt und ängstlich, besonders kurz vor dem Aufbruch. Er kann nicht ganz erklären, was ihn beunruhigt. »Ich glaube, daß mein inneres Sicherheitsgefühl bei jeder Abfahrt aus dem Gleichgewicht kommt. Obwohl nie etwas Schlimmes passiert ist und ich immer froh bin, gefahren zu sein, ist da immer dieses Grauen, diese böse Vorahnung. Ich habe ein sehr interessantes Leben«, räumt er ein, »und ich nehme an, daß das der Preis ist, den ich dafür zahlen muß. Es ist wirklich eine Ironie des Schicksals, daß ich, ein Reisephotograph, mich erst wieder richtig wohl fühle, wenn ich zu Hause bin.« Mack leidet auf seinen Reisen immer noch an Verstopfung; er kann einfach seine inneren Knoten nicht lösen, bis er wieder zu Hause ist.

**Allzeit bereit**

Sensible Männer und Frauen machen sich viele Sorgen. Was ist, wenn es einen Hurrikan gibt, wenn wir in der Karibik sind? Was, wenn die Kälte losgeht, wenn wir weg sind, und die Leitungen einfrieren? Was, wenn der Babysitter unsere Telefonnummer verliert und uns nicht anrufen kann, um uns zu sagen, daß das Baby krank ist? Wie gehen Sensible Menschen mit diesen Was-wäre-wenn-Schreckgespenstern um? Wenn ihre Sensibilität extrem ist, bleiben sie zu Hause. Wenn sie jedoch wie die meisten vernünftigen Sensiblen Menschen sind, folgen sie der Pfadfinderdevise »Allzeit bereit«.

Sensible Menschen sind immer auf jede Eventualität vorbereitet. Sie packen alles ein, was sie auf einer Reise vielleicht brauchen könnten, sie rufen häufig zu Hause an, sie haben einen Regenschirm dabei, wenn eine Chance für Regen besteht. Die Sensible Nicole hat, egal wohin sie geht, außer den üblichen Dingen wie Geldbörse, Scheckkarte, Lippenstift und so weiter immer folgendes in ihrer Handtasche dabei: ein Erste-Hilfe-Set, ein Schweizer Armee-Messer, eine Pfeife (damit sie um Hilfe pfeifen kann!), ein Nähset, zwei Scheckbücher,

Allergiepillen und eine zweite Brille. Wenn sie und ihre Familie verreisen, packt sie immer zuviel ein. Aber sie ist stets auf alles vorbereitet, sagt sie, und ihre Kinder scherzen, daß Mom sicher das Gegengift dabeihaben wird, falls sie bei ihrer kommenden Reise nach Washington auf eine Klapperschlange treten sollten! Nicoles Mann Lawrence, der von einem sehr viel unbeschwerteren Persönlichkeitsstil geprägt ist, hat sich nie gefragt: »Was ist, wenn ich eine Frau heirate, die alles mögliche mitnehmen muß, wenn sie übers Wochenende verreist?« Nach acht Jahren hat er endlich angefangen, sich mit bestimmten Realitäten des Ehelebens abzufinden. Anstatt denselben ewigen Refrain zu wiederholen – »Um Gottes willen, Nicole, wozu brauchst du dieses ganze Zeug?« –, ist er klug geworden und hat einen Kleinbus gekauft.

**Innere Reisen**

Sensible Menschen machen einige ihrer besten Erkundungen vom bequemen Sessel aus. Daß sie sich zu Hause am wohlsten fühlen, bedeutet nicht, daß sie nicht neugierig sind. Sie sind leidenschaftliche Leser. Emily zum Beispiel ist entzückt über jedes Wort und jedes Photo im *National Geographic*, den sie seit Jahren abonniert hat. Sie mag gerne Literatur und bringt es trotz all ihrer anderen Arbeiten irgendwie fertig, mindestens einen Roman im Monat zu lesen.

Während Sensible Menschen ihrer physischen Welt möglicherweise Grenzen auferlegen, investieren sie oft die Energie eines Forschers in Phantasie, Imagination und Kreativität, und Geist und Gefühle wandern ungezwungen durch den unbekannten »inneren Raum«. Emilys Jazzimprovisationen am Klavier transportieren sie (und jeden, der zuhört) Lichtjahre weit weg. Der Sensible Hugh, ein unverheirateter theoretischer Physiker, hat eine Gastprofessur in China abgelehnt, weil er während seines Ferienjahres nicht so weit von zu Hause weg sein wollte, aber in seiner Arbeit erforscht er die Existenz unentdeckter Dimensionen, die der Verstand der meisten Sterblichen nicht erfassen kann.

## *Beziehungen: Ein paar vertraute Gesichter*

Sensible Menschen sind auf andere ausgerichtet. Sie brauchen die

Bestätigung anderer, um sich in ihrer Haut wohl und mit der Welt im Einklang zu fühlen. Sie mögen andere aufrichtig und wollen sie in ihrem Leben haben, aber nur bis zu einem gewissen Grad. In einer herzlichen, soliden Beziehung zu einem einzigen Menschen oder einer kleinen Gruppe von Freunden oder Familienmitgliedern ist ihr Selbstvertrauen am größten. Aber in einer großen Ansammlung von Menschen beginnen sie, sich Entschuldigungen auszudenken und nach Hause zu wollen. Das Sensible Selbstvertrauen ist umgekehrt proportional zu der Anzahl der Menschen, insbesondere der Fremden, mit denen sie gleichzeitig zusammen sein müssen. Anders als Wachsame Typen, die dazu neigen, Fremden zu mißtrauen, bis deren Absichten bekannt sind, zweifeln Sensible Menschen in der Gegenwart ihnen unbekannter Menschen an sich selbst. Sie möchten das Gefühl haben, einen guten Eindruck gemacht zu haben, aber wenn die Menge zunimmt, wird die Zahl der zu beeindruckenden Menschen überwältigend. Sie beginnen, sich unsicher zu fühlen und haben Angst, daß ihr Unbehagen sie dazu veranlaßt, etwas Dummes oder Albernes zu sagen. Wenn der Sensible Stil sich der Selbstunsicheren Persönlichkeitsstörung nähert, wird diese Angst vor den Reaktionen anderer so groß, daß sie alle geselligen Veranstaltungen absagen müssen, auch wenn sie noch so gern hingehen würden. Mit einem gemäßigteren Anteil dieses Stils besuchen sie solche Veranstaltungen am liebsten am Arm von jemand anders; wenn sie alleine kommen, suchen sie nach jemandem, den sie kennen, und wenn dies nicht der Fall ist, zählen sie die Minuten, bis sie nach Hause gehen können.

Wenn sie die Menschen um sich herum kennen und sich ihrer Zuneigung und ihrer Achtung sicher sind, vergeht die soziale Angst, und ihre Persönlichkeit zeigt ihre helleren Seiten. Deshalb bauen sie ihr Leben im allgemeinen ein paar Menschen herum auf, in deren Gegenwart sie glücklich sind. »Du bist hier immer willkommen – du gehörst zur Familie«, sagen sie engen Freunden. Aber neue Verbindungen stellen sie nur zögernd her. Solange sie den Gefühlen eines neuen Menschen nicht vertrauen, verbergen sie die ihren hinter einer höflichen, wohlerzogenen, emotional distanzierten Fassade. Wenn sie schließlich ihre Deckung herunterlassen, wie Emily bei Joel, kommt die kühle Förmlichkeit wahrscheinlich nicht mehr wieder. Sensible Menschen sind loyal, anhänglich und fürsorglich. Sie heiraten oft fürs Leben. Jene, die allein bleiben (wie der Wachsam-Sensible Ted in Kapitel 8, dessen Wachsamkeit ihn sein ganzes Leben lang vom Altar fernhielt), ziehen langfristige Beziehungen vor. Sie lassen sich glücklich in den Annehmlichkeiten eines Heims und der Routine des häuslichen Lebens nieder.

## Sensible Eltern

Sensible Menschen sind gute Eltern; sie sind aufmerksam gegenüber ihrer Nachkommenschaft und achten auf deren Sicherheit. Ein gemäßigt Sensibler Elternteil schaut voraus, um die Kinder vor den Gefahren »dort draußen« zu schützen: Zieh deine Stiefel an, denn es wird wahrscheinlich schneien; red nicht mit Fremden, denn man weiß nie; wenn jemand dich belästigt, kannst du dies und das tun; hab immer deinen Namen und deine Adresse in deiner Tasche dabei, falls du verlorengehst; und so weiter. Diese Eltern machen sich Sorgen, daß etwas passieren könnte, wenn die Kinder zum Zelten oder zum College oder zu einer Verabredung gehen. Im allgemeinen vermitteln sie ihren Kindern ein starkes Gefühl für das Zuhause und die Familie; die Kinder wissen, daß sie immer einen Ort haben, an den sie zurückkehren können. Sie fühlen sich sicher und schätzen in späteren Jahren, daß sie so gut umsorgt wurden und auch so gut gelernt haben, für sich selbst zu sorgen. Extrem Sensible oder Selbstunsichere Eltern jedoch müssen aufpassen, ihre Befürchtungen nicht auf die Kinder zu übertragen und ihnen Angst vor Risiken einzuimpfen.

## Streß!

Streß für diesen Persönlichkeitsstil entsteht, wenn er etwas nicht Vertrautes konfrontieren muß, sowie bei Kritik. Sensible Männer und Frauen achten so sehr darauf, wie andere auf sie reagieren, daß Mißbilligung und Kritik sie sehr verletzen – obwohl sie es aufgrund ihres zurückhaltenden Auftretens manchmal nicht erfahren. Sie reagieren, indem sie dem Kritiker aus dem Weg gehen, wenn dieser nicht zu ihrer zentralen Sphäre gehört; oder indem sie versuchen, ihr Verhalten oder ihre Leistung zu verbessern, um das Wohlwollen eines für sie wichtigen Menschen zurückzugewinnen.

Den Streß angesichts des Unbekannten bewältigen Sensible Typen auf dreierlei Weise: sie finden jemand anders, mit dem sie die Sache angehen, sie ziehen sich von der Herausforderung zurück, oder – seltener – sie springen geradezu in sie hinein. Die letztgenannte Möglichkeit entspricht dem früher erwähnten kontraphobischen Bewältigungsstil: wie Mack, der Reisephotograph, tut man das, was man am meisten fürchtet, um den Schrecken zu bezwingen oder zumindest zu vermeiden, von ihm bezwungen zu werden. Die meisten Sensiblen Menschen sind jedoch ganz zufrieden, ihr Leben um Behaglichkeit herum zu organisieren und verspüren kein Bedürfnis, mit ihren inneren Dämonen zu ringen.

Da Sensible Typen damit rechnen, einen nahen Menschen in ihrem Leben zu haben, auf den sie sich verlassen können, erzeugt das Ende einer Beziehung sehr viel Angst. Um sie zu bewältigen, suchen sie vertraute Gesichter auf. Sie sträuben sich, nach außen zu gehen und neue Leute kennenzulernen, und versuchen oft, zu früheren Beziehungen zurückzukehren. Wenn sie keine alte Liebe haben, mit der sie wieder anbandeln können, macht ihre soziale Zurückhaltung in Gesellschaft es ihnen schwer, neue Menschen zu treffen und eine andere Beziehung zu beginnen, was sie sehr deprimierend finden.

**Gute/schlechte Gespanne**

Sensiblen Typen geht es am besten mit Menschen, die ebenfalls familienzentriert sind, aber im sozialen Bereich die Führung übernehmen und ihren Partnern helfen können, Geselligkeit zu genießen. Ungesellige Typen, die zufrieden sind, ohne andere auszukommen, passen im allgemeinen nicht gut zu Sensiblen Zeitgenossen.

Menschen mit einer ausgewogenen Kombination des Gewissenhaften und eines kontaktfreudigeren Stils wie dem Selbstbewußten oder dem Dramatischen haben ihrem Sensiblen Partner eine Menge zu bieten (Emilys Mann Joel hatte ein vorwiegend Gewissenhaft-Selbstbewußtes Persönlichkeitsprofil). Bei zu viel Gewissenhaftem Stil jedoch fühlt der Partner sich unter Umständen in Gesellschaft eher unbehaglich oder unbeholfen. Partner mit einem zu starken Selbstbewußten Stil werden nicht tolerant in bezug auf die Grenzen sein, die Sensible Menschen oft ihrem Universum auferlegen. Ein zu Dramatischer Partner wird die ganze Zeit in Gesellschaft sein wollen, was für Sensible Menschen zu stressig ist.

Ein Anhänglicher Partner wird den Sensiblen in jeder Hinsicht akzeptieren, aber wenn der Stil zu stark ausgeprägt ist, fehlt ihm möglicherweise die Entschlossenheit, nach außen zu gehen und die Führung zu übernehmen, wenn der Sensible Partner jemanden braucht, auf den er sich stützen kann.

Ein Lässiger oder Aufopfernder Mensch kann mit den Sensiblen ein funktionierendes Gespann bilden, weil diese Stile ebenfalls stark familienbezogen sind. Sensible oder auch Wachsame Menschen sind damit zufrieden, in der kleinen Welt des Partners zu leben, aber sie verstärken eher das soziale Unbehagen des anderen, als das Leben in dieser Hinsicht einfacher zu machen.

Der Abenteuerliche Stil gehört zu den schlechtesten Verbindungen für diesen Typ, weil Abenteurer Risiken eingehen und weiterforschen müssen. Exzentrische Menschen sind zwar interessant, verstärken aber die Angst des Sensiblen Typs vor sozialem Umgang. Die Exzentrizitäten dieses Stils in puncto Kleidung oder Verhalten können Sensible Typen, die sich gern ihrer Begleitung anpassen und möglichst nicht auffallen wollen, in Verlegenheit bringen.

## *Selbst, Selbstbeherrschung und reale Welt: Schutz vor Gefahr*

In der Sicherheit ihrer bekannten Welt haben Sensible Menschen ein gutes Gefühl dafür, wer sie sind und was sie können. Außerhalb dieser Grenzen jedoch, in der weiten Welt der Fremden, verlieren sie zeitweise den Blick für das richtige Verhältnis der Dinge. Andere Menschen werden riesig, mächtig und potentiell bedrohlich, während sie selbst klein und schwach werden. Bei dieser »Alice im Wunderland«-Verwandlung verlieren Sensible Männer und Frauen ihre Selbstsicherheit.

Sie besitzen jedoch viel Selbstdisziplin und Selbstbeherrschung, die sie benutzen, um ihr Verhalten anzupassen und ihre Gefühle und ihr Unbehagen für sich zu behalten. Das letzte, was sie wollen, ist Aufsehen erregen und die Aufmerksamkeit auf sich lenken. Probleme mit der Selbstbeherrschung riskieren sie nur, wenn sie beginnen, ihr Unbehagen in Gesellschaft eigenmächtig mit Alkohol, Aufputsch- oder Beruhigungsmitteln zu behandeln und von diesen Stoffen abhängig werden, um sich auf chemischem Wege Mut zu machen. (Wenn ein Beruhigungsmittel jedoch ärztlich verschrieben und sein Gebrauch überwacht wird, kann es für Menschen, die durch ihre

Angst stark behindert werden, ein sehr nützlicher Bestandteil der Behandlung sein.)

Für Sensible Menschen ist die reale Welt irgendwie unheimlich. Jenseits der Grenzen ihres Territoriums lauern die Bestien. Deshalb bleiben sie nahe am häuslichen Herd oder kehren nach notwendigen Abenteuern draußen erleichtert zu ihm zurück, und alles ist wieder sicher und gut.

## *Arbeit: Ein Zuhause außerhalb des Zuhauses*

Sensible Menschen bringen viele gute Eigenschaften an ihren Arbeitsplatz mit – *wenn* sie sich ein behagliches Arbeits»nest« bauen können. Dann sind sie zuverlässig, beständig und effektiv. Sie arbeiten am besten mit wenigen Kollegen zusammen, mit denen sie mit der Zeit vertraut werden. Der Arbeitsplatz, das Büro oder die Abteilung werden zu ihrer kleinen Familie, ihrem sicheren Hafen, in den sie Tag für Tag zurückkehren. Sie bleiben gern an einem Arbeitsplatz und verspüren kein Bedürfnis, sich nur um der Abwechslung willen einen anderen zu suchen.

Zu ihrer Effektivität bei der Arbeit trägt bei, daß sie sich mit Routine wohl fühlen. Jede Arbeit, zu Hause oder draußen in der Welt, hat ihre täglichen Wiederholungen. Für einige Persönlichkeitsstile – einschließlich des Dramatischen – bedeutet Routine stumpfsinnige Plackerei; sie raubt ihnen Kraft und Motivation. Für Sensible Menschen jedoch gibt Routine dem Tag eine willkommene Struktur. Aus diesem Grund mögen sie auch festumrissene Rollen, bei denen sie wissen, was von ihnen erwartet wird, und sie sich nicht jeden Tag neu anpassen müssen.

Sensible Typen sind gründlich und können sich gut auf ihre Arbeit konzentrieren. Weil ihnen wichtig ist, was andere von ihnen denken, bemühen sie sich sehr, gute Arbeit zu leisten. Der Umgang mit dem Management bereitet ihnen Unbehagen, es sei denn, ihr Arbeitsbereich ist klein und besitzt eine familiäre Struktur. Im allgemeinen haben sie nicht gern mit Fremden zu tun, aber wie der Abschnitt »Karrieren« zeigt, können sie mit Kunden umgehen. Einigen sehr Sensiblen Menschen widerstrebt es auch im privaten Bereich, einen Fremden anzurufen, etwa einen Reparateur zu bestellen.

## Der Sensible Manager

Die von diesem Stil geprägten Männer und Frauen sind oft ehrgeiziger in bezug auf ihre Arbeit als auf ihr persönliches Fortkommen. Sie arbeiten so gut sie können und sind glücklich, Vorgesetzten zu gefallen. Es kann sein, daß sie ins Management befördert werden wollen, um herausfordernde Arbeit zu tun, aber sie drängen sich nicht danach, ihre exponierte Stellung auf das höhere Management auszudehnen. Sensible Manager haben mit Leuten außerhalb ihrer unmittelbaren Abteilung nicht gern zu tun und bestellen oft einen Untergebenen, der für sie die Verbindung wahrt. Sie können jedoch von der langfristigen Beziehung zu einem Mentor profitieren, auf dessen Meinung sie sich unbesorgt verlassen können.

Sensible Manager fördern eine familiäre Atmosphäre in ihrer Belegschaft. Neulingen gegenüber geben sie sich zurückhaltend und kühl, bis sie sie kennen und sich ihrer Leistung sicher sind. Sie arbeiten am besten in einer Belegschaft, in der es wenig Fluktuation gibt.

## Karrieren für den Sensiblen Typ

Wenn dies Ihr vorherrschender Stil ist, sollten Sie sich eine Laufbahn aussuchen, in der Sie eine festumrissene Rolle haben – Buchprüfer, Computerprogrammierer oder Arzt zum Beispiel – und in der Sie nur begrenzt Publikum ausgesetzt sind. Sensible Menschen können jedoch gut mit Kunden umgehen, weil sie sich dann hinter ihrer professionellen Rolle verstecken können; dies erlaubt ihnen, sich mit den Interessen des Kunden zu beschäftigen, ohne sich emotional auf sie einzulassen. Unwohl fühlen sie sich allerdings mit Fremden, die sie beraten oder beeinflussen müssen. Bereichen wie Public Relations oder Verkauf sollten sie sich daher fernhalten. Vermeiden Sie auch Tätigkeiten oder Karrieren, die öffentliches Sprechen verlangen.

Da Sensiblen Menschen Routine, Wiederholung und Gewohnheit angenehm sind und sie sich gut konzentrieren können, arbeiten sie auch sehr gut in technischen Bereichen.

## TIPS ZUM UMGANG MIT DEM SENSIBLEN MENSCHEN IN IHREM LEBEN

1. Seien Sie dankbar für das, was Sie haben. Schätzen Sie die Nähe und Loyalität, die Ihr Sensibler Mensch Ihnen bietet. Erkennen Sie an, daß Sie zu den bevorzugten Wenigen in seinem Leben gehören. Würdigen Sie das häusliche Leben, das er ermöglicht, und seine Hingabe an die Werte der Freundschaft und Familie.
2. Akzeptieren Sie den Sensiblen Menschen mit seinen Schwächen. Ist es so schlimm, wenn Ihre Sensible Partnerin in der Gegenwart von Fremden steif und introvertiert wird oder auf andere Weise in Gesellschaft nicht sie selbst ist? Es wirft kein schlechtes Licht auf Sie.
3. Vermeiden Sie emotionale Qualen. Bestehen Sie nicht darauf, daß der Sensible Mensch in Ihrem Leben Dinge tut, denen er normalerweise ausweicht, nur um Ihnen zu gefallen. Sensible Menschen möchten, daß Sie mit ihnen glücklich sind, aber ein paar Sachen können sie einfach nicht ausstehen. Diese Abneigung hat nichts mit Ihnen zu tun; halten Sie sie deshalb Ihrem Sensiblen Freund oder Partner nicht vor. Erwägen Sie, gelegentlich etwas alleine zu unternehmen, wenn Sie zum Beispiel gern ausgehen oder Ski fahren und Ihr Sensibler Partner lieber zu Hause bleibt. Sensible Menschen sind oft glücklich, Zeit allein zu verbringen, solange es in ihrem Leben jemanden gibt, mit dem sie bald wieder zusammensein werden.
4. Schließen Sie Kompromisse. Wenn Sie im Urlaub nach Thailand fliegen wollen und Ihr nicht so abenteuerlustiger Sensibler Partner näher am Zuhause bleiben möchte, ist vielleicht eine dritte Alternative die Lösung – etwa in ein Land zu fahren, dessen Sprache der Betreffende versteht. Sensible Zeitgenossen möchten den wichtigen Menschen in ihrem Leben gefallen; Ihre Kompromißbereitschaft kann sie daher ermutigen, ein paar Schritte weiter zu gehen als gewöhnlich.
5. Helfen Sie. Fungieren Sie als Führer in Bereichen, die diesem Menschen nicht vertraut sind. Besuchen Sie mit ihm gesellschaftliche Veranstaltungen und begleiten sie ihn auf Ausflüge in unbekanntes Territorium. Aber tun Sie des Guten nicht zuviel. Sie möchten diesem Menschen helfen, bestimmte Beschränkungen zu überwinden, nicht ihn von sich abhängig machen. Beruhigen Sie ihn, ermutigen

Sie ihn, und loben Sie jeden Schritt vorwärts. Denken Sie daran, daß Sie beide eine gute Zeit haben werden, wenn Sie diesem Menschen über ein paar Grenzen hinweghelfen; Ihr Sensibler Partner wird sich mit Vergnügen an die Erfahrung erinnern.
6. Erkennen Sie die Zeichen. Sie sind beide zum Abendessen mit Ihrem neuen Chef und seiner Frau eingeladen. Ihr Sensibler Partner fühlt sich plötzlich krank, bekommt schlechte Laune oder macht sich zu spät fertig. Vermeiden Sie einen Streit. Sagen Sie: »Ich wette, du bist nervös wegen heute abend.« Versichern Sie dem Sensiblen Menschen, daß jeder ihn mögen wird – warum schließlich auch nicht?
7. Sprechen Sie darüber. Behalten Sie es nicht für sich, wenn Sie sich aufgrund der Ängste Ihrer Sensiblen Partnerin nicht entfalten können. Greifen sie den geliebten Menschen nicht dafür an, daß er diese Schwierigkeiten hat. Äußern Sie statt dessen die Probleme offen und direkt. Sagen Sie, daß sie eine Lösung finden möchten, die Sie beide zufriedenstellt.

## MACHEN SIE DAS BESTE AUS IHREM SENSIBLEN STIL

Ihre Liebe zum Bekannten erlaubt Ihnen, eine behagliche private Umgebung aufzubauen. Sie kann Sie auch in einen Trott verfallen lassen; praktizieren Sie daher ein bißchen vorbeugende Medizin.

**Übung 1**
Tun Sie etwas anderes. Ändern sie ab und zu eine oder mehrere Ihrer Gewohnheiten nur um der Abwechslung willen. Probieren sie ein neues Restaurant aus, nehmen Sie eine andere Strecke zur Arbeit, stellen sie die Möbel im Wohnzimmer um, machen Sie eine andere Art Urlaub – irgend etwas.
Als Sensibler Mensch machen Sie sich sehr viel Sorgen und werden dadurch ganz konfus. Schauen sie sich daher auch Übung 1 für den Wachsamen Persönlichkeitsstil (S. 193) an: Entspannen Sie sich. Konzentrieren Sie sich besonders auf Meditationstechniken, denn sie sind sehr hilfreich dabei, Ängste zu überwinden. Sie sind liebenswert, freundlich, herzlich, loyal und phantasievoll – aber Ihre »Warnanlage« ist extrem empfindlich. Die folgenden Übungen stellen verschie-

dene Methoden vor, Ihre speziellen Ängste zu bändigen, zu umgehen oder sogar zu überwinden.

## Übung 2
Tun Sie es auf jeden Fall. Je weniger Sie sich unangenehmen Situationen aussetzen, desto schwieriger wird es, die Angst in Zukunft zu überwinden. Wenn sie sich umgekehrt solchen Situationen mehr aussetzen, ist es leichter, das Unbehagen aufzulösen. Tun Sie also das, was Sie am liebsten vermeiden würden. Tun Sie jedesmal, wenn Sie sich versucht fühlen, wegen Ihrer Angst eine Herausforderung zu vermeiden oder eine Gelegenheit abzulehnen, das Gegenteil. Sagen Sie ja, wenn jemand Sie zu einer Party einlädt und Sie eigentlich nein sagen wollen; gehen Sie hin. Bleiben sie, wenn sie die Party verlassen möchten. Machen Sie kleine Schritte, und erwarten Sie nicht, alles in einem Sprung zu erobern. Rechnen Sie sich auch den kleinsten Fortschritt hoch an.

## Übung 3
Seien Sie, wer Sie sind. Ihre Unvollkommenheiten geben Ihnen Charakter und machen Sie interessant und anziehend. Gerade Ihre Bemühungen, ihre menschlichen Unvollkommenheiten zu verbergen, machen Sie steif, verlegen und möglicherweise unnahbar. Wenn Sie Ihre Mängel akzeptieren, akzeptieren auch die anderen Sie und Ihre Mängel leichter.

## Übung 4
Bleiben Sie bei sich selbst. Viele Sensible Menschen sehen sich durch die Augen anderer. Wenn Sie Klavier spielen, denken Sie, daß die Nachbarn denken, daß Sie schlecht spielen. Wenn Sie eine Rede halten, denken Sie, daß die Zuhörer denken, daß Sie dumm und uninteressant sind. Wenn Sie bei einer geselligen Zusammenkunft sind, denken Sie, daß die Unbekannte, mit der Sie reden, denkt, daß Sie langweilig sind. Sie versuchen, Ihr Verhalten oder Ihre Leistung zu verändern, um jemandem zu gefallen, von dem *Sie denken*, daß er Sie kritisiert. Sie werden garantiert Ihre Konzentration jedesmal verlieren, wenn Sie sich darauf zu konzentrieren beginnen, was andere über Sie denken: Sie schlagen auf dem Klavier die falsche Taste an, kommen in Ihrer Rede aus dem Konzept, beginnen nach Worten zu suchen. Halten sie jedesmal, wenn Sie sich dabei ertappen, daß Sie darüber

nachdenken, was jemand anders denkt, sofort mit diesem Gedanken inne und machen Sie mit dem weiter, was Sie gerade tun. Wie die meisten Übungen wird auch diese leichter, je öfter man sie macht.

## Übung 5
Fragen Sie sich, ob das Gefühl von Ihnen kommen könnte, wenn Sie meinen, andere würden Sie auf wenig schmeichelhafte Weise ansehen. Fühlen Sie sich unsicher? Haben Sie negative Gefühle über sich selbst und denken Sie deshalb, daß andere negativ über Sie denken? Erkennen Sie, daß Ihre Befangenheit aus Ihrem Inneren kommt. Andere Leute haben bessere Dinge zu tun, als aufzumerken und sie zu taxieren.

## Übung 6
Treten Sie jedesmal, wenn jemand Sie kritisiert, einen Schritt von sich selbst zurück und beobachten Sie, wie Sie (über-)reagieren. Überprüfen Sie, ob Sie Kritik mit Haß oder Ablehnung gleichsetzen. Stellen Sie sich vor, Sie würden einen Knopf drehen, der das Ausmaß Ihrer inneren Reaktion reguliert.

## Übung 7
Tun Sie, was Sie tun *können*. Vielleicht würden Sie gern nach Bora Bora reisen, aber Sie bringen es einfach nicht fertig, allein loszufahren; anstatt einen weiteren Urlaub zu Hause zu verbringen, sollten Sie überlegen, ob Sie nicht Vetter Karl in Buxtehude besuchen wollen. Sie schaffen es nicht, zu einem Single-Treff zu gehen, um jemand Neues kennenzulernen, aber vielleicht können Sie einen Freund bitten, Ihnen jemand vorzustellen. Fragen Sie sich in jeder Situation, in der Sie sich begrenzt oder festgefahren fühlen, was Sie tun *können*.

## Übung 8
Ihre Angst ist nur ein Gefühl (wenn auch ein unangenehmes); sie signalisiert einen bedenklichen inneren Zustand, nicht eine äußere Realität; vertrauen Sie also darauf, daß die Dinge in Ordnung kommen. Stellen Sie innerlich auf »Vertrauen« um, wenn Sie zum Beispiel Angst vor dem Fliegen haben, weil Sie denken, daß das Flugzeug abstürzt oder Sie sich durch hysterisches Schreien zum Narren machen werden. Vertrauen Sie darauf, daß Flugzeuge fast immer in der Luft bleiben, Sie sich richtig verhalten und von vielen Leuten

akzeptiert und gemocht werden – vertrauen Sie mit anderen Worten darauf, daß Sie vor den meisten schrecklichen Ereignissen genau so geschützt sind wie der Mann oder die Frau neben Ihnen. Vertrauen Sie sich selbst.

**Übung 9**
Gönnen Sie Ihrem Partner eine Pause, wenn Sie sich auf ihn verlassen, damit er Ihnen durch unangenehme Erfahrungen hindurchhilft oder Dinge für Sie tut, die Sie verabscheuen oder nicht gerne tun. Halten Sie inne und sehen Sie die Sache aus seiner Sicht. Vielleicht ist es Ihnen nicht klar, daß Sie die Toleranz Ihres Partners überstrapazieren, wenn er Dinge für Sie übernimmt. Einige Sensible Menschen sitzen zum Beispiel nicht gern am Steuer, und so avanciert der Partner schließlich zum Familienchauffeur. Der Sensible Mensch ist dankbar, von dieser Quälerei befreit zu sein, erfaßt aber möglicherweise nicht, welche Bürde dies dem anderen auferlegt. Vermeiden Sie eine Krise in Ihrer Beziehung, indem Sie verstehen, welche Last Sie dem geliebten Menschen aufzwingen. Erwägen Sie, sich mit Ihrer Angst auseinanderzusetzen, anstatt sich von Ihrem Partner vor ihr schützen zu lassen.

## Selbstunsichere Persönlichkeitsstörung

Die unglücklichen Menschen, die an der Selbstunsicheren Persönlichkeitsstörung leiden, betrachten sich immer von außen. Sie sehnen sich nach einer engen Beziehung zu anderen Menschen, aber sie können das Gefühl nicht aushalten, das sie in deren Umgebung bekommen: daß sie untragbar und kein bißchen liebenswert sind, und daß sie unerklärlicherweise nicht anders sein können. Um zu überleben, ziehen sie sich zurück.

## DIAGNOSTISCHE KRITERIEN

Das DSM-III-R beschreibt die Selbstunsichere Persönlichkeitsstörung als[1]:
Ein durchgängiges Muster von sozialem Unbehagen, von Angst vor negativer Beurteilung und Schüchternheit. Der Beginn liegt im frühen Erwachsenenalter, und die Störung manifestiert sich in den verschiedensten Lebensbereichen. Mindestens vier der folgenden Kriterien müssen erfüllt sein:
Der Betroffene
1. wird durch Kritik oder Ablehnung leicht verletzt;
2. hat enge Freunde oder Vertraute häufig nur aus dem Kreis seiner Verwandten ersten Grades (mit Ausnahme höchstens einer anderen Person);
3. geht keine Beziehungen ein, sofern er sich nicht sicher ist, akzeptiert zu werden;
4. vermeidet soziale oder berufliche Aktivitäten, bei denen engere zwischenmenschliche Kontakte geknüpft werden, kann z.B. eine Beförderung ablehnen, in deren Folge höhere soziale Anforderungen gestellt würden;
5. zeigt sich in Gesellschaft zurückhaltend, aus Angst, etwas Unpassendes oder Dummes zu sagen oder eine Frage nicht beantworten zu können;
6. befürchtet, vor anderen durch Erröten, Weinen oder Anzeichen von Angst in Verlegenheit zu geraten;
7. übertreibt potentielle Schwierigkeiten, körperliche Gefahren oder Risiken, die bei üblichen, für ihn jedoch ungewöhnlichen Aktivitäten auf ihn zukommen können, neigt z.B. dazu, gesellschaftliche Verpflichtungen abzusagen, weil er befürchtet, den Anstrengungen nicht gewachsen zu sein.

## *Verurteilt, wenn du es tust, verurteilt, wenn du es nicht tust*

Selbstunsichere Männer und Frauen leben in einem sehr deprimierenden Universum. Sie haben solche Angst davor, von anderen abgelehnt zu werden, und sind so überzeugt davon, daß dies der Fall sein wird, daß sie sich von anderen zurückziehen, um sich die erwartete Qual zu ersparen. Wenn sie andere nicht meiden können, wahren sie Distanz und schauen auf den Boden oder woandershin, anstatt Kontakt herzustellen. Sie leben ein sozial verarmtes Leben mit höchstens einem Freund außerhalb der unmittelbaren Familie. Die schmerzliche Ironie für Menschen mit dieser Persönlichkeitsstörung liegt darin, daß das Vermeiden enger Beziehungen ihnen zwar die Angst vor dem Damoklesschwert der Zurückweisung nimmt, sie aber auch von dem entfernt, was sie zutiefst (und manchmal unbewußt) ersehnen: die Anerkennung und Liebe anderer Menschen. Anders als von der Schizoiden Persönlichkeitsstörung (siehe Kapitel 13) beherrschte Menschen, die mit anderen nichts zu tun haben wollen, sind Selbstunsichere Menschen einsame Einzelgänger; sie sehnen sich danach, beteiligt zu werden, wenn sie nur wüßten wie.

Ihr Rückzug ist nicht verwunderlich: Ihre Erfahrungen mit anderen Menschen gleichen sich wiederholenden Alpträumen. Einerseits sind sie sicher, daß andere sie schlecht behandeln werden. Andererseits ist ihre unbeholfene Unsicherheit tatsächlich unangenehm. Was Selbstunsichere Menschen fürchten, scheint immer zu geschehen: die anderen akzeptieren sie nicht. In Wirklichkeit wissen andere nicht, was sie mit Selbstunsicheren Menschen anfangen sollen. Aufgrund ihrer Distanziertheit meinen sie oft, daß Selbstunsichere Menschen nicht interessiert sind und nicht eingeschlossen werden wollen.

Selbstunsichere Menschen fühlen sich daher isoliert, unerwünscht, schmerzlich anders und inkompetent, egal was sie tun. Emotional geht es ihnen selten gut. Wenn sie nicht ängstlich sind, sind sie depressiv – oft ist beides der Fall. Aber wenn sie anderen fern sind, brauchen sie zumindest diese schreckliche Erwartung der Zurückweisung nicht zu erleben.

## *Liebe mich bedingungslos*

Wie Paranoide Männer und Frauen haben Selbstunsichere Menschen ein sehr sensibles Alarmsystem für Gefahren. Sie halten ständig nach Kritik und Mißbilligung Ausschau. Das Problem ist, daß schon die kleinsten Anzeichen – ein mürrisches Wort oder ein befremdlicher Blick – den Alarm auslösen. Selbstunsichere Menschen sind so hypersensibel für negative und sogar neutrale Beurteilungen, daß alles, was weniger als eine vollständige, offenkundige Anerkennung ist, sich wie eine Ablehnung anfühlt. Die Erwartungen an eine Beziehung sind unrealistisch und unreif. Selbstunsichere Zeitgenossen glauben, daß Akzeptieren bedingungslose Liebe bedeutet, und daß Menschen, die sich mögen, nie wütend aufeinander sind, nie auf die Fehler des anderen hinweisen, sich nie verletzen und sich immer ohne Vorbehalt akzeptieren.

Gleichzeitig glauben sie, daß man keine Unvollkommenheiten haben darf, um akzeptiert und geliebt zu werden. Wenn Selbstunsichere Typen in einen Raum voller Menschen gehen, sind sie sich ihrer Unfähigkeiten und Mängel – zu denen ja auch die Unfähigkeit gehört, auf gesellschaftlicher Ebene zu konkurrieren und Erfolg zu haben – überbewußt und haben furchtbare Angst, sich als die »unzulänglichen« Menschen zu erkennen zu geben, die sie sind. Ihnen ist nicht klar, daß die große Mehrheit der Menschen zumindest ein bißchen Angst in Gesellschaft hat und sehr viele das Zusammensein mit Fremden als sehr unangenehm empfinden. In einer Untersuchung[2] zum Beispiel meinten 40% der Heranwachsenden und jungen Erwachsenen, Angst sei ein großer Teil ihrer Persönlichkeit; einer der Autoren der Untersuchung schließt daraus, daß 15 bis 20% aller Erwachsenen in Gesellschaft quälende Angst erleben. Selbstunsichere Menschen sind überzeugt, daß sie auf unangenehme Weise von anderen verschieden sind. Sie kommen mit anderen Menschen zusammen und warten nur darauf, herausgepickt zu werden. Was ist, wenn die Leute denken, daß mit ihnen etwas nicht stimmt? Was, wenn sie rot werden und ihr Unbehagen offensichtlich wird? Was, wenn sie etwas Dummes sagen oder uninformiert erscheinen? Was, wenn sie den Namen von jemandem vergessen? Ihre Befangenheit hält ständig an; ängstlich prüfen sie die anderen, wenn ihnen wieder einmal klar wird, daß sie die vollständige, bedingungslose Anerkennung und Liebe aller nicht erhalten haben. Aufgrund dieser schmerzlich verzerrten inneren Welt haben Menschen, die an der Selbstunsicheren Persönlichkeitsstörung leiden, sehr große Schwierigkeiten, reale Liebe zu anderen und sich selbst zu erleben. Sich selbst gegenüber empfinden sie Verachtung, anderen gegenüber Zorn.

## *Gewohnheitsgeschöpfe*

Die Flucht vor der Angst ist die treibende Kraft ihres Alltags, und deshalb entwickeln sie starre Gewohnheiten. Tag für Tag tun sie dieselben Dinge auf dieselbe Weise. Durch das Festhalten an der Routine vermeiden sie Überraschungen. Wenn sie gebeten werden oder versucht sind, ihre Muster zu ändern, konzentrieren sie sich auf die Risiken und Gefahren und bauschen sie unverhältnismäßig auf. Joe A.s Mutter zum Beispiel bat ihn, in eine andere Stadt zu reisen, um eine Sache zu regeln, die den Nachlaß seines Vaters betraf. Joe sagte, er würde sich darum kümmern. Ein paar Tage vor der geplanten Abreise las er vom Ausbruch einer Grippewelle in dieser Stadt und begann, sich zu sorgen, daß er sie bekommen könnte. Was wäre, wenn er so krank würde, daß er nicht zurückkommen könnte? Was, wenn er sterben würde? Was, wenn er die Grippe bekommen, sie an seine Mutter weitergeben und diese sterben würde? Er sagte die Reise ab. An seiner Stelle fuhr sein Bruder.

Das Wohlbehagen mit Routine kann einigen Selbstunsicheren Menschen im Bereich der Arbeit gute Dienste leisten, aber nur, wenn sie nicht das Gefühl haben, sich mit Kollegen einlassen oder mit Publikum umgehen zu müssen, und nur, wenn ihre Angst sie nicht so beschäftigt, daß sie sich nicht mehr konzentrieren können. Sie können im allgemeinen neben anderen arbeiten, aber sie bleiben gewöhnlich reserviert und erscheinen Kollegen hochmütig, kühl, sonderbar oder übertrieben schüchtern.

Ihre Arbeitsgewohnheiten begünstigen jedoch oft die Kreativität. Selbstunsichere Menschen finden wie ihre Sensiblen Gegenstücke oft Freiheit, wenn sie sich nach innen wenden und der kreativen Phantasie erlauben, sie weit weg von ihren Ängsten zu bringen.

## *Risiken, prädisponierende Faktoren und Vorkommen*

Menschen sind soziale Wesen. Unser körperliches und emotionales Wohlergehen hängt in großem Ausmaß von den sozialen Kontakten und Beziehungen ab, die wir miteinander eingehen. Der Mangel an befriedigenden Beziehungen zu anderen Menschen macht Selbstunsichere Männer und Frauen besonders anfällig für zahlreiche psychische Probleme nach Achse I. Am hervorstechendsten sind Angststörungen einschließlich Phobien. Sie können auch an dissoziativen Störungen leiden, die verschiedene Arten von Erinnerungs- und Depersonalisationsstörungen umfassen; Symptome sind unter anderem das Gefühl, von den eigenen psychischen Prozessen oder dem Körper so losgelöst zu sein, als sei man ein äußerer Beobachter.

Die Selbstunsichere Persönlichkeitsstörung, für die Männer und Frauen gleichermaßen anfällig sind, scheint häufig zu sein. Das angeborene Temperament kann einen Menschen für die Entwicklung dieser Persönlichkeitsstörung prädisponieren. Die Psychiater Alexander Thomas und Stella Chess haben in ihren wichtigen Untersuchungen das »langsam warmwerdende« Temperament bei 15% der Kinder festgestellt (siehe Kapitel 17). Diese Kinder reagieren auf neue Reize nicht entspannt und passen sich ihnen nicht schnell an. In Verbindung mit ihren Erfahrungen mit Eltern, Geschwistern und Gleichaltrigen kann ihr Temperament sie für diese Störung anfällig machen, wenn sie heranwachsen. Außer biologischen oder konstitutionellen Faktoren kann auch eine entstellende Krankheit und ein Vermeidungsverhalten in der Kindheit für diese Persönlichkeitsstörung prädisponierend sein.

## »Allergisch« auf Angst

Jeder erlebt Angst – jene Schmetterlinge im Bauch, die weit offenen Augen, das hämmernde Herz und so weiter –, aber Menschen, die an der Selbstunsicheren Persönlichkeitsstörung leiden, sind für diesen Zustand körperlicher Erregung ungewöhnlich empfindlich. Angst ist die physiologische Reaktion des Körpers auf eine tatsächliche oder vorgestellte Bedrohung. Jeder reagiert, indem er neben anderen natürlichen Reaktionen angespannt und wach wird. Selbstunsichere Menschen jedoch werden extrem angespannt und wach; die Angst überschwemmt sie, und um ihre Überreaktion einzudämmen, ziehen sie sich von deren Ursachen zurück.

Es deutet einiges darauf hin, daß das Nervensystem einiger Menschen mit dieser Störung genetisch oder konstitutionell erregbarer ist als beim Durchschnitt. Wenn ein Reiz aus der Umgebung sie noch mehr erregt, sind sie überlastet. (Es gibt Theorien, wonach das Gehirn von Menschen mit einer Antisozialen Persönlichkeitsstörung »untererregt« ist; sie suchen daher Spannung und Sensation, um ihr Nervensystem »aufzuwecken«; siehe Kapitel 11.)

## *Hilfe!*

Menschen mit einer Selbstunsicheren Persönlichkeitsstörung sind glücklicher dran, als sie meinen. Ihren Problemen kann auf vielerlei Weise beigekommen werden, einschließlich einiger sehr praktischer Methoden, die Angst abzubauen, soziale Fähigkeiten zu erlernen und einige der selbstzerstörerischen Denkmuster bewußt zu ändern. Bei extremen Ängsten und Phobien kann auch eine medikamentöse Behandlung helfen. Aber nicht jedes Beruhigungsmittel wirkt; das Medikament wird am besten von einem Psychiater verschrieben, der Experte für die Behandlung von Angststörungen mit Psychopharmaka ist.

Eine Psychotherapie kann für Selbstunsichere Menschen, die den Mut haben, ihre Probleme zu konfrontieren, anstatt vor ihnen davonzulaufen, sehr nützlich sein. Der einfühlsame Psychotherapeut wird beurteilen können, wie schwer es für den Patienten ist, zu vertrauen und sich zu öffnen, und ihn nicht drängen, schneller vorzugehen, als er kann. Der Patient wird mit der Zeit selbstbewußter werden, einige der ihn einengenden Gewohnheiten ändern können und bereit sein, mit Hilfe des Therapeuten die Vergangenheit zu erforschen. Die Lebensgeschichte Selbstunsicherer Menschen zeigt oft, daß sie von ihren Eltern erniedrigt oder beschämt wurden oder ihnen das Gefühl vermittelt wurde, schuldig oder unzulänglich zu sein, oder daß sie sich in puncto Wohlbefinden und Schutz nicht immer auf ihre Eltern verlassen konnten. Sie wuchsen mit einem unsicheren Gefühl in bezug auf sich selbst auf, meinten, schlecht zu sein, und konnten sich daher nie selbstbewußt in die Welt hinaus- und auf andere zubewegen.

Eine Gruppentherapie kann einigen Selbstunsicheren Menschen ermöglichen, sich mit den Gefühlen sich selbst und anderen gegenüber zu beschäftigen und zu lernen, wie sie mit anderen umgehen können.

## *Der Umgang mit Selbstunsicheren Menschen*

Da Selbstunsichere Menschen sich von anderen zurückziehen, werden nur wenige von ihnen enge Beziehungen zu Ihnen haben, es sei denn, Sie sind Teil ihrer Familie. Erkennen Sie an, daß die Angst dieses Menschen und seine Empfindlichkeit gegenüber Kritik real sind und ihn wirklich beeinträchtigen. Bei leicht Selbstunsicheren Menschen sind möglicherweise die Hinweise auf S. 214–215 hilfreich. Seien Sie ansonsten sehr freundlich und beruhigend und akzeptieren Sie diesen Menschen völlig. Aber fangen Sie nicht an, Dinge für ihn zu erledigen, vor denen er Angst hat. Ermutigen Sie ihn statt dessen, professionelle Hilfe zu suchen.

Und: Schauen Sie sich um. Sehen Sie, auf wie viele Menschen, denen Sie in Ihrem Leben begegnen (etwa bei der Arbeit), die Beschreibung der Selbstunsicheren Persönlichkeit paßt: reserviert, unruhig, verlegen, angespannt. Anstatt diese Menschen als kalt oder unfreundlich fallenzulassen, schauen Sie ein zweites Mal hin. Vielleicht würde es ihnen gefallen, wenn Sie sich ihrer annehmen. Strecken Sie die Hand aus.

# KAPITEL 10

# Lässiger Stil

## »California Dreaming«

Frei, ich zu sein – niemand kann einem Menschen, der vom Lässigen Persönlichkeitsstil geprägt ist, dieses Recht nehmen. Diese Männer und Frauen folgen den Regeln und erfüllen ihre Verantwortlichkeiten und Pflichten. Aber sobald sie ihr Soll abgeleistet haben, lassen sie sich von keinem Menschen, keiner Institution und keiner Gesellschaft daran hindern, ihr persönliches Glück zu verfolgen, denn für sie geht es im Leben nur darum. Einige Lässige Menschen finden es durch kreative Beschäftigungen, andere dadurch, daß sie sich mit einem guten Buch entspannen. Für sie zählt nicht so sehr, wie sie ihr Leben angenehm gestalten, sondern daß sie die Möglichkeit dazu garantiert haben. Wenn ihr fundamentales Recht, zu tun, was sie wollen, bedroht ist, verteidigen diese normalerweise gemütlichen Menschen es nachhaltig.

## DIE FÜNF CHARAKTERISTIKA

Die folgenden fünf Charakterzüge und Verhaltensweisen sind Hinweise auf das Vorhandensein des Lässigen Stils. Ein Mensch mit stark Lässiger Tendenz zeigt mehr dieser Verhaltensweisen intensiver als jemand, der weniger von diesem Stil geprägt ist.

1. *Unveräußerliche Rechte.* Lässige Männer und Frauen glauben an ihr Recht, es sich gutgehen zu lassen, wann und wie sie wollen. Sie schätzen und schützen ihre Bequemlichkeit, ihre Freizeit und ihre individuelle Suche nach dem Glück.
2. *Genug ist genug.* Sie sind damit einverstanden, nach den Regeln zu spielen. Sie liefern ab, was von ihnen erwartet wird, und nicht mehr. Sie rechnen damit, daß andere diese Grenze anerkennen und respektieren.

3. *Das Recht auf Widerstand.* Lässige Menschen können nicht ausgenutzt werden. Es macht ihnen keine Mühe, sich Forderungen zu widersetzen, die sie für unvernünftig halten oder die für sie über den Ruf der Pflicht hinausgehen.
4. *Mañana.* Lässige Männer und Frauen sind in bezug auf Zeit ziemlich locker. Anders als Typus-A-Persönlichkeiten lassen sie sich nicht unter Zeit- oder Termindruck setzen. Sie sind überzeugt, daß Eile alles verdirbt und nur unnötige Unruhe schafft. Sie sind gelassen und haben den Optimismus, daß alles, was getan werden muß, schließlich auch getan wird.
5. *Ich bin okay.* Autorität schüchtert sie nicht ein. Sie akzeptieren sich und ihre Einstellung zum Leben und sind mit ihrem Platz in der Welt zufrieden.

## DIE SECHS BEREICHE DES LÄSSIGEN FUNKTIONIERENS

Auch der Lässige Stil wird von zwei Bereichen beherrscht. Für Menschen mit diesem nicht unüblichen Stil sind das Selbst und Beziehungen der Schlüssel zum persönlichen Schicksal.

### *Das Selbst: Das Recht, ich zu sein*

Die unverletzliche Unabhängigkeit des Selbst hat für Lässige Menschen erste Priorität. Sie besitzen das von Gott gegebene Recht, zu sein, wer sie sind, sich gut zu fühlen, ihren eigenen Vergnügungen und Annehmlichkeiten so nachzugehen, wie sie wollen, und kein Mensch und keine Institution kann ihnen diese Rechte nehmen. Wenn wir den Gewissenhaften Stil mit der wirtschaftlich und politisch mächtigen, dynamischen Ostküste Amerikas und der unvermeidlichen Frage »Was machen Sie?« assoziieren, dann entspricht der Lässige Stil der entspannteren Westküsten-Mentalität und der Frage »Was interessiert dich gerade?«. Aber egal wo sie wohnen – Lässige Männer und Frauen glauben an sich selbst und ihr unveräußerliches Recht, ihre Zeit so zu verwenden, wie sie wollen.

Sie können innerhalb von Systemen – der Familie, dem Arbeitsplatz, der Gemeinschaft – gut funktionieren und brauchen diese Gefüge sogar, um ihre elementaren menschlichen Bedürfnisse zu befriedigen. Aber sie identifizieren sich nicht mit einer äußeren Autorität. Anders als der Gewissenhafte Typ, der ein starkes Über-Ich besitzt und besonders hart arbeitet, um ein aufrechtes Mitglied der Truppe der Werktätigen, der Familie und der Gemeinschaft zu sein, trägt der Lässige Mensch nicht solche schweren, selbstkritischen Lasten mit sich herum. Wenn er seine Verpflichtungen erfüllt hat, einschließlich der gegenüber der Familie, wendet er sich dem zu, was für ihn am wichtigsten ist: der Verfolgung seines privaten Vergnügens, sei es nun Sport, Kunst, die Kontemplation der Natur oder ein Bier trinken und fernsehen.

Anders als Selbstbewußte Typen, die das Gefühl haben, daß sie von Natur aus etwas Besonderes und dem Zentrum des Universums näher sind als andere, empfinden Lässige Menschen sich als kleine Rädchen im kosmischen Getriebe. Für sie ist das in Ordnung; sie sind mit sich selbst zufrieden. Aber selbst kleine Rädchen haben das Recht, glücklich zu sein, und Lässige Menschen fordern dieses Recht nachdrücklich ein. Sie machen sich nicht zum Sklaven von etwas oder jemandem oder die Werte anderer Leute zu ihren eigenen. Sie müssen eine Rolle spielen, eine Arbeit tun, bestimmte Leistungen erbringen. Aber sie sind unabhängig und nur ihrem eigenen Diktat unterworfen. Sie tun ihren Teil, aber darüber hinaus sind sie frei, sich privat eine schöne Zeit zu machen.

## *Beziehungen: Ich bin nicht dein Besitz*

Menschen, bei denen dieser Persönlichkeitsstil dominiert, sind mit anderen eng verbunden. Sie sind auf die Familie hin orientiert und fühlen sich in Gruppen wohl. Sie mögen und brauchen es, daß man sich um sie kümmert, und gehen leicht Beziehungen ein. Gleichzeitig hegen sie wie Wachsame Typen anderen und insbesondere Autoritäten gegenüber ein vages Mißtrauen. Sie erwarten, daß andere zu viel von ihnen verlangen. Aber während Wachsame Menschen eine emotionale Distanz zu anderen wahren, bis sie sicher sind, daß ihre Unabhängigkeit garantiert ist, haben Lässige Männer und Frauen sowohl ein größeres unmittelbares Bedürfnis nach Gesellschaft als auch einen todsicheren Abwehrmechanismus gegen schlechte Behandlung: Wenn jemand sie bittet, ihre Selbstbestimmung aufzugeben, lehnen sie rundweg ab. Sie sind sehr geschickt darin, nein zu sagen. Lässige

Menschen benutzen das Wort sooft sie müssen, um sicherzustellen, daß sie ihre eigene Identität und das Recht behalten, ihr Leben so zu leben, wie sie wollen.

Einige von diesem Stil geprägte Menschen können als Macho oder männlicher Chauvinist auftreten, wie etwa Archie Bunker in der amerikanischen Fernsehserie *All in the Family*. Archie ging zur Arbeit, sorgte für seine Familie und sah sich als verantwortlichen, aufrechten Bürger. Aber sobald sein Arbeitstag zu Ende war, machte er seinen eigenen Kram. Nach dem Abendessen tat er, was er wollte – saß in *seinem* Sessel vor dem Fernseher, ging mit seinen Kumpels in die Kneipe, tat alles, was ihm gefiel. Edith (der Aufopfernde Typ schlechthin – siehe Kapitel 15) durchkreuzte selten etwas, was ihrem Mann Spaß machte – und solange sie nach diesen Regeln funktionierte, verlief das Leben für die beiden ganz ruhig. Archie war die Karikatur des zwar komischen, aber auch unangenehmen Lässigen Typs alten Stils. Lässige Männer und Frauen müssen im realen Leben nicht einschüchternd, streng oder unangenehm sein, aber in ihren Beziehungen werden sie ihre individuellen Freiheiten immer schützen.

**Phyllis will die Regeln ändern; Suzannah will Anton**

Anton Z. ist ein ziemlich bekannter Künstler. Er ist glücklich, seine Bilder endlich zu verkaufen, aber er weiß, daß Anerkennung für einen Künstler oft von kurzer Dauer ist. Er hat nie die Launen irgendeiner Autorität befriedigt, auch nicht die des Kunstmarktes, und wird dies nie tun. Er ist jetzt siebenundvierzig; seine Kunst macht ihm Spaß und ist der Sinn seines Lebens. Er wird zurechtkommen, egal ob er verkauft oder nicht; alles, was er braucht, ist Zeit zum Malen. Suzannah, seine Frau, hat einen Lieferservice für Speisen und Getränke, der ihnen über die harten Zeiten hinweggeholfen hat. Von den Einnahmen zahlt sie die Privatschule ihres Sohns. Anton wäre es egal, wenn das Kind in eine staatliche Schule ginge, aber Suzannah möchte eine private Erziehung für ihren Sohn, und deshalb kommt sie für die Kosten auf.

Suzannah ist Antons zweite Frau. Sie sind seit zwölf Jahren verheiratet. Sie lernten sich kennen, kurz nachdem Antons erste Frau, Phyllis, ihn verlassen hatte. Aus ihrer Sicht war sie diejenige, die Geld verdienen, kochen und putzen mußte, während »Anton nur in seinem Studio herumhing und dieses *Zeug* malte«. Phyllis meinte, Anton könnte gutes Geld verdienen und sie besser behandeln, wenn er nur die Art Bilder malen würde, die damals verkauft wurden. Anton gab zu, daß sie finanziell sehr viel besser dastehen könnten, wenn er sich an den Markt verkaufen würde. Aber er war ein Künstler, der nicht dem Mammon, sondern seiner Kreativität verpflichtet war; darin würde er sich nie ändern, sagte er seiner jungen, desillusionierten Frau. Und er wies darauf hin, daß er ihr nie ein anderes Leben versprochen hatte. Hatte er seit dem Tag, an dem sie sich begegnet waren, als sie neunzehn und er achtundzwanzig war, je gesagt, er würde etwas anderes tun, als auf seine Weise malen?

»Eigentlich nicht«, hatte Phyllis zugegeben, »aber ich dachte, du würdest entdeckt und berühmt werden und alles wäre in Ordnung.«

Wie romantisch war es für die High School-Abgängerin Phyllis gewesen, diesen großen, grobknochigen, langhaarigen, intellektuellen Künstler kennenzulernen und das Leben der Bohème zu führen! Es gefiel ihr, für ihren Mann zu sorgen, billige Eintöpfe zu kochen, seine Hemden zu bügeln, neben ihm auf einer Matratze auf dem Boden seiner Dachwohnung zu schlafen. Fünf Tage in der Woche arbeitete sie als Sekretärin in einer Firma für Klempnereibedarf. Sieben Abende in der Woche dinierte sie bei Kerzenlicht mit ihrem jungen Genie. Sie lebten zusammen, bevor sie heirateten, was ihre Eltern toleriert hatten. Aber als Phyllis ihnen erzählte, daß sie und Anton heiraten wollten, waren sie dagegen. »Wovon werdet ihr leben?« fragten sie, und: »Was für eine Zukunft kann dieser Mann dir bieten?« Phyllis war zwanzig. Diese Fragen bedeuteten ihr wenig. Sie hatte damals wenig Bedürfnisse – eigentlich nur das, mit dem aufregendsten Mann zusammen zu sein, den sie je gekannt hatte, und für ihn zu sorgen. »Ich weiß, daß Anton ein großer Künstler werden wird«, sagte sie ihren Eltern stolz. »Und überhaupt, er kann immer noch einen Job annehmen.« Vier Jahre später war Phyllis all die harte, langweilige Arbeit leid. Anton hatte also seine Kunst. Was war denn das schon? Keiner kaufte. »Ein Job?« Er sah sie an, als wäre sie verrückt. »Warum sollte ich einen Job annehmen?« »Weil ich es satt habe, alles zu tun«, sagte Phyllis. »Was glaubst du, was das für mich für ein Leben ist? Ich hab noch nicht einmal ein paar anständige Klamotten. Wir können es uns nicht leisten, ins Kino zu gehen oder auswärts zu essen.«

An dieser Stelle wies Anton darauf hin, daß sich doch überhaupt nichts verändert hatte. Es war nicht so, daß die Dinge sich verschlechtert hatten, daß er begonnen hatte, etwas vor ihr zurückzuhalten, oder daß er sich nichts mehr aus ihr machte. Er liebte sie und das Leben mit ihr genauso wie immer. Die Frage war, ob sie mit ihm zusammensein wollte. Er wollte, daß sie blieb, sagte er, aber er würde nie jemand anders sein als der, der er war.

Phyllis beschloß, daß sie etwas anderes vom Leben wollte. Anton war sehr unglücklich ohne sie, aber er versuchte nicht, sie zurückzugewinnen. Was war der springende Punkt? Sie würde nie glücklich sein, wenn sie sein Leben teilte, und er wäre nicht glücklich, wenn er anders lebte.

Suzannah andererseits wollte nichts anderes, als Antons Leben teilen. Sie war sehr viel älter als Phyllis – im selben Alter wie Anton. Sie hatte sich eine befriedigende Karriere aufgebaut, aber noch keinen Mann gefunden, den sie genug liebte, um ihn zu heiraten – bis sie Anton traf. Sie war reif genug zu erkennen, daß Anton immer er selbst sein würde – er würde sich nicht ändern. Sie bewunderte seine Hingabe an die Kunst und seinen Glauben an sich selbst, egal wie gut oder schlecht die Dinge in puncto Erfolg für ihn liefen. Anders als Phyllis liebte Suzannah Antons Arbeit. Sie verstand sie, war von ihr bewegt und fühlte, daß das, was er malte, und seine Vorstellungen über Kunst das Band zwischen ihnen verstärkten. Wenn sie miteinander geschlafen hatten, führten sie oft bis in den frühen Morgen leidenschaftliche Diskussionen über Kunst. Für Suzannah war es egal, daß Anton keinen Erfolg hatte und vielleicht nie haben würde. Sie konnte notfalls für sie beide sorgen.

Und sie wußte, daß er sie liebte. Ein Blick auf die zarten, liebevollen Portraits von Suzannah, die er zu malen begann, zeigten der Welt, was er für sie empfand. Wenn seine Kunst verstanden und akzeptiert wurde, war Anton ein großzügiger, lustiger, leidenschaftlicher Mann. Er war sinnlich und hielt Suzannah gern fest in seinen Armen.

Suzannah beschloß, daß sie unter keinen Umständen versuchen würde, Anton zu ändern oder ihn einem anderen Standard anzupassen. Aber es war nicht immer leicht, Frustrationen zu vermeiden. Anton konnte, typisch für den Lässigen Stil, sehr stur sein. Mit der Begründung, er habe ein wichtiges Bild fertigzustellen, kam er zum Beispiel nicht aus seinem Atelier in die Wohnung, um den Kammerjäger einzulassen, als sie eine schreckliche Invasion von Küchenschaben hatten und Suzannah ein großes Mittagessen liefern mußte. Die meisten Verantwortlichkeiten im Zusammenhang mit der Versorgung ihres Kindes überließ er ihr, und er kochte und putzte nie. Die

Einkommensteuererklärung zögerte er so lange hinaus, daß schließlich Suzannah die Sache in die Hand nahm.

»Na gut, ich schließe mehr Kompromisse als er«, sagte Suzannah. »Vielleicht tue ich mehr, um die Beziehung am Leben und die Familie am Funktionieren zu halten. Na und? Ich komme damit zurecht. Mein Mann gibt mir so viel Liebe und Gefühl, und so große Kunst – und er ist so dankbar, daß ich ihm die Zeit gebe, sich seiner Arbeit zu widmen, daß ich mich in meinem Leben wirklich glücklich fühle. Ich glaube nicht, daß man eine Ehe danach beurteilen kann, wer wieviel von was tut. Ich tue, was ich tun kann. Anton tut, was er tun kann. Wir beide sind glücklich und produktiv. Was sollte ich mir sonst noch wünschen?«

**Mara sagt: »Du bist faul!«**
**Jonathan sagt: »Du bis arbeitssüchtig!«**

Suzannah hat ihren Mann nie als faul oder verantwortungslos betrachtet. Phyllis jedoch erzählt bis heute Geschichten von ihrem »faulen, nichtsnutzigen Ex-Ehemann«. Vom Lässigen Persönlichkeitsstil geprägte Männer und Frauen erscheinen Menschen, die ihre Werte nicht teilen, oft als faul. Aber es ist keine Faulheit, sondern das Lässige Beharren, daß ein Großteil ihrer Zeit ihnen gehört und nach Belieben und ohne äußere Behinderung verwendet werden kann. Sie sind keine Rebellen, keine Außenseiter, keine aufgebrachten Herausforderer. Wenn jemand versucht, sie zu etwas zu drängen, das für sie über den Ruf der Pflicht hinausgeht, diskutieren oder schreien sie nicht; sie weigern sich einfach.

Jonathan ist, wie wir in Kapitel 1 erfahren haben, mit Mara verheiratet. Beide sind Lehrer an der High School. Während der langen Sommerferien übernimmt Mara immer Privatunterricht. Jonathan weigert sich, im Sommer zu arbeiten. Er hat sich den Lehrerjob ausgesucht, sagt er, weil er gern im Sommer frei hat. Für ihn macht dies das ganze übrige Jahr wett. »Aber du *machst* mit dieser Zeit nichts«, klagt die Gewissenhafte Mara. »Du meinst«, korrigiert Jonathan sie, »daß ich nichts von dem mache, was *du* gerne hättest, daß ich es täte, wie Wäsche waschen, kochen und putzen. Du weißt, daß ich den Garten mache, ich lese viel, ich gehe im Wald spazieren, und ich male Aquarelle. Ich trage genausoviel zu den Hausarbeiten bei wie den Rest des Jahres. Ich bin den ganzen Tag beschäftigt, aber nicht produktiv in der Weise, in der du es wärst.« »Hör mal«, fügt er hinzu, »du brauchst doch die Extra-Arbeit im Sommer nicht zu übernehmen. Wir kommen zurecht. Du *willst* das ganze Jahr über arbeiten.«

Mara räumt ein, daß Jonathan recht hat. Sie ist zu Gewissenhaft, um nur so herumzutrödeln. Sie hält Arbeit, und zwar harte Arbeit, für wichtig. Jonathan ist ein guter Lehrer, aber wenn der Unterricht vorüber ist, verbringt er nicht viel Zeit in der Schule. Mara dagegen stellt sich für verschiedene Aktivitäten außerhalb des Lehrplans zur Verfügung. Es fällt ihr sehr schwer, die Unterschiede in ihrer beider Einstellung zur Arbeit zu akzeptieren, und obwohl sie es versucht, beurteilt sie ihn weiterhin als faul.

Bei ihnen prallen zwei Persönlichkeitsstile, zwei Wertsysteme aufeinander. Jonathan sagt: »Arbeit ist ein Mittel zum Zweck, nicht ein Zweck an sich.« Mara sagt: »Arbeit, das, was man *tut*, ist wichtig im Leben.« Jonathan tut, was er muß. Mara gibt, soviel sie kann. Aber wie Phyllis ist sie es allmählich leid, so viel zu geben. Sie sind seit weniger als drei Jahren verheiratet, und wenn Jonathan sich nicht ändert – was zweifelhaft erscheint, weil Mara das ändern möchte, was er als Kern seines Wesens begreift – oder Mara nicht lernt, seinen Persönlichkeitsstil zu akzeptieren, sieht ihre gemeinsame Zukunft düster aus.

## Gute/schlechte Gespanne

Menschen mit einem sehr stark ausgeprägten Lässigen Stil brauchen akzeptierende, verständnisvolle, gebende Partner, die damit zufrieden sind, sich in ihrem Orbis aufzuhalten. Lässige Typen setzen die Bedürfnisse der Beziehung nicht an die erste Stelle, und sie nehmen keine Unannehmlichkeiten auf sich, um anderen zu gefallen. Aber sie schätzen ihre Beziehungen, es gefällt ihnen, umsorgt zu werden, und alles geht gut, wenn der Partner die Verantwortung akzeptiert, nicht nur die Beziehung zusammenzuhalten, sondern auch das zu tun, was mehr als ein gerechter Anteil an den häuslichen Aufgaben aussieht. Dann sind sie aufgeschlossene, loyale und liebevolle Partner, die mit Anerkennung nicht kleinlich sind. Die Partner brauchen jedoch einen starken Anhänglichen oder Aufopfernden Stil, um das prioritäre Interesse des Lässigen Menschen an sich selbst zu tolerieren. Suzannahs Persönlichkeit war von diesen beiden Stilen und dem Gewissenhaften geprägt.

Menschen jedoch, deren Persönlichkeit in erster Linie vom Gewissenhaften Stil beherrscht wird, sollten anderswo suchen. Die Probleme, die Mara mit Jonathan hat, sind für die Gewissenhaft-Lässige Mesalliance typisch; sehr Gewissenhafte Typen können die Lebenseinstellung Lässiger Menschen einfach nicht akzeptieren. Ähnliche Probleme können zwischen Selbstbewußten und Lässigen Menschen entstehen. Antons junge erste Frau Phyllis wuchs während ihrer kurzen Ehe in ihren Selbstbewußten Persönlichkeitsstil hinein. Als die Zeit der anfänglichen Harmonie vorüber war, erwartete sie Selbstbewußt von Anton, daß er seinen Lebensstil aufgab, um sich ihren Bedürfnissen anzupassen.

Lässige und Wachsame Menschen fühlen sich oft mit der Weltsicht des anderen wohl, da sie beide der Autorität mißtrauen. Der Wachsame Mensch wird sehr verantwortungsbewußt sein und sich um die Erledigung notwendiger Dinge kümmern, falls der Lässige Partner sie schleifen läßt. Ein Lässiger Mensch kann auch von einem anderen Lässigen Typ angezogen sein, und jeder wird die Rechte des anderen respektieren. Aber da beide es mögen, umsorgt zu werden, braucht zumindest einer von ihnen auch einen starken Anhänglichen oder Aufopfernden Stil; außerdem muß einer in der Lage sein, die Führung zu übernehmen, wenn weniger angenehme Dinge zu erledigen sind.

Lässige Menschen fühlen sich nicht wohl in Verbindung zu emotional anspruchsvollen Stilen, etwa dem Dramatischen oder dem Sprunghaften. Beziehungen zu Sensiblen Partnern können funktionieren, wenn der Lässige Mensch für den Sensiblen da ist, wenn dieser Unterstützung braucht, um persönliche Herausforderungen anzugehen.

Der Abenteuerliche Stil ist wie der Lässige auf Vergnügen aus. Da Lässige Menschen jedoch den Regeln folgen, während Abenteuerliche sie lieber brechen, sollte man diese Verbindung vergessen.

### Lässige Eltern

Sie sind verantwortungsbewußte Geldverdiener, die sich um die Grundbedürfnisse der Kinder kümmern. Das Familienleben ist für sie eine wichtige Quelle des Vergnügens und ihnen daher wichtig. Sie haben ein Talent dafür, es sich gutgehen zu lassen, und nehmen am Leben ihrer Kinder eher teil, wenn sie alle zusammen Spaß haben können.

Sie neigen jedoch zu dem Glauben, daß das, was für sie am besten ist, auch für die Kinder gut ist; sie nehmen daher keine Unannehmlichkeiten auf sich, um sich den Bedürfnissen oder Wünschen der Kinder anzupassen, wenn diese von den ihren verschieden sind – ein traditioneller elterlicher Stil. Aber sie sind nicht unflexibel und geben nach, wenn jemand ihnen klarmacht, daß sie es müssen. Wenn der Lässige Stil zur Passiv-aggressiven Persönlichkeitsstörung wird, verstehen Mutti oder Vati allerdings weniger, daß das Kind vielleicht andere Bedürfnisse hat. Der Elternteil wird dann als sturer, eigensüchtiger Mensch in Erinnerung behalten, der mehr an seiner eigenen Bequemlichkeit als am Wohlergehen des Kindes interessiert ist. Wenn ein solches Kind Glück hat, ist der andere Elternteil ihm gegenüber aufmerksamer.

## *Arbeit: Nur ein Job*

Überwiegend Lässige Typen erleben bei der Arbeit oft denselben Zusammenstoß der Werte wie in ihren privaten Beziehungen. Sie sind im allgemeinen keine Karrieremenschen, denn sie arbeiten nicht für Ruhm und Erfolg, sondern für Sicherheit, für eine Rente, um ihre Vergnügen zu finanzieren, oder einfach zum Spaß. Sie sind kooperativ und arbeiten gut, aber sie nehmen keine Arbeit mit nach Hause, machen sich nach Feierabend keine Gedanken über sie, tun keine Arbeit, für die sie ihrer Meinung nach nicht verantwortlich sind, und machen nicht mehr, als von ihnen verlangt wird, um etwa dem Chef zu gefallen oder sich selbst besser zu fühlen. Sie haben das Gefühl, auch so in Ordnung zu sein. Sie erfüllen die Anforderungen und können auf das, was sie tun, stolz sein. Aber sie finden den Sinn ihres Lebens im allgemeinen nicht an ihrem Arbeitsplatz, und sie lassen sich nicht von jemandem ausbeuten, der eine solche Einstellung hat.

Menschen mit einem gemischten Persönlichkeitsmuster, das neben dem Lässigen den Gewissenhaften und/oder den Selbstbewußten Stil enthält, bringen es jedoch oft fertig, daß die Arbeit ihnen irgendwie Spaß macht. Einige, wie etwa Anton, können Geschäft und Vergnügen verbinden. Am leichtesten ist dies bei kreativer Arbeit zu erreichen, die in hohem Grade unmittelbar befriedigt. Anderen machen wenigstens einige Aspekte ihrer Arbeit Spaß (während sie den Rest beiseitelassen). Alexander zum Beispiel, der in den Kapiteln 1 und 6 erwähnte Wirtschaftsprüfer in der Midlife-crisis, liebte den Teil seiner

Arbeit, der mit seinen Beziehungen zu seinen Kunden zu tun hatte. Er redete stundenlang mit ihnen, obwohl er eigentlich ihre Steuerformulare hätte vorbereiten sollen. Die Frist zur Abgabe der Erklärungen wurde dann in einem hektischen Endspurt gewahrt. Andere Lässige Typen mit gemischten Persönlichkeitsmustern haben das Glück, lohnende Beschäftigungen zu finden, in deren Genuß sie aufgrund ihres Jobs kommen. Jay E., der ebenfalls Wirtschaftsprüfer ist, fand sein Glück im Fußball-Team der Firma. Seine Kollegen und Vorgesetzten meinen, daß er als Wirtschaftsprüfer so la-la, als Torjäger aber wirklich hervorragend ist. Jay lebt für die Fußball-Saison.

### »Das ist nicht meine Aufgabe«

Diesen Refrain werden die Chefs Lässiger Angestellter oft hören, wenn sie von ihnen eine Arbeit verlangen, die über ihre Verantwortlichkeiten hinausgeht. Eine solche Haltung ärgert Arbeitgeber oder Vorgesetzte oft, weil Autoritätspersonen im allgemeinen erwarten, daß ihre Angestellten ihr Engagement und ihre Werte teilen, auch wenn ihr Anteil an der Belohnung geringer ausfällt. Aber Lässige Menschen können durchaus darauf hinweisen, daß sie nicht dafür bezahlt werden, Abfalleimer zu leeren, Rechnungen zu photokopieren oder nach fünf zu arbeiten.

Belle, eine Lässige Kinderfrau, wurde hauptsächlich eingestellt, um nach der Schule auf die drei Kinder der Smith' aufzupassen, bis Mrs. Smith von ihrer Arbeit nach Hause kam. Die Kinder und deren Freunde, die oft kamen, um mit ihnen zu spielen, richteten gewöhnlich im Haus ein einziges Chaos an. Belle räumte nicht hinter ihnen auf. Jeden Abend kehrte Mrs. Smith zu schmutzigem Geschirr im Spülbecken und einem unordentlichen Haus zurück. Schließlich sprach sie mit Belle darüber. Belle sagte, sie würde dafür bezahlt, auf die Kinder aufzupassen. »Sie bezahlen mich nicht dafür, hinter ihnen herzuräumen.«

Mrs. Smith meinte, jeder, der Belles Job hätte, würde hinter den Kindern aufräumen. Aber Belle sah die Sache so, daß sie sich nicht ausbeuten lassen wollte. Sie hatte jedoch die Kinder gern, und diese mochten sie. Also bot Mrs. Smith Belle an, mehr zu zahlen, damit sie auch aufräumte, aber zu ihrer Überraschung lehnte Belle ab. Sie wollte keine Haushälterin sein, sagte sie. Sie wollte nur auf Kinder aufpassen. Intellektuell erkannte Mrs. Smith an, daß Belle das Recht hatte,

Grenzen zu setzen; aber wenn sie jeden Nachmittag in das chaotische Haus zurückkam, beschlich sie doch das Gefühl, daß Belle eine »schlechte Einstellung« hatte. Schließlich wurden die Kinder alt genug, selbst aufzuräumen. Aber dann brauchten sie auch Belle nicht mehr, um auf sie aufzupassen.

Lässige Menschen sind keine Kandidaten für den Herzinfarkt. Sie arbeiten langsam und in ihrem Rhythmus. Sie überstürzen sich nicht, um pünktlich zu kommen oder eine ihrer Meinung nach unsinnige Frist einzuhalten. Sie sind nicht von der Vorstellung besessen, dem Chef zu gefallen oder etwas Perfektes zu schaffen. Sie können sehr gute Arbeit leisten und oft eine Menge Langeweile aushalten, aber der Beruf ist selten der Mittelpunkt ihres Lebens. Für Lässige Menschen einschließlich einiger Staatsbeamter, Gewerkschaftsmitglieder und Berufssoldaten bedeutet Arbeit, seine zwanzig oder dreißig Jahre abzuleisten, um seine Pension zu bekommen; dann kann man das tun, was man wirklich tun will.

## Die Rechte der Arbeitnehmer

Lässige Typen mißtrauen der Autorität am Arbeitsplatz zumindest ein bißchen. Sie erwarten, daß der Chef mehr von ihnen will, als sie geben wollen, was oft wahr ist, besonders wenn die Tätigkeit nicht genau beschrieben oder der Chef Gewissenhaft, Selbstbewußt, Aggressiv oder sonstwie ehrgeizig ist. Lässige Menschen versuchen, ihre Pflichten zu erfüllen; sie fühlen sich schlecht behandelt, wenn ihre Vorgesetzten oder Kollegen dies nicht als ausreichend akzeptieren. Wenn der Chef sie bittet, mehr zu tun oder schneller zu arbeiten, haben sie wahrscheinlich das Gefühl, ungerecht behandelt zu werden. Falls der Chef darauf besteht, daß sie mehr als ihren gerechten Anteil leisten, werden sie wahrscheinlich mit einer Beschwerde bei der Gewerkschaft drohen.

Lässige Menschen sind sich ihrer Rechte immer bewußt. Gerecht ist gerecht, aber alles andere ist Ausbeutung. Sie nutzen all ihre Rechte aus und nehmen sich etwa alle Tage frei, auf die sie Anspruch haben; von ihren Chefs werden sie deshalb unbilligerweise oft als faul oder unmotiviert beurteilt. Überstunden gegen Extra-Geld locken sie nicht allzusehr, aber wenn es Freizeit zum Ausgleich gibt, sind sie möglicherweise interessiert. Mehr freie Zeit bringt immer ein Lächeln auf ihr Gesicht. Selbständig arbeitende Lässige Männer und Frauen haben genau die gleiche Einstellung zur Autorität. Sie lassen nicht zu, daß ihre Kunden unangemessene Forderungen an sie stellen. Ardis O. ist selbständige Graphik-Designerin mit einem gut ausgeprägten Lässigen Stil. Sie übernimmt nie Eilaufträge (zum Glück ist sie nicht darauf angewiesen, denn ihr Mann bringt ein gutes Gehalt nach Hause), und egal was sie an diesem Tag zu erledigen hat, arbeitet sie von 14 bis 15 Uhr nicht, damit sie in Ruhe zu Mittag essen und im Fernsehen die Seifenoper anschauen kann, die sie seit Jahren verfolgt.

**Lässige Hausarbeit**

Auch Lässige Hausmänner und -frauen brauchen Zeit für sich. Ihr Haus ist einigermaßen sauber und das Essen gut, wenn auch nicht raffiniert, aber nichts wird perfekt in Schuß gehalten oder vorbereitet. Das Versorgen eines Hauses und einer Familie gehört zu den anspruchsvolleren Tätigkeiten, und Lässige Menschen wissen, wo sie ihre Grenzen setzen. Schwierigkeiten bekommen sie mit Partnern, für die die Hausarbeit keine »richtige« Arbeit ist, und die ihr Bedürfnis, es sich gut gehen zu lassen, als Zügellosigkeit betrachten.

Lässige Typen, die außer Haus arbeiten, erkennen möglicherweise auch nicht, daß ihre zu Hause gebliebenen Partner den ganzen Tag viel zu tun hatten. Wenn sie von einem langen harten Tag in ihrem »richtigen« Job nach Hause kommen, sind sie nicht geneigt, tüchtig zuzupacken. Sie schätzen die Stunden, in denen sie nicht zu arbeiten brauchen, zu sehr, um sie leicht für Hausarbeiten zu opfern, besonders wenn sie das Gefühl haben, daß jemand anders in der Familie sich um diese Dinge kümmern kann und sollte.

**Erfolg ist nicht alles**

Lässige Menschen sind in praktisch allen Berufen und Karrieren anzutreffen, aber selten an deren Spitze, was für sie in Ordnung ist. Da für ihr Wohlbefinden im Leben vor allem wichtig ist, wie sie es sich außerhalb der Arbeit gutgehen lassen können, setzen sie weder Zeit noch Ellbogen ein, um vorwärtszukommen. Ein Fallstrick kann sein, daß sie vom Kurs abkommen oder die Richtung im Leben verlieren. Aber dies muß nicht so sein. Lässige Menschen können etwas leisten und gut leben – auch wenn andere denken, daß sie es nicht so gut gemacht haben, wie sie »sollten«.

Die Geschichte von Selma T. illustriert dies. Sie ist eine sehr intelligente Biochemikerin, die ihre Tätigkeit an einer berühmten Universität in einer Großstadt aufgegeben hat, um eine Stelle an einem relativ unbekannten Kleinstadt-College mit weniger guten Forschungseinrichtungen anzunehmen. Ihre Entscheidung erschien ihren ehrgeizigen Kollegen seltsam. Aber durch diesen Schritt wurde Selma zur ordentlichen Professorin, bekam sehr viel mehr Geld und konnte es sich leisten, ein Haus mit über einem Hektar Grund zu kaufen. Sie brauchte nicht mehr zu kämpfen, zu konkurrieren und sich zu beweisen. Am wichtigsten war, daß sie genug Platz und Zeit hatte, um Eskimohunde zu züchten. Ihre Arbeit ist interessant und gibt ihr sehr viel Sicherheit. Was macht es also, daß sie nicht »das beste aus ihrer Karriere gemacht« hat, wie ihr Vater meint, der Präsident einer großen Firma ist? Sie hat nicht den Wunsch, den Nobelpreis zu gewinnen, anerkannt zu werden oder auch nur irgend etwas zu veröffentlichen. Sie unterrichtet gerne, und sie züchtet gerne Hunde. Sie ist glücklich.

**Manager des Status quo**

Sie werden nicht viele Lässige Typen oberhalb der Ebene des mittleren Managements finden, denn sie sind nicht ehrgeizig. Sie machen das berufliche Vorwärtskommen nicht zu ihrem Lebensinhalt, Geld ist ihnen nicht so wichtig, und sie haben einen absoluten Widerwillen dagegen, die für die berufliche Überholspur notwendigen Opfer an persönlicher Zeit zu bringen. Da sie oft ihr ganzes Leben lang für dieselbe Firma, dieselbe Behörde oder dieselbe militärische Einrichtung arbeiten, können sie mit den Jahren zur Ebene des mittleren Managements aufrücken. Als Manager erwarten sie von ihren Untergebenen das, was sie von sich selbst erwarten: die Arbeit eines Tages für die Bezahlung eines Tages. Sie drängen niemanden zu hart, aber sie erwarten von der Belegschaft, daß sie den Regeln folgt und ihnen nicht das Leben schwer macht. Sie sind keine besonders kreativen Manager und können nicht gut motivieren, aber in den Bürokratien, in denen sie sich möglicherweise befinden, sind sie genau am richtigen Platz: sie bringen das Boot nicht zum Kentern und halten die Räder am laufen.

### Karrieren für den Lässigen Stil

Wenn dies Ihr Hauptstil ist, sind Sie am besten reich geboren. Zu spät? Dann suchen Sie sich eine Tätigkeit von neun bis fünf, bei der Sie genau wissen, was von Ihnen erwartet wird. Vielleicht gefällt Ihnen ein Job mit sehr viel Routine, denn Menschen mit Ihrem Persönlichkeitsstil suchen sich Herausforderungen lieber außerhalb des Arbeitsbereichs. Was immer Sie wählen – seien Sie nur sicher, daß von Ihnen nicht erwartet wird, über den Ruf der Pflicht hinaus Engagement zu zeigen, was zum Beispiel in juristischen Karrieren der Fall sein kann. Suchen Sie sich einen sicheren Job, etwa im Staatsdienst, wo die Entlohnung dafür, daß Sie nichts als Ihre Arbeit tun, groß sein kann, besonders im Hinblick auf die Pension und andere Vorteile.

Selbständigkeit kann eine Möglichkeit sein, sicherzustellen, daß Sie Zeit für sich haben, wenn Sie sie wollen, aber überlegen Sie erst, ob Sie genügend Selbstdisziplin besitzen. Können Sie vom Spiel zur Arbeit wechseln, ohne daß jemand anders die Regeln setzt? Wenn Ihr Persönlichkeitsprofil auch vom Gewissenhaften Stil bestimmt wird, kann eine freiberufliche oder beratende Tätigkeit eine Möglichkeit sein, widersprüchliche Tendenzen in Ihrer Persönlichkeit unter einen Hut zu bringen. Vielleicht können Sie sich jetzt auf Ihre Gewissenhaftigkeit konzentrieren, ein paar Jahre hart arbeiten und das Geld auf die hohe Kante legen; dann können Sie sich in noch jungen Jahren vom Arbeitsleben verabschieden und Ihre Lässige Seite ausleben. Sie können auch versuchen, Geschäft und Vergnügen zu verbinden, etwa indem Sie Arbeit in einem Bereich suchen, der Sie sowieso interessiert. Wenn Sie zum Beispiel gern Musik hören, würde es Ihnen vielleicht Spaß machen, in einem Schallplattenladen zu arbeiten, oder für einen Musikverlag oder einen Radiosender. Sie können Ihr starkes Bedürfnis nach Wohlbefinden auch durch kreative Arbeit befriedigen.

## *Gefühle und Selbstbeherrschung:*
## *Entspannen. Genießen. Streß vermeiden*

Menschen, bei denen der Lässige Stil dominiert, sind wie sich in der Sonne wärmende Eidechsen – friedlich, geduldig, langsam, gleichbleibend, schwer zu erschüttern. Abgeklärte Zeitgenossen, mit anderen

Worten. Sie sind selten konfus, sie machen sich keine Sorgen, sie lassen sich nicht jeden zweiten Tag den Blutdruck messen und schicken ihre Sekretärin nicht in die Apotheke, um Alka Seltzer zu kaufen. Sie gestalten ihren Alltag so angenehm wie möglich und können lästigere Aufgaben – Terminarbeiten, die Einkommenssteuererklärung, das Bezahlen von Rechnungen, die Weihnachtseinkäufe, den Hausputz, den Rasen mähen – ganz gut bis zum letztmöglichen Augenblick hinauszögern.

Im allgemeinen sind sie gefühlsmäßig ausgeglichen – außer wenn sie angetrieben werden, mehr zu tun, als sie für recht und billig halten, oder wenn jemand sie drängt, ihre Prioritäten zu ändern. Für Lässige Menschen sind dies die Hauptursachen für Streß. Sie reagieren, indem sie demonstrativ, aber indirekt, Widerstand leisten. Sie nörgeln, werden mürrisch, trödeln und starten Verzögerungsmanöver, aber auch wenn sie wütend sind, vermeiden sie eine direkte Konfrontation. Ein Lässiger Mann etwa wird an einem Abend, an dem nach dem Willen seiner Frau er das Abendessen zubereiten soll, spät nach Hause kommen. Oder er kocht etwas Ungenießbares, so daß sie nie wieder so etwas von ihm verlangt. Wenn ein Mann seine Lässige Frau bittet, sein zerrissenes Hemd zu nähen, wird sie es »vergessen«. Aber wenn die Probleme nicht weggehen – wenn sie immer noch möchte, daß er sich an der Hausarbeit beteiligt, wenn er sich nicht davon abbringen läßt, daß sie mehr für ihn tut, oder wenn der Chef darauf besteht, daß der Lässige Angestellte mehr Arbeit übernimmt oder samstags kommt –, wird der Lässige Mensch empört sein Verhalten rechtfertigen oder auch versuchen, andere auf seine Seite zu ziehen (»Kinder, sagt Vati, daß Mami nicht seine Hemden zu nähen braucht, nur weil sie eine Frau ist. Auch Mütter haben ihre Rechte – sagt Vati, was ihr denkt.«).

Lässige Menschen sind mit der Fähigkeit gesegnet, seelischen Trost zu finden. Außer ein bißchen Freizeit brauchen sie nicht viel, um sich wohl zu fühlen. Der Lässige Stil ist, alles in allem, ein langsamer, gemütlicher Stil, der auf Vergnügen aus ist. Zum Glücklichsein genügt es, mit einer Tüte Chips und einem Bier vor dem Fernseher zu sitzen. Im allgemeinen können diese Menschen sich gut beherrschen; sie neigen nicht zu Exzessen. Aber jeder Stil, der auf die Befriedigung der Sinne aus ist, hat einen Pferdefuß. Passen Sie auf, daß Sie nicht aus reiner Gewohnheit dick, schwammig und von Alkohol oder Drogen abhängig werden.

## *Reale Welt: Zurückhaltung üben*

Für vorwiegend Lässige Menschen ist die reale Welt ein ziemlich ordentlicher Ort, der von einer Menge Leute bevölkert wird, die Autorität über andere beanspruchen und wollen, daß man die ganze Zeit an unwichtigen Aufgaben arbeitet. Lässige Menschen haben eine eingebaute Immunität gegen solche Ansprüche, denn für sie ist Arbeit nur ein Teil der realen Welt. Sie schützen ihre Identität, indem sie Zurückhaltung üben, nur die unumgänglichen Verpflichtungen dem System gegenüber erfüllen und sich auf das konzentrieren, was ihnen in ihrer Freizeit wichtig ist – dann fangen sie an zu *leben*.

## TIPS ZUM UMGANG MIT DEM LÄSSIGEN MENSCHEN IN IHREM LEBEN

1. Akzeptieren Sie den Lässigen Menschen in Ihrem Leben so, wie er ist. Gehen Sie an die Beziehung zu ihm nicht mit der Erwartung heran, ihn so zu verändern, daß er ihren Bedürfnissen entspricht. Fragen Sie sich statt dessen, was an diesem Menschen Sie mögen und was Sie anzieht. Schätzen sie Ihre Lässigen Freunde, Eltern, Liebhaber, Kinder oder Partner für die Qualitäten, die sie besitzen, anstatt ihnen die vorzuwerfen, die ihnen fehlen.
2. Wenn Sie mit einem Lässigen Menschen Schwierigkeiten haben, fragen Sie sich, ob die Ursache der Probleme darin liegt, daß sie unterschiedliche Wertsysteme haben. Vielleicht kommen Sie aus einer Tradition, der harte Arbeit, Vorwärtskommen und Erfolg wichtig waren, während der Lässige Mensch in Ihrem Leben mehr Wert darin sieht, zu tun, was er mag. Anstatt ein System für besser als das andere zu halten, sollten Sie sich fragen, ob Ihre beiden Wertsysteme koexistieren oder sich verbinden können. Vielleicht können Sie die Verantwortung für die Ziele übernehmen, während Ihr Lässiger Partner für die Bereiche Wohlbefinden und Selbstverwirklichung zuständig ist, und gemeinsam können Sie dann die Vorteile genießen. Versuchen Sie auf jeden Fall, die Lebensphilosophie und den Standpunkt dieses Menschen zu verstehen.
3. Seien Sie realistisch. Das Leben mit einem Lässigen Menschen kann von Ihnen mehr Opfer verlangen als von ihm. Können Sie diese ohne Bitterkeit oder Groll bringen?

4. Machen Sie sich das Leben leichter. Lässige Menschen stellen sich nicht automatisch auf das ein, was Ihnen wichtig ist. Anstatt zu warten, daß dieser Mensch es herausfindet, können Sie ihm Ihre grundlegenden, wesentlichen Erwartungen mitteilen. Lassen Sie ihn notfalls wissen, wie er diese Erwartungen erfüllen kann. Wenn Sie zum Beispiel wollen, daß Ihr Lässiger Partner zu einer Versammlung in der Schule Ihres Kindes kommt, können Sie ihm sagen, daß es wichtig ist, daß Sie beide hingehen. Erwähnen Sie die Zeit, den Ort und, falls erforderlich, welche Kleidung angebracht ist. Bitten Sie Ihren Lässigen Partner, es *für Sie* zu tun, wenn er Einwände erhebt – aber behalten Sie diese besondere Bitte Gelegenheiten vor, die Ihnen wirklich sehr wichtig sind.
5. Lässige Typen können bei der Verteidigung ihres Rechts, zu tun und zu sein, was und wie sie wollen, ziemlich stur sein. Bieten Sie an, sich an Projekten zu beteiligen, die getan werden müssen, und/oder treffen Sie ein Abkommen. (»Sag mir, welches Teil ich kaufen muß, um die Stereoanlage in Ordnung zu bringen. Ich besorge es. Dann brauchst du es nur einzusetzen, und wir können wieder Musik hören, einverstanden?«) Aber wenn der Partner dann einfach nie dazu kommt, die Sache zu erledigen, nörgeln oder beklagen Sie sich nicht, und nehmen Sie es nicht persönlich. Seien Sie praktisch. Versuchen Sie, einen anderen Weg zu finden, um das zu erreichen, was Sie wollten – bringen Sie die Stereoanlage zur Reparatur.
6. Wenn der Lässige Mensch in Ihrem Leben beginnt, Ausflüchte zu gebrauchen oder Dinge abzulehnen oder zu vergessen, fragen Sie: »Bist du über irgend etwas wütend?« Menschen mit diesem Persönlichkeitsstil fällt es schwer, ihre Wut direkt zu äußern.
7. Versuchen Sie, sich an den Vergnügungen des Lässigen Menschen zu beteiligen. Beobachten Sie seine Gewohnheiten und schließen Sie sich an. Gehen Sie mit, wenn er gerne vor oder nach dem Abendessen einen Spaziergang macht. Ziehen Sie sich einen Sessel heran und schauen Sie mit ihm fern oder trinken Sie zusammen ein Bier. Lernen Sie notfalls Kegeln oder Tennis spielen. Lässige Menschen müssen bei ihren Aktivitäten nicht alleine sein. Sie bereichern Ihre Beziehung und machen sich bei diesem Menschen beliebt, wenn Sie Ihre Pläne oder Präferenzen so umarrangieren können, daß Sie in den Momenten, die ihm die angenehmsten und erfreulichsten des Tages sind, mit ihm zusammensein können. Und

man weiß nie – vielleicht ist er dann eher bereit, Ihnen einen Gefallen zu tun.
8. Sorgen Sie gut für sie oder ihn. Lässige Menschen lieben es, verwöhnt und mit liebevoller Aufmerksamkeit umhegt zu werden.

## MACHEN SIE DAS BESTE AUS IHREM LÄSSIGEN STIL

Ihr vom Selbst bestimmter Stil sorgt dafür, daß sie mehr nach innen als nach außen schauen. Erweitern Sie Ihren Blick mit Übung 4 für den Selbstbewußten Stil (S. 110) »Wer *ist* dieser Mensch?« Diese Übung lehrt Sie, Informationen über Menschen zu sammeln. Konzentrieren Sie sich in Ihrem Fall zusätzlich auf das, was den Menschen in Ihrem Leben Spaß macht. Was ist ihnen wichtig? Was macht sie glücklich?

**Übung 1**
Fragen Sie sich, ob Sie irgend etwas tun können, damit andere das, was Sie glücklich macht, eher genießen können. Können Sie zum Beispiel irgendeinen Beitrag leisten, wenn es Ihrem Partner Spaß macht, einen ordentlichen Garten zu haben? Vielleicht würde er ein bißchen Zeit schätzen; wäre es für ihn nicht ein richtiges Geschenk, wenn Sie die Kinderbetreuung oder eine andere Aufgabe übernehmen würden, und sei es auch nur eine Stunde? Betrachten Sie das, was Sie übernehmen nicht als *Arbeit*, sondern als Ursache echter Freude für Ihren Partner und für Sie. Je mehr Spaß Sie einem anderen Menschen ermöglichen, desto größer ist der gemeinsame Spaß. Denken Sie darüber nach.

**Übung 2**
Verzögerung ist die Methode des Lässigen Typs, die angenehmen Augenblicke des Lebens zu maximieren. Aber Verzögerung kann Sie in Schwierigkeiten mit anderen bringen und Sie und die Menschen in Ihrer Umgebung verrückt machen, wenn der Termin näherrückt. Denken Sie also über folgendes nach: Es ist ein größeres Vergnügen im Leben, Dinge bis zum oder vor dem Termin erledigt zu bekommen. Ehemalige Verzögerer werden dies bestätigen. Denken Sie auch daran: Wenn Sie es heute tun, haben Sie morgen mehr freie Zeit, ohne daß jemand wütend auf Sie ist.

Die folgenden vier Übungen bieten Anregungen, wie Sie Verzögerungsmanöver in den Griff bekommen können. Loben Sie sich in jedem Fall für das, was Sie erreichen.

**Übung 3**
Machen Sie sich Aufgaben angenehm. Finden Sie für jede berufliche oder private Arbeit, deren Erledigung von Ihnen erwartet wird, eine Möglichkeit, sich jetzt oder später eine Freude zu machen. Setzen Sie den Walkman auf, wenn Sie das Gras zusammenrechen oder den Fußboden schrubben; sehen Sie sich im Fernsehen oder Videorecorder einen Film an, während Sie Ihre Steuerbelege zusammensuchen. Bei beruflichen Arbeiten können Sie sich später belohnen. Gehen Sie in ein besonderes Restaurant oder ins Theater, sobald Sie die Aufgabe abgeschlossen haben. Oder gehen Sie in ein Reisebüro, um Ihren nächsten Urlaub zu planen. Oder machen Sie sich mit ihrem Partner ein nettes Schäferstündchen.

**Übung 4**
Tun Sie ein *bißchen*. Es ist leichter, mit größeren Aufgaben fertig zu werden, wenn Sie sich klarmachen, daß Sie nicht die ganze Arbeit auf einmal erledigen müssen. Wenn Sie sie nach und nach tun, brauchen Sie nicht allen Spaß im Leben aufzugeben. Wenn Sie zum Beispiel eine wissenschaftliche Abhandlung oder einen Bericht vorbereiten müssen, setzen Sie sich einfach hin und skizzieren Sie jetzt gleich in großen Zügen den Inhalt, anstatt in einer einzigen langen Anstrengung stunden-, tage-, wochen- oder monatelang daran zu arbeiten. Oder sagen Sie sich selbst, daß Sie aufstehen können, sobald Sie die ersten zwei Seiten geschrieben haben. Legen Sie dann die Sache beiseite und machen Sie sich eine schöne Zeit. Später oder morgen können Sie das nächste kleine Stück in Angriff nehmen. Kleine Stücke summieren sich schnell, wenn Sie sie regelmäßig tun.

**Übung 5**
Tun Sie es *jetzt*. Sobald Sie feststellen, daß Sie an etwas denken, das Sie tun müssen und gerne aufschieben würden, tun Sie etwas davon jetzt sofort. Rechnen Sie es sich hoch an, so ordentlich zu sein.

**Übung 6**
Betrachten Sie die Dinge von der heiteren Seite. Lässige Typen stöhnen, wenn sie an all das denken, was sie tun müssen. Schauen Sie statt dessen auf die angenehmen Konsequenzen. »Wenn ich das jetzt mache, werde ich sehr erleichtert sein, es getan zu haben, und brauche mich später nicht mehr darum zu kümmern.« – »Wenn ich das fertigmache, wird meine Frau/mein Mann/mein Kind/mein Chef/meine Freundin sich freuen und mit mir zufrieden sein und/oder aufhören, an mir herumzunörgeln, was eine tolle Veränderung wäre.« Falls Sie die angenehme Seite nicht sehen können, lassen Sie zumindest die dunkle Seite los. Wenn Sie feststellen, daß Sie daran denken, wie eine bestimmte Aufgabe Ihre Freizeit beschneidet, schicken Sie diesen Gedanken sofort weg; denken Sie an etwas anderes.

Lässige Typen sind Gewohnheitsgeschöpfe. Aus Gewohnheit schieben sie Arbeit auf, die sie nicht tun möchten, und aus Gewohnheit gehen sie auch ihren speziellen Vergnügungen nach. Jeden Abend nach dem Abendessen schalten sie den Fernseher ein, jeden Samstag abend gehen sie spät ins Bett, und so weiter. Um den alltäglichen Trott zu vermeiden, sollten Sie Übung 1 für den Sensiblen Stil versuchen: Tun Sie etwas anderes (S. 215). Ändern Sie von Zeit zu Zeit eins Ihrer Muster, um Flexibilität und Abwechslung zu erleben, Langeweile vorzubeugen und möglichen Problemen mit Drogen oder Alkohol aus dem Weg zu gehen. Versuchen Sie auch die folgende Übung:

**Übung 7**
Verdoppeln Sie den Spaß. Lässige Menschen sind so gut darin, Möglichkeiten zum eigenen Amüsement zu finden, daß sie unabsichtlich andere vergessen. Wenn Sie es gewohnt sind, sich mit einem guten Buch oder der Zeitung hinzusetzen oder allein lange Fahrradtouren zu machen, fragen Sie die Leute in Ihrem Haushalt, ob sie mitmachen wollen. Sie können über die Nachrichten diskutieren, sich laut vorlesen oder zusammen radeln.

Um Zufriedenheit und Glück in Ihren Beziehungen zu anderen Menschen zu steigern, ist vielleicht auch Übung 2 für den Anhänglichen Stil hilfreich (S. 137): Machen Sie Ihrem Ärger Luft. Äußern Sie Ihre Wut direkt.

# Passiv-aggressive Persönlichkeitsstörung

Menschen mit dieser Störung erheben Widerspruch zu einer Kunstform. Sie gebrauchen Ausflüchte, sie nörgeln, sie opponieren, sie trödeln, sie »vergessen«, sie verspotten die Menschen, die ihnen zu helfen versuchen – und sie halten es für einen Betrug, daß das Leben ihnen nichts Besseres beschert hat. Ihre innere und äußere Erfahrung des Lebens ist dunkel und unangenehm, aber sie sehen nicht, daß sie selbst sich gewohnheitsmäßig alle Wege zum Glück verbauen.

## DIAGNOSTISCHE KRITERIEN

Das DSM-III-R beschreibt die Passiv-aggressive Persönlichkeitsstörung wie folgt[1]:
  Ein durchgängiges Muster passiven Widerstands gegenüber Forderungen nach angemessenen Leistungen im sozialen und beruflichen Bereich. Der Beginn liegt im frühen Erwachsenenalter, und die Störung manifestiert sich in den verschiedensten Lebensbereichen. Mindestens fünf der folgenden Kriterien müssen erfüllt sein:
  Der Betroffene
1. startet Verzögerungsmanöver, d.h. Sachen werden so lange aufgeschoben, daß Fristen nicht mehr eingehalten werden können;
2. wird mürrisch, reizbar oder streitsüchtig, wenn vom ihm etwas verlangt wird, was er nicht tun möchte;
3. arbeitet scheinbar vorsätzlich langsam oder macht die Arbeit schlecht, die er nicht tun möchte;
4. beschwert sich ohne Grund, daß andere unsinnige Forderungen an ihn stellen;
5. vermeidet der Erfüllung von Pflichten mit der Behauptung, sie »vergessen« zu haben;
6. glaubt, seine Tätigkeit besser auszuüben, als andere meinen;
7. nimmt anderen nützliche Vorschläge zur Steigerung seiner Produktivität übel;
8. behindert die Bemühungen anderer, indem er seinen Arbeitsbeitrag nicht leistet;

9. reagiert mit unmäßiger Kritik oder Verachtung auf Autoritätspersonen.

## Gary: *Immer dagegen*

In Kapitel 2 haben wir Gary vorgestellt, den vierundvierzigjährigen Wirtschaftsingenieur, der bei der Arbeit eine Bewährungsfrist erhielt, weil er die gesamte Dokumentation und alle Hintergrundinformationen für ein wichtiges Projekt der Firma im Computer löschte. Die Firma konnte deshalb einen sehr wichtigen Termin bei einem großen Vertragspartner nicht einhalten. Gary, der in zehn Jahren drei Jobs verloren hat, reagierte auf diese Erfahrung mürrisch und verdrossen. Es war nicht *sein* Fehler, beharrte er und ließ eine Tirade über das unfähige Management vom Stapel. Der einzige Grund, aus dem Gary professionelle Hilfe suchte, war die Drohung seiner Frau, sie würde ihn verlassen, wenn er es nicht täte. Gewöhnlich gibt Gary den Bitten anderer nicht nach, auch nicht den kleinsten. Und in gewisser Weise kam er ihr auch diesmal nicht nach, denn nach der ersten Sitzung erschien er zum nächsten Termin nicht mehr. Die gelungenen Fluchten aus ihm zugedachten Anforderungen sind Garys einzige »Siege« im Leben. Wie andere Menschen, die an der Passiv-aggressiven Persönlichkeitsstörung leiden, erreicht Gary Freiheit im Bereich des Selbst, indem er all jenen einen Strich durch die Rechnung macht, die möchten, daß er ihren Erwartungen entsprechend lebt. In Wirklichkeit aber sabotieren er und andere Passiv-aggressive Menschen dadurch nur ihr eigenes Leben.

Ihnen fällt immer eine Ausrede ein. Gary klagte, er hätte sich am Computer vertan, weil sein inkompetenter Chef ihm nicht genug Zeit gegeben hatte, das System zu erlernen. Als seine Vorgesetzten ihm später eine Woche Zeit gaben, sich mit der Software vertraut zu machen, klagte er, seine Augen würden es nicht aushalten, stundenlang auf den Bildschirm zu starren.

Dr. Michael Liebowitz, Dr. Michael Stone und Dr. Ira Turkat beschreiben eine ähnlich ausweglose Situation bei einem Passiv-aggressiven Patienten, der es wiederholt nicht fertigbrachte, ein Buch zu Ende zu schreiben. Wenn der Therapeut dem Mann riet, »um einen Vorschuß zu bitten, damit er moralisch verpflichtet wäre, die Arbeit fertigzustellen, entgegnete er: ›... aber dann würde ich mich zu eingeengt fühlen; es würde meinen Stil verkrampfen.‹ Wenn ihm gesagt wurde, er solle es ohne den Vorschuß einfach so gut machen, wie er könnte, klagte er: ›Ja, aber dann hätte ich keinen Ansporn.‹«[2]

Aufgrund dieser Widerspenstigkeit gehören Passiv-aggressive Typen zu den Menschen, mit denen der Umgang am schwierigsten ist. Auf die eine oder andere Weise stellen sie sich bei jeder Forderung, die man an sie heranträgt, auf die Hinterbeine. Aber sie treten Ihnen nicht entschlossen entgegen und sagen nein. Statt dessen tun sie einfach nicht, um was man sie bittet, sie zögern es hinaus, machen es nicht richtig oder vergessen es. Bitten Sie einen Passiv-aggressiven Menschen, etwas für Sie tun – »Liebling, könntest du auf deinem Nachhauseweg eine Pizza zum Abendessen mitbringen?« – und Sie können sicher sein, daß entweder Ihr Schatz vergißt, anzuhalten, oder die Pizza mit Sardellen belegt ist, obwohl »Schatz« genau weiß, daß Sie keine Sardellen mögen. »Ach ja, Sardellen. Das habe ich vergessen.«

## *Die Passiv-aggressive Falle*

Passiv-aggressive Menschen erkennen nicht, daß sie etwas getan haben, das Sie wütend macht oder ihr Versagen verursacht. Wenn die Dinge schiefgehen, ist es Ihr Fehler oder der des Arbeitgebers. Sie sind nie offen herausfordernd; ihre Aktionen sind so direkt, so passiv, daß sie sich der Verantwortung entziehen. »Du weißt, wie beschäftigt ich bin. Ich kann nicht an alles denken. Deshalb habe ich vergessen, daß du keine Sardellen magst. Du hättest mich daran erinnern sollen.«

Für Menschen, die an dieser Störung leiden, fühlt Gefälligkeit sich wie Unterordnung an. Und Unterordnung ist für ihr zartes, zerbrechliches Selbst gleichbedeutend mit Erniedrigung. Diese Menschen sind gleichzeitig sehr wütend und sehr bedürftig. Die Wut stammt von tiefen, vergessenen Verletzungen, die ihnen in der Kindheit von Eltern oder Betreuern zugefügt wurden, von denen sie in bezug auf Liebe, Aufmerksamkeit und Schutz vollkommen abhängig waren. Als Erwachsene bleiben sie von den wichtigsten Menschen in ihrem Leben – Eltern, Partnern, Arbeitgebern – sehr abhängig, aber ihre Bedürftigkeit ängstigt sie und weckt dieselben alten Wunden. Sie können keine Nähe zulassen, ohne sich wütend und reizbar zu fühlen, aber sie können auch nicht ohne diese Menschen leben.

Was machen sie mit all ihrer inneren Wut und Feindseligkeit? Sie haben Angst davor, jenen gegenüber aggressiv zu werden, von denen sie so abhängig sind. Daher greifen sie auf ein oppositionelles Verhalten zurück, das ihre aggressiven Gefühle auf bedeckte, passive Weise ausdrückt – daher die Bezeichnung Passiv-aggressive Persönlichkeitsstörung.

Gefangen zwischen Liebe und Haß, Passivität und Selbstbehauptung, finden diese gestörten Menschen wenig Behagen, Glück oder Vergnügen im Leben. Wie Paranoide Menschen verlagern sie eher ihr Leiden nach außen, anstatt nach innen auf ihren Schmerz zu schauen. Was ihnen passiert, ist die Schuld aller anderen, nicht ihre eigene. Wenn sie dann Partner oder Arbeitgeber passiv zu Wut und schlechter Behandlung treiben, erleben sie genau die Gefühle der Ungerechtigkeit, die sie ihr ganzes Leben mit sich herumgetragen haben.

Sie sabotieren ihr privates und ihr berufliches Leben. In einer Langzeit-Untersuchung[3] einer Gruppe von Männern war die Passiv-Aggressive von allen Persönlichkeitsstörungen die, bei der ein Berufswechsel am häufigsten einen beruflichen Abstieg bedeutete.

## *Hilfe!*

Die Arbeit des Psychotherapeuten besteht darin, Passiv-aggressiven Menschen zu ermöglichen, die inneren Ursachen ihrer Wut und ihres Schmerzes zu lokalisieren. Sehr oft waren die Botschaften der Eltern in bezug auf das, was von ihnen erwartet wurde, extrem widersprüchlich, inkonsequent oder wirr. Andere hatten eine Kindheit, in der die Eltern ihnen gegenüber gleichgültig oder offen feindselig waren oder klar ein anderes Geschwister bevorzugten. Alkoholismus ist ein Faden, der sich häufig durch die Familiengeschichte Passiv-aggressiver Menschen zieht.

Der Therapeut braucht viel Geduld und Kraft, denn Passiv-aggressive Patienten widerstehen seinen Bemühungen genauso wie den Forderungen aller anderen Menschen in ihrem Leben. Die Ursachen ihrer Probleme durchschauen sie kaum. Der erfahrene Kliniker wird den Patienten immer wieder vorsichtig und freundlich mit den wahren Gründen dafür konfrontieren, warum er zu spät kommt, nicht rechtzeitig zahlt, kritisiert oder streitet. Eine Gruppen- oder Familientherapie kann Passiv-aggressiven Patienten und ihren Therapeuten helfen, ein paar unausweichliche Wahrheiten zu konfrontieren. Der Therapeut muß in der Lage sein, konstruktiv mit dem Ärger umzugehen, den diese Patienten bei ihm auslösen. Wenn der Passiv-aggressive Mensch die Kraft, den Mut und den Glauben hat, sein eigenes Verhalten so zu sehen, wie es ist, besteht Hoffnung auf Veränderung.

## Risiken, prädisponierende Faktoren und Vorkommen

Alkoholismus, Drogenabhängigkeit, Depression, Angst, Selbstmord und psychosomatische Krankheiten sind häufige Komplikationen der Passiv-aggressiven Persönlichkeitsstörung.

Das von Dr. Thomas und Dr. Chess identifizierte sogenannte Schwierige-Kind-Temperament (das in Kapitel 17 ausführlicher erläutert wird) kann einen Jungen oder ein Mädchen dafür prädisponieren, diese Persönlichkeitsstörung im Erwachsenenalter zu entwickeln, vor allem wenn die Eltern unflexibel und unsensibel sind oder zu sehr mit ihren eigenen Problemen zu tun haben, um die Bedürfnisse des Kindes zu erfüllen. Das Schwierige Kind ist oft schlecht gelaunt, mag keine Veränderungen seiner Routine und paßt sich Eß- oder Schlafschemata nicht gut an. Eine Störung mit Oppositionellem Trotzverhalten – eine Entwicklungsstörung, deren Name beschreibt, was Eltern und Lehrer dieser Kinder oder Heranwachsenden erleben – kann für die Passiv-aggressive Persönlichkeitsstörung im Erwachsenenalter die Voraussetzungen schaffen.

Sehr viele Menschen verhalten sich von Zeit zu Zeit passiv-aggressiv (sie gebrauchen Ausflüchte, starten Verzögerungsmanöver oder »vergessen« Aufträge). Dazu gehören vom Lässigen Persönlichkeitsstil geprägte Menschen genauso wie Menschen mit anderen Stilen und Störungen (einschließlich des Gewissenhaften Stils und der Zwanghaften Störung). Sehr viel weniger Menschen jedoch leiden an der Passiv-aggressiven Persönlichkeitsstörung, obwohl die genaue Anzahl und die Geschlechtsverteilung nicht bekannt sind.

## Der Umgang mit Passiv-aggressiven Menschen

Es ist sehr schwer, diesen Menschen klarzumachen, was sie Ihnen und sich selbst antun. Konzentrieren Sie sich auf die Tips 3 bis 6 für den

Lässigen Stil (S. 245–246). Denken Sie daran, daß die meisten Passiv-aggressiven Menschen tief innerlich sehr bedürftig sind und es vielleicht nicht riskieren wollen, Sie zu verlieren, wenn es soweit kommt. Ein Passiv-aggressiver Mensch, der unter extremer Angst oder Depressionen zu leiden beginnt (die sich vielleicht einstellen, wenn eine Beziehung auseinanderzubrechen droht), ist möglicherweise damit einverstanden, Hilfe zu suchen. Suchen Sie in jedem Fall Hilfe für die Beziehung.

KAPITEL 11

# Abenteuerlicher Stil

## »Der Herausforderer«

Werfen Sie die Vorsicht zum Fenster hinaus – hier kommt der Abenteurer. Wer außer Abenteurern hätte solche großen Sprünge für die Menschheit machen können – die Ozeane überqueren, die Schallgrenze überschreiten, auf dem Mond spazierengehen? Die von diesem Persönlichkeitsstil geprägten Männer und Frauen wagen sich in Bereiche, vor denen die meisten Sterblichen Angst haben. Sie werden nicht durch dieselben Schrecken und Sorgen zurückgehalten, die die meisten von uns begrenzen. Sie leben auf Messers Schneide, stellen Grenzen und Beschränkungen in Frage und lassen sich auf Gedeih und Verderb auf ein packendes Spiel gegen die eigene Sterblichkeit ein. Wer nicht wagt, der nicht gewinnt, lautet ihr Motto. Und wirklich: Für Menschen mit dem Abenteuerlichen Persönlichkeitsstil ist das *Risiko* die Belohnung.

## DIE ELF CHARAKTERISTIKA

Die folgenden elf Charakterzüge und Verhaltensweisen sind Hinweise auf das Vorhandensein des Abenteuerlichen Stils. Ein Mensch mit stark Abenteuerlicher Tendenz zeigt mehr dieser Verhaltensweisen intensiver als jemand, der weniger von diesem Stil geprägt ist.

1. *Nonkonformismus.* Abenteuerliche Männer und Frauen leben nach einem eigenen inneren Wertkodex. Andere Menschen oder die Normen der Gesellschaft beeinflussen sie kaum.
2. *Herausforderung.* Leben heißt wagen. Abenteurer lieben den Nervenkitzel des Risikos und lassen sich laufend auf Aktivitäten ein, die mit hohem Risiko verbunden sind.
3. *Gegenseitige Unabhängigkeit.* Sie machen sich um andere nicht besonders viele Sorgen, denn sie erwarten, daß jeder für sich selbst

verantwortlich ist.
4. *Überzeugungskraft.* Sie sind redegewandt und talentiert in der edlen Kunst, Freunde zu gewinnen und Menschen zu beeinflussen.
5. *Sexualität.* Abenteurer mögen Sex. Sie haben einen starken Sexualtrieb und genießen zahlreiche, vielfältige Erfahrungen mit verschiedenen Partnern.
6. *Wanderlust.* Sie sind gern unterwegs. Sie lassen sich nur nieder, um wieder aufzubrechen, weitere Entdeckungsreisen zu unternehmen, weiterzuwandern.
7. *Freie Berufe.* Abenteuerliche Typen vermeiden die Neun-bis-fünf-Arbeitswelt. Sie verdienen ihren Lebensunterhalt lieber mit einer unabhängigen, selbständigen Tätigkeit, machen sich keine Sorgen darum, Arbeit zu finden, und leben mit Hilfe ihrer Talente, ihrer Fertigkeiten, ihrer Findigkeit und ihres Esprits recht gut.
8. *Offener Geldbeutel.* Mit Geld gehen sie locker und großzügig um; sie glauben, daß Geld dazu da ist, um ausgegeben zu werden, und immer von irgendwoher welches nachkommen wird.
9. *Satansbraten.* In ihrer Kindheit und Jugend waren Abenteuerliche Menschen im allgemeinen temperamentvolle Rangen und Unruhestifter.
10. *Schneid.* Abenteurer sind mutig, körperlich unerschrocken und hart. Sie stellen sich jedem entgegen, der es wagt, sie auszunutzen.
11. *Kein Bedauern.* Abenteurer leben in der Gegenwart. Sie haben keine Schuldgefühle in bezug auf die Vergangenheit und keine Angst vor der Zukunft. Sie leben im *Jetzt.*

## DIE SECHS BEREICHE DES ABENTEUERLICHEN FUNKTIONIERENS

Die Selbstbeherrschung und das Selbst sind der Schlüssel zum Abenteuerlichen Stil.

### *Selbst und Selbstbeherrschung: Das prickelnde Gefühl, lebendig zu sein*

Abenteuerliche Männer und Frauen sind extravertiert, auf Action aus und hungern nach dem Gipfelerlebnis, das ihnen zeigt, wie lebendig sie sind. Sie brauchen prickelnde Herausforderungen so, wie die meisten von uns Nahrung und Schutz brauchen. Sei es im Sport, in ihrer Karriere, in ihrem Sexualleben, an der Börse oder am Spieltisch – immer ist für sie das Erreichen ihres Spannungs»levels« der Sinn ihres Daseins. Entscheidend ist, wie sie es zu erreichen versuchen. Setzen sie außer dem eigenen auch das Leben anderer Menschen aufs Spiel? Mißachten sie die gesellschaftliche Ordnung, um zu bekommen, was sie wollen? Wägen sie das Risiko ab? Mit ein bißchen Abenteuerlichen Stil kann man ganz gut und lange leben. Mit etwas mehr kann ein Mensch sich oft ein sinnvolles und bestimmt interessantes Leben aufbauen. Aber zuviel davon ist ein echtes Problem, besonders für andere Menschen, wie im Abschnitt »Antisoziale Persönlichkeitsstörung« (S. 273–280) erörtert wird.

**Auf der Suche nach mir selbst**

Wie bei allen Stilen, zu denen der Bereich des Selbst den Schlüssel liefert, sind Abenteuerliche Typen im Grunde auf der Suche nach sich selbst. Sie suchen die intensive Erfahrung, weil sie sich von ihr etwas erhoffen. Wenn auch der Selbstbewußte Persönlichkeitsstil gut ausgeprägt ist, haben sie den Ehrgeiz, Rekorde zu brechen und sich dadurch einen Namen zu machen. Andernfalls reicht ihnen der Adrenalinstoß, den sie nach dem Triumph über die Gefahr erleben.

Abenteuerliche Typen brauchen andere nicht, um ihr Selbstwertgefühl zu speisen oder ihrem Leben einen Sinn zu geben, und sie bringen keine Opfer für andere, zumindest nicht ohne weiteres. Dies bedeutet nicht, daß sie keine Verbindungen zu anderen eingehen können oder wollen, wie wir bei der Erörterung des Beziehungsbereichs sehen werden, oder daß sie – wie einige Krieger zum Beispiel – nicht auch eine Sache fördern können, während sie für sich Erfahrungen machen. Andere Menschen kommen in den aufregenden Plänen von Abenteurern oft vor, zum Beispiel bei sexuellen Erfahrungen oder einer Antarktis-Expedition. Aber der Sinn der Erfahrung ist nicht das Verschmelzen der Seelen oder die Liebe zu einem Menschen, einem Land oder einer Sache; was am meisten zählt, ist die Lebendigkeit, die sie erleben.

Abenteuerliche Typen brauchen auch nicht die Zustimmung anderer zu dem, was sie vom Leben wollen. Wie beim Selbstbewußten Typ gehört der Glaube an sich selbst zu ihren Stärken. Sie haben ein klares inneres Gefühl für das, was für sie falsch oder richtig ist, und wenn ihnen etwas wichtig ist, tun sie es, egal, was alle anderen denken. Wenn Ginny schreit: »Hank, wie kannst du nur in Erwägung ziehen, Motorradrennen zu fahren? Wir haben jetzt ein Baby. Was ist, wenn du dich verletzt? Was sollen wir dann tun?«, antwortet Hank nur: »Hör auf – das ist *meine* Sache.« Hank sorgt für seine Familie, er macht seinen Anteil an der Hausarbeit. Aber an Motorradrennen hängt seine Seele. Wenn Ginny mit ihm zusammenbleiben möchte, wird sie das akzeptieren müssen.

### Das Hier und Jetzt

Der Abenteuerliche Persönlichkeitsstil verleiht eine Freiheit, die den anderen Persönlichkeitsstilen unbekannt ist. Je nach dem, wie stark der Stil innerhalb des Gesamtprofils ist, kümmern Abenteuerliche Menschen sich relativ wenig um die Konsequenzen ihres Tuns. Für sie entfaltet das Leben sich in der Gegenwart. Sie planen nicht voraus und schauen nicht zurück. Sie leben für den Impuls des Augenblicks und können auf ihn leichter reagieren als jemand, der sich um die Zukunft sorgt oder Schuldgefühle wegen der Vergangenheit hat.

Da sie im Augenblick leben, ist Angst für sie eher elektrisierend als bedrückend. Gefahr bedeutet Herausforderung, nicht die Angst vor dem, was passieren könnte. Sie erscheinen deshalb oft leichtfertig, wenn sie zum Beispiel bei Sturm segeln gehen, auf einer kurvenreichen Gebirgsstrecke schnell fahren oder auf ein unsicheres Geschäft spekulieren. Sie setzen auf ihren Esprit, ihre Findigkeit, ihre körperliche Tapferkeit und ihren Schneid, um sich durchzubringen. Angst steigert ihre Erregung, konzentriert ihre Aufmerksamkeit und schärft ihre Sinne. Der Jäger, der über ein Krokodil stolpert, trifft sein Ziel.

Weil sie für die Erfahrung im Moment leben und nicht viel an morgen denken, sind von diesem Persönlichkeitsstil geprägte Menschen keine guten Planer; sie entwerfen keine Handlungsabläufe zu zukünftigen Zielen. Sie ertragen keine Frustration und sträuben sich gegen Disziplin, vor allem, wenn sie ihnen von anderen oder der Gesellschaft aufgezwungen wird. (Bei der Verfolgung ihrer risikoreichen Aktivitäten können sie jedoch äußerst diszipliniert vorgehen, was im Abschnitt »Arbeit« erörtert wird.) Sie erwarten nichts und beschäftigen sich mit dem, was geschieht, wenn es geschieht.

Andy G. hatte für Tausende von Dollar Wertpapiere auf Kredit gekauft. Er hatte kaum flüssige Mittel, aber das störte ihn nicht. Als die Börsenkurse 1987 zusammenbrachen, konnte er das Bargeld nicht präsentieren. Er machte sich immer noch keine Sorgen. Er wandte sich an seinen Vater, der sagte: »Tut mir leid, ich kann dir nicht helfen.« Dann wandte er sich an seinen Schwiegervater und sagte ihm ruhig, er, seine Frau und seine Kinder würden ausgerottet, wenn er ihm nicht das Geld geben würde. Entsetzt über die Folgen für seine Tochter und seine Enkelkinder legte Andys Schwiegervater das Geld vor. Andy wußte, daß er das Geld irgendwie zusammengebracht hätte, selbst wenn sein Schwiegervater es ihm verweigert hätte – was für die Abenteuerliche Sicht der Zukunft typisch ist. Sie können eine Million verdienen, zwei verlieren und wieder fünf machen. Ein Jahr nach dem Börsencrash hatte Andy seinem Schwiegervater das Geld samt Zinsen zurückgezahlt.

Weil Abenteuerliche Menschen keine Angst haben, unterzugehen, haben sie eine bemerkenswert lockere Einstellung zu Geld. Sie investieren, beteiligen sich an Glücksspielen, geben es aus oder verschenken es einfach – denn all das ist stimulierend, lebendig und gibt ihnen ein Gefühl der Macht; wenn sie einen guten Geschäftssinn haben, können sie einen Batzen verdienen – oder alles verlieren, was, wie bei Andy, keine große Sache ist. Sie kommen schon wieder ins Spiel: Irgendwann werden sie ihren Kredit zurückzahlen – kein Grund, sich zu ärgern.

## Nach Lust und Laune

Niemand ist mehr auf Vergnügungen aus, niemand schätzt die jedem Augenblick innewohnenden Möglichkeiten mehr als diese ewigen Optimisten. In den 60er Jahren, als Betsy und Dick F. jung verheiratet waren, lernten sie Sean T. und seine Frau Gemma kennen, die beide vom Abenteuerlichen Stil geprägt waren. Die beiden Paare freundeten sich schnell an. Betsy und Dick, die konventioneller waren, waren begeistert von Seans und Gemmas Spontaneität. Sean etwa rief Dick bei der Werbeagentur an, in der er arbeitete, und sagte: »Hey, willst du wirklich heute abend solange arbeiten? Gemma und ich holen Betsy und dich ab, und dann gehen wir Tanzen.« Sie kamen um drei oder vier Uhr morgens nach Hause, und Dick mußte dann aufbleiben, um seine Arbeit fertig zu machen. Auf Drängen von Sean und Gemma experimentierten sie alle mit Drogen. Sie nahmen LSD und erweiterten ihr Bewußtsein genauso wie ihr Rockmusik-Repertoire. Sie erwogen sogar Gruppensex, aber Betsy und Dick entschieden sich dagegen. Dick und Betsy hatten nie so gelebt und waren froh, ihre Konventionalität eine Zeitlang abzulegen. Aber nach ungefähr einem Jahr ihres vergnügungshungrigen, den Eingebungen des Augenblicks folgenden Lebensstils begannen sich die Folgen zu zeigen. Dick verpatzte eine wichtige Präsentation, weil er zu müde und noch high war, und die Agentur bekam den Kunden nicht, auf den sie aus war. Er war nahe daran, entlassen zu werden. Er und Betsy hatten eine ernsthafte Unterredung. Sie erkannten, daß die Zukunft zu wichtig für sie war, um sie aufs Spiel zu setzen. Mit schlechtem Gewissen sagten sie Sean und Gemma, daß sie mit ihnen nicht Schritt halten konnten. Sean und Gemma meinten, Dick solle seine seelenmörderische Karriere aufgeben und aufs Land ziehen, wozu sie sich entschlossen hatten.

Jetzt, viele Jahre später, besitzen Dick und Betsy einen kleinen Literaturverlag. Ihr Leben dreht sich um ihre Arbeit und ihre beiden Kinder, die jetzt im College sind. Wenn sie sich an die 60er Jahre und an Sean und Gemma erinnern, sind sie froh, sie gekannt und die Dinge getan zu haben, die sie getan haben. Aber sie sind nicht besonders Abenteuerlich, und deshalb mußten sie, um im Leben Erfüllung zu finden, einem Weg folgen, der ihrer Persönlichkeit besser entsprach.

Sean und Gemma zogen aufs Land und lebten eine Zeitlang in einer Kommune. Gemma gebar einen Sohn. Sie entdeckte, daß Sean mit zwei Frauen in der Kommune eine Beziehung hatte. Sie führten zwar eigentlich eine offene Ehe, ein Arrangement, das damals ziemlich populär war, aber Gemma wurde von Eifersucht überwältigt und zog mit dem Baby in die Stadt zurück. Sie ging wieder zur Schule und heiratete noch einmal; heute ist sie Sonderschullehrerin und hat drei erwachsene Kinder.

Seinem Abenteuerlichen Persönlichkeitsstil getreu, war Sean froh, weiter zu tun, was er wollte. Er machte eine Zeitlang Landwirtschaft, wandte sich dann der Holzbearbeitung zu und verkaufte seine kleinen Kisten von Zeit zu Zeit bei Handwerksmessen und Flohmärkten. Er geriet ein paarmal mit dem Gesetz in Konflikt, weil er kleine Mengen Drogen besaß, aber er mußte nie ins Gefängnis. Jetzt verkaufen er und June, die Frau, mit der er seit ein paar Jahren zusammenlebt, auf Flohmärkten gebrauchte Kleider. Sie sind glücklich und ziehen im westlichen Amerika umher, wie es ihnen gefällt. Sean ist fast fünfzig, aber er fühlt sich wie neunzehn. Während die Frauen, mit denen er zusammen war, sich schließlich oft um ihre Alterssicherung sorgten, kümmert Sean sich darum überhaupt nicht. Er wird herausfinden, wie er überleben kann, wenn die Zeit kommt. Diese Art Leben versteht er zu leben, und für ihn funktioniert es.

## Man kann nicht alles haben

Das Leben im Jetzt, das unmittelbare Reagieren auf einen Impuls, die Freude über eine uneingeschränkte, nonkonformistische Existenz und das Eingehen zahlreicher Risiken kann zu einem sehr aufregenden, reichen Leben führen. Es kann auch einen riesigen Tribut verlangen. Das Leben nach Lust und Laune ohne Selbstbeherrschung oder einen Gedanken an die Folgen führt extrem Abenteuerliche Menschen eher als alle anderen Persönlichkeitsstile außer dem Sprunghaften schnell auf die Bahn der Drogenprobleme, der wirtschaftlichen Schwierigkeiten, der sexuell übertragbaren Krankheiten, der Schwierigkeiten mit dem Gesetz und der unabsichtlichen Verletzungen.

Ein Mensch mit einem gemischten Persönlichkeitsprofil, in dem der Abenteuerliche Stil in Maßen vorkommt, wird durch stark ausgeprägte andere Stile geschützt. Der Gewissenhafte, der Selbstbewußte und der Wachsame Stil zum Beispiel haben den Weitblick, der für das Einschätzen der Risiken notwendig ist. Der Anhängliche Stil macht für das sensibel, was geliebte Menschen fühlen und denken. Aber auch wenn Abenteuerliche Typen auf Nummer Sicher gehen, sorgfältig trainieren und sich gründlich vorbereiten, können Tod, Verletzung und/oder ein beträchtlicher finanzieller Verlust das verhängnisvolle Ergebnis sehr gefährlicher Sportarten, des Eingehens äußerster Risiken in der Karriere oder hoher Einsätze sein.

## *Gefühle: Was, ich soll mich sorgen?*

Abenteuerliche Typen verbergen ihre Gefühle nicht. Man weiß sofort, wenn sie sich sexuell stimuliert fühlen oder begeistert oder wütend sind. Zurückhaltung ist kein Kennzeichen dieses Stils; wenn also ein Abenteuerlicher Mensch mit Ihnen ein Hühnchen zu rupfen hat, ziehen Sie sich besser zurück.

Abenteurer sind meist guter Stimmung und bereit, das Leben zu genießen. Negative Gefühle oder Enttäuschungen werden sofort in

Action und Verwegenheiten umgesetzt. Streß empfinden sie nur, wenn sie sich frustriert und eingeschränkt fühlen und nicht handeln können. Dann werden sie rastlos, wütend und verstimmt – wie ein Tier im Käfig. Es fällt ihnen jedoch leicht, sich schnell wieder zu fangen und zu ihrer optimistischen Haltung zurückzukehren.

Das Alter allerdings kann sehr Abenteuerliche Menschen hart treffen. Im Innersten sind sie Heranwachsende. Wenn sie älter werden, wird verhängnisvollerweise die Kluft zu den wirklich Jungen größer, und sie werden für andere weniger attraktiv. Gebrechen und andere mit dem Alter zusammenhängende Beschränkungen können sie extrem schwer akzeptieren. Während die meisten Menschen sich mit der Realität ihrer Sterblichkeit und der Verengung ihrer Allmacht beschäftigt haben, wenn sie dreißig oder vierzig sind, trifft Abenteurer die Tatsache des endlichen Lebens spät und hart. Plötzlich drängen sich ihnen deprimierende Gedanken über die Zukunft auf. Vielleicht ist das Leben gar nicht das nie endende, aufregende Spiel, für das sie es immer hielten. Obwohl sie ein Leben lang das Schicksal herausgefordert haben, ist ihnen nie vorher eingefallen, daß der Tod immer gewinnt.

Die meisten Abenteurer jedoch bewältigen diese Krise. Sie landen fast immer auf den Füßen und denken sich eine Möglichkeit des Überlebens aus: sie beginnen ein ruhigeres Leben, heiraten in fortgeschrittenem Alter oder gehen zum ersten Mal eine ernsthafte Bindung ein.

Oder sie packen ihre alten Knochen in einen Rollstuhl und nehmen an einem Marathon teil – schließlich lebt man nur einmal.

### Eine Abenteuerliche Phase

Wie bereits erwähnt, werden Persönlichkeitsstile mit dem Alter milder. Dies gilt besonders für den Abenteuerlichen Stil, der bei jüngeren Leuten sehr viel häufiger und angemessener ist und gesellschaftlich eher akzeptiert wird.

Viele Abenteuerliche Erwachsene waren wilde, rebellische Kinder. Oft haben sie ihren Eltern schwer zu schaffen gemacht, aber sie waren keine Kriminellen – nur sehr energievolle, temperamentvolle Rangen. Vielleicht waren Sie Rudi der Rowdy oder Hilde die Wilde, als Sie zehn waren. Vielleicht haben Sie in der Süßwarenabteilung einen Mars-Riegel gestohlen. Vielleicht haben Sie mit Drogen oder Alkohol experimentiert oder private Autorennen veranstaltet, kaum daß Sie den Führerschein hatten. Oder Sie haben im Gymnasium rebelliert und begonnen, den Unterricht zu schwänzen und nicht zu lernen, bis der Rektor Sie aufforderte, sich anzupassen oder zu gehen. Vielleicht haben Sie sich zwei Jahre ohne Geld in Südamerika herumgetrieben, nur Gelegenheitsarbeiten angenommen und bei neu gefundenen Freunden gewohnt, die Sie eine Weile durchfütterten. Vielleicht waren Sie auf sexuelle Eroberungen aus und haben nach dem Motto »Nie derselbe Körper zweimal« in Bars und bei Partys Leute aufgegabelt.

Jungen Leuten wird zugestanden, daß sie sich die Hörner abstoßen – »Mach dir keine Sorgen, Schatz, unser Sprößling geht gerade durch seine Abenteuerliche Phase.« Aber wir rechnen damit, daß dieser Teil ihrer Persönlichkeit sich glättet und die anderen Stile stärker werden, damit sie ein produktives, sicheres, gesellschaftlich akzeptiertes Leben führen können. Im allgemeinen ist dies der Fall. Die Weisheit, die mit dem Alter kommt, dämpft sogar Abenteurer, auch wenn Überbleibsel von Mutwilligkeit und viel Gefallen an Herausforderungen bleiben.

## *Reale Welt: Das Spiel spielen*

Abenteurer wissen, was in der realen Welt los ist – und kümmern sich nicht darum. Das Leben ist ein Spiel, in dem es darum geht, um Regeln und konventionelle Verpflichtungen einen Bogen zu machen und über die bestehenden Grenzen hinauszugehen. Abenteurer wollen um jeden Preis beweisen, daß sie die größten Spieler der Welt sind.

## *Arbeit: Ein rollender Stein setzt kein Moos an*

Für Abenteuerliche Menschen ist das Leben eine tolle Gelegenheit, zu tun, was ihnen gefällt; sie sind nicht Sklaven irgendeines Systems. Ihre wichtigste Lebens- und Arbeitsregel lautet, daß sie mit einer Herausforderung konfrontiert werden müssen. Sie können gut, diszipliniert, konzentriert und verantwortungsbewußt arbeiten, wenn ihre Arbeit (und ihre riskanten Sportarten und Hobbys) die nötige Herausforderung bietet. Menschen mit diesem Stil können daher geschickte Kampfpiloten, Stuntmen, Drahtseilartisten, Lehrer für Fallschirmspringen, Kampfsoldaten und so weiter sein – das heißt, eine Karriere einschlagen, bei der eine falsche Bewegung ihre letzte sein könnte.

Wenn ihr Persönlichkeitsprofil neben dem Abenteuerlichen »Bauch-Stil« auch einen »Kopf-Stil« wie etwa den Gewissenhaften aufweist, können sie in ihrer Karriere beachtliche Leistungen erbringen – als Herzchirurgen oder Strafrechtler zum Beispiel –, denn Abenteurer schätzen diese Art von Herausforderungen. Außerdem sind sie gute Redner; sie können jeden von allem überzeugen – auch Richter und Geschworene.

Mit oder ohne mäßigende Einflüsse arbeiten sie gut, solange die Tätigkeit beständige Herausforderung, neue Projekte und fortgesetzte Aufregung bietet. Sie können Unternehmer sein, sind aber nicht unbedingt das, was man »Material fürs Management« nennen könnte. Sie handeln eher auf ihren Instinkt und ihre Eingebungen als auf ihren Intellekt hin, neigen dazu, der Autorität Widerstand entgegenzusetzen, und sind schlechte Planer; die Durchführung ödet sie an, sie übernehmen für andere nicht die Verantwortung und können nicht gut mit Geld oder einem Budget umgehen.

Abenteurer sind leicht gelangweilt. Wenn ihre Arbeit sie nicht stimuliert, geben sie sie auf, egal wie erfolgreich sie sind. Die finanzielle Entlohnung motiviert sie im allgemeinen nicht, weiterzumachen, wenn sie das Interesse verlieren.

Tom E. bekommt als Systemberater für die Hersteller von High-Tech-Waffen ein hohes Honorar. Aber zum Leidwesen seiner Frau nimmt er nur ein oder zwei Jobs im Jahr an. Sie haben gerade genug Geld zum Leben, obwohl es ihnen ziemlich gut gehen könnte, wenn Tom nur halb so viele Arbeiten annehmen würde, wie ihm angeboten werden. Aber die meisten vorgeschlagenen Projekte langweilen ihn. Er arbeitet nur, wenn die Aufgabe ihn wirklich reizt. Er reist lieber und ist gerade von einem viermonatigen Trekking im Himalaya zurückgekommen. Sandra, seine Frau, die mit dem zwei Jahre alten Kind zu Hause geblieben ist, meint, sie sollten ein Haus kaufen, anstatt eins zu mieten, um einen Notgroschen zu haben. Sie möchte die konventionellen, sicheren Belohnungen des Lebens. Aber Tom glaubt nicht, daß sie irgend etwas tun »sollten«, außer ihr Leben voll zu genießen.

Innovativ und einfallsreich wie sie sind, finden Abenteurer oft irgendeine Möglichkeit, die konventionellen Verpflichtungen zu umgehen, denen die meisten Menschen nicht entkommen zu können glauben. Sie schaffen sich ihre Gelegenheiten. Sie bringen es häufig fertig, glücklich ohne festen Job zu leben, von Ort zu Ort zu ziehen und als Leibwächter, Skilehrer, Handlungsreisender, Unternehmer, Börsenmakler, Journalist, Kellner, Rausschmeißer in einem Nachtclub oder Lastwagenfahrer zu arbeiten – oder irgendeine der Fertigkeiten zu vermarkten, die sie haben, wenn sie Geld brauchen.

Es kann sein, das sie das System total umgehen. Abenteurer haben ihr eigenes inneres Gefühl für falsch und richtig und leben ihm entsprechend; sie übernehmen nicht unbedingt die offizielle Version. Wie Aggressive Typen (siehe Kapitel 16) beugen oder brechen sie die Regeln, wenn es ihnen nützlich erscheint oder sie meinen, daß sie nicht sinnvoll sind. Sie können extrem erfolgreich werden, vor allem, wenn auch der Aggressive Stil in ihrer Persönlichkeit vertreten ist. Einige bauen ihre eigenen Handelsimperien auf, indem sie kaufen und verkaufen und die Regeln beugen, wo immer sie eine biegsame Stelle entdecken. Andere fischen in trüberem Wasser – sie liefern Waffen an zwielichtige Regierungen oder machen durch Insidertips an der Börse das große Geld.

### Karrieren für den Abenteuerlichen Typ

Wenn der Abenteuerliche Stil Ihr vorherrschender Stil ist, brauchen Sie uns nicht, um zu wissen, was Sie tun sollen. Aber wenn er *einer* Ihrer Stile ist, kann es sein, daß Sie mit Ihrem Leben zufriedener wären, wenn Sie Ihr Abenteuerliches Bedürfnis nach Action, Aufregung und Veränderung erkennen und akzeptieren würden. Vermeiden Sie Routine und stumpfsinnige Plackerei. Suchen Sie sich eine Tätigkeit, bei der ständig neue zeitlich begrenzte Projekte anstehen, etwa im Zeitungs- und Zeitschriftenbereich. Gehen Sie dem mittleren Management und jeder anderen Position aus dem Weg, in der Sie sich anderen unterordnen müssen. Mit anderen Worten: Folgen Sie einer Solo-Spur. Suchen Sie Arbeit in einem glänzenden, sehr aufregenden Bereich, etwa im Investmentbanking, an der Börse, in der Werbe- oder Unterhaltungsbranche. Verkaufstätigkeiten können anziehend für Sie sein. Sie können andere gut überzeugen und genießen möglicherweise die Herausforderung, auf Kommission zu arbeiten. Erwägen Sie auch, Ihre Fähigkeiten auf selbständiger oder beratender Basis zu vermarkten. Überlegen Sie, ob Sie nicht ein Hobby in eine Möglichkeit verwandeln können, Geld zu verdienen. Oder denken Sie daran, wenn Sie bei der Arbeit gerade durch eine langweilige Phase gehen: Sobald Sie Ihr Tagespensum erledigt haben, können Sie zu Ihrem Flugunterricht gehen.

## *Beziehungen: Keine Gängelung*

Macht das Leben nicht viel mehr Spaß, wenn man jemanden hat, der die guten Abenteuer mit einem teilt? Abenteurer werden von Menschen wie sie selbst angezogen, die Action und Risiko mögen und den Bankrott riskieren. Viele Menschen fühlen sich von ihnen angezogen, und nicht nur solche, die sich mit ihnen identifizieren. Relativ »ordentliche« Leute wie Betsy und Dick F., die wir früher vorgestellt haben, finden es leichter, aus den gesellschaftlichen Normen ein wenig auszubrechen, wenn ein Abenteuerlicher Mensch die Führung übernimmt.

Abenteuerliche Männer und Frauen sind außergewöhnliche Intimpartner. Die fleischlichen Genüsse sind ihnen sehr wichtig. Wenn sie eine leidenschaftliche, glutvolle Affäre suchen, sind Abenteurer die richtigen Adressaten. Aber rechnen Sie nicht damit, daß dieser Mensch sich häuslich niederläßt. Abenteurer haben es nicht mit der Beständigkeit. Wenn das Feuer erlischt bzw. die Neuheit verblaßt, werden sie rastlos. Sie genießen zwar das gemeinsame Tun, investieren aber wenig Gefühle in emotionale Nähe oder Liebe. Sie verstehen die spirituelle und/oder moralische Bedeutung nicht, die sie für viele Menschen besitzt, und können Abhängigkeit nicht begreifen. Für sie ist eine Beziehung nur wegen der angenehmen Aufregung wichtig, die sie ihnen verschafft.

Menschen mit diesem Stil bringen nicht leicht Opfer für andere – auch nicht der Treue zuliebe. Selbst wenn ein Abenteurer mit gemischtem Persönlichkeitsprofil eine Beziehung nach der aufregenden, leidenschaftlichen Zeit fortsetzt, bleibt er selten sexuell treu. Mehr als die anderen Stile hat der Abenteuerliche das starke Bedürfnis nach einer Vielzahl sexueller Erfahrungen. Ein gemäßigt Abenteuerlicher Mensch wird es in der Ehe solange aushalten, wie er außereheliche Affären und Abenteuer für eine Nacht haben kann. Die Untreue soll den Partner nicht bestrafen oder verletzen. Trotzdem ist die Wirkung fast immer sehr schmerzhaft und oft unerträglich. Sean und Gemma T.s Bruch wurde durch Seans sexuelle Aktivität in der

Kommune ausgelöst. Gemma, die versuchte, sehr »fortschrittlich« zu sein, war mit dem Konzept der offenen Ehe einverstanden, konnte aber nicht lange mit ihm leben.

### Nicht meines Bruders Hüter

Ob im sexuellen oder in anderen Bereichen – Abenteuerliche Menschen fühlen sich anderen nicht verpflichtet. Sie bleiben in einer Beziehung, solange es sich für sie richtig anfühlt. Sie glauben, daß jeder Mensch auf diesem Planeten – einschließlich ihnen selbst – für sich selbst verantwortlich ist. Sie richten ihre Antennen nicht auf die Gefühle der anderen aus, sie machen sich keine Sorgen um irgend jemanden und lassen anderen viel Platz, nach eigenem Gutdünken zu handeln. Sie fühlen keinen moralischen Druck, eine Beziehung zu retten, nur um sie zu retten, oder weil sie das Gefühl haben, daß sie dem Partner etwas schulden. Auch zu zweit tun sie nichts für die Zukunft.

Wenn nicht Untreue ein Paar auseinanderbringt, kann es also einfach sein, daß dem Abenteuerlichen Partner das Abnehmen der Leidenschaft zu langweilig wird, zu dem es fast immer kommt, wenn eine Beziehung wächst und sich verändert. Nur wenige Beziehungen bieten die ständigen Gipfelerlebnisse, die der Abenteurer braucht, wohl aber ein neuer Partner.

Sehr Abenteuerliche Typen sind, kurz gesagt, nicht monogam. Unter Umständen heiraten sie nie und haben statt dessen eine Reihe von Beziehungen. Wenn sie heiraten, sind sie untreu; oder sie haben eine Reihe von Ehen, nehmen aus jeder das heraus, was sie ihnen zu bieten hat, und gehen dann weiter.

Dies bedeutet jedoch nicht, daß Abenteurer nie eine langfristige, sinnvolle Beziehung haben können, wie die folgende Fallgeschichte zeigt.

### Marshall findet seine Lebensgefährtin

Marshall ist seit langem Stuntman für Cowboy-Filme, und Ramona ist Tanz- und Aerobiclehrerin. Sie lernten sich bei einem Zirkusbesuch kennen, zu dem sie ihre Kinder ausgeführt hatten, und saßen in derselben Reihe. Marshall war zweimal kurz verheiratet gewesen, einmal als er neunzehn war, und einmal mit achtundzwanzig. Das Kind, mit dem er den Zirkus besuchte, war von einer Frau, mit der er um die vierzig ein paar Jahre zusammengelebt hatte. Marshall war einundfünfzig und Ramona fünfunddreißig, als sie sich kennenlernten. Innerhalb weniger Tage fielen sie einander in die Arme – nichts Neues für Marshall. Und auch nicht für Ramona; sie war einmal verheiratet gewesen und seit ihrer Scheidung »nicht gerade eine Nonne gewesen«, wie sie es ausdrückte.

Ramona kannte Marshalls Typ – wild, hart, hungrig, nicht die Art Mann, die sich mit einer Frau häuslich niederläßt. Vom ersten Tag an machte sie sich keine Illusionen. Sie fragte nie: »Wo warst du letzte Nacht, als ich angerufen habe?« oder »Wann sehe ich dich wieder?«, oder auch nur »Bitte versteh, wie ich mich fühle, wenn du hier so kommst und gehst.« Sie wurde nicht wütend, wenn er ein paar Monate in Italien einen Western drehte, zum Tiefsee-Fischen nach Florida fuhr oder andere Spritztouren machte. Manchmal, wenn ihre Mutter ihr kleines Mädchen nahm, fuhr sie sogar mit. Ihre Einstellung zu Marshall und jedem anderen Mann war: »Ich brauche einen Mann weder, um mir ein Leben zu *geben*, noch um mein Leben zu *ruinieren*. Wenn er macht, was er will, kann ich ihn nicht daran hindern. Ich bleibe, solange für mich da was bei rauskommt. Wenn die Sache mir nicht gefällt oder ich etwas will, was er mir nicht geben kann, werde ich mich nicht verletzen lassen – ich werde gehen und für mich selbst sorgen.«

Ramona hatte ihre Einstellung in der »Schule der harten Schläge« erlernt, die sie »mit Auszeichnung absolviert« hatte, wie sie sagt. Wenn sie mehr von Männern erwartete, als sie geben wollten, war sie jedesmal sehr unglücklich. Eines Tages, als sie Anfang Dreißig war, »erwachte ich plötzlich zur Realität«, wie sie es ausdrückt. »Ich schaute mich um und entdeckte, daß ich immer Phantasievorstellungen über das Leben mit einem Mann gehabt hatte. Sie hatten sich nie realisiert«, sagt die Dramatisch-Anhänglich-Gewissenhafte Ramona, »und also beschloß ich: Keine Erwartungen mehr!« Sie fügt hinzu: »Aber wenn ich einen Mann will, kämpfe ich um ihn – und halte die Augen offen!«

Marshall war fasziniert von der rothaarigen Ramona. Er war noch nie zuvor einer Frau begegnet, die so war wie sie. Sie war wunderschön, leidenschaftlich, hatte kein Bedürfnis, über ihre Beziehung zu reden oder ihn zu veranlassen, über seine Gefühle zu sprechen. Sie machte keine Pläne und erwartete nicht von ihm, daß er sich schuldig fühlte. Sie war bereit, neue Dinge auszuprobieren – sie ging sogar mit ihm zum Fallschirmspringen, obwohl sie Riesenangst hatte und es nie wieder versuchte. Sie beklagte sich nicht, wenn er alleine wegfuhr. Und sie fragte nicht, mit wem er geschlafen hatte, wenn er nicht mit ihr zusammen war.

Nach ein paar Monaten zog Marshall zu Ramona. Natürlich gab es Probleme, hauptsächlich wegen Geld. Marshall arbeitete nicht regelmäßig; er hätte es gekonnt, aber er wollte nicht. Er sparte sein Geld auch nicht, und Ramona ärgerte sich manchmal darüber, daß sie mehr zu den Haushaltskosten beitrug als er. Aber wenn er arbeitete, wurde er gut bezahlt und kaufte für sie, ihre Tochter und das Haus groß ein. Ramona störte die Unregelmäßigkeit des Einkommens, Marshalls mangelndes Interesse an ihm und die Art, wie es ihm durch die Finger rann. Aber dann dachte sie die Sache durch. Sie kam zu dem Schluß, daß er sie nicht ausnahm. Sie war erwachsen und konnte für sich selbst sorgen – und für Marshall, wenn sie wollte.

Das andere große Problem war, wie er ihre Tochter und seinen Sohn behandelte; der Junge war nur ein Wochenende im Monat und einen Großteil des Sommers bei ihnen. Sie meinte, Marshall hätte kein Gespür für die Gefühle der Kinder. Wenn sie zum Beispiel ins Kino gehen wollten, führte er sie in einen Film, den er sehen wollte. Und sie meinte, er würde sie unnötigen Risiken aussetzen. Einmal, als er auf sie aufpassen sollte, ging er aus und ließ sie drei Stunden allein im Haus, obwohl sie erst sechs bzw. acht Jahre alt waren. Ramona geriet darüber in Wut. Marshall verstand nichts. Was sollte das alles? Es war doch nichts passiert. »Und was wäre gewesen, wenn ein Feuer ausgebrochen wäre?« schrie sie. »Es ist aber nicht ausgebrochen«, antwortete er. Ramona wurde klar, daß sie die ganze Zeit für die Kinder verantwortlich sein würde.

Weder Marshall noch Ramona glaubten, die Beziehung würde halten. Sie dachten, es wäre eine vorübergehende, körperliche Angelegenheit, die sich von selbst totlaufen würde. Aber sie dauert jetzt seit acht Jahren, und zwischen ihnen ist immer noch sehr viel Feuer. Ramona glaubt, daß es jederzeit ausgehen könnte. »Ich bin Realistin«, erklärt sie häufig und meint damit, daß sie sich keine Illusionen über Marshall macht. Sie ist bereit, mit ihm in einer langen, ausgedehnten Gegenwart zu leben, nicht vorauszudenken und sich keine Sorgen zu machen, was aus ihnen wird.

Finanziell ist Ramona abgesichert. Sie hat ein bißchen Geld von ihrem Vater geerbt und die eine Hälfte für ihre Tochter angelegt, die andere in langfristigen Anleihen für ihr Alter. Sie besitzt und leitet jetzt ein Fitness-Studio. Marshall arbeitet immer noch ein bißchen für den Film, hilft ihr aber mehr und mehr in ihrem Geschäft; er unterrichtet Karate und trainiert einige Männer an den Geräten. Sie drängt ihn nicht. Manchmal verreist er einen Monat. Sie ist immer ein bißchen überrascht, wenn er wiederkommt, und tief innerlich erleichtert, obwohl sie das nicht gerne zugibt. Sie weigert sich, über Marshalls Bleiben oder Marshalls Gehen nachzudenken.

Marshall hat Ramona nie gesagt, daß er sich zunehmend freut, zu ihr nach Hause zu kommen. Er denkt viel an sie, wenn er weg ist. Sexuell wird er ruhiger; er ist nicht an anderen Frauen interessiert. Ramona jedoch läßt ihn nicht gleichgültig – und er wundert sich, daß sie ihn immer noch anmacht. Sie erscheint auch anderen Männern attraktiv – er hat gesehen, wie sie sie im Fitness-Studio anschauen. Marshall ist jetzt fast sechzig. Er hat früher nie die Jahre gezählt, aber der Blick auf die sechzig schockiert ihn. Wie sind die Jahre vergangen? Er sieht nicht einen Tag älter als vierzig aus. Kaum ein graues Haar auf dem Kopf, und kein Gramm Fett am Körper.

In Wahrheit fühlt Marshall sich irgendwie angeschlagen. Und die jüngeren Burschen bekommen die ganze Arbeit im Filmgeschäft. »Ramona ist erst Mitte Vierzig. Was soll sie mit einem alten Mann wie mir?« hat er kürzlich gedacht. Marshall hat den Fernseher ausgeschaltet und seinen zwei Tage alten Stoppelbart abrasiert. Er ist aus dem Haus gegangen und hat ein Dutzend Rosen und eine Flasche Cognac gekauft. Er hat ein bißchen Country-Musik aufgelegt und darauf gewartet, daß Ramona zu ihm nach Hause kommt.

### Gute/schlechte Gespanne

Abenteurer wie Marshall brauchen einen Partner, der wenig von ihnen verlangt, aber viel gibt. Obwohl Ramona vielleicht genauso hart und egoistisch wie Marshall erscheint, hat sie ihm in Wirklichkeit viel Platz in ihrem Leben gemacht. Sie hat seinen Bedürfnissen nachgegeben und kaum dasselbe von ihm verlangt. Dabei war sie reif genug, sich klarzumachen, daß sie dabei nicht ihre eigenen wichtigsten Interessen opferte.

Der Persönlichkeitstyp, der die besten Chancen für eine langfristige Beziehung mit einem Abenteurer hat, wäre eine Kombination des dem anderen zugewandten Dramatischen, des Aufopfernden und des

Gewissenhaften Stils. Der Dramatische bringt die nötige extravertierte Lebhaftigkeit und Sexualität ein, der Aufopfernde Flexibilität und der Gewissenhafte das Gefühl für Verantwortung, die zumindest ein Partner in der Beziehung haben muß. Aber wenn einer dieser Stile die Aufmerksamkeit des Abenteurers braucht oder die Erfüllung wichtiger Lebensziele von ihm abhängig macht, bedeutet dies das Ende.

Sicherer ist es, für diesen im Grunde nicht monogamen Stil an kurzfristige Verbindungen zu denken. Dann werden sie sich mit dem Dramatischen, dem Abenteuerlichen und dem Sprunghaften Stil – die alle auf intensive Lebenserfahrungen aus sind – am besten verstehen. Der Lässige Stil kommt ebenfalls in Frage, weil auch diese Menschen das Vergnügen suchen; ihre Freizeitaktivitäten sind jedoch gewöhnlich passiver, und sie folgen lieber den Regeln, als sie zu beugen.

### Abenteuerliche Eltern

Abenteurer sind in jeder langfristigen Beziehung nicht die besten – auch nicht in der zu ihren Kindern. Sie sind nicht zuverlässig, denn ihre Wanderlust führt sie häufig von zu Hause weg. Oft haben sie ihre Kinder sehr lieb und sind traurig, daß sie sich nicht mehr um sie kümmern können. Aber sie müssen ihren eigenen Weg gehen.

Wenn sie mit ihren Kindern zusammen sind, neigen Abenteurer zu der Annahme, daß das, was für sie gut ist, auch für die Kinder gut ist, oder daß das, was sie für die Kinder wollen, in deren bestem Interesse ist. Sie können ihre Sprößlinge unnötigen Risiken aussetzen und ihnen keine Vorsicht beibringen. Sie denken auch nicht an die Konsequenzen für die Familie, wenn sie für sich selbst Risiken eingehen. Sie sind nicht von Natur aus auf die Gefühle anderer Menschen eingestellt.

Trotz all dieser Minuspunkte sind Abenteuerliche Eltern aufregend und interessant; sie kritisieren nicht und können ihren Kindern eine weite Welt auftun. Mitunter sind sie verantwortungslos, ungeduldig und hitzig, aber sie sind auch voller Energie, Neugierde und Optimismus. Sie sind romantische, verwegene Gestalten. Für die Kinder ist wichtig, daß sie einen präsenten, kompetenten, nicht-Abenteuerlichen Elternteil haben, der sensibel und verläßlich ist und sie unterstützt und beschützt.

# TIPS ZUM UMGANG MIT DEM ABENTEUERLICHEN MENSCHEN IN IHREM LEBEN

1. Amüsieren Sie sich. Aber seien Sie sicher, daß Sie genau wissen, was vorgeht. Der Abenteuerliche Mensch in Ihrem Leben kann ein aufregender Gefährte sein, aber verwechseln Sie nicht das, was Sie von einer Beziehung wollen, mit dem, was er Ihnen tatsächlich bietet. Abenteuerliche Typen sind charmant und entwaffnend, sie können schmeicheln, schöntun, überzeugen und Sie sogar in eine Affäre oder ein Abenteuer hineinmanipulieren; aber diese Intimität bedeutet nicht, daß der Abenteurer Sie liebt oder sich Ihnen gegenüber irgendwie verantwortlich fühlt. Wenn Sie der traditionelle Verliebt-Verlobt-Verheiratet-Typ sind, sollten Sie sich das Abenteuerliche Verhalten genau ansehen. Stellen Sie Fragen. Begreifen Sie, daß dieser Mensch möglicherweise nicht nur mit Ihnen schläft. Machen Sie sich klar, daß er Ihre traditionelleren Bedürfnisse nicht befriedigen wird, egal wie romantisch, sexy und aufregend er sein mag.
2. Keine Illusionen. Denken Sie nicht: »Aha! Jetzt kann ich ihn ändern!«, sobald Sie eine Beziehung zu einem Abenteuerlichen Menschen haben. Akzeptieren Sie, was dieser Mensch Ihnen gibt, und begreifen Sie, daß er sich Ihren Bedürfnissen nicht anpassen wird. Sie sind der flexible Teil. Wenn dies nicht Ihre Art ist und der Abenteurer Ihnen nicht gibt, was Sie brauchen, ist es an Ihnen, aus der Beziehung auszusteigen.
3. Drängen Sie nicht. Der Abenteuerliche Mensch in Ihrem Leben braucht die Freiheit, zu tun, was ihm gefällt. Seien Sie mit einer nicht traditionellen Beziehung zufrieden, zu der etwa getrennte Ferien gehören. Hindern Sie ihn nicht daran, zu gehen. Er wird wahrscheinlich eher zu Ihnen zurückkehren, wenn Sie ihn erst gehen lassen.
4. Seien Sie verantwortungsbewußt. Der Abenteuerliche Mensch in Ihrem Leben trifft Entscheidungen über Geld, die Sicherheit der Kinder, *safer sex* oder andere Dinge vielleicht nicht so wie Sie. Warten Sie nicht darauf, daß er das Richtige tut. Ergreifen Sie angemessene Maßnahmen zur Geburtenkontrolle und zur Vorbeugung von Krankheiten, zur finanziellen Sicherheit und zum Schutz Ihrer Kinder. Seien Sie kein passiver Partner.
5. Kennen Sie Ihre Grenzen. Der Abenteuerliche Typ kann Drogen

und Alkohol, Angst und Risiko gut vertragen. Er wird annehmen, daß Sie mögen, was er mag, solange Sie Ihre Präferenzen nicht klarmachen. Gehen Sie nicht mit, wenn Sie vor Wildwasser-Floßfahrten Angst haben. Hören Sie nach ein oder zwei Drinks auf, wenn das genug für Sie ist.
6. Erwarten Sie viel von sich selbst, nicht von dem Abenteuerlichen Menschen in Ihrem Leben. Die Aufrechterhaltung der Beziehung zu einem Abenteuerlichen Menschen setzt voraus, daß Sie ein starkes Selbstwertgefühl besitzen und ihn nicht brauchen, um Sie emotional zu unterstützen und sich selbst zu lieben. Abenteuerliche Menschen sind für die Gefühle oder Bedürfnisse anderer nicht von Natur aus sensibel. Sie müssen daher Quellen der Selbstachtung in sich selbst finden und ohne Wut oder Groll sagen können: »Das bin ich, das fühle ich, und das brauche ich.«
7. Bleiben Sie so sexy, wie Sie sind. Halten Sie Ihre sexuelle Beziehung interessant und lebendig. Werfen Sie Ihre Hemmungen über Bord und seien Sie bereit und willens, zu experimentieren.

# MACHEN SIE DAS BESTE AUS IHREM ABENTEUERLICHEN STIL

Zu Ihren Pluspunkten gehören Ihre Spontaneität, Ihre Kraft, Ihre Furchtlosigkeit, Ihre Fähigkeit, zu handeln und Genuß zu erleben, und Ihre Tendenz, das Leben voll zu leben. Schwierigkeiten entstehen Ihnen aufgrund Ihrer Impulsivität und Ihres Mangels an Voraussicht. In dieser Hinsicht gleichen Sie Dramatischen und Sprunghaften Menschen. Machen Sie daher die Übungen 3 (Halten Sie inne und zählen Sie bis zehn) und 4 (Planen Sie voraus) aus Kapitel 7 (S. 166) und Übung 6 (Stellen Sie die Uhr) aus Kapitel 14 (S. 348).

**Übung 1**
Denken Sie von Ihrem Kopf, nicht von Ihren Begierden her. Triebe, Wünsche und Launen sind zwingend und haben ihre eigene auf Befriedigung drängende, emotionale Logik. Impulsives Handeln umgeht die Großhirnrinde, den denkenden Teil Ihres Gehirns. Konzentrieren Sie sich, während Sie bis zehn zählen, auf diesen Teil Ihres Gehirns und versuchen Sie, den Unterschied zwischen ihm und dem

emotionalen, das Gefühl befriedigenden Teil Ihres Gehirns auszumachen.

**Übung 2**
Ihr Stil ist bemerkenswert frei von Angst, weshalb die Folgen Ihrer Handlungen oder Ihres Lebensstils Ihnen vielleicht nicht klar sind. Sorgen Sie sich also ein bißchen. Benutzen Sie jedesmal, wenn Sie dabei sind, ein Risiko einzugehen – Geld zu investieren, sich in ein Flugzeug oder auf ein Motorrad zu setzen, im Übermaß zu trinken oder Drogen zu nehmen, einen Berg zu besteigen –, ihre Großhirnrinde, um zu erwägen, was möglicherweise schiefgehen könnte. Denken Sie an zwei oder mehr unglückliche Möglichkeiten. Wenn Sie zum Beispiel bei einem Rodeo auf ein halb wildes, bockendes Pferd steigen wollen, könnten Sie denken: 1. Ich könnte getötet werden, 2. Ich könnte verstümmelt werden.

**Übung 3**
Schützen Sie sich. Denken Sie sich für jede Möglichkeit auf Ihrer Risiko-Liste mindestens einen Weg aus, wie Sie sich im voraus schützen können. Vor dem Tod beim Rodeo etwa könnten Sie sich schützen, indem Sie nüchtern bleiben und einen klaren Kopf behalten. Um sich zumindest vor einigen Konsequenzen eines Lebens als Behinderter zu schützen, könnten Sie eine zusätzliche Kranken- oder Invaliditätsversicherung abschließen, oder, falls diese Arbeit Ihr Job ist, dafür sorgen, daß Ihr Arbeitgeber dies für sie tut. Wenn Sie sich für eins der Risiken auf Ihrer Liste keinen Schutz vorstellen können, sollten Sie erwägen, diese Aktivitäten sein zu lassen. Die nächsten zwei Übungen entsprechen den ersten beiden, haben aber eine andere Sicht.

**Übung 4**
Sorgen Sie sich um andere. Beobachten Sie Ihre Interaktionen mit anderen und stellen Sie all die Möglichkeiten fest, durch die Ihr Verhalten oder Ihre Entscheidungen sie einem Risiko aussetzen. Zum Beispiel: Ihr Baby macht ein Schläfchen, und sie möchten eine Weile aus dem Haus gehen. Was könnte schiefgehen, wenn Sie es eine Viertelstunde allein lassen? 1. Das Haus könnte in Brand geraten, und das Baby würde nicht aus seiner Wiege herauskommen; 2. Das Baby könnte sich erbrechen und ersticken, und Sie wären nicht da, um es zu retten.

**Übung 5**
Schützen Sie andere vor den Risiken Ihres Verhaltens. Warten Sie mit dem Verlassen des Hauses, bis Ihr Partner zurückkommt, oder suchen Sie jemanden, der nach dem Baby sieht, falls etwas passiert. Oder gehen Sie überhaupt nicht weg.

Wenn es Ihnen schwerfällt zu verstehen, wieso Sie andere einem Risiko aussetzen, sollten Sie die Dinge einmal aus ihrer Sicht betrachten. Versuchen Sie Übung 4 für den Selbstbewußten Stil (S. 110). »Wer *ist* dieser Mensch?« Konzentrieren Sie sich darauf, was die für Sie wichtigen Menschen mögen, nicht mögen, denken und fühlen. Versuchen Sie, die Dinge mit ihren Augen zu sehen. Schauen Sie sich besonders an, wie sie sich von Ihnen unterscheiden.

**Übung 6**
Denken Sie über folgendes nach: Wie soll Ihr Leben in fünf, zehn, zwanzig Jahren aussehen?

# Antisoziale Persönlichkeitsstörung

Menschen mit einer Antisozialen Persönlichkeitsstörung, die auch als Psychopathen oder Soziopathen bekannt sind, könnten sich um die Gefühle anderer oder die Regeln der Gesellschaft nicht weniger kümmern. Wo andere versuchen aufzubauen, zerstören sie.

## DIAGNOSTISCHE KRITERIEN

Das DSM-III-R beschreibt die Antisoziale Persönlichkeitsstörung wie folgt[1]:
A. Derzeitiges Alter mindestens 18 Jahre.
B. Anzeichen einer Störung des Sozialverhaltens schon vor Vollendung des 15. Lebensjahres. Mindestens *drei* der folgenden Kriterien müssen erfüllt sein:

Der Betroffene
1. hat oft die Schule geschwänzt;
2. lief mindestens zweimal über Nacht von zu Hause fort, während er noch bei den Eltern oder Pflegeeltern wohnte (oder nur einmal ohne Rückkehr);
3. zettelte häufig Schlägereien an;
4. benutzte in mehr als einer Schlägerei eine Waffe;
5. zwang eine andere Person zu sexuellem Kontakt;
6. quälte Tiere;
7. quälte andere Personen;
8. zerstörte vorsätzlich fremdes Eigentum (nicht durch Brandstiftung);
9. legte Feuer;
10. log häufig (außer zur Verhinderung körperlicher Mißhandlung oder sexuellen Mißbrauchs);
11. hat mehr als einmal gestohlen, ohne dem Bestohlenen gegenüberzustehen (einschließlich Fälschung);
12. hat in Gegenwart des Bestohlenen gestohlen (z.B. Überfall, Taschendiebstahl, Erpressung, bewaffneter Überfall).

C. Ein Muster von verantwortungslosem und antisozialem Verhalten seit dem 15. Lebensjahr. Mindestens *vier* der folgenden Kriterien müssen hierbei erfüllt sein:
Der Betroffene
1. ist unfähig, eine dauerhafte Tätigkeit auszuüben, angezeigt durch eines der folgenden Merkmale (mit ähnlichen Verhaltensweisen in einem akademischen Umfeld im Falle von Studenten):
a) war innerhalb eines Zeitraums von fünf Jahren sechs Monate oder länger arbeitslos, obwohl er arbeitsfähig und Arbeit verfügbar war;
b) fehlte wiederholt am Arbeitsplatz, ohne daß dies durch eigene Krankheit oder durch Krankheit in der Familie begründet war;
c) löste mehrere Arbeitsverhältnisse auf, ohne eine neue Arbeit im Auge zu haben;
2. kann sich nicht an rechtliche Normen der Gesellschaft anpassen, begeht wiederholt antisoziale Handlungen, die einen Grund für eine Festnahme darstellen (egal ob mit oder ohne Festnahme), z.B. Zerstörung fremden Eigentums, Belästigung anderer Personen, Diebstahl oder Ausüben einer illegalen Tätigkeit;
3. ist reizbar und aggressiv, was sich in wiederholten Schlägereien

oder Überfällen ausdrückt (nicht bedingt durch die ausgeübte Tätigkeit, Selbstverteidigung oder die Verteidigung einer anderen Person), einschließlich Verprügeln der Frau oder des Kindes;
4. erfüllt wiederholt nicht seine finanziellen Verpflichtungen, kann z.B. seine Schulden nicht bezahlen oder Zahlungen für das Kind oder andere abhängige Personen nicht regelmäßig leisten;
5. kann nicht vorausschauend planen oder ist impulsiv, angezeigt durch eines oder beide der folgenden Kriterien:
a) reist planlos durch die Gegend, ohne vorherige Arbeitsplanung und ohne eine klare Vorstellung von der Dauer der Reise;
b) hat mindestens einen Monat keine feste Adresse;
6. hat kein Wahrheitsempfinden, was gekennzeichnet ist durch wiederholtes Lügen, Ausflüchte oder »Betrügen« anderer Personen zum persönlichen Vorteil oder Vergnügen;
7. ist rücksichtslos gegenüber sich selbst und anderen, was gekennzeichnet ist durch Trunkenheit am Steuer oder wiederholte Raserei;
8. kann als Elternteil oder Erziehungsberechtigter nicht verantwortungsvoll handeln. Eines oder mehrere der folgenden Kriterien müssen erfüllt sein:
a) Unterernährung des Kindes;
b) Erkrankung des Kindes aufgrund unzureichender Hygiene;
c) Unfähigkeit, bei einem ernsthaft kranken Kind für medizinische Hilfe zu sorgen;
d) Abhängigkeit des Kindes von Nachbarn oder weiter entfernt wohnenden Verwandten in bezug auf Nahrung und Unterkunft;
e) Unfähigkeit, einen Babysitter für ein Kleinkind zu finden, wenn der Elternteil nicht zu Hause ist;
f) wiederholte Verschwendung des Haushaltsgeldes für persönliche Zwecke;
9. hatte nie länger als ein Jahr eine monogame Beziehung;
10. verspürt keine Gewissensbisse (Kränkungen, Mißhandlungen oder Diebstähle werden als gerechtfertigt angesehen).
D. Das Antisoziale Verhalten tritt nicht ausschließlich im Verlauf von Schizophrenie oder Manischer Episoden auf.

## *Gewissen und Mitgefühl fehlen*

Die meisten von uns integrieren die elementaren Regeln der Gesellschaft und der Kultur in ihr persönliches Gewissen. Wir glauben, daß es falsch ist, andere zu verletzen oder auszunutzen, und daß wir der Absicht oder dem Buchstaben des Gesetzes gehorchen sollten. Wir haben das Gefühl, daß es richtig ist, unsere Kinder zu unterstützen und zu schützen, und so weiter. Einige von uns (wie etwa Gewissenhafte Typen) haben ein stärkeres Gewissen als andere, aber Menschen mit einer Antisozialen Persönlichkeitsstörung haben wenig oder gar keines. Sie verachten die Regeln der Gesellschaft. Sie wollen, was sie wollen, und sie nehmen es sich, sei es Besitz, Sex oder sogar das Leben. Sie kennen den Unterschied zwischen Richtig und Falsch im juristischen Sinne; sie kümmern sich einfach nicht um ihn. Sie haben wenig Mitleid oder Einfühlungsvermögen in bezug auf andere und können oft sehr grausame, destruktive, böswillige oder manipulative Handlungen rechtfertigen.

Sie werden viele Menschen mit dieser Störung im Gefängnis finden, wenn nicht jetzt, dann später. Die Antisoziale Persönlichkeitsstörung ist wahrscheinlich die häufigste Diagnose bei überführten Verbrechern; sie wird bei mehr als 75% der Gefängnisinsassen gestellt. Aber ein skrupelloses, ausbeuterisches, extrem eigennütziges Verhalten ist nicht auf überführte Verbrecher beschränkt. Im öffentlichen und privaten Leben benutzen und mißbrauchen Antisoziale Menschen andere, sie legen sie herein und tricksen sie aus und empfinden wenig oder keine Reue. Sie können extrem gerissen sein und erkennen Ihre Schwächen im Handumdrehen. Um zu bekommen, was sie wollen, manipulieren sie Ihr Gewissen und Ihr Mitleid. Sie bezaubern und entwaffnen Sie und erzählen Ihnen, was Sie hören wollen oder was Ihr zartes Herz rührt. Ein Antisozialer Typ kann einen alten Menschen um seine geringen Ersparnisse bringen und sich über den Sieg freuen.

Es ist offensichtlich, daß Menschen mit einer solchen Persönlichkeitsstörung kaum tiefe, herzliche, enge, verantwortungsvolle Bindungen eingehen können. Ihre Fähigkeit, zu lieben und sich in andere einzufühlen, ist so beeinträchtigt, daß nur wenige eine Beziehung mit einem Menschen länger als ein Jahr aufrechterhalten können. Sie haben Kinder, weil ihre sexuellen Bedürfnisse stark sind und sie sich selten für die Folgen ihres Tuns interessieren. Verhängnisvollerweise kümmern sie sich nicht um ihre Nachkommenschaft und denken nicht an deren zukünftiges Wohlbefinden. Der sexuelle Mißbrauch und die Mißhandlung von Kindern sind in ihren Familien häufig.

## Erst handeln, dann denken

Antisoziale Menschen können keine Frustration ertragen. Wenn ihre Pläne durchkreuzt werden oder sie sich irgendwie belästigt fühlen, werden sie gewalttätig gegen ihre Familie und jeden, der sich in ihrer Nähe befindet. Sie denken nicht an die Konsequenzen, planen nicht voraus und lernen nicht aus Erfahrung. Mit anderen Worten: Antisoziale Menschen denken nicht, bevor sie handeln. Der Impuls regiert. Und sie haben keine Angst; sie scheinen unter keiner der im Vorfeld auftretenden Ängste zu leiden, die die meisten von uns stoppen, wenn wir schon einmal eine böse Absicht haben. Und sie fühlen sich hinterher nicht schuldig. Immer wieder bringen Aggressivität, Impulsivität und Rücksichtslosigkeit Antisoziale Menschen vor Gericht, ins Gefängnis oder in die Notfallstationen der Krankenhäuser. Das DSM-III-R bemerkt: »Bei Personen mit dieser Störung ist die Wahrscheinlichkeit eines frühzeitigen, gewaltsamen Todes größer als in der Allgemeinbevölkerung.«[2]

## Nachlassen der Sünden

Das Antisoziale Verhalten erscheint früh im Leben und tendiert dazu, auch früh zu verschwinden. Männer und Frauen mit dieser Persönlichkeitsstörung haben als Kinder ausnahmslos an einer Störung des Sozialverhaltens gelitten. Sie haben das Eigentum anderer mutwillig zerstört, die Schule geschwänzt, gestohlen und früh Rauschmittel gebraucht, sie waren Schläger und in sehr viel jüngeren Jahren als ihre Altersgenossen sexuell aktiv. Das DSM-III-R stellt fest: »Bei Mädchen, bei denen sich eine Antisoziale Persönlichkeitsstörung entwickelt, treten die ersten Symptome einer Störung des Sozialverhaltens gewöhnlich in der Pubertät auf, während sie bei Jungen gewöhnlich bereits in der frühen Kindheit erkennbar sind.«[3] Nur eine Minderheit der Kinder mit einer Störung des Sozialverhaltens entwickelt jedoch auch das für Erwachsene geltende Muster; die meisten entkommen ihm von selbst oder mit fremder Hilfe. Die gestörten Kinder, die die Erwachsenen-Störung entwickeln, werden, wie nachfolgend erörtert, auch nicht ohne Grund so. Sie sind fast alle in extrem instabilen, chaotischen, gewalttätigen Familien aufgewachsen.

Wenn diese Menschen die Vierzig erreichen, besteht jedoch eine gute Chance, daß ihr destruktives Verhalten gegenüber anderen aufhört. Dies bedeutet nicht, daß sie »geheilt« sind. Auch wenn viele Antisoziale Menschen später im Leben ruhiger werden, bleiben sie isoliert und sind unfähig, enge, verantwortungsvolle Beziehungen einzugehen. Wie in der Jugend sind sie weiterhin reizbar, wütend, isoliert und angespannt. Sie können auch an Ängsten, Depressionen und zahlreichen körperlichen Beschwerden leiden.

## *Vorkommen, prädisponierende Faktoren und Risiken*

Die Antisoziale Persönlichkeitsstörung scheint zuzunehmen und findet sich häufiger in den sozioökonomisch schwächeren Bevölkerungsschichten, besonders in den von Armut gekennzeichneten städtischen Milieus, in denen die Familien unvollständig sind. Die Störung ist stark familienbezogen. Sie tritt »bei Verwandten ersten Grades [Eltern, Geschwistern, Kindern] von Männern mit dieser Störung fünfmal häufiger auf als in der Allgemeinbevölkerung. Bei Verwandten ersten Grades von Frauen mit dieser Störung ist die Wahrscheinlichkeit annähernd zehnmal so hoch wie in der Allgemeinbevölkerung«, konstatiert das DSM-III-R[4]. Häufig kommt in der Familie auch Alkoholismus vor.

### Biologische Faktoren

Untersuchungen von Kindern, die Antisozialen Eltern geboren wurden, zeigen, daß sie häufiger als die Allgemeinbevölkerung diese Persönlichkeitsstörung entwickeln, auch wenn sie kurz nach der Geburt von anderen Eltern adoptiert wurden. Dies erhärtet die Annahme eines genetischen Faktors, der bei einigen Menschen an der Entwicklung der Antisozialen Persönlichkeitsstörung beteiligt ist.

Zu den biologischen Faktoren, die möglicherweise ererbt sind, gehört ein für viele Menschen mit Antisozialen Symptomen charakteristisches Gehirn-Erregungs-Muster. Untersuchungen der Gehirnaktivitäten zeigen, daß das Nervensystem einiger Antisozialer Menschen relativ untererregt ist. Anders als die überängstlichen Selbstunsicheren Menschen, die sich von Reizen zurückziehen, weil sie übermäßig erregbar sind (siehe Kapitel 9, S. 223), brauchen die »unterängstlichen« Antisozialen Menschen möglicherweise eine exzessive Stimulation, um angetörnt zu bleiben.

Es kann sein, daß einige Antisoziale Menschen einen niedrigen Serotonin-Spiegel haben; Serotonin ist ein chemischer Stoff im Gehirn, der zur Regulierung des zentralen Nervensystems beiträgt. Ein niedriger Serotonin-Spiegel ist mit einem gewalttätigen, impulsiven Verhalten in Verbindung gebracht worden. (Siehe: »Die Biochemie von Gewalt und Dominanz« in Kapitel 16, S. 413–414.)

### Die Realitäten der Umgebung

Aber biologische Faktoren sind für die Entwicklung der Antisozialen Persönlichkeitsstörung nicht allein verantwortlich. Das Risiko für die Nachkommenschaft ist nicht nur größer, wenn man von einem Antisozialen Elternteil geboren wird, sondern auch, wenn man von einem solchen adoptiert wird. Antisoziale Eltern bilden chaotische, instabile, gewalttätige Familien. Die Lebensgeschichte von Menschen mit einer Antisozialen Persönlichkeitsstörung zeigt sehr oft, daß sie schlimm mißhandelt oder aus dem Elternhaus entfernt wurden, oder daß sie ganz ohne Eltern aufwuchsen. Andere wurden vielleicht mit einem schwierigen Temperament geboren, das bei gefühllosen, nicht fürsorglichen, unreifen oder grausamen Eltern Feindseligkeit und Ablehnung erregte. Einige Forscher glauben, daß die fehlende angemessene Bindung an einen Elternteil während des ersten Lebensjahres das Verhalten des Kindes verursacht.

Kinder, die solche Demütigungen ertragen müssen, lernen unmittelbar, daß die Welt feindlich, frustrierend und gemein ist. Sie haben kein verantwortungsvolles erwachsenes Vorbild, das ihnen beibringt, wie sie ihre Impulse beherrschen oder kanalisieren können. Sie lernen, niemandem außer sich selbst zu vertrauen und für niemanden außer sich selbst zu sorgen. Unter Umständen lernen sie auch, daß unmoralisches Verhalten eine Möglichkeit darstellt, ihre Gefühle abzureagieren.

## *Hilfe!*

Antisoziale Menschen haben selten den Wunsch, sich zu ändern. Trotzdem können sie wegen impulsiver Selbstmordversuche, Problemen mit Drogen oder Alkohol, Schwierigkeiten mit der Disziplin oder anstatt eines Gefängnisaufenthalts irgendwann einmal in einer psychotherapeutischen Praxis landen. In einer personenbezogenen psychodynamischen Therapie neigen sie dazu, den Therapeuten auszutricksen und zu erniedrigen; eine emotionale Verbindung kommt mit ihm genausowenig zustande wie mit anderen Menschen. Auf einer problembezogenen Basis jedoch kann ihnen oft geholfen werden. Die erfolgreiche Behandlung von Problemen mit Drogen oder Alkohol zum Beispiel, die oft mit einer Antisozialen Persönlichkeitsstörung einhergehen, führt oft zu einer Verbesserung der Stimmung, der gesundheitlichen Beschwerden und des Verhaltens gegenüber der Familie. Die Behandlung erfolgt vielleicht am besten in strengen, disziplinierten, therapeutischen Wohngemeinschaften, in denen man ihnen wie in einer guten Familie mit Interesse und Respekt begegnet, es ihnen aber nicht gelingt, die Regeln zu brechen und andere zu manipulieren. Es deutet auch einiges darauf hin, daß das Medikament Lithium manchen von ihnen helfen kann, innezuhalten und nachzudenken, bevor sie sich danebenbenehmen.

## *Der Umgang mit Antisozialen Menschen*

Es mag Ihrer Überzeugung widersprechen, aber nehmen Sie nicht an, daß Sie einem Antisozialen Menschen vertrauen, ihm helfen oder ihn bessern können. Denken Sie daran, daß diese Menschen sehr gerissen und manipulativ sein können. Lassen Sie sich nicht hereinlegen. Schützen Sie Ihre eigenen Interessen und ziehen Sie sich zurück. Suchen Sie Hilfe für sich selbst, wenn Sie von einem solchen Menschen nicht loskommen.

KAPITEL 12

# Exzentrischer Stil
## »Der andere Schlagzeuger«

Exzentrische Männer und Frauen sind nicht wie irgend jemand anders. Sie sind Träumer, Suchende des Geistes, Visionäre, Mystiker. Sie marschieren nach einem anderen Trommelschlag, der sich von den konventionellen Rhythmen, denen die meisten Menschen folgen, unterscheidet. Sie sind echte Originale und ragen heraus, manchmal als Sonderlinge, manchmal als Genies.

## DIE SECHS CHARAKTERISTIKA

Die folgenden sechs Charakterzüge und Verhaltensweisen sind Hinweise auf das Vorhandensein des Exzentrischen Stils. Ein Mensch mit stark Exzentrischer Tendenz zeigt mehr dieser Verhaltensweisen intensiver als jemand, der weniger von diesem Stil geprägt ist.

1. *Innenleben.* Exzentrische Menschen sind auf ihre eigenen Gefühle und Glaubenssysteme eingestellt und bekommen durch sie Kraft, egal ob andere ihre Weltsicht oder Lebenseinstellung verstehen oder nicht.
2. *Eigene Welt.* Sie sind selbstbestimmt und unabhängig und brauchen wenige enge Beziehungen.
3. *Eigene Sache.* Exzentrische Menschen sind blind gegenüber der Konvention und schaffen interessante, unübliche, oft ausgefallene Lebensstile.
4. *Erweiterte Realität.* Sie sind offen für alles und am Okkulten, Außersinnlichen und Übernatürlichen interessiert.
5. *Metaphysik.* Abstraktes und spekulatives Denken ziehen sie an.
6. *Blick nach außen.* Obwohl sie nach innen gewandt sind und nur ihrem eigenen Herzen und Verstand folgen, beobachten sie andere genau und sind sehr sensibel dafür, wie andere auf sie reagieren.

## DIE SECHS BEREICHE DES EXZENTRISCHEN FUNKTIONIERENS

Der Exzentrische Stil ist der einzige, für den das Verhältnis zur realen Welt den Schlüssel zur Persönlichkeit darstellt; daneben ist der Bereich des Selbst wichtig.

## *Reale Welt:*
## *Die Dinge sind nicht immer, was sie scheinen*

Antonia R., Bestseller-Autorin von Detektivromanen, lebt in einem viktorianischen Landhaus mit zweiundzwanzig Zimmern. Sie hat ihr Haus für die Filmversion einer ihrer Mordgeschichten zur Verfügung gestellt. Drei Räume in einem abgelegenen Flügel des Hauses wurden für den Film hergerichtet. Nach mehrtägiger Vorbereitung nahmen die Schauspieler ihre Plätze ein, und die Kameraleute wurden angewiesen, die Mordszene im Schlafzimmer zu drehen. Kaum hatte der Regisseur das Stichwort gegeben, als sie irgendwo über ihren Köpfen ein lautes, krachendes Geräusch hörten, und dann noch eins.
»Abbrechen!« schrie der Regisseur. Er sah sich nach Antonia um. »Was ist da oben los?«
»Ich werde mal nachsehen«, sagte sie.
»Fred, geh mit«, befahl der Regisseur einem jungen Mitglied des Teams. Die zwei sahen sich auf dem Dachboden um und fanden weder Unordnung noch sonst irgend etwas Ungewöhnliches. Nach einer Verzögerung von einer Viertelstunde konnte weitergedreht werden, und für den Rest des Tages passierte nichts Merkwürdiges mehr. Aber am zweiten und am letzten Drehtag trat dasselbe Geräusch in verschiedenen Teilen des Hauses wieder auf. Eine Erklärung wurde nie gefunden, obwohl Antonia mit Fred im Schlepptau jedesmal nachsehen ging. »Ich kann es mir nicht erklären«, sagte Antonia und schüttelte den Kopf.
Als das Team mit den Filmarbeiten im Haus fertig und nach Kalifornien zurückgekehrt war, kam Antonias Mann Russell von einer Geschäftsreise ins Ausland zurück. Sie sprachen über die seltsamen Vorfälle. »Das Gespenst«, meinten beide übereinstimmend.
Antonia hatte dem Regisseur gegenüber zurückgehalten, was sie für die Ursache der seltsamen Geräusche hielt. Sie hatte sie schon vor-

her gehört, immer in diesem unbenutzten Flügel ihres alten Hauses. Sie war sicher, daß ein Gespenst dort wohnte. Russell glaubte nicht wirklich daran, aber mangels einer anderen Erklärung stimmte er dieser zu. Außerdem amüsierte ihn die Vorstellung, ein eigenes Hausgespenst zu haben.

Das Paar erwähnte das Gespenst nur sehr wenigen anderen Menschen gegenüber, und sicher nicht gegenüber dem Filmteam. Sie wußten, daß die Leute Antonia, die fest an solche übernatürlichen Manifestationen glaubte, für verrückt halten würden.

### Aufgeschlossenheit

Exzentrische Menschen wie Antonia sind nicht verrückt, aber oft erscheinen sie anderen so, weil sie die reale Welt so ganz anders als alle anderen wahrnehmen. Nicht alle glauben an Gespenster, haben einen sechsten Sinn, können sich an vergangene Leben erinnern oder die Musik der Sphären hören. Aber sie fühlen sich nicht gezwungen, die herkömmlichen Erklärungen für die Geschehnisse in dieser Welt zu akzeptieren. Deshalb werden sie in manchen Kreisen als überspannt, exzentrisch (wörtlich: »aus dem Zentrum heraus«) oder sogar ketzerisch betrachtet, wie jene Puritaner im frühen Massachusetts, die *nicht* an Hexen glaubten.

Verstand und Vorstellungskraft Exzentrischer Typen schauen in die Weite und in die Breite. Sie sind bereit, alles für real zu halten. Die Aufgeschlossenheit dieses Stils begünstigt kreative und intellektuelle Forschungen und Entdeckungen, und oft ist er bei den entsprechenden Genies anzutreffen. Menschen wie Albert Einstein, Isaac Newton, Glenn Gould, Salvador Dalí und Lewis Carroll, um nur ein paar zu nennen, haben »dort draußen« etwas anderes wahrgenommen, weil sie nicht in den landläufigen Erklärungen und Interpretationen steckenblieben, die den meisten Menschen eindeutig wahr erscheinen.

Genies oder nicht – Exzentrische Menschen sind schöpferisch neugierig. Sie fragen stets: Was wäre, wenn ...? Was wäre, wenn ich die Realität mit einem schwarzen Strich auf der Mitte dieser Leinwand darstellen würde? Was wäre, wenn ich die Bach-Partituren doppelt so schnell spielen würde? Was wäre, wenn es den Weihnachtsmann wirklich gäbe? »Es gibt keinen Weihnachtsmann, Henry. *Ich* habe die Schlüssel für den neuen Pontiac unter den Weihnachtsbaum gelegt, und *ich* habe ihn bezahlt. Hier ist die Rechnung, wenn du mir nicht glaubst.« Aber wenn Henrys Persönlichkeit Exzentrisch genug ist, wird er einen Weihnachtsgeist wahrnehmen, den Sie sich noch nicht einmal vorstellen können.

Exzentrische Menschen sind keineswegs blind gegenüber dem, was andere denken und glauben. Henry weiß, daß die meisten Menschen über sieben nicht mehr an den Weihnachtsmann glauben. Antonia ist sich bewußt, daß nur wenige Leute Gespenster für real halten. Aber für sie ist es egal, was andere denken. Sie beziehen ihre Einsichten immer aus sich selbst, nicht von anderen Menschen, Büchern oder der Zeitung. Exzentrische Menschen leben ihr Leben den Empfindungen, Gefühlen und Vorstellungen entsprechend, die aus ihnen selbst kommen. Sie sind wahre Nonkonformisten.

### Ein New-Age-Persönlichkeitsstil?

Per Definition ist der Exzentrische ein seltener Persönlichkeitsstil. Aber Sie werden sehr viele Leute mit diesem Stil in der New-Age-Bewegung finden, denn sie bietet ihnen ein Forum und eine Umgebung für ihre ungewöhnlichen Überzeugungen und ihre individuelle spirituelle Suche. Ein Exzentrischer Mensch kann an einem New-Age-Seminar über vergangene Leben oder schamanistisches Heilen teilnehmen oder monatelang in einem Ashram meditieren, ohne Angst zu haben, als absonderlich betrachtet zu werden. Menschen mit diesem Persönlichkeitsstil wissen genau, daß andere sie für ziemlich seltsam halten; deshalb suchen sie oft die Gesellschaft Gleichgesinnter, um sich wohler zu fühlen. Dies bedeutet nicht, daß jeder, der sich mit der New-Age-Bewegung identifiziert, zwangsläufig einen Exzentrischen Persönlichkeitsstil hat, oder daß alle Exzentrischen Menschen sich an New-Age-Aktivitäten beteiligen. Menschen schließen sich aus vielen Gründen neuen Bewegungen an: weil die Vorstellungen oder Überzeugungen sie anziehen; weil ihre alten Glaubenssysteme für sie keine Gültigkeit mehr besitzen; weil sie ein starkes Bedürfnis haben, sich irgendwo anzuschließen und akzeptiert zu werden; weil sie einen Menschen oder eine Sache brauchen, um ihrem Leben eine neue Struktur zu geben; und was dergleichen Gründe mehr sind. Trotzdem sind Exzentrische Menschen keine »Mitläufer« – sie machen nicht um des Mitmachens willen mit, und sie passen sich nicht an, egal wie der Guru heißt. Sie sind nicht geneigt, die

Prinzipien und Überzeugungen von irgend jemand anders zu akzeptieren oder sich für sie einzusetzen. Ihre Suche ist völlig individuell, und ihre Überzeugungen sind auf jeden Fall originell.

## *Selbst: Meine Welt ist real*

Am realsten für Exzentrische Typen ist das, was ihren eigenen inneren Welten entstammt – dem Bereich des Selbst. Wenn sie an etwas glauben oder ihre persönlichen Erfahrungen ihnen zum Beispiel nahelegen, daß sie über die außersinnliche Wahrnehmung verfügen, dann existiert sie, und sie brauchen keine wissenschaftliche Bestätigung für sie. Sie hören auf ihre innere Stimme, nicht die anderer Leute. Anders als bei Gewissenhaften oder Sensiblen Menschen beruht ihr Selbstbewußtsein nicht darauf, daß sie bestimmten Regeln folgen oder sich aus der Sicht anderer korrekt verhalten. Ein Exzentrischer Künstler kann daher mit der Tradition brechen, ohne sich darum zu kümmern, was die Öffentlichkeit, die Händler oder die Kritiker denken könnten. Bei genügend Talent und Genie kann diese künstlerische Vision wirklich bahnbrechend sein. Oder sie ist die ganze Geschichte hindurch ein Stein des Antoßes. Aber auch das wäre einem Künstler mit diesem Persönlichkeitsstil egal – er folgt sowieso nur seinen Neigungen.

**Leben, wie es mir gefällt ...**

Exzentrische Menschen tendieren dazu, eigenartige Gewohnheiten und einen seltsamen, außergewöhnlichen Lebensstil zu haben – und von konventionelleren Zeitgenossen als mehr oder weniger schrullig betrachtet zu werden.

Es gibt viele Geschichten über die Eigenarten Exzentrischer Menschen. Um die Moskitos abzuhalten, wollte Antonia eine Reihe von Fledermäusen im Haus installieren. Als Russell auf Geschäftsreise war, ließ sie das Faktotum mehrere Fledermaushäuser aufhängen. Dann entfernte sie in zwei Gästezimmern die Fliegenfenster, und bald sauste nachts eine fliegende Armada von Moskito-Fressern durch die Räume. Aber Russell, der seiner Frau im allgemeinen vieles nachsah, sagte diesmal kategorisch nein: Die Fledermäuse mußten weg. Ein Gespenst war gerade genug.

Der kanadische Pianist Glenn Gould schlief in seinen späteren Jahren tagsüber und arbeitete nachts. Er trug auch drinnen gern mehrere Schichten Kleidung übereinander – Rollkragenpulli, Pullover, Jackett und Mantel. Er summte mit, wenn er auftrat oder Schallplattenaufnahmen machte; er kümmerte sich nicht darum, daß die Zuhörer sein unverkennbares Brummen hörten.

Charlotte G., eine Landschaftsarchitektin, trägt nur grüne Kleidung, seit sie entdeckt hat, daß sie sich in dieser Farbe zutiefst friedlich fühlt. Ronald H., ein Selfmade-Multimillionär, schläft am liebsten draußen, oft in den Gärten der teuersten Hotels der Welt. All diesen Menschen ist (oder war) es egal, was andere von ihren Gewohnheiten halten. Sie versuchen nicht, sich anzupassen – sie wüßten gar nicht, wie.

### ... Ob es dir gefällt oder nicht

Irgendwie leben und arbeiten – manchmal mit phänomenalen Erfolg – viele Exzentrische Menschen in derselben Welt wie wir, aber auf ihre Weise. (Menschen mit einer Schizotypischen Persönlichkeitsstörung, dem krankhaften Extrem des Exzentrischen Stils, gelingt es nicht, sich »unserer« Welt anzupassen.) Trotzdem werden sie schwer von anderen akzeptiert und in der westlichen Welt häufig lächerlich gemacht (siehe etwa die Geschichte von Timothy Leary auf S. 289–290). Ob ihre Exzentrik für sie zum Problem wird, hängt von der Umgebung ab, der herrschenden Kultur, ihren Erfolgen und Talenten und davon, wie sehr sie die Wärme, Unterstützung und Anerkennung anderer brauchen. In den 60er Jahren waren ein spleeniges Verhalten und ein alternativer Lebensstil »in«. Aber weder damals noch heute wird die Exzentrische Frau eines Offiziers oder eines leitenden Angestellten mit der traditionellen Umgebung ihres Mannes, in der die richtige Form und das richtige Vorgehen alles sind, gut zurechtgekommen sein.

De facto ist die Anzahl der Umgebungen, in die sehr Exzentrische Menschen hineinpassen, eher gering. Ein Exzentrischer Schauspieler, Schriftsteller, Musiker, Intellektueller oder Geistheiler wird seine Nische finden können. Ein talentierter, erfolgreicher, wohlhabender Exzentriker wird von anderen hofiert, egal wie bizarr er sich verhält (wie etwa der späte Howard Hughes). Aber der schrullige Exzentrische Zeitgenosse, der der »normalen« Gesellschaft nichts Außergewöhnliches zu bieten hat, wird das Leben hart finden, wenn er keine Umgebung findet, die ihn gern aufnimmt oder zumindest toleriert.

## Noch ein typischer (englischer) Exzentriker

Die Engländer scheinen ein Faible für Exzentrik zu haben. Der *Time-Magazine*-Autor Pico Iyer beschrieb zum Beispiel einen gewissen Charles Waterton als

»einen anderen typischen Exzentriker. Mit über 80 Jahren wurde der berühmte Landedelmann gesehen, wie er in den oberern Ästen einer Eiche mit einer Behendigkeit herumkletterte, die der eines erwachsenen Gorillas gleichkam. Der beliebte 27. Lord von Walton Hall verwandte sein distinguiertes Alter auch darauf, sich den Hinterkopf mit dem rechten großen Zeh zu kratzen. Diese Zurschaustellung animalischer Lebendigkeit beschränkte sich jedoch nicht auf die späten Jahre des Gentleman. Als junger Mann reiste Waterton auf der Suche nach Kurare-Gift (das er für ein wirksames Mittel gegen Hydrophobie hielt) viermal nach Südamerika; einmal lag er in der närrischen Hoffnung, ein Vampir würde seinen Zeh aussaugen, monatelang in seiner Hängematte und ließ den Fuß herausbaumeln.«[1]

## Streß und der Unsicherheitsfaktor

Freidenkerei hat ihre Grenzen. Die Ablehnung gängiger Erklärungen und Konventionen sowie das ausschließliche Vertrauen auf die innere Erfahrung bei der Beurteilung der realen Welt kann Exzentrische Menschen auch zu Zweifel und Unsicherheit führen. Es ist charakteristisch für diesen Persönlichkeitsstil, Dinge in Frage zu stellen und sich zu wundern. Zu den »Was wäre, wenn ...«-Fragen gehört auch »Was wäre, wenn es noch eine andere Möglichkeit gäbe, die Dinge zu erklären?« Wenn das persönliche System Exzentrischer Menschen beginnt, sich zu einer neuen Weltsicht zu wandeln, kann ihre Unsicherheit von leichter Verwirrung bis zu schweren Krisen des Selbstvertrauens reichen.

»Ich wünschte«, seufzte der Exzentrische Benjamin W., »ich hätte den orthodoxen Zionismus akzeptieren können, in dem ich aufgezogen wurde. Mein Vater hatte nie im Leben irgendwelche Zweifel. Er brauchte sich nie über irgend etwas klar zu werden. Sein Vater, der

Talmud und die Rabbiner sagten ihm, was er glauben, tun, nicht tun, denken oder essen sollte, oder wen er heiraten sollte.« Benjamin ist jetzt Ende Dreißig. Seine spirituelle Suche ist sein Lebensinhalt. Er hat bei Mystikern in Südamerika studiert, während eines LSD-Trips seinen persönlichen Gott erfahren und in Erwägung gezogen, in ein buddhistisches Kloster einzutreten.

Wie viele Exzentrische Menschen erfindet Benjamin bei seiner Suche nach dem Wirklichen und Wahren das Universum ständig neu. Er könnte heute eine orthodoxe Erklärung der realen Welt genausowenig akzeptieren, wie sein Vater in einem Ashram hätte leben können. Zum Teil beneidet er aber auch seinen Vater um dessen lebenslange Festigkeit im Glauben und seine Fähigkeit, die herkömmlichen Interpretationen zu akzeptieren, ohne sich zu fragen, ob sie auch für ihn persönlich wahr sind. Benjamin will eine reale Welt, die ihn intellektuell, spirituell und emotional befriedigt, aber sein selbstgebasteltes System ist in ständiger Bewegung. Als Suchender hält er immer nach etwas mehr, etwas anderem, etwas Besserem Ausschau. Im allgemeinen gefällt ihm das; die Suche selbst ist dann eine Quelle der Freude und Erfüllung für ihn. Aber in schwierigen Zeiten – zum Beispiel als letztes Jahr seine Ehe in die Brüche ging – wäre Benjamin leichter mit den Dingen zurechtgekommen, wenn er ein festes Glaubenssystem gehabt hätte. So aber fand er in seinem Verständnis des Universums nichts, was die Geschehnisse seines Lebens erklären konnte. Er verlor den Glauben und wurde zutiefst niedergeschlagen.

Zweifel und Ernüchterung gehen oft mit der Suche Exzentrischer Menschen einher. Neben dem Zwang, sich der Realität anderer anpassen zu müssen, gehören sie zu den Hauptursachen für Streß bei diesem Persönlichkeitsstil. Aber auch innere Kraft kennzeichnet diesen Stil, weshalb Exzentrische Menschen oft eine passende metaphysische Erklärung für die Krise ihres Selbstvertrauens finden; sie machen sich ein neues Glaubenssystem zu eigen oder trösten sich zumindest mit Musik oder Kunst. Von dem an der Yale-Universität ausgebildeten Benjamin etwa war kürzlich zu hören: »Vielleicht sollte ich wieder mit dem Intellektualismus der Ostküste anfangen.« Wenn der Streß jedoch vom Druck einer konformistischen Gesellschaft ausgeht, finden Exzentrische Typen es unter Umständen einfacher, sich vom Hauptstrom der Gesellschaft zurückzuziehen.

# Kosmische Antwort(en)

Dr. Timothy Leary, brillanter Ex-Professor für Sozialpsychologie an der berühmten Harvard-Universität (der in den 50er Jahren bedeutende Beiträge zu dem Verständnis der Persönlichkeitsbeurteilung leistete), erhielt in den sozialgeschichtlichen Annalen der 60er Jahre einen herausragenden Platz, weil er mit LSD experimentierte und seinen Gebrauch propagierte. Er mußte Harvard verlassen, aber damit war seine Exzentrische Saga keineswegs zu Ende. Jetzt, mit Ende Sechzig, lebt Leary in Los Angeles. »Offensichtlich sind für Dr. Tim jetzt Computer die neue Kosmische Antwort auf alles. *Irgend etwas* muß für ihn immer die Kosmische Antwort sein, obwohl sie sich ziemlich oft verändert – bzw., wie er sagen würde, *sich entwickelt*«, schrieb Ron Rosenbaum in der Zeitschrift *Vanity Fair*.

»Lange Zeit war das psychedelische ›Love and peace‹ die Antwort. Aber als er 1971 nach seiner Flucht aus dem Gefängnis bei den Black Panthers in Algerien Zuflucht fand, wurde revolutionäre Gewalt die Antwort ... Diese Kosmische Antwort hielt jedoch nicht lange vor: Nachdem die Black Panthers Leary in Algerien unter Hausarrest gestellt hatten, weil er ›zu frivol‹ für die revolutionäre Disziplin war, entkam er ihrer Obhut in die Schweiz und hielt sich in den Ski-Chalets verschiedener reicher Erben auf (unter anderem dem der Opels); da sah es kurze Zeit so aus, als könnte *Skifahren* die Kosmische Antwort sein: Dr. Tim schwärmte von der ›Ski-Erleuchtung, der Offenbarung der Geschwindigkeit ... wie die erste LSD-Erfahrung ... Hochgeschwindigkeits-Philosophie ... Bewegungsyoga.‹
Nachdem er dann von US-Drogenagenten in Afghanistan geschnappt und im Hochsicherheitsgefängnis Folsom festgesetzt wurde, griff er die Idee auf, daß Ufos und Außerirdische Intelligenzen tatsächlich existieren: er prophezeite, der Komet Kahoutek käme extra auf die Erde zu, um ihn aus dem Gefängnis herauszuholen und auf eine Mission zu den Sternen mitzunehmen.
Als dann der Komet den Erwartungen nicht entsprach und Leary sich der Aussicht gegenübersah, jahrelang im Knast zu bleiben, wurde ›die Wahrheit sagen‹ zur Kosmischen Antwort – obwohl andere es ›informieren gegen reduzierte Haftdauer‹ nannten ... ›Ich weiß, daß einige Leute verletzt sein werden‹, sagte Leary damals, ›aber ich glaube, daß ich innerlich frei bin, wenn ich meine

Geschichte erzählen und karmisch alles in Ordnung bringen kann. Und wenn ich innerlich frei bin, wird es sich auch außen spiegeln ... Wenn ich mir Sokrates ansehe, glaube ich, daß sie nur eine Entschuldigung von ihm hören wollten. Er hätte den Schierlingsbecher nicht zu trinken brauchen.‹

... Aber in seiner Begeisterung für seine neueste Kosmische Antwort – interaktive Software und ein ›Punk-kybernetisches‹-Computerfreak-Bewußtsein – scheint er sich auch seine psychedelische Vergangenheit wieder zu eigen gemacht zu haben, denn er verkündet, daß die ›psychedelische Revolution die Vorläuferin der kybernetischen Revolution war‹«[2].

## *Gefühle und Selbstbeherrschung: Die Grenzen testen*

Der Exzentrische Stil ist im Denken und im Fühlen stark. Was diese Menschen innerlich *fühlen,* ist für sie genauso wichtig wie das, was sie über die Vorgänge im Inneren *denken.* Wie Dramatische Menschen suchen sie im Leben emotionale Erfahrungen, aber während der Dramatische Gefühlsausdruck sehr viel mit anderen zu tun hat, fühlen Exzentrische Menschen intensive Emotionen um ihrer selbst willen.

Sie suchen die intellektuelle, emotionale und spirituelle Expansion und brauchen neue Erfahrungen, um bislang unentdeckte Gipfel des Fühlens und des Bewußtseins ihres inneren Wesens zu erreichen. Dazu experimentieren sie oft mit einer Vielzahl intensiver Erfahrungen: Von der Urschrei-Therapie über Fasten und stundenlangem Meditieren, Denken oder Musikhören zu bewußtseinsverändernden Drogen. Da sie sich nicht von Konventionen einengen lassen und mit dem Verbotenen experimentieren, halten andere sie möglicherweise für zügellos. Jene, die intensiv mit Drogen experimentieren, leiden oft unter extremen Gefühls- und Verhaltensschwierigkeiten; diese haben jedoch mehr mit ihrem Drogengebrauch als mit ihrem Persönlichkeitsstil zu tun.

Exzentrische Typen testen die Grenzen der emotionalen und spirituellen Erfahrung. Sie suchen den Rausch, die Verzückung, sind aber auch begierig, ihre innere Dunkelheit zu erforschen. Während der Sommerferien am College stellte die Exzentrische Harriet sich freiwillig für eine Untersuchung des Schlafs zur Verfügung. Mehr als einen Monat lang lebte sie in einem Raum ohne natürliches Licht, ohne Uhr, ohne Radio oder Fernsehen, ohne Hinweise auf die äußere Umgebung. Sie schlief und wachte, wann sie sich danach fühlte. Mit der Zeit wurde sie depressiv. Je depressiver sie wurde, desto mehr hatte sie das Gefühl, sich einer wichtigen Einsicht zu nähern. Sie begann, ihre inneren Erfahrungen aufzuschreiben, verbrachte bald all ihre wachen Augenblicke mit Block und Stift und schlief immer weniger. Als die Untersuchung zu Ende war, hatte Harriet trotz ihrer Depression das Gefühl, eine sehr kreative, aufschlußreiche Erfahrung gemacht zu haben.

Ein objektiver Beobachter hätte annehmen können, Harriet habe eine emotionale Verwirrtheit erlebt, zu der es oft kommt, wenn die innere biologische Uhr eines Menschen die äußeren Hell/Dunkel-, Tag/Nacht-Hinweise verliert, die sie zum richtigen Funktionieren braucht. Für einen Exzentrischen Menschen dagegen ginge diese Erklärung am Kern der Sache vorbei. Für Harriet war die *Erfahrung* der entscheidende Punkt, nicht die Manipulation der Umgebung, die sie verursacht hatte.

Exzentrische Menschen ziehen ihre innere emotionale Erfahrung immer dem vor, was andere für die objektive, äußere Realität halten. Niemand kann ihnen erzählen, daß das, was sie fühlen, nicht wirklich geschieht. »Ich spüre, daß sein Geist über uns schwebt«, rief Bertha am Totenbett ihres Mannes. »Oh Mutter, fang jetzt nicht wieder damit an«, fuhr ihre Tochter Rachel sie an. Woraufhin Bertha antwortete: »Rachel, wer bist *du*, daß du sagen kannst, was real ist?« Dann griff Berthas Sohn Daniel ein, um die gewohnte Mutter-Tochter-Streiterei zu beenden. In ähnlicher Weise kann Antonia ihrem Mann Russell erklären: »Etwas Entsetzliches wird geschehen. Ich weiß es, ich kann es spüren.« Sie wandert in düsterer, besorgter Stimmung durchs Haus, und nichts, was er tut oder sagt, wird sie davon abbringen.

Die emotionalen Reaktionen Exzentrischer Menschen beruhen oft mehr auf ihren subjektiven Erfahrungen in einem bestimmten Augenblick als auf den tatsächlichen Geschehnissen um sie herum, weshalb ihr Verhalten zuweilen seltsam und unpassend aussieht. Oft beginnen sie in der Öffentlichkeit zu lachen, weil etwas in ihnen ihnen lustig vorkommt. Manchmal scheinen sie irgendwie »weggetreten«, weil sie nach innen, nicht nach außen auf andere schauen. Sie äußern ihre Gefühle und Gedanken auf andere Weise, denn Anpassung motiviert sie nicht. Trotzdem können sie ärgerlich und selbstbewußt werden, wenn sie mit Menschen zusammensein müssen, die ohne Fragen und Zweifel in der »normalen« Welt sicher dahinleben. Sie wissen, daß sie anders sind und dafür nicht immer respektiert oder geschätzt werden. Starren, engstirnigen Menschen gegenüber, die darauf bestehen, daß die Exzentrische Lebensweise »falsch« ist, und die versuchen, sie dem »normalen« Verhaltensstandard anzupassen, können sie in ziemliche Wut geraten.

## *Arbeit: Eine Nische finden*

Für die Qualität des Exzentrischen Lebens sind zwei Faktoren wichtig: Erstens, ob sie eine Umgebung finden, die sie akzeptiert, und zweitens, wie weit sie sich den Erwartungen anderer anpassen können. Nicht viele Arbeitsmilieus tolerieren ein Exzentrisches Verhalten – es sei denn, der oder die Betreffende hat in puncto Intelligenz, Talent oder Fertigkeiten viel zu bieten. Aber auch wenn dies nicht der Fall ist, muß die Miete bezahlt werden; wie die meisten Menschen müssen auch Exzentriker arbeiten. Die, die ihre Marotten für sich behalten können, kommen am besten zurecht. Manche hören auch mit einem Ohr auf ihre eigene kleine Welt und mit dem anderen nach draußen, auf das, was der Chef von ihnen erwartet. Anderen jedoch fällt es sehr schwer, Autoritäten zu verstehen oder zu akzeptieren.

Die Exzentrische Pamela, eine Textverarbeiterin, konnte nicht verstehen, warum ihre Chefin darauf bestand, daß sie von neun bis fünf arbeitete, obwohl sie sich am besten in den frühen Morgenstunden konzentrieren konnte. Sie fragte immer wieder nach, ob sie nicht um Mitternacht ins Büro kommen könnte. Monica, ihre Chefin, amüsierte sich zunächst über diese Bitten der »spinnerten« Pamela und wiederholte, daß das Büro um neun Uhr aufmachte und um fünf Uhr schloß. Allmählich jedoch ärgerte sie Pamelas »Verrücktheit«. Obwohl Pamelas Arbeit besser war als der Durchschnitt, wurde sie als eine der ersten entlassen, als die Firma die Belegschaft reduzieren mußte.

Exzentrische Typen sind im konventionellen Sinne häufig nicht ehrgeizig oder auf Wettbewerb eingestellt; wenn sie nach den Regeln spielen können, sind sie oft in Routinearbeit gut, die sie nicht besonders interessiert oder herausfordert. Sie können sich oft sehr gut konzentrieren oder ihren Verstand »abschalten« und trotzdem ihr Tagespensum erledigen. Kevin H. arbeitet trotz guter Leistungen im

College tagsüber bei der Post; er beschäftigt sich mit Meditation und kann die Post in einem tranceähnlichen Zustand sortieren.

## Karrieren für den Exzentrischen Typ

Sicherheit, Vergünstigungen und eine tägliche Struktur bedeuten von diesem Stil geprägten Menschen nicht viel. Sie legen mehr Wert darauf, daß sie von Regeln und der Erwartung konformistischen Verhaltens frei sind. Wenn in Ihrem Persönlichkeitsportrait neben dem Exzentrischen auch ehrgeizige Stile wie der Selbstbewußte, der Gewissenhafte und der Wachsame stark sind, sollten Sie sich unbedingt eine herausfordernde Arbeitsumgebung suchen, in der Ihre Exzentrik akzeptiert wird. Auch bei sehr viel Intelligenz und Talent werden Sie es in einer Umgebung, in der von allen ein ähnliches Verhalten erwartet wird – etwa der Bürowelt –, nicht weit bringen. Auch wenn Sie es schaffen, etwas zu produzieren, sollten Sie sich bewußt sein, daß Sie in traditionellen Umgebungen – einschließlich des Familienunternehmens – andere irritieren und firmenpolitisch möglicherweise keinen Erfolg haben werden, egal wieviel Sie beitragen. Suchen Sie kreative Arbeitsumgebungen, die im allgemeinen individuelle Ticks tolerieren, wenn die Arbeit getan wird. Ziehen Sie eine Karriere in Betracht, die mit Ihren Interessen oder Hobbys zu tun hat. Sie können zum Beispiel New-Age-Veröffentlichungen oder -Artikel verkaufen oder in irgendeiner Position für eine New-Age-Organisation oder -Sache arbeiten.

Die von Ihnen, die im Bereich der Arbeit nicht besonders ehrgeizig sind oder nur Geld verdienen müssen, um ihre persönlichen Interessen und Bestrebungen zu finanzieren, sollten sich eine anspruchslose Tätigkeit suchen, die ihnen Stabilität gibt und sie von ökonomischen Sorgen befreit. Wenn Sie sich gut konzentrieren können, sind Exzentrische Menschen oft geschickte Textverarbeiterinnen, Datentypistinnen, Sekretärinnen, Gepäckträger, Postangestellte – Arbeiten, bei denen ihr Verstand herumwandern kann und sie trotzdem eine Leistung erbringen. Oft gedeihen sie auch als Teilzeit- oder Zeitarbeits-Beschäftigte, weil der Druck der Leistungsbeurteilung und die Erwartungen der normalen Neun-bis-fünf-Arbeitswelt weniger stark sind. Wenn Sie ein Talent oder eine Fertigkeit haben, die Sie vermarkten können, sollten Sie auch eine selbständige Tätigkeit erwägen.

## *Beziehungen: Meinen Weg gehen?*

Russell R. betet seine völlig Exzentrische Antonia an. Er sorgt für sie, er gibt ihren Verrücktheiten nach und akzeptiert das Gespenst (wenn auch nicht die Fledermäuse). Ihre emotionale Intensität fasziniert ihn. Er hat das Gefühl, daß sie ihn ein Leben erfahren läßt, das er sich selbst nie geschaffen hätte. Er kann es sich nicht vorstellen, ohne Antonia zu leben, aber er weiß, daß sie notfalls ohne ihn auskäme. »Liebling«, seufzt sie, »ich würde dich nie verlassen!« Daraufhin stellt Russell seiner Frau die folgende Frage: »Wenn ein kleines grünes Männchen vom Mars käme und sagen würde: ›Wir möchten *dich* mitnehmen, aber nicht *ihn*‹, würdest du dann nicht mitgehen?« Nach einer Pause antwortet sie: »Ich muß darüber nachdenken.«

Tatsache ist, daß Exzentrische Menschen andere nicht unbedingt brauchen, und ganz bestimmt brauchen sie sie nicht, um ihrem Leben eine Bestimmung, eine Richtung oder einen Sinn zu geben. Sie gehen ihren eigenen Weg, mit oder ohne Beziehungen. Sie haben nicht das Bedürfnis, wie andere zu sein; deshalb tun sie sich nicht mit anderen zusammen, nur weil es von ihnen erwartet wird. Sehr Exzentrische Menschen bleiben nicht selten das ganze Leben ohne Partner und haben nur wenige oder keine Bindungen. Einige werden zu völligen Einsiedlern. Der Rückzug von der Gesellschaft kann sehr viel mit dem auf sie ausgeübten Druck zu tun haben, ihre Marotten aufzugeben – mit anderen Worten: jemand zu werden, der sie nicht sind. Unter einem solchen Druck können Exzentriker in der konventionellen Gesellschaft einfach nicht leben. Sie sind von ihnen ähnlichen Menschen angezogen, in der New-Age-Bewegung etwa oder in kreativen Zirkeln. Oder sie sind so selbständig, daß sie allein zurechtkommen. Aber Exzentrische Menschen berichten oft, daß sie sich einsam fühlen. Ihr Anderssein macht es schwierig, zu anderen Verbindung aufzunehmen. Sie wissen, daß andere sich mit ihren eigentümlichen Ideen und ihrer Exzentrischen Intensität nicht wohl fühlen; dies macht sie traurig und führt dazu, daß sie sich in Gruppen ängstlich und unbehaglich fühlen. Unter Umständen möchten sie anderen gern näher sein, aber sie können sich nicht ummodeln, um mit ihnen übereinzustimmen. Sie tolerieren Ihre Welt und möchten nur, daß es umgekehrt ebenso ist. Einem nicht Exzentrischen Menschen jedoch fällt es möglicherweise schwer, mit den unüblichen Emotionen und Verhaltensweisen dieses Typs umzugehen.

In der Welt der Kunst werden talentierte, erfolgreiche Exzentriker hofiert und bewundert. Falls ihre Persönlichkeit nicht auch Selbstbewußte Züge aufweist, verdreht die Schmeichelei ihnen nicht den Kopf. Im Gegenteil, Beifall läßt sie gleichgültig oder veranlaßt sie sogar, ihm im Interesse der künstlerischen Authentizität aus dem Weg zu gehen (Vladimir Horowitz, der wohl beste Pianist des 20. Jahrhunderts, zog sich auf dem Höhepunkt seiner Karriere mehr als zehn Jahre von der Bühne zurück).

Manchmal finden zwei Exzentrische Menschen sich und schaffen ihre eigene intensive kleine Welt zusammen – wie die großen englischen Schauspieler Elsa Lanchester und Charles Laughton in ihren späten Jahren, die trotz Laughtons Homosexualität ihrer Kunst und einander stark verbunden waren.

Andere Exzentrische Menschen gehen im Lauf ihres Lebens verschiedene Beziehungen ein, von denen keine von Dauer ist (Timothy Leary zum Beispiel war fünfmal verheiratet) oder die emotionale Intensität und bedingungslose Liebe erreicht, nach denen sie sich in einer Beziehung möglicherweise sehnen. Es kann sein, daß der Partner nicht in der Lage ist, ihre Eigenarten zu tolerieren oder sich außerhalb seines konventionellen Rahmens ein befriedigendes Leben aufzubauen. Oder er ist unfähig, das ständige Bedürfnis des Exzentrikers nach intensiven emotionalen Erfahrungen und seine Schwierigkeiten im Umgang mit Alltags-Liebe und -Emotionalität zu ertragen, die enge Beziehungen auf lange Sicht zusammenhält. Manchmal beklagen die Partner Exzentrischer Menschen auch, daß der andere intensive Emotionen erleben kann, sie selbst aber diese Gefühle nicht teilen oder eine gemeinsame emotionale Erfahrung nicht ertragen können. Aber viele andere Exzentriker, bei denen der Anteil dieses Stils gemäßigt bzw. einer der mehr dem anderen zugewandten oder erdgebundenen Stile stark ist, wissen oft einen gebenden, liebevollen und akzeptierenden Lebensgefährten zu schätzen.

### Gute/schlechte Gespanne

Exzentrische Männer und Frauen passen sich in der Regel den Bedürfnissen anderer nicht an. Verbindungen zu Menschen, die in erster Linie Selbstbewußt, Wachsam, Abenteuerlich oder Aggressiv sind, kommen daher kaum in Frage. Exzentriker brauchen einen Partner, der sie so akzeptiert, wie sie sind, und sie so sein läßt, der sich um sie kümmert und vielleicht als Verbindung zur konventionellen Welt fungiert. Anhängliche und Aufopfernde Menschen besitzen diese Charakteristika. Auch ein wenig Dramatischer Stil ist hilfreich, denn diese Menschen können die emotionale Erfahrung des Exzentrischen Partners teilen oder zumindest akzeptieren.

Ein bißchen Gewissenhafter Stil fügt wie immer den Sinn für Verantwortung bei und sorgt dafür, daß die Rechnungen bezahlt werden und das Exzentrische Leben nicht entgleist. Aber wenn der konformistische Gewissenhafte Stil zu stark ist, wird der Betreffende über die Wunderlichkeiten seines Exzentrischen Compagnons entsetzt sein. Russell R.s Persönlichkeit, die zu Antonias Exzentrisch-Dramatisch-Selbstbewußter Kombination so gut paßt, wird von einem gemäßigt Gewissenhaften Stil beherrscht, auf den der Dramatische und der Anhängliche folgen. Auch die Beziehung zu einem Lässigen Partner kann funktionieren. Wenn zwei Exzentrische Menschen sich finden, bauen sie sich eine kleine Welt auf, in die die konventionelle reale Welt selten eingreift.

**Verrückte Eltern**

Es kann schwierig sein, Exzentrische Eltern zu haben. Kinder nehmen sich im allgemeinen ihre Eltern zum Vorbild. Aber sobald sie in die Schule kommen, neigen sie auch dazu, sich anzupassen, denn sie brauchen die Anerkennung der Gleichaltrigen und die Möglichkeit, das »Normale« zu tun. Wenn ein Elternteil sehr unkonventionell ist und einen Lebensstil hat, der sich von dem der Eltern der anderen Kinder stark unterscheidet, kommen die Kinder in Konflikt. Sie schämen sich für den Exzentrischen Elternteil und haben wegen dieser »schlechten« Gefühle gleichzeitig Schuldgefühle. Ein sehr Exzentrischer Elternteil kann ein Kind auch zu einer Unkonventionalität drängen, mit der es sich nicht wohl fühlt; oder er treibt es an, kreativer und expressiver zu sein, als es von Natur aus ist.

Der Exzentrische Elternteil muß für die eigenständige Persönlichkeit des Kindes sensibel sein und die reale Welt tolerieren, mit der das Kind zu tun hat. Er sollte auch bereit sein, der Welt des Kindes zuliebe ein wenig nachzugeben. Benjamins elfjährige Tochter Ella zum Beispiel sagte ihm kürzlich, sie möchte, daß er mit dem Joggen aufhört. Nach seiner Scheidung von Ellas Mutter holte Benjamin seine Tochter an den zwei Tagen, die sie bei ihm war, von ihren Aktivitäten nach der Schule ab, joggte aber vorher ein paar Kilometer. Er kam schwitzend und nach Schweiß riechend an, und wie sich herausstellte, war Ella das vor ihren »sauberen« Freunden peinlich. Benjamin startete einen kleinen Vortrag des Inhalts, sie solle sich von der Verklemmtheit ihrer Freunde nicht anstecken lassen, aber mittendrin hielt er inne. Er sah in das süße, unglückliche Gesicht des Kindes und sagte, klar, er würde erst nach Hause gehen und sich umziehen. Die Kindheit ist hart genug, auch ohne daß Papa versucht, alle Regeln zu ändern, erkannte er.

Und nun die Pluspunkte: Leicht oder gemäßigt Exzentrische Eltern können in einem begabten Kind die Kreativität fördern und ihm eine breite Palette von Erfahrungen bieten. Und sie lehren ihre Kinder oft, sich in ihrer ganzen individuellen Eigenartigkeit anzunehmen, was eine Stärke ist, von der sie ihr ganzes Leben lang profitieren.

## TIPS ZUM UMGANG MIT DEM EXZENTRISCHEN MENSCHEN IN IHREM LEBEN

1. Der Exzentrische Mensch ist einzigartig. Akzeptieren, tolerieren und schätzen Sie ihn *wegen* seiner Einzigartigkeit, nicht trotz ihr. Mit anderen Worten: Nehmen Sie nicht an, die Exzentrischen Absonderlichkeiten seien eine Nebensache seiner Persönlichkeit. Wenn Sie nach dem »normalen«, konventionellen Menschen suchen, der Ihrer Meinung nach in ihm schlummert, gehen Sie am Kern seines Wesens vorbei.
2. Drängen Sie den Exzentrischen Menschen nicht, sich der realen Welt anzupassen – aber lassen Sie sich auch nicht drängen, sich seiner Welt anzupassen. Erkennen Sie statt dessen, wie ihre Realitäten differieren, erörtern Sie die Unterschiede und stellen Sie sich darauf ein, einen Kompromiß zu schließen oder gelegentlich etwas getrennt zu unternehmen.
3. Teilen Sie die Interessen des Exzentrischen Menschen, damit Sie mehr Gemeinsamkeiten haben und sich näherkommen. Seien Sie zumindest bereit, seine Interessen kennenzulernen.
4. Helfen Sie dem Exzentrischen Menschen, mehr Zeit für seine spirituellen oder sonstigen speziellen Interessen zu haben. Viele Menschen mit einem gemäßigt Exzentrischen Stil sind so in die Verantwortlichkeiten der konventionellen Welt eingebunden, daß sie

ihren besonderen Beschäftigungen nicht nachgehen können; deshalb fühlen sie sich unglücklich und unerfüllt und handeln entsprechend.
5. Im Umgang mit einem sehr Exzentrischen Menschen sollten Sie akzeptieren, daß Sie die- oder derjenige sind, der/die der konventionellen Realität mehr verbunden ist; kümmern Sie sich also um die Erledigung der elementaren Verantwortlichkeiten des Lebens. Viele Exzentrische Menschen sind »zerstreute Professoren«; sie sind so mit ihrer Innenwelt beschäftigt, daß sie daran erinnert werden müssen, daß es Zeit ist, die Miete zu bezahlen, Lebensmittel einzukaufen, das Auto zur Inspektion zu bringen, neue Kleider für die Kinder zu kaufen oder das Licht auszumachen und schlafenzugehen.

## MACHEN SIE DAS BESTE AUS IHREM EXZENTRISCHEN STIL

Sie sind interessant, originell, spirituell und vielleicht sogar sehr kreativ und begabt. Möglicherweise haben Sie jedoch das Gefühl, daß Sie in Ihren persönlichen und beruflichen Beziehungen zu anderen einen hohen Preis für Ihre Einzigartigkeit bezahlen müssen. Vielleicht erkennen Sie nicht, wie anders Sie de facto sind; versuchen Sie daher die folgenden Übungen.

### Übung 1
Schreiben Sie auf, inwiefern sich Ihre Gewohnheiten, Überzeugungen und Gefühle von denen der wichtigen Menschen in Ihrem Leben unterscheiden. Auf Ihrer Liste kann zum Beispiel stehen: »Ich glaube, daß ich besondere spirituelle Gaben habe. Meine Familie glaubt, daß es so etwas wie besondere spirituelle Gaben nicht gibt.« Oder: »Ich glaube, daß Erfolg im Leben nur spirituelle Weiterentwicklung bedeuten kann; ich glaube nicht, daß er an Geld oder Besitztümern gemessen werden kann. Mein Partner jedoch arbeitet für materiellen Besitz sehr hart.« Oder: »Ich habe starke Gefühle. Meine Partnerin ist ausgeglichener.«

### Übung 2
Schauen Sie sich Ihre Liste an und imaginieren Sie eine Welt, in der

jeder, auch Sie, all diese Unterschiede akzeptiert und toleriert und mühelos mit ihnen leben kann. Malen Sie sich beim weiteren Durchgehen Ihrer Liste aus, daß Sie das Recht jedes Menschen akzeptieren, das zu glauben, was ihm gefällt. Stellen Sie sich dann vor, daß jeder Sie mit all Ihren Unterschieden akzeptiert – und daß Sie alle harmonisch in der Welt leben.

Die nächsten Übungen geben ein paar praktische Hilfen zum Umgang mit anderen Menschen.

**Übung 3**
Machen Sie es sich leichter: schließen Sie Kompromisse. Sie können nicht immer Ihren eigenen Regeln folgen und in allen wichtigen Lebensbereichen Erfolg haben. Sorgen Sie zum Beispiel dafür, daß Sie rechtzeitig zur Arbeit kommen, wenn Ihr Chef ein Pünktlichkeitsfanatiker ist. Wenn Ihre Partnerin möchte, daß Sie sich für ein gesellschaftliches Ereignis konventionell kleiden, tun Sie es, um den Frieden zu wahren.

**Übung 4**
Sehr wenige Menschen sind so wie Sie; tun Sie daher etwas Konventionelles, um mit Ihnen in Kontakt zu bleiben. Machen Sie sich ans Geschirrspülen, helfen Sie bei der Wäsche, hüten Sie die Kinder, arbeiten Sie im Garten oder im Haushalt mit, und so weiter. Machen Sie ein konventionelles Geschenk.

**Übung 5**
Tun Sie etwas, das jemand anders möchte. Bei Ihrem Persönlichkeitsstil steht das Selbst im Vordergrund; Ihre eigenen Wünsche, Interessen und Vorstellungen beherrschen Sie. Vielleicht erkennen Sie nicht, daß andere Ihre Begeisterung nicht teilen. Sie bringen Ihrem Partner oder Ihrem Kind vielleicht gern irgendeinen exotischen Schnickschnack von Ihren Reisen mit; ist Ihnen schon einmal in den Sinn gekommen, daß der/die Betreffende mit einem Fahrrad, einem Comic-Buch, einem Mikrowellenherd, einem Perlenhalsband oder irgend etwas anderem aus seinem eigenen Bezugsrahmen glücklicher wäre? Fragen Sie nach, wenn Sie nicht genau wissen, was andere für sich selbst wollen. Auch Übung 4 für den Selbstbewußten Stil (Wer *ist* dieser Mensch?) kann hilfreich sein (S. 110).

Wenn Sie in Gesellschaft »normaler« Menschen unter Angst und

Panik leiden, sind auch die Übungen 1 bis 8 für den Sensiblen Stil (S. 215–218) nützlich.

## Die Schizotypische Persönlichkeitsstörung

Menschen, die an dieser sehr hinderlichen Persönlichkeitsstörung leiden, leben nicht in derselben Welt wie der Rest von uns. Sie erleben wenig Freude, finden keinen angemessenen Umgang mit anderen und verlieren die Grenzen ihres Selbst.

### DIAGNOSTISCHE KRITERIEN

Das DSM-III-R beschreibt die Schizotypische Persönlichkeitsstörung wie folgt[3]:
A. Hauptmerkmal dieser Störung ist ein in den verschiedensten Situationen auftretendes durchgängiges Muster, das durch Eigentümlichkeiten im Bereich der Vorstellungen, der äußeren Erscheinung, des Verhaltens sowie durch Mängel in den zwischenmenschlichen Beziehungen gekennzeichnet ist. Der Beginn liegt im frühen Erwachsenenalter. Mindestens *fünf* der folgenden Kriterien müssen erfüllt sein:
1. Beziehungsideen (jedoch kein Beziehungswahn) [z.B. »Ich bin sicher, daß die beiden dort drüben über mich reden«];
2. extreme soziale Ängstlichkeit, z.B. extremes Unbehagen in sozialen Situationen, in denen der Betroffene mit ihm nicht vertrauten Personen konfrontiert wird;
3. seltsame Glaubensinhalte oder magisches Denken, was mit Normen kultureller Untergruppen unvereinbar ist und das Verhalten des Betroffenen beeinflußt, wie z.B. Aberglaube, Glaube an Hellseherei, Telepathie oder der »sechste Sinn«, »andere können meine Gefühle fühlen« (bei Kindern und Heranwachsenden sind es bizarre Phantasien und Befürchtungen);
4. ungewöhnliche Wahrnehmungen, z.B. Illusionen und das Spüren einer nicht tatsächlich vorhandenen Kraft oder Person (z.B. »Ich hatte das Gefühl, meine verstorbene Mutter sei bei mir im Raum«);

5. das Verhalten oder die äußere Erscheinung des Betroffenen wirken oft seltsam und exzentrisch, er ist z.B. oft ungepflegt, ungewöhnlich manieriert und führt Selbstgespräche;
6. keine engen Freunde oder Vertraute – oder höchstens eine Person – außer Verwandte ersten Grades;
7. eine eigenartige Sprache (ohne Lockerung der Assoziationen und Inkohärenz), die Sprache ist z.B. verarmt, weitschweifig, vage oder übermäßig abstrakt;
8. der Betroffene zeigt einen inadäquaten oder eingeschränkten Affekt, macht z.b. einen spröden und unnahbaren Eindruck und erwidert selten Gesten oder Gesichtsausdrücke, wie Lächeln oder Grüßen;
9. Argwohn und paranoide Vorstellung.
B. Tritt nicht ausschließlich im Verlauf einer Schizophrenie oder einer Tiefgreifenden Entwicklungsstörung auf.

## *Eine andere Welt*

Die Männer und Frauen, die an der Schizotypischen Persönlichkeitsstörung leiden, sind der Welt anderer Menschen genauso entfremdet wie einer kohärenten, befriedigenden Innenwelt.

Äußerlich sind sie scheu, spröde, in sich gekehrt. Sie ziehen sich seltsam an und wirken oft ungepflegt. Wenn sie mit Ihnen reden, können sie nicht effektiv kommunizieren. Sie verlieren sich in einem Wirrwarr belangloser oder vager Gedanken, sie verwenden oder erwidern die üblichen sozialen Gesten wie Lächeln oder Grüßen nicht, und ihre Gefühle sind der Situation nicht angemessen. Sie können einfach zu anderen Menschen keine Verbindung herstellen, und in der Gegenwart von Fremden ist ihre Angst möglicherweise extrem.

Sie sind im allgemeinen lieber allein und gehen keine engen Freundschaften ein; aber auch ihr Innenleben bietet ihnen wenig Freude. Ein Schizotypischer Mensch fühlt sich oft entkörpert, unwirklich, verloren.

Diese Männer und Frauen müssen glauben, daß sie außergewöhnliche, übernatürliche Kräfte haben, um ihrem verarmten, machtlosen, leeren Selbst in dieser Welt irgendeine Bedeutung zu geben. So glauben sie oft, daß sie die Zukunft vorhersagen können, daß das Essen bestimmter Substanzen sie gegen Mißgeschicke immun macht, daß sie

Verstorbene sehen, spüren und mit ihnen kommunizieren können und daß das geschieht, was sie denken. Die Bedeutsamkeit, die ihre besonderen Kräfte ihnen einbringen, ist auch für sie nicht immer angenehm. Schizotypische Menschen sind oft überzeugt, daß andere um ihre dunklen inneren Gefühle wissen, daß sie jemandem schaden, wenn sie wütend sind, und, wie Paranoide Menschen, daß andere darauf aus sind, sie zu vernichten.

## *Der Fall von Harry, der Schildkröte*[4]

Leicht Schizotypische Menschen können in der Welt zurechtkommen, wenn sie bei der Arbeit und sozial für sich bleiben. Extrem Schizotypische Menschen sind aufgrund ihrer Vorstellungen und ihres Verhaltens stark behindert. Unter Umständen sind sie unfähig, eine berufliche Tätigkeit auszuüben oder überhaupt in der Welt der anderen zu existieren, wie die folgende, von Dr. Samuel Perry, Dr. Allen Frances und Dr. John Clarkin berichtete Fallgeschichte zeigt.

Herr L. wird zum ersten Mal im Alter von 36 Jahren in eine psychiatrische Klinik gebracht, und zwar von seiner Mutter, die möchte, daß er »eingekastelt« wird. Er ist ein dicklicher, kleiner Kerl in gestreiftem T-Shirt und Zimmermannsoverall. Die Kleidung, das ungekämmte, buschige Haar und der seltsame, starr-abweisende Blick geben ihm das Aussehen eines übergroßen Jungen. Als L. das Büro des Arztes betritt, sieht er verwirrt aus und sackt in einen Sessel in der Ecke, als sei er damit zufrieden, dort stundenlang ungestört sitzen zu bleiben.

Die meist von der Mutter erzählte Geschichte ergibt, daß diese Art Trägheit für L. schon immer ein Problem war. Er wurde in einer abgelegenen ländlichen Gegend unehelich geboren, als seine Mutter fünfzehn war, und zunächst von seinen Großeltern aufgezogen, während seine Mutter als Kellnerin in der nahe gelegenen Stadt arbeitete. Als L. sieben war, verließ die Mutter die Gegend, um in einer größeren Stadt zu kellnern; L. blieb bei seinen Cousins und durchlief die kleine Landschule, wo er mit wohlwollender Nachlässigkeit einfach als Geschöpf akzeptiert wurde, das seinen Teil nicht leisten und sein Essen nicht verdienen konnte.

Als seine Cousins vor 16 Jahren die Farm verkauften, wurde L. (der jetzt 20 war) in die Stadt »verfrachtet«, um bei seiner Mutter zu leben.

Sie hatte in der Zwischenzeit ein paarmal geheiratet, lebte aber zu der Zeit allein. Sie hatte keine große Wahl und machte in ihrer kleinen Wohnung für ihren Sohn, einen relativ Fremden, Platz. Ursprünglich war geplant, daß L. in einer eigenen Wohnung leben sollte, wenn er sich an die Stadt gewöhnt und einen Job gefunden hatte – aber er machte nie auch nur einen ansatzweisen ersten Schritt in dieser Richtung.

Die Mutter fand sich bald mit der Situation ab; sie betrachtete L. nicht als Sohn, sondern eher als seltsames Haustier (sie nannte ihn hänselnd »Harry, die Schildkröte«). L. war mit dieser Ansicht zufrieden. Er hatte Menschen nie gemocht und glaubte, sie würden ihn nicht mögen. Um ihren tatsächlichen oder eingebildeten Spott zu vermeiden, blieb er für sich, schloß sich in seinem kleinen Zimmer ein, aß seine Mahlzeiten alleine, während er im Radio Talkshows oder Country Music hörte, und ging sogar seiner Mutter aus dem Weg, wenn sie versuchsweise einige seiner unüblichen Ideen angriff. Diese Vorstellungen ... kreisen um Nahrung und die Vorbeugung von Krankheit, etwa den Nutzen des Trinkens großer Mengen Meerwasser und den Wert von Dunkelheit während des Tages, um nachts bessere Träume zu haben. Diese Vorstellungen waren offensichtlich Fortentwicklungen und Verzerrungen von Meinungen, die er in den nächtlichen Radiosendungen gehört hatte.

... Der Vorfall, der sich vor kurzem ereignet hatte [und L.s Mutter veranlaßte, sich nach Behandlung für ihn umzusehen], war eine eher beiläufige Bemerkung gewesen, die L. zu seiner Mutter gemacht hatte und die die Reinkarnation und die Tugenden des Selbstmords betraf – da ja der Tod lediglich eine vorübergehende Phase zu einer höheren Ordnung sei. L. erwähnte diese Vorstellungen zuerst in Verbindung mit seiner Schildkröte (die er Harry genannt hatte). Er sagte ihr, möglicherweise müsse Harry geopfert und »weniger werden, um mehr zu werden«. Die Mutter hatte sich daran gewöhnt, daß L. im Zusammenhang mit der Schildkröte von seinen eigenen Gefühlen sprach, und auch während des Gesprächs in der Klinik meinte L.: »Wir sind uns sehr ähnlich, außer daß Harry nicht reden muß.«

## Hilfe!

Schizotypische Menschen wie L. leiden unter häufigen Anfällen von Depression und Angst; möglich sind auch vorübergehende psychotische Störungen. L.s Psychiater, der einen nahe bevorstehenden Selbstmord oder den Ausbruch einer Psychose befürchtete, empfahl die Hospitalisierung. Aber L. verweigerte alle Hilfsangebote, einschließlich einer Behandlung mit Antidepressiva, die seine Verzweiflung lindern sollten. Er meinte, das beste, was er tun könnte, wäre, täglich einen Extra-Viertelliter Meerwasser zu trinken.

Außer von der Behandlung akuter Zustände können Schizotypische Menschen wesentlich von einem Training profitieren, das ihnen berufliche und soziale Fertigkeiten vermittelt und ihnen bei der Bewältigung der Angst hilft. Einige Kliniker, die versuchten, diese Patienten zu lehren, klarer zu denken, berichten von Erfolgen. Bei der Behandlung geht der Therapeut im allgemeinen nicht tief in die Psyche des Patienten hinein, sondern bietet eher Verständnis, Rat und Unterstützung an. Ein Schizotypischer Mensch, der bereit ist, sich helfen zu lassen, hat möglicherweise seinen ersten wirklichen emotionalen Kontakt mit einem sensiblen, annehmenden, mitfühlenden Therapeuten.

## Vorkommen und Risiken: Die Verbindung zur Schizophrenie

Untersuchungen deuten darauf hin, daß zwei bis sechs Prozent der amerikanischen Bevölkerung an der Schizotypischen Persönlichkeitsstörung leiden. Es ist nicht bekannt, ob sie häufiger bei Frauen oder bei Männern vorkommt. Sicherer ist, daß der genetische Faktor sehr stark ist und eine Verbindung zur Schizophrenie besteht.

Eine Untersuchung[5] von Zwillingen mit Schizotypischer Persönlichkeitsstörung zeigt, daß bei eineiigen Zwillingen (die identische Gene haben) in einem Drittel der Fälle beide die Störung hatten. Wenn ein zweieiiger (nicht identischer) Zwilling die Persönlichkeitsstörung hatte, litt der andere Zwilling nur in vier Prozent der Fälle an ihr. Diese Ergebnisse legen nahe, daß das genetische Erbe bei der Entwicklung der Schizotypischen Persönlichkeitsstörung eine Rolle spielt.

Die Beziehung zur Schizophrenie ergab sich durch einige Untersuchungen, die anzudeuten scheinen, daß die Schizotypische Persönlichkeitsstörung häufiger bei Verwandten ersten Grades (Eltern, Kindern, Geschwistern) von Personen mit Schizophrenie auftritt als in der Allgemeinbevölkerung.

Viele Forscher nehmen heute an, daß die Schizotypische genauso wie die Paranoide Persönlichkeitsstörung (siehe S. 195) zu einer Anzahl verwandter Störungen aus dem sogenannten schizophrenen Formenkreis gehört, zu dem die Veranlagung möglicherweise vererbt wird. Die Störungen reichen von Schizophrenie als schwerster Form bis zu den beiden Persönlichkeitsstörungen als den leichtesten Manifestationen. Wichtig zu bemerken ist, daß ein Mensch mit einer Schizotypischen Persönlichkeitsstörung wahrscheinlich keine volle Schizophrenie entwickeln wird. Obwohl an dieser Persönlichkeitsstörung leidende Männer und Frauen kurze psychotische Episoden erleben können, ist das Risiko, daß sie die chronische Störung entwickeln, sehr gering. Und die Wahrscheinlichkeit, daß ihre Nachkommenschaft schizophren wird, ist nicht größer als bei irgend jemand anders.

Genetische und milieubedingte Faktoren wirken bei der Entwicklung jedes Persönlichkeitsstils und jeder Persönlichkeitsstörung zweifellos zusammen. Bei L. und in anderen Fällen wurde vielleicht eine ererbte Prädisposition durch gleichgültige, kalte, unkommunikative Betreuungspersonen verstärkt, die ihm soziale Beziehungen und Erfahrungen vorenthielten und ihn in die Welt seiner eigenen Gedanken und Phantasien abdriften ließen.

## *Der Umgang mit Schizotypischen Menschen*

Schizotypische Menschen haben, außer vielleicht zu Familienangehörigen, wenige oder keine langfristigen Beziehungen. Wenn Sie das Gefühl haben, daß jemand in Ihrer Familie an dieser Störung leidet, ermutigen Sie ihn, Hilfe zu suchen. Versuchen Sie zu vermeiden, daß diese Menschen wegen allem möglichen von Ihnen abhängig bleiben; sie können lernen, für sich selbst zu sorgen. Eine Familientherapie könnte für Sie alle von Nutzen sein.

KAPITEL 13

# Ungeselliger Stil

## »Der Einzelgänger«

Ungesellige Männer und Frauen brauchen niemanden außer sich selbst. Die verrückte Menge läßt sie kalt, sie haben nicht den Drang, zu beeindrucken und zu gefallen, und sie sind bemerkenswert frei von den Gefühlen und Verwicklungen, die so viele andere Menschen ablenken. Was sie an Gefühl und Intimität vielleicht verlieren, gewinnen sie an Klarsicht. Ihren eigenen Einfällen folgend, entdecken und protokollieren Ungesellige Anthropologen, Naturwissenschaftler, Mathematiker, Filmemacher, Schriftsteller und Dichter die Fakten unserer Existenz, für die unsere Leidenschaften uns so oft blind machen.

## DIE FÜNF CHARAKTERISTIKA

Die folgenden fünf Charakterzüge und Verhaltensweisen sind Hinweise auf das Vorhandensein des Ungeselligen Stils. Ein Mensch mit stark Ungeselliger Tendenz zeigt mehr dieser Verhaltensweisen intensiver als jemand, der weniger von diesem Stil geprägt ist.

1. *Alleinsein.* Ungesellige Menschen haben ein geringes Bedürfnis nach Gesellschaft und fühlen sich alleine am wohlsten.
2. *Unabhängigkeit.* Sie sind selbständig und brauchen keine Interaktion mit anderen, um ihre Erfahrungen zu genießen oder im Leben voranzukommen.
3. *Kaltblütigkeit.* Ungesellige Männer und Frauen sind ausgeglichen, ruhig, leidenschaftslos, unsentimental und unerschütterlich.
4. *Sexuelle Gelassenheit.* Sie werden nicht von sexuellen Bedürfnissen getrieben. Sex macht ihnen Spaß, aber sie leiden nicht unter seiner Abwesenheit.
5. *Füße auf dem Boden.* Sie werden von Lob oder Kritik nicht be-

einflußt und können ihr eigenes Verhalten selbstbewußt akzeptieren.

## DIE SECHS BEREICHE DES UNGESELLIGEN FUNKTIONIERENS

Das Selbst und die Gefühle sind der Schlüssel zum Ungeselligen Persönlichkeitsstil. Bei gemäßigt Ungeselligen Menschen mit gemischten Persönlichkeitsmustern kann einer dieser Bereiche einen stärkeren Einfluß ausüben. Bei einem eindeutig Ungeselligen Persönlichkeitsprofil verschmelzen das Selbst und die Gefühle, um den Ungeselligen Charakter zu formen.

### *Selbst: Das innere Heiligtum*

Ungesellige Menschen sind unabhängig. Sie sind sich selbst die treuesten, zuverlässigsten Gefährten, die ihnen das Wichtigste dessen, was sie brauchen, geben. Sie brauchen niemand anders, um sie anzuleiten, zu bewundern, sie emotional zu unterstützen, sie zu unterhalten oder ihre Erfahrungen zu teilen. Obwohl sie heiraten oder sich sonstwie liieren können, bleiben sie im Innersten für sich und fühlen sich am behaglichsten, sichersten und freisten, wenn sie mit sich selbst allein sind.

Ihr Wunsch nach Einsamkeit ist weder eine Reaktion noch ein Vermeiden. Sensible Menschen zum Beispiel vermeiden andere oft, weil sie in deren Nähe nicht sie selbst sein können. Einige Exzentrische Typen ziehen sich von der Gesellschaft zurück, weil sie sich den konventionellen Verhaltensregeln nicht anpassen können. Ungesellige Typen dagegen ziehen einfach ihre eigene Gesellschaft vor. Sie sind gern allein. Sie brauchen niemanden, um ihr Selbstwertgefühl aufzupäppeln oder sie vor der Langeweile zu retten. Sie fühlen sich keineswegs einsam.

Die Ungesellige Virginia J. kann sich nicht vorstellen, warum so viele Menschen unfähig scheinen, Dinge allein zu tun. Ihre junge Bekannte Sally N. fragte sie, ob sie mit ins Theater gehen würde, aber Virginia hatte das Stück schon gesehen. Sally war verärgert, weil sie fast jeden angerufen hatte, den sie kannte, und immer noch niemanden gefunden hatte, der mitgehen wollte.

Virginia fragte: »Warum gehst du nicht allein?«, worauf Sally antwortete: »Allein würde es mir einfach keinen Spaß machen.«
Virginia meinte, Sallys Verhalten sei einfach lächerlich. Was hatte irgend jemand anders damit zu tun, ob ihr das Stück gefiel? Wenn sie die Erfahrung unbedingt mit jemandem teilen mußte, konnte sie doch hinterher jemanden anrufen und ihm davon erzählen! Sally gab weitere Erklärungsversuche auf. »Virginia, du *begreifst* es einfach nicht«, sagte sie.

## *Gefühle: Die Sprache der Leidenschaftslosigkeit*

Virginias Persönlichkeit ist stark vom Ungeselligen Stil geprägt. Sie hat nie die Leute verstanden, die immer irgend jemand anders um sich herum haben müssen. Die Bekanntschaft der 22jährigen Dramatisch-Sensiblen Sally machte sie in Burma. Sie waren auf derselben von der Universität gesponserten Reise. Sally, die gerade mit dem Studium der Theaterwissenschaft fertig war, hatte sich der Gruppe angeschlossen, weil sie diesen Teil der Welt sehen, aber nicht alleine reisen wollte. Virginia, 53 und außerordentliche Professorin für Botanik, war nur mitgefahren, weil sie in der ihr zur Verfügung stehenden Zeit nicht all ihre Wunsch-Ziele hätte erreichen können, wenn sie die Reise selbst organisiert hätte und auf eigene Faust losgefahren wäre – was sie vorgezogen hätte. Auf der Reise hielt sie sich für sich. An den Zielorten zog sie los, um alleine auf Entdeckungstour zu gehen, während die anderen sich um den Reiseleiter scharten. Bei den Mahlzeiten war sie freundlich und aufgeschlossen, wenn sie bei einer Gruppe saß, aber sie war genauso glücklich, allein am Tisch zu sitzen.

Sally suchte die ältere Frau oft auf und begann, bei den Besichtigungen hinter ihr herzulaufen. Sie war fasziniert von Virginia, die soviel wußte und nach einem Blick auf einen scheinbar öden Ort auf Einzelheiten hinweisen konnte, die die gesprächige, gefühlvolle Sally nie bemerkt haben würde. »Muß man diesen Ort nicht einfach lieben!«, hatte Sally einmal ausgerufen, als sie in einem malerischen Dorf ankamen.

Virginia reagierte, indem sie Sally klarmachte, wie arm dieses Dorf war. Sie lenkte die Aufmerksamkeit der jungen Frau auf die baufälligen Häuser und das ungesunde Aussehen einiger Kinder. Diesmal schien Sally über die trockenen Beobachtungen der älteren Frau verärgert. »Manchmal bist du ein richtiger Miesmacher«, sagte sie und lachte nervös. »Hast du überhaupt keinen Sinn für Romantik?«

Virginia warf Sally einen seltsamen Blick zu – ähnlich wie der, den in der Fernsehserie *Raumschiff Enterprise* der halb menschliche, halb vom Planeten Vulkan stammende Mr. Spock Dr. McCoy zuwarf, als dieser seinen Mangel an Emotionalität und Sentimentalität kritisierte. Der extraterrestrische Erste Offizier der *Enterprise* war, wie andere Bewohner des Planeten Vulkan, ganz Verstand, kein Herz – oder kaum Herz, denn er hatte einen irdischen Elternteil. Er ging rein wissenschaftlich vor und war ein leidenschaftlicher Beobachter. Man konnte ganz sicher sein, daß Spock nie von seinen Gefühlen abgelenkt wurde. Virginia und ihre Ungeselligen Typgenossen sind diesen halbvulkanischen Wesen nicht unähnlich. Sie erleben Gefühle nicht so intensiv wie die meisten anderen Bewohner der Erde. Sie sind keine Fühltypen, sie haben keine emotionalen Ausbrüche. Wie Spock sind sie gefühlsmäßig nicht zu erschüttern. Sehr Ungesellige Menschen, zu denen auch Virginia gehört, haben kein großes emotionales Bedürfnis nach Intimität. Gemäßigt Ungesellige Menschen jedoch frustriert möglicherweise die Unfähigkeit, auf einer tiefen Gefühlsebene mit anderen in Verbindung zu treten (dies wird im Abschnitt »Beziehungen« näher erläutert).

Aber Ungesellige Menschen sind nicht zwangsläufig unglücklich – solange andere nicht mehr von ihnen verlangen, als sie geben können. Die Menschen drängen Ungesellige Typen oft, sich zu offenbaren und ihre Gefühle zu äußern; sie versuchen, eine emotionale Reaktion von ihnen zu bekommen, als ob sie (wie einige Gewissenhafte Menschen) ihre Gefühle versteckt hielten und nicht mitteilen würden, was in Wirklichkeit da ist. Aber bei vielen Ungeselligen Menschen, die keinen kompensierenden emotionalen Stil haben, ist das Repertoire der Gefühle tatsächlich begrenzt. Sie sprechen nicht die Sprache der Gefühle – was viele von uns nur schwer verstehen können.

### Der leidenschaftslose Beobachter – und Liebhaber

Ungesellige Menschen sind, mit einem Wort, leidenschaftslos. In gewisser Weise sind sie deshalb reicher. Sie sind vielleicht keine Fühltypen, aber sie sind Macher und Beobachter. Frei von dem leidenschaftlichen Bedürfnis nach anderen, das oft unseren Verstand benebelt, können sie zurücktreten und die merkwürdigen Dinge betrachten, die Menschen tun. Und da sie auch von sentimentaler Träumerei frei sind, beobachten sie die Welt um sich herum mit überraschender Schärfe. Begabte Ungesellige Menschen können sehr kreative, wenn auch zurückgezogene, Dichter, Wissenschaftler und Intellektuelle sein.

Virginia ist eine hervorragende Beobachterin der Natur und der Beziehungen zwischen den Menschen, weil sie sich nicht mit deren Gefühlen identifiziert. Sie fühlt sich nicht einsam, und deshalb kann sie tun, was ihr gefällt. Sie geht in die Berge und campt wochenlang alleine. Sie nimmt Bücher, Schreibmaterial, einen Fotoapparat und Nahrung mit. Sie fühlt sich mit der Stille wohl. Sie beobachtet alles um sich herum, macht Notizen, lernt und fühlt sich zufrieden.

Vor ein paar Jahren begegnete sie auf einer ihrer Solo-Reisen Oliver, der eine Zeitlang von seiner geschäftigen Anwaltskanzlei in der Stadt Urlaub machte und in die Berge heraufgekommen war, um zu fischen. Sie zelteten fast eine Woche zusammen; jeder ging tagsüber seine eigenen Wege und kehrte bei Anbruch der Nacht zum Camp zurück. Oliver war von Virginias Kompetenz, ihrer nüchternen Selbständigkeit, ihrer Sensibilität für die Umgebung und ihrem Aussehen begeistert. Sie war eine sehr große, auffallende Blondine mit einem schönen, muskulösen Körper; an der selbstbewußten Art, in der sie sich bewegte, konnte Oliver erkennen, daß sie sich mit sich selbst wohl fühlte. Die beiden saßen oft ruhig zusammen am Lagerfeuer, und Oliver dachte, wie wunderbar es war, mit jemandem zusammenzusein, der die Stille schätzte.

In der Nacht, bevor Oliver in die Stadt zurückkehren mußte, schlug er sanft und zärtlich vor, daß sie miteinander schlafen sollten. Bis dahin hatten sie sich noch nicht einmal berührt, aber irgendwie hatte er das Gefühl, daß Virginia einverstanden sein würde. Sie war. Als Oliver am nächsten Morgen seine Sachen zusammenpackte, erklärte er, daß er sie wiedersehen wollte. Nach so einer bemerkenswerten Woche zu zweit und den Zärtlichkeiten der vergangenen Nacht konnte er sich nicht vorstellen, ohne sie ins normale Leben zurückzukehren. Er fühle sich ihr so nah, sagte er ihr, so mit sich selbst im Einklang, wenn sie da war. Er brauchte jemanden wie sie in seinem Leben.

»Das hier ist mein wirkliches Leben«, sagte Virginia und sah unbewegt von dem Bach auf, in dem sie die Kaffeekanne auswusch.

»Du weißt, was ich meine«, sagte Oliver. »Fühlst du dich mir nicht nah nach der Zeit, die wir zusammen verbracht haben? Willst du nicht, daß wir uns immer wieder lieben?«

Virginia zuckte die Achseln. Sie sagte, es hätte ihr Spaß gemacht, ihn zu treffen und mit ihm zusammen zu zelten, und erinnerte ihn daran, daß sie alleine lebte. »Ja, aber du brauchst doch nicht alleine zu bleiben«, drängte er. »Ich war seit meiner Scheidung allein, aber ich will es nicht immer sein« – als ob sie genauso wäre wie er.

Virginia schlug vor, er könne sie ja irgendwann einmal anrufen. Sie könnten zum Essen oder ins Kino gehen. Sie fühlte sich jetzt sehr unbehaglich mit ihm.

Oliver kehrte nach Hause zurück und dachte, sie müsse lesbisch sein. Das war die einzige Erklärung für ihre Ablehnung, die er sich vorstellen konnte.

Virginia ist nicht lesbisch – aber wie bei vielen Ungeselligen Menschen spielt Sex in ihrem Leben keine treibende Rolle. Er macht ihr Spaß, aber sie kann ihn haben oder sein lassen. Sie braucht und will keine langfristige sexuelle Beziehung.

Vor allem hat sie nicht dasselbe Bedürfnis wie Oliver nach andauernder Nähe und Intimität. Sie hatte andere Verhältnisse, aber sie wollte sie nicht zu einer Dauereinrichtung werden lassen. Mit Anfang Zwanzig hatte sie ihren Englisch-Professor geheiratet. Die Ehe dauerte drei Monate. Virginia konnte die Forderungen, die er an sie stellte, sobald sie verheiratet waren, nicht ertragen. Vorher hatte er sie – wie Oliver während der Wochen in den Bergen – akzeptiert und bewundert und nicht darauf bestanden, daß sie sich ihm gegenüber verbindlicher und aufgeschlossener verhielt. Es tat ihr leid , daß er sie nicht sie selbst sein ließ; sie war traurig, daß die Ehe zerbrach, aber auch erleichtert, etwas Wesentliches über sich selbst entdeckt zu haben. Sie versuchte nie mehr, mit jemandem zusammenzuleben, und schon gar nicht zu heiraten.

Virginia ist zufrieden, einen Lebensweg gewählt zu haben, der von dem der meisten Menschen abweicht. Nach Erfahrungen wie der mit Oliver, mit dem sie auf *ihre* Art eine Woche ihres Lebens teilen konnte, ist sie zuweilen traurig, daß anscheinend kein Mann sie so, wie sie ist, lange akzeptieren kann. Aber ihrem Ungeselligen Stil getreu dauern diese Gefühle nicht lange. Virginia rollte ihr Bettzeug zusammen und stieg höher hinauf in die Berge.

## *Selbstbeherrschung: Schutz vor dem Exzeß*

Es ist schwer, einen Ungeselligen Menschen dazu zu bringen, seinen instinktiven Trieben nachzugeben. Impulse, Begierden und die Freude an den Wonnen des Fleisches werden von spontaner Emotion in Gang gesetzt – und die ist nicht die starke Seite dieses Stils. Wenn diese Menschen nicht auch einen ungefähr gleich starken impulsiven oder vergnügungshungrigen Stil in ihrer Persönlichkeit haben (wie etwa den Dramatischen oder den Lässigen) oder mit abhängig machenden, enstpannenden Drogen experimentieren, die ihnen den Umgang mit anderen erleichtern sollen, schützt ihre Wesensart vor den Exzessen der menschlichen Leidenschaft.

Sie können auch entdecken, daß sie in der Lage sind, Schmerz genauso stoisch auszuklammern wie die Leidenschaft. Virginia scheint in dieser Hinsicht eine besondere Begabung zu haben. Vor mehr als 30 Jahren, als sie noch Studentin war, fiel sie auf einem felsigen Gipfel böse hin. Monatelang war der Schmerz im Rücken so schwächend, daß sie sich kaum umdrehen oder bewegen konnte. Die Ärzte meinten, sie müsse ihre Hoffnung auf eine aktive Karriere aufgeben. Niemals, sagte sie. Sie beschloß für sich, trotz der fast unerträglichen Schmerzen aufzustehen und weiterzumachen. Entgegen den Anordnungen der Ärzte begann sie, aufzustehen und herumzugehen. Wenn der Schmerz sie anfiel, ignorierte sie ihn mit Hilfe ihrer Willenskraft. Er ließ tatsächlich nach und verschwand schließlich ganz. Zwei Monate nach ihrer Entscheidung, ihr Leben in die Hand zu nehmen, studierte sie wieder.

Das Übertreiben der emotionalen Selbstbeherrschung kann für manche Menschen mit Ungeselligen Zügen jedoch auch eine weniger erfreuliche Kehrseite haben. Eine 1987 durchgeführte Untersuchung[1] – bei ihr wurden psychologische und medizinische Aufzeichnungen männlicher Ärzte ausgewertet, die zwischen 1948 und 1964 an der John Hopkins School of Medicine Studenten gewesen waren – zeigt, daß die Wahrscheinlichkeit, in den folgenden Jahren Krebs zu entwickeln, bei den Studenten am größten war, die unemotional und ungesellig waren. Die Männer, die am ängstlichsten, emotionalsten und am leichtesten verärgert waren, neigten dieser Untersuchung zufolge am wenigsten zu Krebs. Obwohl diese Studie nicht zeigt, daß der Ungesellige Persönlichkeitsstil mit einem erhöhten Krebsrisiko verknüpft ist, deutet sie möglicherweise an, daß es langfristig besser ist, sich seiner Gefühle bewußt zu werden und sie herauszulassen, insbesondere die »schlechten«. (Siehe die Übungen 2 und 3 auf S. 320–323)

## *Beziehungen: Können sein, können aber auch nicht sein*

Ohne einen der dem anderen zugewandten Persönlichkeitsstile, der die Ungesellige Tendenz ausgleicht, ist der Betreffende für die emotionalen Bande, die andere Leute zusammenhalten, mehr oder weniger gleichgültig. Extrem Ungesellige Typen werden wahrscheinlich überhaupt nicht heiraten oder enge Beziehungen zu anderen eingehen, auch nicht zu Freunden. Obwohl sie ein eher distanziertes Interesse an anderen haben, öffnen sie sich von Natur aus nicht vielen Menschen und wollen sie auch nicht intim nahe an sich heranziehen.

Es ist nicht so, daß Ungesellige Typen keine Menschen mögen. Sie empfinden weder Feindseligkeit noch Wut gegen irgendjemanden. Sie können sich bei vielen ihrer Aktivitäten über die Gesellschaft anderer freuen. Einige – die ein gemischtes Persönlichkeitsmuster haben – heiraten sogar. Aber in ihren Beziehungen brauchen sie viel Zeit für sich selbst, und zwischen ihnen und den anderen wird es immer eine mehr oder weniger dicke Wand geben.

### Streß!

Auch gemäßigt Ungesellige Menschen werden die Gefühle anderer nicht intuitiv verstehen oder auf emotionale Hinweise reagieren. »Du liebst mich nicht!« ist eine häufige Klage der Partner Ungeselliger Menschen. Gemessen an der emotionalen Sprache der meisten von uns ist dies vielleicht sogar wahr. Je mehr der andere auf emotionale Reaktionen und tiefinneres Empfinden drängt, desto größer ist der Streß für den Ungeselligen Partner. Er geht mit ihm um, indem er sich zurückzieht.

### Richard und seine Freundinnen

Ein Ungeselliger Mensch, der dem anderen zugewandte Stile in einem gemischten Persönlichkeitsprofil aufweist, fühlt sich in seinen Beziehungen möglicherweise frustriert und im Konflikt. Einerseits wird er von anderen angezogen; andererseits kann das Ungesellige Bedürfnis, die Einsamkeit zu schützen, so stark sein, daß es jede tiefe, intime Beziehung verhindert.

Richard F., ein brillanter Chemiker, ist hier für ein typisches Beispiel. Er hat ein gemischtes Ungesellig-Gewissenhaft-Dramatisches Persönlichkeitsprofil. Er ist jetzt 42 Jahre alt und war weder verheiratet, noch hat er je lange mit jemandem zusammengelebt. Aber er hatte sehr viele Liebschaften – eigentlich war er fast nie ohne. Im allgemeinen sieht er die jeweilige Frau ein-, zwei- oder dreimal die Woche. Er trifft sie spät abends und übernachtet bei ihr; seine Wohnung ist tabu. Die Beziehung kann viele Monate dauern, ohne daß die Intensität zunimmt. Richard fühlt sich ziemlich wohl, während die Frau im allgemeinen erwartet, daß die Beziehung wächst. Sie drängt ihn, mehr Zeit mit ihr zu verbringen, mit ihr zusammenzuleben, ihr zu sagen, daß er sie liebt, und zu heiraten. An diesem Punkt wird Richard ausnahmslos klar, daß er lieber bei sich zu Hause wäre. Die betreffende Frau fühlt sich verletzt und ist empört, daß Richard ihr etwas vorenthält, sie vorsätzlich getäuscht hat und sie für seine Zwecke mißbraucht. Aber in Wirlichkeit tut Richard sein Bestes.

»Ich meine, es wäre etwas anderes, wenn ich sie wirklich *lieben* würde«, sagte er kürzlich einem Freund, als er ihm erzählte, wie Joanne, die letzte Frau, ihn aus ihrer Wohnung geworfen hatte. Er hing immer noch an der Vorstellung, daß er irgendwann einmal der Frau begegnen würde, die er lieben würde – ein Gefühl, das er in der Realität nie erlebt hat. Er hatte immer gemeint, er würde wissen, was Liebe ist, wenn er die richtige Frau treffen würde. Sie würden heiraten und Kinder haben – Richard hatte immer auf eine Familie gehofft. Aber jetzt, mit über vierzig, dämmert ihm gelegentlich, daß das Leben ihm diese Gelegenheit vielleicht nicht bieten wird. Er fühlt sich in der Zwickmühle und ist zuweilen deprimiert über die Aussicht, nie eine Frau zu treffen, die er liebt.

Andererseits hat er gerade eine andere Frau kennengelernt, Sandra, und seine üblichen Verhaltensmuster mit ihr begonnen. Er wird sich so wohl fühlen wie immer, bis sie beginnt, mehr von ihm zu verlangen, als er geben kann. Aber vielleicht hat er dieses Mal Glück und stellt fest, daß Sandra nicht mehr von ihm will, als er von ihr. Dann könnte die Beziehung unbegrenzt weitergehen, ein paar Stunden am Tag oder zwei, drei, vier oder sogar sieben Tage in der Woche.

Wenn Richard wirklich den Wunsch hätte, sich zu ändern, könnte er eine Psychotherapie in Betracht ziehen. Aber er liebt sein Leben und sich selbst und meint, es wäre in Ordnung, wenn die Dinge nicht so aufgehen, wie er es sich erträumt hat. Nach dem Standard einer Gesellschaft, die eine verbindliche emotionale Beziehung zu einem Menschen für wichtig hält, ist Richard minderbemittelt oder fehlangepaßt. Aber unsere Kultur gibt gemischte Botschaften: es ist gut, eine Ehe einzugehen, und es ist in Ordnung, Single zu sein. Richard lebt in New York City, wo es von Singles seines Alters wimmelt. Er hat Gesellschaft, wenn er will, er hat zahlreiche Hobbys und Interessen und kann sich allein besser unterhalten als die meisten anderen. Er kauft eine Karte für die Oper oder das Theater, er geht alleine essen – alles ziemlich zufrieden. Er kann sich sein Leben angenehm gestalten, und er tut es.

Einige überwiegend Ungesellige Menschen gehen möglicherweise aufgrund des Drucks der Familie eine Ehe ein, oder weil sie denken, sie sollten es; besonders bei Frauen spielt oft auch die praktische Notwendigkeit eine Rolle. Obwohl es für diese Menschen nicht leicht sein kann, sich dem Partner emotional verbunden zu fühlen, wachsen sie oft in ihre ehelichen Verantwortlichkeiten und Rollen hinein. Solange niemand ein Feuerwerk oder ein soziales Netz außerhalb der Familie von ihnen erwartet, können diese unemotionalen, unsentimentalen, unromantischen und nicht leidenschaftlich sexuellen Verbindungen überleben.

### Ungesellige Eltern

Die Geburt eines Kindes ist eine jener in Kapitel 2 erwähnten außerordentlichen Lebenserfahrungen, die das nicht verwirklichte genetische Potential eines Ungeselligen Menschen aktivieren kann. Sobald die Bindung hergestellt ist, kommt, besonders bei Müttern, die Liebe, und die Betreffende ist für immer verändert. Ohne Paarbeziehung werden Ungesellige Menschen diese Erfahrung allerdings kaum haben; außerdem sind viele Ungesellige Menschen nicht daran interessiert, Kinder zu haben.

Ungesellige Menschen, die Eltern werden, entdecken jedoch einen Weg zu emotionaler Erfahrung und Nähe, den sie nie zuvor wahrgenommen haben. Nicht daß sie ihr lebenslanges Persönlichkeitsmuster abwerfen und »neu geboren« werden. Sie werden auch weiterhin zumindest kleine Schwierigkeiten haben, einige oder viele der emotionalen Bedürfnisse des Kindes zu erfüllen oder auf es einzugehen. Vielleicht kann der andere Elternteil das geben, was fehlt. In jedem Fall sind Ungesellige Menschen mit ihrer üblichen autonomen Kompetenz zuverlässig und werden zumindest die nicht emotionalen Bedürfnisse ihrer Familie erfüllen.

**Gute/schlechte Gespanne**

Beziehungen sind für Ungesellige Menschen schwierig. Sie sind nicht von Natur aus von anderen angezogen und kleben nicht an ihnen. Wenn der Ungesellige einer Ihrer dominanten Persönlichkeitsstile ist, brauchen Sie für eine funktionierende Beziehung eine Partnerin, die viel akzeptiert, geduldig ist und wenig emotionale Bedürfnisse hat. Ein Gewissenhafter Mensch kommt in Anbetracht der mangelnden Emotionalität dieses Stils und seiner hohen Achtung vor der Ehe als Institution wahrscheinlich am ehesten in Frage. Auch Aufopfernde Menschen akzeptieren und geben sehr viel, ohne viel zurückzuverlangen. Einige gemäßigt Selbstbewußte Menschen sind unter Umständen von Ihrer Selbständigkeit und Ihrer Kompetenz angezogen und tolerieren Ihre Reserviertheit. Von den gefühlsbetonten, emotional bedürftigen und sehr geselligen Stilen – dem Dramatischen, dem Sprunghaften, dem Abenteuerlichen, dem Anhänglichen, dem Exzentrischen und dem Lässigen – sollten Sie dagegen die Finger lassen. Sensible Menschen können so unsozial erscheinen wie Sie, aber sie brauchen Partner, die ihnen das Zusammensein mit anderen leichter, nicht schwerer machen. Vielleicht zieht ein Wachsamer Mensch sie an, aber Sie sind wahrscheinlich nicht die oder der Richtige für ihn; Wachsame Menschen brauchen Partner, die innerhalb ihres Kontrollbereichs bleiben, aber Sie müssen eigene Wege gehen. Zwei gemäßigt Ungesellige Menschen werden die Privatsphäre des anderen auf jeden Fall respektieren.

## *Arbeit: Im Alleingang*

Ungesellige Menschen können im Bereich der Arbeit gut funktionieren. Sie machen sich an die Arbeit, konzentrieren sich, verschwenden keine Zeit mit privaten Telefonaten oder Angelegenheiten und sind nicht leicht gelangweilt. Von Natur aus selbständig, brauchen sie nicht viel Feedback und können Kritik annehmen. Trotzdem ist die Umgebung der Hauptfaktor für ihre Leistung. Ungesellige Menschen sind keine Mannschaftsspieler und haben Schwierigkeiten im Umgang mit Publikum. Sie sind nicht unkooperativ, aber sie können ungeschickt und ungeduldig mit dem Geben und Nehmen sein, das zur Aufrechterhaltung der meisten Beziehungen notwendig ist. Sie tendieren dazu, für indirekte und subtile Formen der Kommunikation nicht sensibel zu sein; sie sprechen nicht auf sie an, und sie reagieren nicht diplomatisch. Sie haben wenig Geduld mit der Firmenpolitik. Als Manager neigen sie dazu, die Persönlichkeit ihrer Untergebenen nicht zu verstehen, und können im allgemeinen nicht mit persönlichen Problemen umgehen.

Aber wenn man sie ihrer Arbeit – oder ihren Freizeitaktivitäten – überläßt, können sie ohne Ablenkung ihren Geist in sie vertiefen. Sie reparieren ein Auto, schreiben Gedichte, tragen die Post aus, entwerfen eine Brücke oder lernen fürs Examen – alles mit Gleichmut. Ihre bereits erwähnte Fähigkeit, zu beobachten und Informationen zu sammeln, nutzt ihnen bei vielen Unternehmungen. Und sie können weit weggeschickt werden, um ihre Arbeit zu tun – etwa um eine Ölbohranlage weit vor der Küste zu reparieren, einen abgelegenen Leuchtturm zu bemannen, in riesigen Waldgebieten nach Feuer Ausschau zu halten, in der Wüste nach alten Kunstschätzen zu graben –, ohne sich einsam, gelangweilt oder isoliert zu fühlen. Sie können sich auch von der Gesellschaft zurückziehen und produktiv arbeiten, ohne viel an Anerkennung zu denken. Die Dichterin Emily Dickinson war so eine große literarische Einsiedlerin, die wahrscheinlich (neben dem Exzentrischen und dem Sensiblen) einiges von diesem Stil in ihrer Persönlichkeit hatte. Sie zog sich in ihr Haus in Amherst, Massachusetts, zurück, als sie noch nicht dreißig war (sie lebte von 1830 bis 1886), begann, sich nur in Weiß zu kleiden, und wagte sich schließlich überhaupt nicht mehr aus dem Haus. Sie schrieb über tausend Gedichte, von denen nur eine Handvoll zu ihren Lebzeiten veröffentlicht wurde. Es heißt, daß »... der emotionale Kontakt zu anderen sie erschöpfte. Ihre Lebensweise war zwar eingeschränkt, für sie aber offensichtlich befriedigend und sogar wesentlich.«

## Karrieren für den Ungeselligen Typ

Wenn Sie nicht auch dem anderen zugewandte Stile – etwa den Dramatischen – in Ihrem Persönlichkeitsprofil haben, sollten Sie Berufen fernbleiben, die Sie in enge Beziehungen zu Leuten bringen, auf die Sie eingehen müssen. Sie könnten brillante Arbeit leisten und trotzdem keinen Erfolg haben, weil Sie sich in der Firmenpolitik nicht natürlich und behaglich bewegen. Zögern Sie nicht, sich von dieser Auseinandersetzung zurückzuziehen. Verlegen Sie sich auf Selbständigkeit: arbeiten Sie vom eigenen Büro oder Labor oder von zu Hause aus. Unter Umständen können Sie auch mit Kunden arbeiten, die nicht mehr von Ihnen wollen als Ihre Arbeit – als Buchhalter zum Beispiel. Auch freiberufliche Karrieren sind für Ihren Stil geeignet.

Ihre Fähigkeit, sich in der Einsamkeit zu konzentrieren und sich in Ihrem inneren Heiligtum völlig wohl zu fühlen, kommt Ihnen Ihr ganzes Arbeitsleben lang zugute – bei kreativen und wissenschaftlichen Unternehmungen, in der Forschung, bei technischer und mechanischer Arbeit und bei Kontrollarbeiten im Sicherheitsbereich, bei denen Sie dafür bezahlt werden, zu beobachten und zu warten.

Seien Sie sich bewußt, daß Sie mit immer mehr Leuten zu tun haben werden, je mehr Sie in Ihrer Karriere vorwärtskommen wollen. Der Ungesellige unabhängige Filmemacher Christopher J. hatte sich, obwohl er erst in den 20ern war, bei den Liebhabern von Kurzfilmen einen Namen gemacht. Kollegen drängten ihn, Filme in Spielfilmlänge zu drehen, und Förderer sind bereit, die Finanzierung zu übernehmen. Er ist in einer Position, auf die viele andere junge Filmemacher nur hoffen können. Warum also fühlt Christopher sich bei der ganzen Sache unbehaglich? In seinen preisgekrönten Kurzfilmen hat er die ganze Arbeit selbst gemacht – er hat das Skript geschrieben, den Film gedreht und ihn geschnitten. Es gefällt ihm so. Wenn er expandiert, müßte er andere mit hineinnehmen und mit ihnen eng zusammenarbeiten. Und das will er nicht. Aber er weiß auch, daß finanzieller Erfolg in diesem Bereich Filme in Spielfilmlänge bedeutet. Christopher muß sich entscheiden, ob er ein glücklicher, wenn auch am Hungertuch nagender, schöpferischer Solo-Filmemacher mit winziger Anhängerschaft sein will, oder ob er in die Welt der Spielfilme einsteigen will. Kann er eine Möglichkeit finden, mit anderen zusammenzuarbeiten und trotzdem zufrieden zu sein? Keine leichte Entscheidung

– und eine, der einige Ungesellige Menschen sich wahrscheinlich stellen müssen. Denken Sie daran, daß Sie sich selbst gegenüber wahrhaftig sein müssen, um Erfüllung und Zufriedenheit zu finden. Aber Sie brauchen sich auch nicht von Ihrem Stil begrenzt zu fühlen. (Siehe: »Machen Sie das Beste aus Ihrem Ungeselligen Stil«, S. 320)

## Reale Welt: Privatsphäre bitte

Ungesellige Menschen sind, wie Mr. Spock in *Raumschiff Enterprise*, in gewisser Weise von ihrem Heimatplaneten weggebracht worden. Die ideale Welt Ungeselliger Typen wird von sehr wenigen Menschen bevölkert, die ihren Geschäften nachgehen, ohne einander zu behelligen. Bedauerlicherweise wimmelt es in der realen Welt von aufdringlichen Fremden, die den größten Teil ihrer Zeit damit verbringen, ihre Nase in die Angelegenheiten andere Leute zu stecken. Deshalb tun Ungesellige Menschen alles in ihren Kräften Stehende, um um sich herum kleine Inseln der Einsamkeit zu schaffen und so viel Zeit wie möglich in ihnen zu verbringen.

## TIPS ZUM UMGANG MIT DEM UNGESELLIGEN MENSCHEN IN IHREM LEBEN

1. Lassen Sie diesen Menschen so sein, wie er ist. Der häufigste Fehler, den Menschen beim Umgang mit Ungeselligen Typen macht, ist der Versuch, sie zu drängen, wie alle anderen zu sein. Aber Ungesellige Menschen sind, wie sie sind. Sie werden sich vielleicht nicht viel in die reale Welt einmischen oder intensiv auf sie reagieren, aber sie sind kompetent und verantwortungsvoll, und ihre inneren Welten können sehr interessant sein.
2. Glauben Sie nicht, der Ungesellige Mensch fühle sich unbehaglich oder unglücklich, wenn er alleine ist. Für viele Ungesellige Typen ist ein Leben voller Menschen die Hölle. In Wirklichkeit haben sie vielleicht wegen Ihrer sozialen und emotionalen Bedürfnisse mit Ihnen Mitleid.
3. Glauben Sie nicht, der Ungesellige Mensch in Ihrem Leben fühle sich mit Ihnen nicht wohl, weil er gerne viel Zeit ohne Sie verbringt oder einfach still dasitzt, anstatt mit Ihnen zu interagieren.

Dieser Mensch wird sich mit Ihnen sehr wohl fühlen, wenn Sie nicht versuchen, ihn einzubeziehen oder mit Nähe zu überhäufen und nicht darauf bestehen, die Stille mit Geschwätz zu füllen.
4. Suchen Sie nach anderen Zeichen der Aufmerksamkeit als den Standardsätzen »Ich will dich«, »Ich brauche dich«, »Ich liebe dich«. Die Tatsache, daß dieser Mensch überhaupt in Ihrem Leben ist, sagt in Anbetracht dessen, daß Ungesellige Typen sehr gut ohne andere auskommen, sehr viel über seine Bindung an Sie.
5. Geben Sie diesem Menschen viel Zeit zum Alleinsein. Jeder, der auch nur einen kleinen Anteil an diesem Stil hat, braucht Zeit für sich selbst, um sich gesund, gut und produktiv zu fühlen. Versuchen Sie, die private Zeit eines Ungeselligen Menschen nicht als Ihren Feind zu betrachten. Wenn dies jedoch zu Ihren starken sozialen und emotionalen Bedürfnissen im Widerspruch steht, seien Sie ehrlich zu sich selbst und geben Sie zu, daß diese Beziehung für Sie nicht akzeptabel ist.
6. Nehmen Sie Hobbys auf oder finden Sie Tätigkeiten, die Sie beschäftigen, wenn der Ungesellige Mensch alleine loszieht.
7. Sprechen Sie die Logik, nicht das Gefühl an, wenn Sie mit einem unemotionalen Ungeselligen Menschen ein Problem lösen müssen. Er hat oft einen gut funktionierenden Verstand. Sprechen Sie ihn an.

## MACHEN SIE DAS BESTE AUS IHREM UNGESELLIGEN STIL

In Ihrer Fähigkeit, sich selbst zu unterhalten und sich allein wohl zu fühlen, sind Sie unübertroffen. Aber möglicherweise wollen Sie Ihre Beziehungen zu anderen verbessern, und sei es nur, damit Sie Ihre selbstbestimmten Angelegenheiten leichter verfolgen können. Dazu müssen Sie zuerst lernen, über andere Menschen Informationen zu sammeln, und dann, ihre Sprache zu sprechen.

Beschäftigen Sie sich zuerst mit Übung 4 für den Selbstbewußten Stil: Wer *ist* dieser Mensch? (siehe S. 110).

### Übung 1
Beobachten Sie Gefühle. Beobachten Sie, wie Menschen Ihre Gefühle in den Interaktionen mit Ihnen und anderen äußern. Halten Sie zuerst

nach offensichtlichen Gefühlen Ausschau, Freude etwa oder Leid. Wenn Sie sie leicht entdecken können, suchen Sie nach subtileren, delikateren Äußerungen des Empfindens. Akzeptieren Sie, daß Gefühle für die meisten Menschen überaus wichtig sind und sehr leicht verletzt werden können.

**Übung 2**
Suchen Sie nach Ihren eigenen Gefühlen. Stellen Sie sich in Ihrer behaglichen Privatsphäre vor einen Spiegel oder setzen Sie sich mit Papier und Bleistift hin und suchen Sie nach dem, was Sie in diesem Augenblick fühlen. Wenn Sie kein Gefühl finden, denken Sie daran, was Sie fühlten, als Sie das letzte Mal mit jemandem Schwierigkeiten hatten. Wie haben Sie sich gefühlt, als zum Beispiel eine Bekannte Sie drängte, mehr Zeit mit ihr zu verbringen, oder ein Kollege Ihnen die Arbeit schwer machte? Frustriert? Ärgerlich? Traurig? Verletzt? Mißverstanden? Gelangweilt?

**Übung 3**
Äußern Sie jetzt ein Gefühl. Tun Sie so, als ob Sie es hätten, und handeln Sie notfalls. Stoßen Sie einen Schrei aus, wenn Sie denken, daß Sie wütend sind oder waren. Traurig? Erlauben Sie sich zu weinen.

**Übung 4**
Üben Sie sich im Durchhalten. Ertragen Sie Ihr Unbehagen ein bißchen länger, anstatt sich zurückzuziehen, wenn Sie sich von Leuten bedrängt fühlen. Bleiben Sie noch einen Tag, wenn Sie in der Stadt sind und aufs Land flüchten wollen. Warten Sie noch eine Stunde, wenn Sie mit einer Bekannten zusammen sind und allein sein wollen. Bleiben Sie zumindest bis zur Pause, wenn Sie in einer Besprechung sind und einfach aufstehen und Ihre Arbeit tun wollen. Seien Sie stoisch. Sagen Sie sich: »Ich werde mit dieser Unannehmlichkeit fertig«. Diese Übung soll Sie nicht veranlassen, Dinge zu tun, die Sie eigentlich nicht tun wollen, sondern Ihre Flexibilität erhöhen und Ihnen mehr Entscheidungsfreiheit geben. Versuchen Sie die Übungen zur Angstbewältigung für den Sensiblen Stil (S. 216–218), falls Angst sich einstellt, wenn Sie Ihre Beziehung zu anderen auf diese Weise ausweiten.

### Übung 5
Handeln Sie mit anderen eine Möglichkeit aus, Dinge auf Ihre Weise zu tun, ohne daß die gemeinsame Anstrengung darunter leidet. Treffen Sie zum Beispiel mit Ihrer Partnerin ein Abkommen, daß der Samstag Ihnen gehört und der Sonntag der Familientag ist. Versuchen Sie Ihrem Chef zu sagen, daß Sie bei Besprechungen nicht in Form sind und daß Sie zu einem anderen Sonderbeitrag bereit sind, wenn er Sie entschuldigt. Es ist vielleicht nicht möglich, aber es kann nicht schaden, es zu versuchen.

### Übung 6
Sprechen Sie darüber. Erwarten Sie nicht, daß andere Menschen Sie automatisch verstehen – und erwarten Sie auch nicht von sich, daß Sie automatisch andere verstehen. Andere können aus Ihrem Ungeselligen Verhalten schließen, daß Sie sie nicht mögen oder nicht kooperieren wollen. Sagen Sie ihnen, daß Ihr Bedürfnis nach Alleinsein nichts mit ihnen zu tun hat. Wenn Sie bei der Arbeit mit anderen Schwierigkeiten bekommen, sagen Sie ihnen offen, daß Sie daran gewöhnt sind, für sich zu arbeiten. Bitten Sie andere zu erklären, was in ihrem Kopf vorgeht, wenn sie Ihnen gegenüber nicht offen sind und statt dessen emotionale Botschaften zu senden scheinen.

### Übung 7
Lernen Sie, Dinge zu sagen, die anderen gefallen. Auch wenn Sie für Komplimente oder Lob immun sind, brauchen viele Leute solche Bestätigungen. Sagen Sie dem, der das Essen gekocht hat, daß es gut schmeckt, auch wenn Sie nicht gewohnt sind, sich auf diese Weise zu äußern. Sagen Sie Ihrer Partnerin, daß Sie sie mögen. Wenn Sie die ersten beiden Übungen (Selbstbewußt 4 und Ungesellig 1) gemacht haben, wissen Sie, was Sie sagen können.

### Übung 8
Legen Sie die Scheuklappen ab. Wenn Sie eine Bindung immer wieder ablehnen, weil Sie meinen, daß die/der Richtige noch nicht gekommen ist, sollten Sie sich klarmachen, daß es auch an Ihrem Ungeselligen Persönlichkeitsstil liegen kann, daß Sie mit einem anderen Menschen nicht Ihr Glück finden. Denken Sie darüber nach, wie sehr Sie sich von anderen Menschen fernhalten.

**Übung 9**
Machen Sie einen Sprung – teilen Sie etwas sehr Persönliches mit einem anderen Menschen.

## Die Schizoide Persönlichkeitsstörung

Schizoide Menschen sind emotional und oft auch körperlich von anderen abgeschnitten. Sie sind weder glücklich noch traurig und achten darauf, sich ein Leben aufzubauen, daß sie vor jeder menschlichen Nähe schützt.

### DIAGNOSTISCHE KRITERIEN

Das DSM-III-R beschreibt die Schizoide Persönlichkeitsstörung wie folgt[3]:
A. Hauptmerkmal dieser Störung ist ein in den verschiedensten Situationen auftretendes durchgängiges Verhaltensmuster, das durch Gleichgültigkeit gegenüber sozialen Beziehungen und eine eingeschränkte emotionale Erlebnis- und Ausdrucksfähigkeit gekennzeichnet ist. Die Störung beginnt im frühen Erwachsenenalter. Mindestens *vier* der folgenden Kriterien müssen erfüllt sein:
Der Betroffene
1. hat weder den Wunsch nach engen Beziehungen noch Freude an solchen Beziehungen, einschließlich der Situation, selbst Teil einer Familie zu sein;
2. sucht sich fast immer Unternehmungen aus, die er allein machen kann;
3. gibt an bzw. scheint nur selten oder gar nicht starke Emotionen wie Zorn oder Freude zu empfinden;
4. zeigt, wenn überhaupt, nur wenig Interesse an sexuellen Kontakten mit anderen Personen (unter Berücksichtigung des Alters);
5. ist gleichgültig gegenüber Lob und Kritik von seiten anderer;
6. hat keine engen Freunde oder Vertrauten – oder höchstens eine Person – außer aus dem Kreis seiner Verwandten ersten Grades;

7. läßt einen eingeschränkten Affekt erkennen, d.h. er macht einen kalten, unnahbaren Eindruck und erwidert selten mit Gesten oder Gesichtsausdrücken wie Lächeln oder Nicken.
B. Tritt nicht ausschließlich im Verlauf einer Schizophrenie oder einer wahnhaften Störung auf.

## *Die ummauerte Stadt*

Menschen mit einer Schizoiden Persönlichkeitsstörung sind für andere undurchdringlich. Sie wohnen in einer »ummauerten Stadt« tief im eigenen Inneren, weit weg von anderen Menschen. Sie sind nicht antisozial; sie sind asozial – sie wollen mit ihnen nichts zu tun haben. Sogar jene leicht Schizoiden Männer und Frauen, die oberflächlich umgänglich erscheinen, erweisen sich als nichtssagend, leer, passiv, teilnahmslos oder einfach gleichgültig, wenn man versucht, sie kennenzulernen. Manche leicht Schizoiden Menschen werden von religiösen Kulten angezogen, in denen die Beziehungen der Mitglieder untereinander stark strukturiert ist; dort können sie den Anschein zwischenmenschlicher Beziehungen aufrechterhalten und gleichzeitig engen Kontakt vermeiden. Distanziertere Schizoide Männer und Frauen leben vielleicht ihr ganzes Erwachsenenleben allein in einem Raum und haben weder Kontakt zu Freunden noch zur Familie. Jeden Tag gehen sie zur Arbeit – wo sie sehr produktiv sein können, wenn man sie allein läßt –, ohne einen herzlichen Augenblick mit irgend jemandem zu erleben, außer vielleicht einem Haustier. Oder sie leben auf der Straße. Eine Untersuchung[4] von Persönlichkeitsstörungen bei der obdachlosen Bevölkerung von Baltimore zum Beispiel ergab, daß die Schizoide und die Paranoide Persönlichkeitsstörung am stärksten vertreten war. Schizoide Menschen sind jedoch nicht ohne Innenleben. In der »ummauerten Stadt«, in der kein anderer Mensch zugelassen ist, haben sie viele Interessen und Phantasien – aber fast keine Gefühle. Innerlich und äußerlich sind Schizoide Menschen emotional unbewegt – keine Hoch- und keine Begräbnisstimmung, kein Glück und kein Unglück, kein Zorn und keine Freude kommen an sie heran.

## *Hilfe!*

Menschen, die an der Schizoiden Persönlichkeitsstörung leiden, suchen nicht oft Hilfe. Sie geben vor, mit dem, was wir als sehr verarmte Existenz betrachten würden, mehr oder weniger zufrieden zu sein. Oft bringen Familienmitglieder sie zum Therapeuten. Wenn sie den Anforderungen, die andere zu Hause oder bei der Arbeit an sie stellen, nicht mehr entfliehen können, kann es auch zu beunruhigenderen Erfahrungen kommen, etwa Angst, Panik oder kurzen psychotischen Phasen. Oder ihre Isolation erzeugt das Gefühl der Depersonalisation; sie haben den Eindruck, unwirklich, nichts, leer zu sein.

Eine Psychotherapie ist für einen Menschen, der anderen möglichst fern bleiben möchte, natürlich extrem bedrohlich. Einige Schizoide Männer und Frauen haben jedoch das Gefühl, daß das Leben besser sein könnte, und akzeptieren die Anleitung eines einfühlsamen Therapeuten. Wie bei Schizotypischen Menschen entwickelt der Kontakt zum Therapeuten sich möglicherweise zu ihrer ersten sinn- und vertrauensvollen Beziehung. Das Ziel der Psychotherapie besteht darin, daß der Patient sich wohl fühlt und Vertrauen faßt; der Therapeut dringt nicht in seine Privatsphäre ein und drängt ihn nie zu einer engeren Beziehung, als er verkraften kann. Die Therapie ist oft unterstützend und praktisch. So wird der Therapeut den Schizoiden Menschen ermutigen, sich an sozialen Aktivitäten zu beteiligen, und sei es nur als Zuschauer bei Sportereignissen. Wenn die Toleranz des Patienten für solche Unternehmungen zunimmt, kann er beginnen, sich persönlich mehr einzulassen, indem er zum Beispiel in einen Computer- oder Briefmarken-Club geht. Einige Menschen mit dieser Störung profitieren auch von einer Gruppentherapie, in der sie erkennen, daß viele Leute gleiche oder ähnliche Probleme haben, und in der sie die sozialen Fertigkeiten lernen können, die ihnen fehlen.

## *Vorkommen, prädisponierende Faktoren und Risiken*

Einigen Schätzungen zufolge kommt die Schizoide Persönlichkeitsstörung bei mindestens zwei Prozent der Bevölkerung vor, und zwar häufiger bei Männern. Ob sie zusammen mit der Schizotypischen und der Paranoiden Persönlichkeitsstörung zum sogenannten Schizophrenen Formenkreis gehört, zu dem die Veranlagung vererbt ist (siehe S. 199), bleibt unklar. Möglicherweise werden einige Schizoide Menschen ohne die »emotionale Maschine« geboren, die für den Umgang mit anderen notwendig ist.

Ein mit einem introvertierten, schüchternen Temperament geborenes Kind kann anlagebedingt dazu neigen, diese Störung zu entwickeln, vor allem wenn die erste Betreuung kalt, nachlässig oder der Veranlagung des Kindes feindlich ist. Einige psychodynamische Theoretiker glauben, daß Menschen mit dieser Störung sich nicht an andere binden, weil sie von klein an jede Hoffnung auf Befriedigung durch andere aufgegeben haben. Ihrem angeborenen Temperament folgend, paßten sie sich ihrer unbefriedigenden Umgebung an, indem sie sich nach innen wandten, weg von jeder Bindung an irgend jemanden. Sicher ist, daß die an dieser Störung leidenden Männer und Frauen anderen nicht vertrauen. Und sie distanzieren sich von ihren Gefühlen und Ängsten, so daß sie sich nicht verletzt fühlen. Unglücklicherweise fühlen sie aber auch kein Vergnügen.

## *Der Umgang mit Schizoiden Menschen*

Jeder (auch Geistliche, Kollegen oder ein helfendes Familienmitglied), der akzeptierend, freundlich, respektvoll und absolut unaufdringlich auf einen Schizoiden Menschen zugehen kann, kann dessen Lebensqualität verbessern. Lassen Sie sich von der offensichtlichen Gleichgültigkeit dieser Menschen nicht abhalten und zwingen Sie sie nicht, mit Ihnen zu interagieren. Zeigen Sie Ihre Freundschaft und Ihr Interesse und wahren Sie respektvolle Distanz. Auch einige der Tips zum Umgang mit Ungeselligen Menschen können hilfreich sein.

KAPITEL 14

# Sprunghafter Stil

### »Feuer und Eis«

Für Menschen, bei denen der Sprunghafte Persönlichkeitsstil dominiert, ist das Leben eine Achterbahn – und sie bestehen darauf, daß Sie eine Fahrt mitmachen. Von den Höhen zu den Tiefen erfüllt Intensität jeden ihrer Atemzüge. Sie sehnen sich nach Erfahrung und springen mit beiden Füßen in eine neue Liebe oder einen neuen Lebensstil hinein, ohne einen Blick zurückzuwerfen. Kein anderer Stil einschließlich des Dramatischen ist so leidenschaftlich in seinem Wunsch, mit dem Leben und anderen Menschen in Verbindung zu treten. Und kein anderer Stil hält die Veränderungen des emotionalen Wetters, die ein solch fieberhaft gelebtes Leben mit sich bringt, so gut aus.

## DIE SECHS CHARAKTERISTIKA

Die folgenden sechs Charakterzüge und Verhaltensweisen sind Hinweise auf das Vorhandensein des Sprunghaften Stils. Ein Mensch mit stark Sprunghafter Tendenz zeigt mehr dieser Verhaltensweisen intensiver als jemand, der weniger von diesem Stil geprägt ist.

1. *Romantische Bindungen.* Sprunghafte Männer und Frauen müssen immer eine tiefe, romantische Beziehung zu einem Menschen haben.
2. *Intensität.* In all ihren Beziehungen ist die Zuneigung leidenschaftlich und konzentriert. Nichts, was zwischen ihnen und anderen Menschen geschieht, ist trivial, nichts wird leicht genommen.
3. *Herz.* Sie zeigen, was sie fühlen. Sie agieren und reagieren emotional. Bei Sprunghaften Menschen ist das Herz immer beteiligt.
4. *Ungezwungenheit.* Sie sind hemmungslos, spontan, lieben Spaß und haben keine Angst vor Risiken.
5. *Aktivität.* Der Sprunghafte Typ ist von Energie gekennzeichnet, ist lebhaft, kreativ und hat ein einnehmendes Wesen.

6. *Aufgeschlossenheit.* Sie sind phantasievoll und neugierig und bereit, andere Kulturen, Rollen und Wertsysteme zu erleben, mit ihnen zu experimentieren und neuen Pfaden zu folgen.

## DIE SECHS BEREICHE DES SPRUNGHAFTEN FUNKTIONIERENS

Nehmen Sie Beziehungen, fügen Sie Gefühle und Selbstbeherrschung hinzu, und Sie haben das Rezept für diesen ungestümen Persönlichkeitsstil.

### *Beziehungen: Besitzen und besessen werden*

Adam M., ein überwiegend Sprunghaft-Dramatischer Musikkritiker, lernte Ursula T. bei einem Empfang nach dem Cello-Konzert ihres berühmten Bruders kennen. Nachdem er weniger als zehn Minuten mit ihr geredet hatte, sagte er ihr, er wüßte, daß sie dazu bestimmt seien, im Leben des anderen eine Rolle zu spielen. »Ich werde mich in Sie verlieben«, erklärte der große, redegewandte, mittelalte Herr im Smoking. Ursula, eine 31jährige Musiklehrerin, die manchmal auch vor Publikum spielte, wurde rot. Dieser elegante Mann machte einen starken Eindruck auf sie; im allgemeinen hätte sie eine höfliche Entschuldigung gemurmelt und wäre gegangen. Aber er schien so aufrichtig, und seine Augen schienen geradewegs ihre Seele zu durchdringen. Entgegen ihrer Gewohnheit nahm diese normalerweise zurückhaltende Frau ihn beim Wort und gab ihm auf seine Bitte hin ihre Telefonnummer.

Trotz seiner scharfen Kritik an der Leistung ihres Bruders rief Adam Ursula am nächsten Tag an. Er mußte an diesem Abend in die Oper – würde sie ihm die Freude ihrer Gegenwart machen? Ursula hatte andere Pläne, aber auf Adams Drängen hin willigte sie ein. Die nüchterne Frau, die vorher weder verheiratet noch sonstwie mit jemandem eng liiert gewesen war, hatte eine solche Aufmerksamkeit noch nie erlebt. Adam war intensiv, emotional, hartnäckig – er würde ihr nicht erlauben, langsam, vorsichtig, ruhig und zurückhaltend zu sein.

»Es soll so sein«, sagte er ihr immer wieder, und obwohl im Hintergrund ihres Kopfes eine Stimme »Mach langsam« sagte, ließ sie sich bei diesem zutiefst romantischen, schönen, unbeständigen Mann gehen. »Du bist die Welt für mich«, sagte er ihr. Auch als ihre Liebesaffäre vorüber war und seine Leidenschaft und sein Zorn sich verzehrt hatten, und Jahre nachdem Adam gestorben war, wußte Ursula, daß sie in der Zeit ihres Zusammenseins wirklich seine ganze Welt gewesen war.

## Es steht in den Sternen

Sprunghafte Menschen wie Adam sehen die Beziehung zu Menschen, die sie mögen, nie als zufällig an. Wie im Fall von Adam und Ursula spüren sie sofort eine magnetische Verbindung und haben das starke Gefühl, daß die Beziehung vorherbestimmt ist. Die Beziehung wird dann zum Mittelpunkt ihres Lebens, zum Herz ihres Wesens, und sie betreiben sie mit einer Intensität, die keiner der anderen Persönlichkeitsstile aufbringen kann. Eine Liebesaffäre – oder auch nur eine Freundschaft – mit einem Sprunghaften Menschen ist unvergeßlich. Diese Menschen stellen ihre Intimpartner, ihre Freunde und sogar ihre Kollegen auf ein Podest; sie verehren deren Vollkommenheit und danken dem Himmel, sie mit einem solchen Menschen gesegnet zu haben. Sie müssen jeden Tag mit diesem Menschen reden, manchmal mehrmals. Sie müssen alles wissen, was der andere denkt, tut und fühlt. Sie müssen ganz voll von dem anderen sein. Wenn er sich widersetzt, türmen dunkle Wolken sich auf; Schmerz und Wut des Sprunghaften Menschen steigen, wie wir später sehen werden.

Noch nie hatte jemand so viel Nähe zu Ursula herstellen wollen wie Adam. »Wir haben uns das Leben eingehaucht«, sagt sie schüchtern-verlegen heute über die frühen Tage ihrer Beziehung. Er mußte sie überall dabeihaben – bei jedem Konzert, jedem Essen, beim Besuch von Freunden, beim Einkaufen von Lebensmitteln. Er stellte sie seinem großen Freundeskreis vor und bestand darauf, daß sie dort mit offenen Armen empfangen wurde. Er wollte ihren Musikunterricht besuchen, bestand darauf, ihr beim Geigespielen zuzuhören, er schlug ihr neue Musik vor, drängte sie, bei seinen wöchentlich stattfindenden Hauskonzerten zu spielen – und führte sie in neue sinnliche Vergnügen im Schlafzimmer ein.

Ursulas berühmtem Bruder gefiel die ganze Sache nicht. Er hielt Adam für arrogant, hochtrabend und einen schlechten Beurteiler musikalischer Leistungen. Der Cellist glaubte, daß Adams Gefühle für den Vortragenden sein Urteil über die Leistung bestimmten. Es traf zu, daß Adam gelegentlich von einem Vortragenden so begeistert war, daß er nur Vollkommenes hörte, während das Publikum und andere Kritiker eine falsche Note, eine schlampige Technik oder eine wenig eindrucksvolle Interpretation hörten. Ähnlich konnte er ein schlechtes Gefühl zu einem Vortragenden bekommen – und in diese Kategorie gehörte vielleicht auch Ursulas Bruder – und eine Vorführung verreißen, die andere als gelungen oder sogar vorzüglich betrachteten. Obwohl Adam nicht der allgemein anerkannteste Musikkritiker und in den geschäftlichen Details seines Lebens eher schlecht war, hatte er ein großes Publikum, dem seine Kritiken über Musik und Musiker gefielen. In dem Kabelfernsehprogramm, das er gegen Ende seines Lebens moderierte, galt er als faszinierend, belesen, offen, polemisch und immer interessant.

**Alles geben**

Adam konnte schwierig sein, meinte praktisch jeder der Hunderte von Leuten, die seine Beerdigung besuchten. Aber sobald er die Hand ausstreckte und einen gewaltsam in sein Leben zog, war man durch seine Liebe auf immer verändert. Trotz seiner veränderlichen Stimmungen, seiner ständigen Ansprüche und der Leichtigkeit, mit der er von anderen enttäuscht war, schuf er sich in den Herzen vieler Menschen auf der ganzen Welt einen dauerhaften Platz. Ein in ganz Europa bekannter Dirigent rühmte, eine von Adams größten Gaben sei die Ermutigung und Unterstützung talentierter junger Musiker gewesen. Viele Musiker, die sich jetzt in der klassischen oder auch in der volkstümlichen Musik einen Namen gemacht haben, schreiben ihren Erfolg Adams Fähigkeit zu, sie zu größeren Höhen anzuspornen, sie begabten Lehrern zu empfehlen und gute Kritiken über sie zu schreiben.

Für die Menschen, die ihm lieb waren, tat Adam alles. Schließlich hatte er auch seine Selbstbewußte Seite. Für ihn waren er und »seine Leute« besonders, überlegen, anders – und das nicht aufgrund ihrer Klassenzugehörigkeit, ihres Reichtums oder ihrer Ausbildung. In seiner Sprunghaften Weise war Adam für jeden offen. Wenn er das Gefühl hatte, daß jemand in sein Leben gehörte, tat er alles in seiner Macht Stehende, um ihn in es hereinzubringen. Er konnte sehr kritisch und unversöhnlich sein, wenn der Betreffende nicht daran interessiert war, sein Freund zu sein, und klammerte sich an Menschen, die ihm zu entgleiten drohten.

Einen Monat nach dem emotionalen Ende ihrer jahrelangen Affäre zog Ursula sich in ihre winzigen Berghütte 400 Kilometer weit weg zurück. Am nächsten Tag hörte sie, wie ein Auto vorfuhr; es war Adam mit seinen drei Katzen, seiner Schreibmaschine, einem Koffer voller Kassetten und einem großen Weidenkorb mit Käse, Wurst, Brot, Kaviar und geräuchertem Fisch. Seiner Dramatischen Theatralität nachgebend, warf er sich auf ihr Sofa, seufzte und sagte: »Ich kann einfach nicht ohne dich sein.« Er sagte, er wäre nur für den einen Tag heraufgefahren, aber er blieb die ganze Woche. Er kochte für sie, kümmerte sich um den Garten und las ihr vor. »Alles, um das ich dich bitte, ist, daß du für mich spielst.« Jedesmal, wenn sie spielte, weinte er. Am siebten Tag regte er sich dann mächtig über ihre Interpretation einer Sonate auf. Sein Ärger steigerte sich zu starker Wut auf sie. »Ich will dich nicht, Ursula!« schrie er. Er warf ihr einen haßerfüllten Blick zu und stürmte hinaus.

## Bleib in der Nähe

Wie tief hatte Ursula Adam geliebt! Trotzdem war sie es gewesen, die die Beziehung beendet hatte. Es wurde ihr einfach alles zuviel. Sie hätte sich gern in einem stilleren, ruhigeren Liebesleben mit Adam eingerichtet, als die Verzauberung zu einer beständigeren Liebe wurde. Aber das war nicht Adams Stil. Seine unablässige Aktivität, sein Drängen, seine Intensität und nicht zuletzt seine wechselhaften Gefühle begannen, sie zu erschöpfen.

Trotz all seiner Begeisterung war Adam, wie die meisten Sprunghaften Menschen, ein Grübler. Er ging an einem Tag durch mehr Stimmungen als Ursula in einem Monat. Ursula war reif genug, ihm seine Stimmungen zu erlauben, aber sie schienen alle mit ihr zu tun zu haben. Wenn sie ruhig und nachdenklich war, hatte Adam Angst, daß sie sich von ihm zurückzog. Wenn sie besonders gut spielte, war Adam in Ekstase. Wenn sie schlecht spielte, fuhr er sie an, als sei sie eine Zwölfjährige, die nicht geübt hatte. Er schien sie immer zu beobachten; sie konnte seinen Augen nicht entkommen.

Adam mußte an allem beteiligt sein, was Ursula fühlte, und umgekehrt. Wenn er das Gefühl hatte, sein Leben hätte keinen Sinn, bestand er darauf, daß sie dasselbe fühlte. Sie versuchte ihm oft zu erklären, daß sie ein separates menschliches Wesen mit individuellen Gefühlen sei und keine Distanz zu ihm herzustellen brauchte, wenn er nicht immer so nahe herankommen würde. Sie hatte noch nie solche Leidenschaft erlebt wie in den Augenblicken, in denen sie und er wirklich verbunden waren, aber sie stellte fest, daß sie diese Intensität als Lebensweise nicht durchhalten konnte. Ursula begann, sich in zwei Richtungen gezogen zu fühlen – zu dem Mann, den sie sicherlich liebte und bewunderte, und zu ihrer eigenen unabhängigen Identität. Ursula brauchte zunehmend Zeit ohne Adam, um ihre inneren Ressourcen für ihre Lehrtätigkeit und ihre eigenen musikalischen Vorträge aufzufüllen.

Unnötig zu sagen, daß Adam ihr Bedürfnis nach emotionaler Distanz schlecht aufnahm. Er wurde wütend, kritisierte sie und war überzeugt, daß sie ihn fallenließ. Er hatte ihr seine ganze Welt gegeben, und sie dachte nur an sich. »Ursula, meine Ursula«, sagte er dann traurig. »Du und ich gehören zu den sehr wenigen besonderen Menschen in dieser Welt. Wir verstehen, was Leben wirklich ist. Es ist Musik, es ist Liebe, es ist Schönheit, es ist Wissen, es ist, kurz gesagt, du und ich. Warum bin ich nicht die Welt für dich? Warum brichst du mir das Herz? Was habe ich dir so Schreckliches getan? Ich *liebe* dich«

Ursula konnte ihm nicht verständlich machen, daß sie nicht so war wie er, daß sie Bedürfnisse hatte, die mit ihm nichts zu tun hatten, daß sie ihn aber immer noch liebte. Sie konnte Adam nicht klarmachen, daß er mehr verlangte, als ein »normaler« Mensch wie sie auf Dauer geben konnte. »Mach dich nicht klein«, sagte er dann. »Du bist ein höheres Wesen, das mehr kann, als du denkst.«

Es bereitete ihr unerträglichen Schmerz, die leidenschaftlichste und schönste Erfahrung ihres Lebens zu beenden, aber emotional konnte Ursula es nicht länger ertragen. Auch als sie mit ihm brach, wußte sie, daß niemand ihr je die Liebe geben würde, die Adam ihr gegeben hatte – und daß sie wahrscheinlich nie mehr jemanden so mögen würde, wie sie ihn immer noch mochte.

Tatsächlich ist niemand außer einem Sprunghaften Menschen so auf Sie konzentriert, so aufmerksam, so voll von Ihnen und so großzügig. Adam gab Ursula alle von ihm gesammelten Mitschnitte des Violinisten Heifetz, als sie erwähnte, daß sie ihn bewunderte.

## Mehr!

Wenn der Sprunghafte Stil in einem ausgewogenen Persönlichkeitsmuster maßvoll vertreten ist, kann diese gebündelte Aufmerksamkeit und Großzügigkeit zu einer großen, romantischen, dauerhaften Liebe beitragen – einer jener Lieben, von der die Dichter singen. Adams Persönlichkeit jedoch wurde stark vom Sprunghaften und vom Dramatischen Stil beherrscht, die beide emotional hemmungslos und sehr bedürftig sind. Wenn dieses Muster durch stärkere Anteile der »Erst denken, dann handeln«-Stile wie dem Gewissenhaften ausbalanciert worden wäre, wäre er vielleicht eher geneigt gewesen, Ursula einen Raum zum Atmen zu geben und ein längeres, wechselseitig befriedigenderes Zusammenleben ins Auge zu fassen. Aber wie andere sehr Sprunghafte Menschen brauchte und erwartete Adam von anderen sehr viel, und seine Reaktionen auf seine Mitmenschen waren stark und unmittelbar. Er brauchte von anderen genau das, was er ihnen gab: beständige, intensive Leidenschaft und Aufmerksamkeit. Aber nur sehr wenige seiner Freunde waren in der Lage, ihm die emotionale Intensität zurückzugeben, die er verlangte, obwohl sie ihn von ganzem Herzen liebten. Seinem Sprunghaften Stil gemäß manipulierte er zuweilen auch Freunde und Geliebte, ihm mehr zu geben. Er warf Freunden vor, sie würden ihn nicht oft genug anrufen oder besuchen, wenn er krank war, und gab ihnen den Eindruck, ihre gelegentlichen Versäumnisse hätten seinen Zustand verschlimmert. Ein enger Freund, Eric, wurde wütend auf Adam, weil er ihm Schuldgefühle vermittelte. »Adam, du weißt, daß du mich anrufen und bitten kannst, herüberzukommen, wenn du mich brauchst. Ich höre nie etwas von dir, und trotzdem erwartest du von mir, daß ich immer weiß, was du willst.« Adam war durch Erics Bemerkungen gekränkt und meinte, er würde sie nicht verdienen. Sprunghafte Menschen sind im allgemeinen nicht gut darin, einen Streit beizulegen. Sie haben oft das Gefühl, daß sie diejenigen sind, die das meiste gegeben haben (was oft wahr ist), und es macht ihnen Mühe zu erkennen, wie sie zu den Schwierigkeiten in ihren Beziehungen beitragen. Wenn eine Beziehung schlecht endet, erscheint Sprunghaften Menschen oft die ganze gemeinsam verbrachte Zeit düster und schrecklich; sie schließen daraus, daß der andere ihrer nicht wert war und sie dieser unglücklichen Realität gegenüber blind waren.

**Streß!**

Beziehungsprobleme verursachen Sprunghaften Menschen den größten Streß. Schwierigkeiten entstehen, wenn sie das Gefühl haben, nicht als besonders anerkannt und behandelt zu werden. Wie Selbstbewußte Menschen fühlen Sprunghafte Typen sich zu *mehr* berechtigt, und wenn sie es nicht bekommen oder der andere versucht, Distanz herzustellen, fühlen sie sich bedroht. Sie reagieren auf diesen Streß sehr hitzig und haben oft das Gefühl, die Zurückweisung sei gleichbedeutend mit dem Ende der Welt. Wenn ihre Gefühlsausbrüche den anderen nicht beeinflussen, bewältigen sie den Streß, indem sie diesem Menschen plötzlich den Rücken kehren und eine enge Beziehung mit jemand anders eingehen. Sie hassen es, ohne Liebe zu sein, und bleiben nicht lange solo.

**Adams Ende**

Adam war nie in der Lage, eine romantische Beziehung länger als drei Jahre aufrechtzuerhalten. Aber bei romantischer Liebe blühte er auf, und deshalb gab er sich nach jedem Bruch mit Haut und Haaren einem neuen Menschen hin.

Nach Ursula kam Rinaldo, ein italienischer Tenor. Adam hatte – außer kurz in seiner Jugend – nie zuvor eine homosexuelle Affäre gehabt. Aber bei seinem Debüt an der Mailänder Scala sang Rinaldo sich in einer glitzernden Nacht geradewegs in Adams Herz. Sprunghafte Typen sind, wie wir sehen werden, von der Andersartigkeit ihrer Mitmenschen eher fasziniert als abgestoßen. Sie neigen nicht dazu, Leute in Schubladen einzuteilen, und experimentieren gern mit verschiedenen Identitäten und Rollen. Sie sind offen für neue Lebensstile, und Adam hatte wenig Schwierigkeiten, einen Mann zu lieben und sich bei homosexuellen Zusammenkünften wohl zu fühlen. Er hielt sich nicht für irgendwie verändert und ärgerte sich über den Klatsch, jetzt endlich hätte er sich »zu seiner Homosexualität bekannt« und sein »wahres Selbst« gezeigt. Das war kurz bevor das Aids-Virus identifiziert wurde. Rinaldo wurde ein paar Monate nach ihrer Begegnung krank. Niemand wußte, was es war. Als die Welt von Aids erfuhr, war Rinaldo tot, und Adam lag im Sterben.

In den letzten Monaten seiner Krankheit vertraute Adam einer neuen Freundin an, all seine Freunde hätten ihn verlassen. Als sie bei seiner Beerdigung sah, wie viele Tränen vergossen wurden, und hörte, wie Hunderte von Menschen von Adams tiefgreifender Wirkung auf ihr Leben sprachen, war sie schockiert. Wie konnte Adam diese starken Bande liebender Freundschaft nicht gespürt haben, die er in den 60 Jahren seines Lebens geknüpft hatte? Aber eben das ist die traurige Wahrheit für einige extrem Sprunghafte Menschen: weil sie sich verletzt und verlassen fühlen, wenn andere zu ihren eigenen Bedürfnissen stehen, und weil sie von anderen erwarten, daß sie ihnen die gleiche Intensität zurückgeben, erkennen sie als letzte, wieviel sie den Menschen in ihrem Leben bedeuten.

### Sprunghafter kontra Dramatischer Stil

Obwohl der Sprunghafte Stil in bezug auf Leidenschaft und Gefühl dem Dramatischen gleicht und ein Mensch oft beide aufweist, unterscheiden sie sich in einigen wichtigen Punkten. Dramatische Männer und Frauen sind dem anderen zugewandt. Dies bedeutet, daß sie Ihnen gegenüber aufmerksam sind; sie möchten erfahren, was Sie wollen, um Ihre Liebe anzuziehen und der Mittelpunkt Ihrer Aufmerksamkeit zu werden. Sie können sehr sensibel sein und erfassen die Wünsche und Bedürfnisse anderer intuitiv; dann richten sie ihr Verhalten so aus, daß sie Sie anziehen (was Adam oft tat).

Sprunghafte Menschen sind sehr viel intensiver und anspruchsvoller. Sie sind nicht damit zufrieden, in dem Licht zu tanzen, das Sie auf sie scheinen lassen; sie brauchen Sie, um mit Ihnen in es hineinzugehen. Sie möchten ihre ganze Welt mit Ihnen füllen. Sie träumen davon, mit Ihnen für alle Ewigkeit vereint zu sein. Ihr Bedürfnis nach einer solchen Beziehung beherrscht das Bild. Obwohl sie großzügig und extravertiert sind, neigen sie weniger dazu, ihr Verhalten um Ihretwillen zu mäßigen oder sich den Ansichten anderer anzupassen.

### Sprunghafte Eltern

Sprunghafte Menschen sind nie langweilig; sie können wunderbar lustige, unterhaltsame, interessante, aktive und mitreißende Eltern sein – wenn sie in der Stimmung sind. Wie wir sehen werden, reagieren Sprunghafte Männer und Frauen auch im Bereich der Stimmungen sehr schnell und können in all ihren Beziehungen emotional unbeständig sein. Aber sie genießen die emotionale Intensität der

Eltern-Kind-Beziehung, besonders wenn das Kind klein ist. Schwerer fällt ihnen der Umgang mit der erwachenden Selbständigkeit des Sprößlings; es kostet sie sehr viel Mühe, dem oder der »Kleinen« seine/ihre Unabhängigkeit und Distanz zu erlauben. Wenn das Kind widerspricht, muß möglicherweise der Partner dazu beitragen, Geduld und Nachsicht zu fördern. Da dies ein impulsiver Stil ist (was im weiteren Verlauf dieses Kapitels ausführlicher erörtert wird), brauchen sie auch Unterstützung, um ihren Kindern beizubringen, Impulse und Begierden zu beherrschen. Aber ein gemäßigt Sprunghafter Elternteil kann emotionale Tiefe, Großzügigkeit, Kreativität, Mut, Romantik und Schwung in seiner Nachkommenschaft fördern.

**Gute/schlechte Gespanne**

Je stärker der Sprunghafte Zug ist, desto schwieriger wird es, eine langfristige Beziehung aufrechtzuhalten. Sprunghafte Typen verlangen starke Intensität, aber die Hitze, die sie brauchen, verzehrt sich im allgemeinen ziemlich rasch. Theoretisch tun sie sich wie ihre Dramatischen Stilgenossen auf lange Sicht am besten mit dem nüchternen, beständigen, verantwortungsvollen Gewissenhaften Typ zusammen. Anders als ein überwiegend Dramatischer Mensch wird ein stark Sprunghafter Typ sich mit einem solchen Partner jedoch im Nu langweilen, wenn das anfängliche Feuerwerk vorbei ist.

Sprunghafte Menschen brauchen Partner, die interessant, stark, aufregend, leidenschaftlich und romantisch und trotzdem für ihre Ansprüche empfänglich sind – den Märchenprinzen oder die Märchenprinzessin also. Und das ist ihr Problem, wenn sie eine langfristige Beziehung suchen: die idealisierte vollkommene Verbindung existiert in dieser Welt nicht. Aber wie Adam können sie erfüllende, intensive Liebschaften für denkwürdige, wenn auch kurze Beziehungen finden. Oft sind sie stark von Abenteurern angezogen; sie sind nicht gut darin, die Sprunghaften Ansprüche zu erfüllen, aber im Bereich Leidenschaft und Aufregung vertragen die beiden sich eine Zeitlang. Zwei Sprunghafte Menschen werden eine ähnlich aufregende Affäre haben. Dramatische Partner brauchen im allgemeinen selbst zuviel Aufmerksamkeit, aber auch diese Verbindung kann kurzfristig gut und leidenschaftlich sein.

Wenn Sie einen Sprunghaften Zug haben und einen Partner fürs Leben finden wollen, müssen Sie lernen, die langweiligeren, beständigeren, weniger romantischen Qualitäten eines Gefährten zu lieben und zu schätzen. Suchen Sie jemanden, der zumindest ein bißchen Gewissenhaften Stil hat. Wachsame Eigenschaften sind hilfreich, weil beide dann das Gefühl haben, irgendwie vom Rest der Welt verschieden zu sein. Ein Exzentrischer Mensch könnte sich als echter Fund herausstellen, solange er nicht zu sehr mit seiner separaten Realität beschäftigt ist. Sie beide sind aus einem anderen Holz als die anderen geschnitzt und können möglicherweise eine wirklich einzigartige Beziehung aufbauen. Auch eine Verbindung mit einem Sensiblen Menschen kann Sie beide durch ihre Langlebigkeit überraschen. Sensible Menschen sind oft starke, tolerante, gefühlvolle Partner, die Sie brauchen, um sie aufzutauen und ihnen die Welt anderer verfügbarer zu machen – was ihre größten Stärken sind.

## *Gefühle: Leben auf einem Vulkan*

Sprunghafte Menschen werden von ihren Gefühlen getrieben; zählen tut das, was sie bewegt. Auch Menschen mit einem gemäßigten Anteil Sprunghaften Stils erleben alle Gefühle intensiver als andere. Sie sind ganz Herz, und alles und jedes berührt sie auf einer emotionalen Ebene. Sie lachen und weinen leicht und offen. Sie fühlen heiße Wut und eiskalten Grimm. Und sie erleben starke sexuelle Erregung und Leidenschaft und kennen in diesem und anderen emotionalen Aspekten ihres Lebens kaum Hemmungen oder Verbote. Gefühle bestimmen sogar ihre Gedanken. Sie brauchen nur zuzuhören, mit wieviel Gefühl ein Sprunghafter Mensch seine Überzeugungen äußert. Wischiwaschi ist nicht ihre Art; Sprunghafte Menschen sagen Ihnen genau, wo sie stehen.

Emotionale Reaktionen sind ihre Stärke. Sie halten nichts zurück und nehmen nichts leicht, besonders wenn es von anderen kommt. Wir haben bereits gesagt, daß Beziehungen der Mittelpunkt des Sprunghaften Lebens sind – und zwar *alle* Beziehungen, zu Intimpartnern und Freunden genauso wie zu Verwandten und Kollegen. Sie reagieren auf jeden und finden in allem, was ein anderer sagt oder tut, eine emotionale Bedeutung. Sie sind daher leicht geschmeichelt und erfreut, genauso schnell aber am Boden zerstört oder enttäuscht. Wenn Sie Ihrer Geliebten eine einzige rote Rose mitbringen, bedeutet dies, daß Sie sie tief in Ihr Herz schließen. Aber wenn Sie nichts zu bieten haben oder sich sonstwie unvollkommen verhalten, wird Ihre romantische Sprunghafte Geliebte, die Sie so idealisiert hat, offen von Ihnen enttäuscht und zutiefst desillusioniert sein.

Eine Sprunghafte Freundin Adams, die 27jährige Marcia, eine Innenarchitektin, erzählte ihm, sie habe einmal die Beziehung zu einem Mann beendet, weil er eine häßliche Krawatte getragen hatte. Von da an fühlte sie starken Abscheu vor ihm. Die Krawatte hatte etwas Vulgäres, Geschmackloses über den Mann gezeigt, erzählte sie Adam. »Ja«, meinte Adam, »du bist wie ich. Wir können uns nicht mit weniger als der Vollkommenheit zufriedengeben.«

Sprunghafte Menschen idealisieren das Gefühl; sie suchen die vollkommene romantische Liebe. Es kann auch sein, daß sie sie finden, aber sie können sie nicht lange festhalten – vielleicht kann niemand das. Denn ideal bleibt der Liebhaber nur so lange, wie keine noch so kleinen Mängel an ihm entdeckt werden. Ein sehr Sprunghafter Mensch bleibt lieber von seiner Geliebten bezaubert. Die effektiv vorhandenen menschlichen Unvollkommenheiten sind dann eine schreckliche Enttäuschung, und ein stilles, ruhiges Leben mit einem »normalen« Menschen bedeutet Langeweile.

### Die wechselnden Gezeiten der Gefühle

Weil ihre Gefühle Ursache für Erfahrungen und Bedeutungen sind, neigen Sprunghafte Menschen, die nicht auch in einem der »Kopf«-Stile verankert sind, in Reaktion auf die unvermeidlichen Veränderungen in ihrer Umgebung zu schnellen und manchmal unvorhersehbaren Stimmungsschwankungen. Die Sprunghafte Terry zum Beispiel fuhr mit ihrem Mann Jim in die langerwarteten Ferien nach Puerto Rico. Am ersten Tag war das Wetter herrlich. Am zweiten und dritten Tag war es stürmisch. Terrys Stimmung sank auf den Nullpunkt – sie konnte einfach nichts daran machen, sagte sie Jim; sie hatten sich so lange auf diesen Urlaub gefreut. Jim schlug vor, sie sollten ihren Geist auf andere Dinge lenken und versuchen, sich sonstwie zu amüsieren – warum nicht ein bißchen ins Spielcasino gehen? Aber anders als ihr zum Teil Gewissenhafter Partner konnte die Sprunghafte Terry ihren Gefühlen nicht mit der Vernunft beikommen. Sie brütete unlustig vor sich hin, bis am vierten Tag die Sonne wieder zum Vorschein kam und das Puerto Rico ihrer Träume in seinem ganzen Glanz vor ihr lag.

Je stärker der Sprunghafte Stil in einem Persönlichkeitsmuster vertreten ist, desto häufiger ändert sich die Stimmung. Mit einem gemäßigt Sprunghaften Stil in einem ausgewogenen Persönlichkeitsprofil hat ein Mensch die Gabe, die Fülle des Gefühls zu erleben. Aber wenn der Stil sich der Borderline-Persönlichkeitsstörung nähert (siehe S. 349), fehlt den an ihr Leidenden ein gleichmäßiges emotionales Zentrum. Einen Augenblick sind sie von Ihnen ganz begeistert, und im nächsten wollen sie nichts mehr von Ihnen wissen. Warum die Veränderung? Wie Kinder sind sie ihren emotionalen Reaktionen ausgeliefert, und wie kleine Kinder reagieren sie manchmal auf die trivialsten Vorfälle zu stark. Sie haben keine Kontrolle über ihren emotionalen Zustand und leiden dadurch sehr.

## *Selbstbeherrschung: Impulsiv handeln*

Die Selbstbeherrschung ist der letzte der drei Schlüsselbereiche des Sprunghaften Stils. Begierden üben auf das Sprunghafte Leben enorme Gewalt aus. Getrieben von ihren allmächtigen Gefühlen, sind Sprunghafte Männer und Frauen für Vergnügen, Sensation und Erfahrung empfänglich; sie hungern geradezu nach ihnen. Sie sind neugierig und interessiert und probieren und experimentieren gerne. Sie leben im Augenblick, und es fällt ihnen schwer, an einem spontanen Genuß vorbeizugehen. Wenn der Sprunghafte Willy um drei Uhr morgens Lust auf Pizza bekommt, ruft er nach seiner Limousine, scheucht seine Gäste aus den Betten und läßt sie alle zu seiner rund um die Uhr geöffneten Lieblingspizzeria verfrachten. Willy käme es nicht in den Sinn, die Speisen ins Haus kommen zu lassen – es gefällt ihm, alle aus dem Schlaf zu reißen, ihre Klagen zum Schweigen zu bringen, sie in die Limousine zu quetschen und das impulsive Abenteuer zu dirigieren. Seine Gäste wissen, auf was sie sich einlassen, wenn sie eine Wochenend-Einladung in sein Haus am Strand annehmen, einschließlich Willys Schmerz und Wut, wenn er sich von seinen Freunden im Stich gelassen fühlt.

Sprunghafte Männer und Frauen werden von der Aussicht auf angenehme Erlebnisse und das Ausprobieren von etwas Neuem stark motiviert. Sie versuchen alles. Sie haben keine Angst vor Risiken und gehen auf dem Weg zu einer Party in einer fremden Stadt eine dunkle Allee entlang, ohne darüber nachzudenken, welche Gefahren in der Finsternis lauern könnten. Sie fahren oft wie die Teufel und essen mit

Genuß, ohne einen einzigen Augenblick an Kalorien oder Cholesterin zu denken. Wenn Ursula und Adam im Sommer ins Ausland reisten, wurde sie nicht müde, die ungesunde Art zu kritisieren, in der er seinen Eßgelüsten nachgab (das Fett! die Süßigkeiten! die Portionen!); nachdem er in einem Bereich, in dem das Überholen verboten war, einen Lastwagen überholte und dabei fast mit einem entgegenkommenden Bus zusammengestoßen wäre, bestand Ursula darauf, die ganze Zeit zu fahren.

Ursula beneidete Adam um seine Fähigkeit, auf seine Bedürfnisse hin zu handeln. Sie war ein arbeitsamer, planender Mensch. Allein fiel es ihr schwer, einfach alles liegen- und stehenzulassen und einem Gelüst nachzugeben. Aber während sie lernen konnte, loszulassen (besonders mit Adam im Bett), konnte oder wollte er nicht lernen, zu planen, innezuhalten und nachzudenken. In ihrem Widerwillen, Dinge zu durchdenken und für die Zukunft zu planen, gleichen Sprunghafte Menschen Angehörigen des Dramatischen und insbesondere des Abenteuerlichen Stils. Ihre Begabung ist das Leben im Jetzt. Obwohl Adam als Kritiker verhältnismäßig erfolgreich war, war die kommerzielle Seite seiner Tätigkeit ein wüstes Durcheinander. Sein Büro war unorganisiert, Papiere lagen herum oder waren auf dem Fußboden aufgestapelt. Adam flehte Ursula an, ihm zu helfen, sein Büro in Ordnung zu bringen, aber sobald sie angefangen hatte, bekannte er, daß er das Chaos vorzog. Er hatte keinen Pfennig Ersparnisse. Er gab sein Geld aus, sobald er es hatte – da waren so viele Dinge, die er Leuten geben wollte! Als er krank wurde, zahlten seine Freunde und seine Familie für seine Pflege.

Bei überwiegend Sprunghaften Typen kann die Impulsivität bis zu leichtsinniger Zügellosigkeit gehen; ihre Abneigung gegen ein zielgerichtetes Planen und ihre Tendenz, sich auf etwas zu stürzen, anstatt auf einen günstigeren Augenblick zu warten, kann sie trotz ihrer Talente und Fähigkeiten dazu führen, sich selbst zu zerstören.

Auch für gemäßigt Sprunghafte Menschen sind die Begierden eine starke Kraft, die eine ständige bewußte Kontrolle verlangt. Vielen fällt es schwer, auf die Nachspeise zu verzichten, sie haben Mühe, ihren Drogen- oder Alkoholkonsum einzuschränken oder innerhalb ihres Kreditrahmens zu bleiben. Viele Menschen haben das Glück, neben dem Sprunghaften einen bodenständigeren, praktischeren Stil in ihrem Persönlichkeitsmuster zu haben – den Gewissenhaften, den Lässigen, den Wachsamen, den Selbstbewußten oder den Sensiblen etwa –, was sie davon abhält, sich zu weit auf Irrwege zu wagen. Auch ein Partner mit einem dieser Stile kann dazu beitragen, ihnen Halt zu geben.

## *Selbst und reale Welt: Fließende Grenzen*

Die Bereitschaft Sprunghafter Menschen, alles zu versuchen, betrifft auch den Bereich des Selbst. Anderen Lebensweisen gegenüber sind sie extrem aufgeschlossen und neugierig. Ihr Selbstgefühl ist selten an irgendeiner speziellen Identität, irgendeinem besonderen Lebensstil festgemacht, manchmal noch nicht einmal an einer bestimmten Kultur. Sprunghafte Männer und Frauen haben ein Talent dafür, in neue Lebensweisen hineinzuschlüpfen und genau in sie hineinzupassen, während Menschen mit anderen Persönlichkeitsstilen deplaziert erscheinen und sich unbehaglich fühlen. Wendy G. und Kristin T. zum Beispiel begegneten sich in der Türkei, wo sie Anfang der 70er Jahre als Entwicklungshelferinnen arbeiteten. Beide bemühten sich sehr, Lebensweise und Sprache der Dorfbewohner zu erlernen, aber egal was Wendy tat, sie sah immer wie die amerikanische Nordstaatlerin von der Ostküste aus, die sie war; sie klang so, und sie handelte so. Die Sprunghafte Kristin dagegen, deren Selbstgefühl nicht so unauslöschlich in ihrem Charakter verankert war, konnte ihre amerikanische Identität verlieren und den türkischen Charakter mehr annehmen. Beide jungen Frauen waren sprachbegabt, aber es war Kristin, die die Nuancen des Akzents und der Modulation verinnerlichte. Sie schien eine Türkin zu werden. Als sie später lange in Frankreich unterwegs war, wurde sie allgemein für eine Französin gehalten. Kristin baute klugerweise ihr Leben um diese besondere Sprunghafte Begabung herum auf. Seit Anfang der 80er Jahre arbeitet sie als Journalistin für Europa und den Mittleren Osten. Sie ist für ihr Lokalkolorit und ihre Interviews mit »durchschnittlichen« Europäern bekannt. Aufgrund ihrer Sprachbegabtheit und der Mühelosigkeit, mit der sie sich im jeweiligen Land einrichtet, öffnen die Menschen sich ihr leichter als vielen anderen Fremden.

Sprunghafte Männer und Frauen demonstrieren diese fließende Identität auf ganz unterschiedliche Weise. Manche identifizieren sich mühelos mit wechselnden kulturellen Umgebungen. Andere finden es relativ leicht, die Karriere oder die Rolle zu ändern. Eliot C. zum

Beispiel wurde ziemlich reibungslos vom Rechtsanwalt zum evangelikalen Prediger. Nach fünf Jahren wechselte er zum Investmentbanking. Barbara N. hat ihre diesbezügliche Gabe auf die Bühne getragen, wo sie sich als Charakterschauspielerin völlig der Rolle hingeben kann, die sie spielt. Einige extrem Sprunghafte Typen tauchen in die Lebensstile und Identitäten der Menschen ein, zu denen sie sehr enge Beziehungen haben.

**Ich weiß nicht genau, wer ich bin**

Dieses Sprunghafte Selbstgefühl kann auch bedeuten, daß der Betreffende sich seiner Indentität nicht völlig sicher ist. Dem einen fällt es daher schwer, herauszufinden, was er im Leben machen soll, während ein anderer sich innerlich leer fühlt. Einige extrem Sprunghafte Menschen greifen dann möglicherweise darauf zurück, sich eine Identität zu »borgen«, um eine gewisse Selbstsicherheit zu erreichen – Motto: »Ich glaube, ich werde wie meine Schwester« oder »Ich glaube, ich werde mich einer religiösen Gruppe anschließen«.

In jedem Fall wird das Selbst – bzw. die Selbste – des Sprunghaften Menschen in sehr gegensätzlichen Farben gemalt sein. Sprunghafte Menschen mögen wandelbar sein, aber sie fallen immer auf. Für sie ist die reale Welt intensiv und mächtig, oft chaotisch und eher düster. Sie haben, innen wie außen, einen Feuer-und-Eis-Persönlichkeitsstil.

## *Arbeit: Besondere Talente*

Im Bereich der Arbeit können Sprunghafte Menschen gescheit, extravertiert, enthusiastisch, energisch, originell und kreativ sein. Im allgemeinen stellen sie enge Beziehungen zu ihren Mitarbeitern her und nehmen alles persönlich, was in diesem Bereich geschieht. An Intrigen im Büro sind sie leidenschaftlich interessiert und beteiligt. Oft stellen sie ihren Chef auf ein Podest und erwarten von ihm, daß er immer richtig urteilt und vollkommenes Mitgefühl zeigt, was natürlich zu Enttäuschung führen kann. Wenn der Chef es fertigbringt, das idealisierte Image aufrechtzuerhalten, werden Sprunghafte Menschen sich sehr bemühen, einen guten Eindruck zu machen. Aber sie wollen für ihre harte Arbeit anerkannt und belohnt werden, denn die

»besondere« Beziehung zum Chef macht einen Großteil ihrer Motivation aus. Sie werden nicht zu selbstlosen Drohnen. Wenn ihre intensiven Bemühungen nicht bemerkt werden und der Chef so tut, als sei die/der Angestellte nur eine von vielen Gleichberechtigten, verlieren sie schnell das Interesse an der harten Arbeit. Sprunghafte Menschen warten auf die Gelegenheit, wenn sie bewundert, gebraucht und idealisiert werden und man sich auf sie verläßt.

Sie sind bei der Arbeit genauso anspruchsvoll wie in den anderen Bereichen ihres Lebens, aber ihr Beharren auf guter Behandlung kann ihnen in diesem Bereich nützen. Ihre Anspruchshaltung verhindert, daß sie schlecht behandelt und unterbezahlt werden. Extrem Sprunghafte Menschen können jedoch in bezug auf ihre Ansprüche nicht ganz realistisch sein und sich für wichtiger halten, als sie tatsächlich sind. Einige werden auch feststellen, daß ihre Neigung, bei der Arbeit mit heftigen Gefühlen zu reagieren, ihr berufliches Fortkommen behindert. In kreativen Bereichen ist dieses sogenannte schöpferische Temperament jedoch im allgemeinen kein Hindernis. Arbeitgeber erwarten oft, daß kreative Menschen »schwierig« sind.

### Der Sprunghafte Manager

Der Sprunghafte Persönlichkeitsstil bringt kein Talent für eine Führungsrolle mit sich, zum Großteil deshalb, weil Sprunghafte Menschen die notwendige Distanz zu Untergebenen nur sehr ungern herstellen. Sie werden gerne intensiv einbezogen und enden wie immer damit, daß sie Beziehungen idealisieren. Von denen, die für sie arbeiten, erwarten sie außergewöhnliches persönliches Engagement und eine perfekte Leistung. Wenn die Untergebenen diese Erwartungen nicht erfüllen, fühlen Sprunghafte Manager sich leicht persönlich im Stich gelassen. Sie sind launisch und emotional und teilen die Menschen in ihrer Umgebung oft in solche ein, die zu ihrer Gruppe gehören, und solche, die nicht zu ihr gehören, wobei die Zugehörigkeit zur begünstigten Minderheit nie auf Dauer garantiert ist. Außerdem können sie, wie Dramatische Manager, nicht gut planen, mit Geld umgehen oder organisieren.

Ein bißchen Sprunghafter Stil kann jedoch einem Manager helfen, Untergebene dazu anzuspornen, alles zu geben. Sprunghafte Menschen haben manchmal brillante Ideen, und mit einem Gewissenhaften, nicht konkurrierenden zweiten Mann – oder einer solchen Frau –

können solche halb-Sprunghaften Manager den Optimismus im Büro anheizen und dafür sorgen, daß die Arbeit getan wird.

### Karrieren für den Sprunghaften Typ

Damit Sie in Ihrem Arbeitsleben glücklich und produktiv sind, brauchen Sie möglichst eine Karriere in einem kreativen Bereich, in dem Ihre Gefühlsbetontheit für Sie arbeiten kann. Sie besitzen gute Fähigkeiten zur Kritik und sitzen gern zu Gericht; er wägen Sie, Kritiker zu werden. Sie müssen bei der Arbeit immer mit anderen zu tun haben; gehen Sie daher Tätigkeiten aus dem Weg, die Sie allein tun, die mit Technik, Einzelheiten oder Zahlen zu tun haben oder eine kontinuierliche intellektuelle Anstrengung erfordern. Sie brauchen die Disziplin einer strukturierten Arbeitsumgebung; bei Beschäftigungen, die Sie allein oder unabhängig tun, neigen Sie dazu, das Wichtigste aus den Augen zu verlieren oder sich von persönlichen Launen ablenken zu lassen. Ziehen Sie die Schauspielerei in Betracht, beruflich oder einfach als Hobby; bei vielen Sprunghaften Menschen ist sie eine natürliche Begabung. Da Ihr Stil sich mit idealisierten Rollen wohl fühlt, machen Ihnen vielleicht auch die lehrenden oder helfenden Berufe Freude. Mit einem gemäßigten Anteil Sprunghaften Stils in einem ausgewogenen Persönlichkeitsprofil können Sie in einer solchen Arbeit Erfolg und Zufriedenheit finden – *wenn* Sie eine zu enge Beziehung zu Schülern oder Klienten vermeiden und mit der Ungeduld und der niedrigen Frustrationstoleranz Ihres Stils umgehen können.

## TIPS ZUM UMGANG MIT DEM SPRUNGHAFTEN MENSCHEN IN IHREM LEBEN

1. **Stellen Sie sich auf Ihr Podest.** Der Sprunghafte Mensch hat den Wunsch und das Bedürfnis, Sie zu idealisieren und überzubewerten. Genießen Sie seine Bewunderung der besten, edelsten und romantischsten Aspekte Ihres Charakters, und lassen Sie zu, daß die Beziehung zu diesem Menschen das Beste in Ihnen zum Vorschein bringt. Es ist unvermeidlich, daß Sie seine Gunst verlieren, weil Sie menschlich und fehlbar sind, was ihn tief enttäuschen wird. Stellen Sie Ihr Image wieder her, indem Sie etwas außergewöhnlich Liebevolles, Romantisches, Edles, Großzügiges oder Effektvolles tun.

2. Steigen Sie von Ihrem Podest herunter. Es kann sein, daß Sie den Sprunghaften Menschen – und sich selbst – ziemlich regelmäßig daran erinnern müssen, daß Sie zwar seine Gefühle und Erwartungen schätzen, alles in allem aber ein gewöhnlicher Sterblicher sind, der zuweilen egoistisch, uninteressant, schwach und sogar herzlos ist. Bitten Sie darum, daß all Ihre Aspekte akzeptiert und verstanden werden. Erinnern Sie den Sprunghaften Menschen daran, daß er Leute gern als gut oder schlecht betrachtet, in der Realität aber niemand so ist. Sagen Sie diesem Menschen, daß es Ihnen sehr wichtig ist, daß er all Ihre Seiten akzeptiert.
3. Seien Sie von den veränderlichen Stimmungen des Sprunghaften Menschen nicht überrascht oder »umgehauen«, und versuchen Sie, nicht auf sie überzureagieren. Machen Sie sich klar, daß Kleinigkeiten Sprunghafte Menschen aus der Fassung bringen. Wenn Sie beständig und gleichmäßig bleiben, wird es dem Sprunghaften Menschen leichter fallen, das Leben von der heiteren Seite zu sehen.
4. Sprunghafte Menschen erwarten von Ihnen oft, daß Sie verstehen, auf was sie reagieren, und sind gekränkt, wenn Sie es nicht tun. Ersparen Sie sich Zeit und Schwierigkeiten: Bitten Sie um eine Erklärung.
5. Sprunghafte Menschen können impulsiv und exzessiv sein und die notwendigen Angelegenheiten des Alltags schleifen lassen. Übernehmen Sie den verantwortungsbewußten Part, wenn Sie gut darin sind. (Siehe Tip 4 für den Umgang mit Dramatischen Menschen, S. 164–165.)
6. Zeigen Sie Ihre Herzlichkeit, Ihre Liebe, Ihre Anhänglichkeit und Ihre Verbundenheit oft. Für Sprunghafte Menschen ist es wichtig zu hören, wie sehr Sie sie lieben und wie besonders sie für Sie sind. Der Sprunghafte Mensch in Ihrem Leben kann Ihnen ganz schön zu schaffen machen, denn Angehörige dieses Stils sind ungestüm, und es kann sehr schwierig sein, ihnen das zu geben, was sie von Ihnen wollen. Aber sie können mutig, interessant und aufregend sein und Ihnen eine tiefe, innige Liebe entgegenbringen, die anders ist als alle, die Sie je erlebt haben. Danken Sie ihnen offen für all dies.

## MACHEN SIE DAS BESTE AUS IHREM SPRUNGHAFTEN STIL

Sie wissen, wie man lebt und fühlt, und sie schätzen Romantik sehr – dies gehört zu den Stärken, die Ihr Dasein durchtränken. Um sich im Leben und besonders in Ihren Beziehungen erfüllter und erfolgreicher zu fühlen, sollten Sie daran arbeiten, ein bißchen Distanz und Zurückhaltung zu entwickeln.

**Übung 1**
Lesen – oder lesen Sie noch einmal – Kapitel 13 über den Ungeselligen Stil, den Gegenpol Ihres Stils. Versuchen Sie sich vorzustellen, wie es wäre, keine Gefühle zu haben oder sich nicht mit Leuten einzulassen. Versuchen Sie zu erleben, wie es wäre, ein Buch zu lesen, einen Film zu sehen, Musik zu hören oder mit einem Menschen zusammenzusein, ohne emotional zu reagieren. Tun Sie so, als seien Sie ein Schauspieler, der eine Ungesellige Rolle spielen müßte. Denken Sie daran, daß dies nur eine Übung ist, wenn auch eine schwierige; wir wollen nicht, daß Sie versuchen, Ungesellig zu werden, sondern daß Sie den Unterschied zwischen völlig emotional und völlig unemotional zu erleben beginnen.

Wenn Sie sich nicht vorstellen können, wie ein Ungeselliger Typ ohne Rückgriff auf Gefühle andere Menschen oder einen Film beurteilen kann, beginnen Sie vielleicht zu ahnen, in welchem Ausmaß Sie sich auf Ihre Gefühle verlassen und auf sie überreagieren.

**Übung 2**
Beobachten Sie Ihre Gefühle. Stellen Sie sich bei Ihren täglichen Aktivitäten vor, daß Sie in einem Kino sitzen und sich selbst auf der Leinwand sehen. Oder stellen Sie sich vor, in Ihrem Kopf wäre ein anderes Ich, der Beobachter, der alles verfolgt, was Sie erleben. Wenn Sie geschickter darin werden, dieses duale Gefühl von sich selbst zu entwickeln, sagen Sie Ihrem beobachtenden Selbst, es solle besonders auf Ihre Gefühle achten. Suchen Sie nach Änderungen Ihrer Empfindungen und Gefühle. Verfolgen Sie, wie und wann sie sich ändern. Wenn Sie wollen, können Sie eine Strichliste über Ihre Gefühlsveränderungen führen und zum Beispiel jedesmal festhalten, wenn Sie von jemandem enttäuscht sind.

## Übung 3
Wenn Sie Geschick darin entwickelt haben, Ihre Gefühle und deren Veränderungen zu beobachten, versuchen Sie, die Verbindung zu Ihren Gefühlen zu unterbrechen. Sagen Sie sich jedesmal, wenn Sie ein Gefühl oder eine Veränderung Ihres Gefühls bemerken: »Es ist nur ein Gefühl«. Wenn zum Beispiel Ihre Partnerin etwas Dummes tut und Sie plötzlich feststellen, daß Sie sie dafür verachten, treten Sie einen Schritt von diesem Gefühl zurück und erkennen Sie es – oder irgendein anderes Gefühl – nicht als Ihr eigenes an. Lassen Sie den Augenblick vorübergehen, ohne ein Gefühl mit ihm zu verbinden. Am wichtigsten ist, daß Sie nicht auf das Gefühl hin reagieren. Noch einmal: Dies ist nur eine Übung, nicht ein Vorschlag, daß Sie keine Gefühle mehr haben sollten. Wenn Sie sie praktizieren, werden Sie feststellen, daß Sie eine unerwartete Kontrolle über das entwickeln können, was im allgemeinen Sie kontrolliert. Versuchen Sie die Übung auch, wenn Sie depressiv werden. Bestehen Sie sich selbst gegenüber darauf, daß Ihre Depression *nur ein Gefühl* ist, egal wie schrecklich sich die Depression anfühlt; sie zeigt nicht, wie die Welt ist.

## Übung 4
Dämpfen Sie Ihre Gefühle. Stellen Sie sich jedesmal, wenn Sie eine starke emotionale Reaktion haben, vor, daß Sie an einem Knopf drehen, der ihre Intensität herabsetzt. Drehen Sie die Reaktion zehn Prozent zurück, und dann noch einmal zehn Prozent.

## Übung 5
Nachdem Sie Ihre Gefühle beobachtet, sich von ihnen distanziert und sie bewußt kontrolliert haben, versuchen Sie, Ihre Gefühle zu den Menschen in Ihrem Leben zu beobachten und genau festzustellen, wann sie sich zum Schlechteren hin verändern. Fragen Sie sich jedesmal, wenn Sie feststellen, daß Sie Wut oder Enttäuschung über jemanden spüren oder plötzlich beginnen, diesen Menschen zu hassen, ob Sie negativ auf etwas reagieren, was Sie als einen Mangel dieses Menschen betrachten. Sobald Sie sich dabei ertappen, daß Sie diese Art negativer Reaktion haben, kehren Sie zu Übung 3 zurück und distanzieren Sie sich von Ihrem Gefühl. Beobachten Sie einfach, daß es Ihnen schwerfällt, einen anderen in seinem Menschsein zu akzeptieren, aber handeln Sie nicht irgendwie auf Ihr negatives Gefühl hin.

Die vorigen Übungen waren eine kleine Vorbereitung auf die nächsten, die Ihnen helfen sollen, ein bißchen Kontrolle über Ihre Wünsche zu entwickeln und Ihre Fähigkeit zu stärken, zu denken, bevor Sie reagieren. Die Tendenz, spontan in der Gegenwart zu leben, haben Sie mit dem Dramatischen und dem Abenteuerlichen Typ gemeinsam. Gehen Sie auf S. 166 zurück und machen Sie die Dramatischen Übungen 3 (Innehalten und bis zehn zählen) und 4 (Planen) sowie die Abenteuerlichen Übungen 1 (Denken Sie von Ihrem Kopf, nicht von Ihren Begierden her), 2 (Sorgen Sie sich ein bißchen) und 3 (Schützen Sie sich).

**Übung 6**
Setzen Sie, um zuviel Nachgiebigkeit zu vermeiden, eine bestimmte Zeit für sie fest. Wenn Sie ein Plätzchen (oder einen Pullover) wollen, im allgemeinen aber die ganze Dose leer essen (oder den ganzen Laden auskaufen), tragen Sie eine Stoppuhr oder eine andere Uhr mit Zeitgeber mit sich herum. Nehmen Sie ein Plätzchen (kaufen Sie einen Pullover). Stellen Sie dann den Zeitgeber so ein, daß er in einer Stunde piepst. Dann können Sie noch ein Plätzchen essen (einen weiteren Kauf tätigen). Im allgemeinen ist das Bedürfnis vergangen. Wenn nicht, nehmen Sie sich ein weiteres Plätzchen (tätigen Sie einen weiteren Kauf) und stellen Sie den Zeitgeber wieder so ein, daß er in einer Stunde piepst.

**Übung 7**
Ziehen Sie jetzt die Aufmerksamkeit von sich ab und richten Sie sie auf die anderen Menschen in Ihrem Leben. Konzentrieren Sie sich darauf, die Gefühle, Bedürfnisse und beziehungsbezüglichen Erwartungen der für Sie wichtigen Menschen zu erkennen. Halten Sie besonders danach Ausschau, wie die Gefühle, Bedürfnisse und Erwartungen anderer sich von den Ihren unterscheiden. Wenn Sie feststellen, daß Sie negative oder enttäuschte Gefühle haben, wenn Sie an diese Unterschiede denken, gehen Sie zu den Übungen 3 und 5 zurück.

# Borderline-Persönlichkeitsstörung

Verzweiflung, Wut und Raserei, Haß auf sich selbst, Arroganz, Angst, Unsicherheit und Leere, klammernde Abhängigkeit, herausfordernder Starrsinn, gewaltsame selbstschädigende Impulse gehören zu den Qualen der Menschen, die an der Borderline-Persönlichkeitsstörung leiden. Sie sind verzweifelt, leidenschaftlich und instabil. Sie können ihre Fähigkeiten und Talente nicht nutzen, sie haben furchtbare Angst davor, allein zu sein, und sie zerstören die Beziehungen, ohne die sie nicht leben können. Menschen, die diese Störung haben, leben in ewiger seelischer Not. Und die, die mit ihnen zusammen sind, sind mit ihnen in einem Strudel gefangen.

## DIAGNOSTISCHE KRITERIEN

Das DSM-III-R beschreibt die Borderline-Persönlichkeitsstörung als[1]:
Ein durchgängiges Muster von Instabilität im Bereich der Stimmung, der zwischenmenschlichen Beziehungen und des Selbstbilds. Der Beginn liegt im frühen Erwachsenenalter, und die Störung manifestiert sich in den verschiedensten Lebensbereichen. Mindestens *fünf* der folgenden Kriterien müssen erfüllt sein:

1. Ein Muster von instabilen, aber intensiven zwischenmenschlichen Beziehungen, das sich durch einen Wechsel zwischen den beiden Extremen der Überidealisierung und Abwertung auszeichnet;
2. Impulsivität bei mindestens zwei potentiell selbstschädigenden Aktivitäten, z.B. Geldausgeben, Sexualität, Substanzmißbrauch, Ladendiebstähle, rücksichtsloses Fahren und Freßanfälle (außer Suizid oder Selbstverstümmelung, siehe dazu [5]);
3. Instabilität im affektiven Bereich, z.B. ausgeprägte Stimmungsänderungen von der Grundstimmung zu Depression, Reizbarkeit oder Angst, wobei diese Zustände gewöhnlich einige Stunden oder, in seltenen Fällen, länger als einige Tage andauern;
4. übermäßige, starke Wut oder Unfähigkeit, die Wut zu kontrollieren, z.B. häufige Wutausbrüche, andauernde Wut oder Prügeleien;

5. wiederholte Suiziddrohungen, -andeutungen oder -versuche oder selbstverstümmelnde Verhaltensweisen;
6. ausgeprägte und andauernde Identitätsstörung, die sich in Form von Unsicherheit in mindestens zwei der folgenden Lebensbereiche manifestiert: dem Selbstbild, der sexuellen Orientierung, den langfristigen Zielen oder Berufswünschen, in der Art der Freunde oder Partner oder in den persönlichen Wertvorstellungen;
7. chronisches Gefühl der Leere oder Langeweile;
8. verzweifeltes Bemühen, ein reales oder imaginäres Alleinsein zu verhindern (außer Suizid oder Selbstverstümmelung, siehe dazu [5]).

## *Zyklen der Verzweiflung*

Für Menschen, die an dieser quälenden Persönlichkeitsstörung leiden, ist das Leben ein Alptraum: Nichts bleibt sich je gleich. Sie verlieben sich inbrünstig; einen Augenblick später hassen sie den Partner und sind von ihm tief enttäuscht. Wenn sie glücklich sind, glauben sie, daß sie nie mehr wegen etwas oder jemandem unglücklich sein werden; wenn sie hoffnungslos sind, kehren die Welt, sie selbst und jeder sonst zu Asche zurück, und Positives scheint für immer ausgeschlossen. Sie leben für die Liebe, aber beim geringsten Anlaß werden sie stur, arrogant und ärgerlich. Sie suchen eine Identität – als Student, als Mitglied einer religiösen Gruppe, als Trainer oder Sozialarbeiter –, aber sie fühlt sich nicht lange richtig für sie an; sie finden sich selbst nicht, sie wissen nicht mehr, was sie glauben, und deshalb meinen sie, sie müßten jemand anders werden. Wer bin ich? Was denke ich? Was soll ich mit meinem Leben machen? Ihre Gefühle, ihre Stimmungen, ihr Selbstgefühl und ihre Erfahrungen mit anderen Menschen sind im höchsten Maße und auf tragische Weise unbeständig. Sie können sich nur im Kreis drehen.

## *Studie in Schwarz und Weiß*

Menschen mit der Borderline-Störung leben eine Alles-oder-Nichts-, Schwarz-oder-Weiß-Existenz. Während andere gemischte Gefühle tolerieren können – »Ich liebe meinen Partner, aber natürlich hat er eine Menge Fehler« –, besteht für Borderliner die Welt aus zwei Arten von Menschen: vollkommen guten, freundlichen, liebevollen – und Bösewichten. Sie brauchen die Liebe der ersteren, treffen aber im allgemeinen nur auf die letzteren.

Ähnlich verwirrt sind sie in bezug auf sich selbst. In dem einen Augenblick halten sie sich für die Größten; dann wieder werten sie sich ab. Da sie sich innerlich leer fühlen, wagen sie nicht, mit sich alleine zu sein. Sie wollen die Liebe, den Schutz und die Gesellschaft eines fürsorglichen, absolut guten Menschen. Sie begegnen irgend jemandem, und der Borderliner sieht nichts Böses; nie gab es einen zärtlicheren, verständnisvolleren Menschen. In einem Augenblick wird die Partnerin, die vielleicht die kleinste Unbedachtheit begangen hat, zu einem Gegenstand des Hasses oder der Verachtung. Die Welt bricht wieder zusammen. Der enttäuschende »Sturz vom Thron« ist unvermeidlich; aber noch bevor er geschieht, beginnt der Borderliner zu fürchten, anzunehmen oder vorherzusagen, daß er abgelehnt wird – und deshalb muß er um so verzweifelter klammern: »Verlaß mich nicht! Ich werde alles tun, damit du bei mir bleibst!« Manchmal geht er in puncto Selbstaufopferung und Selbstverleugnung extrem weit, um an einer Beziehung festzuhalten, reagiert aber dem Partner gegenüber abwechselnd mit Wut und Selbstmitleid.

Die unkontrollierbar zwischen schwarz und weiß, alles oder nichts hin- und herhüpfenden Borderliner leben ein unerfülltes Leben. Meist fühlen sie sich depressiv und pessimistisch, und fast alles löst extreme Verzweiflung, Reizbarkeit, Angst, Enttäuschung oder Schuldgefühle aus; gelegentlich erleben sie kurze Episoden der Euphorie. Aber nichts als das übliche Stimmungstief dauert an. Aufgrund ihrer Unfähigkeit, bei irgend etwas oder irgend jemandem einschließlich sich selbst beständig zu sein, besitzen sie keine Ausdauer, sie lernen nicht aus Erfahrung und sind nicht in der Lage, Herausforderungen zu meistern. Sie können die Stimmungsschwankungen, die Frustration, den Schmerz und die Enttäuschung des Lebens nicht ertragen; vor allem Zurückweisungen und drohende Ablehnungen machen ihnen zu schaffen. Sie wissen nicht, wie sie ihre Gedanken von ihrer Angst und ihrem Schmerz lösen sollen; sie können sich nicht auf ihre Arbeit, einen Film, eine Fahrradtour oder ein gutes Buch konzentrieren. Statt dessen flüchten sie in impulsiven Sex, in Freßgelage, Drogen, Einkaufen oder sogar gelegentliche Ladendiebstähle. Stark gestörte Menschen fühlen sich nur besser und innerlich ruhiger, wenn sie sich verstümmeln – wenn sie sich in den Arm schneiden, sich mit Zigaretten verbrennen, mit dem Kopf gegen eine Wand schlagen oder einen Selbstmord andeuten.

## *Borderline – Grenze von was?*

Der Borderline-Störung gilt heute die meiste Forschung und das meiste klinische Interesse von allen 13 Persönlichkeitsstörungen. Sie stellt sich als ein Puzzle mit vielen merkwürdigen Teilen dar. Je mehr wir über sie wissen, desto häufiger scheint sie vorzukommen, vor allem bei Menschen, die wegen psychiatrischer Schwierigkeiten hospitalisiert wurden. 15 bis 20 Prozent von ihnen könnten an dieser komplexen Persönlichkeitsstörung leiden. Viele dieser Menschen kommen in ein Krankenhaus, weil sie einen Selbstmord versucht haben (dem oft eine romantische Affäre vorausging, die mit einer Zurückweisung endete), weil sie sich verstümmelt haben oder an den extremen Folgen von Drogen- und Alkoholmißbrauch leiden; andere wurden wegen Depressionen oder psychotischer Symptome hospitalisiert.

Was *ist* die Borderline-Persönlichkeitsstörung? Einige Theoretiker und Ärzte glauben, daß sie überhaupt keine Persönlichkeitsstörung ist, sondern eher ein bestimmtes Niveau der »Desorganisation« der Persönlichkeit. Der Begriff »Borderline« kam vor ungefähr 50 Jahren in Gebrauch, um eine Gruppe von Patienten zu bezeichnen, die in die damaligen Standard-Kategorien Neurose und Psychose nicht hineinpaßten. Aufgrund ihrer enormen Probleme schienen sie für eine Kategorie zwischen funktional und nicht-funktional in Frage zu kommen. Der Begriff »Borderline« wurde von einigen früheren Ärzten auch für Patienten benutzt, die in der damaligen Terminologie an leichter Schizophrenie litten; heute würden diese Menschen jedoch wahrscheinlich als Schizotypisch diagnostiziert (siehe Kapitel 12).

Obwohl die Verfasser des DSM-III den Begriff »Borderline« beibehielten, sollte er keine Störungen bezeichnen, die an der Grenze zur Psychose lagen. Patienten, denen eine Borderline-Diagnose gestellt wird, haben eine Persönlichkeitsstörung, und damit basta. Dennoch interessiert die heutigen Forscher ihre Beziehung zu den affektiven (Stimmungs-)Störungen mehr als die zur Schizophrenie. Die ganze Skala der depressiven und manisch-depressiven Stimmungs-Regulationsstörungen nach Achse I tritt häufig in Verbindung mit einer Borderline-Persönlichkeitsstörung auf. Vielleicht, so die Theorie einiger Forscher, hängt die Borderline-Persönlichkeitsstörung mit einem ererbten »affektiven Spektrum« von Störungen zusammen, genauso wie die Schizotypische und die Paranoide Persönlichkeitsstörung zum sogenannten schizophrenen Spektrum gehören.

## Vorkommen, prädisponierende Faktoren und Risiken

Die Borderline-Persönlichkeitsstörung wird sehr viel häufiger bei Frauen diagnostiziert; Schätzungen gehen von einem Verhältnis von 3:1 aus. Der Grund dafür ist noch nicht bekannt.

Beachtenswert in diesem Zusammenhang erscheint, daß Frauen auch unter den klinischen Formen der Depression sehr viel häufiger als Männer leiden; auch hier sind die Gründe noch unklar. In der Depressionsforschung gibt es inzwischen zahlreiche Hinweise darauf, daß Depression (besonders die manisch-depressiven bzw. bipolaren Formen) eine ererbte Krankheit sein könnte. Menschen, die an der Borderline-Persönlichkeitsstörung leiden, könnten ähnlich prädisponiert sein. Ihre Familiengeschichte zeigt jedenfalls oft eine Verbindung zu manischer Depression und Alkoholismus.

Einige Forscher, die die Biologie der Persönlichkeit untersuchen, nehmen an, daß Menschen mit einer Borderline-Persönlichkeitsstörung die genetische Prädisposition zu einer schlechten Regulation der Stimmungen erben, was ihre ständig wechselnden Gefühle, ihre Empfindlichkeit gegenüber Zurückweisung, ihre instabilen Beziehungen, die Eßstörungen, zu denen sie neigen, und sogar ihre Selbstmordtendenzen erklären könnte. Es gibt Hinweise[2], daß Menschen mit dieser Störung zu wenig Serotonin haben, ein wichtiger chemischer Stoff im Gehirn, der dazu beiträgt, das zentrale Nervensystem und viele seiner emotionalen Funktionen zu regulieren. (Mehr über Serotonin und Persönlichkeit findet sich in Kapitel 16, S. 413–414).

Eine solche biologische Prädisposition würde es einem anfälligen Menschen auf jeden Fall schwer machen, mit einigen der schwierigeren Erfahrungen im Leben fertig zu werden – und einiges deutet darauf hin, daß die Betreffenden in der frühen Kindheit unverhältnismäßig viel bewältigen mußten.

Viele Borderliner stammen aus gestörten oder auseinandergebrochenen Familien, in denen Alkohol, Mißhandlung, Gewalt und traumatische Trennungen vorkamen. Oft erlebten sie als Kinder extreme physische oder verbale Brutalität. Es wird geschätzt, daß 30 Prozent der hospitalisierten Borderliner Opfer eines Inzests wurden. Die Eltern waren überwiegend feindselig, unbeständig und unvorhersehbar. Einige Borderliner kommen aus Familien, die an der Oberfläche gut zu funktionieren schienen, in denen aber ein Elternteil oder beide die frühesten Versuche des Kindes behinderten oder bestraften, eine unabhängige Identität zu entwickeln, und gleichzeitig Nähe und Intimität entmutigten.

Die Familienmitglieder von Borderlinern leiden oft an einer breiten Palette von Persönlichkeitsstörungen, insbesondere der Schizotypischen, der Histrionischen, der Narzißtischen und der Antisozialen. Bei extremem Streß können vorübergehend psychotische Symptome auftreten, die oft durch Paranoide Züge gekennzeichnet sind. Wie bei Antisozialen Menschen scheinen die extremsten selbstzerstörerischen Verhaltensweisen, die in der späten Adoleszenz vorbrechen, abzunehmen, wenn die Betreffenden 30 oder 40 werden; die Verzweiflung nimmt dann sozusagen einen ruhigeren Charakter an. Es ist jedoch möglich, daß sie dieses Alter gar nicht erreichen. Weil sie in bezug auf Sex und Drogen impulsive Risiken eingehen, und wegen ihrer Selbstmordtendenzen besteht bei schwergestörten Menschen die Gefahr, daß sie früh sterben.

## *Hilfe!*

Und jetzt die guten Nachrichten. Vielen Borderlinern kann durch kurz- oder langfristige, ambulante oder stationäre Programme und Therapien geholfen werden. Ziel der kürzeren Programme ist die Bewältigung akuter Krisen, während eine ausgedehnte, mindestens vierjährige Psychotherapie eine dauerhafte Veränderung bewirken kann, *wenn* der Patient so lange durchhält.

Borderliner gehen oft freiwillig in Therapie; sie genießen die Intensität der idealisierten Beziehung zum Therapeuten. Aber wie in all ihren Beziehungen können sie plötzlich beginnen, den Menschen zu hassen, den sie so heiß geliebt haben, und einen Therapeuten ablehnen; sie wechseln zu einem anderen und wieder zu einem anderen. Ihr häufiger Zorn und ihre intensiven Stimmungen, ihr Verlangen nach immer mehr Aufmerksamkeit und ihr ständiges Testen des Therapeuten – oft durch selbstschädigende Handlungen – kann in einem unvorsichtigen, unerfahrenen Kliniker Gefühle der Hilflosigkeit und Wut erzeugen. Borderline-Patienten sind nicht jedes Therapeuten Fall. Aber ein geübter, einfühlsamer Profi wird die Ursache der Gefühle erkennen können, die diese Patienten in ihm auslösen, und sie immer wieder freundlich mit den Auswirkungen ihres Verhaltens auf andere konfrontieren. Der Therapeut muß stark genug sein, Grenzen für ein akzeptables Verhalten zu setzen und geltend zu machen, die Geduld haben, auf zukünftige Ergebnisse hin zu arbeiten, und mitfühlend, fürsorglich, verläßlich und beständig sein. Es ist wichtig, daß der Therapeut sich während der Therapie-Stunde aktiv auf den Patienten einläßt und nicht einfach dasitzt und zuhört.

Bei akuten Symptomen sind viele Arten von Medikamenten hilfreich, einschließlich Antidepressiva, Antipsychotika und Antikonvulsiva. Ergebnisse einer 1988 vom National Institute for Mental Health durchgeführten Untersuchung[3] weisen darauf hin, daß das Antidepressivum Tranylcypromine in Kombination mit dem Antikonvulsivum Carbamazepine einigen Leidenden bei der Beherrschung ihres impulsiven Verhaltens helfen kann. Verhaltenstherapien, die den Patienten Problemlöse-Fertigkeiten beibringen, um selbstzerstörerische Handlungen zu verhindern und konstruktivere Bewältigungsmethoden zu erlernen, können diesen gestörten Menschen möglicherweise ebenfalls helfen.

## *Der Umgang mit Borderlinern*

Bei Menschen mit einer leichten Borderline-Persönlichkeitsstörung können Sie sich auf die Tips für den Umgang mit Sprunghaften Menschen (S. 344–345) beziehen. Ansonsten sollten Sie die innere Qual erkennen, die Borderliner zu ihrem Verhalten treibt; versuchen Sie, nicht das Muster zu verewigen, auf ihre Überreaktionen überzureagieren. Mit anderen Worten: Versuchen Sie, sich emotional herauszuhalten. Dies wird Ihnen helfen, Ihre Gefühle zu beherrschen und eine Manipulation als das zu erkennen, was sie ist. Am wichtigsten aber ist, daß Sie Ihre eigenen Grenzen erkennen. Sagen Sie Borderlinern, daß Sie sie lieben, *aber* daß Sie nicht alles für sie sein können, was sie wollen, und daß Sie nicht für alles verantwortlich sein können, was sie sich selbst antun. Ermutigen Sie sie, Hilfe zu suchen; bestehen Sie darauf, wenn Sie können. Wenn Ihre Familie im Chaos lebt, suchen Sie gemeinsam Hilfe.

KAPITEL 15

# Aufopfernder Stil
## »Der Altruist«

Leben heißt dienen; lieben heißt geben. Für Menschen, bei denen der Aufopfernde Persönlichkeitsstil dominiert, sind dies unverrückbare Grundsätze. Sie meinen, daß ihre Bedürfnisse warten können, bis andere gut bedient sind. Wenn sie wissen, daß sie etwas von sich selbst gegeben haben, fühlen sie sich wohl und mit sich selbst im Frieden, und ihr Platz in der Ordnung der Dinge erscheint ihnen sicher. Im besten, edelsten Fall ist dies der selbstlose, großherzige Persönlichkeitsstil, aus dem Heilige und gute Bürger gemacht sind.

## DIE SIEBEN CHARAKTERISTIKA

Die folgenden sieben Charakterzüge und Verhaltensweisen sind Hinweise auf das Vorhandensein des Aufopfernden Stils. Ein Mensch mit stark Aufopfernder Tendenz zeigt mehr dieser Verhaltensweisen intensiver als jemand, der weniger von diesem Stil geprägt ist.

1. *Großzügigkeit.* Aufopfernde Menschen geben Ihnen das Hemd, das sie auf dem Rücken tragen, wenn Sie es brauchen. Sie warten nicht, bis sie gefragt werden.
2. *Dienen.* Ihre erste Verhaltensmaßregel lautet, anderen zu helfen. Aus Achtung vor anderen konkurrieren sie nicht mit ihnen und sind nicht ehrgeizig; sie sind zufrieden, an zweiter oder sogar an letzter Stelle zu kommen.
3. *Rücksicht.* Aufopfernde Menschen sind anderen gegenüber immer rücksichtsvoll. Sie sind ethisch, ehrlich und vertrauenswürdig.
4. *Zustimmung.* Sie urteilen nicht, tolerieren die Schwächen anderer und äußern nie scharfen Tadel. Sie gehen mit Ihnen durch dick und dünn.
5. *Bescheidenheit.* Sie prahlen nicht und sind nicht stolz; sie

fühlen sich nicht wohl, wenn man ihretwillen viele Umstände macht. Aufopfernde Männer und Frauen stehen nicht gern im Mittelpunkt der Aufmerksamkeit; Rampenlicht behagt ihnen nicht.
6. *Geduldiges Ertragen.* Sie halten Leiden lange aus und tragen ihre Bürden im Leben am liebsten selbst. Sie haben viel Geduld und sehr viel Toleranz für Unannehmlichkeiten.
7. *Arglosigkeit.* Aufopfernde Menschen sind eher naiv und unschuldig. Sie sind sich der oft tiefen Wirkung, die sie auf das Leben anderer haben, nicht bewußt, und vermuten bei Menschen, denen sie soviel von sich selbst geben, nie Unaufrichtigkeit oder unlautere Motive.

## DIE SECHS BEREICHE DES AUFOPFERNDEN FUNKTIONIERENS

Keine Frage: Für Menschen, bei denen der Aufopfernde Persönlichkeitsstil dominiert, sind Beziehungen der Schlüsselbereich ihres Lebens.

### *Beziehungen: Für dich tu ich alles*

Aufopfernde Menschen beziehen ihren Lebenssinn daraus, daß sie anderen geben. »Ich existiere, um zu dienen«, lacht die Aufopfernde Donna mit einem Anflug von Selbstironie. Ihr Mann Bruce hat sie gebeten, zum Abendessen ihr selbstgemachtes Sauerteigbrot zu machen. Es ist spät am Sonntag nachmittag, und Donna, eine Krankenpflegerin, hat versucht, den Papierkram aufzuarbeiten, den sie vom Büro mit nach Hause gebracht hat. Sie macht sich über Bruce lustig, daß er immer seinen Willen bekommt, aber im allgemeinen nimmt sie seine Wünsche vorweg. Heute ärgert sie sich ein wenig über sich, daß sie nicht das Brot gebacken hat, das er an kühlen Frühlingsabenden wie diesem immer so mag. Allerdings hat sie heute ihre ganze eigene Arbeit erledigt, erinnert sie sich. Und mit dem Papierkram hinkt sie deshalb hinterher, weil sie so viel Zeit – zuviel Zeit, wie einige ihrer Kollegen sagen – mit ihren Patienten verbringt. Aber das ist Donna. Ihre Patienten kommen mit individuellen Bedürfnissen zu ihr – es ist einfach nicht ihre Art, irgend jemanden abzuweisen, bevor sie soviel getan hat, wie sie kann.

Donna hat auch einen Zug Anhänglichen Stil in ihrem Persönlichkeitsprofil, aber der Aufopfernde ist stärker. Anhängliche Menschen bauen ihr Leben um ihre wichtigsten Beziehungen herum auf – Partner, Kinder, liebe Freunde. Aufopfernde Menschen geben jedem, mit dem sie in Kontakt kommen. Sie sind freundliche, liebenswürdige Wohltäter; es ist ihr eingebautes Wertesystem, immer anderen zu helfen. Irgendwie tun sie in all ihren Beziehungen etwas für andere.

Sie wollen für ihre Hilfsbereitschaft keine Belohnung. Sie geben ihre eigenen Bedürfnisse auf, um zu dienen – Donna zum Beispiel legt ihre eigene Arbeit beiseite, um das Brot zu backen, das ihr Mann mag –, aber sie erleben ihr Tun nicht als Selbstverleugnung. Für jemand anders etwas Gutes zu tun, gibt ihnen das Gefühl, in der Welt am richtigen Platz zu sein, und nur das zählt. Sie sind, mit anderen Worten, Altruisten.

Jeder, bei dem dieser Stil überwiegt, findet einen Sinn darin, dafür zu arbeiten, daß das Leben anderer besser wird. Einige Aufopfernde Menschen werden große Philanthropen, manche Missionare. Es sind die Leute, die ein krankes oder behindertes Pflegekind aufnehmen, die in der Aids-Hilfe arbeiten, die Wohlfahrtsvereinen und sozialen Institutionen ihre unermüdliche Unterstützung angedeihen lassen, die ihre eigenen Bedürfnisse denen der Familie opfern. Sie sind von leidenden, bedürftigen Geschöpfen angezogen, und sie tun, was sie können, um deren Schmerz und Not zu lindern. Einige Aufopfernde Menschen sind begabte Heiler.

Sie arbeiten lang und hart und sind glücklich, sich selbst bei ihrer Hilfsbereitschaft für eine Sache oder einen Menschen zu vergessen. Manchmal sagt Bruce zu Donna: »Liebling, es ist fast Mitternacht. Vergiß das Bügeln. Ich ziehe morgen etwas anderes an. Du siehst todmüde aus. Denk an dich selbst, Schatz. Komm ins Bett.« Aber Donna macht die endlose Plackerei nichts aus. Sie fällt in einem ruhigen, zufriedenen inneren Gleichgewicht ins Bett; sie hat sich ihre Ruhe verdient.

### »Himmel, ihr braucht mir nicht zu danken«

Aufopfernde Männer und Frauen sind aktiv, vital, energisch, stark motiviert, immer fleißig – aber wenn sie nicht auch einen oder mehrere der »Ich«-Stile (etwa den Selbstbewußten) in ihrer Persönlichkeit haben, werden ihre Bemühungen immer jemand anders gelten. Routinemäßig lenken sie die Aufmerksamkeit von sich ab. »Es ist nichts Besonderes«, beharrte der Gewissenhaft-Aufopfernde Peter, nachdem er allein ein großes Abendessen zugunsten einer lokalen Theatergruppe organisiert und koordiniert hatte, das der Gruppe Geld in die Kasse bringen sollte. Er widmete dieser Aufgabe drei Monate seiner Freizeit. Während der Vorstellung war er ständig dabei, die Bedienung, das Abräumen des Geschirrs und das allgemeine Wohlergehen der 500 Gäste zu beaufsichtigen, anstatt sich mit ihnen auch nur einen Augenblick zu entspannen.

»Himmel, ihr braucht mir nicht zu danken«, beteuerte er mit typisch Aufopfernder Bescheidenheit, als die Gäste zu gehen begannen. »Elizabeth hat diese tollen Kuchen gebacken«, sagte er, oder »Raymonds Firma hat die Tischtücher gestiftet«, oder »Violet hat jeden Umschlag von Hand beschriftet«. Aufopfernde Menschen rechnen sich das, was sie tun, nicht gern als Verdienst an. Sie genießen die Aufmerksamkeit nicht. Sie fühlt sich für sie »nicht richtig« an.

Tatsächlich lenken einige Aufopfernde Typen die Aufmerksamkeit so routiniert von sich ab, daß die wichtigen Menschen in ihrem Leben ihre außergewöhnlichen Anstrengungen nicht mehr bemerken; sie beginnen, sie für selbstverständlich zu halten oder ihre Gutmütigkeit auszunutzen. Nachdem diese Aufopfernden Männer und Frauen immer wieder darauf bestanden haben, daß sie keinen Dank, keinen Ruhm und keine Aufmerksamkeit wollen, nehmen die Leute sie schließlich beim Wort und hören auf, ihren Beiträgen Aufmerksamkeit zu schenken. Und *das* verletzt.

Sie möchten für ihre selbstlosen Anstrengungen nicht gefeiert werden, aber wie die meisten anderen Menschen brauchen sie es, geliebt und geschätzt zu werden. Sie geben gerne und hassen es, stolz oder streberisch zu erscheinen. Aber die Behandlung als Nichtperson kann Aufopfernden Menschen, die zu wenig Anerkennung bekommen, viel Schmerz und Verwirrung bereiten. Obwohl Donna jahrelang ihrem Mann gesagt hat: »Liebling, mach nicht so viel Aufhebens wegen des Sauerteigbrotes; es ist wirklich keine große Sache«, wird sie tief enttäuscht sein, wenn Bruce je aufhören sollte, das Brot lobend zur Kenntnis zu nehmen, und zu erwarten beginnt, daß es da ist, wann immer er will. »Warum«, wird Donna sich dann fragen,

»scheint er es nicht zu bemerken oder sich nichts daraus zu machen, wenn ich so hart arbeite, damit er glücklich ist?«

## Schuldige Vergnügen

Bis zu einem gewissen Grad ist dieses Unbehagen gegenüber positiver Aufmerksamkeit allen Aufopfernden Menschen gemeinsam. Sie fühlen sich nicht wohl, wenn sie auf einem Podest stehen, und sind verlegen (wenn auch geschmeichelt), wenn jemand sagt: »Jetzt wollen wir uns zur Abwechslung einmal darauf konzentrieren, *dich* glücklich zu machen.« Aufopfernde Typen sind in ihrem Element, wenn sie anderen Freude machen oder ihnen helfen, aber sie fühlen sich unbehaglich, wenn die Sache andersherum läuft.

Dieses Unbehagen kann wie Schuld aussehen, so, als würden sie tief im Inneren glauben, soviel Aufmerksamkeit nicht zu verdienen. Lorraine J.s Persönlichkeit zum Beispiel wurde vom Dramatischen Stil beherrscht, der Aufopfernde kam als zweiter. Sie hatte das starke Dramatische Bedürfnis, im Rampenlicht zu stehen, aber aufgrund ihrer Aufopfernden Seite war sie deshalb auch verlegen. Nach ein paar Jahren Therapie war sie in der Lage, sich selbst eine aufwendige Party zum 35. Geburtstag zu geben. Sie kleidete sich erlesen an und war entschlossen, der Star des Abends zu sein. Aber um die Show angesichts ihrer 75 Gäste aufrechtzuerhalten, mußte Lorraine sich betrinken und war so für ihr selbstbewußtes, auftrumpfendes Verhalten scheinbar nicht verantwortlich. Am nächsten Morgen hatte sie einen riesigen Kater – und ein elendes Gefühl der Depression. Später kam sie mit ihrem Therapeuten darauf, daß sie Schuldgefühle hatte, weil sie in dieser »egoistischen« Aufmerksamkeit »schwelgte«. Sie erkannte, daß sie insgeheim besondere Aufmerksamkeit immer gewollt und gemocht hatte, aber ihr war beigebracht worden, bescheiden zu sein, denn »Hochmut kommt vor dem Fall«.

## Achtung: Einbahnstraße

Aufopfernde Menschen wie Lorraine, die eher geben als nehmen, können gute und sogar heiligmäßige Menschen sein. Aber in bezug auf die Befriedigung ihrer eigenen Bedürfnisse geraten sie möglicherweise in unausgewogene Beziehungen, denn es fällt ihnen schwer, Liebe anzunehmen. Unter Umständen erkennen sie nicht, daß Menschen, die nichts für sich verlangen und meinen, soviel Aufmerksamkeit nicht zu verdienen, oft Partner entmutigen, die geben wollen und können.

Patrick S. war in seiner Beziehung zu Gail B. der Aufopfernde Geber. Zunächst fühlte Gail sich durch seine Aufmerksamkeiten geschmeichelt – die Blumen, die Geschenke, die Rückenmassagen, das bleibende Interesse an ihren sexuellen Wünschen. Aber sie wollte auch geben, nicht nur nehmen. Sie begann, ihn ebenfalls mit kleinen Geschenken zu überraschen, aber zu ihrer Enttäuschung reagierte Patrick darauf nicht besonders positiv. Er schien sich nicht wohl zu fühlen. Sie versuchte, ihm eine sinnliche Massage zu geben – so eine wie die, die er ihr gegeben hatte –, aber es entspannte ihn nicht und es machte ihn nicht an. Gail meinte zu ihm, sie müßte ihm auch etwas geben können, um ihn zu lieben. Obwohl seine scheinbare Sensibilität für ihre Bedürfnisse sie stark angezogen hatte, begann sie, sich von ihm abzuwenden. »Es ist wirklich die totale Ironie«, vertraute sie später einer Freundin an, »da habe ich jahrelang nach einem Mann gesucht, dem meine Gefühle wichtig sind, und dann finde ich einen, der sich *zu viel* um sie kümmert und zu wenig für sich selbst verlangt.«

Madame Anna, deren Fallgeschichte auf S. 375 erscheint, war eine außergewöhnlich aufmerksame und begabte Geliebte, aber bei einem liebevollen Partner konnte sie selbst keine sexuelle Erfüllung finden. Wenn ein Partner versuchte, sie zu befriedigen, wurde sie verlegen, sie fühlte sich unbehaglich und stoppte ihn. Wie viele extrem Aufopfernde Menschen zog sie schließlich nur noch Männer an, die nur nahmen und nichts gaben – egoistische, rohe und gierige Liebhaber, die nur an ihre eigenen Bedürfnisse dachten.

Der überwiegend Aufopfernde Tony ließ seinen Jaguar und seine wertvolle Sammlung alter Münzen auf den Namen seiner Braut eintragen, um seine Großzügigkeit und seine Liebe zu demonstrieren. Als sie ihn zwei Jahre später verließ, fuhr sie mit beiden davon.

## Eine feine Grenze

Für Menschen, die sehr stark von diesem Persönlichkeitsstil geprägt sind und nur das Beste für andere wollen, ist es offenbar äußerst schwierig zu wissen, wo sie die Grenze ziehen sollen. Gemäßigt Aufopfernde Menschen können ihr Geben und Tun für andere ins Gleichgewicht bringen und, wenn auch vielleicht mit einiger

Anstrengung, mehr für sich verlangen. Aber wenn der Stil extrem wird und sich der Selbstschädigenden Persönlichkeitsstörung nähert, legt das ständige Geben und Tun anderen eine unwillkommene, verpflichtende Last auf. (»Oh Gott, nachdem Nina jetzt bei meiner Party unbedingt das ganze Geschirr spülen wollte, werde ich wohl dasselbe für sie tun müssen, wenn sie ihre Party gibt. Eigentlich habe ich überhaupt keine Lust, zu ihrer Party zu gehen.«) Aufopfernde Menschen bestehen immer darauf, daß sie Mühen und Unannehmlichkeiten auf sich nehmen, um anderen zu helfen; sie sind gewöhnlich blind gegenüber der Tatsache, daß manche Leute ihre Hilfe gar nicht wollen. Das ungebetene »Laß mich das für dich tun« geht anderen oft auf die Nerven.

Bevor die früher erwähnte Donna ihren Persönlichkeitsstil ins Extrem treibt, sollte sie sich fragen, ob ihr Mann Bruce es nicht lieber hätte, daß sie an seiner Seite im Bett liegt, als daß sie für ihn bis zur Erschöpfung Hemden bügelt. Da Aufopfernde Menschen geben, um akzeptiert zu werden, verstehen sie nicht ohne weiteres, daß Menschen, die sie lieben, vielleicht zur Abwechslung einmal möchten, daß sie ein bißchen weniger oder anders geben.

## Aufopfernde Eltern

Die erfolgreiche Erziehung von Kindern erfordert die Fähigkeit, für sie Opfer zu bringen und wenig zurückzuerwarten – bis zu einem gewissen Punkt. Menschen mit einem gemäßigt Aufopfernden Stil geben natürlich und mit Freude und vermitteln dem Kind ein starkes Sicherheitsgefühl im Leben. Extrem Aufopfernde Menschen jedoch können zu Märtyrern werden und ihrer Nachkommenschaft Schuldgefühle vermitteln. Sie arbeiten sich für die Kinder ab und sind sehr enttäuscht, wenn diese undankbar erscheinen oder als Erwachsene ihre eigenen Wege gehen. Ein sehr Aufopfernder Elternteil, »der auf alles verzichtet hat, damit du Medizin studieren konntest«, wird von der Entscheidung des Kindes, eine Laufbahn als Rockmusiker einzuschlagen, wahrscheinlich nicht gerade erbaut sein. »Aber Mutter, ich wollte nie Arzt werden. Ich habe dich nie *gebeten*, meinetwegen auf neue Kleider oder ein neues Auto zu verzichten.«

Als Rollenvorbilder müssen Aufopfernde Eltern sich vielleicht daran erinnern, daß sie ihren Kindern auch ein gutes Beispiel für Selbstbehauptung geben – daß es in Ordnung ist, zu sich zu stehen und darum zu bitten, daß die eigenen Bedürfnisse erfüllt werden. Sie müssen auch üben, Grenzen zu setzen, ihre Wut direkt zu äußern und zu angemessener Zeit nein zu sagen.

**Gute/schlechte Gespanne**

Aufopfernde Menschen stellen sich so darauf ein, was andere brauchen und wollen, daß sie wie der Anhängliche und der Sprunghafte Stil zu fast jedem eine Beziehung eingehen können. Daher zeigen sie bei der Wahl eines geeigneten Partners vielleicht auch nicht genügend Unterscheidungsvermögen und laufen Gefahr, sich mit Leuten einzulassen, die ihr hilfsbereites, freundliches, gebendes, unterwürfiges Wesen ausnutzen. Und weil Aufopfernde Menschen versöhnlich und tolerant sind, kann es sein, daß sie eher eine für sie schädliche Beziehung fortsetzen, als sie zu verlassen.

Wenn der Aufopfernde Stil bei Ihnen dominiert, passen sie offensichtlich am besten zu Leuten, die gerne umsorgt und mit Aufmerksamkeit überschüttet werden. Aber hüten Sie sich vor Abenteuerlichen oder Aggressiven Menschen, die Sie benutzen oder mißbrauchen können. Vermeiden Sie auch Selbstbewußte Menschen, denn sie werden Ihre Bedürfnisse nicht zur Kenntnis nehmen und Sie enttäuschen, auch wenn sie das, was Sie zu geben haben, mit Freuden nehmen werden. Ansonsten und abhängig von den sonstigen Einflüssen in Ihrem Persönlichkeitsprofil paßt eigentlich jeder Stil.

## *Gefühle, Selbstbeherrschung und reale Welt: Probleme mit angenehmen Erlebnissen*

Wie wir gesehen haben, sind Aufopfernde Männer und Frauen »Lustgeber«, nicht »Lustnehmer« – obwohl sie zu der ganzen Skala befriedigender Gefühle und Triebe sehr viel fähiger sein können, als es scheint. Emotional können sie sich ziemlich positiv und erfüllt fühlen, vor allem wenn sie für jemanden etwas Gutes getan haben.

Die Heimlichkeit ist der Schlüssel für ihr Vergnügen. In Gegenwart anderer geben sie Annehmlichkeiten automatisch auf, damit andere sich wohl fühlen. Sie kochen und bedienen eher, als daß sie selber essen. Sie stehen, während andere sitzen. Sie wählen den unbequemen Stuhl, damit der weiche Sessel für jemand anders bleibt. Im Bett erfüllen sie eher die Bedürfnisse des Partners als ihre eigenen. Sie sind so, und sie sind gut darin. Aber weil sie dem anderen zugewandte »Lustgeber« sind, haben sie Schwierigkeiten, die strenge Kontrolle über die eigenen Gefühle und Triebe zu lockern, um zu entspannen und es sich gutgehen zu lassen. Einige extrem Aufopfernde Menschen erscheinen steif, streng und zugeknöpft – und kein bißchen lustig.

### Gestohlene Augenblicke

Wenn niemand in der Nähe ist, können diese Menschen jedoch feststellen, daß Entspannung und Sich-Gehenlassen ihnen leichtfallen. Sie können sich im bequemen Sessel entspannen, die Eiscreme ausschlecken, einen obszönen Film ansehen und sich eine schöne Zeit machen.

Je stärker der Aufopfernde Stil bei einem Menschen ist, desto mehr Zeit wird er damit verbringen, sich in Anwesenheit anderer Gedanken zu machen, was er noch für sie tun könnte oder was er vielleicht übersehen hat. Seinem eigenen Vergnügen geht er nur nach, wenn niemand zusieht, als müßte er sich deshalb schämen.

### Die dunkle Seite

Trotzdem neigen Aufopfernde Menschen aus vielen Gründen zu Traurigkeit und Depression. Sie betrachten die reale Welt als einen harten, schwierigen, *schmerzlich* realen Ort, an dem ihr Auftrag darin besteht, die Dinge für andere besser zu machen. Auch Menschen mit einem ausgewogenen Persönlichkeitsprofil können durch ihre altruistischen Bemühungen, den Bedürftigen zu helfen, dem Schmerz, dem Elend und dem Unglück der menschlichen Existenz mehr als andere ausgesetzt sein. Sie halten das Leben nicht für angenehm, gerecht oder leicht. Stärker Aufopfernde Menschen drückt eine tiefinnere Schuld und das Gefühl der endlosen, unerfüllbaren Verpflichtungen anderen gegenüber nieder. Sie wissen nicht, wie sie ihre Wut auf die Menschen äußern sollen, die sie mögen, oder gestehen sich solche Gefühle gar nicht erst ein. Andere sind einfach nicht in der Lage, auch die heitere Seite zu sehen.

Aus diesen und anderen Gründen erscheinen Aufopfernde Menschen oft langmütig und manchmal zynisch – immer aber emotional stark und fähig, alle Lasten zu schultern, die ihnen in ihrem Leben begegnen. Wie sie ihr persönliches Leid äußern, hängt von den anderen Stilen in ihrem Persönlichkeitsprofil ab. Mit Dramatischen oder Sprunghaften Zügen klagt ein überwiegend Aufopfernder Typ vielleicht laut über die vielen undankbaren Menschen in seinem Leben. Mit einem Gewissenhaften oder Ungeselligen Einfluß behält er den Groll für sich, was zu einer chronischen Selbstbeherrschung führt.

**Streß!**

Vor allem zwei Dinge erzeugen bei Aufopfernden Menschen Streß. Zum einen übernehmen sie zuviel – sie geben bereitwillig ihre Freizeit hin, um sich um andere zu kümmern. Sie lassen nicht nach und legen die Füße hoch, es sei denn, sie stehlen sich einen privaten Augenblick. Da sie außerdem die Hilfe anderer nur schwer akzeptieren können, kommen sie leicht zu einer schlechten Gesundheit.

Groll, die zweite wichtige Streßursache für diese Menschen, entsteht, wenn sie das Gefühl bekommen, daß andere sie trotz allem was sie tun, nicht schätzen, verstehen oder lieben.

Aber Aufopfernde Typen sind stark. Sie können neben den eigenen Bürden auch die anderer Menschen schultern. »So ist das Leben, ob es mir gefällt oder nicht. Ich kann damit umgehen«, sagen diese überbeanspruchten Menschen. Wenn sie nicht am Rand des völligen Zusammenbruchs stehen, krempeln sie die Ärmel hoch und stellen ihr inneres Gleichgewicht wieder her, indem sie jemand anders etwas Gutes tun.

## *Das (un)würdige Selbst*

Das Ausmaß, in dem Aufopfernde ihre Identität im Dienen suchen, zeigt ihre Unsicherheiten in bezug auf ihr Selbstwertgefühl. Würden sie sich immer noch gut fühlen, wenn sie allein auf einer verlassenen Insel gestrandet wären? Wären sie mit sich selbst im Frieden, wenn sie nicht versuchen würden, etwas für jemand anders zu tun?

Einige Aufopfernde Menschen haben das Gefühl, wertlos zu sein und auf Liebe, Aufmerksamkeit und Vergnügen keinen Anspruch zu haben. Deshalb versuchen sie ständig, sie zu verdienen. Andere haben vielleicht tief im Inneren ein sehr gutes Gefühl dafür, wer sie sind und was sie für sich selbst wollen, aber sie meinen, sie dürften ihren »egoistischen« Wünschen nicht nachgeben und müßten statt dessen für die Bedürfnisse anderer sorgen.

## *Arbeit: Zuerst dienen*

Arbeit ist ein Bereich, in dem die Angehörigen dieses Persönlichkeitsstils sich wohl fühlen, denn durch ihre Arbeit leisten sie ihren Dienst am anderen. Wie Gewissenhafte Typen sind sie kompetent und loyal, es widerstrebt ihnen, sich zu entspannen und sich eine schöne Zeit zu machen, und sie geben in ihrer Arbeit alles. Und wie Gewissenhafte Menschen respektieren sie Autoritätspersonen.

Geben Sie Aufopfernden Menschen eine Aufgabe, und sie werden, wenn dies zu ihrer Erledigung notwendig ist, die ganze Nacht und am Wochenende arbeiten. Plackerei und Routine machen ihnen nichts aus. Sie passen sich vielen Arbeitssituationen und -bedingungen an. Sie klagen nicht, dies sei »nicht ihre Aufgabe«. Wenn es für die Chefin, den Partner, die Kinder oder das Ganze wichtig ist, ziehen sie die Sache durch.

Sie können extrem hart arbeiten, aber wenn nicht auch ein ehrgeiziger Stil in ihrem Persönlichkeitsprofil vorkommt (etwa der Selbstbewußte), ist ihr berufliches Fortkommen ihnen relativ egal. Sie sind auch nicht so sichtbar erfolgreich, wie man in Anbetracht der Menge und Qualität ihrer Arbeit vielleicht denken könnte. Persönlicher Ehrgeiz ist, wie gesagt, kein Kennzeichen dieses Stils. Der Wert der Arbeit selbst oder des Menschen, für den sie sie tun, ist für Aufopfernde Menschen wichtiger als persönlicher Gewinn. Sie können unermüdlich für den Sieg des Kandidaten, die Genesung des Patienten oder die Unterbringung der Obdachlosen arbeiten, aber sie halten nicht inne und denken: »Was springt da für mich heraus?« Am meisten zählt die Zufriedenheit der anderen Menschen, die mit der Arbeit zu tun haben.

Dieses altruistische Muster funktioniert auf allen Ebenen im Bereich der Arbeit – vom Dienst an der Menschheit bis zu Lohnarbeit. In diese letztere Kategorie gehört auch der Aufopfernde Steven C., ein Ghostwriter. Es ist ihm völlig egal, daß er für seine Arbeit keinen Ruhm einheimst, auch wenn er einige Bestseller geschrieben hat. Er verdient eine Menge Geld, aber er könnte wahrscheinlich noch mehr verdienen, wenn er seine eigenen Bücher schreiben würde. Aber er wird Ihnen sagen, daß es ihm nicht ums Geld geht. Ihn befriedigt, daß die Leute, die ihn anheuern, dank ihm wie gute Schriftsteller klingen. Er liebt seine Arbeit.

Viele extrem gescheite und begabte Aufopfernde Menschen sind damit zufrieden, ihr ganzes Arbeitsleben lang Sekretärin oder Sekretär zu bleiben – und die, für die sie arbeiten, können sich glücklich schätzen. Aufopfernde Typen sind beständige, zuverlässige, langfristige, anspruchslose Arbeiter, egal welche Laufbahn sie einschlagen.

Aber nicht alle Aufopfernden Menschen sind so zufrieden. Einige, die sehr talentiert sind und in ihrer Karriere vorankommen möchten, wundern sich, warum sie nichts erreichen – wie der Aufopfernd-Lässige Derek D., der eine Karriere als Sänger einschlagen wollte, aber jedesmal verschlief, wenn er vorsingen sollte.

Wenn dieser Stil die Persönlichkeit zu beherrschen beginnt, kann es Aufopfernden Menschen schwerfallen, Gelegenheiten zum Fortkommen zu nutzen – genauso, wie es ihnen in ihren Beziehungen schwerfällt, Annehmlichkeiten zu akzeptieren und im Mittelpunkt zu stehen. Sie hassen es, um einen Gefallen zu bitten. Sie nutzen Vorteile nicht aus und verfolgen Kontakte nicht weiter. Statt zu konkurrieren, stehen sie zurück, damit ein Kollege die Beförderung oder die Gehaltserhöhung bekommt. Der Aufopfernde Frank O. sagte seiner Frau: »Paula wollte diese Beförderung so sehr, ich brachte es einfach nicht übers Herz, sie ihr zu nehmen. Deshalb habe ich dem Chef gesagt, er solle mich nicht berücksichtigen.« Während Frank sich mit seinem Verhalten ziemlich wohl fühlte, war seine Frau überhaupt nicht mit ihm zufrieden. Sie meint, daß er jedesmal aufgibt und zurücksteckt, wenn er sich behaupten und konkurrieren müßte. Obwohl er soviel arbeitet, erreicht er nichts.

Frank in seiner Aufopfernden Art glaubte womöglich, auf irgend etwas Besonderes für sich selbst keinen Anspruch zu haben. Im tiefsten Inneren hatte er die Beförderung vielleicht gewollt, seine »Gier« aber dadurch »wiedergutgemacht«, daß er die Beförderung an seine Kollegin abtrat. Das Extrem dieses Persönlichkeitsstils wird als Selbstschädigende Persönlichkeitsstörung bezeichnet, und das aus gutem Grund. Denn zuviel von diesem Stil kann bedeuten, daß der Betreffende aktive Schritte unternimmt, um sich jeden Zugang zu angenehmen Erfahrungen und Erfolg zu verbauen.

Mit einem ausgewogenen Persönlichkeitsprofil kann ein gemäßigt

Aufopfernder Mensch jedoch viel Vergnügen daran finden, gute Taten zu tun und besser (wenn auch nicht unbedingt reicher) zu werden.

### Anmerkungen für Chefs

Danken Sie Ihrem Aufopfernden Angestellten für all die unermüdlichen Anstrengungen, die er für Sie unternimmt. Vielleicht haben Sie vergessen, daß diese Menschen da sind, denn Aufopfernde Typen treten oft in den Hintergrund und verlangen wenig für sich selbst. Geben Sie diesen hingebungsvollen Seelen, nachdem Sie sie bemerkt haben, eine Gehaltserhöhung – sie bitten ungern um das, was sie verdienen.

### Der Aufopfernde Manager

Im allgemeinen vermeiden Aufopfernde Menschen es, Manager zu werden. Sie arbeiten lieber für andere, als dafür verantwortlich zu sein, die Arbeit und das Verhalten anderer Leute zu beaufsichtigen. Aufgrund ihrer guten Arbeit, ihrer Loyalität und ihrem Engagement für ihre Organisation oder ihren Chef können sie jedoch schließlich im mittleren Management landen. Es fällt ihnen dann schwer, Arbeit zu delegieren und darauf zu bestehen, daß sie rechtzeitig erledigt wird; sie tun sie lieber selbst und sind am Ende ernstlich überarbeitet. Es kann sein, daß sie zu sehr auf die Probleme ihrer Untergebenen eingehen und große Mühen auf sich nehmen, um ihnen zu helfen; später haben sie das Gefühl, daß diese Menschen undankbar sind, und werden wütend, wenn sie weiterhin zu wenig leisten. Andere Aufopfernde Manager zeigen sich leicht tyrannisch und erwarten, daß auch die Untergebenen sich völlig für den Job oder den Chef aufopfern.

### Karrieren für den Aufopfernden Typ

Suchen Sie eine Arbeit, bei der Sie sich um andere kümmern oder die Bedürfnisse anderer befriedigen können. Ziehen Sie alle helfenden, unterstützenden, dienenden und dienstleistenden Berufe in Betracht – einschließlich Medizin, Psychologie, Krankenpflege, Arbeit im sozialen Bereich, als Geistlicher, bei wohltätigen Organisationen, in Selbsthilfegruppen, im Sekretariats-, Lehr- und Verwaltungsbereich, in der

Produktion, einen Party-Service, Innenausstattung, Bibliothekarswesen, Haushaltsführung und Hausarbeit. Vermeiden Sie Berufe, die öffentliches Sprechen erfordern oder auf andere Weise verlangen, daß Sie sich als der »Ansprechpartner im Rampenlicht« wohl fühlen. Wenn Sie nicht auch eine Dramatische und Sprunghafte Seite haben, sollten sie die darstellenden Künste meiden. Ziehen Sie die Schriftstellerei, das Herausgeben von Büchern, das Schreiben von Licdern oder Gebrauchsgraphik in Betracht, wenn Sie eine kreative Neigung haben.

## TIPS ZUM UMGANG MIT DEM AUFOPFERNDEN MENSCHEN IN IHREM LEBEN

1. Denken Sie daran, die Bemühungen dieses Menschen wahrzunehmen und anzuerkennen, egal wie oft er betont, das wäre doch »nichts«. Komplimente machen ihn vielleicht verlegen, aber innerlich muß er wissen, daß Sie ihn bemerken und schätzen.
2. Versuchen Sie, eine für beide Seiten angenehme Formel für das Geben und Nehmen zu finden. Aufopfernde Menschen *müssen* weiter geben, helfen und tun, aber sie brauchen vielleicht ein bißchen Hilfe von Ihnen, um entspannen zu können und es sich gutgehen zu lassen. Zögern Sie nicht, darauf zu bestehen, daß der Aufopfernde Mensch in Ihrem Leben aufhört, Ihr Bücherregal aufzubauen oder Ihre Hemden zu bügeln, sondern einfach zu Ihnen kommt und sich ruhig mit Ihnen hinsetzt.
3. Lernen Sie, die »Aufopfernde Sprache« zu übersetzen. »Mein Gott, du brauchst mir nicht zu danken«, kann bedeuten: »Ich fühle mich nicht wohl dabei, die Anerkennung anzunehmen, aber danke für das Kompliment.« Ähnlich bedeutet »Ich möchte wirklich nicht tanzen gehen« oft »Ich glaube wirklich nicht, daß ich ausgehen und mich vergnügen sollte – also bitte dräng mich weiter.«
4. Versuchen Sie, das, was dieser Mensch zu geben hat, nicht abzulehnen, und lassen Sie sich von seiner ständigen Aufmerksamkeit nicht in Verlegenheit bringen. Aufopfernde Typen denken zuerst an Sie. Sie lieben es. Also entspannen Sie sich und genießen Sie, daß so gut für Sie gesorgt wird. Fangen Sie keinesfalls einen Streit an. Wenn Tante Jenny anruft und sagt, daß sie noch eine Kiste

Flohmarkt-Kleider für Ihre Kinder mitbringt, sagen Sie »Schön, danke«, anstatt sich wie sonst aufzuregen (»Nein! Tante Jenny, bloß nicht! Wenn ich noch eine Kiste von dem Zeug sehe, fange ich an zu schreien!«). Sie wird die Kleider sowieso mitbringen (»Es tut mir leid«, wird sie sagen, »ich weiß, daß du gesagt hast, daß du das nicht willst, aber sieh dir mal diese süßen Sachen an. Ich bin sicher, daß die Kinder sie brauchen können.«) Seien Sie nett, nehmen Sie das Paket an und geben Sie es den Obdachlosen, wenn die Tante weg ist.
5. Achten Sie darauf, den Aufopfernden Menschen nicht auszunutzen. Einige extrem Aufopfernde Menschen geben zuviel oder nehmen große Unannehmlichkeiten auf sich, um Ihnen zu gefallen. Dieser Mensch ist nicht Ihr Sklave, egal wie er sich verhält. Wenn er die Grenze nicht ziehen will, ziehen Sie sie. Aber erklären Sie immer, warum sie einen Gefallen ablehnen.
6. Bestehen Sie darauf, mehr zu helfen. Bringen Sie selbst Ihre Kleider in die Reinigung, auch wenn der Aufopfernde Mensch in Ihrem Leben erklärt, für ihn sei das kein Problem. Spülen Sie das Geschirr oder wässern sie den Rasen oder finden Sie sonst eine Möglichkeit, den Betreffenden von der üblichen Aufopfernden Überarbeitung zu entlasten. Dies wird dazu beitragen, in der Beziehung ein Gleichgewicht herzustellen, und macht es schwierig, die Bereitschaft dieses Menschen, alles zu tun, auszunutzen.
7. Sprechen Sie darüber. Versuchen Sie dem Aufopfernden Menschen in Ihrem Leben zu vermitteln, daß er etwas wirklich Schönes für Sie tun kann, wenn er Ihre Freizeit mit Ihnen teilt. Wenn Sie dieses Feedback nicht geben, wird der oder die Betreffende vielleicht wirklich nicht wissen, daß Sie etwas anderes wollen als das, was er oder sie Ihnen gibt.

## MACHEN SIE DAS BESTE AUS IHREM AUFOPFERNDEN STIL

Sie sind ein von Natur aus selbstloser, großzügiger, hilfsbereiter, gebender Mensch. Sie bemühen sich sehr, zu gefallen, auch wenn niemand Sie darum bittet oder Ihnen dafür dankt. Es kann sein, daß Sie Ihre eigenen Bedürfnisse und Freuden mehr verleugnen, als Ihnen klar ist. Arbeiten Sie daran, ein stabiles – oder stabileres – Gleichgewicht von Geben und Nehmen herzustellen, indem Sie vorsichtiger geben und selbstbewußter nehmen.

**Übung 1**
Konzentrieren Sie sich in der Vorstellung zur Abwechslung einmal auf sich selbst. Wenn Sie mit Menschen zusammen sind, denken Sie automatisch daran, sich um deren Bedürfnisse zu kümmern. Wenn Sie das nächste Mal mit anderen zusammen sind, versuchen Sie sich vorzustellen, was Sie für sich in der gleichen Situation möchten. Wenn Sie zum Beispiel herumlaufen, um ihren Gästen etwas zu trinken zu machen, stellen Sie sich vor, daß jemand anders die Drinks mixt oder sogar einen speziell für Sie macht. Wenn Sie sich die Probleme einer Freundin anhören und Lösungen vorschlagen, stellen Sie sich vor, daß Sie reden und Ihre Freundin zuhört. Dies ist nur eine Denkübung, und es kann sein, daß Sie sich bei diesen Phantasien unbehaglich fühlen, weil sie Ihrer Natur zuwiderlaufen. Aber es geht darum, daß Sie zu erkennen beginnen, was Sie wirklich gerne von anderen hätten. Machen Sie eine Liste mit allen Wünschen, die Sie entdecken. Es kann sein, daß die Übung Ihnen leichter fällt, wenn Sie allein sind; machen Sie in diesem Fall eine Liste von all den Dingen, die andere für sie tun sollen.

**Übung 2**
Lernen Sie, um etwas zu bitten. Teilen Sie Ihre Wünsche und Erwartungen mit. Wählen Sie einen oder mehrere Punkte von der Liste, die Sie in Übung 1 zusammengestellt haben, und bitten Sie jemanden, das Betreffende für Sie zu tun oder es Ihnen zu beschaffen. Wenn Sie zum Beispiel morgens aufstehen, um den Kaffee zu kochen, Sie sich aber vorstellen können, daß zur Abwechslung Ihr Partner es macht – bitten Sie darum. Sagen Sie: »Schatz, könntest du nicht morgen einmal den Kaffee machen?« »Schatz« wäre sicher überrascht! Machen Sie sich nichts daraus, wenn Sie sich bei diesen Bitten unbehaglich fühlen – sie werden sich an sie gewöhnen. Aber nehmen Sie sie nicht zurück.

Wenn Ihr Partner sagt: »Jaa, ich würde es schon machen, aber ich weiß nicht, wieviel Kaffee ich für die Kanne nehmen soll«, geben Sie nicht nach. Sagen Sie: »Hier, ich zeig's dir.« Es ist natürlich auch möglich, daß Ihr Partner angenehm überrascht ist und sagt: »Ja, sicher! Ich dachte, du würdest das nicht wollen.« Viele Leute berichten, sie wünschten geradezu, Aufopfernde Menschen würden ihnen sagen, was sie für sich selbst möchten.

**Übung 3**
Sagen Sie ja, wenn jemand Ihnen anbietet, etwas für Sie zu tun oder Ihnen auszuhelfen.

**Übung 4**
Sagen Sie es, wenn Sie das Gefühl haben, nicht anständig behandelt zu werden. Aufopfernde Menschen erwarten im allgemeinen das Beste von anderen und fühlen sich zu Recht verletzt und enttäuscht, wenn andere dies ausnutzen. Sie können ein solches Verhalten jedoch verhindern oder entmutigen, indem Sie sich früher zu Wort melden.

**Übung 5**
Passen Sie auf, wie oft und in welchen Situationen Sie an irgendeinem x-beliebigen Tag »Es tut mir leid« sagen. Wenn die grünen Bohnen zu weich gekocht sind oder Sie fünf Minuten zu spät kommen oder vergessen haben, im Auto Öl nachzufüllen, obwohl Sie es versprochen haben, was machen Sie dann daraus für eine große Sache? Wenn Sie feststellen, daß Sie sich häufig wegen relativ kleiner Dinge entschuldigen, sollten Sie sich fragen, ob Sie sich zuviel Sorgen darum machen, anderen Leuten zu gefallen. Versuchen Sie, sich eine Pause zu gönnen und halten Sie inne, bevor eine Entschuldigung herauskommt. Überlegen Sie, ob es etwas gibt, das Ihnen leid tun könnte.

**Übung 6**
Fragen Sie sich jedesmal, wenn Sie dabei sind, für jemand anders große Unannehmlichkeiten auf sich zu nehmen: »Liegt dies in meinem besten Interesse?« Es gibt auch Zeiten im Leben, in denen Sie fragen müssen: »Was ist da für mich drin?« Wenn Sie zum Beispiel freiwillig zwei Stunden zum Flughafen fahren, um eine Freundin abzuholen, die leicht ein Auto mieten oder mit dem Bus fahren könnte, halten Sie inne und überlegen Sie, ob es sinnvoll ist, Ihren ganzen Tag zu opfern. Bevor Sie anbieten, für die nicht in der Stadt wohnenden Gäste, die zur Hochzeit der Tochter Ihrer Freundin kommen, eine Party zu geben, fragen Sie sich, ob Sie dafür wirklich die Zeit, die Energie und das Geld haben, nicht zu reden von dem ehrlichen Wunsch nach einem solchen Unternehmen. Mit anderen Worten:

*Wollen* Sie es wirklich, oder glauben Sie, daß Sie diese Geste machen sollten, um eine gute Freundin zu sein?

Fragen Sie sich, was Sie davon haben, wenn Sie vorschlagen wollen, daß Ihr drogenabhängiger Bekannter bei Ihnen wohnt, nachdem er das Sparkonto seiner Familie geplündert und seine Frau ihn hinausgeworfen hat. So freundlich Ihre Absichten sind – glauben Sie wirklich, daß Sie ihn ändern können? Glauben Sie, daß er Ihr gebendes, selbstloses, weiches Wesen respektieren wird, nicht zu reden von Ihrem Eigentum, und Sie in seinem Zustand nicht ausnutzen würde?

## Übung 7

Fragen Sie sich, bevor Sie sich freiwillig bereit erklären, irgend etwas für irgend jemanden zu tun: »Möchte dieser Mensch wirklich, daß ich das für ihn tue?« Ihre Lasagne ist vielleicht die beste der Welt, aber bevor Sie sich freiwillig anbieten, sie als Hauptgang zum Abendessen ihrer Tochter mitzubringen, überlegen Sie erst, ob sie nicht immer noch auf Diät ist. Machen Sie sich auch klar, daß viele Leute gern Dinge für sich selbst – oder für Sie – tun. Vielleicht möchte Ihre Tochter gern ein Abendessen für Sie kochen – deshalb hat sie Sie eingeladen.

## Übung 8

Konzentrieren Sie sich auf Entspannung. Machen Sie jeden Tag mindestens eine Viertelstunde absolut nichts, außer abschalten. Ein paar Vorschläge bieten die Gewissenhafte Übung 1 (S. 84) und die Wachsame Übung 1 (S. 193). Verwöhnen Sie sich. Konzentrieren Sie sich auf das genüßliche Gefühl, entspannt zu sein.

## Übung 9

Bekämpfen Sie die Schuld. Sagen Sie sich jedesmal, wenn Sie feststellen, daß Sie sich verlegen oder unbehaglich fühlen, weil es Ihnen gutgeht: »Es ist *gut*, sich gut zu fühlen. Was stört mich daran? Ich habe ein *Recht* darauf.«

## Übung 10

Akzeptieren Sie das Vergnügen; teilen Sie den Spaß. Wenn Sie mit anderen Menschen zusammen sind, neigen Sie dazu, zu arbeiten, um sie glücklich zu machen – aber das ist nicht viel gemeinsamer Spaß. Versuchen Sie, dem Impuls zu widerstehen, nur Freude zu geben und keine anzunehmen oder zu erbitten. Fangen Sie gleich damit an und setzen Sie sich in den bequemsten Sessel, anstatt ihn für Ihren Gast zu reservieren.

Sie können diese Übung mit der vorigen kombinieren und lernen, zu entspannen und zum Beispiel eine Partnermassage zu genießen. Sie können sie auch mit der ersten und der zweiten Übung kombinieren. Überlegen Sie zum Beispiel, was Ihr Partner sexuell für Sie tun könnte, und haben Sie den Mut, darüber zu sprechen. Vielleicht denken Sie zuerst, daß Sie egoistisch sind, wenn Sie etwas bekommen, aber den meisten Partnern macht es sehr viel Spaß, einem anderen ein angenehmes Erlebnis verschaffen zu können, wie Sie selbst ja sehr gut wissen. Gehen Sie zu Übung 6 zurück und fragen Sie: »Was ist in dieser Beziehung für mich drin?«, wenn Ihr Partner das Geben nicht genießt.

Versuchen Sie auch die Übungen 2 und 6 für den Anhänglichen Typ (S. 137–138), um Ihren Stil zusätzlich positiv zu verstärken.

Die folgende Fallgeschichte zeigt die Hintergründe der sagenhaften Erfolge und der geheimen Mißerfolge einer bemerkenswerten Frau. Ihr Aufopfernder Charakter geht in die Selbstschädigende Persönlichkeitsstörung über. Diese Frau hatte ein sehr schwieriges Privatleben. Die Freuden der Liebe und einer Familie sind völlig an ihr vorbeigegangen. Aber Menschen, die wollen, können sich ändern, auch spät im Leben.

## *Befreiung in Paris: Der Fall von Madame Anna*

Madame Anna nahm ihren Platz auf der Bühne ein. Das Publikum applaudierte frenetisch. Es war ihre beste, erfolgreichste Modenschau in ihrer langen Karriere. Mit 54 Jahren war sie vielleicht der führende Trendsetter für jugendliche, sprühende, kraftvolle Eleganz – so jedenfalls schrieb der Verfasser einer Titelgeschichte, die in einer führenden französischen Modezeitschrift über sie erschien.

Anna nickte und verbeugte sich; es machte sie leicht verlegen, auf der Bühne zu stehen. Innerlich sagte sie sich: »Ich darf das nicht bis zu meinem Kopf gelangen lassen«. Ihre Gedanken wanderten zur kommenden Herbstkollektion, die ihr immer noch nicht ganz klar war. Dann sah sie wieder ins Publikum; ihr Blick fiel auf ihre winzige, uralte Mutter, die steif und ohne zu lächeln an ihrem Tisch saß. Wenn da nur nicht ihre Mutter wäre ... Aber der wenig edelmütige Gedanke verflog, als sie ein Dutzend langstieliger Rosen entgegennahm.

Später an diesem Abend verabschiedete Madame Anna auf ihrem Landsitz außerhalb von Paris ihre letzten Gäste und schlüpfte in ihr Boudoir, in das Prinz Andrei sich bereits früher zurückgezogen hatte. Sie schrieb in ihr Tagebuch, ging dann zum Fenster und sah ruhig auf den im Mondlicht liegenden Garten; zu viele Gedanken beschäftigten sie, als daß sie ihren Kopf gleich auf das weiche Kissen neben Andrei hätte legen können. Sie dachte an ihren Vater.

Anna war die Jüngste der fünf Kinder ihrer Eltern, alles Töchter. Sie war zehn Jahre jünger als ihre nächstälteste Schwester und wurde zu einer Zeit geboren, als ihre Mutter glaubte, keine Kinder mehr bekommen zu können. Die Familie war aus Litauen nach Paris gekommen, als Anna sehr klein war. Ihr Vater war Hutmacher gewesen. »Mit fünf zu verheiratenden Töchtern muß ich sehr viele schöne Hüte machen«, pflegte er lachend zu sagen.

Anna saß gerne im Laden ihres Vaters, während er geschickt Federn und Netzwerk anbrachte. Sie spähte in den Verkaufsraum, wenn er den Hut sacht auf einen gut frisierten Kopf drückte, sich vor seiner eleganten Kundin verbeugte und respektvoll ein paar Schritte zurücktrat. Anna war damals nicht älter als fünf oder sechs Jahre, aber die Besuche im Laden ihres Vaters blieben ihr als einige ihrer schönsten Erinnerungen ihr ganzes Leben lang im Gedächtnis. Wie sehr sie ihren Vater vermißte, dachte sie.

Aber sie erinnerte sich auch an den harten, starren, kalten Ausdruck im Gesicht ihrer Mutter, wenn sie und Papa nach Hause kamen. Ihre Mutter wollte nicht, daß sie zum Laden ihres Vaters ging. Das verletzte Anna sehr. Sie wollte, daß ihre Mama genauso glücklich war, wie sie und Papa waren. Manchmal hörte sie durch die Wände des Schlafzimmers, wie ihre Mutter ihrem Vater Vorwürfe machte: »Warum mußt du das Kind dorthin mitnehmen, wo es sieht, wie du dich vor diesen Frauen verbeugst und Kratzfüße machst? Wenn es eine Zukunft haben soll, muß es begreifen, daß wir besser sind als das. Ich habe die anderen vier von diesem Ort ferngehalten. Sie machen sich. Warum mußt du mir jetzt Schwierigkeiten machen?« Anna konnte die Antwort ihres Vaters nicht hören, denn er sprach immer leise.

Ihr Papa zeigte ihr, wie sie kleine Hüte und Kleider für ihre Puppen machen konnte. »Du kannst mein Designer sein«, sagte er oft.

Anna war 18, als ihr Vater starb. Sie und ihre Eltern lebten damals in London, wohin sie geflohen waren, als die Nationalsozialisten während des Zweiten Weltkriegs Frankreich besetzten. Zwei ihrer Schwestern waren in Konzentrationslager nach Polen deportiert worden und dort gestorben. Ihre anderen beiden Schwestern, die ältesten der fünf, waren mit ihren Männern nach Amerika emigriert. Anna hatte keine enge Beziehung zu ihren Schwestern, die so viel älter waren als sie.

Der Umzug nach London hatte ihren Vater alles gekostet. Er hatte in London einen Laden eröffnet, aber er lief nicht gut. Anna mußte jetzt für sich und ihre alternde Mutter sorgen. Die Mutter war aufgrund all der Verluste, die sie erlitten hatte – das Geld, ihre Töchter, ihr Mann – sehr verbittert, obwohl Anna nicht glaubte, daß ihre Mutter sich je wirklich etwas aus ihrem Vater gemacht hatte. Aber sie hatte ihn gebraucht, damit er für sie sorgte. Also würde Anna das jetzt tun. Es machte ihr nichts aus. Es gab ihr ein gutes Gefühl, eine so große Verantwortung zu übernehmen.

Sie arbeitete für eine Schneiderin, die sich Madame Rose nannte, half, Säume zu kürzen und Nähte herauszulassen. Wenn sie allein zu Hause war, machte sie gern ihre eigenen Modeentwürfe und begann, einige davon für sich zu realisieren. Eines Tages fiel Madame Rose ein einfaches Kleid auf, das sie trug, und war überrascht zu hören, daß Anna es selbst entworfen hatte. Sie fragte sie, ob sie ihre anderen Entwürfe sehen könnte, und bald ließ sie sie von Anna anfertigen. In jedes nähte sie ein Etikett: Madame Rose. Annas Kleider wurden für Madame Rose ein voller Erfolg, und Anna verbrachte jetzt ihre ganze Zeit mit dem Entwerfen. Sie bat Madame Rose nicht darum, ihre Mode unter ihrem eigenen Namen laufen zu lassen, und Madame Rose bot dies auch nicht an. Anna, die in den 20ern war, war glücklich, daß ihre Entwürfe von vielen Menschen getragen wurden.

Erst zehn Jahre später, als Anna 33 war, verriet Madame Rose die Identität ihrer Designerin. Die Miniröcke, die Anna in den 60er Jahren entwarf, verkauften sich erfolgreich in London, New York und Paris. Madame Rose war der Star der Stadt, und bei einer Pressekonferenz nach einer Modenschau, als die Reporter sie wegen des Namens ihres Designers bedrängten, nannte sie ihn schließlich. Anna wurde plötzlich von Arbeitsangeboten überhäuft, und eine eigenständige Karriere hätte beginnen können, wenn nicht ihre Loyalität gegenüber Madame Rose gewesen wäre. Madame Rose ihrerseits, die jetzt eine mittelgroße Firma leitete, schlug vor, eine »Madame Anna«-

Kollektion einzuführen. Anna zögerte. Sie konnte diese ganze Anerkennung nicht annehmen. Schließlich verdankte sie alles Madame Rose. Aber die »Madame Anna«-Kollektion war jetzt, da Annas Name bekannt war, im besten Interesse von Madame Rose, und so willigte sie ein.

Ohne an der Firma irgendwie beteiligt zu sein, arbeitete Anna weiter für Madame Rose, bis diese starb. Ihr Sohn verkaufte die Firma an einen großen Modefabrikanten. Anna nahm schließlich eine andere Stelle an: sie machte, für doppelt soviel Geld, wie sie bei Madame Rose verdient hatte, die Designs für ein großes Pariser Modehaus. Es war ein großer Schritt in Annas Karriere, und sie war abwechselnd erschrocken und belustigt. Manchmal wollte sie unter die Bettdecke kriechen und einfach wochenlang schlafen. Sie hatte Angst, sie würde ihre Fähigkeiten und ihre Inspiration verlieren. Dann sah sie in den Spiegel und sagte zu sich selbst: »Dieser Mensch – ich bin Madame Anna.« Aber es ging ihr nicht in den Kopf, daß sie eine gefeierte Designerin war, die fürstlich umworben wurde, nach Paris zu kommen.

Ihre Mutter, die sie in London zurückließ, beunruhigte dieser Bruch in ihrem Leben. Sie und Anna hatten nie eine enge, herzliche Beziehung gehabt, aber Anna hatte immer für sie gesorgt und ihr ein Zuhause gegeben. »Du solltest hier bleiben und heiraten und Kinder haben«, sagte ihre Mutter, scheinbar unbeeindruckt vom beruflichen Erfolg ihrer Tochter. »Wie lange willst du das noch machen? Du wirst schneller 40, als du denkst. Ich bekam dich, als ich 44 war, aber das war ein außergewöhnlicher Zufall.«

»Ja, Mutter«, sagte Anna und sah weg. Anna hätte gern geheiratet und Kinder gehabt, aber dieser Bereich ihres Lebens hatte nie funktioniert. Sie verstand nicht, warum. Einige Leute sagten, sie sei sehr schön, und alle waren der Meinung, daß sie sehr herzlich und freundlich war. Sie wußte, daß sie leidenschaftlich sein konnte. Sie hatte immer Männer angezogen, besonders jetzt, da sie irgendwie berühmt war, aber es führte nie irgendwohin, außer zu seelischem Schmerz.

Als sie jünger war und gerade anfing, sich für Männer zu interessieren, hatte sie viele Verabredungen gehabt. Und sie hatte mit vielen Männern geschlafen. Sie war zu einer erfahrenen Geliebten geworden, einer Expertin darin, einem Mann Lust zu bereiten. Sie tat alles, was er wollte. Alles. Sie verstand nicht, warum diese Männer sie nach drei oder vier Wochen oder vielleicht auch ein paar Monaten nicht mehr anriefen. Sie schämte sich, sich in ihren Armen erniedrigt zu haben. Dann kam Ethan. Sie hatte Ethan wirklich geliebt. Er war Museumsdirektor, ein eleganter, redegewandter Mann. Er hatte nicht viel Geld, was ihre Mutter geärgert hatte: »Du solltest keinen Gedanken daran verschwenden, einen armen Mann zu heiraten«, hatte sie gesagt. »Du siehst ja, was ich für einen Fehler gemacht habe.« Anna war das Geld egal. Sie und Ethan besuchten oft Museen und Galerien und saßen dann stundenlang beim Tee, um über Kunst zu sprechen. Einmal, nachdem sie miteinander geschlafen hatten, sagte er ihr, daß er sich noch bei keiner Frau so voll erlebt hatte. Er lag da und stöhnte vor Wonne, wenn sie ihn liebkoste. Wenn er sagte: »Und jetzt, meine Schöne, wirst du deine Welt der Wonne sehen«, schob sie ihn sanft und liebevoll weg. Wenn er beharrte, schob sie ihn energischer zurück. »Warum nicht?« fragte er, aber Anna konnte nicht darüber sprechen. Sie konnte kaum daran denken. Bei Ethan konnte Anna sexuell nicht reagieren. Und trotzdem war sie mit ihm lieber zusammen als mit jedem anderen in der Welt. Aber sie kam noch nicht einmal in die Nähe der Orgasmen, die sie mit ihren achtlosen Liebhabern erlebt hatte. Sie konnte sich zum Orgasmus bringen, wenn sie allein in ihrem Bett war, aber sie schämte sich, »frigide« zu sein, wie sie glaubte.

Eine Zeitlang gab Ethan den Versuch auf, Anna etwas Gutes zu tun – da er ihr damit offensichtlich *nichts* Gutes tat. Dann versucht er, darüber zu reden: »Warum läßt du nicht zu, daß ich dich liebe?« Er begann, an seiner Männlichkeit zu zweifeln – es mußte seine Schuld sein, daß Anna nicht reagierte. »Glaub das nicht, Ethan. Es liegt an mir, nicht an dir«, beeilte sie sich zu versichern. Eines Nachts sagte Ethan: »Anna, ich kann es nicht ertragen, daß wir nur meinetwegen miteinander schlafen. Ich kann es so nicht genießen. Ich muß geben. Ich liebe dich. Du mußt versuchen, *zuzulassen,* daß ich dich liebe. Versprich mir, daß du es willst.«

Um seinetwillen sagte Anna, sie würde es versuchen. Sanft und vorsichtig, langsam und sinnlich begann Ethan, sie zu liebkosen. Anna stellte fest, daß sie auf seine Berührung reagierte, sich aber gleichzeitig erbärmlich gehemmt, verlegen und unerklärlich beschämt fühlte. Trotzdem begann sie, loszulassen und die Wonnen zu genießen, derer sie ja durchaus fähig war.

Aber außerhalb des Betts begannen ihre Gefühle für Ethan schwächer zu werden. Sie fing an, sich mit ihm zu langweilen. Jetzt schienen ihr die endlosen Unterhaltungen über Kunst, die ihr vorher

Spaß gemacht hatten, ermüdend. Sie begann, Entschuldigungen zu finden, um ihn in bestimmten Nächten nicht zu sehen. Ethan begann sich Sorgen zu machen, daß sie sich von ihm entfernte. »Du bist heiß im Bett und kalt beim Frühstück«, sagte er ihr. Sie sah weg, verärgert über seine plumpe Art, die Dinge auszudrücken.

Schließlich verlief ihre Beziehung im Sand. Anna hatte das Gefühl, es sei am besten so. Ihre Mutter hatte recht gehabt: Ethan war nicht der richtige Mann für sie.

Im Verlauf der Jahre gab es andere Männer. Die meisten interessierten sie nicht. Die, die sie erregten, behandelten sie schlecht. Sie hatte eine dreijährige Affäre mit einem Mann namens Gabriel, der ihr bis zu der Nacht, in der sie sich trennten, nicht sagte, daß er verheiratet war. Es war logisch. Sie hatten sich immer erst spät abends getroffen. Im Bett behandelte er sie sehr grob. Dann stand er auf und ging vor Tagesanbruch.

Der Umzug nach Paris erlaubte Anna, mit der Vergangenheit zu brechen. Sie beschloß, die Männer aufzugeben und sich ganz in ihre Arbeit zu stürzen. Als ihre Karriere Fortschritte machte – innerhalb von zehn Jahren war Madame Anna ein geläufiger Begriff für viele der bestangezogenen Frauen in der ganzen Welt –, zog Anna sich von den Männern zurück. Sie hatte viele männliche Freunde und genoß deren Gesellschaft, aber sie ging keine romantischen oder sexuellen Bindungen mehr ein. Denn Anna mochte sich nicht, wenn sie mit Männern zusammen war. Sie mochte nicht, wie sie sich in ihrer Gegenwart verhielt oder reagierte. Jetzt, nach einem halben Jahrhundert, war sie wenigstens in fast allen anderen Bereichen ihres Lebens stolz auf sich. Aber sie konnte nicht ertragen, wie sie sich klein machte und erniedrigte, wenn ein Mann ihr wichtig war oder sie erregte.

Wie schön wäre es gewesen, wenn sie in Gegenwart eines Mannes so hätte bleiben können, wie sie war, und eine liebevolle Familie gehabt hätte. Aber es sollte nicht sein. Kurz bevor sie 50 wurde, fing Anna in Paris eine Psychoanalyse an. Dem Analytiker sagte sie: »Dies ist das Geschenk, das ich mir selbst zum fünfzigsten Geburtstag mache.« Dann zog sie eine Grimasse. »Würden Sie das ein Geschenk nennen?« »Wie würden Sie es nennen?« fragte der Analytiker. Nach einem Augenblick des Zögerns antwortete sie: »Ein Geschenk. Ja. Nein. Ich weiß nicht.« Anna hatte seit Jahren daran gedacht, eine Analyse zu machen, aber sie hatte sich immer dagegen entschieden; sie meinte, sie müßte sich selbst aus dem Sumpf ziehen, und niemand sonst könne es für sie tun. Sie wollte über ihre Männer-Probleme sprechen, aber sie schämte sich, ihre Erfahrungen mitzuteilen. Sie wußte, was die Leute von ihr sagten – daß sie lesbisch sei. Aber es war ihr lieber, daß sie das sagten, als daß sie die Wahrheit wußten: daß es ihr gefiel, von Männern benutzt und sogar mißbraucht zu werden.

Die Analyse hat ihr geholfen, ihre Kreativität und ihr Selbstbewußtsein im Geschäftsleben freizusetzen. Sie gründete ihre eigene Designfirma. Aber im Bereich der Liebe war es sehr schmerzlich für sie gewesen, ein paar grundlegende Wahrheiten über sich zu konfrontieren. Sie begann einzusehen, daß Ethan vor Jahren recht gehabt hatte – daß sie keine Liebe annehmen konnte. Jetzt wußte sie, daß sie ihr ganzes Leben lang vor jeder Möglichkeit davongelaufen war. Die Erinnerung an Ethan war besonders schmerzlich, denn Anna erlebte noch einmal, wie gern sie ihn gehabt hatte. Warum hatte sie ihn nicht geheiratet? Nach all diesen Jahren mußte sie zurückschauen und sehen, daß sie die beste und vielversprechendste Beziehung ihres Lebens zerstört hatte – er war der Mann gewesen, der sie hätte glücklich machen können. Aber sie hatte die Flamme ersticken müssen, die Ethans Liebe in ihr entfacht hatte. Sie hatte ihn lieber »langweilig« gefunden, als den Konflikt zu konfrontieren, in den das Annehmen der Liebe eines guten Mannes sie brachte.

Anna weinte bitterlich. »Es ist zu spät für mich. Sehen Sie, was ich mit meinem Leben gemacht habe. Sehen Sie, wie alt ich bin!« Dann fragte sie schüchtern: »Ist es zu spät für mich?«

Der Analytiker antwortete: »Viele Menschen können in den mittleren Jahren beginnen, die Konflikte zu lösen, die sie früher überwältigt haben. Sie haben diese Zeit gewählt, bestimmten Dingen ins Auge zu sehen. Das ist schon sehr ermutigend.«

Wochenlang hatte Anna von Andrei gesprochen, dem Fürsten eines jetzt nicht mehr existierenden Staates, der begonnen hatte, ihr den Hof zu machen. Andrei ist 67 Jahre alt und von einer Eleganz, die ihr gefällt – sehr viel alte Schule, sehr korrekt. Er erinnert Anna an ihren Vater.

Mit Andrei hat Anna ihr selbstauferlegtes Exil von den Männern beendet. Sie hätte nicht noch einmal den Mut gehabt, »das Schicksal herauszufordern«, wie sie es ausdrückt, wenn ihr Analytiker ihr nicht helfen würde, ihre tiefsten Empfindungen und Verwirrungen zu verstehen. Denn mit Andrei fiel Anna sofort wieder in ihre alten Muster zurück – sie wollte gefallen, für ihn wichtig sein, fühlte sich herabgesetzt, wurde im Bett mit ihm zur verworfenen »Liebesdienerin«, wies ihn ab, wenn er sie erregen und ihr Lust verschaffen wollte, und empfand ihn als um so langweiliger, je mehr er sich in sie verliebte. Unnötig zu sagen, daß Annas Mutter, die fast hundert Jahre alt ist, mit diesem Mann nicht einverstanden ist. »Er ist zu alt für dich«, sagt sie. »Er hat fast das richtige Alter für mich!«

Aber mit ihrem Analytiker im Hintergrund, der ihr hilft, ihre Erfahrungen und Gefühle zu entwirren, ist Anna weiter mit Andrei befreundet, der geduldig und sensibel ist. Vielleicht wird in nicht allzu ferner Zukunft für diese intelligente, begabte, warmherzige, erfolgreiche Frau eine gesunde, erfüllende Beziehung mit einem Mann möglich sein – aber sobald Anna einen solchen Gedanken hat, muß sie ihn zurücknehmen und sagen: »Nie! Es ist zu spät!« Sie hat immer noch Angst vor der Liebe. Andrei ist der beste aller Männer, aber Anna kann immer noch nicht alles annehmen, das er ihr geben möchte.

Trotzdem wimmelt es in Paris von Gerüchten. Es wird eine Hochzeit geben, behauptet der Klatsch. Madame Anna und Fürst Andrei – die Hochzeit des Jahrhunderts!

Eine kühle Brise begann, vom Garten zum Fenster hereinzuwehen. Anna drehte sich um und sah Andreis friedvollen Gesichtsausdruck, wie er schlafend dalag und leicht schnarchte. »Von was träumt er?« fragte sie sich. Sie zog die vom Wind aufgeblähten Vorhänge zu und legte sich neben Andrei; sie hoffte, er würde etwas Schönes träumen. Als sie in den Schlaf wegdämmerte, dachte sie, daß sie diese Nacht vielleicht seinen schönen Traum teilen könnte. Oder in einer anderen Nacht, bald.

## Selbstschädigende Persönlichkeitsstörung

Die Männer und Frauen, die an dieser Störung leiden, sind in sich wiederholenden Mustern eines vereitelten Vergnügens und verpaßter Gelegenheiten gefangen. Glück und Erfüllung entziehen sich ihnen, egal wie hart sie auf diese Ziele hinarbeiten.

# DIAGNOSTISCHE KRITERIEN

Das DSM-III-R beschreibt die Selbstschädigende Persönlichkeitsstörung als[1]:

A. Ein beständiges Muster selbstschädigenden Verhaltens, das in der frühen Adoleszenz begann und in einer Vielzahl von Situationen zum Tragen kommt. Die Person kann häufig angenehme Erlebnisse vermeiden oder abschwächen, kann sich zu Situationen oder Beziehungen hingezogen fühlen, in denen sie leiden wird, und andere daran hindern, ihr zu helfen. Die Störung wird durch das Auftreten von mindestens fünf der folgenden Kriterien angezeigt:

1. wählt sich Personen und Situationen aus, die zu Enttäuschung, Versagen oder schlechter Behandlung führen, sogar wenn bessere Alternativen klar verfügbar wären;
2. Versuche anderer, ihm oder ihr zu helfen, werden zurückgewiesen oder unmöglich gemacht;
3. reagiert auf positive persönliche Ereignisse (z.B. Erfolg) mit Depression, Schuldgefühlen oder schmerzerzeugendem Verhalten (z.B. Unfall);
4. erweckt ärgerliche oder zurückweisende Reaktionen bei anderen und fühlt sich dann verletzt, unterjocht oder erniedrigt (macht sich z.B. in der Öffentlichkeit über den Partner lustig, provoziert einen wütenden Gegenangriff, fühlt sich sodann wie vernichtet);
5. weist Gelegenheiten zu angenehmen Aktivitäten zurück oder ist nicht willens anzuerkennen, daß er/sie an etwas Freude gehabt hat (trotz vorhandener adäquater sozialer und Vergnügungs-Fähigkeiten);
6. versagt trotz der grundsätzlichen Fähigkeit bei der Bewältigung von Aufgaben, die zur Erreichung seiner/ihrer persönlichen Ziele essentiell wichtig sind, hilft z.B. anderen Studenten bei ihren Veröffentlichungen, ist jedoch unfähig, die eigenen zu schreiben;
7. zeigt Desinteresse oder Zurückweisung gegenüber Personen, die ihn/sie stets gut behandeln, ist z.B. nicht angezogen von sich fürsorglich verhaltenden Sexualpartnern;
8. engagiert sich in exzessiver »Selbst-Aufopferung«, die von den anvisierten Empfängern seines »Opfers« nie verlangt wurde;

B. Das Verhalten in A. tritt nicht ausschließlich als Reaktion oder in Erwartung auf körperliche, sexuelle oder psychische Mißhandlung auf.

C. Das Verhalten in A. tritt nicht nur während einer depressiven Phase auf.

## »Vom Erfolg erschlagen«

Menschen mit dieser Persönlichkeitsstörung (einer der beiden inoffiziellen Persönlichkeitsstörungen des DSM-III-R, was ausführlicher am Ende dieses Kapitels erörtert wird) können Erfolg oder Vergnügen nicht ertragen. Deshalb unterminieren bzw. sabotieren sie durch ihr eigenes Tun unbewußt alle Hoffnungen auf Erfüllung. 1916 benutzt Freud die Formel »vom Erfolg erschlagen«[2], um diese Menschen zu beschreiben. Ihr Verhalten – eine schlecht bezahlte, uninteressante Arbeit anzunehmen, obwohl sie viel mehr können; Menschen zurückweisen, die sie wirklich mögen; in einer privaten oder beruflichen Beziehung bleiben, in der sie ständig schlecht behandelt werden – ist scheinbar vermeidbar. Aber ein Mensch mit dieser Störung weiß nicht, daß er sich eigentlich selbstzerstörerisch verhält.

Madame Anna war in ihrer Arbeit in der Lage, ihr Bedürfnis zu bekämpfen, sich einem anderen Menschen zu unterwerfen. Obwohl sie viele Jahre vermied, für ihre Arbeit Anerkennung zu bekommen, konnte sie schließlich ins Rampenlicht treten und großen Erfolg erreichen. Menschen mit einer schweren Selbstschädigenden Persönlichkeitsstörung, die genauso hart arbeiten und genauso begabt sind, werden sich jedoch solche eindeutigen Erfolge nicht erlauben. Und wenn sie doch einmal gelobt oder gefeiert werden, fühlen sie sich plötzlich auf unerklärliche Weise deprimiert, rutschen auf der Treppe aus und brechen sich den Knöchel oder finden einen Grund, ihre Arbeitsstelle oder die Beziehung zu verlassen.

## Märtyrer der Liebe

Männer und Frauen mit dieser Störung können angenehme Erfahrungen nicht ertragen. Sie fahren zum Beispiel nicht in Urlaub, und wenn doch, macht es ihnen keinen Spaß. »Hat es dir auf Hawaii gefallen?« – »Nein, eigentlich nicht.«

In Liebesbeziehungen weichen sie angenehmen Erfahrungen besonders stark aus. Wie Madame Anna können sie für Menschen, von denen sie geliebt werden, keine Liebe empfinden. Statt dessen fühlen sie sich gelangweilt und desinteressiert und müssen aus der Beziehung flüchten. Sehr oft sind die einzigen Menschen, die sie interessieren, jene, die sie ausnutzen.

Es kann sein, daß sie durch ihre Hilflosigkeit und Unsicherheit ein solches Verhalten unabsichtlich hervorrufen. Im tiefsten Inneren müssen sie in ihren Beziehungen leiden, obwohl sie bewußt nicht erklären können, warum sie immer in solches Unglück verwickelt werden. Wie im Fall von Madame Anna sind ihre Liebesbeziehungen oft demütigend für sie. Einige Selbstschädigende Typen klammern sich zwanghaft an die Menschen, die sie zurückweisen. Menschen, die Gewalt über sie haben, die sie benutzen oder wegschieben, sind oft die einzigen, die sie erregen. »Ich weiß, daß sie nicht nett zu mir ist – aber was soll ich machen? Ich bete sie an!«

## *Hilfe!*

Selbstschädigende Männer und Frauen sind extrem und oft übermäßig großzügig gegenüber anderen. Sie leihen zum Beispiel einer Freundin ihr Auto, obwohl sie es selbst brauchen. Sie bleiben die ganze Nacht auf, um einem Freund bei der Examensvorbereitung zu helfen, machen aber nicht ihre eigene Arbeit. Aber wenn Sie versuchen, ihnen zu helfen, weisen sie Sie zurück. Für sich selbst suchen sie nur widerwillig Hilfe; sie rufen noch nicht einmal einen Arzt, wenn sie ernsthaft krank sind. Trotzdem klagen sie oft, wie krank sie sich fühlen, oder jammern über ihre Schwierigkeiten, wobei sie anderen oft Schuldgefühle vermitteln, obwohl sie ständig ablehnen, was jemand anders für sie zu tun versucht.

Der Verlauf einer Psychotherapie ist im allgemeinen nicht einfach. Das innere Bedürfnis dieser Patienten, zu versagen und sich mächtigen Menschen zu unterwerfen, ist so zwingend, daß sie gegen die Behandlung resistenter sind als die meisten anderen Persönlichkeitstypen. Dem Therapeuten wird es schwerfallen, ihnen das innere Entsetzen vor Vergnügen und Erfolg bewußt zu machen, und noch schwerer, ihnen zu helfen, die Selbstschädigenden Muster zu ändern, die sie unter Umständen in der frühesten Kindheit entwickelt haben. Diese Patienten sind liebebedürftig, haben aber gleichzeitig große Angst vor ihren wütenden und aggressiven Gefühlen, deren Vorhandensein sie im allgemeinen leugnen. Oft haben sie zu geliebten Menschen die Beziehung von Kindern, die schlecht behandelt worden sind und trotz des erlebten Leids von den allmächtigen Eltern verzweifelt erwünscht sein möchten. Durch ihre Unterwürfigkeit und ihr selbstbestrafendes Verhalten gehen Selbstschädigende Menschen mit anderen Personen in ihrem Leben eine Art intime Verbindung ein.

Und durch ihr ständiges, märtyrerhaftes Tun für andere beweisen sie etwas, dessen sie nie sicher sind – daß jemand sie braucht. Innerlich nagt an ihnen das Gefühl, wertlos zu sein; sie meinen, daß sie etwas getan haben müssen, um ihr elendes Schicksal zu verdienen, obwohl sie sich nicht vorstellen können, was.

Trotzdem kann ihnen im Verlauf einer langfristigen Therapie oft sehr geholfen werden. Die Veränderung kommt langsam, so daß der Therapeut viel Geduld und eine hohe Frustrationstoleranz braucht, um dem Patienten zu helfen, ein Selbstwertgefühl aufzubauen und seine schmerzlichen inneren Konflikte zu konfrontieren und zu lösen. Im allgemeinen ist eine psychodynamische Psychotherapie oder eine Psychoanalyse, bei der der Therapeut dem Patienten hilft, seine inneren Konflikte zu erforschen und zu verstehen, die beste Behandlung. Auch kurzfristige kognitive Therapien, bei denen die Patienten lernen, ihre selbstschädigenden Gedanken und das entsprechende Verhalten anzugehen, helfen bei ausgewählten Problembereichen, etwa einer Depression.

## *Prädisponierende Faktoren und Risiken*

Der körperliche, sexuelle oder psychische Mißbrauch von Kindern oder das Aufwachsen in einer Familie, in der ein Partner mißbraucht wurde, können zur Entwicklung dieser Störung prädisponieren. Im allgemeinen leidet eine andere Person in der unmittelbaren Familie ebenfalls an ihr.

Selbstschädigende Menschen haben oft auch andere Persönlichkeitsstörungen, besonders die Borderline-, die Dependente, die Passiv-aggressive, die Zwanghafte oder die Selbstunsichere. Depression ist ein ständig gegenwärtiges Risiko, das manchmal zu Selbstmordgedanken führt. Zudem besteht bei diesen exzessiv unterwürfigen Menschen die Gefahr, daß sie als Erwachsene schwer mißbraucht werden.

## Vorkommen, Geschlechtsverteilung und Diskussion

Einigen Untersuchungen zufolge leiden Frauen häufiger an der Selbstschädigenden Persönlichkeitsstörung als Männer; das Verhältnis variiert von 3:2 bis zu 2:1. Viele in der Praxis Tätige haben jedoch den Eindruck, daß Männer und Frauen gleichermaßen an ihr leiden. In jedem Fall ist die Selbstschädigende Persönlichkeitsstörung, wie das DSM-III-R sagt, »eine der häufigeren Persönlichkeitsstörungen in klinischen Stichproben«.[3]

Trotzdem ist sie keine »offizielle« DSM-III-Diagnose. Sie wurde in den Anhang der revidierten Fassung verwiesen, nachdem feministische Organisationen gegen die vorgeschlagene Aufnahme ins DSM-III-R starke Einwände erhoben hatten. Sie sahen die Gefahr, daß die Störung, die früher als Masochistische Persönlichkeitsstörung bzw. einfach Masochismus bekannt war, dazu benutzt werden könnte, Frauen zu stigmatisieren, insbesondere solche, die durch die Umstände oder die gesellschaftliche Erziehung in Beziehungen blieben, in denen sie mißhandelt wurden. Wenn bei diesen Frauen zu Unrecht eine Persönlichkeitsstörung diagnostiziert würde oder sie sonstwie als »psychisch krank« gälten, würde die Gesellschaft schließlich das Opfer für seine mißliche Lage verantwortlich machen – als ob es selbst die Probleme geschaffen hätte. Psychiatrische Diagnosen haben auch bei den Gerichten großes Gewicht. Feministinnen haben Angst, daß die Diagnose »Selbstschädigende Persönlichkeitsstörung« zum Beispiel benutzt werden könnte, um einer Mutter das Kind wegzunehmen.

Der Ausschuß der *American Psychiatric Association* kam zu dem – für keine Seite befriedigenden – Kompromiß, die Störung bis auf weiteres im Anhang der revidierten Fassung unterzubringen. Obwohl sie und vielleicht die meisten Kliniker übereinstimmend der Meinung sind, daß dies eine wichtige Persönlichkeitsstörung ist, die zu diagnostizieren und zu behandeln ist, sollten die Fachleute für psychische Gesundheit sehr vorsichtig mit ihr umgehen.

## Der Umgang mit Selbstschädigenden Menschen

Bei leichten Formen der Störung sind unter Umständen die Tips für den Umgang mit Aufopfernden Menschen auf S. 370–371 hilfreich.

Beteuern Sie diesen Menschen, daß sie Ihnen wichtig sind, und ermutigen Sie sie, professionelle Hilfe zu suchen. Versuchen Sie, sich wegen ihres Unglücks oder ihrer Not nicht schuldig zu fühlen, und tun Sie alles, was Sie können, um Ausnutzung zu vermeiden. Wenn Sie zu einem Selbstschädigenden Menschen eine enge Verbindung haben, sind Sie sehr wahrscheinlich in einer gestörten Beziehung, die Hilfe gebrauchen könnte. Suchen Sie als Paar oder Familie eine Beratungsstelle auf.

KAPITEL 16

# Aggressiver Stil
## »Der Boß«

Wer ist der Boß? Der Aggressive Typ natürlich. Andere mögen die Führungsrolle anstreben, aber Aggressive Männer und Frauen bewegen sich instinktiv zur Spitze. Sie sind zur Herrschaft genauso sicher geboren wie der Leithund in der Meute. Sie haben einen starken, energischen Persönlichkeitsstil, der schon von Natur aus zupackender ist als jeder andere, und können ohne Angst vor dem Versagen große Verantwortlichkeiten übernehmen. Es fällt ihnen leicht, Macht auszuüben. Sie scheuen keine Auseinandersetzung und gehen mit dem überlegenen Vertrauen des Siegers in den Wettbewerb.

Wie diese Menschen die Macht benutzen, die sie immer parat zu haben scheinen, hängst von den anderen Stilen in ihrem Persönlichkeitsprofil ab. Wenn sie sie in den Dienst des großen Ganzen stellen, kann der Agressive Stil Männer und Frauen zu großen Führungsrollen befähigen, besonders in Krisenzeiten.

## DIE SECHS CHARAKTERISTIKA

Die folgenden sechs Charakterzüge und Verhaltensweisen sind Hinweise auf das Vorhandensein des Aggressiven Stils. Ein Mensch mit stark Aggressiver Tendenz zeigt mehr dieser Verhaltensweisen intensiver als jemand, der weniger von diesem Stil geprägt ist.

1. *Kommando.* Aggressive Menschen nehmen die Dinge in die Hand. Sie fühlen sich mit Macht, Autorität und Verantwortung wohl.
2. *Hierarchie.* Sie funktionieren am besten in einer traditionellen Machtstruktur, in der jeder seinen Platz kennt und die Grenzen der Autorität klar sind.
3. *Hartes Regiment.* Sie legen Wert auf Disziplin und erwarten, daß

ihre Richtlinien von den ihrer Obhut unterstehenden Menschen befolgt werden.
4. *Zweckmäßigkeit.* Aggressive Männer und Frauen sind stark zielorientiert. Sie gehen praktisch und pragmatisch an die Erreichung ihrer Ziele heran. Sie tun, was notwendig ist, damit die Aufgabe erledigt wird.
5. *Schneid.* Sie sind weder zimperlich noch zaghaft. In schwierigen und gefährlichen Situationen funktionieren sie gut und mutig, ohne durch Angst oder Entsetzen abgelenkt zu werden.
6. *Hinein ins Getümmel.* Aggressive Männer und Frauen mögen Action und Abenteuer. Sie behaupten sich auch körperlich und haben oft Spaß an Wettbewerbssportarten, insbesondere Kontaktsport.

## DIE SECHS BEREICHE DES AGGRESSIVEN FUNKTIONIERENS

Die Schlüsselbereiche für diesen Persönlichkeitsstil sind Beziehungen und Arbeit.

*Beziehungen: Ich führe. Du folgst*

Wir haben diesem Stil den Untertitel »Der Boß« gegeben, weil Aggressive Menschen sich in ihren Interaktionen mit anderen immer an die Spitze bewegen. Sie haben die instinktive Begabung zur Führung und das ungestüme Bedürfnis zu dominieren. Dieses sie organisierende Prinzip ist in all ihren Beziehungen wirksam, zu Hause, im Verein, in der Fußballmannschaft und auf jeden Fall am Arbeitsplatz. Aggressive Männer und Frauen wetteifern in allen Gruppen, von denen sie ein Teil werden, um die Kontrolle, was oft sehr früh in ihrem Leben beginnt. (Eine eventuelle biochemische Verbindung zu diesem Dominanzmuster wird auf S. 413–414 erörtert.)

Der Aggressive Instinkt, zu dirigieren und zu beherrschen, muß jedoch nicht anderen gegenüber feindselig sein. Menschen, die stark sind und sich mit Macht wohl fühlen, die das Gewicht einer immensen Verantwortung für andere tragen wollen und können, sind in vielen Gruppen, Organisationen und Familien notwendig und willkommen. Mit anderen Worten: Wie die anderen Hunde in der Meute sind die anderen oft froh, daß jemand anders vortritt und die Verantwortung übernimmt, um die harten Entscheidungen zu fällen und Auseinandersetzungen auszutragen. Viele Leute finden es tatsächlich bequem, einen starken, kompetenten Menschen zu haben, auf den sie sich verlassen können.

Wenn der Aggressive Stil jedoch extrem wird, wird der Drang zur Herrschaft wichtiger als das Interesse an den Bedürfnissen oder Gefühlen anderer. Der Zweck ist dann wichtiger als die Mittel (was eingehender im weiteren erläutert wird), und der extrem Aggressive Mensch setzt sich über moralische und ethische Werte hinweg, um den »goldenen Ring« zu ergattern.

Alle Aggressiven Typen neigen dazu, in ihrem Hoheitsbereich selbstherrlich und diktatorisch zu sein, aber wenn ihr Persönlichkeitsprofil durch andere Stile ausgeglichen wird, können sie durchaus gütig und beschützend sein, vor allem wenn niemand von der Mannschaft aus der Reihe tanzt.

**Einer befiehlt**

Ihr ganzes Leben hindurch erreichen Aggressive Typen in all ihren Beziehungen ihr volles Potential, wenn sie die Leitung übernehmen können. Zu Hause führen sie das Regiment; bei der Arbeit sind sie tonangebend. Sie ziehen eine pyramidenförmige hierarchische Struktur vor, bei der sie selbst an der Spitze stehen und alle anderen in einer wohlverstandenen, starren Hackordnung folgen. Es gefällt ihnen, Befehle zu geben und Regeln festzusetzen.

Dominick C. Junior – seine Familie nannte ihn »Chef« – war, wie seine zwölfjährige Enkelin sagt, ein »Macho-Typ«. Sein Vater kam von der paternalistischen Tradition der Alten Welt, in der seine Macht als Oberhaupt der Familie unbestritten war. Dominick setzte die Tradition fort. Er heiratete May, eine Schöne aus den Südstaaten, die traditionelle Ansichten über die Stellung der Frau gegenüber dem Mann hatte. Bei ihr überwog der Anhängliche Stil, und so war sie zufrieden, daß Dom die wichtigen Entscheidungen traf und die Familienpolitik bestimmte, solange er sie respektvoll behandelte und sich gut um sie kümmerte. Dominick seinerseits gefiel, wie May sich auf ihn stützte; es vermittelte ihm das Gefühl, in der Welt an seinem rechten Ort, ein Mann zu sein. Er sorgte gut für May und ihre vier Kinder. Er unterstützte sogar ihre verwitwete Mutter und ihre im Heim untergebrachte behinderte Schwester.

May hatte ihre eigenen Vorstellungen, besonders wenn es um ihre Küche und die kirchlichen Organisationen ging, an denen sie sich beteiligte. Aber wenn ihre Ansichten mit denen Dominicks nicht übereinstimmten, sprach sie sie in seiner Gegenwart selten aus. Sie kam ihrem Mann fast nie in die Quere, zumindest nicht absichtlich. Da May sich ihrem Mann immer beugte und sein Wille den Ausschlag gab, hatten sie in fast 20 gemeinsamen Jahren kein ernsthaftes Zerwürfnis erlebt. Ihr Familienleben schien glücklich. Aber als ihr jüngstes Kind, Dominick III, der den Spitznamen Theo trug und der einzige Sohn war, in seiner Jugend gegen den Vater zu rebellieren begann, kamen die Konflikte ins Haus.

May war zwischen ihrem Sohn und ihrem Mann hin- und hergerissen. Der Streit zwischen Vater und Sohn ging nicht um große Sachen – Theo war nicht kriminell, nicht drogen- oder alkoholabhängig und hatte auch kein Mädchen geschwängert. Aber die beiden steckten im eskalierenden Kampf zweier Willen fest: Dominick bestand darauf, daß Theo alles so machte, wie er wollte, und Theo setzte herausfordernd seinen eigenen Kurs fest. Zum Beispiel befahl Dominick Theo, der damals die High School besuchte, den Sommer über im familieneigenen Geschäft zu arbeiten, und Theo sagte, er hätte schon einen Job in einer Pizzeria angenommen. Dom befahl Theo, diesen Job wieder abzusagen, sonst würde er ihm sein Auto wegnehmen. Theo sagte, dann würde er eben zu Fuß gehen. Seiner Drohung getreu, verkaufte Dom das Auto, das sein Sohn im Jahr zuvor mit seiner Unterstützung gekauft hatte. Theo begann, abends länger auszubleiben, als ihm erlaubt war; er knatterte um ein Uhr nachts auf dem Motorrad seines Freundes die Zufahrt zum Haus herauf, obwohl er spätestens um Mitternacht da sein sollte. Dom nahm Theos Führerschein an sich. Theo hörte auf, mit seinem Vater zu sprechen.

Im Haus herrschte Krieg. Theos Schwestern, die nicht mehr zu Hause lebten, waren auf seiner Seite und riefen ihre Mutter mehrmals wöchentlich an, um ihr dies zu sagen, nie aber ihrem Vater. Er war ein strenger Zuchtmeister gewesen, und die Mädchen hatten nie gewagt, sich ihm entgegenzustellen, obwohl sie ihn liebten. Statt dessen hatten sie mit dem Treffen eigener Entscheidungen gewartet, bis sie aus dem Haus waren. Theo war immer der verhätschelte »kleine Chef« seiner Schwestern gewesen – so hatten sie ihn gern genannt. Jetzt wollten seine Schwestern, daß seine Mutter bei ihrem Vater für Theo Fürsprache einlegte. May dachte, daß sie recht hatten. Aber sie hatte keine Erfahrung darin, sich ihrem Mann entgegenzustellen. Als sie sagte: »Dom, Lieber, kannst du mit Theo nicht ein bißchen weniger streng sein«, unterbrach er sie abrupt: »Halt dich da raus, May.« Der scharfe Blick, den er ihr zuwarf, erschreckte May. Sie zog sich in ihr Schlafzimmer zurück und begann zu weinen. Als Dom sie fand, wie sie ihre geröteten Augen wischte, wurde er wütend auf sie und stürmte aus dem Haus.

May versuchte Theo zu sagen, er solle mit seiner Selbstbehauptung warten, bis er in einer anderen Stadt aufs College ginge. »Dein Vater glaubt, er wüßte, was für uns alle das Beste ist«, sagte sie. »Im allgemeinen stimmt das. Er arbeitet sehr hart, damit wir alle ein gutes Leben haben. Aber die Dinge müssen nach seinem Willen laufen, solange er das Haupt dieser Familie ist. Wenn du auf dem College bist, kannst du machen, was du willst. Ich vertraue dir, Theo«, fügte May hinzu, »aber dein Vater denkt, daß du dich ihm gegenüber unloyal verhältst, und das kann er nicht ertragen. Bitte, paß dich ihm noch ein bißchen länger an, uns allen zuliebe. Und egal was du tust, mach keine Dummheiten, nur um deinem Vater zu zeigen, daß er dich nicht schikanieren kann.« Theo hörte zu, aber er antwortete nicht. Wahrscheinlich kränkte es ihn, daß seine Mutter ihn bei seinem Vater nicht stärker verteidigte.

Theo – zweimaliger Klassensprecher und Kapitän der Ringermannschaft – war eindeutig der Sohn seines Vaters. Und das war ein großer Teil ihres Problems. In der Familie gab es nur Platz für einen Chef, und trotz seiner Teenagerjahre bemühte Theo sich um den Aufstieg. Seiner gesunden Entwicklung entsprechend, trat er zu seinem Vater in Konkurrenz. Aber Aggressive Menschen können die Herausforderung ihrer Autorität oft schwer ertragen. Sie schlagen instinktiv wild um sich, um die wahrgenommene Untreue zu bezwingen und zu bestrafen und ihre Kontrolle wiederherzustellen. Seinem Aggressiven Stil getreu, hielt Dominick die im wesentlichen gesunde Rebellion seines Sohnes fälschlich für einen Abfall von der Herde. Dom war nie davor zurückgeschreckt, zu disziplinieren und zu strafen, wenn er es für notwendig hielt. Als er herausfand, daß Theo begonnen hatte, die Schule zu schwänzen, schlug er ihn so hart, daß Theos Nase blutete.

Theo schien verblüfft, wie ein Boxer kurz vor dem Umkippen.

Einen Augenblick später drehte er sich um und versetzte seinem Vater einen Schlag in den Magen. Dom fiel auf den Boden. Theo rannte aus dem Haus. May konnte Dominick davon abhalten, die Polizei zu rufen. Schließlich tauchte Theo im Haus seiner Großmutter wieder auf. Er hatte höllische Angst davor, nach Hause zu gehen. Auf Mays Drängen hin war Dominick einverstanden, daß Theo im Haus seiner Großmutter blieb, bis alle sich beruhigt hatten, wofür Theo seiner Mutter ewig dankbar war. Für die restlichen drei Monate der High School und während des Sommers wohnte er dort, bis er zum College ging. Diese Lösung gab ihm genügend Unabhängigkeit und Distanz von seinem Vater, so daß er nicht mehr so destruktiv rebellieren mußte. Dominick seinerseits konnte in Abwesenheit seines Sohnes wieder seine Rolle als alleiniger Chef übernehmen. Und May fühlte sich nicht mehr zwischen den beiden willensstarken, hitzigen Männern in ihrem Leben hin- und hergerissen. Sie besuchte ihren Sohn im Haus ihrer Mutter häufig, wo sie ihre Unterstützung für seine Entscheidungen äußern konnte, ohne ihren Mann zu verärgern.

Theo war im College sehr gut, zeichnete sich an der juristischen Fakultät aus, arbeitete ein paar Jahre als Jurist und bewarb sich erfolgreich für ein öffentliches Amt. Er sitzt jetzt zum dritten Mal im Kongreß der USA, und bei den nächsten Wahlen möchte er sich für den Senat bewerben. Er hat noch nie einen Wettbewerb verloren. Er ist ehrgeizig, besitzt eine starke Machtbasis und hat wissen lassen, daß er Präsident werden möchte. Er und Dominick (der sich jetzt von der familieneigenen Möbelfirma zurückgezogen hat, die von einem Schwiegersohn geleitet wird) haben sich seit den Vorfällen in Theos Jugend nie wieder einander nah oder wohl miteinander gefühlt. Aber May weiß, wieviel Respekt ihr Mann vor seinem mächtigen Sohn hat, und erzählt es ihm jedesmal, wenn Theo zu einem Besuch nach Hause kommt oder er und seine Frau sie nach Washington einladen. Auch Theo liebt und respektiert den »Chef« und rechnet es ihm als Verdienst an, daß er ihm beigebracht hat, hart, mutig und ehrgeizig zu sein. Aber er wird wahrscheinlich nie in der Lage sein, diese Gefühle seinem Vater mitzuteilen. Beiden geht »Sentimentalität« gegen ihren Aggressiven Strich.

## Die nächsten Generationen

Theo, vom Persönlichkeitsstil her genauso Aggressiv wie sein Vater, hat sich eine gut organisierte, ordentliche, disziplinierte Familie aufgebaut. Seine beiden Kinder sind noch in der Grundschule, weshalb abzuwarten bleibt, wie er mit ihrer pubertären Rebellion umgehen wird. Mit Sara, die im dritten Schuljahr ist, wird er wahrscheinlich mehr Schwierigkeiten haben als mit seinem jüngeren Kind, Dominick IV. Bis jetzt scheint Sara ziemlich viel vom Aggressiven Stil ihres Vaters geerbt zu haben. Dieser Stil ist nicht auf Männer beschränkt. Aggressive Frauen haben in der Geschichte als mächtige Matronen die Kontrolle über ihre Familie übernommen. Die Mädchen heute wachsen mit der Überzeugung auf, daß sie ein Recht darauf haben, die in ihrer Persönlichkeit angelegte Kraft zu benutzen, um sich durchzusetzen und in der »Männerwelt« zu konkurrieren. Wenn Sara sich in den kommenden Jahren mit ihrem Vater anlegt, kann man nur hoffen, daß Theo damit kreativer umgeht als sein Vater. In der gegenwärtigen permissiven Gesellschaft, die den selbstherrlichen Elternstil des Aggressiven Typs nicht unterstützt, drängt die Bestrafung der sich entwickelnden gesunden Autonomie eines Kindes dieses unter Umständen nur dazu, zu viele Risiken einzugehen (was ausführlicher noch dargestellt werden wird).

Theos Frau Katherine arbeitet halbtags als Juristin. Sie ist intelligent und selbstbewußt, aber wie ihre Schwiegermutter May stellt sie die Autorität des Mannes in der Familie nicht in Frage. Sie kann sich als eine First Lady vorstellen, die ihren Mann nachdrücklich unterstützt und seiner Präsidentschaft hilft, wo immer es möglich ist. Die einzigen größeren Eheprobleme, die sie bis jetzt hatten, begannen, als sie herausfand, daß Theo eine Affäre mit seiner Pressesekretärin hatte. Theo meinte, es wäre nichts, nur eine oberflächliche, ganz gelegentliche sexuelle Sache. Katherine suchte Trost in den Armen ihres Kompagnons. Als Theo das herausfand, nahm er ihre kleine Tochter und zog aus. Wie für Aggressive Menschen typisch, konnte und wollte er eine solche Unloyalität nicht tolerieren. Er ergriff entschlossene, bestrafende und in gewisser Weise rachsüchtige Maßnahmen, um sie zu beenden. Es nützte Katherine nichts, mit seiner doppelten Moral zu argumentieren. Damals beschloß sie, daß die Ehe es wert war, fortgesetzt zu werden. Wenn jeder seinen Regeln folgte, war Theo auf seine Aggressive Art tatsächlich ein liebevoller, gebender, großzügiger, oft verständnisvoller und unbestreitbar interessanter und aufregender Mann. Das Leben mit Theo war besser als das Leben ohne ihn, entschied sie. Sie hat diese Entscheidung nie bereut. Wenn er Affären hat, möchte Katherine, die selbst keine mehr hat, einfach nichts von ihnen wissen.

**Mehr über Aggressive Eltern**

Männer und Frauen mit einem Aggressiven Persönlichkeitsstil sind ihren Kindern starke, fähige Rollenvorbilder. Die Kinder wissen, daß sie sie vor jeder Bedrohung durch eine gefährliche Welt schützen werden. Oft sind sie auf solche Eltern wegen ihrer Erfolge und Leistungen in der Welt stolz.

Wie wir gesehen haben, sind diese Eltern strenge Zuchtmeister und erwarten, daß ihre Kinder ihnen ohne Widerwort gehorchen. Wenn der Stil nicht extrem ist, sondern durch Flexibilität und Sensibilität abgeschwächt wird, kann ein solcher Elternteil dazu beitragen, die Kinder inmitten dieser chaotischen Zeiten in Tradition und Verantwortung zu verankern. Ansonsten gehen sie auf besonders ungestüme Zeiten mit ihren Teenagern zu, für die Konkurrenz mit und Rebellion gegen die Eltern normal und gesund sind. Wenn der Aggressive Elternteil die Rebellion im Keim erstickt, kann das Kind, das kapituliert, sein ganzes Leben lang Schwierigkeiten mit der Selbstbehauptung, mit Unabhängigkeit und Konkurrenz haben. Ein Kind, das weiterrebelliert, kann die Sache übertreiben und in echte Schwierigkeiten geraten. Empfehlung für Aggressive Eltern: Geben Sie ein bißchen nach, damit Ihr in angemessenem Umfang nach Durchsetzung strebendes Kind kreativere Methoden findet, mit Ihrer Autorität umzugehen. Versuchen Sie, die Gefühle Ihres Kindes zu verstehen. Wenn Sie, wie viele Menschen mit Ihrem Stil, außer Haus extrem engagiert sind, sollten Sie sich auch klarmachen, daß das Kind sich möglicherweise aus Ihrem Leben ausgeschlossen fühlt. Arbeiten Sie daran, auf die Vernunft Ihrer Kinder zu hören und mit ihnen Kompromisse zu schließen, mehr Zuneigung auszudrücken und mehr »qualitativ hochwertige« Zeit mit ihnen zu verbringen, besonders wenn sie sehr klein sind.

## Gute/schlechte Gespanne

Aggressive Typen müssen König oder Königin in ihrem Reich sein. Sie kommen am besten mit vertrauensvollen, akzeptierenden, respektvollen Partnern aus, die trotzdem ihre Kompetenz, ihre innere Stärke, ihre Autonomie und ihr Selbstwertgefühl behalten. Für Aggressive Menschen ist es allzu leicht, sehr Anhängliche oder Aufopfernde Typen auszunutzen. Aggressive Partner sind nicht übermäßig sentimental oder romantisch und haben wenig Geduld mit Partnern, die emotional sehr bedürftig sind. Am natürlichsten für den Aggressiven Typ sind Verbindungen mit gemäßigt Anhänglichen, Aufopfernden und Sensiblen Menschen. Gewissenhafte Eigenschaften im Partner können ebenfalls zu einer dauernden Beziehung beitragen, falls der Aggressive Stil nicht so stark ausgeprägt ist, daß der Betreffende sich über Moral und Ethik hinwegsetzt, um an die Spitze zu kommen (siehe »Der Zweck heiligt die Mittel«, S. 400–401); Gewissenhafte Typen sind sehr moralisch.

Wenn der Aggressive Stil bei Ihnen dominiert, sollten Sie Verbindungen mit Menschen vermeiden, die kontrollieren müssen (Wachsame, Sprunghafte und sehr Gewissenhafte), die Sie eifersüchtig machen werden (Dramatische) und die ihren eigenen Fahrplan im Leben haben (Selbstbewußte).

*Anmerkung für Aggressive Frauen:* Aufgrund der Stärke und dem Dominanzbedürfnis, die Ihnen eigen sind, haben Sie möglicherweise Schwierigkeiten, einen Mann zu finden, der Sie so akzeptiert, wie Sie sind. Suchen Sie unkonventionelle Typen – vielleicht einen Mann mit einem stark Anhänglichen Zug, dem es nichts ausmacht, anders zu sein.

## *Arbeit: Der Vorstoß zur Macht*

Arbeit ist der Bereich, in dem Aggressive Typen ihr Bedürfnis nach Herrschaft und ihre Begabung zur Führungsrolle am besten verwirklichen können. Die von diesem Stil geprägten Männer und Frauen sind sehr zielbewußt. Sie werden an die Spitze kommen. Sie widmen sich völlig ihrer Arbeit und lassen sich weder von ihrem Familienleben, dem Bedürfnis nach acht Stunden Schlaf noch der Sehnsucht nach Entspannung und Bequemlichkeit abhalten.

Der Aggressive Persönlichkeitsstil ist eigentlich eher selten, aber die Menschen, bei denen er dominiert, sind wegen ihres Drangs zur Macht deutlich zu erkennen und überaus einflußreich. Es sind die politischen Drahtzieher, die Firmenaufkäufer, die Ressortleiter, die Las Vegas-Bosse. Kratzen Sie die Persönlichkeit von irgend jemandem an, der in der von ihm gewählten Arena sehr viel Macht angesammelt hat, und Sie werden wahrscheinlich nicht gerade wenig Aggressiven Stil finden.

Diese Menschen haben bei ihrem Streben nach Verantwortung soviel Erfolg, weil sie in einer extrem wettbewerbsorientierten Umgebung gedeihen, in der jeder gegen jeden kämpft und es am Schluß nur einen oder sehr wenige Gewinner geben kann. Während der zunehmend stärkere Wettbewerb beim Ansturm auf die Spitzenposition mehr als einen potentiellen Konkurrenten entmutigt, genießen Aggressive Menschen das heftige Getümmel eines wilden Konkurrenzkampfs. Anstatt sich vom Kampf um das Bekommen und Behalten der Macht gestreßt zu fühlen, vermittelt er Aggressiven Menschen ein wundervoll anregendes, lebendiges Gefühl.

Sie sind nicht zimperlich. Es macht ihnen nichts aus, einen Konkurrenten »fertigzumachen«. Sie sind nicht sentimental und identifizieren sich nicht mit Benachteiligten. Aufgrund des »starken Magens«, der mit diesem Stil einhergeht, sind sie besonders gut dafür geeignet, bestimmte schwierige, unangenehme Entscheidungen zu treffen. In Kriegszeiten zum Beispiel muß ein Kommandeur oft das Leben von Menschen opfern, um ein spezielles Ziel zu erreichen. Ein Firmenchef muß Hunderte von Angestellten entlassen, um den Betrieb umzustrukturieren und im Geschäft zu bleiben. Ein Banker muß vielleicht die Zwangsvollstreckung gegen einen Hauseigentümer beantragen. Aggressive Menschen können die Situation einschätzen und diese Entscheidungen treffen, wenn sie müssen. Sie sind auch hervorragende Leiter der Notfallstation eines Krankenhauses. Sie tun, was sie tun müssen, um effektiv zu führen.

### Alle Mittel sind erlaubt

Peter V., der es in seinem Leben vom Lagerburschen zum Generaldirektor gebracht hat, ohne irgendwo zwischendrin haltzumachen, leitet seit mehr als zehn Jahren eine große Firma. Er hat alle Übernahmeversuche durch andere Unternehmen abgewehrt, seine Machtbasis gegen alle Herausforderungen verteidigt und seine Firma trotz der Veränderungen des ökonomischen Klimas in den schwarzen Zahlen gehalten. Er hat die Firma, ihre Finanzen und ihre leitenden Angestellten voll unter Kontrolle. Jeder der führenden Mitarbeiter, denen er ein bißchen Macht erlaubt, muß absolute Loyalität gegenüber Peter demonstrieren, um im inneren Zirkel zu bleiben. Er belohnt diese Loyalität großzügig mit Geld und Vergünstigungen. Unloyalität bestraft er, indem er Geld zurückhält und Macht und Anerkennung reduziert. Wer Peters Recht auf die Herrschaft nicht in Frage stellt und seinen hohen Erwartungen entspricht, ist einer guten Behandlung sicher. Aber wer ihm mißfällt, muß gehen, egal wie lange er schon zur Firma gehört.

Vor kurzem hat Peter im Schnellverfahren eine leitende Angestellte gefeuert, Janet G., weil er das Gefühl hatte, daß sie ihre Machtbasis unter den anderen Vorstandsmitgliedern ausweitete. Janet war in puncto Finanzen extrem kompetent. Um ihre Effektivität und ihre Unterstützung durch den Vorstand zu unterminieren, ließ Peter ihre langjährige Affäre mit einem mächtigen, bekannten und seit langem verheirateten Direktor einer Börsenmaklerfirma an der Wall Street an die Presse durchsickern. Die Zeitungen spielten die Geschichte so hoch, wie Peter gehofft hatte. Der Vorstand war entsetzt über diese unschöne Publicity und unterstützte voll Peters Entscheidung, Janet, die eine Schlüsselstellung innegehabt hatte, gehen zu lassen.

Manch einer würde Peters Verhalten als verwerflich betrachten. Er hielt es für gerechtfertigt. In der Liebe und im Krieg sind alle Mittel erlaubt – und für Aggressive Menschen ist Arbeit (und eigentlich das ganze Leben) ein strategischer Kampf, um Macht zu bekommen und zu behalten. Peter wußte seit Jahren von Janets Affäre. Sie wurde zu seiner Waffe, als er glaubte, eine zu brauchen. Er tat, was er tun mußte, würde er Ihnen sagen – und hinzufügen, daß Sie nicht auf der Höhe der Zeit sind, wenn Sie sein Verhalten so ungeheuerlich finden.

### Der Zweck heiligt die Mittel

Aggressive Menschen sind stark zielorientiert. Sie haben eine Arbeit zu erledigen und führen sie durch. Erfolg, Sieg, Macht und vortreffliche Leistungen sind ihre Ziele, die sie praktisch und pragmatisch verfolgen. Sie benutzen die Mittel, die in Reichweite sind. Wenn bei einem vorwiegend Aggressiven Menschen auch der Gewissenhafte Stil stark vertreten ist, wird er daran interessiert sein, das zu tun, was recht und billig und ehrenhaft ist. Ansonsten besteht die Gefahr, daß sehr Aggressive Menschen ohne Rücksicht auf Moral oder Ethik oder die Folgen für die Gefühle oder den Ruf eines anderen skrupellos und rachsüchtig handeln. Sehen Sie, wie J.R. Ewing in der Fernsehserie *Dallas* sein Ölgeschäft betreibt, dann haben Sie ein Beispiel für diesen stark Aggressiven Persönlichkeitstyp.

Für Aggressive Menschen zählt nur das Ziel. Die Mittel sollen sie möglichst schnell zu ihm hinführen. Die Aggressive Ilene zum Beispiel versucht, den Firmenwagen zu verkaufen, der ständig Probleme mit dem Getriebe hat. Ein junger Mann hat ihre Anzeige gelesen und ruft an, um ein paar Informationen über das Auto zu bekommen. Er sagt, daß er noch nie vorher ein Auto gekauft hat. Er fragt nicht, ob es Probleme hat, und Ilene erzählt ihm nichts. Wenn er nachgefragt hätte, hätte sie wahrscheinlich etwas dazu gesagt, aber das Problem heruntergespielt. Sie meint, es wäre die Aufgabe des potentiellen Käufers, das Auto von einem Mechaniker überprüfen zu lassen, bevor er sich entscheidet.

Ilene ist kein Verbrecher und kein Betrüger. Aber sie will ihr Auto schnell zum besten Preis verkaufen, und wie viele Leute in einer ähnlichen Situation denkt sie, daß es nicht ihr Problem ist, wenn der Käufer ein schlechtes Geschäft aushandelt. Als Aggressiver Mensch trifft Ilene in den meisten geschäftlichen Situationen ihre Entscheidungen genauso. Sie beschäftigt sich weniger damit, einen »richtigen« oder »ehrlichen« Kurs einzuhalten, als eine praktische, effiziente Lösung zu finden. Die Aggressive Problemlöse-Methode ist auch am Werk, wenn einer feindlichen Regierung heimlich Waffen verkauft werden, um politische Geiseln zu befreien.

Die Anhäufung von Macht und die Tendenz, zweckdienliche Mittel einzusetzen, kann einige extrem Aggressive Typen genauso wie ihre Abenteuerlichen Typgenossen dazu führen, die Grenze zum echt kriminellen Verhalten zu überschreiten. Die meisten Aggressiven Typen haben in ihrem Persönlichkeitsprofil jedoch mäßigende Stile, die sie davor schützen, moralische und ethische Grenzen zu überschreiten. Oder sie haben jemanden mit einem Gewissen – einen Gewissenhaften zweiten Mann oder eine Gewissenhafte zweite Frau – am Schreibtisch nebenan sitzen, der für ihre Ehrlichkeit sorgt oder sie anzeigt.

**Management-Stil**

Aggressive Menschen sind hervorragende, interessante Manager und Administratoren. Mit ungebrochener Energie schaffen sie Stuktur und Organisation, erkennen kurz- oder langfristige Ziele und planen effektive Strategien. Sie sehen das große Ganze und können mit zahlreichen großen Verantwortungen und Projekten gleichzeitig jonglieren, ohne den Überblick zu verlieren oder sich ablenken zu lassen. Sie führen ein strenges, diszipliniertes Regiment, sie verlangen Loyalität und belohnen sie großzügig.

Einige Aggressive Manager unterteilen die Belegschaft in einen loyalen inneren Zirkel (zu dem die Mitarbeiter gehören, die das Ziel genauso verstehen wie sie und genausoviel Engagement zeigen) und einen äußeren Kreis (»normale«, weniger privilegierte andere). Sehr Aggressive Manager, die während ihres Aufstiegs zur Spitze einen loyalen Kader anziehen, erleben später möglicherweise den massenhaften Abfall von Top-Leuten, die das skrupellose, unethische Verhalten ernüchtert hat. Bei einem Regierungsskandal zum Beispiel läßt sich beobachten, daß viele der bewährtesten Untergebenen eines Behördenleiters sich empören, zur Vernunft kommen und das Schiff verlassen.

Aggressive Manager konzentrieren sich auf Ergebnisse, nicht auf Gefühle. Bei Untergebenen gelten sie als hartherzig oder unsensibel. Sie verlangen von sich und ihrer Belegschaft sehr viel und haben wenig Geduld mit Ineffizienz, Fehlern und Verschwendung, und überhaupt keine mit Unloyalität. Es fällt ihnen nicht schwer, Angestellte, die nicht ihren Beifall finden, zu bestrafen oder zu entlassen. Emotionale Appelle beschleunigen die Exekution.

Außer mit Unloyalität können Aggressive Manager – und eigentlich alle Aggressiven Menschen im Bereich der Arbeit – auch mit etwas anderem nicht kreativ umgehen: mit Langeweile. Arbeit ist strategischer Kampf, Erfolg ist Gewinnen. Wie manche Militärs am Ende eines Krieges wissen sie nicht, was sie mit sich anfangen sollen, wenn die Schlacht einmal gewonnen ist. Sie brauchen ständig ein hohes Stimulationsniveau und initiieren unter Umständen einen internen (firmen)politischen Konflikt nur, um weiter rotieren zu können.

Tips für die Arbeit mit Aggressiven Managern finden sich in den allgemeinen Empfehlungen auf S. 405–407. Konsultieren Sie auch die Tips 1 und 3 für die Arbeit mit Selbstbewußten Menschen (S. 108).

### Streß!

Fehlende Macht, schwere Bedrohungen durch die Konkurrenz oder eine Niederlage oder ein Mißerfolg sind für Aggressive Typen die größten Ursachen für Streß. Sie bewältigen ihn, indem sie ihre Machtbasis erweitern und verstärken, eine Strategie planen und zurückschlagen, oft mit Wut. Als die Aggressive Audrey nicht zur Leiterin der Bankfiliale befördert wurde, reichte sie bei Gericht eine Klage wegen sexueller Diskriminierung ein, anstatt abzuwarten, bis eine andere Möglichkeit sich auftat (wie ihr Chef in der Zentrale vorgeschlagen hatte). Sie hatte gute Beweise, und die Bank schlug schließlich vor, daß sie die kleinste, verschlafenste Filiale übernehmen sollte. Audrey lehnte ab. Sie gaben ihr eine andere Filiale, und sie zog ihre Klage zurück. Jetzt leitet sie die Kreditkarten-Abteilung der Bank.

Niemand mit einem stark Aggressiven Persönlichkeitsstil wird einen Verlust oder einen Fehlschlag hinnehmen und ruhig seinem Lebensabend entgegensehen. Die Menschen, bei denen dieser Stil dominiert, sind »Stehaufmännchen«, Gewinner. Sie kämpfen sich zur Spitze vor, notfalls mit dem Brecheisen.

### Karrieren mit Macht

Politik, Regierung, Militär, Bildungswesen, Wirtschaft – suchen Sie sich eine Karriere in einem Bereich, der eine Machtstruktur bietet, die Sie hochklettern können. Sie können auch als Unternehmer mit einer eigenen Firma Erfolg haben, in der Sie die Struktur selbst schaffen. Auf jeden Fall sollten Sie mit und um Menschen herum arbeiten, damit Sie danach trachten können, den Befehl über sie zu übernehmen.

## Selbst und reale Welt: Aggressiver kontra Selbstbewußter Stil – Platz an der Spitze?

Menschen, bei denen einer dieser beiden Stile dominiert, gehen an das Leben mit der Einstellung »Ich zuerst« heran, aber die Unterschiede zwischen ihnen werden am ehesten daran deutlich, wie sie ihr Selbst und seine Position im Bereich der realen Welt einschätzen.

Aggressive Menschen, die hauptsächlich von den Bereichen »Beziehungen« und »Arbeit« angetrieben werden, müssen andere beherrschen und die Aufsicht führen. Wie Wachsamen Typen geht es ihnen um Kontrolle. Die Welt draußen ist ein Dschungel, in dem nur der Stärkere überlebt. Aggressive Männer und Frauen besitzen ein enormes Vertrauen in ihre Fähigkeit, zu gewinnen und zu führen, aber unbewußt haben sie möglicherweise das Gefühl, daß sie ihre Macht verlieren werden und nachgeben müssen, wenn sie nicht etwas riskieren und die Kontrolle übernehmen. Für Menschen mit sehr viel Aggressivem Stil ist die Unterwerfung unter eine größere Macht von Erniedrigung nicht weit entfernt. Sie müssen ihr Selbstwertgefühl dadurch aufrechterhalten und verstärken, daß sie die unbestrittenen Herrscher ihres Reichs sind.

Selbstbewußte Typen, bei denen der Bereich des Selbst im Vordergrund steht, kümmern sich nicht um andere Menschen. Welche anderen überhaupt? Wie wir gesehen haben, sind Selbstbewußte Typen auf ihre eigenen wundervollen Möglichkeiten eingestellt und müssen häufig daran erinnert werden, daß andere überhaupt existieren. Sie brauchen ihr Selbstwertgefühl selten aufzumöbeln, denn sie haben bereits das Gefühl, sicher im Zentrum der realen Welt zu sein. Sie erwarten, sehr erfolgreich, mächtig, reich und berühmt zu sein – es ist ihr Geburtsrecht. Für sie stellt kein anderer eine ernsthafte Bedrohung dar.

Sowohl Selbstbewußte als auch Aggressive Menschen haben keine Mühe mit dem Konkurrieren und bewegen sich in der Machtstruktur nach oben. Selbstbewußte Typen sind erfolgreich, weil sie so viel Vertrauen in ihre Fähigkeiten und ihre angeborenen persönlichen Star-Qualitäten haben. Aggressive Typen machen ihren Weg, weil sie es so gut verstehen, die Macht zu ergreifen, zu gebrauchen, zu manipulieren und zu behalten – und alle anderen niederzuhalten. Sie stehen siegreich, sicher und geschickt an der Spitze der Dominanzhierarchie.

## *Gefühle und Selbstbeherrschung:*
## *(im allgemeinen) stark in beiden*

Obwohl Aggressive Männer und Frauen auf die Gefühle anderer nicht unbedingt reagieren, sind ihre eigenen sehr stark. Dies ist ein kraftvoller Persönlichkeitsstil, auch im Bereich der Gefühle. Diese Gefühle sind natürlich nicht weich, sanft, zart oder sonstwie sentimental, obwohl Aggressive Menschen sehr romantisch sein können, wenn sie die Beziehung sicher unter Kontrolle haben.

Sie können auch einen starken Sexualtrieb haben und sind sehr körperbetont; sie müssen sich mit ihrem Körper ausdrücken. Wie Abenteurer brauchen sie Action und Anregung, aber während Abenteurer das körperliche Risiko in der Gegenwart reizt, motiviert Aggressive Typen die Erregung des kommenden Siegs. Daher engagieren sie sich oft stark in Wettbewerbs- und Kontaktsportarten; häufig sind sie von Kampf und Gewalt stimuliert, und sei es nur in einem Buch oder einem Film.

Obwohl Mißerfolg sie vorübergehend entmutigen kann, neigen sie nicht zu Depression oder Angst. Kämpfen, Konkurrieren und Gewinnen bereiten ihnen solches Vergnügen, daß Auseinandersetzungen ihr Allheilmittel sind.

Aber bitten Sie sie nicht, zu entspannen. Aggressive Menschen können ihr Ziel nicht loslassen. Sie werden sich freuen, zwecks Teilnahme an einer Konferenz eine Kreuzfahrt zu machen, aber nicht, um sich auf einem Stuhl an Deck zu entspannen. (Auch Gewissenhafte Menschen sind zu einer Kreuzfahrt bereit, wenn sie in der Zeit zwischen zwei Häfen einen Besichtigungsplan für die nächsten drei Stunden an Land entwerfen können.)

Der Schlüssel zu diesem Stil ist, wie gesagt, Kontrolle. Aggressive Menschen kontrollieren ihre Gefühle und ihr Verlangen nach Vergnügen im allgemeinen ziemlich stark. Sie lassen ihrem Vorstoß zur Spitze nichts in die Quere kommen. Sie reagieren nicht impulsiv, egal wie stark ihre Gefühle zu etwas sind – falls sie nicht wütend sind; in diesem Fall verlieren extrem Aggressive und Sadistische Menschen die überaus wichtige Kontrolle und schlagen wild um sich. Ihr Zorn ist fulminant und kann als mächtige Waffe benutzt werden, andere bei der Stange zu halten. Opfer sind wahrscheinlich die Familie und Untergebene, bei denen extrem Aggressive Typen das Recht zu haben glauben, nach Gutdünken zu verfahren.

Gott sei Dank werden die meisten vom Aggressiven Stil geprägten Menschen es vermeiden, sich rücksichtslos über jene hinwegzusetzen, die sie kontrollieren wollen. Sie kanalisieren ihre Aggressive Energie lieber in List, Strategie und Schlauheit um. Selbst wenn man einen extrem Aggressiven Typ ausmanövriert hat, wird er im Vorstandszimmer keinen Wutanfall bekommen. Statt dessen verwandelt er den Zorn in einen brillanten neuen Plan, seine Macht wiederherzustellen und den Sieg davonzutragen.

## TIPS ZUM UMGANG MIT DEM AGGRESSIVEN MENSCHEN IN IHREM LEBEN

1. Kennen Sie sich selbst. In einer persönlichen Beziehung können Sie mit diesem Menschen sehr leicht auskommen, wenn Sie verstehen und akzeptieren, daß er der Boß sein muß. Selbst wenn Sie eine starke Persönlichkeit sind, werden Sie nie genausoviel Macht haben wie er, auch wenn Sie ihm nahekommen können. Haben Sie einen Persönlichkeitsstil, dem es nichts ausmacht, in Ihrer Liebesbeziehung an zweiter Stelle zu kommen? Oder verlangt Ihr Selbstwertgefühl, daß Sie sich in jeder Hinsicht als gleichwertig präsentieren? Aggressive Menschen können wunderbar und charismatisch und Gefährten für ein großes Leben sein, *wenn* Sie mit einer hierarchischen Beziehung zufrieden sein können. Wenn nicht, werden Sie Schwierigkeiten bekommen.
2. Konkurrieren Sie nicht mit einem Aggressiven Menschen. Versuchen Sie nie, seine Autorität zu untergraben oder ihn »abzusägen« – es sei denn, es liegt Ihnen nichts mehr an der Beziehung. Wenn Sie glauben, die Achtung dieses Menschen dadurch zu erwerben, daß Sie mächtiger sind als er, sollten Sie sich das noch einmal überlegen. Aggressive Typen möchten starke, wertvolle, *loyale* Menschen um sich herum haben, die in der Hierarchie unter ihnen stehen. Erlauben Sie dem Aggressiven Menschen zumindest, das Gesicht zu wahren, wenn Sie sich mit ihm in einem Konkurrenzkampf befinden und gewinnen; andernfalls haben Sie einen sehr mächtigen Feind.
3. Kennen Sie die genauen Charakteristika Ihres Jobs bzw. Ihrer Rolle, damit Sie nicht die Grenzen überschreiten, die der Aggressive Mensch möglicherweise gesetzt hat. Militärisch gesprochen: Sie

müssen Ihre Befehle kennen und sie ausführen, nicht mehr und nicht weniger.
4. Seien Sie stark und behalten Sie Ihr Selbstwertgefühl. Nur daß Sie in der Gegenwart der Macht sind, bedeutet nicht, daß Sie katzbuckeln oder in eine schwache Position verfallen müssen. Für Aggressive Menschen ist es allzu leicht, andere zu schikanieren und sie zu überwältigen. Aber der Aggressive Mensch in Ihrem privaten oder beruflichen Leben hat nicht viel Verwendung für Schwächlinge oder Jasager. Zeigen Sie Ihre natürliche Stärke, um seinen Respekt oder seine Liebe zu gewinnen. Präsentieren Sie eine wertvolle und selbstbewußte, aber nicht konkurrierende oder herausfordernde Fassade, und verhandeln Sie hart zu Ihren Gunsten. Wenn Sie einem Aggressiven Menschen erlauben, Sie auszunutzen, riskieren Sie seine Verachtung und den Sturz ans schimpfliche Ende der Hackordnung.
5. Seien Sie nicht auf den Sieg aus, wenn Sie Konflikte lösen wollen, die sich in Ihrem Privatleben mit einem Aggressiven Menschen ergeben. Mit anderen Worten: Bestehen Sie nicht darauf, daß er es so macht, wie Sie wollen, oder Schuld oder einen Irrtum zugibt. Der Aggressive Mensch kann es nicht ertragen, zu verlieren; suchen Sie deshalb keine Alles-oder-Nichts-Lösungen nach dem Motto »Ich hab recht, du unrecht«. Arbeiten Sie auf Kompromisse hin, bei denen der Aggressive Mensch sein Selbstwertgefühl als Boß behalten kann. Versuchen Sie, Konzessionen auszuhandeln. Sagen Sie zum Beispiel: »Gut, ich ändere meine Pläne und gehe nächsten Monat mit dir zu dieser Parteiversammlung, wenn du deine Plane änderst und zu der Versammlung in Jimmys Privatschule mitkommst.« Wenn Sie feststellen, daß ein Sieg für Sie genauso wichtig ist wie für ihren Aggressiven Partner, sollten Sie sich fragen, ob der Sieg die aus ihm resultierenden Schwierigkeiten wert ist, wenn es andere Möglichkeiten gibt, das Gewünschte zu erreichen.
6. Sprechen Sie die Vernunft an, nicht die Gefühle. Aggressive Menschen messen den Gefühlen anderer oft wenig Gewicht bei. Stellen Sie den Fall logisch dar, wenn Sie die Sache für sich entscheiden wollen; wenn Sie eine Gefühlsshow abziehen, laufen sie bloß gegen die Wand. Zeigen Sie auf, daß Ihr Plan oder Ihre Vorgehensweise dem Aggressiven Menschen direkt nutzt. Anstatt zu sagen »Du mußt es machen, wenn du mich liebst«, können Sie die Angelegen-

heit vielleicht so darstellen: »Wenn du am Dienstag zu der Versammlung in Jimmys Schule kommst, wird das Zulassungskomitee sich an das Interesse unserer Familie für die Schule erinnern, wenn es über die Aufnahme des kleinen Jimmy entscheidet, der, wie wir beide wissen, nicht der Klügste ist.«
7. Wenn der Aggressive Mensch in Ihrem Leben Ihr Vater oder Ihre Mutter ist, suchen Sie nach Möglichkeiten, mit seinen/ihren möglicherweise strengen Regeln kreativ umzugehen. Packen Sie den Stier nicht bei den Hörnern. Anstatt herausfordernd zu verlangen, daß Ihr Vater oder Ihre Mutter Sie tun läßt, was Sie wollen, oder offen und selbstzerstörerisch zu rebellieren, sollten Sie versuchen, Respekt zu zeigen und seiner oder ihrer Sichtweise zuzustimmen – und dann ruhig Ihre Sache durchzuziehen.

Dieser Rat ist möglicherweise auch für Menschen nützlich, die am Arbeitsplatz mit einem Aggressiven Menschen zu tun haben.
8. Akzeptieren Sie, daß der Aggressive Mensch in Ihrem Leben Wutausbrüche hat, und vermeiden Sie es, die bekannten Knöpfe zu drücken, die ihn auslösen. Suchen Sie nach anderen Möglichkeiten, Ihre Probleme zu lösen. Schlagen Sie nicht zurück und machen Sie Ihrem Zorn nicht unbeherrscht Luft. Ziehen Sie sich zurück und warten Sie, bis die Wut verraucht ist.

## MACHEN SIE DAS BESTE AUS IHREM AGGRESSIVEN STIL

Ihr Persönlichkeitsstil gibt Ihnen ein enormes Erfolgspotential, besonders im Bereich der Arbeit. Die folgenden Übungen sollen dazu beitragen, Ihre manchmal übermäßig herrische Seite zu glätten und alle Bereiche Ihres Lebens gleich lohnend zu machen. Der Boß zu sein und jeden voll unter Kontrolle zu haben, kann am Arbeitsplatz brillant funktionieren – aber zu Hause wird dieser autoritäre Stil Ihnen unter Umständen Probleme machen.

### Übung 1
Üben Sie sich darin, Ihren autoritären Stil an der Türschwelle zurückzulassen, wenn Sie von der Arbeit nach Hause kommen. Beobachten Sie sich, wie Sie mit Ihrer Familie oder Ihren Freunden umgehen, als wären Sie ihr Chef. Machen Sie sich klar, daß viele Leute es nicht

schätzen, herumkommandiert zu werden. Versuchen Sie, sich als Gleichen unter Gleichen zu erleben, und nicht als Befehlshaber.

**Übung 2**
Geben Sie Menschen eine Chance, ihre eigenen Fehler zu machen. Sie führen ein hartes Regiment und bekommen Dinge auf Ihre Art extrem gut erledigt. Aber andere – insbesondere Kinder – müssen selbst Erfahrungen machen und lernen. Geben Sie ihnen ein Seil – Sie können sie immer noch zurückziehen, wenn sie sich zu weit von der Markierung entfernen. Lassen Sie Ihre Teenager ihre eigenen Entscheidungen und Fehler machen, damit sie einen überzeugten, selbstbestimmten Weg durchs Leben finden und nicht zu Extremen gehen müssen, um ihre Selbständigkeit zu beweisen.

**Übung 3**
Lernen Sie, Kompromisse zu schließen und nachzugeben. Anstatt darauf zu bestehen, daß Ihr Wille geschieht, handeln Sie eine Lösung aus, die jedem gefällt. Erinnern Sie sich daran: Wir sind nicht im Krieg. Bei einem Konflikt in Ihrem privaten Bereich geht es nicht um gewinnen oder verlieren – versuchen Sie, daran zu denken.

**Übung 4**
Üben Sie, Dinge so zu tun, wie jemand anders sie macht. Haben Sie ein offenes Ohr für Unstimmigkeiten über die »richtige« Methode. Sie sind daran gewöhnt, Ihren Willen durchzusetzen, aber lassen Sie zur Abwechslung einmal den anderen Verantwortung übernehmen. Gewöhnen Sie sich daran, zu sagen: »Gut, machen wir es so, wie du willst.«

**Übung 5**
Fragen Sie mindestens einmal in der Woche die Menschen, die Ihnen in Ihrem Privatleben am nächsten stehen, was Sie für sie tun können. Seien Sie offen für alle Vorschläge, auch für emotionale von der Art »Ich wünschte, du würdest ein bißchen mehr zeigen, daß du mich magst.« Finden Sie eine Möglichkeit, für jeden etwas zu tun und nicht die Bitte rundweg abzulehnen. Angenommen, Ihr Teenager sagt: »Hm ja, da du schon davon sprichst, könntest du mir für die Aufstiegsfeier meiner Handballmannschaft die ganze Nacht Ausgang geben.« Anstatt gleich dagegen zu sein, können Sie vielleicht den übli-

chen »Zapfenstreich« ein bißchen ausdehnen oder eine andere Möglichkeit finden, einige der starren Regeln zu lockern, die Sie Ihrem Kind auferlegen.

Wenn Sie diese Übung gewissenhaft ausführen, werden Sie bald in der Lage sein, die wichtigsten Bedürfnisse Ihrer Lieben vorwegzunehmen, und feststellen, daß sie Sie nicht konstant beschuldigen, auf irgendeine Art ihre Gefühl zu verletzen.

Wenn Sie mit dieser Übung Schwierigkeiten haben, sollten Sie Übung 4 für den Selbstbewußten Typ (S. 110) versuchen: »Wer ist dieser Mensch?«

**Übung 6**
Lassen Sie die Kontrolle über Ihr Leben (und das der Menschen um Sie herum) ein bißchen los und entspannen Sie sich eine Zeitlang. Lernen Sie etwa zu meditieren. Weitere Anregungen zur Entspannung bieten die Gewissenhafte Übung 1 (S. 84) und die Wachsame Übung 1 (S. 193). Wenn Sie gelegentlich Ihren eisernen Griff ein wenig lockern, kommt dies Ihrer Gesundheit zugute, stärkt Ihre Vitalität und erlaubt Ihnen, die Zügel Ihres packenden Lebens mit neuer Kraft in die Hand zu nehmen. Wenn Sie sich mit Ihrer Familie entspannen, stärkt dies die Verbindung zwischen Ihnen allen.

Lassen Sie also mit der Kontrolle in allen Bereichen Ihres Lebens nach, außer in einem:

**Übung 7**
Beherrschen Sie Ihre Wut. Konzentrieren Sie sich darauf, sie zurückzuhalten, wenn Sie kurz davor sind, zu explodieren oder zurückzuschlagen. Drehen Sie sich notfalls um und gehen Sie aus dem Zimmer, schlagen Sie auf ein Kissen ein oder verlassen Sie sogar das Haus, bis Sie sich beruhigt haben. Erlauben Sie sich nicht zu glauben, daß irgend jemand Ihre wirkungsvolle, Aggressive Reaktion verdient. Jemand kann Sie wütend machen, aber nur Sie können furchtbar und bestrafend reagieren.

**Übung 8**
Schreiben Sie die Dinge auf, die Sie wirklich wütend machen. Fragen Sie sich, ob Ihre Wut sich letztendlich auf Fragen der Dominanz und der Kontrolle reduziert. Werden Sie am wütendsten, wenn ein Ihnen nahestehender Mensch etwas anders macht als Sie wollen oder sonst-

wie Ihre Autorität herausfordert? Fragen Sie sich, ob Sie auf diese Dinge überreagieren. Lassen Sie sich folgendes durch den Kopf gehen: Die anderen werden Sie noch mehr respektieren, wenn Sie akzeptieren, daß Sie de facto Macht haben, und nicht mehr so reizbar beäugen, wer sie vielleicht herausfordern oder wegnehmen möchte. Niemand kann Ihnen die innere Macht Ihrer Persönlichkeit nehmen.

## Sadistische Persönlichkeitsstörung

Wie der Name impliziert, sind Menschen mit einer Sadistischen Persönlichkeitsstörung grausam, hartherzig und rücksichtslos einschüchternd. Sie können gewalttätig sein und haben Spaß daran, die Menschen in Ihrer Umgebung zu demütigen.

### DIAGNOSTISCHE KRITERIEN

Das DSM-III-R beschreibt die Sadistische Persönlichkeitsstörung als[1]:
A. Ein sich wiederholendes Muster grausamen, erniedrigenden und aggressiven Verhaltens, das in der frühen Adoleszenz beginnt und durch das wiederholte Aufreten von wenigstens vier der folgenden Kriterien anzeigt wird:
1. hat körperliche Grausamkeit oder Gewalt in einer Beziehung eingesetzt, um sich eine dominante Rolle zu sichern (nicht um lediglich beziehungsunabhängige Ziele zu verfolgen, wie z.B. jemanden zu schlagen, um ihn zu auszurauben);
2. erniedrigt oder macht Personen in der Gegenwart anderer schlecht;
3. hat jemanden unter seiner/ihrer Kontrolle ungewöhnlich hart behandelt oder diszipliniert, z.B. ein Kind, einen Schüler, einen Gefangenen oder Patienten;
4. amüsiert oder freut sich an psychischem oder körperlichem Leiden anderer (einschließlich Tieren);

5. hat gelogen, um anderen Leiden oder Schmerz zuzufügen (nicht um lediglich irgendein anderes Ziel zu erreichen);
6. bringt andere Leute dazu, das zu tun, was er/sie möchte, indem er/sie diese bedroht (durch Einschüchterung oder sogar durch Drohungen);
7. schränkt die Selbständigkeit von Leuten ein, mit denen er oder sie eine enge Beziehung unterhält, läßt z.b. seinen Partner das Haus nicht ohne Begleitung verlassen oder erlaubt der Tochter im Teenageralter nicht, soziale Veranstaltungen zu besuchen;
8. ist fasziniert von Gewalt, Waffen, Kriegskünsten, Verwundungen oder Folter.

B. Das Verhalten in A. ist nicht nur auf eine Person ausgerichtet (z.B. auf den Partner, auf ein Kind) und dient nicht lediglich dem Zwecke der sexuellen Stimulierung (wie bei Sexuellem Sadismus).

## *Dominanz durch Gewalt*

Sadistische Typen verletzen, erniedrigen, bestrafen, schikanieren, drohen und nötigen, um Familienmitglieder, Untergebene oder sonstwie bei der Arbeit von ihnen abhängige Menschen zu kontrollieren. Anders als Antisoziale Menschen verletzen sie nicht einfach irgend jemanden; Menschen gegenüber, die mehr Autorität haben als sie, können sie sogar ein freundliches, respektvolles Gesicht zeigen. Aber wo sie das Gefühl haben, daß sie zur Leitung berechtigt sind, stellen sie ihre Herrschaft durch psychische und physische Foltern her – besonders wenn die Opfer zurückschlagen oder gegen ihre grausame Kontrolle rebellieren wollen. Wenn ihre Partner drohen, sie zu verlassen, werden Sadistische Menschen nicht depressiv, sondern ruhig. Sie schlagen ihre Frauen und mißhandeln ihre Kinder. Sie sind tückische Chefs. Sie fügen anderen Schmerz zu, nur um das Kommando zu behalten oder ihren Willen durchzusetzen.

Es fällt ihnen leicht, Schmerz zuzufügen, denn sie haben kein Mitgefühl für Menschen, die sie beherrschen oder kontrollieren. Es kann sein, daß sie das Leiden genießen, das sie anderen bei der Ausübung ihrer Herrschaft zufügen – wie der Sadistische Polizist, der Gefangene schlägt, oder die Sadistische Ex-Ehefrau, die ihrem Ex-Mann am Telefon vorlügt, ihr Sohn sei bei einem Unfall schwer verletzt worden.

Sie bestehen auf Disziplin und bestrafen Kinder, Schüler, Partner, Gefangene oder jeden anderen ihnen untergeordneten Menschen für die kleinsten Unbedachtheiten oder Irrtümer sehr hart. Sie sind zornig und werden gewalttätig, wenn Menschen, die ihrer Meinung nach ihren Befehlen folgen sollten, ihnen in die Quere kommen oder sie ärgern. Sie hacken oft auf Menschen ein, die an einer Selbstschädigenden Persönlichkeitsstörung leiden – sie sind allzu leichte Opfer.

## *Ist dies wirklich eine Störung?*

Niemand kann daran zweifeln, daß viele Menschen ein solch böswilliges Verhalten zeigen. Trotzdem bleibt die Frage, ob man es als echte Persönlichkeitsstörung qualifiziert. Wie die Selbstschädigende Persönlichkeitsstörung (Kapitel 15) ist auch die Sadistische »inoffiziell« und erscheint nur im Anhang zum DSM-III-R. Die Störung wurde vorgeschlagen, nachdem feministische Organisationen den Einwand erhoben, die Diagnose »Selbstschädigende Persönlichkeitsstörung« sei gegen Frauen gerichtet, die Opfer von Mißhandlungen geworden seien, und würde das Opfer für seine Situation verantwortlich machen (siehe Kapitel 15). Die Überarbeiter des DSM-III schlugen vor, die Sadistische Persönlichkeitsstörung solle einen Großteil der Mißbrauchenden abdecken, die nach Vermutung von Klinikern wesentlich häufiger Männer sind, obwohl die Geschlechtsverteilung in der Forschung noch nicht untersucht wurde. Feministinnen waren auch gegen die Sadistische Persönlichkeitsstörung; sie wandten ein, sie würde Männern, die ihre Frauen schlagen und ihre Kinder mißhandeln, eine psychiatrische Diagnose verschaffen, die auch dazu benutzt werden könnte, ihnen die gesetzlichen Folgen ihrer Handlungen zu ersparen.

Zur Zeit der Abfassung dieses Buches erscheint es fraglich, ob die Sadistische Persönlichkeitsstörung überhaupt im Anhang zum DSM-IV erscheint, das für Mitte der neunziger Jahre erwartet wird. Während Kliniker mit den Soziopathen und Psychopathen, die jetzt die Diagnose einer Antisozialen Persönlichkeitsstörung bekommen, seit langem vertraut sind, kommen Menschen mit Sadistischen Charakteristika selten zur Behandlung. Die Kriminaljustiz kennt sie besser als das System der psychischen Gesundheit. Kriminelles Verhalten impliziert nicht unbedingt eine psychische Störung. Unabhängig davon, ob die Sadistische Persönlichkeitsstörung in späteren Ausgaben des DSM erscheint oder nicht, wird die Diskussion über ihre Berechtigung mit Sicherheit weitergehen.

Menschen mit Sadistischen Verhaltensweisen zeigen jedoch häufig Merkmale einer Narzißtischen, einer Antisozialen und manchmal auch einer Paranoiden Persönlichkeitsstörung. Sie können an den Folgen von Alkohol- und Drogenmißbrauch leiden, und ihr Leben ist voll von Problemen in der Ehe, bei der Arbeit und mit dem Gesetz. Körperlicher, sexueller oder psychischer Mißbrauch in der Kindheit oder das Aufwachsen in einer Familie, in der ein Ehepartner mißhandelt wird, können die Entwicklung Sadistischer Verhaltensweisen begünstigen.

## Die Biochemie von Dominanz und Gewalt

Serotonin, ein wichtiger Neurotransmitter, scheint eine interessante Beziehung sowohl zu gewalttätigem als auch zu dominantem Verhalten zu haben. Wie bereits im Zusammenhang mit der Antisozialen und der Borderline-Persönlichkeitsstörung erwähnt, ist ein niedriger Serotonin-Spiegel mit einem impulsiven, gewalttätigen Verhalten in Verbindung gebracht worden, möglicherweise weil Serotonin zum Teil dazu dient, das zentrale Nervensystem zu drosseln bzw. zu hemmen. Bei einem Mangel an Serotonin ist ein Mensch daher unter Umständen nicht in der Lage, innezuhalten und sich zu beruhigen, bevor er impulsiv reagiert und in heftigem Zorn wild um sich schlägt.

In bezug auf dieses Kapitel hat Serotonin noch eine weitere geheimnisvolle Seite. Obwohl zur Gewalt neigende Personen einen niedrigen Serotonin-Spiegel haben, scheinen Menschen, die starke Führungspersönlichkeiten sind, *viel* von dieser faszinierenden Gehirnchemikalie zu haben. Forscher haben den Serotonin-Spiegel bei Affen und Mitgliedern von Studentenverbindungen gemessen. Sie stellten fest, daß die dominanten Affen und die Leiter der Studentenverbindungen einen höheren Spiegel des Neurotransmitters hatten als ihre in der Hierarchie weiter unten stehenden »Kameraden«. Bei den Affen-Studien[2] ging der Serotonin-Spiegel herunter, wenn der dominante Affe von den anderen getrennt wurde, was darauf hindeutet, daß zwischen Serotonin und sozialen Interaktionen eine Wechselwirkung besteht.

Gibt es bei der Serotonin-Regulierung eine Verbindung zwischen Gewalt, Dominanz und Aggressiven bzw. Sadistischen Persönlichkeitsmustern? Weitere Forschungen in neuropsychiatrischen Labors werden diese Frage vielleicht eines Tages beantworten – und dazu beitragen, für die Menschen, die völlig außer Kontrolle sind, ein pharmakologisches »Gegenmittel« zur Verfügung zu stellen.

## *Der Umgang mit Sadistischen Menschen*

Denken Sie daran, daß Sie bei Interaktionen mit Sadistischen Menschen nicht gewinnen können. Sie können mit ihnen nicht fertig werden, außer Sie geben völlig nach, und auch dann können sie Ihnen grundlos Schmerz zufügen. Wenn der Sadistische Mensch, mit dem Sie zurechtzukommen versuchen, nicht so extrem oder hartherzig ist, können Sie einige der Tips zum Umgang mit Aggressiven Typen ausprobieren. Aber anstatt zu versuchen, mit einem Sadistischen Chef auszukommen, kündigen Sie oder lassen Sie sich versetzen. Ziehen Sie aus, wenn Sie zu Hause Opfer Sadistischer Verhaltensweisen sind. Wenn es Ihnen an Mitteln fehlt und/oder Sie um Ihre Sicherheit Angst haben: Suchen Sie ein Heim für geschlagene Frauen auf, konsultieren Sie Frauenorganisationen in Ihrer Gegend oder gehen Sie zur Polizei. Wenn das Verlassen möglich ist, Sie sich aber emotional nicht aus einer Beziehung zu einem Sadistischen Menschen lösen können, fragen Sie sich, ob Sie unbewußt das Bedürfnis haben, zu leiden. Wenn ja: Ihnen kann geholfen werden, siehe Kapitel 15.

# KAPITEL 17

# Stil und Schicksal
## Woher Sie kommen und wohin Sie gehen

Ihr Persönlichkeitsstil ist so etwas wie eine Landkarte für Ihre innere Seelenlandschaft und für die äußere Ausrichtung Ihres Lebens. Sie folgen seinem Kurs an jedem Tag Ihres Lebens. Sie suchen sich Erfahrungen und Menschen aus, die Ihrem Stil entsprechen, und ihm gemäß reagieren Sie auf sie. Sie verändern sich oder bleiben, wie Sie sind – beides im Rahmen Ihres Stils.

Im letzten Kapitel geht es um Möglichkeiten, den Gesichtskreis Ihrer Persönlichkeit zu verändern oder zumindest zu erweitern. Hier erörtern wir, wie der Stil sich im Lauf des Lebens entwickelt.

## MIT IHM GEBOREN

Wie wir in Kapitel 2 gesagt haben, ist das Temperament das, mit dem Sie geboren sind, und der Charakter das Ergebnis dessen, was Sie lernen und erleben. Das Temperament sind die Ihnen bei der Empfängnis zugeteilten Karten, die für alle anderen Erfahrungen die Voraussetzungen schaffen. Die Entwicklung Ihres Persönlichkeitsstils hängt davon ab, was Sie Ihrer Umgebung entgegenbringen, und was sie Ihnen entgegenbringt: Natur *und* Kultur, Ererbtes *und* Umgebung formen ihn.

Vor nicht allzu langer Zeit glaubten Spezialisten für die kindliche Entwicklung, daß nur die Lebenserfahrungen die Persönlichkeit eines Menschen formten. Dank der Arbeiten der Psychiater Sibylle Escalona, Alexander Thomas, Stella Chess, Daniel Stern und anderen interessieren die heutigen Forscher sich wieder für die biologischen »Gegebenheiten« der individuellen Persönlichkeit. Um mit den Worten einiger in diesem Bereich Forschender zu sprechen[1]: »Was der IQ für unser Verständnis des Denkens war, wird das Temperament jetzt für unser Verständnis der Persönlichkeitsentwicklung.«

Eltern, die mehr als ein Kind haben, wissen, daß jedes Kind unleugbar einzigartig ist und die Unterschiede zwischen ihren Sprößlingen sich fast von den ersten Augenblicken des Lebens an zeigen. Einige Babys schreien viel, andere nicht; einige lassen sich leicht trösten, andere nicht; einige entwickeln schnell regelmäßige Eß- und Schlafgewohnheiten, während andere sich schwer an irgendein Schema gewöhnen lassen; einige reagieren stark und intensiv, während andere ruhig und »pflegeleicht« sind. Kinder werden mit diesen Unterschieden geboren. Jeder Mensch kommt mit seinen speziellen Wesens- und Reaktionsmustern auf die Welt, von denen zumindest einige sich auf seine Gene zurückführen lassen. Dies sind die angeborenen, biologisch bestimmten Unterschiede zwischen den Menschen, die für die divergierenden Persönlichkeiten den Rahmen abgeben.

## *Die drei Temperamente*

Hippokrates ging in der Antike von vier menschlichen Grundtemperamenten aus (siehe Anhang I). Heutzutage haben die Psychiater-Eheleute Alexander Thomas und Stella Chess in ihrer zukunftweisenden fortlaufenden Forschungsstudie, bei der seit 1956 das Leben von 133 Menschen von der Kindheit bis heute verfolgt wird, neun angeborene Temperamentskategorien und drei große, grundlegende, normale Temperamentsstile identifiziert, in die die meisten Säuglinge hineinzupassen scheinen. Ihre Arbeit und die anderer Forscher hat gezeigt, daß Temperament und Verhalten im Alter von drei Jahren die Persönlichkeit im Erwachsenenalter weitgehend vorhersagen.

## *Die Temperamentskategorien*[2]

1. *Aktivität.* Jeder Säugling hat ein charakteristisches Aktivitätsniveau, von langsam bis schnell.
2. *Tagesrhythmus (Regelmäßigkeit).* Einige Babys sind in ihren Essens-, Schlafens- und anderen biologischen Funktionen regelmäßig, andere unvorhersehbar.
3. *Annäherung/Rückzug.* Reagiert das Baby positiv und mit Interesse (Annäherung) oder negativ und ängstlich (Rückzug), wenn es mit einem neuen Spielzeug, Essen, Menschen oder sonstigen Reiz

konfrontiert wird?
4. *Anpassungsfähigkeit.* Fällt es dem Kind leicht, zu lernen und sich neuen Situationen anzupassen, oder hat es Schwierigkeiten, sich auf die Veränderung einzustellen?
5. *Sensorische Reizschwelle.* Was ist im allgemeinen notwendig, um eine Reaktion aus einem Baby herauszuholen – eine starke sensorische Stimulation wie etwa ein lautes Geräusch, oder eine schwache, zum Beispiel eine sanfte Stimme? Wird das Kind durch sensorische Erfahrungen leicht überstimuliert?
6. *Reaktionsintensität.* Einige reagieren intensiv auf alles, während andere im allgemeinen weniger starke positive und negative Reaktionen zeigen.
7. *Stimmungslage.* Sogar Babys haben charakteristische Stimmungsmuster, die von überwiegend freundlich zu oft unglücklich reichen.
8. *Ablenkbarkeit.* Neigt das Kind dazu, sich auf Aufgaben in Reichweite zu konzentrieren, oder läßt es sich leicht ablenken?
9. *Aufmerksamkeitsdauer und Durchhaltevermögen.* Wie lange bleibt das Baby im allgemeinen bei einer Aktivität? Macht es trotz Schwierigkeiten weiter?

Ungefähr 40% aller Kinder sind nach der Einteilung von Thomas und Chess »Einfache Kinder«. Sie passen sich leicht an, haben regelmäßige Gewohnheiten, stellen sich schnell auf neue Situationen ein, sind oft oder meist glücklich und im allgemeinen ruhig. Insgesamt ist der Umgang mit ihnen einfach.

15% der Kinder fallen in die »Tauen langsam auf«-Kategorie. Für sie sind neue Situationen oder Menschen nicht einfach; sie reagieren leicht negativ, akzeptieren sie aber schließlich nach der Zeit, die sie eben brauchen. Sie reagieren nicht stark und sind, wenn sie sich an neue Dinge erst einmal gewöhnt haben, meist einigermaßen glücklich.

Bei 10% der untersuchten Kinder identifizierten Thomas und Chess das »Schwierige Temperament«. Diese Kinder sind für Eltern schwieriger, weil sie stark und oft negativ reagieren, sich nicht leicht anpassen und sich schlecht auf regelmäßige Schemata einstellen. Sie stellen mehr Ansprüche an die Eltern und sind weniger leicht zufriedenzustellen.

Obwohl einzelne Kinder sehr viele zusätzliche Temperamente zeigen, sind dies drei Hauptkategorien, in die die meisten von ihnen aufgrund ihrer angeborenen Biologie und unabhängig von der jeweiligen

Gesellschaft zu fallen scheinen. Die Temperamente stellen normale Reaktionsstile dar, mit denen Kinder geboren werden. Thomas und Chess haben gezeigt, daß die Einstellung und das Verhalten der Eltern auf diese elementaren Temperament-Muster ihrer Kinder wenig Einfluß haben.

## Gene für Verhalten

Den Forschern wird immer deutlicher, daß zumindest einige der Verhaltensweisen, die das angeborene Temperament und später den Persönlichkeitsstil des Erwachsenen charakterisieren, genetisch bestimmt sind. Ererbtes scheint bei der Tendenz eines Menschen, schüchtern, gehorsam, impulsiv, aggressiv, leicht verärgert, optimistisch, herrisch oder besorgt zu sein, eine große Rolle zu spielen. Untersuchungen von adoptierten Kindern zeigen, daß ihre Persönlichkeit eher der ihrer natürlichen Eltern als der ihrer Adoptiveltern gleicht. Ähnlich zeigen Untersuchungen von eineiigen Zwillingen, daß ihre Persönlichkeit sich genauso gleicht wie ihr Aussehen, egal ob sie zusammen oder getrennt aufwachsen. Tiere derselben Spezies zeigen die gleichen anlagebedingten temperamentmäßigen Charakteristika, was Hundebesitzer sicher wissen; einige Tiere sind scheu, andere aggressiv, wieder andere ängstlich und nervös, und so weiter. Untersuchungen an Affen haben gezeigt, daß genetisch verwandte Tiere dazu neigen, auf bestimmte streßauslösende Situationen ähnlich zu reagieren, auch wenn sie voneinander getrennt aufgezogen wurden.

## Biologische Reaktionsstile

Die Gene selbst veranlassen ein Baby nicht dazu, auf ein neues Gesicht mit einem Tränenstrom zu reagieren; sie sorgen auch nicht dafür, daß ein Erwachsener nach dem Ende einer romantischen Beziehung am Boden zerstört ist oder ein Affe sich in die Ecke kauert, wenn andere Affen den Käfig betreten. Die Gene bestimmen, wie das Gehirn eines Organismus sich entwickelt und welche Bandbreite seine normalen neurobiologischen und biochemischen Reaktionen haben – was insgesamt den persönlichen Stil charakterisiert, in dem auf die Umgebung reagiert wird. Durch die Konzentration auf Menschen mit Persönlichkeitsstörungen, die extrem reagieren, haben Neurowissenschaftler erstaunliche Hinweise auf einige der biologischen Grundlagen der Persönlichkeit präsentieren können. Charakteristikum der Antisozialen Persönlichkeitsstörung zum Beispiel ist unter anderem das extreme und gefährliche Eingehen von Risiken. Untersuchungen von Menschen mit dieser Störung deuten darauf hin, daß ihr Gehirn relativ »untererregt« ist und sie durch die Suche nach exzessiver Stimulation angeborene Defekte in den Erregungs-Kontrollmechanismen des Gehirns kompensieren.

Antisoziale, Sadistische und Borderline-Menschen neigen zu impulsiver Gewalt gegen sich und andere. In vielen Untersuchungen ist bei gewalttätigen, aggressiven Menschen ein niedriger Serotonin-Spiegel festgestellt worden, vor allem bei impulsiver Gewalttätigkeit (siehe Kapitel 16, S. 413–414).

Die biologische Untersuchung Schizotypischer Menschen, die in ihrem Denken von anderen sehr weit entfernt sind und auf eigenartige Weise kommunizieren, sind noch nicht so spezifisch. Bei diesen Menschen liegt möglicherweise eine leichte neurologische Dysfunktion vor, die sich bei einem Test der Augenbewegungen zeigt (SPEM). Schizotypische und Schizophrene Menschen sind nicht in der Lage, ein ruhig sich bewegendes Ziel genau zu verfolgen. Diese Unfähigkeit scheint ein angeborenes Merkmal zu ein, das ein Problem im Funktionieren des Nervensystems anzeigt; vielleicht hat es mit ihrer Unfähigkeit zu tun, zu anderen Menschen eine Beziehung herzustellen oder klar zu denken und zu kommunizieren.

Wir haben diese und andere mit Persönlichkeitsstörungen zusammenhängenden biologischen Faktoren in den vorhergehenden Kapiteln erwähnt. Der Psychiater Robert Cloninger[3] hat ein faszinierend umfassendes Verhaltensmodell vorgeschlagen, das auf drei genetischen Persönlichkeitsdimensionen und dem bei jeder Dimension beteiligten »Gehirn-Neuromodulator« beruht. Dr. Cloninger meint, daß der Verhaltensstil jedes Menschen durch die ererbte Mixtur dieser chemischen Stoffe im Gehirn verständlich wird. Ähnliche Forschungsstrategien werden vielleicht auch einmal die angeborenen Reaktionsmuster aufzeigen, die den normalen, anpassungsfähigen Persönlichkeitsstilen zugrunde liegen.

## DIE WIRKUNG DES LEBENS

Die Gene stellen eine Palette von Möglichkeiten zur Verfügung, aber die Erfahrung bestimmt, was aus diesen Möglichkeiten wird. Dem Stil seines Temperaments entsprechend, beginnt ein Baby von der Geburt an, von anderen zu lernen, sich seinen Erfahrungen in der Familie anzupassen und Techniken zu entwickeln, mit der Umgebung zurechtzukommen. Aber die Interaktion zwischen Ererbtem und Umgebung geht in zwei Richtungen. Das Leben formt, was aus unseren genetischen Möglichkeiten wird – aber auch unsere angeborene Natur beeinflußt, was uns geschieht.

### ... und die Wirkung des Temperaments auf das Leben

Eins der bedeutendsten Ergebnisse der Temperament-Forschung ist, daß das Neugeborene nicht einfach ein passives Opfer dessen ist, was das Leben ihm auftischt. Von Anfang an beeinflußt das Temperament des Säuglings, welche Arten von Erfahrungen es wahrscheinlich haben wird. Wie die Eltern auf ihr Baby reagieren, hängt vom Temperament des Kindes ab. Und wie das Baby wiederum mit den Reaktionen, Anforderungen und Erwartungen der Eltern umgeht, hängt ebenfalls von den Eigenschaften des Temperaments ab. Der Psychiater Daniel Stern[4], der Videoaufzeichnungen von Babys mit ihren Müttern benutzte, hat viele Variationen der Interaktion zwischen Mutter und Kind gezeigt, die er in seinem Buch *The Interpersonal World of the Infant* beschreibt.

Dr. Stern und andere Forscher zeigen, daß »Einfache Babys« andere Menschen glücklich machen. Diese Babys lernen, daß ihre Eltern leicht zufriedenzustellen sind und die Welt ein ziemlich erfüllender Ort sein kann. Reizbare Babys können ihre Eltern ärgerlich machen und frustrieren, von denen einige dann vielleicht überschießende Reaktionen zeigen und sie mißhandeln. Schwierige Babys bringen oft das Schlimmste in ihren Eltern zum Vorschein, besonders wenn diese Persönlichkeitsprobleme haben. Einem heiklen Baby wiederum fällt es schwerer, mit den negativen Reationen der Eltern zurechtzukommen; wahrscheinlich wird es noch schwieriger im Umgang werden.

## *Die Einfache Melanie und der Schwierige Gus*

Nehmen Sie Melanie und den kleinen Gus: Melanie, eine reizende Zweijährige, ist ein Einfaches Kind. »Mein Baby hat nach drei Wochen die Nacht durchgeschlafen«, lobt Ruby, ihre Mutter. Melanie ist leicht beschwichtigt, wenn ihr etwas nicht paßt, sie lacht und kichert oft, sie macht nicht viel Theater vor dem Schlafengehen, sie stellt sich schnell auf neue Menschen ein – Melanie ist das Traumkind aller Eltern. Ihre Eltern sind vernarrt in sie und belohnen ihre Anpassungsfähigkeit mit Liebe und Aufmerksamkeit. Mit anderen Worten: Weil Melanie Einfach ist, hat sie schöne, angenehme Erfahrungen mit anderen Menschen.

Melanies vierjähriger Bruder Gus dagegen ist ein Schwieriges Kind. Er bleibt gerne lang auf, weigert sich, ein Mittagsschläfchen zu machen, und bekommt laute Wutanfälle. In den ersten Wochen im Kindergarten weinte er ständig und wollte nach Hause. Nachdem er sich eingewöhnt hatte, wurde er wild und überreizt und schlug zuweilen andere Kinder. Zu Hause konnte Ruby Gus nie beruhigen, wenn ihn etwas ärgerte oder er überdreht war. Als sich herausstellte, daß Melanie ganz anders als Gus war, stießen Ruby und ihr Mann Owen einen Seufzer der Erleichterung aus. Owen hatte gerade wieder angefangen zu arbeiten, nachdem er fast ein Jahr ohne Stellung gewesen war. Das Leben war schon hart genug, ohne daß Gus dazwischenfunkte. Sie ziehen beide offen ihre kleine Tochter vor. Sie schreien Gus an, wenn er weint, und wenn er nicht aufhört, schicken sie ihn in sein Zimmer. »Warum kannst du nicht so lieb wie deine Schwester sein?« fragen sie ihn wütend.

Aufgrund seines komplizierteren Temperaments, der Reaktionen seiner Eltern auf es und der Belastungen ihres Lebens hat Gus eine ganz andere Erfahrung des Daseins als seine kleine Schwester. Er lernt, daß er nicht so gut ist wie sie – deshalb schreien seine Eltern ihn an und kritisieren ihn, denkt er. Er hat ein geringes Selbstwertgefühl. Er glaubt, daß er schlecht ist und Mamas und Papas Liebe nicht verdient. Neuerdings ist er furchtsam und hat Angst, schlafenzugehen. Er weckt seine Eltern spät in der Nacht auf, weil er Angst hat, aber nichts, was sie ihm sagen, tröstet ihn. Owen meint, sie sollten hart sein und ihm sagen, er soll in seinem Zimmer bleiben, egal ob er Angst hat oder nicht.

Gus' Temperament ist nicht anomal. Die 10% der Kinder, die ebenfalls ein Schwieriges Temperament haben, befinden sich durchaus im Bereich des Normalen. Aber sie machen ihren Eltern ganz schön zu schaffen, und Gus wäre für alle Eltern anstrengend. Sein Temperament und die mangelnde Geduld seiner Eltern mit seinem anspruchsvollen Wesen, ihre Tendenz, wütend zu werden, und der Streß, der aufgrund ihrer finanziellen Unsicherheit ihre Ehe belastet, haben begonnen, die Erfahrung des kleinen Gus und sein sich entwickelndes Persönlichkeitsprofil zu formen. Gus wird ein sehr trauriges Kind. Aber für die glückliche Melanie, die so anpassungsfähig und dankbar ist und von ihren Eltern nicht viel verlangt, ist das Leben eine sanfte Brise.

## *Die Qualität des Zusammenpassens*

Dr. Thomas und Dr. Chess fanden heraus, daß die Wahrscheinlichkeit der Entwicklung späterer Verhaltensprobleme bei Schwierigen Kindern am größten ist. Verhaltensstörungen in der Kindheit sind oft Vorläufer einer Persönlichkeitsstörung im Erwachsenenalter. Wie wir bei Gus und Melanie gesehen haben, stoßen Schwierige Kinder auf mehr Probleme als ihre Einfachen Geschwister, weil ihr Temperament für die Eltern stressig ist; sie lösen mehr unangenehme Reaktionen (Kritik oder Wut) aus, auf die sie andererseits vom Temperament her empfindlicher reagieren als andere Kinder. Es kann sein, daß solche Kinder mehr Geduld und Verständnis verlangen, als viele Eltern geben können, besonders wenn diese unreif, unflexibel, durcheinander, psychisch krank oder von Streß und Konflikten überwältigt sind. Wenn diese Kinder die Geduld von Eltern testen, denen es an innerer Kontrolle fehlt, sind oft Mißhandlungen die Folge.

Ob das angeborene Temperament eines sich entwickelnden Kindes in der Familie oder der weiteren Umgebung gut funktioniert, wird durch das bestimmt, was Temperament-Forscher die *Qualität des Zusammenpassens* nennen. Paßt das individuelle Temperament des Babys harmonisch in seine Familie? Können das heranwachsende Kind mit seinen angeborenen Fähigkeiten, Wünschen und Verhaltensweisen und die Familie oder die soziale Umgebung sich die gegenseitigen Bedürfnisse und Ansprüche erfüllen? Wenn die Eltern, die Lehrer oder die Gesellschaft immer wieder mehr von einem Kind verlangen, als es zu einem bestimmten Zeitpunkt geben kann, ist es möglich, daß der Streß, der auf dem Kind lastet, die Entwicklung seiner Persönlichkeit zu verzerren beginnt.

## *Schwierige Vorteile*

Jedes Temperament hat Vor- und Nachteile, je nach der Umgebung. Wenn Temperament und Umgebung gut zusammenpassen, kann dies die Stärken vorteilhaft zur Geltung bringen und dazu beitragen, schwache Punkte zu überwinden. Auch das Schwierige Temperament hat, je nach der Art der Familie, in die das Kind hineingeboren wird, wichtige Vorteile. Es hat sich zum Beispiel gezeigt[5], daß Kinder mit einem Schwierigen Temperament im Alter von fünf Jahren oft einen höheren IQ haben als Einfache Kinder, wenn sie aus Mittel- oder Oberschichtfamilien mit sehr guten sprachlichen Fähigkeiten kommen. Das Schwierige Temperament ist in diesen Familien in intellektueller Hinsicht ein Vorteil, weil Eltern mit einem höheren Bildungs- und Finanzniveau dazu neigen, mehr mit diesen anspruchsvollen Kindern zu reden, zu kommunizieren und zu interagieren, um zu versuchen, sie besser anzupassen. Diese zusätzliche Stimulation fördert die intellektuelle Entwicklung.

Wie das angeborene Temperament eines Kindes sein Schicksal beeinflussen kann, zeigt in drastischerer Weise ein Beispiel, das von dem Volk der Massai in Ostafrika stammt. Der holländische Psychiater Marten deVries[6] führte 1974 während einer schweren Dürre, die zu einer hohen Kindersterblichkeit führte, bei ihnen eine Untersuchung durch. DeVries ging von der Hypothese aus, daß Schwierige Kinder eher sterben würden als Einfache. Zu seiner Überraschung stellte sich das Gegenteil als richtig heraus. Die Schwierigen Kinder tendierten dazu, zu überleben – vielleicht, weil das Füttern bei den Massai dann geschah, wenn es verlangt wurde, wie deVries entdeckte: Ein Kind wurde nur dann gefüttert, wenn es Theater machte und darauf bestand. Die Massai, ein Kriegerstamm, bewundern auch aggressives Verhalten sehr. Ein Kind mit einem Schwierigen Temperament neigte dazu, aggressiver und anspruchsvoller zu sein als die ausgeglichenen, guten Kinder, und erhielten so mehr von der wenigen Nahrung, die zur Verfügung stand.

## *Schlechtes Zusammenpassen*

Die meisten Kinder entwickeln spannkräftige Persönlichkeiten, die sie auch durch die größten Belastungen und Mißhandlungen der Kindheit tragen, ohne daß sie in ihr oder später psychische Störungen entwickeln. Die Erfahrung macht sie hart, aber sie verzerrt sie nicht. Obwohl das Schwierige Kind am meisten gefährdet ist, kann jedes Kind ein Verhaltensproblem entwickeln, wenn es aufgrund des schlechten Zusammenpassens von Temperament und Familie übermäßigen Belastungen ausgesetzt ist. Eine sehr extravertierte, abenteuerliche Familie etwa wird möglicherweise ein süßes, ruhiges, passives Kind, das am liebsten in der Nähe von Mutters Schürzenzipfel bleibt, drängen und zuviel von ihm verlangen. Oder eine ruhige, vorsichtige Stubenhocker-Familie schränkt vorwärtsdrängende, abenteuerliche Verhaltensweisen in einem sehr aktiven, extravertierten Kind unnötig ein. Ein süßes, glückliches, liebevolles Baby wird einer sehr depressiven Mutter geboren, die dem Baby das dankbare Feedback nicht geben kann, das für eine gesunde Persönlichkeitsentwicklung notwendig ist. Ein leicht ablenkbares Kind entwickelt Probleme, wenn seine Eltern darauf bestehen, daß es sich lange ohne Pause konzentriert.

Obwohl die Eltern eines problematischen Kindes vielleicht meinen, das Temperament des Kindes sei schuld, liegt die Schwierigkeit in der Art der Übereinstimmung zwischen Familie und Kind.

## *Beschützende Umgebungen*

Persönlichkeitsstörungen ergeben sich wahrscheinlich aus einer Kombination der angeborenen genetischen Veranlagungen und der Belastungen des äußeren Lebens. Eine gute Übereinstimmung zwischen Kind und Eltern schützt ein »genetisch belastetes« Kind vielleicht vor gewissen Lebenserfahrungen, für die es übermäßig anfällig ist. Kinder zum Beispiel, die später eine Borderline-Persönlichkeitsstörung entwickeln, haben unter Umständen eine biologische Anfälligkeit für Probleme der Stimmungsregulierung geerbt. Ihre Tendenz, mit extremen Stimmungen und insbesondere Depression zu reagieren, macht sie überempfindlich für reale und imaginierte Verluste.

Wenn die Eltern fürsorglich und für die Bedürfnisse des Kindes sensibel sind, werden sie dem Kind besonders helfen, mit Trennungen und Verlusten fertig zu werden, bevor ein gestörtes Verhalten beginnt. Die Geburt eines Geschwisters zum Beispiel ist für die meisten Kinder belastend, aber für die stark gefühlsbetonte, launische kleine Tara, Alter drei, war das Erscheinen ihrer kleinen Schwester eine Katastrophe. Die Aufmerksamkeit, die ihre Eltern dem neuen Baby schenkten, bedeutete für Tara, daß sie sie für immer verlassen hatten. Die meisten Kinder überstehen schließlich diesen Sturm ohne größere ungünstige Auswirkungen auf den Verlauf ihres Lebens. Bei anfälligen Kindern wie Tara jedoch setzt jede neue Krise unter Umständen die Entwicklung des Musters in Gang, mit Enttäuschung und Verlust nicht zurechtzukommen. Sie versuchen, durch starkes Klammern, Schmollen und Wutausbrüche ihre Eltern und Lehrer dahingehend zu manipulieren, ihnen ständig Aufmerksamkeit entgegenzubringen, um den verheerenden inneren Zusammenbruch zu vermeiden, zu dem es kommt, wenn sie sich verloren und abgelehnt fühlen.

Taras Großmutter und ihre Tante erkannten zum Glück, durch was für schwierige Zeiten das Kind ging, und wiesen Taras beschäftigte Mutter darauf hin. Taras Eltern kümmerten sich beide wieder mehr um ihre Erstgeborene und sorgten dafür, daß sie ständig sehr viel Liebe und Anerkennung bekam.

In einem anderen Fall wurde ein kleiner Junge namens Justin im Alter von drei Monaten von einer Familie adoptiert, die wußte, daß Justins Mutter an Schizophrenie litt. Bei Kindern von Schizophrenen scheint ein erhöhtes Risiko für Schizophrenie oder eine Schizotypische Persönlichkeitsstörung zu bestehen. Justin, der immer eher schüchtern gewesen war, wurde zunehmend scheu, als er heranwuchs. Er vermied es, mit anderen Kindern zu spielen, blieb lieber allein in seinem Zimmer und spielte Flöte. Seine Adoptiveltern sahen, daß bestimmte Muster sich zu entwickeln begannen, und verhinderten, daß er sich weiter zurückzog. Freundlich sorgten sie dafür, daß er sich an nichtstressigen Aktivitäten mit anderen Kindern beteiligte. Justin geht heute ins College. Er ist ein interessanter, ungewöhnlicher Mensch mit einem Hang zum Okkulten und einem echten Talent für Musik, sicher Exzentrisch, aber nicht Schizotypisch – vielleicht aufgrund der guten Übereinstimmung mit seiner Adoptivfamilie.

## *Tips für Eltern*

Versuchen Sie nicht, all Ihre Kinder gleich zu behandeln. Akzeptieren und respektieren Sie die Individualität jeden Kindes. Erkennen Sie, daß sein Temperament der grundlegende angeborene Stil Ihres Kindes ist und daß es je nach Temperament besondere Bedürfnisse hat. Stellen Sie die Stärken und Anfälligkeiten des Kindes objektiv fest und unterstützen Sie seine positiven Eigenschaften und sein individuelles Wesen.

Machen Sie Ihr Kind oder sich selbst nicht dafür verantwortlich, daß es Ihre Erwartungen nicht erfüllt. Kämpfen Sie vor allem nicht gegen das angeborene Temperament Ihres Kindes an und bestrafen Sie es nicht dafür, daß es Schwierigkeiten hat. Denken Sie daran, daß die auf dem Temperament beruhenden Schwierigkeiten Ihres Kindes für sich genommen nicht bedeuten, daß es im späteren Leben Problemen entgegengeht – falls Sie nicht in den Teufelskreis geraten, negativ aufeinander zu reagieren.

Ein Kind mit einem Schwierigen Temperament braucht eine entschlossene, liebevolle Betreuung, damit es gute Bewältigungsstrategien lernen kann. Hinweise für den Umgang mit einem solchen Kind finden sich in dem Buch *Das lebhafte Kind* von Stanley Turecki und Leslie Tonner[7]. Sie zeigen, daß Kinder mit einem Schwierigen Temperament sehr kreative, erstaunliche und sogar außergewöhnliche Menschen sein können – wie Winston Churchill zum Beispiel.

## *Die besondere Bedeutung der ersten Jahre*

Viele mit der psychischen Gesundheit theoretisch oder praktisch befaßte Fachleute glauben, daß die frühesten Erfahrungen im Leben eines Kindes den größten Einfluß auf seinen zukünftigen Persönlichkeitsstil ausüben Unsere grundlegenden Erwartungen an andere und uns selbst formen sich vor allem durch die Beziehungen zu unseren Eltern. Wir lernen Techniken, mit anderen und der Welt insgesamt umzugehen. Diese Muster dauern das ganze Leben hindurch an und bilden unseren Persönlichkeitsstil.

Umstritten ist, ob es bei der Entwicklung der Persönlichkeit kritische Phasen gibt, in denen bestimmte Erfahrungen mehr Wirkung haben, und falls ja, wann diese Phasen sind. Die klassischen Entwicklungstheorien wie die von Sigmund Freud, Erik Erikson und Margaret Mahler (siehe Anhang I) besagen, daß es tatsächlich solche kritischen Phasen gibt. Unabhängig davon, ob sie diese Theorien akzeptieren oder nicht, würden die meisten Psycho-Praktiker wahrscheinlich darin übereinstimmen, daß frühe widrige Erfahrungen für spätere Persönlichkeitsprobleme und -störungen anfällig machen. Wahrscheinlich beeinflußt ein einzelnes traumatisches Erlebnis die Ausformung der Persönlichkeit nicht so stark, wie Kliniker gemeinhin dachten. Wiederholte Widrigkeiten, an die das sich entwickelnde Kind sich ständig anpassen muß, üben einen schädlicheren Einfluß aus.

Sehr zur Überraschung vieler Spezialisten der kindlichen Entwicklung stellten Dr. Thomas und Dr. Chess fest, daß Scheidung oder der Tod eines Elternteils bei den von ihnen untersuchten Personen keine Persönlichkeitsprobleme im Erwachsenenalter ankündigten – das tat eher Streit zwischen den Eltern. Wenn bis zum dritten Lebensjahr des Kindes Konflikt und Zwietracht zwischen den Eltern herrschten – in ihrer Einstellung zueinander und zum Umgang mit dem Kind –, waren Störungen im Erwachsenenalter sehr wahrscheinlich. Andere Forscher haben diese Ergebnisse erweitert und festgestellt, daß die gefährdetsten Kinder die sind, die im frühen Leben mit Eltern zu tun hatten, die sich nicht einig waren, die ihre Erwartungen nicht klarmachten, denen es an Festigkeit mangelte und die in bezug auf ihre Anforderungen wankelmütig waren. Das Wesen des Persönlichkeitsproblems, das ein Mensch schließlich hat – von den Extremen der verschiedenen Stile bis zu einer Persönlichkeitsstörung –, wird vielleicht auch von der Wirkung dieser frühen Erfahrungen auf das individuelle Temperament und die genetische Anfälligkeit bestimmt.

## GENE, BIOLOGIE, ERFAHRUNG UND PERSÖNLICHKEIT IM LEBENSZYKLUS

Sie sind, wer Sie sind, wenn Sie die Kindheit hinter sich haben – aber Erfahrung und Biologie formen und verändern Sie ständig; sie bauen auf dem auf, was war, und weisen Ihnen manchmal eine neue Richtung. Krankheiten und behandlungsbedürftige Zustände (wie die Alzheimer Krankheit, Schlaganfall, endokrine Krankheiten, Gehirntumore oder -verletzungen, Drogenmißbrauch oder Vergiftungen) können manchmal seit langem bestehende Persönlichkeitsmuster verändern, gewöhnlich in eine ungünstige Richtung. Aber abgesehen von solchen Krankheiten oder Verletzungen bleibt das Gehirn während des ganzen Altersprozesses physiologisch anpassungsfähig und in der Lage, auf die Umgebung zu reagieren, um neue Verbindungen zwischen den Gehirnzellen herzustellen und alte zu verändern. Neurowissenschaftler sagen, daß die potentielle Fähigkeit der Gehirnzellen, sich anzupassen und zu verändern, während des ganzen Lebenszyklus nicht schlechter wird.

Der Altersprozeß kann Ihre Persönlichkeit sogar in eine eher angenehme Richtung verändern. Forscher[8] haben festgestellt, daß der winzige locus coeruleus, offenbar die »Angstmaschine« des Gehirns, nach vierzig schlechter zu funktionieren beginnt – was vielleicht der Grund dafür ist, daß die meisten Leute auf natürliche Weise ausgeglichener zu werden scheinen, wenn sie das mittlere Alter erreichen.

Die Anpassung kann leicht oder schwer vor sich gehen, aber genetisch beinhaltet das Reaktionsmuster jedes Menschen immer das eingebaute Potential für Expansion und Veränderung.

KAPITEL 18

# Strategien zur Veränderung
## Die richtige Hilfe finden

Manchmal verändert das Leben Sie. Viele junge Männer sind in den Krieg gezogen und verändert zurückgekommen; ihre Werte und Einstellungen wurden auf die harte Tour in eine neue Ordnung gebracht. Manchmal gibt Bildung den Anstoß zur Veränderung. Viele Frauen bemühten sich, ihre Persönlichkeiten umzuformen, als die Frauenbewegung sie lehrte, die traditionellen Rollenvorstellungen in Frage zu stellen. Die Ärmel hochkrempeln und mit einem Psychotherapeuten an sich zu arbeiten, ist eine weitere Möglichkeit, Ihre Persönlichkeit zu verändern.

Aber das geht nicht über Nacht. Bei den durch ihre Erfahrung veränderten Vietnam-Soldaten dauerte es Monate, bis die Schrecken des Krieges sie auf einen anderen Lebenspfad brachten. Frauen, die versuchen, neue Rollen und Persönlichkeitsmuster zu lernen, haben mit den Einstellungen und Erwartungen zu kämpfen, die in Gang gesetzt wurden, als der Arzt ausrief: »Es ist ein Mädchen!« Eine Psychotherapie kann monate- oder jahrelang dauern. Die Persönlichkeit ist wie ein automatischer Pilot, der uns durchs Leben führt. Um sie zu verändern, muß man die komplexen Bestandteile des Systems kennen und lernen, ihre Anordnung zu verändern – keine kleine Herausforderung.

## DAS SYSTEM FEINABSTIMMEN

Ihr Persönlichkeitsportrait hat Ihnen eine Übersicht über die bei Ihnen beteiligten Stile gegeben, und die einzelnen Kapitel haben deren Grundlagen und Charakteristika beschrieben. Zusammen mit den praktischen Übungen reicht dieses Material für Sie möglicherweise aus, um ein paar Änderungen an Ihrer Persönlichkeit vorzunehmen oder zumindest einige Ihrer rauhen Ecken abzuschleifen. Wenn Sie zum Beispiel wissen, daß Sie in Ihrer Aufopfernden Art manchmal für andere große Unannehmlichkeiten auf sich nehmen, können Sie lernen, zu stoppen, bevor Sie anderen zuviel anbieten. Wenn Sie aufgrund Ihres Selbstbewußten Stils für die Bedürfnisses anderer kein Gefühl haben, können Sie üben, ihnen mehr Beachtung zu schenken.

Wenn Sie sich der charakteristischen Schwachstellen Ihres Stils bewußt geworden sind, können Sie bessere Gewohnheiten erlernen. Alltägliche Gewohnheiten machen einen Großteil des Persönlichkeitsstils aus, und bei genügend Motivation können sie geändert werden. Wenn Sie zum Beispiel Dramatisch desorganisiert sind, können Sie aus einem Buch lernen, wie sie Ordnung herstellen und wahren können. Wenn Sie ein Lässiger Verzögerer sind, könnten Sie sich zu einem Kurs einschreiben, um die Verzögerung zu überwinden. Ein Yoga- oder Meditationskurs kann Sie Techniken lehren, mit deren Hilfe Ihre Sensiblen Angstreaktionen abnehmen. Schätzen Sie Ihre problematischen Gewohnheiten Stil für Stil ein und suchen Sie nach einer praktischen Möglichkeit, mit ihnen umzugehen, wie wir es in den Übungen »Machen Sie das Beste aus Ihrem Stil« getan haben.

## ZEIT FÜR EINE GENERALÜBERHOLUNG?

Die Neuordnung der Stile in Ihrem Gesamtmuster – extreme Stile mildern, mit einer potentiellen Persönlichkeitsstörung zurechtkommen – bedarf einer konzentrierteren Intervention. Bevor wir mögliche Behandlungsarten erörtern, sollten Sie abschätzen, ob Ihre Persönlichkeit Hilfe von außen braucht.

### *Anderen zuhören*

Das Persönlichkeitsportrait diagnostiziert keine Persönlichkeitsstörungen. Wie können Sie dann wissen, ob Sie eine haben? Vielleicht haben Sie sich beim Lesen mit einigen oder vielen Persönlichkeitsstörungen identifiziert – genauso wie Medizinstudenten sicher sind, daß sie jede der in ihren Lehrbüchern beschriebenen furchtbaren Krankheiten haben. Auch wenn einige Kriterien für eine Persönlichkeitsstörung zutreffen, ist das noch keine Diagnose. Sogar für einen Psychiater ist das Stellen einer korrekten Diagnose ein ernsthaftes und kompliziertes Unterfangen. Ironischerweise sind viele der Menschen, die an einer Persönlichkeitsstörung leiden, die letzten, die es erkennen. Sie glauben nicht, daß sie überhaupt irgendein Problem haben. Sie meinen, es ginge ihnen eigentlich ganz gut, wenn die anderen sie nicht so gemein und unvernünftig behandeln würden, oder daß das Problem das Schicksal, das Leben oder die miese menschliche Rasse ist. Es kann ein Anzeichen für ein gestörtes Muster sein, wenn andere oder die Umgebung für die eigenen Schwierigkeiten oder Erfahrungen im Leben verantwortlich gemacht oder das Wesen oder die Konsequenzen des eigenen Verhaltens nicht verstanden werden. Versuchen Sie, offen zu sein, wenn Menschen Ihnen immer wieder sagen, daß sie mit Ihnen oder Ihrem Verhalten Schwierigkeiten haben. Überlegen Sie, ob Sie wirklich ein großes Problem in Ihrem Persönlichkeitsmuster haben, an dem Sie etwas tun können.

## BENUTZEN SIE IHR PERSÖNLICHKEITSPORTRAIT, UM IHRE PROBLEME EINZUSCHÄTZEN

Sie können Ihr Persönlichkeitsportrait benutzen, um die Art und den Grad der Schwierigkeiten zu bestimmen, denen Sie im Leben begegnen. Wenn Sie wollen, können Sie dann einen Fachmann für psychische Gesundheit konsultieren und ihn die korrekte Diagnose stellen lassen. Jeder Stil hat nicht nur kleine Unebenheiten, sondern in einem oder mehreren Bereichen auch potentielle Schwachstellen.

### *Schlüsselbereiche*

Betrachten Sie zunächst die Schlüsselbereiche der Stile, die bei Ihnen eine Rolle spielen, und sehen Sie, wieviel Probleme oder Leid Ihr Stil Ihnen verursacht. Arbeiten Sie zum Beispiel als vorwiegend Gewissenhafter Mensch so viel, daß Sie kein soziales Leben mehr haben? Bleiben Sie bei der Arbeit so in Details stecken, daß Sie nie ein Projekt beenden oder mit den Ergebnissen zufrieden sind? Ist Ihre Ehe in Schwierigkeiten, weil Sie nicht entspannen können, sich ständig Sorgen machen oder Leute die Dinge nicht so machen lassen, wie sie wollen? Wenn bei Ihnen der Exzentrische Stil dominiert: Stellen Sie fest, daß Sie in Ihrem spirituellen Leben und in Ihren Beziehungen immer suchen und nie finden? Wie frustrierend ist es für Sie, daß

Leute das, was Ihnen wichtig ist, nie ernst zu nehmen scheinen und dem, was Sie zu sagen haben, nicht richtig zuhören? Sprechen Sie mehr mit sich selbst als mit anderen? Stellen Sie als Anhänglicher Mensch fest, daß Sie einfach keine Entscheidungen treffen oder sich durchsetzen können und davon abhängig sind, daß andere Ihr geringes Selbstwertgefühl aufmöbeln? Bleiben Sie als vorwiegend Aufopfernder Mensch in Beziehungen hängen, in denen Sie wiederholt be- und ausgenutzt wurden, und sind Sie in Ihrer Karriere in eine Sackgasse geraten?

## *Liebe und Arbeit*

Wenn Sie Ihre Schlüsselbereiche eingeschätzt haben, betrachten Sie, welche Wirkung Ihr Persönlichkeitsprofil auf zwei Schlüsselbereiche jeden menschlichen Lebens hat: Liebe (Beziehungen) und Arbeit. Sind Sie ständig frustriert, unglücklich, unerfüllt, arbeiten Sie weit unter Ihren Möglichkeiten oder sind Sie unfähig, in all diesen wesentlichen Bereichen zu funktionieren? Sind Sie traurig und einsam? Sitzen Ihre kreativen Fähigkeiten in Ihnen fest und können nicht heraus? Und am wichtigsten: Finden Sie, daß Sie immer wieder dieselben Muster wiederholen – dieselben alten Leiden in Ihrem Liebesleben, dieselben alten Probleme bei der Arbeit? Haben Sie erfolglos versucht, einige dieser sich wiederholenden Muster selbst zu ändern?

## *Eine Grauzone*

Auch für Kliniker ist es schwer, genau zu bestimmen, wo der Stil aufhört und die Störung anfängt. Wenn Sie finden, daß Ihr Leben sich in ausgefahrenen Spuren bewegt, die nur immer tiefer werden, je mehr Sie versuchen, aus ihnen herauszukommen, oder wenn Sie mit Streß nicht zurechtkommen und sich den Veränderungen und Anforderungen einer neuen Lebensstufe nicht anpassen können, wird eine Psychotherapie nützlich sein, egal ob Sie eine voll entwickelte Störung oder ein mit einem Persönlichkeitsstil zusammenhängendes Problem haben. Die Therapie kann Ihnen helfen, sich selbstschädigender Muster und Verhaltensweisen bewußter zu werden. Sie kann Ihnen die Augen öffnen für die Wirkung, die Sie auf andere haben, und warum sie auf bestimmte Weise auf Sie reagieren.

Mit Hilfe einer Fachfrau oder eines Fachmanns können Sie enorme Veränderungen in Ihrer Persönlichkeit herbeiführen – aber selbst die kleinsten Veränderungen können den Verlauf oder die Qualität Ihres Lebens und Ihrer Beziehungen stark beeinflussen. Hannah W. begann eine Psychoanalyse, als sie dreiundsechzig war. Obwohl der Prozeß erst seit kurzem im Gang war, als Hannahs Mann in Rente ging und sie beschlossen, wegzuziehen, waren Hannahs zwei Kinder überrascht, wieviel leichter der Umgang mit ihr nun war. Hannah hatte immer stark manipuliert, und ihr Sohn und ihre Tochter mußten bei ihr jeden Augenblick auf der Hut sein. Aber nach nur etwas mehr als einem Therapiejahr konnte Hannah ihre Bedürfnisse direkter äußern. Zum ersten Mal in ihrer aller Leben konnten die Kinder wirklich mit ihr reden. Hannah ihrerseits sagte, sie würde mit sehr viel mehr Hoffnung in die letzte Phase ihres Lebens hineingehen. Sie hatte nicht mehr so viel Angst, daß ihre Kinder sie im Stich lassen würden.

## *Symptome*

Überlegen Sie schließlich, ob Sie irgendwelche speziellen Symptome psychischer Qual erleben, die bestimmten Bereichen zugeordnet werden können. Fühlen Sie sich extrem ängstlich, gepanikt, furchtsam, chronisch unglücklich oder ernsthaft depressiv? Finden Sie, daß Sie kein Vergnügen erleben können oder keine Gefühle überhaupt? Verändert Ihre Stimmung sich häufig? Fühlen Sie sich hoffnungslos? Denken Sie daran, sich umzubringen? Tragen Sie eine riesige Wut mit sich herum? Fällt es Ihnen schwer, Ihre Wut zu beherrschen?

Außer Wut können auch viele andere Verhaltensweisen schwer zu kontrollieren sein. Haben Sie Mühe mit der Kontrolle Ihres Impulses zu essen (oder zu fasten), Geld auszugeben, Menschen zu verletzen, gefährliche Risiken einzugehen, um Geld zu spielen, zu trinken, sich sexuell zu betätigen, Drogen im Übermaß zu gebrauchen?

Denken oder fühlen Sie in bezug auf den Bereich des Selbst und der realen Welt manchmal, daß Sie nicht wirklich da sind, daß Sie keine Identität besitzen, daß Sie hunderttausend Kilometer von allen anderen entfernt oder von Ihrem eigenen Körper losgelöst sind? Glauben Sie, daß Menschen hinter Ihrem Rücken über Sie reden? Hören Sie Stimmen, die sonst niemand hört?

Ob diese Symptome mit einer Krise in Ihrem Leben zusammen-

hängen oder die Art und Weise beschreiben, in der Sie oft fühlen –
jedes von ihnen reicht aus, eine Beratung bei einem Fachmann für
psychische Gesundheit zu rechtfertigen, der Ihnen helfen oder Sie auf
die angemessene Art der Behandlung hinweisen wird.

## BEHANDLUNG

In den Kapiteln über die Stile haben wir die üblichsten Behandlungsmethoden für jede Persönlichkeitsstörung bereits erwähnt. Hier möchten wir diese Behandlungen und die von Psychiatern und anderen Experten für psychische Gesundheit praktizierten Haupttherapieformen beschreiben. Obwohl wir jede dieser Behandlungskategorien einzeln erörtern, kombiniert ein Therapeut oft viele verschiedene Methoden, um seinen Patienten optimal zu behandeln.

### *Die Fachleute der psychischen Gesundheit: Wer macht was?*

*Psychiater* sind Ärzte, die sechs Jahre Medizin studiert haben, eine achtzehnmonatige Tätigkeit als Arzt im Praktikum und eine vierjährige Weiterbildung absolviert haben. Sie sind die einzigen Fachleute für psychische Gesundheit, die Medikamente verschreiben dürfen. Viele Psychiater verschreiben Medikamente und geben Psychotherapie, obwohl einige nur auf eine medikamentöse Behandlung spezialisiert sind.
   *Klinische Psychologen* haben ein Psychologiestudium abgeschlossen, und eine dreijährige Weiterbildung absolviert. Während ihrer Ausbildung lernen sie, unter der Supervision erfahrener klinischer Psychologen Patienten zu behandeln. Klinische Psychologen geben Psychotherapie, verschreiben aber keine Medikamente.
   *Psychoanalytiker* können Psychiater oder Psychologen sein, die in den Theorien und Techniken dieser Art von Psychotherapie (siehe unten) eine strenge Ausbildung durchlaufen haben, nachdem sie ihre erste Ausbildung abgeschlossen haben. In den drei bis sieben oder mehr Jahren, während der sie an einem psychoanalytischen Institut ausgebildet werden, müssen sie sich selbst einer Analyse unterziehen und behandeln Patienten unter Supervision.

Der »Psychotherapeut« ist in der Bundesrepublik Deutschland zur Zeit keine geschützte Berufsbezeichnung; daher kann sich auch eine ambitionierte Hausfrau als Psychotherapeutin bezeichnen. In Beratungsstellen können Sie auch auf Theologen oder Sozialarbeiter treffen. Vergewissern Sie sich in jedem Fall, daß der Mensch, den Sie aufsuchen, entsprechende Referenzen hat und gut ausgebildet ist.

## *Psychodynamische Psychotherapien*

Zu dieser großen Kategorie gehören die Psychoanalyse und psychoanalytische Psychotherapien, die im allgemeinen die bevorzugten Behandlungsmethoden für dauernde Persönlichkeitsprobleme sind. Psychoanalytiker und psychoanalytisch orientierte Therapeuten glauben, daß unbewußte Konflikte und Überzeugungen unser alltägliches Verhalten beeinflussen, und arbeiten mit den Patienten daran, diese Vorstellungen zu entdecken und ihren Einfluß auf das Funktionieren der Persönlichkeit aufzuspüren. Sie erforschen die Kindheit des Patienten und zeigen, wie Konflikte aus frühen Beziehungen, von denen einige seit langem vergessen waren, das gegenwärtige Verhalten beeinflussen. Die Patienten sollen so unreife Muster durch anpassungsfähige, erfüllende, reife Techniken des Funktionierens ersetzen, durch die sie mehr aus ihrem Leben machen können.

Bei einer Psychoanalyse trifft der Patient sich mehrere Jahre drei- bis fünfmal wöchentlich mit dem Analytiker. Der Prozeß ist ungefähr so, als würde bei einer Zwiebel Schicht für Schicht abgetragen, wobei langsam die unbewußten Konflikte und Annahmen in den Mittelpunkt rücken.

Der Patient liegt auf einer Couch; sein Gesicht weist vom Analytiker weg, damit die Ablenkung so gering wie möglich ist und es ihm leichter fällt, alles zu sagen, was ihm in den Sinn kommt (freie Assoziation). Der Analytiker lenkt den Patienten nicht, sondern interpretiert das, was dieser sagt, auch Träume, im Licht der zugrundeliegenden, allmählich klarer werdenden unbewußten Vorstellungen. Psychoanalytiker sind überzeugt, daß die Vergangenheit sich in allen gegenwärtigen Beziehungen wiederholt, und messen daher dem Verhalten und den Gefühlen des Patienten gegenüber dem Analytiker, der versucht, neutral und objektiv zu bleiben, besonderen Wert bei. Die Patienten bringen unbewußte Erwartungen und Verzerrungen in die Beziehung mit dem Analytiker ein, ein Phänomen, das als Transfer bezeichnet wird. Die Beziehung zum Analytiker spiegelt die Konflikte, die der Patient mit seinen Eltern erlebte und um die herum seine Persönlichkeit sich formte. Dadurch, daß der Patient diese unbewußten, verzerrten Reaktionen auf den Analytiker allmählich versteht, begreift und bearbeitet er seine frühen Konflikte, was zu besseren zwischenmenschlichen Beziehungen und einer größeren Fähigkeit zur Veränderung führt.

Die Dauer einer Psychoanalyse, die Häufigkeit der Sitzungen, die Ausgaben (an psychoanalytischen Ausbildungsinstituten wird das Portemonnaie weniger belastet) und der Mangel an direktiver Struktur machen sie zu einer relativ unüblichen Form der Behandlung, die nicht für jeden geeignet ist. Obwohl sie für Menschen, deren Beziehungsprobleme sich aus ihren Persönlichkeitsschwierigkeiten ergeben, eine sehr gute Methode sein kann, verlangt sie außer Zeit und Geld eine starke Motivation, ein lebhaftes Interesse an der eigenen Psychologie, Intelligenz und die Bereitschaft, sich auf starke, oft schmerzliche Gefühle und Reaktionen einzulassen.

Ziel einer Psychoanalyse ist eher die Umstrukturierung der Persönlichkeit und die Änderung von Langzeitmustern als das Angehen einzelner Probleme; deshalb kann sie für Menschen, die schnell spezifische Verbesserungen sehen wollen, frustrierend sein. Sie ist im allgemeinen nicht die beste Behandlung für Menschen in einer Krise. Viele Psychoanalytiker benutzen andere Techniken (einschließlich Medikation), bis die Patienten bereit und willens sind, eine vollständige Psychoanalyse zu machen. Viele Psychoanalytiker praktizieren auch psychoanalytische Psychotherapie.

Die Prinzipien einer *Psychoanalytischen Psychotherapie* gleichen zum Großteil denen einer Psychoanalyse, aber der Therapeut ist im allgemeinen aktiver und bietet oft, je nach den Bedürfnissen des Patienten, verschiedene Techniken an: direkte Unterstützung, Medikation (wenn der Therapeut Arzt ist), Krisenintervention, spezielle Problemlösetechniken. Dies ist heute in den USA wahrscheinlich die häufigste Art psychotherapeutischer Behandlung. Der Psychotherapeut braucht nicht in Psychoanalyse ausgebildet zu sein, obwohl viele es sind. Patient und Therapeut treffen sich im allgemeinen ein- bis dreimal wöchentlich allein oder in einer Gruppe mit anderen Patienten. Wie bei der Psychoanalyse sind die besten Kandidaten für eine analytisch orientierte Therapie Menschen, die zur Selbsterforschung fähig und an ihr interessiert sind und die unangenehmen Gefühle ertragen können, die eine solche »Sondierungschirurgie« oft zutage fördert. Die Ziele der Behandlung werden von Therapeut und Patient gemeinsam festgelegt.

## Unterstützende Therapie

Der unterstützende Psychotherapeut will Ihnen direkt helfen und nicht in Ihrer Psyche herumstochern. Er bietet ein freundliches Ohr, Unterstützung, Anerkennung, Rat, Anleitung im praktischen Problemlösen (etwa soziale Fertigkeiten lernen) und einen sicheren Ort, um ein paar schmerzliche Gefühle abzuladen. Manchmal wird eine unterstützende Psychotherapie zusammen mit einer medikamentösen Behandlung durchgeführt. Sie eignet sich für Menschen, die sich in einer Krise befinden und emotional nicht darauf vorbereitet sind, weiter in die Problematik einzusteigen, die nicht psychologisch denken oder deren Persönlichkeitsstruktur zu zerbrechlich erscheint, als daß das Aufdecken tieferer Konflikte ihr nützen könnte. Einige Therapeuten bieten Unterstützung an, solange sie gebraucht wird, und gehen dann mehr in die Tiefe. Andere sind nur in dieser Methode ausgebildet und verweisen den Patienten zur psychodynamischen Arbeit an andere Therapeuten.

## Verhaltenstherapie

Verhaltenstherapeuten bringen Ihnen bei, wie Sie bestimmte problematische Verhaltensweisen verändern oder kontrollieren können. Sie arbeiten nicht an der Aufdeckung dessen, was diesen Verhaltensweisen möglicherweise zugrunde liegt. In Wochen oder Monaten lehren sie spezielle, direktive Techniken, um Angst, Spannung, Phobien, Stottern, Eheprobleme, Eßstörungen, sexuelle Probleme, zwanghaftes Spielen, Drogenmißbrauch, Rauchen und so weiter zu überwinden. Die Verhaltenstherapie ändert ein Persönlichkeitsmuster nicht, aber sie ist eine gute Möglichkeit, einige der Probleme zu meistern, die bestimmte Persönlichkeitsstile (und besonders die betreffenden Störungen) plagen können – etwa die Eßprobleme des Sprunghaften Stils, die soziale Angst des Sensiblen Stils, das Drogenproblem des

Abenteuerlichen, des Sprunghaften und des Exzentrischen Stils und die Anspannung des Gewissenhaften und des Wachsamen Stils. In der Verhaltenstherapie müssen Sie Anweisungen folgen, da ihre Techniken sehr speziell sind und Übung erfordern.

## Kognitive Therapie

Kognitive Therapeuten glauben, daß das, was Sie denken, Ihr Fühlen und Handeln bestimmt. Wenn Sie zum Beispiel denken, daß Sie wertlos sind und versagen werden, fühlen Sie sich deprimiert und werden sich nicht besonders bemühen, Erfolg zu haben. Kognitive Therapeuten lehren Patienten, ihre »stereotypen« Denkmuster (depressive Menschen etwa denken im allgemeinen negative Gedanken, Paranoide mißtrauische, und so weiter) zu identifizieren und im Auge zu behalten. Im Verlauf von Monaten bringen sie dem Patienten bei, wie er diese elementaren, sein Leben verzerrenden Annahmen durch realistischere Meinungen ersetzen kann, die zu einem besseren, flexibleren Funktionieren führen. Die kognitive Therapie hat Menschen sehr effektiv geholfen, auch mit einer schweren Depression fertig zu werden. Bei einer Selbstschädigenden Persönlichkeitsstörung, bei der Depression und ein geringes Selbstwertgefühl im Spiel sind, kann diese Art der Behandlung sehr hilfreich sein, um einige größere, tiefsitzende Problembereiche der Persönlichkeit in Angriff zu nehmen und unter Umständen das ganze Muster zu verändern.

Die kognitive Therapie verlangt sehr viel Hausarbeit und Übung.

## Familien-, Ehe- und Gruppentherapie

Bei einer Familien- oder Ehetherapie wird die gestörte Familieneinheit und nicht nur ein einzelnes Mitglied behandelt. Familientherapeuten glauben, daß die Familie ein interdependentes System ist und emotionale Probleme oder Symptome des Einzelnen sich innerhalb des Kontextes der gesamten Familie entwickeln. Familien- und Ehetherapie bieten eine Gelegenheit, zu beobachten und zu verändern, wie Familienmitglieder miteinander umgehen.

In einer Gruppentherapie teilen Menschen ihre Probleme anderen mit und nutzen das gemeinsame Problemlösen, das nur in einer

Gruppe möglich ist. Sehr oft zeigen die Beziehungsprobleme, deretwegen der Einzelne gekommen ist, sich in der Gruppe, was ihm die Gelegenheit gibt, eine Rückmeldung darüber zu bekommen, wie er mit anderen umgeht und auf sie wirkt. Es gibt viele Methoden der Gruppentherapie, die den bislang erörterten Behandlungskategorien entsprechen. Es gibt auch viele Selbsthilfegruppen, etwa die Anonymen Alkoholiker oder andere Zwölf-Schritte-Organisationen, die Millionen Menschen in der ganzen Welt geholfen haben, Kontrolle über ihr Leben zu gewinnen.

## *Selbsterfahrungstherapien*

Diese sehr große Kategorie von Behandlungen, Gruppensitzungen und Workshops, von denen es seit den 50er Jahren wimmelt, besteht aus Hunderten von Methoden. Sie betonen die Freisetzung der Gefühle, die Gedankenkontrolle, die Erweiterung des Bewußtseins, die Übernahme der Verantwortung für Handlungen und Verhaltensweisen, die Bewußtwerdung psychischer und physiologischer Bedürfnisse und unter Umständen sogar die Erforschung »vergangener Leben«. Ziele sind im allgemeinen persönliches Wachstum, Selbstverwirklichung und/oder spirituelle Erfüllung.

Die zahllosen Verfahren lehnen oft das intellektuelle Selbstverständnis, wissenschaftliche Methoden und diagnostische Kategorien ab. Häufig finden sie teilweise oder ausschließlich in einer Gruppe statt – etwa beim Erhard Seminar Training (Est), der Primärtherapie oder der Gestalttherapie, um nur einige zu nennen. Viele Selbsterfahrungstherapien sind mit der New Age-Bewegung und/oder der humanistischen Psychologie verbunden.

Diese unorthodoxen Therapien scheinen von den traditionelleren therapeutischen Verfahren zu differieren; in der Tat entwickelten sie sich teilweise aus der existentialistischen Enttäuschung über die entfremdende Wissenschaft und Technologie unserer Zeit. Trotzdem können Selbsterfahrungstechniken einschließlich Meditation, Rollenspiel, Massage und Gruppen-Encountern von eklektisch vorgehenden orthodoxen Klinikern verwendet oder empfohlen werden.

Obwohl einige dieser Selbsterfahrungstherapien sehr populär wurden und dann von der Szene verschwanden, können sie für viele Menschen emotional befreiende, stimulierende, bewegende oder zumindest erfreuliche Erfahrungen sein. Dramatische, Sprunghafte und Exzentrische Menschen können sich in einigen dieser Gruppen emotional wohl fühlen. Wirklich gestörte Menschen jedoch werden am besten von gut ausgebildeten Klinikern behandelt, deren Techniken auf anerkannten Forschungen und einem gewachsenen praktischen Wissen beruhen.

## *Pharmakotherapie*

Pillen für die Persönlichkeit? Es scheint plausibel, denn zumindest einige Persönlichkeitsstörungen entwickeln sich als ererbten Störungen im biologischen Funktionieren. Das Leben von Menschen mit einer Borderline-Persönlichkeitsstörung zum Beispiel kann aufgrund ihrer selbstzerstörerischen Impulsivität ein Scherbenhaufen sein. Eine 1988 von Forschern am *National Institute of Mental Health* durchgeführte Untersuchung zeigte, daß die Kombination eines bestimmten Antidepressivums und eines Antikonvulsivums (siehe Kapitel 14, S. 355) die Fähigkeit der Testpersonen, ihr Verhalten zu beherrschen und innezuhalten und zu denken, bevor ihre Impulse sie zur Selbstzerstörung trieben, signifikant verbesserte.

In der heutigen psychiatrischen Praxis sind Medikamente ein wichtiger Teil der Behandlung der verheerenden psychischen Qual von Achse I- bzw. Symptom-Störungen (siehe Kapitel 2), für die viele Menschen mit verschiedenen Persönlichkeitsstörungen sehr anfällig sein können – unter anderem typische Depression, manische Depression, große Angst und Panik, die zwanghaft-besessene Störung und psychotische Episoden. Die modernen Medikamente sind bei der Behandlung vieler dieser biologisch bestimmten Störungen hoch wirksam und haben sehr viel weniger Nebeneffekte als Psychopharmaka früher. Außerdem gewinnen viele Psychiater im kreativen Gebrauch dieser Substanzen immer mehr Erfahrung. Obwohl Medikamente kein »Heilmittel« für eine Persönlichkeitsstörung sind, können sie, wenn sie ordnungsgemäß verschrieben werden und ihre Verwendung überwacht wird, einige der schweren neurologisch begründeten Funktionsstörungen wesentlich lindern oder beseitigen. Sobald diese Menschen ihr Gleichgewicht wiederfinden, können sie an den Persönlichkeitsmustern zu arbeiten beginnen, die sich aus oder neben ihren schmerzlichen inneren Erfahrungen entwickelt haben.

## VIELLEICHT SIND SIE SO, WIE SIE SIND, EINFACH IN ORDNUNG?

Sehr viele Menschen möchten sich ändern. Bevor Sie eine psychiatrische oder psychologische Intervention erwägen, um Ihr Persönlichkeitsmuster zu ändern, sollten Sie sich fragen, warum Sie es ändern wollen.

Werfen Sie einen Blick auf Ihr Persönlichkeitsportrait. Vergleichen Sie es mit dem anderer Menschen in Ihrem Leben. Das Persönlichkeitsportrait zeigt, daß Sie anderen gleichen, aber auch von ihnen verschieden sind. Sehen Sie, daß jedes Persönlichkeitsportrait, das sie anschauen, anders ist? Nur bei Ihnen sind die dreizehn Persönlichkeitsstile in genau dieser Stärke und Konfiguration vertreten.

Wir haben Möglichkeiten vorgeschlagen, Ihre Persönlichkeit zu verändern, damit Sie das Beste aus sich machen können. Wir haben auch gesagt, daß die Persönlichkeit eine Art Schicksal ist. Mit oder ohne Veränderungen – Sie sind dazu bestimmt, Sie selbst zu sein – nicht ideal, voller Eigenarten und Mängel, nicht der perfekte Gefährte, Elternteil, Führer oder Helfer. Aber auch nicht der schlechteste. Sie tun die Dinge auf Ihre Weise. Er auf seine. Und sie macht es wieder anders. Meist ist das einfach in Ordnung.

Ihre Gehirnzellen und Ihre Psyche können jederzeit lernen, sich und andere mit all den Unterschieden im Denken, Fühlen und Verhalten zu akzeptieren und zu schätzen. Für manche von Ihnen ist dies vielleicht die einzige größere Korrektur, die Ihre Persönlichkeit wirklich braucht.

ANHANG I

# Persönlichkeitstypen im Lauf der Geschichte

Der Versuch, Persönlichkeitstypen zu identifizieren und zu verstehen, hat die Wissenschaft jeder Zeit und jeder Kultur herausgefordert. Die dreizehn hier vorgestellten Persönlichkeitsstile, ihre Bedeutung und die Methode zu ihrer Bestimmung entwickelten sich aus einer westlichen medizinisch-psychiatrischen Tradition, die im Goldenen Zeitalter Griechenlands mit Hippokrates begann. Wir möchten jetzt einige der großen Trends des Typologisierens von Persönlichkeiten darstellen und ein paar der merkwürdigen Charaktere kennenlernen, die im Verlauf der Jahrtausende auf der Weltbühne erschienen sind.

## *Der Geizkragen von Athen*

Im 3. Jahrhundert v. Chr. stellte Theophrast, der Schüler und Nachfolger des Aristoteles, die Frage: »Wie kommt es, daß wir alle in bezug auf unsere Persönlichkeit verschieden sind, obwohl ganz Griechenland unter demselben Himmel liegt und alle Griechen gleich erzogen werden?« In seiner Arbeit mit dem Titel *Charakterskizzen*, zu der diese Worte die Einleitung bilden, wollte der neunundneunzigjährige Theophrast einige dieser Unterschiede definieren. Dabei identifizierte er dreißig allgemein gültige Persönlichkeitstypen, die bis heute nützlich und verständlich geblieben sind. Ein Beispiel ist der folgende Genosse, den Theophrast so beschreibt:

**Der Pfennigfuchser**

»Pfennigfuchserei« ist eine übertriebene Sparsamkeit im Interesse von Hab und Gut. Noch ehe ein Monat um ist, kommt der Pfennigfuchser etwa zu einem Schuldner ins Haus gelaufen, um ihn an einen halben

Obolus zu mahnen. Bei einer Mahlzeit mit Freunden rechnet er nach, wieviel Gläser jeder getrunken hat. Der Artemis weiht er von allen Teilnehmern die geringste Spende. Hat man auch noch so billig eingekauft und rechnet mit ihm ab, so behauptet er, alles sei viel zu teuer. Wenn ein Sklave einen Topf oder eine Schüssel zerbrochen hat, so zieht er ihm den Preis von der Kost ab. Hat seine Frau einen Dreier verloren, so bringt er es fertig und rückt Geräte, Betten, Schränke von ihren Plätzen und durchsucht noch die Dielenfugen. Wenn er etwas verkauft, berechnet er seinen Preis so, daß der Käufer ja keinen Vorteil davon hat. Niemanden läßt er eine Feige aus seinem Garten kosten oder über sein Feld gehen oder eine abgefallene Olive oder Dattel aufheben. Täglich kontrolliert er, ob die Grenzsteine noch an derselben Stelle stehen. Wenn er Kameraden bewirtet, schneidet er das Fleisch in kleine Stücke, ehe er es auftragen läßt. Will er Delikatessen einkaufen, so kehrt er nach Hause zurück, ohne etwas mitgebracht zu haben. Seiner Frau verbietet er, Salz, Dochte, Kümmel, Majoran, Opfermehl und -kränze oder Opferkuchenteig auszuleihen. ›Auch diese Kleinigkeiten‹, meint er, ›machen im Jahr eine ganz hübsche Summe aus.‹«[1]

Theophrast definierte jeden Charakter anhand eines zentralen, ihn organisierenden Persönlichkeitszugs, etwa der Sparsamkeit, der sich im Verhalten des Betreffenden äußerte. Aber reicht ein dominierender Charakterzug aus, um eine stichhaltige Persönlichkeitskategorie zu schaffen? Oder ist dieser eine Zug – etwa die Tendenz eines Menschen, ein Geizkragen zu sein – ein Hinweis auf ein darunter liegendes reicheres, vielleicht weniger leicht identifizierbares Muster?

Die Wissenschaft von der Persönlichkeit hält letzteres für wahrscheinlicher. Die Persönlichkeit ist nicht so einfach strukturiert, eine Tatsache, die unsere frühen Heiler, die nicht zwischen Geist und Körper unterschieden, schon vor Theophrast zu erkennen begannen.

## *Die vier Temperamente*

Hippokrates, der als der Vater der westlichen Medizin gilt, formulierte die erste wissenschaftliche Typologie der Persönlichkeit im 5. Jahrhundert v. Chr. Von ihm stammt auch die erste schriftlich festgehaltene Theorie der Persönlichkeit, die später von Aristoteles und Galen (einem griechischen Arzt des 2. Jahrhunderts v. Chr., der am kaiserlichen Hof in Rom tätig war) modifiziert wurde. Hippokrates schlug eine umfassende geistig-körperliche Theorie über Gesundheit/ Krankheit und Persönlichkeit vor, die er aus dem wissenschaftlichen Verständnis der damaligen Zeit ableitete und die noch heute Einfluß besitzt.

Die alten Griechen[2] glaubten, daß die Natur aus vier Elementen bestand: Luft, Erde, Feuer und Wasser. Jedes dieser kosmischen Elemente war im menschlichen Körper durch einen ihm entsprechenden Körpersaft bzw. eine Körperflüssigkeit vertreten: Blut, schwarze Galle, gelbe Galle und Schleim. Gesundheit und Krankheit sowie die verschiedenen Persönlichkeitsstile spiegelten das Gleichgewicht dieser Körpersäfte in jedem Menschen. Hippokrates ging von vier Temperamenttypen aus, die jeweils dem Vorherrschen einer Körperflüssigkeit entsprachen: sanguinisch, melancholisch, cholerisch und phlegmatisch. Die Persönlichkeit jedes Menschen konnte einer dieser vier Kategorien zugeordnet werden, die auch auf seine Anfälligkeit für bestimmte geistige und körperliche Krankheiten verwies.

| Elemente | Körpersäfte | Typen | Stile |
| --- | --- | --- | --- |
| Luft | Blut | sanguinisch | hoffnungsvoll, enthusiastisch, optimistisch |
| Erde | schwarze Galle | melancholisch | traurig |
| Feuer | gelbe Galle | cholerisch | jähzornig/reizbar |
| Wasser | Schleim | phlegmatisch | apathisch/langsam |

Diese einfache, wissenschaftliche Klassifizierung nahm das moderne Verständnis von Temperament und Persönlichkeit auf vielerlei Weise vorweg. »Die alten Griechen besaßen ein nachtwandlerisches Talent, Tausende von Jahren vor einer Bestätigung und Verfeinerung ihrer Hypothesen durch Instrumente die Natur der Dinge intuitiv zu erkennen«, schreiben Allen J. Frances und Thomas Widinger. »Ihre Vorstellung, daß das Verhalten zumindest teilweise auf dem Zustand der Körperchemie beruht, ist eine genauso beeindruckende biologische Erkenntnis wie die inspirierte physikalische Erkenntnis, daß Materie aus Atomen besteht.«

Ärzte, Philosophen und Psychologen arbeiteten über 2000 Jahre mit dem Vier-Typen-Modell des Hippokrates. Auch wenn es uns heute naiv erscheint, erkannten die »Humoralpathologen« einfache, elementare Dimensionen, mit deren Hilfe jedes menschliche Verhalten gemessen werden kann – insbesondere Stimmung und Emotionalität.

Es gibt nur ein paar menschliche Stimmungen, und jedes Individuum zeigt ein vorherrschendes emotionales Muster. Einige Menschen zum Beispiel sind meist depressiv, andere relativ vergnügt, wieder andere sehr unbeständig. Ähnlich zeigt jeder ein charakteristisches Aktivitätsmuster. Ein melancholischer Mensch etwa ist trübsinnig, still und ungesellig. Der Choleriker ist optimistisch, leicht erregbar und impulsiv, der Phlegmatiker ruhig, passiv und friedlich, und der Sanguiniker extravertiert und sorglos. Melancholiker und Choleriker reagieren stark und intensiv, während Phlegmatiker und Sanguiniker gleichmäßiger sind und weniger zu starken Gefühlen neigen.

Hippokrates und seine Nachfolger erkannten auch, daß diese Dimensionen der Persönlichkeit biologisch determiniert sind. Wir wissen heute, daß der angeborene biologische Stil die Stimmungen und das Aktivitätsniveau eines Menschen sehr stark prägt. Aber nicht nur diese angeborenen Eigenschaften unterscheiden einen Persönlichkeitstyp von einem anderen. Die späteren Wissenschaftler erkannten, daß auch die Erfahrung Unterschiede schafft.

## *Sie sind, wie Sie aussehen*

Eine noch ältere und ebenfalls immer noch populäre Tradition leitet Persönlichkeitsmuster von körperlichen Merkmalen ab – dem Körperbau, dem Gesichtsausdruck und sogar der Form des Schädels. »Jahrhundertelang wurde es für selbstverständlich gehalten, daß der Körper viel über die Art des Menschen sagt, der in ihm lebt, und daß genaugenommen der menschliche Körper mit seinen unzähligen verschiedenen Strukturen und Formen die Unterschiede der Persönlichkeit zeigt«, schrieb Carol Saltus in einer populären Darstellung der Arbeit des zeitgenössischen Psychologen William Sheldon.

Diese Methode wird als Physiognomik bezeichnet. In einer Aristoteles zugeschriebenen Arbeit mit dem Titel *Physiognomica* erwähnt der Autor die Tradition seiner Vorläufer, Persönlichkeitsmuster von Ähnlichkeiten mit Tieren herzuleiten. Wenn Sie also wie ein Fuchs aussahen, waren Sie schlau.

Und wenn Sie bleich oder dunkel[3] waren, waren sie ein Feigling – weil Frauen bleich und Äthiopier dunkel waren und beide als wenig mutig galten. Dies ist ein frühes Beispiel für rassische, kulturelle und sexuelle Stereotype bei der Beurteilung der Persönlichkeit; anhand vorgefaßter Meinungen über die Charakteristika verschiedener Menschengruppen wird »bewiesen«, daß die eine Gruppe der anderen unterlegen ist. Diese Vorurteile plagen Frauen und Schwarze (unter anderem) bis heute, und die Entwicklung objektiver, von langlebigen Stereotypen freier Kriterien für die Persönlichkeitsbeurteilung stellt keine kleine Herausforderung dar. Bei der Formulierung der Selbstschädigenden Persönlichkeitsstörung (Kapitel 15) zum Beispiel wurde der Vorwurf des Sexismus laut, weil nach Ansicht einiger Leute das Risiko besteht, daß sie in unangemessener, stigmatisierender Weise auf Frauen angewandt wird.

Nach der Erneuerung des aristotelischen Denkens im Spätmittelalter wurde die Beurteilung der Persönlichkeit anhand körperlicher Merkmale gleichbedeutend mit populärer Psychologie, und das bis ins heutige Jahrhundert.

Obwohl Überinterpretationen und ein ausgedehnter Mißbrauch möglich sind, spüren wir intuitiv, daß etwas an der physiognomischen Vorgehensweise richtig ist. Durch das Aussehen eines Menschen erfahren wir tatsächlich sehr viel über ihn – wobei die Körpersprache mehr Informationen übermittelt als der eigentliche Körpertyp. Gesichtsausdruck und Körperhaltung zum Beispiel zeigen eine Stimmung; ein in sich zusammengesackter, zögerlich sich bewegender Mensch, der ständig einen niedergeschlagenen Eindruck macht, ist anders als jemand, der aufrecht geht, immer geschäftig ist und viel lächelt. Die Persönlichkeit zeigt sich äußerlich am Gesichtsausdruck, an der Haltung, der Kleidung, dem Gehabe und den Gesten, was auch die Dichter wußten. Die Vorstellung, daß Körperbau und -typ etwas über einen Menschen aussagen, hatte lange Bestand. In *Julius Caesar* stellt Shakespeare den Verschwörer Cassius so vor, wie der Psychologe Sheldon im 20. Jahrhundert den ektomorphen Typ beschreibt: er ist dünn, drahtig, angespannt, ernst und intellektuell. In Akt I, Szene 2, sagt Caesar:

Laßt wohlbeleibte Männer um mich sein
mit glatten Köpfen und die nachts gut schlafen.
Der Cassius dort hat einen hohlen Blick;
er denkt zu viel: die Leute sind gefährlich.

Im späten 18. Jahrhundert machte der in Deutschland geborene Wiener Arzt Franz Josef Gall den ersten wissenschaftlichen Versuch, die *Morphologie* (die Lehre von Form und Struktur des Körpers) mit der Psychologie zu verbinden. In seiner »Phrenologie« maß er den Schädel seiner Versuchspersonen aus, um Persönlichkeits- und Intelligenzunterschiede zu bestimmen. Seine Ergebnisse erwiesen sich als haltlos, obwohl ihre Popularität bis weit ins nächste Jahrhundert reichte.

Der deutsche Psychiater Ernst Kretschmer stellte im ersten Viertel des 20. Jahrhunderts eine Verbindung zwischen Körperbautypen und psychischen Krankheiten her. Er setzte schließlich auch körperliche Strukturen zu normalen Persönlichkeitstypen in Beziehung und folgerte, daß schwere psychische Erkrankungen Extreme eines normalen Persönlichkeitstyps seien (genauso wie wir hier davon ausgehen, daß eine Persönlichkeitsstörung das Extrem eines normalen Persönlichkeitsstils darstellt). Der amerikanische Psychologe William H. Sheldon, der 1977 starb, setzte Kretschmers Arbeit an der »Konstitutionspsychologie« fort. Er ging von drei »Somatotypen« aus – dem *Endomorphen*, dem *Mesomorphen* und dem *Ektomorphen* – und verknüpfte jeden mit einem Temperament, einer Persönlichkeit und einer psychischen Störung. Carol Saltus listet die Persönlichkeitszüge und die körperlichen Charakteristika jeden Typs wie folgt auf:

## Persönlichkeitszüge[4]

| **Endo** | **Meso** | **Ekto** |
|---|---|---|
| gesellig | unabhängig | zurückgezogen |
| entspannt | selbstbewußt | angespannt |
| mag Bequemlichkeit | körperlich aktiv | geistig aktiv |
| optimistisch | abenteuerlich | ängstlich |
| großzügig | ehrgeizig | reizbar |
| praktisch | unsensibel | sensibel |
| stabil | kämpferisch | leidenschaftlich |
| ruhig | mutig | schnell |

## Körperliche Charakteristika

| Endo | Meso | Ekto |
|---|---|---|
| dicker, runder Kopf; volles, glattes Gesicht | breiter, eckiger Kopf; schwerer, massiver Schädel | kleiner Kopf, leichter Schädel, abstehende Ohren |
| kurzer, weicher Nacken hohe, plumpe Schultern | breiter, dicker Nacken schwere, hängende Schultern | langer, schmaler Nacken eckige, schmale Schultern; ausgeprägte Krümmung im oberen Rücken, nach vorne ragender Kopf |
| Arme zu schmalen Handgelenken zulaufend, kurze Finger tiefe, weiche Körperkonturen | sehr muskulöser Brustkorb starke Unterarme mit knotigen Muskeln und vortretenden Adern | vorstehende Schulterblätter lange, schlanke Arme, Hände, Finger |
| Brustkorb wird von oben nach unten breiter; Bauch dominant | Arme verjüngen sich nicht nach unten; kräftige, schwere Handgelenke | Glieder werden um so länger, je mehr die Entfernung vom Zentrum des Körpers zunimmt; Unterarme länger als Oberarme |
| hohe, stark gekrümmte Sanduhr-Taille | breite, dicke Hände und Finger mit großen Gelenken | enger, flacher Brustkorb |
| Bauch geht hoch den Rumpf hinauf breite, weiche, runde Sitzhöcker | harte, eckige Körperkonturen vorstehender Brustkorb, der sich zu einer tiefliegenden Taille und einem kleinen, flachen Bauch verjüngt | hohe, flache Lendenkurve kleiner, kurzer Rumpf |
| volle Hüften und Schenkel, die sich zu kleinknochigen Knöcheln und Füßen verjüngen | langer Rücken mit niedriger, deutlich eingezogener Lendenkurve | lange, feine, dünne Muskeln; Knochenkonturen überwiegen über Muskeln und Fett |
| Schenkel berühren sich, wenn Füße zusammen stehen; starke äußere Krümmung an Schenkeln und Waden | kräftige Beine, Zwischenraum zwischen den Schenkeln im Stehen | Unterschenkel länger als Oberschenkel |
| rosige, seidige Haut | dicke, tief faltige Haut | dünne, trockene, empfindliche Haut |
| von der Struktur her feines Haar | dickes Haar, kann früh dünn werden | feines, ziemlich dickes Haar |

Trotz ihrer Faszination haben Kretschmers und Sheldons Vorstellungen die moderne Wissenschaft der Persönlichkeitsbeurteilung nicht wesentlich beeinflußt. Wir können heute nicht sagen, daß Sie einem bestimmten Persönlichkeitstyp zugeordnet werden können, wenn Sie einen bestimmten Körperbau haben, oder daß Ihr Körper so und so aussehen muß, wenn Sie diese und jene Persönlichkeit haben. Nicht alle dicken Leute sind lustig, und nicht alle lustigen Leute sind dick. Da stereotyp unterstellt wird, daß dicke Menschen stets gut gelaunt sind, fühlen rundliche Kinder sich möglicherweise unter dem Druck, diese Seite ihres Wesens zu entwickeln – denn die Persönlichkeit wird auch durch das geformt, was andere von uns erwarten.

## *Orale, anale und phallische Typen und andere Beiträge der Psychoanalyse*

Sigmund Freud war ein Wiener Neurologe, der Ende des 19. Jahrhunderts die Psychoanalyse »erfand« – eine revolutionäre Auffassung der menschlichen Seele und eine Technik, ihre Konflikte zu erforschen und zu korrigieren. Die meisten heute praktizierten Psychotherapien haben ihren Ursprung in der Arbeit Freuds und seiner Nachfolger. Die Psychoanalyse (siehe Kapitel 18) hat sich seit Freuds Zeiten beträchtlich entwickelt. Ihre theoretische und klinische Kraft ist jedoch immer noch lebendig, nachdem neue neuropsychiatrische Forschungen Mechanismen im Gehirn entdeckt haben, die bestimmten theoretischen Konzepten der Psychoanalyse zugrunde zu liegen und diese zu verifizieren scheinen.

Als Arzt ging es Freud zunächst darum, die Bedeutung der psychischen Symptome seiner Patienten zu verstehen (zum Beispiel die physiologisch nicht zu begründende Lähmung einer Patientin, die an Hysterie litt – ein zu Freuds Zeiten häufiges psychologisches Leiden) und nicht so sehr den Charakter (wie die Psychoanalytiker statt Persönlichkeit sagten), aus denen sie hervorgegangen waren. Durch diese Verengung des Brennpunkts war Freud in der Lage, wichtige Aspekte unbewußter psychischer Prozesse zu entdecken.

Seine klinischen Beobachtungen veranlaßten Freud später dazu, eine Charaktertheorie zu entwickeln. Aufgrund seiner frühen Arbeit hatte er bemerkt, daß seine Patienten »auf charakteristische Weise«[5] verschieden waren, wie die Psychiater Elizabeth L. Auchincloss und

Robert Michels schreiben. Freud und sein Kollege Josef Breuer »stellten in *Untersuchungen zur Hysterie* fest, daß ihre Patienten ›lebhaft, begabt und energisch‹ ... die Blüte der Menschheit waren. Freud erwähnte... ihre Schwierigkeit, die ›Prüfinstanz‹ [Gewissen] beseitezulassen und ihre ›Sensibilität, die Tendenz, sich vernachlässigt zu fühlen, und das extreme Bedürfnis nach Liebe‹, zusammen mit ihrem ›starken Willen, ihren Argwohn und ihre Abneigung gegen Beeinflussung‹«. Die Merkmale, die Freud bei dieser Gruppe von Patienten beschreibt, wurden schließlich zu Charakteristika des »hysterischen« Persönlichkeitsstils, der einem unserer dreizehn Stile bzw. eher noch der Störung entspricht, die sein Extrem bildet: des Dramatischen Stils und der Histrionischen Persönlichkeitsstörung.

Freud bemerkte auch andere charakteristische Zusammenstellungen von Persönlichkeitsmerkmalen. Hören wir Auchincloss und Michels:

»Er schrieb, daß Ordentlichkeit, Sparsamkeit und Hartnäckigkeit mit einer schwierigen Reinlichkeitserziehung im frühen Leben des Patienten zu korrelieren scheinen. Ausgehend von der Beobachtung, daß Charakterzüge zueinander, zu Kindheitsereignissen und zu spezifischen Mustern der Symptomatologie in Beziehung stehen, wuchsen die Theorien mit dem sich erweiternden Umfang der psychoanalytischen Ermittlungen. Als Freud als Psychoanalytiker bekannt wurde, sah er Patienten, deren Leben nicht von Symptomen, sondern von Themen und Mustern charakterisiert wurde, die zu Brüchen oder Verzweiflung führten ...«

Mit anderen Worten: Freud begann Menschen zu behandeln, deren Störung durch ihr Persönlichkeitsmuster begründet war. Schließlich formulierte er eine Theorie über die Entwicklung der Persönlichkeit. Er und einige der frühen Psychoanalytiker wie Karl Abraham und Wilhelm Reich glaubten, daß die von der Persönlichkeit angenommene Form davon bestimmt wird, wie der Einzelne die »psychosexuellen« Konflikte bestimmter kindlicher Entwicklungsphasen überwindet. Sie nahmen das Vorhandensein einer *oralen,* einer *analen* und einer *phallischen* Phase an, die in den ersten drei oder vier Lebensjahren aufeinander folgen und nach denen eine Latenzzeit kommt, die mit der Adoleszenz endet. Die frühen Psychoanalytiker glaubten, daß die Art der in jeder Phase gemachten Erfahrungen beeinflußte, ob es zu einer *Fixierung* kam. Wenn zum Beispiel ein Kleinkind während der oralen Phase zu viel oder zu wenig Befriedigung erhielt, konnte die erwachsene Persönlichkeit auf bestimmte Weise erstarren und Verhaltensaspekte dieses frühen Konflikts zeigen. Ergebnis war ein oraler Persönlichkeitstyp, der stark auf orale Reize wie Essen, Trinken, Rauchen und so weiter konzentriert war und extrem passiv oder fordernd werden konnte.

Freud und die frühen Psychoanalytiker erkannten vor allem, daß die Persönlichkeit sich in bestimmter Weise fortentwickelt. Sie glaubten, daß alle Phasen biologisch determiniert sind und die Persönlichkeit sich um oder in Reaktion auf starke instinktive Triebe formt, insbesondere den Sexual- und den Aggressionstrieb. Die heutige Psychoanalyse hat sich von der psychosexuellen Theorie Freuds entfernt. Die späteren Analytiker betonen eher die Rolle der frühen Erfahrung (besonders der frühesten Beziehungen zu anderen Menschen) für die Entwicklung der Persönlichkeit. Bei den Entwicklungsphasen selbst haben einige Psychoanalytiker sich auf psychosoziale Aspekte von Wachstum und Veränderung konzentriert. Erik Erikson zum Beispiel nahm an, daß wir während unseres gesamten Lebens nicht weniger als acht verschiedene Entwicklungsphasen durchlaufen.

# Merkmale psychosexueller Entwicklungsphasen[6]

| anomal | normal | anomal |
|---|---|---|
| *Orale Merkmale* | | |
| Optimismus | ⟷ | Pessimismus |
| Leichtgläubigkeit | ⟷ | Argwohn |
| Manipulation | ⟷ | Passivität |
| Bewunderung | ⟷ | Neid |
| Großspurigkeit | ⟷ | Sich herabsetzen |
| *Anale Merkmale* | | |
| Geiz | ⟷ | Großzügigkeit |
| Einengung | ⟷ | Expansion |
| Starrsinn | ⟷ | Duldung |
| Ordentlichkeit | ⟷ | Unordentlichkeit |
| Starre Pünktlichkeit | ⟷ | Unpünktlichkeit |
| Kleinlichkeit | ⟷ | Schmutzigkeit |
| Exaktheit | ⟷ | Verschwommenheit |
| *Phallische Merkmale* | | |
| Eitelkeit | ⟷ | Haß auf sich selbst |
| Stolz | ⟷ | Demut |
| blinder Mut | ⟷ | Ängstlichkeit |
| Aufdringlichkeit | ⟷ | Scheu |
| Herdentrieb | ⟷ | Isolation |
| Eleganz | ⟷ | Schlichtheit |
| Kokettheit | ⟷ | Vermeiden von Heterosexualität |
| Keuschheit | ⟷ | Promiskuität |
| Fröhlichkeit | ⟷ | Traurigkeit |

Die ideale Persönlichkeit sollte jedes der vorstehenden Merkmalpaare in Maßen aufweisen. Zwischen den gegensätzlichen Merkmalen sollte Gleichgewicht herrschen. Ist es nicht vorhanden, haben wir es mit einer weniger idealen Persönlichkeit zu tun. Anomalien der Persönlichkeit zeigen sich auf dreierlei Weise: 1. ein Merkmalpaar ist extrem ausgeprägt, 2. das gesamte Merkmalpaar fehlt, 3. Ungleichgewicht innerhalb des Merkmalpaars.

## *Eriksons acht Phasen der Ich-Entwicklung*[7]

| Erfolg bringt | Versagen bringt |
|---|---|

*1. Alter*
*Frühes Kleinkindalter*
*(Geburt bis ungefähr ein Jahr)*
*(logische Folge der Freudschen oral-sensorischen Phase)*

| VERTRAUEN gg. | MISSTRAUEN |
|---|---|
| Ergebnis von Zuneigung und Bedürfnisbefriedigung, gegenseitige Anerkennung | Ergebnis von ständiger Mißhandlung, Vernachlässigung, Liebesentzug; zu frühe oder oder abrupte Entwöhnung, autistische Isolation |

*2. Alter*
*Spätes Kleinkindalter*
*(ca. 1–3 Jahre)*
*(logische Folge der Freudschen anal-muskulären Phase)*

| AUTONOMIE gg. | SCHAM UND ZWEIFEL |
|---|---|
| Kind sieht sich als selbständige Person, getrennt von den Eltern, aber immer noch abhängig | Fühlt sich unzulänglich, zweifelt an sich, beschneidet das Lernen von Grundfertigkeiten wie Gehen, Sprechen, möchte »Unzulänglichkeiten« verstecken |

*3. Alter*
*Frühe Kindheit*
*(ca. 4–5 Jahre)*
*(logische Folge der Freudschen genital-lokomotorischen Phase)*

| INITIATIVE gg. | SCHULD |
|---|---|
| Lebhafte Phantasie, starkes Testen der Realität, ahmt Erwachsene nach, nimmt Rollen vorweg | Mangel an Spontaneität, infantile Eifersucht, »Kastrationskomplex«, mißtrauisch, ausweichend, Rollenhemmung |

*4. Alter*
*Mittlere Kindheit*
*(ca. 6–11 Jahre)*
*(logische Folge der Freudschen Latenzzeit)*

| WERKSINN | gg. | MINDERWERTIGKEITS-GEFÜHL |
|---|---|---|
| Hat ein Gefühl für Pflicht und Leistung, entwickelt schulbezogene und soziale Kompetenzen, unternimmt echte Aufgaben, rückt Phantasie und Spiel in die richtige Perspektive, lernt die Welt der Werkzeuge kennen, Identifikation mit der Aufgabe | | Schlechte Arbeitsgewohnheiten, vermeidet starken Wettbewerb, fühlt sich zur Mittelmäßigkeit verurteilt; Flaute vor den Stürmen der Pubertät, kann sich sklavisch anpassen, Gefühl der Sinnlosigkeit |

*5. Alter*
*Pubertät und Adoleszenz*
*(ca. 12–20 Jahre)*

| IDENTITÄT | gg. | IDENTITÄTSVERWIRRUNG |
|---|---|---|
| zeitliche Perspektive | | Verwirrung in bezug auf Zeit |
| selbstsicher | | selbstunsicher |
| Experimentieren mit Rollen | | Rollenfixierung |
| Lehrjahre | | Arbeitslähmung |
| sexuelle Polarisierung | | bisexuelle Verwirrung |
| Führerschaft–Gefolgschaft | | Autoritätsverwirrung |
| ideologische Bindung | | Wertverwirrung |

*6. Alter*
*Frühes Erwachsenenalter*

| INTIMITÄT | gg. | ISOLIERUNG |
|---|---|---|
| Fähigkeit, sich an andere zu binden, »wahre Genitalität« jetzt möglich, Lieben und Arbeiten; »Wechselseitigkeit des genitalen Orgasmus« | | Vermeidet Intimität, »Charakterprobleme«, promiskuitives Verhalten; lehnt scheinbar gefährliche Kräfte ab, isoliert und zerstört sie |

*7. Alter*
*Mittleres Erwachsenenalter*

| GENERATIVITÄT | gg. | SELBSTABSORPTION |
|---|---|---|
| Produktiv und kreativ für sich und andere, elterlicher Stolz und elterliche Freude, reif, bereichert das Leben, leitet die nächste Generation an | | Egoismus, nicht produktiv, frühe Invalidität, exzessive Eigenliebe, Verarmung der Persönlichkeit, Sichgehenlassen |

## 8. Alter
### Spätes Erwachsenenalter

| INTEGRITÄT | gg. | VERZWEIFLUNG |
|---|---|---|

Schätzt Kontinuität von Vergangenheit, Gegenwart und Zukunft, akzeptiert Lebenszyklus und Lebensstil, hat gelernt, mit den Unvermeidlichkeiten des Lebens zu kooperieren, »Zustand oder Eigenschaft, vollständig, ungeteilt, ungebrochen zu sein; Ganzheit« (Websters Dictionary) »der Tod hat seinen Stachel verloren«

Zeit ist zu kurz; findet keinen Sinn in der menschlichen Existenz, hat den Glauben an sich und andere verloren, möchte eine zweite Veränderung im Lebenszyklus mit mehr Vorteilen, Gefühl für Weltordnung oder Spiritualität, »Angst vor dem Tod«

---

Heute untersuchen auch bedeutende Psychoanalytiker, wie das angeborene Temperament und die Lebenserfahrungen zusammenwirken, um die Persönlichkeit des heranreifenden Kindes zu formen. Auchincloss und Michels verwenden eine Analogie aus der Datenverarbeitung, um diese Interaktion darzustellen:

»Der Mensch wird mit einem gewissen biologischen Potential geboren, und seine erste Aufgabe besteht darin, dieses Potential im Kontext seiner frühen Erfahrungen zu benutzen, um die psychische Struktur auszubilden, die als ›psychischer Computer‹ die späteren Erfahrungen verarbeitet. Dies geschieht weitgehend in den ersten Lebensjahren. Danach werden die Erfahrungen (auch die inneren) als Daten verarbeitet. Diese spätere Verarbeitung führt zu Verhalten, ... aber die Erfahrung hat nicht mehr dieselbe Wirkung auf die Struktur des Apparats, der in den allerersten Jahren entstand.«[8]

Die Arbeit der Psychoanalytiker bei der Definition von Charakter und Charaktertypen hat zu unserer Formulierung der dreizehn Persönlichkeitsstile und der ihnen entsprechenden Störungen wesentlich beigetragen. Sie hat insbesondere unser Verständnis über die Entstehung und die eventuelle Umstrukturierung der Persönlichkeit gefördert.

## Introvertierte und Extravertierte

In den 30er Jahren dieses Jahrhunderts schlug der Psychologe C.G. Jung eine Persönlichkeitstypologie vor, die auf grundlegenden, angeborenen »Haltungen« beruht: Introversion (auf eine innere, subjektive Welt gerichtete Energie) und Extraversion (nach außen, auf andere Menschen und Dinge gerichtete Energie). Er nahm an, daß bei jedem Menschen eine der beiden Möglichkeiten dominiert. Er ging auch davon aus, daß jeder Mensch von einer von vier Funktionsweisen beherrscht wird – Denken, Fühlen, Empfinden und Intuition –, die jeweils introvertiert oder extravertiert erlebt werden können.

Die Psychologen Richard S. Lazarus und Alan Monat erklären:

»*Denken* und *Fühlen* beziehen sich auf gegensätzliche (und sich gegenseitig ausschließende) Möglichkeiten, Urteile und Entscheidungen zu treffen. Das Denken beschäftigt sich mit sehr intellektuellen Zielen wie der Klassifizierung und Organisation von Tatsachen – Prozesse, die uns helfen, die Welt zu verstehen. Das Fühlen dagegen sagt uns, ob wir das Beobachtete mögen oder nicht – eine Entscheidung, die auf angenehmen oder unangenehmen Gefühlen beruht. *Empfinden* und *Intuition* sind ihrer Natur nach wahrnehmend und beziehen sich auf gegensätzliche (und sich wechselseitig ausschließende) Arten, Informationen zu erhalten oder aufzunehmen. Empfinden ist das offene, nicht urteilende direkte Erfahren der Welt – es legt Nachdruck auf das, was wir sehen, hören, fühlen, tasten und schmecken. Intuition dagegen betont eher Möglichkeiten oder Essenzen als Realitäten – sie beinhaltet mit anderen Worten eine unmittelbare Erfahrung, die über die Fakten hinausgeht.«[9]

»Die folgende Passage«, schreiben Lazarus und Monat, die aus einem Buch von C.S. Hall und G. Lindzey zitieren, »illustriert das Wirken dieser Funktionen in einem vertrauten Kontext«:

»Nehmen wir an, ein Mensch stünde am Rand des Grand Canyon am Colorado River. Wenn bei ihm das Fühlen dominiert, wird er ein Gefühl der Ehrfurcht, der Großartigkeit und atemberaubender Schönheit erleben. Wenn er vom Empfinden beherrscht wird, wird er den Grand Canyon nur so sehen, wie er ist oder wie ein Photograph ihn darstellen würde. Wenn das Denken am stärksten ausgeprägt ist, wird er die geologischen Prinzipien und Theorien des Canyon zu verstehen suchen. Wenn schließlich die Intuition dominiert, wird er den Grand Canyon als ein Geheimnis der Natur sehen, dessen tiefe

Bedeutung teilweise enthüllt oder als mystische Erfahrung empfunden wird.«[10]

Jungs Typologie führt zu acht grundlegenden Persönlichkeitstypen, deren Hauptmerkmale die nachstehende Übersicht zeigt. Jung schien der Meinung zu sein, daß Persönlichkeitstypen Manifestationen eines angeborenen Temperaments sind (siehe unsere Diskussion über die Rolle des Temperaments bei der Entwicklung der Persönlichkeit in Kapitel 17). Der in den USA weit verbreitete Myers-Briggs-Type-Indicator, ein in den 50er Jahren entwickelter Persönlichkeitstest, der dort in vielen beruflichen und schulischen Situationen benutzt wird, leitet sich aus Jungs Arbeit ab; er identifiziert 16 Persönlichkeitstypen.

## *Jungs Persönlichkeitstypologie mit entsprechenden Merkmalen*[11]

| FUNKTIONEN | HALTUNGEN | |
| --- | --- | --- |
| | Introversion | Extraversion |
| *Denken* | theoretisch, intellektuell, unpraktisch | objektiv, starr, kalt |
| *Fühlen* | still, kindisch, gleichgültig | intensiv, überschwenglich, gesellig |
| *Empfinden* | passiv, ruhig, künstlerisch | realistisch, sinnlich, lustig |
| *Intuition* | mystisch, Träumer, einzigartig | visionär, veränderlich, schöpferisch |

Der Forschungspsychologe Hans Eysenck (Universität London) nimmt Introversion und Extraversion in sein wissenschaftlicheres P-E-N-Persönlichkeitsmodell auf. Introversion und Extraversion (die er als E bezeichnet) stellen Geselligkeit und Aktivitätsniveau dar. Neurotizismus (N) zeigt den Grad der Emotionalität einschließlich Wut und Angst an. Der Faktor, den er Psychotizismus (P) nennt, verweist auf den Grad an Impulsivität und Spannungssuche. Er leitet jeden Faktor von der angeborenen Biologie des Betreffenden her.

Eysencks drei Dimensionen tragen zwar andere Namen, gehören aber in die sechs Bereiche des Funktionierens, die auch wir bei der Einschätzung der dreizehn Persönlichkeitsstile als grundlegend betrachtet haben.

## Typus A und Typus B

Mit diesen beiden Persönlichkeitstypen sind die zeitgenössischen Amerikaner wahrscheinlich am ehesten vertraut. Die medizinischen Forscher M. Friedman und R.H. Rosenman haben in der 70er Jahren eine A-B-Typologie aufgestellt, die Persönlichkeitsfaktoren mit der Anfälligkeit für Herzkrankheiten in Verbindung bringt. Sie sagten, 50% der Amerikaner seien Typus A, 40% Typus B, der Rest gemischt. Typus A neigt zu Herzattacken. Er unterscheidet sich von dem gelassenen, entspannten Typus B durch seine Tendenz, zu konkurrieren, leistungsorientiert, aggressiv, feindselig und ungeduldig zu sein und von der Uhr beherrscht zu werden. Seitdem haben viele Untersuchungen eine Korrelation zwischen Typus-A-Persönlichkeitszügen und Herzkrankheiten gezeigt, obwohl umstritten bleibt, ob diese Merkmale bei der Verursachung von Herzkrankheiten eine Rolle spielen. Typus A könnte einer Mischung unseres Aggressiven, Selbstbewußten und Gewissenhaften Typs und ihren extremen Versionen entsprechen, während Typus B zu unserem Lässigen oder Anhänglichen Stil passen könnte.

## Dimensionen des Persönlichkeitsstils

Die vor kurzem von der American Psychiatric Association im *Diagnostischen und Statistischen Manual Psychischer Störungen (DSM-III-R)* definierten Persönlichkeitsstörungen sind das neueste Persönlichkeitssystem der westlichen medizinisch-psychiatrischen Tradition. Das System des DSM-III-R (siehe die Einführung und Kapitel 2) versucht, die große Skala fehlangepaßter Persönlichkeitsmuster zu bewältigen.

Wie die anderen hier kurz gestreiften Persönlichkeitssysteme identifiziert das DSM-III-R verschiedene präzise Kategorien von Persönlichkeitstypen. In der Praxis können jedoch auch mit diesem System nur wenige Menschen klar einer einzigen Kategorie zugeordnet werden. Die meisten Menschen, die die diagnostischen Kriterien für eine Persönlichkeitsstörung erfüllen, erfüllen auch die Kriterien für wenigstens eine andere Störung.

Viele Fachleute für psychische Gesundheit halten diese »diagnostische Überlappung« für eine große Schwäche des DSM-III-R-Systems der Persönlichkeitsstörungen. Die Tatsache, daß die meisten Menschen nicht nur aus einem einzigen Typ bestehen, kann aber auch ein Vorteil für das Verständnis – gestörter oder anderer – Persönlichkeitsmuster sein. Persönlichkeitstests wie der Personality Disorder Examination (PDE; siehe Einführung) zeigen die Ausprägung aller DSM-III-R-Persönlichkeitskategorien in der Persönlichkeitszusammensetzung jedes Menschen. Trotz seiner Konzentration auf pathologische Zustände erlaubt der PDE dem Kliniker oder Forscher so, das Gesamtmuster des Persönlichkeitsprofils zu sehen.

Es ist fraglich, ob eine einzige Kategorie die Komplexität eines Menschen befriedigend erklären kann. Wie bei den Störungen zeigen die meisten Menschen Aspekte vieler Persönlichkeitsstile. Daher geht es bei dem in diesem Buch vorgestellten, vom DSM-III-R abgeleiteten Persönlichkeitssystem und dem entsprechenden Test eher um Dimensionen als um Kategorien. Bei der Einschätzung der Persönlichkeit mit Hilfe von dreizehn Dimensionen können wir sich wiederholende Muster identifizieren, die Menschen gemeinsam sind, und trotzdem die individuelle Einzigartigkeit erklären. Jede Persönlichkeit zeigt Aspekte vieler unserer dreizehn Stile, weshalb das Persönlichkeitsportrait nicht einen einzigen Typ ergibt, sondern die einmalige Mischung von ihnen allen zeigt.

ANHANG II

# Zwei Selbstportraits
## Interpretationen graphischer Darstellungen

Obwohl die dreizehn Persönlichkeitsstile universell und mehr oder weniger stark in allen Menschen vorhanden sind, besitzt jeder sein ganz eigenes Persönlichkeitsmuster. Um diese Individualität bei der Interpretation eines Persönlichkeitsprofils zu erkennen, ist nicht nur zu berücksichtigen, welche Stile dominieren, sondern auch, wie sie sich gegenseitig beeinflussen. Die folgenden beiden Graphiken und ihre Interpretationen zeigen, wie der Ausdruck jeden Stils durch die anderen geformt wird und wie sie alle zusammenwirken, um einen einzigartigen Menschen zu schaffen.

## *Leonard F.*

Dr. Leonard F. ist mit 43 Jahren zum Leiter des Instituts für Biologie an einer mittelgroßen amerikanischen Universität ernannt geworden. Der Gewissenhafte Stil übt den größten Einfluß auf seine Persönlichkeit aus; Sinn im Leben findet er daher hauptsächlich durch die Arbeit, bei der er für seine typisch Gewissenhafte Gründlichkeit bekannt ist. Obwohl sehr Gewissenhafte Menschen langweilige Büffler sein können, die sich so in die Einzelheiten vertiefen, daß sie das Ziel ihrer Karriere aus den Augen verlieren, ist bei Leonard der ehrgeizige, wettbewerbsorientierte Selbstbewußte Stil fast genauso stark, der von der Devise »Ich verdiene Erfolg« bestimmt wird. Der ebenfalls gut ausgeprägte Aggressive Stil, der für seinen Machthunger bekannt ist, schiebt Leonard weiter in Richtung Erfolg und Führungsposition.

Tatsächlich war er von Anfang an der Star des Instituts. Bereits kurz nach dem Abschluß der Uni brachten seine Forschungen und seine Publikationen ihm einen gewissen Ruf ein und verwiesen auf zukünftige große Dinge. Leistungsfähigkeit, Ehrgeiz und seine extra-

## Selbstportrait-Diagramm

| A | B | C | D | E | F | G | H | I | J | K | L | M |
|---|---|---|---|---|---|---|---|---|---|---|---|---|
| 14 | 14 | 18 | 22 | 16 | 16 | 18 | 14 | 18 | 18 | 18 | 16 | 16 |
| 13 | 13 | 17 | 21 | 15 | 15 | 17 | 13 | 17 | 17 | 17 | 15 | 15 |
|    |    | 16 | 20 |    |    | 16 |    | 16 | 16 | 16 |    |    |
| 12 | 12 | 15 | 19 | 14 | 14 | 15 | 12 | 15 | 15 | 15 | 14 | 14 |
|    |    |    | 18 | 13 | 13 |    |    |    |    |    | 13 | 13 |
| 11 | 11 | 14 | 17 |    |    | 14 | 11 | 14 | 14 | 14 |    |    |
|    |    | 13 | 16 | 12 | 12 | 13 |    | 13 | (13) | 13 | 12 | 12 |
| 10 | 10 | 12 | 15 | 11 | 11 |    | 10 | 12 | 12 | 12 | 11 | 11 |
| 9  | 9  |    | 14 | 10 | 10 | (12) | 9 | 11 | 11 | 11 | 10 | 10 |
|    |    | 11 | 13 |    |    | 11 |    |    |    |    |    |    |
| 8  | 8  | 10 | 12 | 9  | 9  | 10 | 8  | 10 | 10 | 10 | 9  | 9  |
| 7  | 7  | 9  | 11 | 8  | 8  | 9  | 7  | 9  | 9  | 9  | (8) | (8) |
| 6  | 6  | 8  | 10 | 7  | 7  | 8  | 6  | 8  | 8  | 8  | 7  | 7  |
|    |    | 7  | (9) |   | (6) | 7  | 5  | 7  | 7  | 7  | 6  | 6  |
| (5) | 5 | (6) | 8 | 5 | 5 | 6 |    | 6 | 6 | 6 | 5 | 5 |
| 4  | (4) | 5 | 7 | (4) | 4 | 5 | (4) | 5 | 5 | 5 | 4 | 4 |
|    |    | 4  | 6  |    |    | 4  |    | 4  | 4  | 4  |    |    |
| 3  | 3  | 3  | 5  | 3  | 3  | 3  | 3  | 3  | 3  | 3  | 3  | 3 |
|    |    |    | 4  |    |    |    | (3) |   |   |   |   |   |
| 2  | 2  | 2  | 3  | 2  | 2  | 2  | 2  | 2  | 2  | 2  | 2  | 2 |
|    |    |    | 2  |    |    |    |    |    |    |    |    |    |
| 1  | 1  | 1  | 1  | 1  | 1  | 1  | 1  | 1  | 1  | 1  | 1  | 1 |
| Wachsam | Ungesellig | Exzentrisch | Abenteuerlich | Sprunghaft | Dramatisch | Selbstbewußt | Sensibel | Anhänglich | Gewissenhaft | Lässig | Aggressiv | Aufopfernd |
| A | B | C | D | E | F | G | H | I | J | K | L | M |

vertierte, charismatische Selbstbewußte Persönlichkeit machten ihn zu einer Kraft, mit der man rechnen mußte. Leonards Glaube an sich selbst, seine Ruhe und Sicherheit, wenn alle Augen auf ihm ruhen, sind typisch Selbstbewußte Merkmale, die in der von ihm gewählten akademischen Umgebung gut ankamen. Im Büro, im Labor, im Unterricht – überall, wohin er geht, wird er von Studenten und Kollegen verfolgt, die mit dem großen Professor ein Wort wechseln möchten.

Seine starke Selbstbewußte Anziehungskraft auf andere ist auch in seinem Privatleben wirksam – sogar zu wirksam, wie seine Frau Gwen bei ehrlicher Betrachtung seiner zahlreichen Affären meint. Leonard, der seit einundzwanzig Jahren verheiratet und Vater zweier Söhne im Teenager-Alter ist, war, vor allem in den letzten zehn Jahren, nicht unbedingt ein Muster-Ehemann. Obwohl er Gewissenhaft gut für seine Familie sorgt und, ebenfalls typisch für den Gewissenhaften Stil, wegen seiner Affären Schuldgefühle hat, ist der Selbstbewußte Stil bei ihm so stark, daß er die eigenen Bedürfnisse und Gefühle sehr viel besser versteht als die anderer Menschen, Gwen eingeschlossen. Die Lässigen und Aggressiven Tendenzen unterstreichen sein Bedürfnis, sein Leben selbst zu bestimmen, und seinen Unwillen bzw. seine nachgerade Weigerung, bei ihm wichtigen Dingen Kompromisse zu schließen. Der Lässige Stil in seinem Persönlichkeitsprofil modifiziert die übliche Gewissenhafte Tendenz, ständig hart zu arbeiten. Lässige Menschen können hart arbeiten, aber sie vermeiden Aufgaben, für die sie nicht verantwortlich zu sein glauben, was in unserem Fall konkret bedeutet, daß Leonard bei der Hausarbeit oder der Kinderbetreuung nie geholfen hat.

Besonders in den ersten Jahren ihrer Ehe schätzte Leonhard Gwens typisch Anhänglich-Aufopfernde Fähigkeit, sich um ihn, das Haus und ihre Kinder zu kümmern. Inzwischen jedoch ärgert ihn ihr Mangel an Selbstbestimmung – obwohl er diese, seinem Aggressiven Stil getreu, nie ermutigt hat. Aber Gewissenhaft wie er ist, denkt er tief im Inneren, daß es »falsch« ist, sich scheiden zu lassen, und daß er ein »besserer« Ehemann sein sollte; und auf einer noch tieferen Ebene liebt er seine Frau, was er ihr (wie viele Gewissenhafte Menschen, die Schwierigkeiten haben, im zwischenmenschlichen Bereich ihre Gefühle zu äußern) nie sagen konnte.

Obwohl Leonard – typisch für Menschen mit einem starken Selbstbewußten und Aggressiven Stil – auf seine Männlichkeit immer sehr stolz war, hat er es immer schwierig gefunden, die Sexualität mit seiner Frau zu genießen. Im Moment schlafen sie fast nie miteinander. Gwen hat – in sexueller und anderer Hinsicht – nie gern um Aufmerksamkeit gebeten. Was das Paar anfangs zusammenhielt, war vor allem Gwens anbetende Aufmerksamkeit für ihren brillanten jungen Ehemann. Ihrer beider Leben drehte sich immer um ihn und seine Karriere, wobei sie die Rolle der Helferin spielte. Ironischerweise wäre sie wahrscheinlich für ihn interessant geblieben, wenn sie sich sexuell stärker behauptet hätte – nach der »Eroberung« müssen sehr Selbstbewußte Menschen oft daran erinnert werden, daß der andere noch existiert.

In manchen Situationen jedoch sind für Leonard die Bedürfnisse anderer genauso wichtig wie seine eigenen. Seine Persönlichkeit hat nämlich auch einen relativ starken Aufopfernden Zug. Obwohl der Selbstbewußte Stil diese Aufopfernde Tendenz modifiziert, konnte Leonard besonders im Verhältnis zu seinen Söhnen seine hilfsbereite, gebende und akzeptierende Seite zu Wort kommen lassen. Die Jungen sind beide Wissenschaftler in spe, was es Leonard leicht macht, für sie Mühen in Kauf zu nehmen. Gewissenhaft hat er sein begrenztes akademisches Gehalt so verwaltet, daß er genügend Mittel für ihre Ausbildung zurücklegen konnte. Altruismus ist ein entscheidendes Merkmal des Aufopfernden Stils, und über die Jahre hat Leonard für sowjetische Dissidenten Geld gespendet und in vielen wissenschaftlichen Komitees zu ihren Gunsten mitgearbeitet.

Der Aufopfernde Stil erklärt auch ein Geheimnis in Leonards Karriere. Er wollte eigentlich immer einer angeseheneren Universität angehören, und seine Arbeit war oft von Brillanz nicht weit entfernt. Warum ist Leonard trotz seiner Gewissenhaften Fähigkeit zu unermüdlicher Arbeit, seines Selbstbewußten Ehrgeizes und seines Aggressiven Drangs zur Macht seine ganze bisherige Karriere lang an einer zweitklassigen Uni geblieben? Weil er sich nie angetrieben hat, genug zu veröffentlichen, um die nationale Anerkennung zu bekommen, die er zum Weiterkommen gebraucht hätte. Obwohl er ganz klar große Fähigkeiten besitzt, widerstrebt es seiner Aufopfernden Art auch, so weit vorwärtszukommen, wie er könnte.

Aber Leonard geht einer Zeit der Herausforderungen entgegen. Der jüngere Sohn wird bald das Haus verlassen, was bei ihm und Gwen wahrscheinlich eine Ehekrise auslösen wird. Wenn er zum ersten Mal nach neunzehn Jahren mit ihr allein ist und den mittleren

Jahren und dem Alter entgegensieht, wird er die Frage nicht vermeiden können, was er und Gwen einander bedeuten. Trotz seiner scheinbaren Unabhängigkeit und Selbstsicherheit ist es für Gewissenhafte, Selbstbewußte und sogar Aggressive Menschen charakteristisch, daß sie ihre Partner brauchen und von ihnen abhängig sind. Leonard ist sehr wichtig, was Gwen von ihm denkt – Gefühle, die eine Krise sehr gut an die Oberfläche bringen könnte. Er erkennt nicht, daß er diese Gefühle hat, oder daß er aufgrund seiner Selbstbewußten Tendenz vor Gefühlen davonläuft. Aber es könnte sein, daß er bald gezwungen ist, diese Konflikte zu lösen und eine Entscheidung zu treffen: in der Ehe zu bleiben, sie zu intensivieren und auf seine Affären zu verzichten, oder die Ehe aufzugeben. Wenn Gwen beschließen sollte, ihn zu verlassen – eine Möglichkeit, auf die Leonard in seiner typisch Selbstbewußten Art bislang nicht gekommen ist –, würde ihn dies hart treffen. Aufgrund seiner Gewissenhaften, Selbstbewußten und Aggressiven Züge braucht er das Gefühl, sein Schicksal voll unter Kontrolle zu haben.

Und auch eine Karrierekrise ist in Sicht. Leonard nähert sich dem Alter, in dem Menschen auf dem Höhepunkt ihrer beruflichen Laufbahn stehen. Da er seine Bedeutung hauptsächlich aus seiner Arbeit ableitet, wird er, falls er nicht für den Rest seines Lebens das Gefühl haben möchte, sein Ziel nicht erreicht zu haben, die Tatsache konfrontieren müssen, daß sein Widerstand gegen das Publizieren ihn aufgehalten hat.

Mit anderen Worten: Leonard ist reif für die Midlife-crisis. Wie für viele andere Menschen in seinem Alter sind Unruhe und Brüche notwendig, um ihn aus den alten Geleisen herauszubringen und die Spannkraft herauszufordern, die seiner Persönlichkeit innewohnt. Da drei seiner führenden Stile – der Gewissenhafte, der Selbstbewußte und der Aggressive – für ihre Entschlossenheit bekannt sind und Gewissenhafte Menschen ein Problem lösen müssen, sobald sie es erkannt haben, wird Leonard wahrscheinlich die Kraft haben, diese Herausforderungen zu bestehen.

## *Cassie R.*

Die 32jährige Cassie ist dick – aber nur beim ersten Hinsehen. Sie war immer übergewichtig und hat jetzt fast vierzig Pfund mehr, als man bei einer Größe von einem Meter sechzig erwartet. Aber sobald man sie kennenlernt, bemerkt man es nicht mehr. Cassie ist wunderschön. Die Art und Weise, in der sie sich bewegt, sich anzieht und feurige Sinnlichkeit ausstrahlt, hat viel mit dem Vorherrschen des leidenschaftlichen, flammenden Dramatischen Stils in ihrer Persönlichkeit zu tun. Sie ist ganz in ihrem Körper zu Hause, sehr begehrenswert, und wie die meisten sehr Dramatischen Menschen ist sie sich ihrer Wirkung auf andere völlig bewußt; es macht ihr Spaß, neue Bewunderer in ihren Bann zu ziehen.

Ihre Unbefangenheit in bezug auf ihr Gewicht – das in unserer Schlank-ist-schön-Kultur selten ist – hat auch mit dem völligen Fehlen des Sensiblen Stils in ihrem Persönlichkeitsportrait zu tun. Sensible Menschen halten sich in der Umgebung anderer zurück, besonders bei der ersten Begegnung, aber Cassie hat sich nie darum gekümmert, was andere über ihr Aussehen oder ihren Lebensstil denken könnten. Tatsächlich machen andere Menschen ihr Leben lebenswert.

Cassie schreibt Drehbücher für Seifenopern – eine Tätigkeit, die gut zu ihrem Persönlichkeitsmuster paßt. Der Dramatische Stil ist romantisch und verleiht eine Begabung für emotionale Phantasie; der Sprunghafte Stil bringt die Sehnsucht nach einer intensiven romantischen Beziehung mit sich sowie die von keinem anderen Stil erreichte Fähigkeit, sich in andere Identitäten und Lebensstile hineinzuversetzen. All dies summiert sich bei Cassie zu der Begabung, authentische Charaktere zu schaffen und sie in melodramatische Dreiecksverhältnisse zu verwickeln, die das Entzücken des täglichen Seifenoper-Publikums sind.

Menschen, die ihre Arbeit gut machen und ehrgeizig sind, können mit dem Schreiben von Seifenopern viel Geld verdienen. Cassie ist sehr gut; aufgrund ihres maßvoll Gewissenhaften Zugs, der die Dramatische Desorganisation mindert, kann sie hart arbeiten und ein vollendetes Produkt schaffen. Aber reich und unbändig erfolgreich ist sie selbst nicht (ihr Mann ist es) – großenteils wegen des starken Lässigen Einflusses auf ihre Persönlichkeit. Obwohl die Produzenten ihr lukrative Verträge angeboten haben, weigert Cassie sich, »mir dadurch, daß ich zu hart arbeite, meine Lebensqualität kaputtzumachen«. Sie schreibt ein Drehbuch pro Monat statt des einen pro Woche, das von »Karrieregeiern« erwartet wird. Für sehr Lässige Menschen ist wichtig, daß sie ihren eigenen Vergnügungen im Leben nachgehen können. Sie befolgen die Regeln der Gesellschaft – Cassie

# Selbstportrait-Diagramm

| A | B | C | D | E | F | G | H | I | J | K | L | M |
|---|---|---|---|---|---|---|---|---|---|---|---|---|
| 14 | 14 | 18 | 22 | 16 | 16 | 18 | 14 | 18 | 18 | 18 | 16 | 16 |
| 13 | 13 | 17 | 21 | 15 | 15 | 17 | 13 | 17 | 17 | 17 | 15 | 15 |
|    |    |    | 20 |    |    |    |    |    |    |    |    |    |
| 12 | 12 | 16 | 19 | 14 | 14 | 16 | 12 | 16 | 16 | 16 | 14 | 14 |
|    |    | 15 | 18 |    |    | 15 |    | 15 | 15 | 15 |    |    |
|    |    |    |    | 13 | 13 |    |    |    |    |    | 13 | 13 |
| 11 | 11 | 14 | 17 |    |    | 14 | 11 | 14 | 14 | 14 |    |    |
|    |    |    | 16 | 12 | 12 |    |    |    |    |    | 12 | 12 |
| 10 | 10 | 13 | 15 | 11 | 11 | 13 | 10 | 13 | 13 | 13 | 11 | 11 |
|    |    | 12 | 14 |    |    | 12 |    | 12 | 12 | 12 |    |    |
| 9  | 9  | 11 | 13 | 10 | (10) | 11 | 9  | 11 | 11 | 11 | 10 | 10 |
| 8  | 8  | 10 | 12 | 9  | 9  | 10 | 8  | 10 | 10 | 10 | 9  | 9  |
| 7  | 7  | 9  | 11 | (8) | 8  | 9  | 7  | 9  | 9  | (9) | 8  | 8  |
|    |    | (8) | (10) | 7 | 7 | 8 |    | 8 | 8  | 8  | 7  | 7  |
| 6  | 6  | 7  | 9  |    |    | 7  | 6  | 7  | (7) | 7  | 6  | 6  |
| 5  | 5  | 6  | 8  | 6  | 6  | 6  | 5  | 6  | 6  | 6  | 5  | 5  |
|    |    |    | 7  | 5  | 5  |    |    |    |    |    |    |    |
| 4  | 4  | 5  | 6  | 4  | 4  | 5  | 4  | (5) | 5 | 5  | 4  | 4  |
|    |    | 4  | 5  |    |    |    | 3  |    |    |    |    |    |
| (3) | (3) | 3 | 4 | 3 | 3 | (4) |    | 4 | 4 | 4 | (3) | (3) |
|    |    |    | 3  |    |    |    | 2  |    |    |    |    |    |
| 2  | 2  | 2  | 2  | 2  | 2  | 2  |    | 2  | 2  | 2  | (2) | 2  |
| 1  | 1  | 1  | 1  | 1  | 1  | 1  | (1) | 1 | 1 | 1  | 1  | 1  |
| Wachsam | Ungesellig | Exzentrisch | Abenteuerlich | Sprunghaft | Dramatisch | Selbstbewußt | Sensibel | Anhänglich | Gewissenhaft | Lässig | Aggressiv | Aufopfernd |

will arbeiten (obwohl sie oft tagelang trödelt, bis sie sich schließlich dransetzt), aber sie will sich nicht überarbeiten. Und wie viele sehr Dramatische Menschen ist Cassie auch nicht besonders zielstrebig. Die ehrgeizigen, vorwärtsdrängenden Persönlichkeitsstile – etwa der Selbstbewußte und der Aggressive – sind bei ihr nur schwach ausgeprägt, und so ist sie ganz damit zufrieden, zu tun, was ihr gefällt.

Zudem beeinflussen zwei unkonventionelle Stile, der Exzentrische und der Abenteuerliche, Cassie ebenfalls dahingehend, ihre eigenen Regeln zu setzen. Sie besitzt die Abenteuerliche Wanderlust, und zwischen ihren Ehen und vor der Geburt ihrer Tochter machte sie sich oft auf und fuhr, wohin es ihr gefiel – sie warf ein paar Kleider in einen Koffer und stürzte zum Flughafen. Das Kind hat dazu beigetragen, diese Seite von ihr abzuschwächen. Vorher war Cassie sehr viel mehr bereit, Risiken einzugehen – nicht nur nach Lust und Laune zu verreisen, sondern auch mit Drogen zu experimentieren. Der Dramatische, der Sprunghafte und der Abenteuerliche Stil sind durch Spontaneität und das Verlangen nach sofortiger Bedürfnisbefriedigung gekennzeichnet. Wenn sie, wie bei Cassie, in einem Menschen stark vertreten sind, lassen Probleme mit der Selbstbeherrschung sich schwer vermeiden. In der Vergangenheit war bei vielen ihrer Probleme ihre Tendenz zur Übertreibung im Spiel: Drogen, Motorräder, Kalorien, Sexualpartner ...

Was sie, noch vor der Geburt ihrer Tochter, vor den potentiellen Folgen extremer Verhaltensweisen rettete, war der in ihrer Persönlichkeit ebenfalls vorhandene Gewissenhafte Stil. Er ist ein »Kopf«-Stil, der ein stark ausgeprägtes Gewissen und die Fähigkeit zur Selbstbeherrschung mit sich bringt. Während Cassies sehr viel stärkere Dramatische und Sprunghafte Tendenzen sie zuerst ihrem Herzen und ihren Trieben folgen ließen, konnte sie die Bremse ziehen, als ihr schließlich bewußt wurde, daß sie großen Schaden riskierte (zum Beispiel als sie von Aids und seinem Zusammenhang mit häufig wechselnden Sexualpartnern erfuhr). Als sie schwanger wurde, war ihre Gewissenhafte Seite stark genug, Schäden für Gesundheit und Sicherheit ihres Kindes nicht zuzulassen. Seit dem Tag, an dem Cassie vor jetzt fast drei Jahren entdeckte, daß sie schwanger war, hat sie weder geraucht noch Drogen genommen, noch ist sie Motorrad gefahren.

Auch auf andere Weise rettete ihr Gewissenhafter Stil sie vor der impulsiven Seite ihrer Persönlichkeit. Ihr zweiter Mann Robert, ein Fernsehproduzent, ist sehr Gewissenhaft – beständig, verantwortungsbewußt, ernst, gut in den notwendigen trockenen Details des Lebens (wie die Rechnungen bezahlen). Es ist erstaunlich, daß sie sich überhaupt von ihm angezogen fühlte – aber sie hilft ihm, aus sich herauszugehen, wenn er zu sehr in Richtung Zwang tendiert, und er ermöglicht ihr, beständig und konzentriert zu bleiben. Wie für Dramatisch-Sprunghafte Menschen charakteristisch, neigt Cassie dazu, launisch und manchmal depressiv zu sein; Robert kann damit umgehen, ohne selbst in Hoffnungslosigkeit zu versinken. Er akzeptiert, respektiert, verehrt und begehrt Cassie, was ihre Dramatische und Sprunghafte Seite dringend braucht, auch wenn sie in ihren dunkleren Sprunghaften Momenten sicher ist, daß er sie nicht liebt, weil er seine Gefühle nicht so offen zeigt wie sie.

Die Persönlichkeit ihres ersten Mannes war der ihren sehr viel ähnlicher, was verhängnisvoll war. Er war ein klar Abenteuerlicher Typ, weshalb Selbstbeherrschung auch bei ihm ein schwacher Punkt war. Sie heirateten, als er neunzehn und sie achtzehn war. Cassie mit ihrer Dramatisch-Sprunghaften Mixtur war völlig darauf konzentriert, Liebe zu finden. Sie waren beide heftig verliebt und bestanden darauf, sofort zu heiraten. Keiner von ihnen besaß die Fähigkeit, nach vorne zu schauen und zu planen. Ihr junger Mann geriet voll in die Kokain-Szene, verlor schnell diverse Jobs und gab das Geld, das sie als Kellnerin verdiente, für seine Drogen aus.

Als Cassie erkannte, in welche Abgründe ihr Leben schlitterte, besaß sie die Kraft, auszusteigen, obwohl sie danach sehr depressiv wurde. Sie wurde erfolgreich mit Medikamenten und Psychotherapie behandelt. Sie ging wieder zur Schule und machte fünf weitere Jahre Psychotherapie, wodurch sie lernte, ihre intensive, kreative Persönlichkeit produktiver zu kanalisieren – etwa in ihre Arbeit –, anstatt ihre gesamte Energie auf ihr Liebesleben zu konzentrieren.

Nach den Maßstäben der meisten Menschen führen Cassie und Robert ein glitzernd-aufregendes Leben – eine Villa in Beverly Hills, Partys für die Reichen und Berühmten. All das paßt zu Cassies auffallender Persönlichkeit. Robert trägt dazu bei, daß sie ausgeglichen bleibt, und mit ihm kann sie erfahren, was verheiratete Liebe wirklich ist. Ihre Arbeit bietet ihr ein erfüllendes Ventil für ihre Talente und Gefühle. Das Muttersein fördert ihr Gewissenhaftes Verantwortungsgefühl und läßt sie die Wichtigkeit des Planens für die Zukunft erkennen.

Zukünftige Dramatisch-Sprunghaft-Abenteuerliche Risiken für

Cassie wären eine schwere Depression, wenn sie und Robert je auseinandergehen sollten. Es könnte ihr auch schwerfallen, ihr Kind zu ermutigen, sich von ihr zu trennen und unabhängig zu werden, und ihm die Bedeutung von Grenzen beizubringen. Aber das Alter ist auf Cassies Seite. Intensive Persönlichkeitsstile wie die von Cassie neigen dazu, ruhiger zu werden, wenn die Dreißig oder Vierzig erst einmal überschritten sind, und wahrscheinlich hat sie sich in puncto Exzesse in der Jugend verausgabt. Was macht es also, wenn sie dick ist? Die Kalorien könnten eines Tages ein gesundheitliches Risiko darstellen, und es ist ihr schon in den Sinn gekommen, daß sie mehr Sport treiben sollte. »Ich habe mit dem Laufen angefangen«, sagt sie, » – zum Kühlschrank!«

Auswertungsblatt

| | A | B | C | D | E | F | G | H | I | J | K | L | M |
|---|---|---|---|---|---|---|---|---|---|---|---|---|---|
| | abc | abc | abc | abc | abc | abc | abc | abc | abc | abc | abc | abc | abc |
| 1 | | | | | | | | | | JVN | | | |
| 2 | | | | | | | | | | JVN | | | |
| 3 | | | | | | | | | | JVN | | | |
| 4 | | | | | | | | | | | JVN | | |
| 5 | | | | | | | | | | | JVN | | |
| 6 | | | | NVJ | | | | | | | JVN | | |
| 7 | | | | | | | | | | | | | |
| 8 | | | | | | | | | | | | | JVN |
| 9 | | | | | | | | | | | | | JVN |
| 10 | | | | | NVJ | | | | | | | | |
| 11 | | | | | NVJ | | | | | | | | |
| 12 | | | | | | JVN | | | | | | | |
| 13 | | | | | | | JVN | | | | | | |
| 14 | | | | | | | | | | | | | |
| 15 | | JVN | | | | | | | | | | | |
| 16 | | | | | | JVN | JVN | | | | | | |
| 17 | | JVN | | | | | | | | | | | |
| 18 | | | | | | | | | | | | | |
| 19 | | | | | | | JVN | | | | | | |
| 20 | | | | | | | JVN | | | | | | |
| 21 | | | | JVN | | | | | | | | | |
| 22 | | | | | | | JVN | | | | | JVN | |
| 23 | | | | | | | | | | JVN | | | |

Auswertungsblatt

| | A a b c | B a b c | C a b c | D a b c | E a b c | F a b c | G a b c | H a b c | I a b c | J a b c | K a b c | L a b c | M a b c |
|---|---|---|---|---|---|---|---|---|---|---|---|---|---|
| 24 | | | | | | | | | | | | | |
| 25 | | | | | | | | | N V J | J V N | | | |
| 26 | | | | | | | | | | J V N | | | |
| 27 | | | | | | | | | | | J V N | | |
| 28 | | | | | | | | | | | | J V N | |
| 29 | | | | | | | | | | | | | J V N |
| 30 | | | | | | | J V N | | | | | | |
| 31 | | | | | | | | | | | | | N V J |
| 32 | | | | | | | | | | | | | J V N |
| 33 | | | | | | | | | | | | | J V N |
| 34 | | | | | | | | | | | | | J V N |
| 35 | | | | | | | | | | | | | J V N |
| 36 | | | | | | | | | J V N | | | | |
| 37 | | | | | | | | | J V N | | | | |
| 38 | | | | | | | | | J V N | | | | |
| 39 | | | | | | | | | J V N | | | | |
| 40 | | | | | | | | | J V N | | | | |
| 41 | | | | | | | | | N V J | | | | |
| 42 | | | | | | | | | J V N | | | | |
| 43 | | | | | J V N | | | | | | | | |
| 44 | | | | | | J V N | | | | | | | |
| 45 | | | | | | J V N | | | | | | | |
| 46 | | | | | | J V N | | | | | | | |

Auswertungsblatt

| | A | B | C | D | E | F | G | H | I | J | K | L | M |
|---|---|---|---|---|---|---|---|---|---|---|---|---|---|
| | a b c | a b c | a b c | a b c | a b c | a b c | a b c | a b c | a b c | a b c | a b c | a b c | a b c |
| 47 | | | | | J V N | | | | | | | | |
| 48 | | | | | | | | | | | | | |
| 49 | J V N | | | | | | J V N | | | | | | |
| 50 | J V N | | | | | | | | | | | | |
| 51 | | N V J | N V J | | | | | N V J | | | | | |
| 52 | N V J | | | | | | | | | | | | |
| 53 | J V N | | J V N | | | | | | | | | | |
| 54 | | J V N | | | | | | | | | | | |
| 55 | | J V N | | | | | | | | | | | |
| 56 | | J V N | | | | | | | | | | | |
| 57 | | | N V J | | | | | | | | | | |
| 58 | | | J V N | | | | | | | | | | |
| 59 | | | | | | | | J V N | | | | | |
| 60 | | | | | | | | J V N | | | | | |
| 61 | | | | | | | | N V J | | | | | |
| 62 | | | | | | | | | | | J V N | | |
| 63 | | | | | | | | | | | N V J | | |
| 64 | | | | | | | | | | | J V N | | |
| 65 | | | | | | | | | | | J V N | | |
| 66 | | | | | | | | | | | J V N | | |
| 67 | | | | | | | | | | J V N | | | |
| 68 | | | | | | | | | | | | J V N | |
| 69 | | | | | | | | | | | | J V N | |

Auswertungsblatt

| | abc A | abc B | abc C | abc D | abc E | abc F | abc G | abc H | abc I | abc J | abc K | abc L | abc M |
|---|---|---|---|---|---|---|---|---|---|---|---|---|---|
| 70 | | | | | | | | | | | | JVN | |
| 71 | | | | | | | | | | | | JVN | |
| 72 | | | | | | | | | | | | NVJ | |
| 73 | | | | | | | JVN | | | | | | |
| 74 | JVN | | | | | | | | | | | | |
| 75 | JVN | | | | | | | | | | | | |
| 76 | | | | JVN | | | | | | | | | |
| 77 | | | | JVN | | | | | | | | | |
| 78 | | | | | | | | | | | | JVN | |
| 79 | | | | JVN | | | | | | | | | |
| 80 | | | | JVN | | | | | | | | | |
| 81 | JVN | | | | | | | | | | | | |
| 82 | | | | | NVJ | | | | | | | | |
| 83 | | | | | | JVN | | | | | | | |
| 84 | | | JVN | | | | | | | | | | |
| 85 | | | | | JVN | JVN | | | | | | | |
| 86 | | | | | | | | NVJ | NVJ | | | | |
| 87 | | | | | | | | JVN | | | | | |
| 88 | | | | | | | JVN | | | | | | |
| 89 | | | | | | | | | | JVN | | | |
| 90 | | | | | | | | JVN | | | | | |
| 91 | | JVN | | | | | | | | | | | |
| 92 | | JVN | | | | | | | | | | | |

Auswertungsblatt

| | a b c | a b c | a b c | a b c | a b c | a b c | a b c | a b c | a b c | a b c | a b c | a b c | a b c |
|---|---|---|---|---|---|---|---|---|---|---|---|---|---|
| | A | B | C | D | E | F | G | H | I | J | K | L | M |
| 93 | | JVN | | | | | | | | | | | |
| 94 | | | JVN | | | | | | | | | | |
| 94 | | | JVN | | | | | | | | | | |
| 96 | | | | | | | | | | | | | |
| 97 | | | | | JVN | | | | | | | | |
| 98 | | | | | JVN | | | | | | | | |
| 99 | | | | JVN | JVN | | | | | | | | |
| 100 | | | | JVN | | | | | | | | | |
| 101 | | | | JVN | | | | | | | | | |
| 102 | | | | JVN | | | | | | | | | |
| 103 | | | | JVN | | | | | | | | | |
| 104 | | | | JVN | | | | | | | | | |

Ergebnisübersicht

| | A | B | C | D | E | F | G | H | I | J | K | L | M |
|---|---|---|---|---|---|---|---|---|---|---|---|---|---|
| Gesamt | | | | | | | | | | | | | |
| Spalte a | $x^2=$ | $x^2=$ | $x^2=$ | $x^2=$ | $x^2=$ | $x^2=$ | $x^2=$ | $x^2=$ | $x^2=$ | $x^2=$ | $x^2=$ | $x^2=$ | $x^2=$ |
| Spalte b | + | + | + | + | + | + | + | + | + | + | + | + | + |
| Gesamt | = | = | = | = | = | = | = | = | = | = | = | = | = |

## Selbstportrait-Diagramm

| A | B | C | D | E | F | G | H | I | J | K | L | M |
|---|---|---|---|---|---|---|---|---|---|---|---|---|
| 14 | 14 | 18 | 22 | 16 | 16 | 18 | 14 | 18 | 18 | 18 | 16 | 16 |
| 13 | 13 | 17 | 21 | 15 | 15 | 17 | 13 | 17 | 17 | 17 | 15 | 15 |
|    |    |    | 20 |    |    |    |    |    |    |    |    |    |
| 12 | 12 | 16 | 19 | 14 | 14 | 16 | 12 | 16 | 16 | 16 | 14 | 14 |
|    |    | 15 | 18 |    |    | 15 |    | 15 | 15 | 15 |    |    |
|    |    |    |    | 13 | 13 |    |    |    |    |    | 13 | 13 |
| 11 | 11 | 14 | 17 |    |    | 14 | 11 | 14 | 14 | 14 |    |    |
|    |    |    |    | 12 | 12 |    |    |    |    |    | 12 | 12 |
| 10 | 10 | 13 | 16 |    |    | 13 | 10 | 13 | 13 | 13 |    |    |
|    |    | 12 | 15 | 11 | 11 | 12 |    | 12 | 12 | 12 | 11 | 11 |
| 9 | 9 |    | 14 | 10 | 10 | 11 | 9 | 11 | 11 | 11 | 10 | 10 |
|    |    | 11 | 13 |    |    |    |    |    |    |    |    |    |
| 8 | 8 | 10 | 12 | 9 | 9 | 10 | 8 | 10 | 10 | 10 | 9 | 9 |
| 7 | 7 | 9 | 11 | 8 | 8 | 9 | 7 | 9 | 9 | 9 | 8 | 8 |
|    |    | 8 | 10 | 7 | 7 | 8 |    | 8 | 8 | 8 | 7 | 7 |
| 6 | 6 | 7 | 9 |   |   | 7 | 6 | 7 | 7 | 7 |   |   |
|   |   |   | 8 | 6 | 6 |   |   |   |   |   | 6 | 6 |
| 5 | 5 | 6 | 7 | 5 | 5 | 6 | 5 | 6 | 6 | 6 | 5 | 5 |
| 4 | 4 | 5 | 6 | 4 | 4 | 5 | 4 | 5 | 5 | 5 | 4 | 4 |
|   |   | 4 | 5 |   |   | 4 |   | 4 | 4 | 4 |   |   |
| 3 | 3 |   | 4 | 3 | 3 | 3 | 3 | 3 | 3 | 3 | 3 | 3 |
|   |   | 3 | 3 |   |   |   |   |   |   |   |   |   |
| 2 | 2 | 2 | 2 | 2 | 2 | 2 | 2 | 2 | 2 | 2 | 2 | 2 |
| 1 | 1 | 1 | 1 | 1 | 1 | 1 | 1 | 1 | 1 | 1 | 1 | 1 |
| Wachsam | Ungesellig | Exzentrisch | Abenteuerlich | Sprunghaft | Dramatisch | Selbstbewußt | Sensibel | Anhänglich | Gewissenhaft | Lässig | Aggressiv | Aufopfernd |

# Anmerkungen

## Einführung

1 *Diagnostic and Statistical Manual of Mental Disorders*, 3., rev. Auflage (Washington D.C.: American Psychiatric Association, 1987). Deutsche Übersetzung und Bearbeitung: *Diagnostisches und Statistisches Manual Psychischer Störungen, DSM-III-R*, Weinheim, ³1991. Die hier angeführten Seitenangaben beziehen sich auf die deutsche Ausgabe.
2 Loranger, Armand W., Virginia Lehman Susman, John M. Oldham, und Mark Russakoff, *Personality Disorder Examination (PDE): A Structured Interview for DSM-III-R Personility Disorders* (White Plains, New York: The New York Hospital-Cornell Medical Center, Westchester Division, 1985).

## Kapitel 2

1 S. 405.
2 Millon, Theodore, *Disorders of Personality DSM-III. Axis II* (New York: John Wiley & Sons, 1981), S. 9.

## Kapitel 4

1 S. 430.
2 S. 428.
3 Horney, Karen, *Neurose und menschliches Wachstum* (München: Kindler, 1975)
4 S. 429.
5 Freud, Sigmund, »Charakter und Analerotik«, in: *Studienausgabe* (Frankfurt: Fischer, 1969-1982), Bd. 7.
6 Jorgensen, R.S., und B.K. Houston, »Family History of Hypertension, Personality Patterns and Cardiovascular Reactivity to Stress«, *Psychosomatic Medicine* 48 (1968), S. 102-117.
7 S. 429.

## Kapitel 5

1 S. 424.
2 S. 422.
3 S. 423.
4 S. 423.
5 Lasch, Christopher, *The Culture of Narcissism* (New York: W.W. Norton, 1978), S. 8.
6 ibid., S. 101.
7 Kernberg, Otto F., »Narcissistic Personality Disorder«, in: *Psychiatry*, Bd. 1, Hrsg. Jesse O. Cavenar (Philadelphia: J. Lippincott Co., 1987), S. 3.

## Kapitel 6

1 S. 428.

## Kapitel 7

1 S. 122.
2 Liebowitz, Michael R., und Donald F. Klein, »Hysteroid Dysphoria«, *Psychiatric Clinics of North America* 2 (1979), S. 555-575.
3 S. 421.

4 Lilienfeld, Scott O., Charles Van Valkenburg, et. al., »The Relationship of Histrionic Personality Disorder to Antisocial Personality and Somatization Disorders«, *American Journal of Psychiatry* 143 (Juni 1986), S. 718-722.

## Kapitel 8

1 S. 409 f.
2 S. 408 f.
3 J.C. Barefoot, I.C. Siegler, et.al., »Suspiciousness, Health, and Mortality: A Follow-up Study of 500 Older Adults«, *Psychosomatic Medicine* 49, (1987), S. 450-457.

## Kapitel 9

1 S. 426.
2 Zimbardi P.G., P.A. Pilkonis und R.M. Norwood, *The Silent Prison of Shyness* (ONR Tech.Rep.Z-17), (Stanford, Stanford University, 1974). Siehe Pilkonis, Paul A., »Avoidant and Schizoid Personality Disorders«, in *Comprehensive Handbook of Psychopathology*, Hrsg. H.E. Adams und P.B. Sutker (New York: Plenum Press, 1984).

## Kapitel 10

1 S. 432.
2 Liebowitz, Michael R., Michael H. Stone und Ira Daniel Turkat, »Treatment of Personality Disorders«, in *Psychiatry Update* Bd. 5, American Psychiatric Association Annual Review (Washington D.C.: American Psychiatric Press, 1986), S. 384.
3 Perry, J. Christopher, und Mark E. O'Connell, »Dynamic Conflicts in Course of Axis II Disorders«. Die von der American Psychiatric Association, Chicago, im Mai 1987 vorgelegte Abhandlung.

## Kapitel 11

1 S. 416 f.
2 S. 415.
3 S. 414 f.
4 S. 415.

## Kapitel 12

1 Iyer, Pico, »Of Weirdos and Eccentrics«, *Time* (18. Januar 1988), S. 76.
2 Ron Rosenbaum, »Back in the High Life«. Der Artikel wurde zunächst in *Vanity Fair* (April 1988, S. 133-144) veröffentlicht.
3 S. 413.
4 Perry, Samuel, Allen J. Fances und John Clarkin, *A DSM-III Casebook of Differential Therapeutics* (New York: Brunner/Mazel, 1985), S. 293-297.
5 Siehe Genderson, John G., »Personality Disorders«, in *The New Harvard Guide to Psychiatry*, Hrsg. Armand M. Nicholi (Cambridge, Massachusetts, und London: The Belknap Press of Harvard University Press, 1988), S. 343.

## Kapitel 13

1 Shaffer, J.W., et al., »Clustering of Personality Traits in Youth and the Subsequent Development of Cancer among Physicians« , *Journal of Behavioral Medicine* 10 (1987): S. 441-447.

2 Harris, William H., und Judith S. Levey, Hrsg., *The New Columbia Encyclopedia* (New York: Columbia University Press, 1975), S. 760.
3 S. 411.
4 Nestadt, Gerald, William R. Breakey, et al., »Personality Disorder in Baltimore's Homeless', beim Jahrestreffen der American Psychiatric Association in Montreal am 1. Mai 1988 vorgestellte neue Untersuchung.

## Kapitel 14

1 S. 419 f.
2 Coccaro, Emil F., Larry, J. Siever, Richard Kavoussi, et al., »Serotonergic Correlates of Personality Disorder«, bei der Jahresversammlung der American Psychiatric Association in Montreal im Mai 1988 vorgelegte Studie.
3 »Drugs Help Personality Disorder: From the Alcohol, Drug Abuse, and Mental Health Administration«, *Journal of the American Medical Association* 259 (17. Juni 1988), S. 3384.

## Kapitel 15

1 S. 451.
2 Freud, Sigmund, »Einige Charaktertypen aus der psychoanalytischen Arbeit«, in *Studienausgabe* (Frankfurt: Fischer, 1969-1982), Bd. 10 $^5$1975.
3 S. 450.

## Kapitel 16

1 S. 447 f.
2 Raleigh, Michael J., Michael T. McGuire, et al., »Social and Environmental Influences on Blood Serotonin Concentrations in Monkeys«, *Archives of General Psychiatry* 41 (April 1984), S. 405-410.

## Kapitel 17

1 Maziade, Michel, Robert Cote, Pierrette Boufik, et. al., »Temperament and Intellectual Development: A Longitudinal Study from Infancy to Four Years«, *American Journal of Psychiatry* 144 (Februar 1981), S. 144-150.
2 Thomas, Alexander, und Stella Chess, »Genesis and Evolution of Behavioral Disorders: From Infancy to Early Adult Life«, *American Journal of Psychiatry* 141 (Januar 1984), S. 1-9.
3 Cloninger, C. Robert, »A Systematic Method for Clinical Description and Classification of Personality Variants«, *Archives of General Psychiatry* 44 (Juli 1987), S. 573-588.
4 Stern, Daniel N., *The Interpersonal World of the Infant* (New York: Basic Books, 1985).
5 Maziade, Michel, Robert Cote, Pierrette Boufik, et. al., Op. cit.
6 deVries, Marten W., »Temperament and Infant Mortality Among the Masai of East Africa«, *American Journal of Psychiatry* 141 (Oktober 1984), S. 1189-1194.
7 Turecki, Stanley, und Leslie Tonner, *Das lebhafte Kind* (München: Knaur 1988).
8 Roose, Steven P., und Herbert Pardes, »Biological Considerations in the Middle Years«, in *The Middle Years: New Psychoanalytic Perspectives,* John M. Oldham und R.S. Liebert, Hrsg. (New Haven: Yale University Press, 1989).

# Anhang

1 Theophrast, *Charakterskizzen*, (München: Heimeran 1974).
2 Frances, Allen J., und Thomas Widiger, »The Classification of Personality Disorders: An Overview of Problems and Solutions« , in *Psychiatric Update*, Bd. 5. Jahreszeitung der American Psychiatric Association, Hrsg. Allen J. Frances und Robert F. Hales (Washington, D.C.: American Psychiatric Press, 1986), S. 241.
3 Allport, Gordon W., *Personality, A Psychological Interpretation* (New York: Henry Holt, 1937), S. 66.
4 Aus: *Bodyscopes: The Revealing Link Between Body Type and Personality*, von Carol Saltus (New York: Bantam Books, 1986)
5 Auchincloss, Elizabeth L., und Robert Michels, »Psychoanalytic Theory of Character«, in *Current Perspectives on Personality Disorders*, James P. Frosch, Hrsg. (Washington, D.C.: American Psychiatric Press, 1983), S. 5.
6 Aus: *Personality*, 3. Aufl., von Richard S. Lazarus und Alan Monat (Prentice Hall, Inc., Englewood Cliffs, New Jersey, 1979), und Abbildung aus *Personality Theories: Guides to Living*, von Nicholas S. DiCaprio (Saunders College Publishing, eine Abteilung von Holt, Rinehart and Winston Inc., 1974)
7 Aus: *Personality*, 3. Aufl., von Richard S. Lazarus und Alan Monat (Englewood Cliffs, N. J.: Prentice Hall, 1979), und *Interpreting Personality Theory*, 2. Aufl., von Ledford J. Bischof (New York: Harper & Row Publishers, Inc., 1970)
8 ibid., S. 13-14
9 Lazarus, Richard S., und Alan Monat, *Personality*, 3. Aufl. (Englewood Cliffs, N.J.: Prentice Hall, 1979), S. 107.
10 Hall, C. S. , und G. Lindzey, *Theories of Personality* (New York: John Wiley & Sons, Inc, 1978), S. 15.
11 Aus: *Personality*, 3. Aufl., von Richard S. Lazarus und Alan Monat; Abb. 4-3 aus: Christopher Monte, *Beneath the Mask: An Introduction to Theories of Personality* (Englewood Cliffs, N.J.: Prentice Hall, Inc., und Holt, Rinehart and Winston Inc., 1977).

# Bibliographie

Adams, H.E., u. P.B. Sutker, Hrsg. *Comprehensive Handbook of Psychopathology.* New York: Plenum Press, 1984.
Allport, Gordon W. *Personality, A Psychological Interpretation.* New York: Henry Holt, 1937.
American Psychiatric Association. *Diagnostisches und Statistisches Manual Psychischer Störungen.* DSM-III-R. Dt. Üb. u. Bearb., Weinheim u. Basel: Beltz, ³1991.
Asch, Stuart S. »The Masochistic Personality«. *Psychiatry,* Bd. 1. Siehe Cavenar, Hrsg.
Auchincloss, Elizabeth L., u. Robert Michels. »Psychoanalytic Theory of Character.« In: *Current Perspectives on Personality Disorders.* Siehe Frosch, Hrsg.
Bowlby, John. »Developmental Psychiatry Comes of Age.« *American Journal of Psychiatry* 145 (Januar 1988), S. 1–10.
Brown, Gerald L., Michael H. Ebert, et al. »Aggression, Suicide, and Serotonin: Relationships to CSF Amine Metabolites.« *American Journal of Psychiatry* 139 (Juni 1982), S. 741–746.
Cadoret, Remi. »Antisocial Personality.« In: *The Medical Basis of Psychiatry.* Siehe Winokur u. Clayton, Hrsg.
Caplan, Paula J. »The Psychiatric Association's Failure to Meet Its Own Standards: The Dangers of Self-Defeating Personality Disorder as a Category.« *Journal of Personality Disorders* 1 (Sommer 1987), S. 178–182.
Cavenar, Jesse O., Hrsg. *Psychiatry,* Bd. 1. New York: Basic Books; Philadelphia: J.B. Lippincott Co., 1987.
Chodoff, Paul. »Hysteria and Women.« *American Journal of Psychiatry* 139 (Mai 1982) S. 545–551.
Cloninger, C. Robert. »A Systematic Method for Clinical Description and Classification of Personality Variants.« *Archives of General Psychiatry* 44 (Juli 1978), S. 573–588.
Coccaro, Emil F., Larry J. Siever, Richard Kavoussi, et al. »Serotonergic Correlates of Personality Disorders.« Bei der Jahresversammlung der American Psychiatric Association, Montreal, Mai 1988, vorgelegte Untersuchung.
Cooper, Arnold M. »Histrionic, Narcissistic, and Compulsive Personality Disorders.« In: *Psychiatry: A Critical Appraisal of DSM-III.* Gary Tischler, Hrsg. New York: Cambridge University Press, 1987.
— »Will Neurobiology Influence Psychoanalysis?« *American Journal of Psychiatry* 142 (Dezember 1985), S. 1395–1402 .
»Depression, Violent Suicide Tied to Low Metabolite Level.« *Journal of the American Medical Association* 250 (16. Dezember 1983), S. 3141.
Depue, R.A., u. M.R. Spoont. »Conceptualizing a Serotonin Trait: A Behavioral Dimension of Constraint.« *Annals of the New York Academy of Sciences* 487 (1986), S. 47–62 .
deVries, Marten W. »Temperament and Infant Mortality Among the Masai of East Africa.« *American Journal of Psychiatry* 141 (Oktober 1984), S. 1189–1194.
»Drugs Help Personality Disorder: From the Alcohol, Drug Abuse, and Mental Health Administration.« *Journal of the American Medical Association* 259 (17. Juni 1988), S. 3384.
Dubro, Alan F., u. Scott Wetzler. »A Comparison of Three Tests for Self-Report Diagnosis.« Bei der Jahresversammlung der American Psychiatric Association, Chicago, Illinois, im Mai 1987 vorgelegte Untersuchung.
Epstein, Seymour. »The Stability of Behavior: I. On Predicting Most of the People Much of the Time.« *Journal of Personality and Social Psychology* 37 (Juli 1979), S. 1097–1126.
Erikson, Erik H. »Growth and Crises of the Healthy Personality.« *Psychological Issues* 1 (1959), S. 5–100.
Escalona, Sibylle K., u. Grace Heider. *Prediction and Outcome.* New York: Basic Books, 1959.

Esman, Aaron H. »Dependent and Passive-Aggressive Personality Disorders.« In: *Psychiatry* Bd. 1. Siehe Cavenar, Hrsg.
Eysenck, Hans J., u. Michael W. Eysenck. *Personality and Individual Differences. A Natural Science Approach.* New York u. London: Plenum Press, 1985.
Extein, Irl, u. Mark S. Golds, Hrsg. *Medical Mimics of Psychiatric Disorders.* Washington, D.C.: American Psychiatric Press, 1986.
Frances, Allen J., John Clarkin u. Samuel Perry. *Differential Therapeutics in Psychiatry: The Art and Science of Treatment Selection.* New York: Brunner/Mazel, 1984.
Frances, Allen J., u. Robert Hales, Hrsg. *Psychiatry Update,* Bd. 5, American Psychiatric Association Annual Review. Washington, D.C.: American Psychiatric Press, 1986.
Frances, Allen J., u. Thomas Widiger. »The Classification of Personality Disorders: An Overview of Problems and Solutions.« In: *Psychiatry Update,* Bd. 5, Siehe Frances u. Hales, Hrsg.
Franklin, Deborah. »The Politics of Masochism«. *Psychology Today* (Januar 1987), S. 52–57.
Freud, Sigmund. *Studienausgabe,* Frankfurt: Fischer 1969–1982.
Friedman, M., u. R.H. Rosenman. *Type A Personality and Your Heart.* New York: Knopf, 1974.
Frosch, James P., Hrsg. *Current Perspectives on Personality Disorders.* Washington D.C.: American Psychiatric Press, 1983.
Gallahorn, George E. »Borderline Personality Disorders.« In: *Personality Disorders/ Diagnosis and Management.* Siehe Lion, Hrsg.
Glick, Robert A., u. Donald I. Meyers, Hrsg. *Masochism: Current Psychoanalytic Perspectives.* Hillsdale, New Jersey: The Analytic Press, 1988.
Gold, Mark S., u. Lois B. Morris. *The Good News About Depression.* New York: Villard Books, 1987.
Gunderson, John G. »DSM-III Diagnoses of Personality Disorders.« In: *Current Perspectives on Personality Disorders.* Siehe Frosch, Hrsg.
— »Personality Disorders.« In: *The New Harvard Guide to Psychiatry,* Hrsg. Armand M. Nicholi. Cambridge, Massachusetts, u. London: The Belknap Press of Harvard University Press, 1988.
Haier, Richard J. »Biologic Response Styles and the Average Evoked Response: Personality, Vulnerability, and Topography.« In: *Biologic Response Styles: Clinical Implications.* Siehe Klar u. Sievers, Hrsg.
Hirschfeld, Robert M.A. Vorwort zu Abschnitt 3, »Personality Disorders.« In: *Psychiatric Update,* Bd. 5. Siehe Frances u. Hales, Hrsg.
Horney, Karen. *Neurose und menschliches Wachstum.* München: Kindler 1975.
Horowitz, Mardi, Charles Marmar, Janice Krupnick, et. al. *Personality Styles and Brief Psychotherapy.* New York: Basic Books, 1984.
Iyer, Pico. »Of Weirdos and Eccentrics«. *Time* (18. Januar 1988), S. 78.
Jorgensen, R.S., u. B.K. Houston. »Familiy History of Hypertension, Personality Patterns and Cardiovascular Reactivity to Stress.« *Psychosomatic Medicine* 48 (1986), S. 102–117.
Jung, Carl G. Psychologische Typen, in: *Gesammelte Werke,* Zürich: Rascher 1960.
Kandel, Eric R. »From Metapsychology to Molecular Biology: Explorations into the Nature of Anxiety.« *American Journal of Psychiatry* 140 (Oktober 1983), S. 1277–1293.
— »Psychotherapy and the Single Synapse.« *The New England Journal of Medicine* 301, Bd. 19 (8. November 1979), S. 1028–1037.
Karasu, Toksoz B., Hrsg. *The Psychiatric Therapies.* Washington, D.C.: American Psychiatric Association, 1984.
Kass, Frederic I. »Self-Defeating Personality Disorder: An Empirical Study.« *Journal of Personality Disorders* 1 (1987), S. 43–47.
Kass, Frederic I., Roger A. MacKinnon, u. Robert L. Spitzer. »Masochistic Personality: An Empirical Study.« *American Journal of Psychiatry* 143 (Februar 1986), S. 216–218.

Kass, Frederic I., Robert L. Spitzer u. Janet B. Williams. »An Empirical Study of the Issue of Sex Bias in the Diagnostic Criteria of DSM-III Axis II Personality Disorders. *American Psychologist* 38 (1983), S. 799–801.

Kass, Frederic I., John M. Oldham, u. Herbert Pardes, Hrsg., *The Columbia University College of Physicians and Surgeons Complete Guide to Mental Health.* Hrsg. unter der Leitung v. Lois B. Morris. New York: Henry Holt, im Druck.

Kayser, Allen, Donald S. Robinson, et. al. »Response to Phenelzine Among Depressed Patients With Features of Hysteroid Dysphoria.« *American Journal of Psychiatry* 142 (April 1985), S. 486–488.

Kernberg, Otto F. »Narcissistic Personality Disorder.« In: *Psychiatry*, Bd. 1. Siehe Cavenar, Hrsg.

Kernberg, Otto F. »Hysterical and Histrionic Personality Disorders.« In: *Psychiatry*, Bd. 1. Siehe Cavenar, Hrsg.

Klar, Howard, u. Larry J. Siever, Hrsg. *Biologic Response Styles: Clinical Implications.* Washington, D.C.: American Psychiatric Press, 1985.

Korenblum, M., P. Marton, et. al. »Personality Dysfunction in Adolescence: Continuities and Discontinuities.« Bei der Jahresversammlung der American Psychiatric Association, Montreal, im Mai 1988 vorgelegte Untersuchung.

Lasch, Christopher. *The Culture of Narcissism.* New York: W.W. Norton, 1978.

Lazarus, Richard S., u. Alan Monat. *Personality.* 3. Aufl. Englewood Cliffs, New Jersey: Prentice Hall, 1979.

Leibenluft, Ellen, David L. Gardner, u. Rex W. Cowdry. »The Inner Experience of the Borderline Self-Mutilator.« *Journal of Personality Disorders* 1 (Winter 1987), S. 317–324.

Liebowitz, Michael R. »Commentary on the Criteria for Self-Defeating Personality Disorder.« *Journal of Personality Disorders* 1 (Sommer 1987), S. 196–199.

Liebowitz, Michael R., Michael H. Stone u. Ira Daniel Turkat. »Treatment of Personality Disorders.« In: *Psychiatric Update*, Bd. 5. Siehe Frances u. Hales, Hrsg.

Liebowitz, Michael R., u. Donald F. Klein. »Hysteroid Dysphoria.« *Psychiatric Clinics of North America* 2 (1979), S. 555–575.

Lilienfeld, Scott O., Charles VanValkenburg, et. al. »The Relationship of Histrionic Personality Disorder to Antisocial Personality and Somatization Disorders.« *American Journal of Psychiatry* 143 (Juni 1986), S. 718–722.

Linehan, Marsha M. »Dialectical Behavioral Therapy: A Cognitive Behavioral Approach to Parasuicide.« *Journal of Personality Disorders* 1 (Winter 1987), S. 328–333.

Linnoila, M., M. Virkkunen, et. al. »Low Cerebrospinal Fluid 5-Hydroxyindoleacetic Acid Concentration Differentiates Impulsive from Nonimpulsive Violent Behavior.« *Life Sciences* 33 (1983), S. 2609–2614.

Linscott, Robert N. , Hrsg. *Selected Poems and Letters of Emily Dickinson.* Garden City, New York: Doubleday Anchor Books, Doubleday & Co. 1959.

Lion, John R., Hrsg. Personality Disorders/Diagnosis and Management, 2. Aufl. Baltimore u. London: Williams and Wilkins, 1981.

Livesley, W. John. »Trait and Behavioral Prototypes of Personality Disorder.« *American Journal of Psychiatry* 143 (Juni 1986), S. 728–732.

Livesley, W. John, Malcolm West u. Arlene Tanney. »Historical Comment on DSM-III Schizoid and Avoidant Personality Disorders.« *American Journal of Psychiatry* 142 (November 1985) , S . 1344–1347.

Loranger, Armand W., John M. Oldham u. Elaine H. Tulis. »Familial Transmission of *DSM-III* Borderline Personality Disorder.« *Archives of General Psychiatry* 39 (Juli 1982), S. 795–799.

Loranger, Armand W., Virginia Lehmann Susman, John M. Oldham u. L. Mark Russakoff. *Personality Disorder Examination (PDE): A Structured Interview for DSM-III-R Personality Disorders.* White Plains, New York: The New York Hospital-Cornell Medical Center, Westchester Division, 1985.

Loranger, Armand W., Virginia Lehmann Susman, John M. Oldham u. L. Mark Russakoff. »The Personality Disorder Examination: A Preliminary Report.« *Journal of Personality Disorders*, Bd. 1, Nr. 1 (1987), S. 1–13.
Lykken, David T. »Genes and the Mind.« *The Harvard Medical School Mental Health Letter* 4 (August 1987), S. 4–7.
Magid, Ken, u. Carole McKelvey. *High Risk: Children Without a Conscience*. New York: Bantam, 1988.
Maziade, Michel, Philippe Caperaa, Bruno Laplante, et. al. »Value of Difficult Temperament Among 7-Year-olds in the General Population for Predicting Psychiatric Diagnosis at Age 12.« *American Journal of Psychiatry* 142 (August 1985), S. 943–946.
McGuffin, Peter, u. Theodore Reich. »Psychopathology and Genetics.« In: *Comprehensive Handbook of Psychopathology.* Siehe Adams u. Sutter, Hrsg.
McGlashan, Thomas H. *The Borderline: Current Empirical Research.* Reihe: The Progress in Psychiatry. Washington, D.C.: American Psychiatric Press, 1985.
Meissner, William W. »Psychotherapy and the Paranoid Personality.« *The Harvard Medical School Mental Health Letter* 4 (Dezember 1987), S. 4–6.
Merikangas, Kathleen R., u. Myrna M. Weissman. »Epidemiology of DSM-III Axis II Personality Disorders.« In: *Psychiatric Update*, Bd. 5. Siehe Frances u. Hales, Hrsg.
Millon, Theodore. »The Avoidant Personality.« In: *Psychiatry*, Bd. 1. Siehe Cavenar, Hrsg.
Millon, Theodore. *Disorders of Personality DSM-III: Axis II.* New York: John Wiley & Sons, 1981.
Morris, Lois B. »Face Up to Your Fears.« *Glamour.* Mai 1983, S. 132–138.
Morris, Lois B. »How to Take the Risk Out of Risk-Taking. *Self,* November 1982, S. 58–60.
Murphy, Lois Barclay, Grace M. Heider u. Colleen T. Small. »Individual Differences in Infants.« In: *Zero to Three,* Bulletin of the National Center for Clinical Infant Programs, Bd. 7, Nr. 2 (Dezember 1986), S. 1–7.
Nestadt, Gerald, William R. Breakey, et al. »Personality Disorder in Baltimore's Homeless.« Bei der Jahresversammlung der American Psychiatric Association in Montreal im Mai 1988 vorgestellte neue Untersuchung.
Nestadt, Gerald, Alan J. Romanoski, et al. »Compulsive Personality Disorder in the Community.« Bei der Jahresversammlung der American Psychiatric Association in Montreal im Mai 1988 vorgestellte neue Untersuchung.
Nicholi, Armand M., Jr., Hrsg. *The New Harvard Guide to Psychiatry.* Cambridge, Massachusetts, u. London: The Belknap Press of Harvard University Press, 1988.
Oldham, John M. »Current Perspectives on Personality Disorders.« Vorstellung am Runden Tisch, UCLA, Abteilung für Psychiatrie, Dezember 1988.
Oldham, John M. »DSM-III Personality Disorders. Assessment Problems.« *Journal of Personality Disorders* 1 (Herbst 1987), S. 241–247.
Oldham, John M. Hrsg. *Personality Disorders: New Perspectives on Diagnostic Validity.* Washington, D.C.: American Psychiatric Press, 1990.
Oldham, John M., u. William Frosch. »Compulsive Personality Disorders.« In: *Psychiatry,* Bd. 1. Siehe Cavenar, Hrsg.
Oldham, John M., u. L. Mark Russakoff. *Dynamic Therapy in Brief Hospitalization.* Northvale, New Jersey, u. London: Jason Aronson, 1987.
Oldham, John M., u. R.S. Liebert, Hrsg. *The Middle Years: New Psychoanalytic Perspectives.* New Haven: Yale University Press, 1989.
Oldham, John M., u. Andrew Skodol. »Personality Disorders.« In: *The Columbia University College of Physicians and Surgeons Complete Guide to Mental and Emotional Health.* Siehe Kass, Oldham u. Pardes, Hrsg.
Pardes, Herbert. »Neuroscience and Psychiatry: Marriage or Coexistence?« *American Journal of Psychiatry* 143 (Oktober 1986), S. 1205–1212.
Penna, Manoel W. »Classification of Personality Disorders.« In: *Personality Disorders/ Diagnosis and Management.* Siehe Lion, Hrsg.

Perry, Samuel, Allen J. Frances u. John Clarkin. *A DSM-III Casebook of Differential Therapeutics.* New York: Brunner/Mazel, 1985.

Perry, J. Christopher. »Depression in Borderline Personality Disorder: Lifetime Prevalence at Interview and Longitudinal Course of Symptoms.« *American Journal of Psychiatry* 14 (Januar 1985), S. 15-21.

Perry, J. Christopher, u. Mark E. O'Connell. »Dynamic Conflicts in Course of Axis II Disorders.« Bei der Jahresversammlung der American Psychiatric Association in Chicago im Mai 1987 vorgelegte Untersuchung.

Phillips, Jay A. »Narcissistic Personality.« In: *Personality Disorders/Diagnosis and Management.* Siehe Lion, Hrsg.

Pilkonis, Paul A. »Avoidant and Schizoid Personality Disorders.« In: *Comprehensive Handbook of Psychopathology.* Siehe Adams u. Sutker, Hrsg.

Raleigh, Michael J., Michael T. McGuire, et al. »Social and Environmental Influences on Blood Serotonin Concentrations in Monkeys.« *Archives of General Psychiatry* 41 (April 1984), S. 405-410.

Reich, James, Russell Noyes, et al. »Dependent Personality Disorder Associated with Phobic Avoidance in Patients with Panic Disorder.« *American Journal of Psychiatry* 144 (März 1987), S. 323-326.

Roose, Steven P., u. Pardes, Herbert. »Biological Considerations in the Middle Years.« In: *The Middle Years: New Psychoanalytic Perspectives.* Siehe Oldham u. Liebert, Hrsg.

Rosenbaum, Ron. »Back in the High Life.« *Vanity Fair* (April 1988), S. 133-144.

Rosewater, Lynne Bravo. »A Critical Analysis of the Proposed Self-Defeating Personality Disorder.« *Journal of Personality Disorders* 1 (Sommer 1987), S. 190-195.

Rutter, Michael. »Psychopathology and Development: II. Childhood Experiences and Personality Development.« *Australian and New Zealand Journal of Psychiatry.* 18 (1984), S. 314-327.

Rutter, Michael. »Meyerian Psychobiology, Personality Development, and the Role of Life Experiences.« *American Journal of Psychiatry* 143 (September 1986), S. 1077-1087.

Salzman, Leon. *The Obsessive Personality.* New York: Science House, 1988.

Saltus, Carol. *Bodyscopes: The Revealing Link between Body Types and Personality.* New York: Bantam, 1986.

Saltus, Carol. »Schizotypal Personality.« *The Harvard Medical School Mental Health Letter* 3 (Mai 1987), S. 1-3.

Shader, Richard I., Edward L. Scharfman u. Daniel A. Dryfuss. »A Biological Model for Selected Personality Disorders.« In: *Psychiatry,* Bd. 1. Siehe Cavenar, Hrsg.

Shaffer, J.W., et al. »Clustering of Personality Traits in Youth and the Subsequent Development of Cancer Among Physicians.« *Journal of Behavioral Medicine* 10 (1987), S. 441-447.

Shainess, Natalie. »Masochism - or Self-Defeating Personality?« *Journal of Personality Disorders* 1 (Sommer 1987), S. 174-177.

Shapiro, David. *Neurotic Styles.* New York: Basic Books, 1965.

Siever, Larry J. »A Delicate Balance: Understanding the Biochemistry of Mental Illness.« *The Mount Sinai Review* 7 (Frühjahr 1988), S. 9.

Siever, Larry J. »Schizoid and Schizotypal Personality Disorders.« In: *Personality Disorders/Diagnosis and Management.* Siehe Lion, Hrsg.

Siever, Larry J., Thomas R. Insel u. Thomas W. Uhde. »Bioenergetic Factors in Personality.« In: *Current Perspectives on Personality Disorders.* Siehe Frosch, Hrsg.

Siever, Larry J., u. Howard Klar. »A Review of DSM-III Criteria for the Personality Disorders.« In: *Psychiatric Update,* Bd. 5. Siehe Frances u. Hales, Hrsg.

Siever, Larry J., Howard Klar u. Emil Coccaro. »Psychobiologic Substrates of Personality.« In: *Biological Response Styles: Clinical Implications.* Siehe Klar u. Sievers, Hrsg.

Simons, Richard C. »Self-Defeating and Sadistic Personality Disorders: Needed Additions to the Diagnostic Nomenclature.« *Journal of Personality Disorders* 1 (Sommer 1987),

S. 161–167.
Stabenau, James R. »Implication of Family History of Alcoholism, Antisocial Personality, and Sex Differences in Alcohol Dependence.« *American Journal of Psychiatry* 141 (Oktober 1984), 1178–1182.
Stern, Daniel N. *Mutter und Kind. Die erste Beziehung.* Stuttgart: Klett-Cotta, 1979.
Stern, Daniel N. *The Interpersonal World of the Infant.* New York: Basic Books, 1985.
Stone, Michael H. »Borderline Personality Disorder.« In: *Psychiatry,* Bd. 1. Siehe Cavenar, Hrsg.
Suomi, Stephen J. »Response Styles in Monkeys: Experiental Effects.« In: *Biologic Response Styles: Clinical Implications.* Siehe Klar u. Sievers, Hrsg.
Theophrast. *Charakterskizzen.* München: Heimeran 1974.
Thomas, Alexander, u. Stella Chess. *Temperament und Entwicklung: Über die Entstehung des Individuellen.* Stuttgart: Enke 1980.
Thomas, Alexander, u. Stella Chess. »Genesis and Evolution of Behavioral Disorders: From Infancy to Early Adult Life.« *American Journal of Psychiatry* 141 (Januar 1984), S. 1–9.
Tupin, Joe P. »Histrionic Personality«. In: *Personality Disorders/Diagnosis and Management.* Siehe Lion, Hrsg.
Turecki, Stanley, u. Leslie Tonner. *Das lebhafte Kind.* München: Knaur 1988.
Vaillant, George E., u. Eva Milofsky. »Natural History of Male Psychological Health: IX. Empirical Evidence for Erikson's Model of the Life Cycle.« *American Journal of Psychiatry* 137 (November 1980), S. 1348–1359.
Virkkunen, M., A. Nuutila, et al. »Cerebrospinal Fluid Monoamine Metabolite Levels in Male Arsonists.« *Archives of General Psychiatry* 44 (März 1937), S. 241–247.
Waldinger, Robert J. »Intensive Psychodynamic Therapy with Borderline Patients: An Overview.« *American Journal of Psychiatry* 144 (März 1987), S. 267–274.
Walker, Lenore E.A. »Inadequacies of the Masochistic Personality Disorder Diagnosis for Women.« *Journal of Personality Disorders* 1 (Sommer 1987), S. 183–189.
Weintraub, Walter. »Compulsive and Paranoid Personalities.« In: *Personality Disorders/Diagnosis and Management.* Siehe Lion, Hrsg.
Wender, Paul H., u. Donald F. Klein. *Mind, Mood, & Medicine.* New York: Farrar, Straus & Giroux, 1981.
Widiger, Thomas A. »Masochistic and Sadistic Personality Styles within the Psychological Test Literature.« Der mit der Korrektur des DSM-III beauftragten Arbeitsgruppe der American Psychiatric Association im November 1985 vorgelegte Untersuchung.
Winokur, George, u. Paula Clayton, Hrsg. *The Medical Basis of Psychiatry.* Philadelphia: Saunders, 1986.

# Register

Abenteuerlicher Stil 253–273
  allgemeine Information 253
  mit Anhänglichem Stil 259
  und Antisoziale Persönlichkeitsstörung 255
  Arbeit 37, 261–264
  Karrieren für 263–264
  das Beste aus diesem Stil machen (Übungen) 271–273
  Beziehungen 264–269
    gute/schlechte Gespanne 268–269
  Charakteristika des 253–254
  als Eltern 269
  Gefühle 259–260
  Gesundheitsrisiken dieses Stils 259
  mit Gewissenhaftem Stil 256, 262
  als (jugendliche) Phase 260–262
  reale Welt 261
  Selbst und Selbstbeherrschung (Schlüsselbereiche) 34, 38–39, 254–258
    und Geld 256–257
    impulsives Verhalten 256–259
    Nervenkitzel suchen 254–255
    Nonkonformismus und 259
  mit Selbstbewußtem Stil 259
  Sex 254, 255, 259, 265
  Tips zum Umgang mit Abenteuerlichen Menschen 270–271
  mit Wachsamem Stil 259
Abraham, Karl 450
Achse-I-Störungen 12, 29, 94, 147, 172, 199, 222–223, 353
Achse-II-Störungen 12, 29
Acht Phasen der Ich-Entwicklung (Übersicht nach Erikson) 453–455
Affektive (Stimmungs-) Störungen 12, 222–223, 353 · *Siehe auch* Achse-I-Störungen; Depression
»Affektives Spektrum« von Störungen 353
Aggressiver Stil 389–410
  allgemeine Information 389
  Arbeit 37, 397–402
    Karrieren für 402
    Management-Stil 401
    zielgerichtetes Verhalten 400–401
  das Beste aus diesem Stil machen (Übungen) 407–410
  Beziehungen (Schlüsselbereich) 37, 390–397
    in der Familie 395–396
    Führungsqualitäten 390–395
    gute/schlechte Gespanne 397
  Charakteristika des 389–390
  als Eltern 395–396
  Frauen 395, 397
  Gefühle 404
  mit Gewissenhaftem Stil 73
  reale Welt 403
  Selbst 403
  Selbstbeherrschung 38–39, 404
  und Selbstbewußter Stil 96, 403
  Sex und 404
  Streß 403
    als Typus-A-Persönlichkeit 458

Tips zum Umgang mit Aggressiven Menschen 405–407
AIDS 334, 359, 467
Alkoholismus 250, 251, 278, 413
Älterwerden
  und Abschwächung des Persönlichkeitsstils 183, 260–261
  Gehirn und 427–428
Alzheimer-Krankheit 427
American College Health Association 11
American Psychiatric Association 9, 387, 458
American Psychological Association 11
Anale Charakteristika 93 · *Siehe auch* Psychosexuelle Phasen der Entwicklung; Zwanghafte Persönlichkeitsstörung
Angst 147, 155, 222, 223, 251, 278, 304, 351, 428, 433, 437
  Angst in Gesellschaft 222–223
  Angst in Gesellschaft (Untersuchung über) 221
  Angststörungen 223
  Medikation für 224
  Trennungsangst 147
  Zwanghafte Angststörung 94
Anhänglicher Stil 24, 123–144
  mit Abenteuerlichem Stil 259
  allgemeine Information 123–124
  Arbeit 133–135
    Karrieren für 134–135
    als Manager 134
  das Beste machen aus (Übungen) 136–139
  Beziehungen (Schlüsselbereich) 36, 125–132, 178
    gute/schlechte Gespanne 131–132
    Idealisierung des Partners 129
    Opfer und 125–127
  Charakteristika des 124
  als Eltern 131
  Frauen 123–124
  Gefühle 133, 202
  Männer 127
  reale Welt 40, 133
  Selbst 132–133
  Selbstbeherrschung 133
  Streß und 130–131
  Tips zum Umgang mit Anhänglichen Menschen 135
Antidepressiva · *Siehe auch* Psychoaktive Drogen
  Clominaprime 93
  Lithium 280
  MAO-Hemmer 172
  Tranylcypromine 355
Antikonvulsiva · *Siehe auch* Psychoaktive Drogen
Antisoziale Persönlichkeitsstörung 273–280
  Aggressivität 277
  Alkoholismus und 278
  allgemeine Information 273
  Älterwerden und Abschwächung der Störung 277
  Angst und 278
  biologische Faktoren 278–279, 419
  Depression und 278

diagnostische Kriterien 273–275
Drogenprobleme 280
eingefleischte Verbrecher und 276
familiäre Faktoren 277, 278, 279
  Kindsmißbrauch 277
  sexueller Mißbrauch 277
Frauen 278–279
genetische Prädisposition 278–279
Gesundheitsrisiken (körperliche) für Menschen, die an dieser Störung leiden 277
Gewissen und Mitgefühl fehlen 276–277
Impulsivität 277
Männer 277
Medikation für 280
prädispionierende Faktoren und Vorkommen 278–279
Psychotherapie für 280
Selbstmord 280
Umgang mit Antisozialen Menschen 280
Verhaltensstörung und 273–274, 277
Arbeit
  Abenteuerlicher Stil 37, 261–263
  Aggressiver Stil 37, 397–402
  Anhänglicher Stil 37, 133–135
  Aufopfernder Stil 367–369
  Dramatischer Stil 161–164
  Exzentrischer Stil 292–293
  Gewissenhafter Stil 34, 37
  Lässiger Stil 37, 235–240
  Selbstbewußter Stil 101–103
  Sensibler Stil 212–213
  Sprunghafter Stil 342–344
  Ungeselliger Stil 316–319
  Wachsamer Stil 186–189
  Zwanghafte Persönlichkeitsstörung 88–89
Aristoteles 21, 442, 443, 445
Auchincloss, Elisabeth L. 449–450, 455
Aufopfernder Stil 357–382
  allgemeine Information 357
  Arbeit 367–369
    Karrieren für 369–370
    als Manager 369
    das Beste aus diesem Stil machen (Übungen) 371–375
  Beziehungen (Schlüsselbereich) 358–364
    gute/schlechte Gespanne 364
    unausgewogene Beziehungen und 361–362
    Charakteristika des 357–358
    mit Dramatischem Stil 366
    als Eltern 363–364
    Gefühle 364–366
    reale Welt 365–366
    Selbst 36, 366–367
    Selbstbeherrschung 364
    mit Selbstbewußtem Stil 360, 367
    und Selbstschädigende Persönlichkeitsstörung 362–363
    mit Sprunghaftem Stil 366
    Streß und 366
    Vergnügen und 361, 364–365
Beziehungen
  Abenteuerlicher Stil 264–269
  Aggressiver Stil (Schlüsselbereich) 37, 390–397
  Anhänglicher Stil (Schlüsselbereich) 36, 125–132
  Aufopfernder Stil (Schlüsselbereich) 358–364
Dependente Persönlichkeitsstörung 147
Dramatischer Stil 36, 153–156
Exzentrischer Stil 294–297
Gewissenhafter Stil 76–77
Histrionische Persönlichkeitsstörung 167–168
Lässiger Stil (Schlüsselbereich) 228–229
Narzißtische Persönlichkeitsstörung 111–112
Paranoide Persönlichkeitsstörung 195–196
Selbstbewußter Stil 103–107
Selbstschädigende Persönlichkeitsstörung 384–385
Sensibler Stil (Schlüsselbereich) 37, 207–209
Sprunghafter Stil 328–337
Ungeselliger Stil 37, 313–316
Wachsamer Stil (Schlüsselbereich) 37, 178–186
Biologie der Persönlichkeit 13, 25–26, 29, 41, 416–419, 424–425, 427–428, 444–445, 455 · Siehe auch Genetische (ererbte) Störungen und Prädispositionen; Serotonin; Temperament
Antisoziale Persönlichkeitsstörung 278–279, 419
  Serotonin und 279
Borderline-Persönlichkeitsstörung 354, 419, 424
  Serotonin und 354
Cloninger, Robert 419
Sadistische Persönlichkeitsstörung und 413, 419
Serotonin-Spiegel 413
Schizotypische Persönlichkeitsstörung 419
Borderline-Persönlichkeitsstörung 349–356
  und Achse-I-Störungen 353
  und affektive (Stimmungs-)Störungen 349, 353
  allgemeine Information 349
  diagnostische Kriterien 349–350
  familiärer Hintergrund 354
    Alkoholismus im 354
    Inzest im 354
    manische Depression im 353
    Mißbrauch im 354
    traumatische Trennung und 354
  genetische oder biologische Prädisposition für 353, 419, 424
  Serotonin und 353–354
  Kontroverse über die Definition 352
    als »Desorganisation der Persönlichkeit« 352
    schizotypisch 352
  Medikation für 355
  Persönlichkeitsstörungen, die oft mit auftreten 353
  bei Familienmitgliedern 353
  Psychotherapie für 355
  Selbstverstümmelung und selbstzerstörerisches Verhalten 352
  Umgang mit Menschen mit dieser Störung 356
  Frauen 353
  vorübergehende psychotische Symptome bei 354
Breuer, Josef 450

Carbamazepine 355 · Siehe auch Psychoaktive Drogen
Carroll, Lewis 283

487

Charaktere (Theophrast) 442–443
Chess, Stella 223, 251, 415, 416, 422, 427
Churchill, Winston 426
Clarkin, John 302
Clominaprime 93
Cloninger, Robert 419
Co-Abhängigkeit 145 · Siehe auch Dependente Persönlichkeitsstörung
Culture of Narcisissm, The (Lasch) 116

Dali, Salvador 283
Dependente Persönlichkeitsstörung 144–148
  allgemeine Information 144
  Beziehungen 147
    Angst vor Verlassenwerden 147
  als »co-abhängig« 145
  Depression 147
  diagnostische Kriterien 145
  familiäre Faktoren bei 148
    chronische Krankheit 148
    Trennungsangst 148
  Frauen 147
  genetische Prädisposition 147–148
  Medikation 147
  Psychotherapie für 147
  Risiken (psychische Gesundheit) 147–148
  Selbst 145–146
  Umgang mit Dependenten Menschen 148
Depersonalisationsstörung 223
Depression 10, 93, 107, 147, 172, 252, 278, 291, 351, 353, 386, 411, 433, 440 · Siehe auch Achse-I-Störungen; Affektive (Stimmungs-)Störungen; Antidepressiva
  Angst und 93
  bei der Antisozialen Persönlichkeitsstörung 277
  Behandlung 116
  bei der Borderline-Persönlichkeitsstörung 353
  bei der Dependenten Persönlichkeitsstörung 147
  als ererbte Krankheit 353
  bei der Histrionischen Persönlichkeitsstörung 172
  hysteroide Dysphorie 172
  manisch 12
  Männer im Vergleich zu Frauen 353
  bei der Narzißtischen Persönlichkeitsstörung 115
  bei der Passiv-aggressiven Persönlichkeitsstörung 251
  bei der Schizotypischen Persönlichkeitsstörung 304
  schwere 115, 438, 468
  bei der Selbstschädigenden Persönlichkeitsstörung 383, 386
deVries, Marten 423
Dickinson, Emily 317
Dissoziative Störung 172
  Gedächtnisschwund 172
  Multiple Persönlichkeit 172
Dramatischer Stil 24, 44, 149–167, 450
  allgemeine Information 149–150
  Arbeit 161–163
    Karrieren für 163
    Kreativität und 161–162
    als Manager 162–163
    mit Aufopferndem Stil 366
    das Beste aus diesem Stil machen (Übungen) 165–167
  Beziehungen 36, 153–156
    gute/schlechte Gespanne 156–158
  Charakteristika des 149–150
    als Eltern 155–156
    Gefühle (Schlüsselbereich) 38, 150–152
    mit Gewissenhaftem Stil 150, 163
    reale Welt 160
    Selbst 34–35, 158–159
      dem anderen zugewandt 158–159
      Bedürfnis nach Sicherheit und Feedback 159
  Selbstbeherrschung 159–160
    und Histrionische Persönlichkeitsstörung 160
    Impulsivität 159–160
    niedrige Frustrationstoleranz 159
  mit Sensiblem Stil 163
  Streß und 154–155
  Tips zum Umgang mit Dramatischen Menschen 164–165
  mit Ungeselligem Stil 163
  mit Wachsamem Stil 163
Drogen-Mißbrauch/Abhängigkeit 39, 211, 241, 251, 257–258, 260–261, 340, 352, 354, 433, 437–438, 467
DSM-III *(Diagnostisches und Statistisches Manual Psychischer Störungen)* 9, 10, 11, 13, 29, 352
  Zuverlässigkeit des 11
DSM-III-R *(Diagnostisches und Statistisches Manual Psychischer Störungen*, Revision) 9, 13, 28, 95, 113, 114, 200, 277–278
  Achse-I-Störungen 12, 29, 147, 172, 199, 352
  Achse-II-Störungen 12, 29
  Diagnostische Kriterien
    Antisoziale Persönlichkeitsstörung 273–275
    Borderline-Persönlichkeitsstörung 349–350
    Dependente Persönlichkeitsstörung 145
    Histrionische Persönlichkeitsstörung 167–168
    Narzißtische Persönlichkeitsstörung 111–112
    Paranoide Persönlichkeitsstörung 195–196
    Passiv-aggressive Persönlichkeitsstörung 247–248
    Sadistische Persönlichkeitsstörung 410–411
    Schizoide Persönlichkeitsstörung 323–324
    Schizotypische Persönlichkeitsstörung 300–301
    Selbstschädigende Persönlichkeitsstörung 383–384
    Selbstunsichere Persönlichkeitsstörung 219
    Zwanghafte Persönlichkeitsstörung 87–88
  diagnostische Überlappung der 460
  Geschichte und Gestaltung der 9–13
  Persönlichkeitsstörung
    Definition 30
    Diagnosen für 11–12
  Sadistische Persönlichkeitsstörung als »inoffizielle« DSM-III-R-Persönlichkeitsstörung 412
  Selbstschädigende Persönlichkeitsstörung als »inoffizielle« DSM-III-R-Persönlichkeits-

störung 384, 387
DSM-IV 13

Ehetherapie · Siehe Psychotherapie
»Einfaches Kind« (Temperamentkategorie) 417,
421
Einstein, Albert 283
Ektomorph · Siehe Körperbautypen
Eltern und Elternfunktion 420–427 · Siehe auch
Mißbrauch; Temperament
Abenteuerlicher Stil 269
Aggressiver Stil 395–396
Anhänglicher Stil 131
Aufopfernder Stil 363–364
Dependente Persönlichkeitsstörung 148
Dramatischer Stil 155–156
Exzentrischer Stil 296–297
Gewissenhafter Stil 81–82
Lässiger Stil 234–235
»Qualität des Zusammenpassens« 422–423
Selbstbewußter Stil 106–107
Sensibler Stil 209
Sprunghafter Stil 335–336
Tips für Eltern 426
Ungeselliger Stil 315–316
Wachsamer Stil 184
Zusammenpassen, schlechtes 424
Endomorph · Siehe Körperbautypen
Erblichkeit · Siehe Genetische (ererbte) Störungen
und Prädispositionen
Erhard Seminar-Training (Est) 439
Erikson, Erik 427, 451
Acht Phasen der Ich-Entwicklung (Übersicht)
453–455
Escalona, Sibylle 415
Eßstörungen 39
Extraversion Siehe Eysenck, Hans; Jung, Carl
Exzentrischer Stil 281–300
allgemeine Information 281
Arbeit 292–293
Karrieren für 293
das Beste aus diesem Stil machen (Übungen)
298–300
Beziehungen 294–297, 307
gute/schlechte Gespanne 295–296
Charakteristika des 281–282
als Eltern 296–297
Gefühle 290–292
Genie und 283
mit Gewissenhaftem Stil 293
und New-Age-Bewegung 284–285
reale Welt (Schlüsselbereich) 40, 282–283
und Schizotypische Persönlichkeitsstörung
286
Selbst 285–290
Exzentrizität 285, 287
Leary, Timothy 286, 289–290
Selbstbeherrschung 290–292
Substanzmißbrauch und 290
mit Selbstbewußtem Stil 293
Streß und 287–288
Tips zum Umgang mit Exzentrischen Menschen
297–298
mit Wachsamem Stil 293
Eysenck, Hans 457

Fachleute der psychischen Gesundheit 434–435
Familientherapie · Siehe Psychotherapie
Fragebogen · Siehe Persönlichkeits-Selbstportrait-Test
Frances, Allen J. 444
Frauen
Aggressiver Stil 395, 397
Anhänglicher Stil 123–124
Antisoziale Persönlichkeitsstörung 277–278
Dependente Persönlichkeitsstörung 148
DSM-III-R-Klassifikation und 387, 413
Gewissenhafter Stil 72
Histrionische Persönlichkeitsstörung 171
Hysteroide Dysphorie 172
Mißbrauch von 411, 413
Persönlichkeitsstörungen und 29
Rollen und Persönlichkeitsmuster 429
Sadistische Persönlichkeitsstörung und
Mißbrauch von 412
Selbstschädigende Persönlichkeitsstörung 387,
446
sexuelle Klischees 446
Ungeselliger Stil 315
Zwanghafte Persönlichkeitsstörung 95
Freud, Sigmund 93, 384, 427, 449
Friedman, M. 458

Galen 443
Gall, Franz Josef 447
Gedächtnisschwund 172, 223
Gefühle
Abenteuerlicher Stil 259–260
Aggressiver Stil 404
Anhänglicher Stil 133
Aufopfernder Stil 364–366
Dramatischer Stil (Schlüsselbereich) 38,
150–152
Exzentrischer Stil 40, 282–283
Gewissenhafter Stil 38, 76–77
Histrionische Persönlichkeitsstörung 167–168
Lässiger Stil 241
Passiv-aggressive Störung 247–248
Selbstbewußter Stil 107
Selbstunsichere Persönlichkeitsstörung 222
Sensibler Stil (Schlüsselbereich) 38, 202–207
Sprunghafter Stil 337–338
Ungeselliger Stil (Schlüsselbereich) 38,
308–311
Wachsamer Stil 190–191
Gehirn
Älterwerden und 427–428
Antisoziale Persönlichkeitsstörung 223–224,
278–279
Serotonin-Spiegel 279
Erregungsmuster und Persönlichkeit 278–279,
419
Locus coeruleus 428
Sadistische Persönlichkeitsstörung 144, 413
Serotonin-Spiegel 413–414
Selbstunsichere Persönlichkeitsstörung 223,
279
Genetische (ererbte) Störungen oder Prädispositionen
allgemeine Information 26, 418

Antisoziale Persönlichkeitsstörung 278–279
Borderline-Persönlichkeitsstörung 353
Dependente Persönlichkeitsstörung 148
Histrionische Persönlichkeitsstörung 173
Paranoide Persönlichkeitsstörung 199–200
Schizoide Persönlichkeitsstörung 326
Schizophrenie 305, 324, 425
Schizotypische Persönlichkeitsstörung 304–305
Selbstunsichere Persönlichkeitsstörung 223
Temperament und 26, 95, 223, 252, 326, 455
unterwürfiges Verhalten 148
Zwanghafte Persönlichkeitsstörung 95
Gestalttherapie · Siehe Psychotherapie
Gewissenhafter Stil 23, 44, 70–95, 277
  mit Abenteuerlichem Stil 259, 262
  mit Aggressivem Stil 73
  allgemeine Information 70
  Arbeit 37, 72–74, 90
    Frauen 72
    Karrieren für 74
    als Manager 73
  das Beste aus diesem Stil machen (Übungen) 84–87
  Beziehungen 80–81
    gute/schlechte Gespanne 82
    Intimität und 80
    Schwierigkeiten in 81
  Charakteristika des 71
  mit Dramatischem Stil 150, 152, 163
  als Eltern 81–82
  Entscheidungen und 77–78
  mit Exzentrischem Stil 293
  Gefühle 38, 76–77
    Zurückhaltung und 76–77, 80
  mit Lässigem Stil 235
  Männer 72
  und Passiv-Aggressive-Persönlichkeitsstörung 251
  reale Welt 40, 77
  als Retter 79–80
  Selbst 73–74
    und Gewissen 74
  Selbstbeherrschung 38–39, 76
  mit Selbstbewußtem Stil 73
  Streß und 79
    Typus-A-Gesundheitsrisiken 78, 84
  Tips zum Umgang mit Gewissenhaften Menschen 83–84
  als Typus-A-Persönlichkeit 458
Gould, Glenn 283, 286
Gruppentherapie · Siehe Psychotherapie

Hall, C. S. 456
Herzkrankheit · Siehe Streß; Typus A
Hippokrates 416, 442, 443–445
  vier Humoraltemperamente (Übersicht) 444
Histrionische Persönlichkeitsstörung 167–176
  allgemeine Information 167
  Beziehungen 169–170
  diagnostische Kriterien 168
  familiäre Faktoren bei der 172
  Frauen und 171, 172–173
  Gefühle 168–169
    Wutanfälle 170
  genetische Prädisposition 173
  Männer und 173
  Medikation bei 172
    MAO-Hemmer 172
  Psychotherapie für 171
  Risiken (seelische Gesundheit) 172
  sexuelles Verhalten und Sexualität 169, 171
  Streß und 172
  Umgang mit Histrionischen Menschen 171
Horney, Karen 91
Horowitz, Vladimir 295
Hughes, Howard 286
Humoraltemperamente 444, (Übersicht) 444
»Hysterische« Persönlichkeit 450
Hysteroide Dysphorie 172

*Interpersonal World of the Infant, The*, (Stern) 420
Introversion · Siehe Eysenck, Hans; Jung, Carl
Inzest 354
Iyer, Pico 287

*Julius Caesar* (Shakespeare) 446
  Cassius als ektomorpher Typ 446–447
Jung, Carl 456–457
  Persönlichkeitstypologie (Übersicht) 457

Kandel, Eric 41
Karrieren · Siehe Arbeit
Kernberg, Otto 117
Kind 415–428 · Siehe auch Eltern und Mißbrauch der Elternfunktion 116, 227, 354, 386, 412, 422
  »Einfaches Kind« (Temperamentskategorie) 417, 421
  Erstgeborenes 95
  »Langsam warmwerdendes Kind« (Temperamentskategorie) 223, 417
  Massai-Volk 423
  »Qualität des Zusammenpassens« 422–423
  Säuglingsalter und erste Jahre 426–427
  »Schwieriges Kind« (Temperamentskategorie) 251, 417, 421–424
  Streß und Verhalten 424
  Trennungsangst 147
  Variablen des Temperaments (Übersicht) 416–417
Klein, Donald 172
Kognitive Therapie · Siehe Psychotherapie
Konversionsstörung 172
Kontraphobischer Bewältigungsstil 205, 209
Körperbautypen 447, (Übersicht) 448
Körpertyp und Persönlichkeit · Siehe Körperbautypen
Kretschmer, Ernst 447
Kurze reaktive Psychose · Siehe Reaktive Psychose

Lanchester, Elsa 295
Lasch, Christopher 116
Lässiger Stil 23–24, 31, 45, 226–246
  allgemeine Information 226, 227
  Arbeit 37
    Karrieren für 235–240
    als Manager 239
  das Beste aus diesem Stil machen (Übungen) 244–246

Beziehungen (Schlüsselbereich) 228–229
  gute/schlechte Gespanne 233–234
Charakteristika des 226–227
  als Eltern 234–235
Gefühle 240–241
und Gewissenhafter Stil 235
und Passiv-aggressive Persönlichkeitsstörung 235, 251–252
reale Welt 242
Selbst (Schlüsselbereich) 34
Selbstbeherrschung 240–41
und Selbstbewußter Stil 235
Spaß und 228, 240–241
Streß und 240–241
Tips zum Umgang mit Lässigen Menschen 242–244
als Typus-B-Persönlichkeit 237, 458
Laughton, Charles 295
Lazarus, Richard S. 456
Leary, Timothy 286, 289–290
Liebowitz, Michael 172
Lindzey, G. 456
Lithium 280
Locus coeruleus 428

Mahler, Margaret 427
Männer
  Anhänglicher Stil 127
  Antisoziale Persönlichkeitsstörung 273–275
  Depression und 353
  Gewissenhafter Stil 72
  Histrionische Persönlichkeitsstörung 172
  Paranoide Persönlichkeitsstörung 200
  Passiv-aggressive Persönlichkeitsstörung 250
  Persönlichkeitsstörungen und 29
  Sadistische Persönlichkeitsstörung 412
  Ungeselliger Stil 312
  Zwanghafte Persönlichkeitsstörung 95
MAO-Hemmer 172 · Siehe auch Tranylcypromine; Psychoaktive Drogen
Masochismus · Siehe Selbstschädigende Persönlichkeitsstörung
Massai-Volk 423
Mesomorph · Siehe Körperbautypen
Michels, Robert 450
Millon, Theodore 33
Mißbrauch
  von Kindern 116, 277, 354, 386, 412, 422
  und Sadistische Persönlichkeitsstörung 412
  und Selbstschädigende Persönlichkeitsstörung 386
  sexueller 277, 354
Monat, Alan 456
Morphologie 447
Multiple Persönlichkeit 172
Myers-Briggs-Type-Indicator 457

Narzißtische Persönlichkeitsstörung 111–122
  allgemeine Information 111
  Arbeit 114
  Beziehungen 114–115
    Unfähigkeit zu Mitgefühl 114–115
  Depression und 115
  diagnostische Kriterien 111–112
  familiäre Faktoren bei 116

Hypochondrie und 116
Kritik und 114
Medikation 115
und Paranoide Persönlichkeitsstörung 198
Prädispositionen 116
Psychotherapie für 115
»Das Schwiegermutter-Projekt« 117–122
Selbst 112–113
  Selbstzerstörung und 112–113
  als Störung der Selbstachtung 112
und Selbstbewußter Persönlichkeitsstil 107
Umgang mit Narzißtischen Menschen 117
Vorkommen der 116–117
  und die »Ich-Generation« 116–117
  Zunahme der 116
National Institute of Mental Health 11, 355
Neurotransmitter 413, 419 · Siehe auch Serotonin
Newton, Isaac 283

Oppositionelles Trotzverhalten 251
Orale Charakteristika · Siehe Psychosexuelle Entwicklungsphasen

Paranoide Persönlichkeitsstörung 43, 195–200
  und Achse-I-Störungen 199
  allgemeine Information 195
  Beziehungen 196–197
    und Autoritätsfiguren 196
    Fehler suchen 197
    Mißtrauen und 196
  diagnostische Kriterien 195–196
  familiäre Faktoren 200
  genetische Prädisposition 200
  gesundheitliche Konsequenzen 200
  Männer und 200
  Medikation für 199
  und Narzißtische Persönlichkeitsstörung 198
  bei Obdachlosen 324
  Projektion negativer Gefühle 197–198
  Psychotherapie für 198–199
  Streß 199
  Männer 250
  psychosomatische Krankheiten und 251
  Psychotherapie für 250–251
  »Schwieriges Kind« (Temperamentskategorie) 251
  Selbst 248
    Sabotage des 248
  Selbstmord und 251
  Umgang mit Passiv-aggressiven Menschen 251–252
  Unterwerfung, Angst vor 249
  Widerspenstigkeit 249
PDE · Siehe Personality Disorder Examination
P-E-N-Persönlichkeits-Modell 457
Perfektionismus · Siehe Zwanghafte Persönlichkeitsstörung
Perry, Samuel 302
Personality Disorder Examination (PDE) 13, 459
Persönlichkeit 21, 43, 415–428, 429–441
  allgemeine Information 25–41, 43, 415
  Bedeutung der Erfahrung 420–428
  Flexibilität und 27
  Flexibilitäts-/Varietäts-/Anpassungsstandard 32–33

Geschichte des Klassifizierens 442–459
biologische/genetische Einflüsse 455
Charakteristika psychosexueller Entwicklungsphasen 450–451, (Übersicht) 452
DSM-III-R 458–459
Erikson, Erik 451
Eriksons acht Phasen der Ich-Entwicklung (Übersicht) 453–455
Eysenck, Hans 457
Freud 449
Hippokrates und die vier Humoraltemperamente 443–445
Jungs Typologie 456–457, (Übersicht) 457
Körperbautypen 447, (Übersicht) 448
körperliche Charakteristika und 445–449
Morphologie 447
PDE 459
Phrenologie 447
Psychosexuelle Phasen der Entwicklung 449, (Übersicht) 452
Theophrast 442–443
Typus A und Typus B 458
Potential zur Veränderung 41 · *Siehe auch* Biologie der Persönlichkeit; einzelne Stile und Störungen; Temperament
Persönlichkeitsfixierung 450
Persönlichkeits-Selbstportrait-Test
allgemeine Information 14, 42–47
Anweisungen 46–47, 48, 58, 64
Auswertungsblätter 59–63
Fragebogen 48–58
graphische Darstellung 66, 461, 466
Interpretation 47, 68, 460–469
Paare und 44–45
Persönlichkeitsstil, vom, zur Persönlichkeitsstörung (Übersicht) 32
Persönlichkeitsstörungen 27–29, 30, 41, 42–43 · *Siehe auch* Achse-II-Störungen;Antisoziale Persönlichkeitsstörung; Borderline-Persönlichkeitsstörung; Dependente Persönlichkeitsstörung; DSM-III-R; Histrionische Persönlichkeitsstörung; Narzißtische Persönlichkeitsstörung; Paranoide Persönlichkeitsstörung; Passiv-aggressive Persönlichkeitsstörung; Sadistische Persönlichkeitsstörung; Schizoide Persönlichkeitsstörung; Schizotypische Persönlichkeitsstörung; Selbstunsichere Persönlichkeitsstörung;
»Pfennigfuchser, der« (Theophrast) 442
Phallische Charakteristika · *Siehe* Psychosexuelle Entwicklungsphasen
Pharmakotherapie 440 · *Siehe auch* Psychoaktive Drogen
Phobien 147, 222–223, 437
Phrenologie 447
*Physiognomica* (Aristoteles) 445–446
Primärtherapie · *Siehe* Psychotherapie
Psychoaktive Drogen 10, 437, 440
  Carbamazepine 355
  Clominaprime 93
  Lithium 280
  MAO-Hemmer 172
  Tranylcypromine 355
Psychoanalyse · *Siehe* Freud; Psychotherapie
Psychoanalytiker · *Siehe* Fachleute der psychischen Gesundheit; Psychotherapie
Psychologen · *Siehe* Fachleute der psychischen Gesundheit; Psychotherapie
Psychopathen · *Siehe* Antisoziale Persönlichkeitsstörung
Psychosexuelle Entwicklungsphasen 449, (Übersicht) 452
*Psychosomatic Medicine* 200
Psychosomatische Krankheiten 251
Psychotherapie · *Siehe auch* Psychoaktive Drogen
  Verhaltenstherapie 147, 198–199, 437–438
  allgemeine Information 430, 432
  Antisoziale Persönlichkeitsstörung 280
  Borderline-Persönlichkeitsstörung 352
  Dependente Persönlichkeitsstörung 147
  Familien-, Ehe- und Gruppentherapie 224, 250–251, 326, 438–439
  Gestalttherapie 439
  Histrionische Persönlichkeitsstörung 171
  kognitive Therapie 93, 199, 386, 438
  Narzißtische Persönlichkeitsstörung 116
  Paranoide Persönlichkeitsstörung 198–199
  Passiv-aggressive Persönlichkeitsstörung 250–251
  Pharmakotherapie 440
  Primärtherapie 439
  psychodynamische Therapien 93, 115, 147, 171, 198–199, 280, 435–437
  Psychoanalyse 116, 386, 435, 436, 449–457
  psychoanalytische Psychotherapien 435, 436–437
  Schizoide Persönlichkeitsstörung 325
  Schizotypische Persönlichkeitsstörung 304
  Selbstschädigende Persönlichkeitsstörung 385–386
  Selbstunsichere Persönlichkeitsstörung 224
  Zwanghafte Persönlichkeitsstörung 93
Psychotische Phasen 304, 325, 440

»Qualität des Zusammenpassens« 422–423

Reaktive Psychose 172
Reale Welt
  Abenteuerlicher Stil 261
  Aggressiver Stil 403
  Anhänglicher Stil 40, 133
  Aufopfernder Stil 365–366
  Dramatischer Stil 160
  Exzentrischer Stil (Schlüsselbereich) 40, 282–283
  Gewissenhafter Stil 40, 77
  Lässiger Stil 242
  Schizotypische Persönlichkeitsstörung 301–302
  Selbstbewußter Stil 40, 107–108
  Sensibler Stil 40, 212
  Sprunghafter Stil 341–342
  Ungeselliger Stil 319
  Wachsamer Stil 40, 190
Reich, Wilhelm 450
Rosenbaum, Ron 289
Rosenman, R. H. 458

Sadistische Persönlichkeitsstörung 410–414
  Alkohol/Drogen-Mißbrauch und 413

allgemeine Information 410
mit anderen Persönlichkeitsstörungen 413
Biochemie von Dominanz und Gewalt 413–414, 419
   Serotonin-Spiegel 413
diagnostische Kriterien 410–411
Frauen und 412
Herrschaft durch Gewalt bei 411–412
»inoffizieller« DSM-III-R-Status 412
Männer 412
Mißbrauch in der Kindheit und 413
Umgang mit Sadistischen Menschen 414
Vorkommen 412
Saltus, Carol 445, 447
Schizoide Persönlichkeitsstörung 323–326
  allgemeine Information 323
  asoziales Verhalten 324
  diagnostische Kriterien 323–324
  familiäre Faktoren 326
  genetische Prädisposition 326
  Männer 325
  Psychotherapie für 325
  psychotische Phasen und 325
  seelische und körperliche Gesundheitsrisiken 326
  Sexualität 323
  Temperament und 326
  Umgang mit Schizoiden Menschen 326
  Vorkommen 326
    bei Obdachlosen 324
Schizophrener Formenkreis 305
Schizophrenie 305, 324, 425
Schizotypische Persönlichkeitsstörung 199–200, 300–305
  allgemeine Information 300
  Angst 304
  biologische Erforschung der 419
    SPEM-Untersuchungen 419
  und Borderline-Persönlichkeitsstörung 354
  Depression 305
  diagnostische Kriterien 300–301
  als Einzelgänger 301
  familiäre Faktoren 305
  genetische Prädisposition 304–305, 426
  Psychotherapie für 304, 325
  psychotische Phasen 304, 305
  reale Welt 301–302
  und Schizophrenie 305
  Umgang mit Schizotypischen Menschen 305
  Vorkommen der 304–305
Schwierige Kind, das (Temperamentskategorie) 251, 417, 421–425
*Schwierige Kind, Das* (Turecki und Tonner) 426
Sechs Bereiche des Funktionierens 9
  allgemeine Information 34–40, 42–43, 431–432
  Einschätzung 431–432
  Übersicht 35
  *Siehe auch* Arbeit; Beziehungen; Gefühle; Reale Welt; Selbst; Selbstbeherrschung; einzelne Stile und Störungen
Selbst
  Abenteuerlicher Stil (Schlüsselbereich) 34, 38–39, 254–258
  Aggressiver Stil 403
  Anhänglicher Stil 132–133

Aufopfernder Stil 34–36, 366–367
Borderline-Persönlichkeitsstörung 351
Dependente Persönlichkeitsstörung 145–146
Dramatischer Stil 34–35, 158–159
Exzentrischer Stil 285–290
Gewissenhafter Stil 73–74
Lässiger Stil (Schlüsselbereich) 34, 227–228
Narzißtische Persönlichkeitsstörung 112–113
Passiv-aggressive Persönlichkeitsstörung 248
Selbstbewußter Stil (Schlüsselbereich) 34–36, 97–101
Sensibler Stil 211–212
Sprunghafter Stil 341–342
Ungeselliger Stil (Schlüsselbereich) 307–308
Selbstachtung · *Siehe* Selbst
Selbstbewußter Stil 23, 96–101
  mit Abenteurlichem Stil 259
  und Aggressiver Stil 96, 108, 403
  allgemeine Information 96
  Arbeit 101–103
    Karrieren für 103
    als Manager 101–102
    Politik und 101
    Tips zur Arbeit mit Selbstbewußten Menschen 102
  mit Aufoperndem Stil 359, 368
  das Beste aus diesem Persönlichkeitsstil machen (Übungen) 109–110
  Beziehungen 103–107
    gute/schlechte Gespanne 106
    Lösung von Konflikten bei 105–106
  Charakteristika des 96–97
  als Eltern 106–107
  mit Exzentrischem Stil 293
  Gefühle 107–108
    Gereiztheit und 107–108
    Schwierigkeit, Liebe auszudrücken 107–108
    Stimmungen 107–108
  und Gewissenhafter Stil 73
  und Lässiger Stil 235
  und Narzißtische Persönlichkeitsstörung 107–108
  reale Welt 107–108
  Selbst (Schlüsselbereich) 34, 97–101
    Bedürfnis nach Status, Image und Macht 100
    Probleme mit Kritik 100–101
  Selbstbeherrschung 38–39
  Tips zum Umgang mit Selbstbewußten Menschen 108–109
  als Typus-A-Persönlichkeit 458
Selbstbeherrschung
  Abenteuerlicher Stil (Schlüsselbereich) 34, 38–39
  Anhänglicher Stil 132–133
  Aufopfernder Stil 364–365
  Dramatischer Stil 159–160
  Exzentrischer Stil 290–292
  Gewissenhafter Stil 38–39, 76
  Lässiger Stil 240–241
  Selbstbewußter Stil 39, 107–108
  Sensibler Stil 38–39, 211–212
  Sprunghafter Stil 339–340
  Ungeselliger Stil 312–313
  Wachsamer Stil 38–39, 190–191

Selbstbild · *Siehe* Selbst
Selbsterfahrungstherapien · *Siehe* Psychotherapie
Selbstmord 17, 21, 251, 304, 352, 354, 386, 433
  Antisoziale Persönlichkeitsstörung und 280
  Borderline-Persönlichkeitsstörung und 352
  Passiv-aggressive Persönlichkeitsstörung und 251
  Selbstschädigende Persönlichkeitsstörung und 386
Selbstschädigende Persönlichkeitsstörung 382–388
  allgemeine Information 382
  mit anderen Persönlichkeitsstörungen 386
  Beziehungen 384–385
  Depression und 384
  diagnostische Kriterien 383–384
  Erfolg oder Vergnügen werden nicht ertragen 384
  familiäre Faktoren 386
  Frauen 387
  als »inoffizielle« DSM-III-R-Persönlichkeitsstörung 387
  als Märtyrer 384
  Mißbrauch (körperlicher, sexueller, psychischer) und 383, 386
  Psychotherapie für 385–386
  Selbstmord 386
  Umgang mit Selbstschädigenden Menschen 388
  unterwürfiges Verhalten 385
  Vorkommen der 387
Selbstunsichere Persönlichkeitsstörung 218–225
  und Achse-I-Störungen 223
  allgemeine Information 218
  angeborenes Temperament und 222–223
  Angst und 222, 223–224
  in Gesellschaft 221
  vor Ablehnung 219–220
  diagnostische Kriterien 219
  entstellende Krankheiten und 223
  Gefühle 220–221
  genetische Prädisposition 222–223
  Gewohnheiten und 222–223
  Kritik/Mißbilligung und 225
  Medikation für 224
  Psychotherapie für 224
  Umgang mit Selbstunsicheren Menschen 225
Selbstverstümmelung 352
Sensibler Stil 201–218
  allgemeine Information 201
  Arbeit 212–213
    Karrieren für 213
    als Manager 213
  das Beste aus diesem Stil machen (Übungen) 215–218
  Beziehungen (Schlüsselbereich) 36–37
    dem anderen zugewandt 207–208
    zu Fremden 208
    gute/schlechte Gespanne 210–211
  Charakteristika des 210–211
  mit Dramatischem Stil 163
  als Eltern 209
  Gefühle (Schlüsselbereich) 38
    Angst und 206
    Bedeutung des Zuhauses 202
    Reise nach innen 207

Kontraphobischer Bewältigungsstil 205, 209–210
reale Welt 40
Selbst 211–212
Selbstbeherrschung 39
Streß und 209–210
Tips zum Umgang mit Sensiblen Menschen 214–215
Serotonin 279
Sexualität
  Abenteuerlicher Stil 254, 255, 259, 265
  Aggressiver Stil 404
  Borderline-Persönlichkeitsstörung und 349, 352–353
  Hemmung 169, 191, 462–463
  Histrionische Persönlichkeitsstörung und 169, 170
  Promiskuität 169, 354, 433, 467
  Schizoide Persönlichkeitsstörung 323
  Ungeselliger Stil 306, 311
  *Siehe auch* Inzest, Mißbrauch
Sexuell übertragbare Krankheiten 39, 259, 334, 467 · *Siehe auch* AIDS
Shakespeare, William 446
Sheldon, William H. 445, 449
  Körperbautypen 447, (Übersicht) 447–448
Sokrates 290
Somatisierungsstörungen 172
  Aggressiver Stil 403
  Anhänglicher Stil 130–131
  Aufopfernder Stil 366
  Dramatischer Stil 154–155
  Exzentrischer Stil 287–288
  Gewissenhafter Stil 79
  Histrionische Persönlichkeitsstörung 172
    bei Kindern 424
  Lässiger Stil 240–241
  Paranoide Persönlichkeitsstörung 199
  Sensibler Stil 209–210
  Sprunghafter Stil 334
  Ungeselliger Stil 313
  Wachsamer Stil 184–185
  Zwanghafte Persönlichkeitsstörung 94
*Studien über Hysterie* (Freud und Breuer) 450
Soziopath · *Siehe* Antisoziale Persönlichkeitsstörung
SPEM (Smooth pursuit eye movements) 419
Sprunghafter Stil
  allgemeine Information 327
  Arbeit 342–344
    Karrieren für 344
    als Manager 343–344
  und Aufopfernder Stil 366
  das Beste aus diesem Stil machen (Übungen) 346–348
  Beziehungen 328–337
    gute/schlechte Gespanne 336–337
    Vergleich Sprunghafter – Dramatischer Stil 335
  Charakteristika des 327–328
  als Eltern 335–336
  Gefühle (Schlüsselbereich) 38, 337–339
    Idealisierung von Gefühlen 337–338
    Intensität der 337
    Stimmungswechsel 338–339

reale Welt 341–342
Selbst 341–342
Ungewissheit in bezug auf Identität 342
Selbstbeherrschung 39, 339–341
Streß und 334
Tips zum Umgang mit Sprunghaften Menschen 344–345
Stern, Daniel 41, 420
Stimmungsstörungen · *Siehe* Affektive (Stimmungs-) Störungen
Stone, Michael 248
Streß 29, 33, 78–79, 81, 94, 130–131, 154–155, 184–185, 199, 209–210, 287–288, 334, 366, 402, 422–423
A-B-Typologie 458

Temperament 25–26, 94, 326, 415–429, 455
»Einfaches Kind« 417–421
Kategorien des Temperaments (Übersicht) 416–417
»Langsam warmwerdendes Kind« 223, 417
»Schwieriges Kind« 251, 417, 421–424
Theophrast 442–443
Thomas, Alexander 223, 251, 415, 416–417, 422, 427
*Time*-Magazin 287
Tonner, Leslie 426
Tranquilizer 147, 211, 224 · *Siehe auch* Psychoaktive Drogen
Tranylcypromine 355 · *Siehe auch* Psychoaktive Drogen
Trennungsangst 148
Turecki, Stanley 426
Turkat, Ira 248
Typus A 458
Typus B 458
»Tyrannei des Sollens« 91–92

Ungeselliger Stil 306–323
allgemeine Information 306
Arbeit 316–319
Karrieren für 318–319
als Manager 316–317
das Beste aus diesem Stil machen (Übungen) 320–323
Beziehungen 36
gute/schlechte Gespanne 316
Charakteristika des 306–307
mit Dramatischem Stil 163
als Eltern 315–316
Frauen 315
Gefühle (Schlüsselbereich) 38, 308–311
Leidenschaftslosigkeit 309–311
Verdrängung von 311
gesundheitliche Risiken dieses Stils 312–313
Männer 311
reale Welt 319
Selbst (Schlüsselbereich) 307–308
Selbstbeherrschung 312–313
Sex 306, 310–311
Streß und 313
Tips zum Umgang mit Ungeselligen Menschen 319–320

Unterstützende Therapie · *Siehe* Psychotherapie

*Vanity Fair* 289
Verhaltensstörung 273–274, 277
Verhaltenstherapie · *Siehe* Psychotherapie
Vietnam-Veteranen 429

Wachsamer Stil 43, 177–195
mit Abenteuerlichem Stil 259
allgemeine Information 177
Älterwerden und 183
Arbeit 186–189
Karrieren für 189
als Manager 188–189
das Beste aus diesem Stil machen (Übungen) 192–195
Beziehungen (Schlüsselbereich) 36, 178–186
Argwohn gegenüber den Motiven des anderen 182–183
gute/schlechte Gespanne 185–186
Charakteristika des 177–178
mit Dramatischem Stil 163–164
als Eltern 184
mit Exzentrischem Stil 292
Gefühle 190–191, 202
und Paranoide Persönlichkeitsstörung 190
reale Welt 40
Rolle in der Gesellschaft 183–184
Selbstbeherrschung 39
Streß 184–185
und Kontrollverlust 185
Umgang mit Wachsamen Menschen 191–192
Wahnhafte Störung 195, 196, 324
Waterton, Charles 287
Weltgesundheitsorganisation 13
Widiger, Thomas 444

Zwanghafte Persönlichkeitsstörung 70, 87–95
allgemeine Information 87
Anfälligkeit für andere Probleme der seelischen Gesundheit 93
Arbeit und 88–89
Detailbesessenheit 89
Perfektionismus 88–89
diagnostische Kriterien 87–88
Frauen und 95
genetische Prädispositionen 95
Gesundheitsrisiken (körperliche) 94
Gewissen und 91–92
Sorgen und Ängste 91
»Die Tyrannei des Sollens« 91–92
und Gewissenhafter Stil 88–89
Männer und 95
Medikation 93
und Passiv-aggressive Persönlichkeitsstörung 251–252
Psychotherapie für 93
Streß/Typus-A-Charakteristika 94
Umgang mit Zwanghaften Menschen 91, 92
Zwölf Schritte-Programme 439

*Wenn Sie auf der Suche nach Hilfe sind und in schwierigen Situationen neue Wege gehen möchten - dann haben wir die richtigen Bücher für Sie!*

Robert M. Alter mit Jane Alter
**Fenster zum Herzen oder
Die heilende Kraft innerer Krisen.**
Neue Wege aus Angst, Isolation, Zwängen, Depression und Selbstverachtung zu unserem inneren Kern
1. Aufl. 2004, 280 Seiten, kartoniert, 14,80 €
ISBN 978-3-88074-462-2

Robert and Jane Alter zeigen anhand vieler Beispiele aus ihrer psychotherapeutischen Praxis, wie wir uns die Vielfalt unserer einzigartigen inneren Kräfte erschließen, um unsere wichtigsten Ziele zu erreichen und unsere persönliche Bestimmung zu verwirklichen: wie wir beängstigende und schmerzhafte Erfahrungen der Vergangenheit für die achtsame Entfaltung einer glücklichen und erfolgreichen Zukunft überwinden; wie wir erfüllende und leidenschaftliche partnerschaftliche Beziehungen leben; wie wir unsere Kinder zu starken Persönlichkeiten erziehen; wie wir Verhaltensweisen überwinden, die uns daran hindern, das Leben so zu leben, wie wir es uns wünschen und am allerwichtigsten: wie wir unseren eigenen Weg finden!

---

Verlag Dietmar Klotz GmbH
Krifteler Weg 10 • 65760 Eschborn
Fon: 06196-481533 Fax: 06196-48532
E-mail: info@verlag-dietmar-klotz.de
www.verlag-dietmar-klotz.de